旌旗（せいき）はためく

～武田・徳川と芦田（依田）氏、戦国の中央舞台で

市村　到

はじめに

本書『旌旗（せいき）はためく～武田・徳川と芦田（依田）氏、戦国の中央舞台で』は、戦国時代末期、武田信玄・上杉謙信・徳川家康・織田信長などの天下をねらう大勢力、その間に村上義清・諏訪氏・小笠原氏・今川氏・北条氏などを絡めて戦国の中央舞台の抜き差しならぬ戦いの中で、真田氏に勝るとも劣らぬ光彩を放った芦田（依田）氏の軌跡を追ったものである。やがて、豊臣秀吉や徳川家康との縁浅からぬ結びつき、関ヶ原の戦い前後や大坂の陣、江戸幕府草創期に至るまでの武家の状況を、芦田（依田）三代「信守～信蕃～康國・康眞」の生き方を通して概観しようとしたものである。**信守**は武田信玄に臣従し信濃先方衆の長として、各地に転戦し戦功を重ねた。**信蕃**は武勇知略に優れた忠勇の武将で、武田の臣として遠江国・駿河国で城主を歴任し、後に家康の甲信制覇に大貢献する。**康國**は家康から松平の姓と「康」の名を授かる。小諸城主となり佐久平定完成。後継の**康眞**は家康の関東移封に伴い上州藤岡城主となったが、或る一件で改易・領地没収となる。関ヶ原合戦後、福井藩主松平秀康に仕え、のちに城代家老までなる。子孫は連綿と続き幕末を迎える。現在、芦田（依田）氏の事蹟は各地に見受けられる。

本書は既刊の拙著『戦国三代の記』『戦国三代と天下人』の姉妹編である。前著と同じく、関係諸文献のみならず、著者が長年かけて現地へ足を運び調査取材した事項が資料となっている。その内容は今までのものと概略大差はないが、図や写真は極力減らした。（図や写真が多いと、分かり易い反面、思考が止まり意外と読み進めにくいものであったという反省に立っていることを、まず、ご理解いただきたい）。飛ばし読みして前へ進めていただいたり、興味を持ったページから目を通すなど、辞書的（事典的）に調べ読みしていただいても幸いとするところです。

目次

第三章　康　國

第四章　康　眞

終章　人間、芦田三代

〈あらすじ〉旌旗(せいき)はためく

――武田・徳川と芦田（依田）氏、戦国の中央舞台で――

滋野流芦田氏とは別系統と考えられる。芦田氏は東信地方に多い依田氏の一族で、小県郡依田庄〜佐久郡芦田〜佐久盆地中央へと進出した。木曽義仲に依田城下の館を提供し、東信での旗挙げを支えた依田為実の子孫にあたる。

芦田（依田）氏の系譜

芦田下野守信守

武田信玄に臣従、一五〇騎を率いる信濃先方衆の侍大将、各地に転戦し戦功を重ねる。かの川中島の戦いでは妻女山攻撃の十頭の中にも名を連ねている。

やがて佐久を離れ、武田信玄の他国侵攻の一翼を担う。上州・武州国境の御嶽城主として北条氏に備える。信玄に従って駿河侵攻に戦功を挙げ、その後、蒲原城を守備する。美濃国上村合戦では知略・武略を発揮し、織田方の敵将を討ち取る。遠江国にも転戦し、二俣城攻め、三方ケ原の戦いでも活躍する。二俣城主を任され、長篠の戦いで敗れた勝頼からの援軍のない中、徳川家康の猛攻に堪え抜き、城主として武勇と統率力を発揮するが、惜しいかな城中で病死する。

依田（芦田）右衛門佐信蕃(のぶしげ)

武田方の城主として遠江国二俣城、駿河国田中城の籠城戦で孤軍奮闘する。統率力、知略を駆使した辛抱強い戦いで徳川の猛攻に屈しず、戦国の中央舞台でその存在が光を放つ。家康をして敵ながら見込みのある武将として強い印象を与える。

天正十年（一五八二）三月、武田氏滅亡後、織田信長から命を狙われるが、家康の機転で救われ、一時、遠州二俣の奥に潜む。本能寺の変で信長が滅亡後、いよいよ時節到来。家康の臣下となり、家康の命で甲州柏坂峠で武田旧臣を募り徳川方へつかせ、信州佐久へ帰還。佐久の諸将がみな北条へなびく中、ただ一人徳川への忠節を曲げず、小諸城〜春日城～三澤小屋へと籠もり、そこから出てゲリラ的戦法で北条軍と戦う。真田昌幸を説得して徳川方へつける。上信国境の峠や佐久往還の要所を押さえ、甲斐国若神子（わかみこ）で家康と対陣する北条氏直の大軍の糧道を断つ。圧倒的な兵力を持っていた北条ではあるが、徳川家康と講和を結ばざるを得なくなり、やがて関東へ去る。第一の功労者は信蕃であると家康は大いに賞賛した。

北条が去った後、信蕃による佐久平定の戦いは一気に進む。佐久の諸将は討ち取られたり、降参したり、小田原へ逃亡したりする。信蕃は田口城を本拠とし、南麓に新館を建てる。現在の蕃松院のある所である。新しく臣従してきた佐久の諸将を加え、追鳥狩りをする。信蕃絶頂の時である。天正十一年、新年の祝賀を催すが、褒美や景品を与えるにも籤引き（くじびき）による等、新旧の家臣の分け隔てなく遇した。

佐久で信蕃に従っていないのは、北条氏の城代大道寺政繁の小諸城と大井行吉（ゆきよし）の守る岩尾城だけとなっていた。徳川からの軍監柴田康忠と田口城に登り、岩尾城を眺望し、「明日は我が芦田軍だけで落城させる」と言う。しかし、大願成就目前での急転直下の運命が待っていた。天正十一年二月二十三日、じっくり攻めれば難なく落とせる岩尾城で信蕃・信幸兄弟は攻めを焦って、至近距離から鉄砲で撃たれ落命する。「兵に先んじて大将自らが勇んで塀を乗り越えようとしたところを狙い撃たれた」と説く文書もあるが、「城方からの銃声がなくなり、掘り際まで攻め寄せて、兵を指揮していたところを狙い撃たれた」と『岩尾家記』にはある。敵方が述べているのであるから、それがより真実に近いであろう。

やがて天下を取る家康のお気に入りの家臣として前途揚々たるものがあったはずでる。もし、信蕃が秀吉による天下統一、関ヶ原の戦い、家康による江戸時代まで存命であったならば……と果てしない想像が広がる。

松平修理大夫（しゅりだいぶ）康國

信蕃の嫡男松平**康國**は徳川の支援を得て佐久平定を成し遂げる。佐久全域及び小県郡の一部を小諸城主として七年間統治する。血気盛んな青年武将で、徳川臣下の大名として小田原合戦の際に、豊臣軍とともに西上州の北条方を攻めて、父信蕃似の武勇を発揮し戦功があるも、降将を信頼しきってしまい不意をつかれて落命する。

松平右衛門大夫康眞（加藤宗月）　次男の**康眞**は、小田原合戦や奥州戦線で活躍。家康の関東移封に伴い上州藤岡藩主となる。その武勇と誠実で忠烈な武将としての器量を徳川家康や豊臣秀吉にも大いに認められ、前途洋々たるものがあった。秀吉没後の徳川家康と石田三成の緊迫した情勢の中での、家康への忠烈な行動は康眞の生きざまを如実に表わしている。しかし、囲碁の勝負の際の口論から、旗本小栗三助を一刀のもとに斬殺し高野山で謹慎。藤岡藩は改易・領地没収となる。

時あたかも関ヶ原の戦いが勃発し、家康の次男である結城（のちの松平）秀康預けとなる。「松平」をはばかり加藤宗月と名乗る。前後四代の福井藩主に仕える。信蕃譲りの性格で、律儀・豪胆・忠烈・文武両道を兼ね備え、人心掌握にも優れていた康眞（宗月）には、福井においても、その人となりが伝わる多くの逸話が残っている。最後は越前福井藩の城代家老となる。まさに、戦国の生き証人として齢八十歳の天寿を全うする。

越前福井藩の家老を歴出した芦田氏　福井二代目以降は姓を「芦田」に復し、高知格として家老を何人か輩出して幕末を迎えた。明治になり信州へ帰還したが、幕末の当主芦田信貫は、福井藩の幕末の名君松平春嶽を旧主として仰ぎ、旧交を続け誠を尽くしていた。

序章　芦田（依田）氏の系譜

芦田（依田）氏の系譜

依田氏発祥の地

依田氏発祥の地は、現在の上田市南部で、依田窪・依田川等の地名が残る旧丸子町を中心とする地方で、古代律令制により開発された信濃の国小県郡依田ノ庄である。具体的には旧丸子町の御嶽堂（みたけどう）を本拠とし、飯沼・中山・内村・腰越・さなだ（現腰越の内）辺りである。

依田氏の系譜はいく通りかあり錯綜としている。——清和源氏（満快流）依田氏、清和源氏（頼親流）依田氏、清和源氏（宇野氏族）依田氏、多田源氏依田氏、金刺流依田氏、三輪氏族宇田依田氏、滋野流依田氏、清和源氏井上流米持氏説 等々である。また、その系譜の名称も重複している部分もある感もあり、判然としない。

現在、依田氏は信濃国（長野県）の小県郡・佐久郡、甲斐国（山梨県）、上野国（群馬県）、駿河国（静岡県）、伊豆国（静岡県）に多く散在している。長野県外の依田氏の人々は、**その発祥の地を信濃国小県郡依田庄と認識**している。特に山梨県では現在「山梨依田会」を発足して久しく、依田氏ルーツの様々な検証や研修会を行なっている。

長野県内では依田姓「依田氏」のほかに異なった姓を名乗っていたり、多くの支族に分かれたりしているが、それぞれ依田のルーツを自認している。長野県内で判明しているだけでも、芦田氏・相木氏・平尾氏・平原氏・丸子氏・浦野氏・飯沼氏・笠原氏・内山氏 等々であり、それぞれ小領主化していった。そのほかに海野氏・望月氏・根々井氏など、一般には滋野氏系と見なされることが多い氏族をも「依田氏」とする説もある。

「依田氏」の宗家の呼称が「芦田氏」になった経緯については、後続ページにて考証することにする。

木曽義仲と依田氏

歴史に明確に残る**依田氏の軌跡**をたどってみる。最初に依田ノ庄に入部した源六郎為實が**依田為實**（ためざね）（為真）で依田氏の始祖となった。彼の名が歴然と記されているのは、**木曽義仲**との関係にお

木曽義仲と依田為實は婚姻関係図（義仲は叔母の嫁ぎ先の依田為實のもとで力をたくわえた）

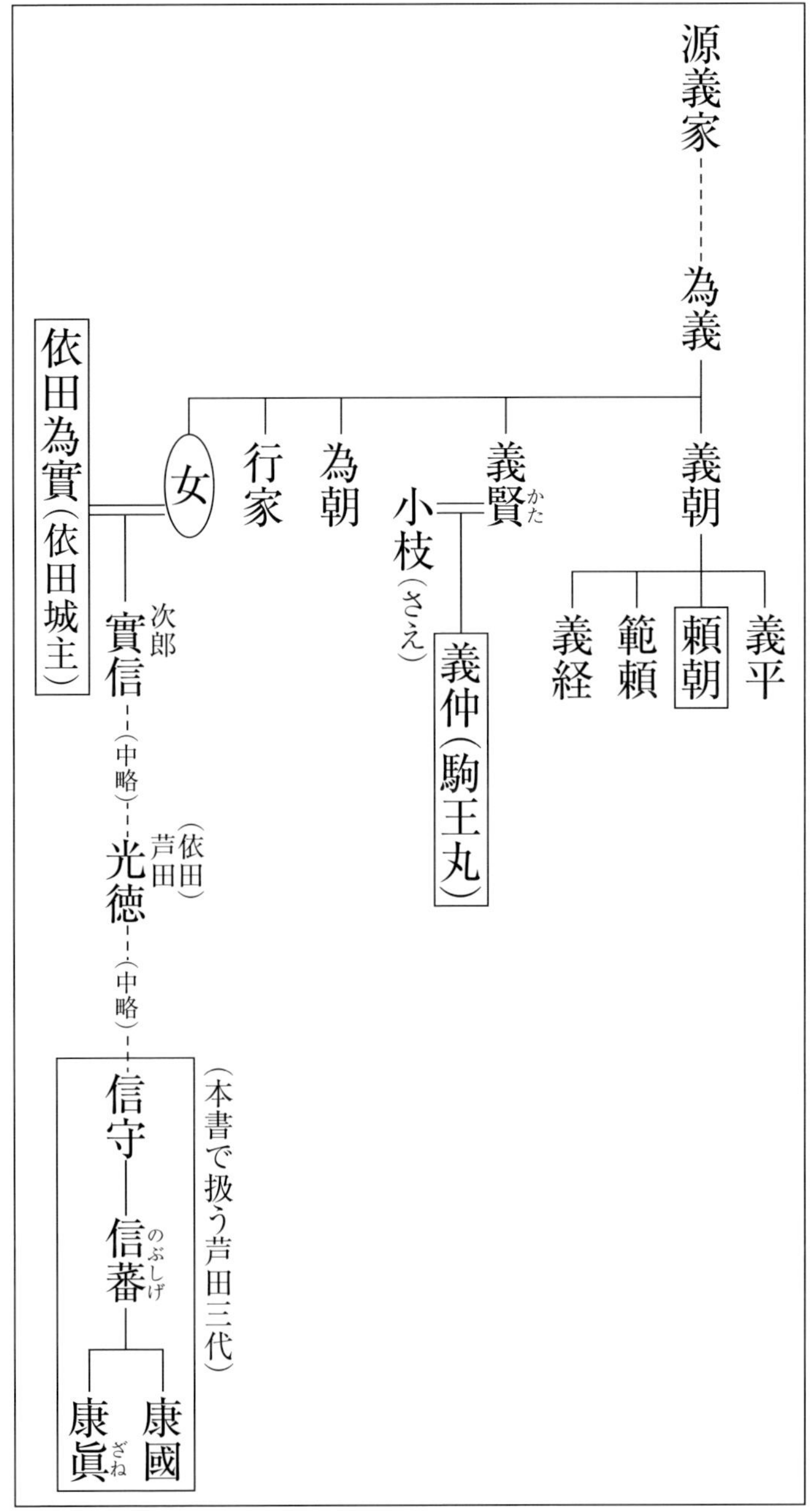

依田城の館（御嶽堂館）と後方の依田城

いてである。幼名駒王丸、のちの義仲は、久寿元年（一一五四）に今の埼玉県嵐山町の大蔵館で生まれた。翌年父の源義賢（よしかた）は兄義朝の嫡男義平によって館を急襲され、防戦の末討ち死にする。数え二歳の駒王丸は、母である小枝（さえ）御前に抱かれて信濃国に逃れ、乳母の夫である木曽の中原兼遠のもとで成長した。やがて、治承四年（一一八〇）、平家追討の以仁王（もちひとおう）の令旨（りょうじ）に応えて諸国の源氏が一斉に兵を挙げた。二十七歳の青年武将になっていた義仲は木曽郡日義村の旗挙八幡に挙兵した。まず、平家方の小笠原頼直を討って、東信濃へ入り**依田ノ庄**の依田城へ拠って、兵を募り準備を整えた。父義賢が地盤としていた武蔵国や上野国に近く、また東信濃は駿馬を多く産する土地であったことによるものと思われる。更に依田城の城主が**依田為實**であったからである。為實の妻は義仲の父義賢の妹であった。つまり、義仲の叔母にあたる。為實は義仲にとっては叔母の夫（義理の叔父）という関係になる。為實の嫡子**依田次郎實信**（さねのぶ）は義仲の従兄弟ということになる。

為實は義仲に**依田城の館**を提供し、全面的に協力し、東信濃の諸豪を義仲のもとに結集させた。依田城で力を貯えた義仲は、いよいよ治承五年六月、**依田城**でまず旗挙げし、更に一里ほど北にある千曲河畔の**白鳥河原**に東信を中心とする信濃の武将、上野国の武将が勢揃いした。中でも依田為實とその子實信、義仲の四天王と称される樋口兼光・今井兼平・根井行親・楯親忠等々は義仲にとっては心強い存在であった。義仲軍は千曲川にそって北上し、**横田河原**に陣を構える越後平氏の城長茂（じょうながもち）の大軍を撃破した。更に義仲軍は越後から北陸を経て、怒濤の勢いで京へ攻め上り、平氏を京から西へ敗走させ、「**旭将軍**」となったのは、衆知のごとくである。

しかし、運悪く大飢饉に苦しむ京の治安の悪化が待ち構えていた。また、権謀術数きわまりない後白河法皇や、源氏の棟梁を自認しながらも、義仲に先を越されて、義仲を排除しようとする源頼朝の策略に惑わされ、頼朝が向けた義経軍によって、義仲は寿永三年（一一八四）一月二〇日、近江粟津ヶ原で戦死した。義仲の四天王も**依田為實**も帰らぬ人となった。

木曽義仲の滅亡とともに、依田氏ゆかりの人々は、鎌倉の**頼朝からの追捕の対象となり**、依田ノ庄に帰還することができなかったと推定される。

雌伏から再興、そして佐久進出へ

依田ノ庄は鎌倉幕府によって没収された。為實・實信の子孫は衰退し、かつての所領の一部であった飯沼に帰住したが、鎌倉をはばかり、二・三代にわたってしばらく**飯沼姓**を称していた。雌伏数十年、やがて依田氏は、再び姓をかつての「**依田**」に復した。源氏将軍が三代で跡絶えた後の鎌倉幕府で、正安年間（一三〇〇年頃）執権北条得宗家の御内人となった。しかし、海野・祢津・望月・大井・伴野などは御家人としての格であったが、北条氏も形の上では御家人であることから、依田氏は御家人の家来という弱い立場で冷遇されていたようである。

時が流れ、足利尊氏が北条氏に反旗を翻した時、依田氏はいち早く足利氏のもとに参じたことから、足利幕府内部では徐々に重く用いられるようになっていった。その一例として、信濃国での大塔合戦（応永七年（一四〇〇）大文字一揆とも称される）の二年後に依田氏が重要な役割を果たした。大塔合戦とは、守護小笠原長秀と信濃国の国人との間で土地領有権について見解の相違があったことに加えて、長秀が尊大な態度で国人勢力を軽視したことが大きな原因で起こった合戦である。大塔の古要害に逃げ込んだ守護方の軍勢は壊滅し、小笠原長秀は京へ逃げ帰った。その後、新しい守護が任命されたが、信濃国の国人層は反発し、守護の思い通りにはいかなかった。そこで足利幕府は大塔合戦から二年後の応永九年（一四〇二）に、信濃国を幕府直轄の料国（将軍に直属する国で、守護をおかない）としたが、この時、**依田氏**と飯尾氏が信濃国支配を任された。

つまり、幕府は信濃国を料国としたが、最初に任された二人の代官うちの一人が**依田氏**である。

『日本史総覧』（コンパクト版）二一二―二一七頁の「右筆方奉行人」の項によると、室町時代の一三四三年から一四八五年頃までの一四〇年以上にわたって、幕府の右筆方奉行人として、『室町幕府諸職表』に依田氏の十名の名がある。依田氏は足利幕府内で信任を得ていて、責任ある大役を任されるほどになっていたのである。

また、特に永和（一三七五）から康暦年間（一三七九）には、依田**時朝**（依田左近大夫時朝、法名**元信**）は**幕府の評定衆**（室町幕府の最高幹部で六名ほど）になっている。信濃の武士で足利幕府の評定衆にまでなったのは**依田氏**だけである。また、『永享以来御番帳』では、依田九郎**行朝**が文安年中（一四四四〜一四四八）に、足利幕府直属の一番衆と記されている。依田氏は幕府内における力や地位もあるようになったのである。単なる在国の小国人層（在地領主）とは異なり、足利幕府に直接結びつくことができた実力と有利な立場をもっていた証左である。こうした一族の後ろ楯が、次第に芦田方面にまで勢力を伸すことになった基盤であろう。

市川武治氏によれば、依田氏のうち京で活躍した依田氏を「**在府依田氏**」、依田ノ庄近隣に所領を再び拡大していき、室町初期から中期にかけ、佐久郡芦田方面へ大きく進出するようになった「**在国依田氏**」とが、同じ親族で役目が分かれていたようである。両者の相乗効果によって依田氏は着々と勢力を伸ばしていったのである。

蘆田下野征伐

依田氏・芦田氏の系図はいく通りもあり、特に南北朝時代〜室町時代が多種多様に渡っており判然としない。「芦田氏」に関しては、「蘆田下野征伐」という合戦があった。東信濃で守護代**大井**持光（越前守）と**蘆田**下野守の衝突があり、将軍足利義教が信濃守護小笠原氏に大井氏を応援させて、芦田氏を征伐した（「蘆田下野征伐」）という戦いである。征伐されたはずの芦田氏が、なぜその後発展していったのであろうか。そこで、蘆田下野守が征伐されたという一件を考察してみたい。（「蘆田」も「芦田」も表記上の違いだけであることを念頭に入れておきたい）。

「あした氏」「蘆田氏」「芦田氏」として、その名が歴史上大きく取り上げられているのは、まず、**蘆田下野守**である。

それも、「**蘆田下野征伐**」に関わることである。その背景を考えると、京都の将軍家（足利義教）と副将軍ともいえる鎌倉の関東公方（足利持氏）の間の対立が根底にあった。幕府にとっては、碓氷峠を通って鎌倉に進むとき、東信濃の情勢が不穏な場合は大きな障害となる可能性があるが、それが**芦田下野守**と**大井持光**の争いであった。芦田郷と岩村田大井氏の所領が接していたことからの争いごとであることは容易に想像がつく。これは当事者の大井氏と芦田氏ばかりでなく、足利幕府にとっても、また、守護に復帰していた小笠原氏にとっても解決しておかねばならないことであった。

芦田下野守は信濃守護小笠原氏の国人層への支配に最後まで抵抗した信濃国の国人の一人であったこともあって、足利義教は小笠原正透と大井持光に退治させようとしたのである。

祢津氏・海野氏が芦田氏に加勢していたが、芦田下野守は後ろだてとなっていた祢津氏・海野氏の芝生田城・別府城が小笠原正透（政康）・大井持光によって落城されたことによって、近隣領主の支えを失い「降参した（征伐された）」のである。芝生田城・別府城の落城の後、三カ月ほどの時間の隔たりがあるが、この間は蘆田下野守は単独で抗戦したのであろう。おそらく、本拠の芦田郷は攻められ、芦田城に籠もって戦ったことが推測されるが、その詳細は分からない。

以上が『芦田下野征伐のこと』の概要である。多くの郷土史書では、「降参した」蘆田下野守は、その後大井持光に従うことになり、重臣としての役割を果たし、その結果、芦田氏が戦国時代に飛躍したと説明している。

しかし、加藤宗月（康眞、信蕃次男、福井藩城代家老）が後年著わした『芦田記（依田記）』にも、また、芦田氏のいかなる伝承にも、永享七・八年頃（一四三五、一四三六）に蘆田下野守と称する人物は存在していない。大井氏、守護小笠原氏と戦ったほどの蘆田下野守が先祖にいたのなら、それに関わる記述がなんらかの文書に載っていたり、伝承くらいはあってもよさそうなものであるが……。

芦田氏の系譜再考――別系統の芦田氏の存在

蘆田下野守は「蘆田下野征伐」で降参（永享八年（一四三六））した後、大井氏に臣従し、さらに芦田郷を中心に勢力を伸ばしていったと解釈できないでもないが、筆者は次の①〜⑧のような考察から、**戦国時代の依田系芦田氏とは別系統の芦田氏であったのではないかと推定する**。

①雄族「蘆田下野守」の痕跡が依田系芦田氏の系譜に皆無であること。
②蘆田下野守征伐の戦いの時期に、京都では依田氏が幕府で活躍していたこと。
③依田系芦田氏は「依田」を名乗る場合が多いこと。
④大井氏と依田氏が対立していた形跡はないこと。
⑤蘆田下野守に加勢したのは滋野氏系であること。
⑥滋野系芦田氏を示唆する系譜が存在すること。
⑦滋野系芦田氏の足跡——津金寺大石造宝塔と五輪塔群
⑧津金寺の大石造宝塔銘と歴代滋野系芦田氏の名前に共通点

以上、①〜⑧の考察から、

歴史上永享七年〜八年（一四三五〜一四三六）に名を残す蘆田下野守は、**滋野系芦田氏**であり、本書の次章から記述する対象の芦田氏（**依田系芦田氏**）とは別の系譜をもつ氏族であることが判明する。（詳細は拙著『戦国三代と天下人〜芦田（依田）氏の軌跡から』16〜20頁参照）

信濃国守小笠原正透と大井持光の連合軍の攻撃が続き、**蘆田下野守**（滋野系芦田氏）は降参したが、その後、大井氏に従い、その重臣となって芦田氏は勢力を伸ばし、大井家中の第一座となり執事（後世の家老）となって勢力を発展させていったと、多くの史家が認識していることである。しかし、それに疑問を呈したのは、市川武治氏『もう一人の真田』と『立科町誌』である。「滋野系芦田氏に依田系芦田氏がとって代わった」と、ほぼ同じ立場をとりたい。

芦田郷に本拠を移した依田系芦田氏は、大井氏の家臣になっている。それを裏付ける事項をいくつか挙げてみる。

大井氏の執事（重臣筆頭）芦田氏

(1)結城合戦時に永寿丸を送る大役

永享十二年（一四四〇）、結城（ゆうき）合戦の時に大井持光は、結城氏朝と関東公方持氏の遺児を支援するために、自ら匿っていた六歳の**永寿丸**を、家臣の**芦田**と清野をつけて結城の城に送り込んだ。芦田下野守が征伐された年のわずか四年後のことである。（征伐された滋野系芦田氏にとってかわって、芦田郷に本拠を移した依田系芦田氏が、岩村田大井氏の重臣となっていることになる）。——滋野系芦田氏に依田系芦田氏がとってかわったのは、一四三六～一四四〇の間と推定される。

(2)御射山神事で大井氏の代官

「左頭、岩村田、代官**依田新左衛門忠長**、頭役は五拾貫文・馬一疋」とある。（『御符礼之古書』文正元年（一四六六）御射山頭の項）…依田忠長が大井氏の代官（つまり家臣）になっていることが分かる。霧ケ峰には御射山祭（御射山講式の競技）が鎌倉時代~戦国時代初期まで行われた遺構がある。旧御射山（もとみさやま）神社とその一帯には、信濃武士や関東武士が参集し、尾花（ススキ）で葺いた穂屋（ほや）の敷地跡の数段の土壇が周囲に連続して残っている。

(3)大井氏の執事

「大井は千騎を以って大将たり。今一九歳…〈中略〉…大井の執事**足田**殿・相木殿…」（『蔗軒日録』文明一六年（一四八四））…執事とは大井氏当主を補佐し、家臣と領内を納める要の役である。相木氏も依田氏の同族である。

(4)大井氏家中で着座一番の地位

「大井氏城中における座敷での御家中の着座は、一番が**芦田氏**、二番が相木氏、三番志賀氏、…〈中略〉…其他近習**依田**歴々なり」（『佐久大井氏由緒』、文明期~永正期）…芦田氏が御家中でもっとも高い位置を占め、近習として依田氏関係の者が何人も仕えていたことが分かる。

依田系芦田氏の系譜

本書で叙述することになる本来の芦田氏（**依田系芦田氏**）に論を戻したい。小県郡**依田ノ庄**を本拠としていた依田氏は、応永年間から永享年間（一四〇〇年頃）、次第に佐久郡に勢力を進出させている。しかし、依田系芦田氏が大きな合戦をして佐久郡へ進出していったという形跡はない。戦わずして進出できた背景には、依田氏一族が幕府の要職にあって、信濃守護小笠原正透に通じていて、**滋野系の芦田下野守**を敗退に追い込んだ依田氏への優遇処置があったとも考えられる。かくて、**依田嫡流は芦田郷へ進出し**、本拠であった依田ノ庄は芦田の有力親族の支配下になっていったと推定される。佐久郡へ進出した依田氏には、芦田氏（依田系芦田氏）のほかに相木氏（阿江木氏）・平原氏・平尾氏などがある。また、大井氏の膝元の岩村田にも依田氏が地侍として存在するようになった。

このように、依田ノ庄から佐久郡芦田郷へ本拠を移した**依田氏**は、「**芦田氏**」を名乗って、岩村田大井氏の重臣となり、勢力を伸ばしていったのである。では、**依田系芦田氏**の誰が芦田郷へ入部した人物であろうか。

平成二十三年度長野県立歴史館春季展『武士の家宝』には芦田家系図が掲載されている。そこで述べられているように、その家系図は、『寛政重修諸家譜』『諸士先祖之記』『松平文庫』『芦田家譜』『土屋家文書』などを検討して作成されたものである。詳細をみると戦国時代までは『寛政重修諸家譜』を主に参考にしているようである。

それによると、芦田郷に最初に入ったのは**依田経光**である。彼の項には「右衛門佐、信濃国佐久郡蘆田邑にうつり住せしより、蘆田を稱號とし、子孫これを稱するものあり」と記されている。次の代の**時朝**の項には、「右衛門尉、芦田を称す」とあり、さらに経光から十五代後裔（もっとも、十四代も間に入っているとは考えられない。仮に一世代を三十年とすると、三〇年×一四代＝四二〇年にもなってしまう）には、ほぼ実在が確認できる**満春**（**光玄**）がいて、そこには「右衛門佐、法名海雲良儀、依田あるいは芦田を称す」とある。――その系譜には、通常は芦田氏の始祖とされている**光徳**についての記述がない。そして、通常は**光徳**の事蹟とされている事項は、時代の差があるが**経光・時朝・満春（光玄）**の項に分散して述べられており、系図の中の誰が「**光徳**」にあたるかは、よく分からない。どうも依田系芦田氏の系譜は、この辺りまで曖昧である。

『寛政重修諸家譜』に惑わされていた――『芦田系譜』を分析する

ところが『芦田系譜』には付箋があり、この問題が氷解されるヒントがあった。まず、**實俊**の条を見ると「應仁二子年十月十日没、光徳寺殿海雲良儀大居士、城下芦田町開基光徳寺、寺領五十貫余田並一山ヲ寄附ス、爰ニ葬ル」とある。しかも「應仁二子年十月十日没」ということは、一四六八年没ということになる。まさにこれは通常認識されている芦田**光徳**の事蹟である。満春（光玄）の先代（父）の**實俊**、こそが「**光徳**」ということに落ち着きそうである。光徳は法名であり、実名・名乗りは又四郎・實俊である。

では、**経光**はどうか。『寛政重修諸家譜』では経光は光徳の十四代前の先祖となっている。「経光～（間に十二代）～弥七～實俊～満春」となっていて、かなり前の人物として扱われている。しかし、『芦田系譜』の**経光**の条では「右衛門佐、芦田右衛門尉、移居干佐久郡芦田邑、是ヨリ子孫為芦田氏、一城ヲ築城シ居城ス」とあり、系図上の順番は、もっと時代が下がって「充徳（弥七、左衛門佐）～**経光**～**實俊**～満春」となっている。つまり、**實俊**の先代（父）は**経光**となっている。経光は「佐久郡芦田に住み、芦田を称す」ということで、實俊の先代の位置におさまるのが妥当である――「依田氏で芦田郷に入った始祖は右衛門**経光**であった。その子の備前守**實俊**（**光徳**）から宗家は**芦田姓**を名乗るようになった」と解釈できる。ところで、「芦田」を名乗るのは宗家だけであり、その兄弟・親族の場合は、歴史上では依田氏である。一方、宗家も芦田氏を称したり、依田氏と称したりして両方が使われている。

筆者が理解している範囲の芦田氏の系図をここに挙げてみると次頁のようになる。

〈芦田依田氏系図〉（―印は直接の継続の代を示す。…印は間に何代かあることを示す。）

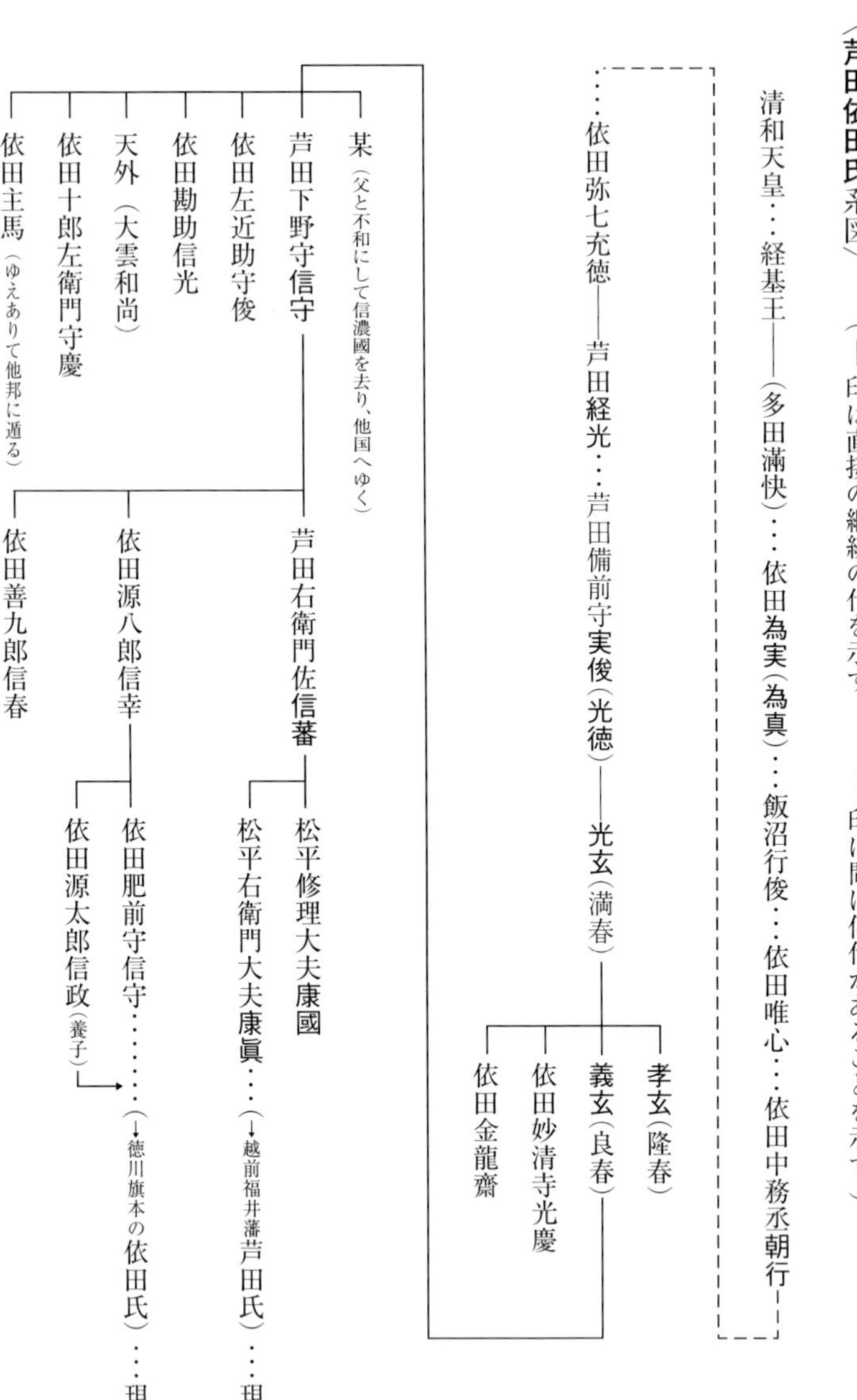

〈右の系図のうち、主だった人物を挙げると、

依田**為實**………依田ノ庄を本拠とし、依田氏を初めて名乗った。

飯沼行俊………義仲没後の依田氏宗家を継いだが、「飯沼氏」を名乗った。

依田**唯心**………名乗りを「依田氏」に戻した。

依田中務丞**朝行**…左近大夫入道元信、足利幕府に仕え、幕府奉行職（評定衆）を務める。以後も何人かが奉行職（右筆）を務めている。

依田（芦田）**経光**…十五世紀前半に本拠を佐久郡芦田郷に移し、芦田氏を名乗る。

芦田**實俊**………備前守光徳、法名「光徳寺殿海雲良儀大居士」応仁二年（一四六八）没、光徳寺開基

芦田**光玄**（満春）…父の菩提のために芦田郷に光徳寺を建立（一四五一年説があるが、光徳の没年から鑑みると、早くとも一四六八年以降であろう）。

芦田**孝玄**（隆春）…文武に優れた人物であったが、継母の策略で謀殺される。後に芦田氏の守護神「芦田明神（木ノ宮）」として祀られる。

芦田**義玄**（良春）…孝玄の異母弟、孝玄の後継となるが、芦田氏の最も衰えていた頃の当主、下野守信守の父

芦田下野守**信守**…武田信玄に臣従し信濃先方衆一五〇騎の侍大将、各地に転戦し戦功を重ねる。

芦田（依田）**信蕃**…武勇・智略に優れた忠勇の武将、武田の臣として遠江・駿河で城主歴任、武田滅亡後は家康の麾下（きか）となり家康の甲信制覇に大貢献、佐久平定へ

松平**康國**………家康から「松平」の姓と「康」の名を授かる、佐久平定完成、小諸城主となる。

松平**康眞**………家康の関東移封に伴い上州藤岡城主、改易・領地没収。後に越前福井城代家老となる。

かすかに史実が残る「光徳～光玄～孝玄～義玄の代」

依田氏は**光徳**の時に芦田郷へ入り、文安二年（一四四五）に芦田城を築いたという築城伝承がある。その時期は、蘆田下野守が守護小笠原正透に降伏した年（永享八年（一四三六））のわずか十年の差である。依田氏の親族は足利幕府の枢要の地位にあり、東信濃の動乱の終結を機に、**佐久郡芦田**と上州上後閑に進出し、所領を増やしていったことは史実として明らかである。――ちなみに、上野国に進出した依田氏の一族は上後閑に拠り後閑城を居城とし、長源寺を建立している。やがて、現安中市の板鼻城へ移った。後に信濃国佐久郡に帰還して平原城に拠り、**平原氏**を名乗っている。佐久郡南部の相木を本拠とした依田氏は相木氏を名乗り、佐久郡各地に所領を有した歴史がある。

佐久郡芦田郷で、**依田系芦田氏**の基礎を築いたのは、**光徳**（實俊）～**光玄**（満春）～**孝玄**（隆春）の三代であると言われている。芦田氏の菩提寺南嶽山**光徳寺**は芦田光玄が、宝徳三年（一四五一）に、父である備前守光徳追福の為に創建したと伝えられている。しかし、光徳の法名「光徳寺殿海雲良儀大居士」の没年月日は応仁二年（一四六八）十月十日とされている。光徳の没年の十七年も前の存命中に、その菩提を弔うために光徳寺を創建したということは不自然である。可能性としては応仁三年以降のことであろう。まさに、世に「応仁の乱」と認識されている時代に突入した時期のことである。多くの史書が、**光徳**を依田系芦田氏の始祖として扱っているが、ほぼ妥当なものであろう。また、光徳・光玄以降の芦田氏は『芦田由来記』『芦田記（依田記）』などによっても、**依田流である**ことは間違いない。

次の**孝玄**から**義玄**に継承される時に、芦田氏にとっての一大事件（お家騒動）があった。『寛政重修諸家譜』の隆春（孝玄）の条によると、

隆春勇力甲たり。其母はやく死して継母あり。常に快からず。隆春をうしなひ、二弟のうちをして嗣らしめん、とおもひ布施・小平の二士とはかり、また隆春が乳母に金をあたへて黨せしむ。一日継母のもとにまねき、宴を設けてこれを饗す。隆春沈酔してふす。乳母密に其兩刀をかため、これをしてあへてぬけざらしめ、相圖をなして二士を呼、二士兵を率ゐて亭を圍無む。隆春

驚き覺て刀をぬかむとすれどもあたはず。よりてみづから門の貫カンヌ抜を提、衆にあたりて奮ひた丶かふといへども、創をかうぶりてつゐに戰死す。法名良春。のち其靈の忿怒を恐れ、一社を建立して神靈をまつり、新明神と號し、當家鎭護の神と崇む。

以上が義母による隆春（孝玄）抹殺の顛末であるが、現立科町芦田在住で芦田氏の子孫の一人でもある土屋武司氏によると、孝玄は義母一派により毒を盛られて命を落としたのだということである。つまり、「**隆春**は誉れ高い優れた人物であったが、継母の策略により殺された。後に、新明神として神霊をまつり、芦田氏の守り神とした」というのである。（現在でも芦田城本郭に「木ノ宮社」として祀られている）。彼の跡は異母弟の**義玄**（良春）が家督を嗣いだ。しかし、このお家騒動の影響もあってか、義玄は芦田家当主としての器量に欠けていたのか、その代は芦田氏は衰微していた。義玄は天文六年（一五三七）に没した。

やがて、諏訪頼重や武田信玄が佐久郡に侵入して来た時には、芦田城の当主はまだ幼い**信守**であった。（次章は、まさに、その幼主信守の代から述べることとなる）。

第一章 信守

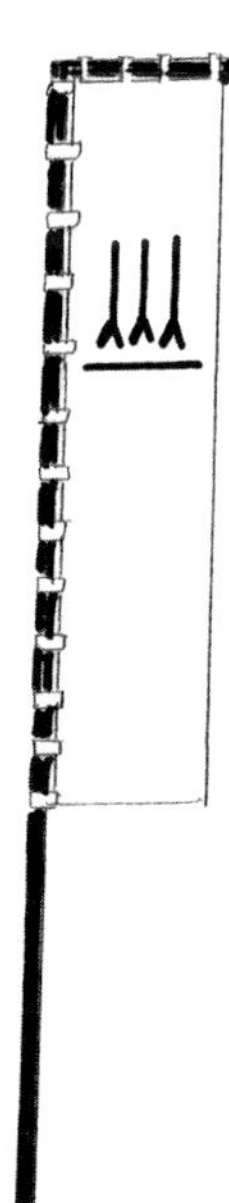

『甲越信戦録写』の絵図にある川中島の戦いでの信守の旗

1　芦田城の幼主

芦田氏の先祖は信濃国小県郡依田ノ庄を本貫とする依田氏である。その一分族が十五世紀前半に佐久郡芦田郷に進出して、芦田城を築き（改築し）芦田氏を称した。

諏訪大社の『神使御頭之日記』の天文十年（一五四一）の項に、

> 此年五月十三日**頼重**武田信虎為合力海野へ出張同村上殿三大将同心にて尾山せめをとされ候次日海野平同禰津悉　破候…（中略）…葦田郷をちらし候て其儘歸陣候**葦田の郷にはぬしもなき體に候間**頼重知行候て**葦田殿の子息此方の家風にならられ候間**其かたへ彼郷をいたさせられ同十七日ニ御歸陣候

と記されている。

武田信虎は、諏訪頼重・村上義清と相謀って、海野平に祢津氏・海野氏等を攻め、これを破った。この合戦で海野棟綱・真田幸隆は上州平井城の関東菅領を頼って逃亡した。この時、海野幸義（棟綱の嫡男）は、村上軍との神川(かんがわ)合戦で討ち死にした。現在国道十八号線に接するように北側の段丘下に、彼の五輪塔が草叢の中にひっそりと存在する。同じ小県勢の禰津元直・矢沢綱重らは降伏し、旧領を安堵され、武田氏に臣従することとなった。

諏訪頼重は諏訪への帰途、雨境峠（役ノ行者越）を通過したが、途中の**芦田城**を攻略した。この時、城内からは全く抵抗がなかった。「葦田の郷にはぬしもなき體に候間」、（城主もいないような状況であり、そのまま芦田郷を頼重は自分の領地としてしまった）。そして、「葦田の子息此方の家風になじみ候間」、つまり、**芦田城の幼主**は人質として諏訪頼重の上原城下へ連れ去られたが、諏訪氏の家風になじんだ（諏訪氏に対して従順な様子がうかがえた）ので、**諏訪氏**に従属を誓わされて**芦田城へ帰還**がなったということであろう。この時、「諏訪氏が芦田氏に芦田郷を与える」という形をとったもの

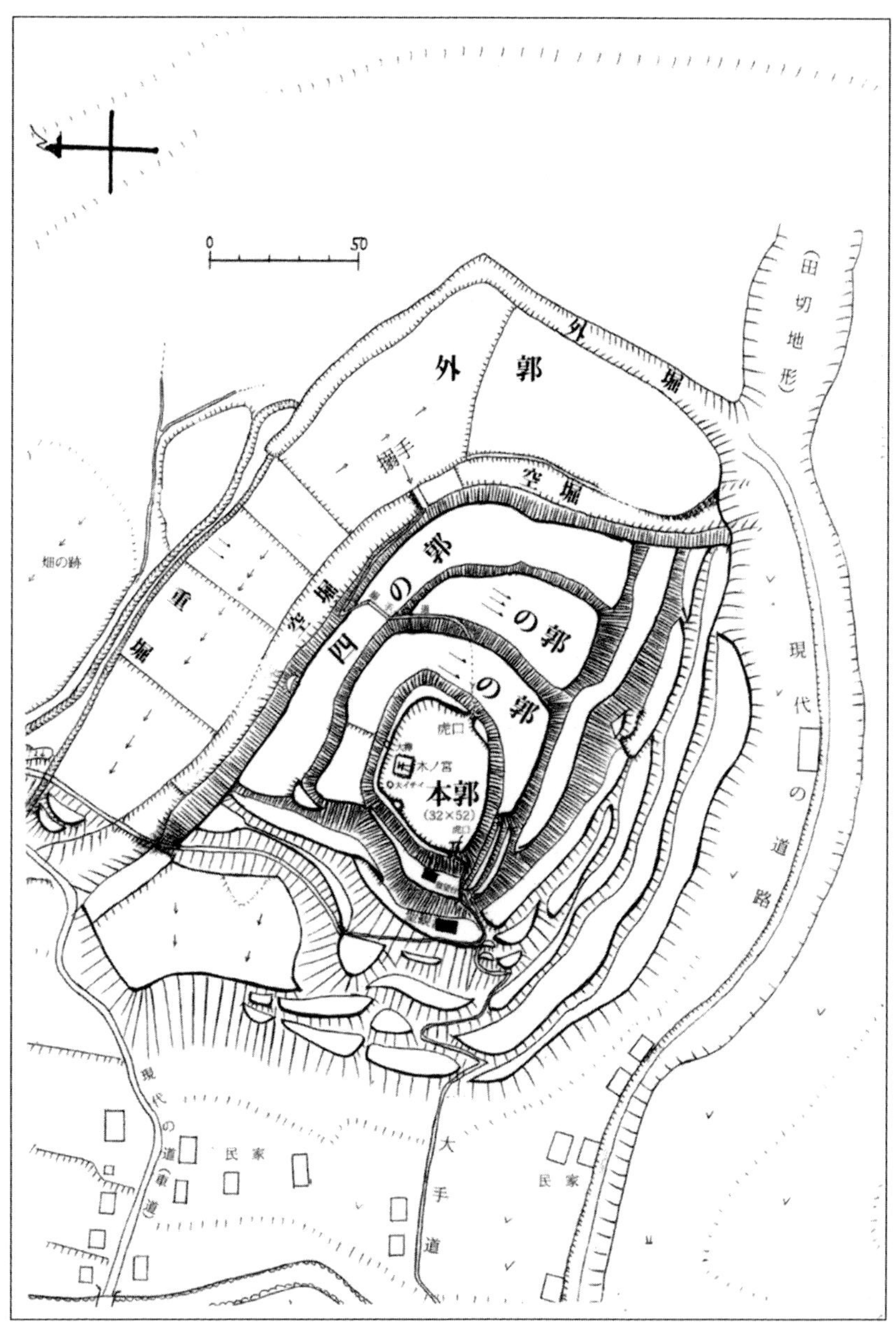

芦田城の縄張り（搦手と記した方面が大手の可能性も）
（調査）平成22年３月22・23・26日、市村

立科芦田城

と推定される。

「主なき体（てい）」の芦田城の天文十年の時点では、「葦田の子息」とは後の**芦田下野守信守**のことである。信守は十三歳か十四歳ぐらいであったと推定される。父の**義玄（よしはる）**は既に天文六年に他界していたので、信守は十歳にもならぬ幼年で芦田城主となっていたことになる。迫り来る諏訪頼重の大軍に対して、芦田城は、防戦して滅びるよりも家名存続のために無抵抗で対応する道を選んだ。この時、十三歳か十四歳ほどの幼主**信守**に助言できる近親者は、今は亡き義玄の弟（つまり信守の叔父）の依田妙清寺光慶か、やはり叔父の依田金龍齋あたりであろうか。一説には諏訪勢が襲来した時、城内には幼い信守が独り泰然と座していたといわれている。後に武田信玄の信濃先方衆の百五十騎の侍大将で、武田の歴戦に活躍する智略武勇を備えた**芦田下野守**は、この時、若年ながら肝のすわったところがあったのである。

2　武田信玄に臣従

芦田郷が諏訪頼重の支配下になった天文十年五月の直後の六月十四日に、海野制圧に合力した三将のうちの武田信虎が嫡男の晴信（のちの信玄）によって駿河へ追われるというクーデターが起こった。信虎は駿河の今川義元に嫁いでいる娘（後の法名「定恵院」）に会うという名目で駿河を訪問していたが、晴信がその信虎の甲斐への帰路を絶って、今川義元の許に追放して隠居させ、武田氏の家督を継ぐという事件であった。『妙法寺記』の天文十年の項には次のように記されている。

此年ノ六月十四日ニ武田大夫殿様親ノ信虎ヲ駿河國へ押越御申候、余リニ悪行ヲ被成候間、加様ニ食候、
去ル程　ニ地下侍出家男女共ニ喜ヒ、致満足候事無限、信虎出家被召候テ駿河ニ御座候

晴信による信虎追放のこの一件を、信虎の悪政に苦しんでいた家来や領民は、喜んだというのである。

芦田信守――関東管領上杉憲政と諏訪頼重の間で

一方、七月四日には、関東管領上杉憲政が、予て影響力を及ぼしていた小県郡の滋野氏・真田氏領が、三将（武田信虎・諏訪頼重・村上義清）に蹂躙されたことに対する報復のために、芦田まで出陣した。しかし、武田と村上は出陣せず、上杉憲政と諏訪氏とが対峙したが、和談となった。そして、諏訪氏は芦田氏に芦田郷を与えることを再度確認した。関東管領上杉憲政が芦田まで出陣したということは、当然、芦田郷及び芦田城は、その駐屯拠点となったと推定されるが、芦田勢がいかなる対応をしたのかは不明である。しかし、ともかく諏訪頼重と和睦となって上杉憲政は上州へ帰ったことになる。時間が前後するが、『神使御頭之日記』の文の記述では「葦田殿の子息此方の家風になられ候間」とあるように、武田・諏訪・村上の三将への報復のために上杉憲政が芦田城まで出陣し、諏訪頼重と対峙した時に、**芦田信守**が上杉氏に従順な姿勢を示しながらも、諏訪氏のために、上杉憲政が上州へそのまま帰還するような何らかの対応をしたことにもよると思われる。若年ながらも芦田信守は、上杉氏と諏訪氏の間で、双方の立場を立てつつも、それぞれ矛を収めさせるべく知謀を働かせたのであろう。もちろん、芦田氏存亡の危機を何とかして免れるべく奔走した結果であろう。

武田信玄

諏訪頼重の滅亡

信守は諏訪氏へ臣従したのであるが、その後しばらくして、翌天文十一年（一五四二）七月には、**諏訪頼重**は武田晴信によって滅ぼされている。武田晴信は諏訪頼重に対しての同族（高遠頼継・諏訪上社の矢島満清・下社の大祝金刺氏ら禰宜一党）の反乱に便乗し、結託して、諏訪頼重を**上原城**に攻めた。

諏訪頼重の墓　甲府、東光寺

頼重は**桑原城**へ敗走し、捕えられて甲府で幽閉されたが、**東光寺で自刃**させられた。

戦後処理を不服とした諏訪勢は九月にいったん上原城を奪還したが、晴信は諏訪頼重の遺児の虎王丸（頼重の正室となっていた晴信の妹禰々の子、生後六ケ月）を旗印とし、その後見人という名分で諏訪へ出兵し、諏訪全域を制圧した。更に伊那郡へ侵入し、高遠城・福与城を攻略し、甲府へ帰還した。

晴信は前年の小県攻めで臣従してきた祢津元直の娘を年末には側室として祝言を挙げた。天文十二年（一五四三）、晴信は諏訪郡代に**板垣信方**を据えた。

大井貞隆の滅亡と芦田信蕃の臣従先

佐久地方の佐久は東の隣国上野国の関東管領上杉憲政の援護で反武田勢力が盛り返しつつあった。そんな中で、大井支族であったが実質上の宗家を名乗る小県郡長窪城主大井貞隆は、村上義清・上杉憲政の支援で武田へ反旗を翻した。晴信は九月に大井貞隆を生け捕り、甲府へ護送し処刑した。また、大井貞隆とともに反旗を翻した望月氏も処刑された。これは東信濃及び関東上杉方への威嚇の意味もあったと思われる。同じく従わなかった岩尾城の大井行頼を攻め逃亡させた。

かつて、依田系芦田氏は歴代大井氏の重臣であったが、天文十年の諏訪頼重の芦田郷侵入以来、信守は旧主岩村田大井氏との距離を置かざるを得なかったのであろう。しかし、いったん臣従を誓った諏訪氏が武田信玄によって天文十一年七月に滅ぼされ、旧主岩村田大井氏も天文十二年九月に滅ぼされた。

芦田信守は、この天文十二年前後に、武田信玄に臣従したと推定される。同じく大井貞隆の臣であった相木依田氏は、これより少し前、既に武田氏に臣従していた可能性が高い。それは相木氏の本拠（現南佐久郡相木地方）が、甲斐武田氏の信濃侵入の最前線であったことによる。芦田氏よりも相木氏の方が、武田氏との関係が、より緊急性を要していたのであるから当然ではある。芦田信守は諏訪氏滅亡後も在所にあって、大井氏や望月氏らとともに武田氏に抵抗していたが、大井氏・望月氏の滅亡後、武田氏への臣従をせざるを得なかったのであろう。周辺の大勢力の情勢の急変によって、**芦田信守**の境遇もその都度変転せざるを得なかったのである。ある意味で、芦田信守の視野に入ってくる世界は、大井氏圏〜諏訪氏圏〜武田氏圏へと変遷していった。大勢力に翻弄されつつも、生きるべき世界がひろがっていったともいえよう。この時の芦田信守の推定年齢は十五歳ほどである。——（嫡子信蕃の誕生が天文十七年、一五四八年であるので、仮に信守の生年を一五二八年とした場合ではあるが……）。

3　緒戦——小田井城の戦い

『信陽雑志』（佐久郡吉沢好謙著、一七四四年）に、左記のように記述がある。

天文十三十一月、武田率八千人佐久郡合戦、陥城九箇所、

小室城　按、大井伊賀守之後、大井小兵衛満安、大井河内守
岩尾城　按、大井弾正行頼
前山城　按、伴野左衛門佐信豊
芦田城　按、芦田下野守信守
内山城　按、大井小二郎隆景
望月城　按、滋野遠江守信雅
耳取城　按、大井民部大輔
尾台城　小田井又六郎、弟二郎左衛門

小田井城、空堀に土橋がある。左方（西方）には土塁。

平原入道
平尾右近守芳
依良氏
森山氏　按、高野山蔵書・森山豊後守満繁・森山兵部助成繁
田口左近将監長能
大井右京亮信子
大井源三郎昌業

以上八ヶ所為降参、尾台独不応、使板垣信形抜城

天正十三年（一五四四）に、武田晴信は佐久郡へ侵入し、城九箇所を陥れた。（右の記述から実数は十三〜十四城となる）。ここでは、既に臣従しているはずの芦田城（芦田下野守信守）が、陥落させられた城の中に挙げられているが誤りである。右から分かることは、佐久の諸城が武田晴信に屈したにもかかわらず、**尾台氏（小田井氏）**だけが降伏しなかったということである。

――「**尾台独不応、使板垣信形抜城**」（小田井氏だけが応じなかった。板垣信形を使わして城を陥落させた）とあるが、武田晴信の小田井城攻略の状況を『甲越軍記』の「**小田井誅伐之事**」（筆者試訳）で紹介する。

武田の使者芦田信守と信玄の小田井城攻撃

信州には村上佐衛門尉義清、小笠原大膳大夫長時、諏訪信濃守頼茂、木曾左馬頭義昌、四家の人々數年以來、度々甲州へ亂入し、別して近頃は戦ふごとに利を失ひ、同年（天文十三年、一五四四）霜月に至り、信州の國人**蘆田下野守**を始めとし、依路（与良）・平原・川上左衛門入道など、信州四家との約に背き、降参を遂る者が多かった。然るに、信州上州の境碓氷峠のこなた輕井澤より、平尾・岩村田への通路の中間に**小田井**といふ所があった。**小田井城**の城主を**小田井又六郎**といった。その弟に**治郎左衛門**といふ者があった。兩人とも武

略勇気が人に勝っているということが聞こえてきたので、**武田晴信**はどうしてもこの兄弟を降参させようと思ったので、先に武田の臣下となっていた**蘆田下野守**をして、たびたび降参を勧めてきたけれども、いっこうに承知しないばかりか、蘆田下野守の**蘆田城**とはわずかに五里ほどであったので、蘆田の領分に押し寄せ、民家を放火し、狼籍をはたらいたことにより、蘆田下野守が討って出て戦ったけれども、かえって小田井兄弟のために度々敗北した。その旨を早馬を以って甲府のつつじケ崎館へ、早く小田井を誅伐せらるべしと注進したので、同月中旬、武田晴信は八千餘騎を引率し信州へ出陣した。元より小田井氏はたいしたことのない国人ではあったが、村上氏・諏訪氏の両家が後詰することも考えられるので、押さへの兵をさし置くことが肝要であると評定され、板垣駿河守信形を先鋒とし、十二月十四日に追分に出て手分けを定めた。…（中略）…晴信は旗本と板垣の先陣の勢を合せ三千五百餘騎を引率し、追分と小田井との間一里ばかり、小田井の方へ近附き、城を去ること十余町にして陣をお取りになった。時あたかも十二月の中旬であった。…（中略）…城中の勢は、わずかに三千二百余騎であった。…（中略）…小田井又六郎は、西の方に火を放って一陣を破って、舎弟次郎左衛門と二手に分かれて群がって攻めて来た。…（中略）…その日の午刻に、小田井の城は全く落ち、晴信は城中へ入り、首実検をなされ、諸将を召し出され、功により恩賞感状を下された。

この内容については明かな齟齬がある。まず、「天文十一年（一五四二）に諏訪頼重は武田信玄によって滅ぼされているので、村上氏はともかく、諏訪氏が小田井城に後詰めする（加勢する）ことはありえない。また、「追分に出て手分けを定めた」と述べられているが、不自然である。武田軍は南方から北上してくる進軍経路であるからして、わざわざ北東遠い所である追分（軽井沢町）まで行って、攻撃の作戦を立てるのは理屈に合わない。ただし、小田井城を攻めるのは北方からしかないので、地形のイメージとしては、北から小田井城を攻撃することは妥当ではある。

「小田井誅伐之事」から見えてくる芦田信守

「**小田井誅伐之事**」は、誤謬や史実との若干の相違が散見するが、こういうことがあったということの概略は伝わってくる。ここから**芦田信守**に関する情報も得ることができる。

ア　武田晴信へ臣従して間もない**芦田信守**は、晴信の命により尾台（小田井）城の小田井又六郎・治郎左衛門兄弟に、武田氏への降伏勧告におもむいたが拒否される。
イ　この時、信守は十五か十六歳であった。
ウ　その後、小田井兄弟は報復措置としてか、芦田領に侵入し、乱暴狼籍を極めた。
エ　信守は、領内を荒らされたので、小田井兄弟に対して討ってでて戦ったが、たびたび敗北していた。
オ　信守が窮状を晴信に訴えたので、晴信は小田井城を攻撃し、小田井又六郎・治郎左衛門兄弟は滅ぼされた。

『甲越軍記』のこの内容では、小田井城の合戦の直接の原因（晴信の小田井氏に対する言いがかりのきっかけ）となったことが、芦田信守と小田井城との関わりである。しかし、小田井城の合戦で信守がどのように参戦し、具体的にはどう戦ったかは、記述されてはいない。しかし、この小田井城攻略戦で、芦田軍は武田の武将の脇備えとし参戦している可能性は当然考えられる。合戦記であるので、そのかわり、架空とも推定される戦士の名があったり、合戦の時点で使用されるはずのない鉄砲で武田軍が攻めていること等が描かれている。（日本へ鉄砲が伝来したのは一五四三年というのが通説である。小田井城攻めは一五四四年であるので、たった一年後に鉄砲が使われているとは考えられない）。

城域が広大過ぎて小豪族では守りきれない小田井城の構造

小田井城は、北佐久郡御代田町小田井字城の内にある。平地（台地上）に立地し、北佐久郡浅間山麓に特有の田切地形（比高二〇～三〇メートル）を利用した平山城（崖上城）で複郭である。三五〇メートル×一四〇〇メートル（解釈によっては四八〇メートル×一八〇〇メートル）の規模である。あまりにも広域で、小田井氏のような小土豪の勢力では、とても守備しきれない規模である。おそらくは、城内は居住のほかに耕作地として使われていたものであろう。同じように規模が広域に及んでいる耳取城や平原城（ともに現小諸市）なども、耕作地を抱えていたと思われる。但し、この二城は城内の郭群の配置にしまりがなく、同列の郭が広くいくつも展開し、中枢が明確ではないことから、城主の力が他の城将から抜きんでていたわけ

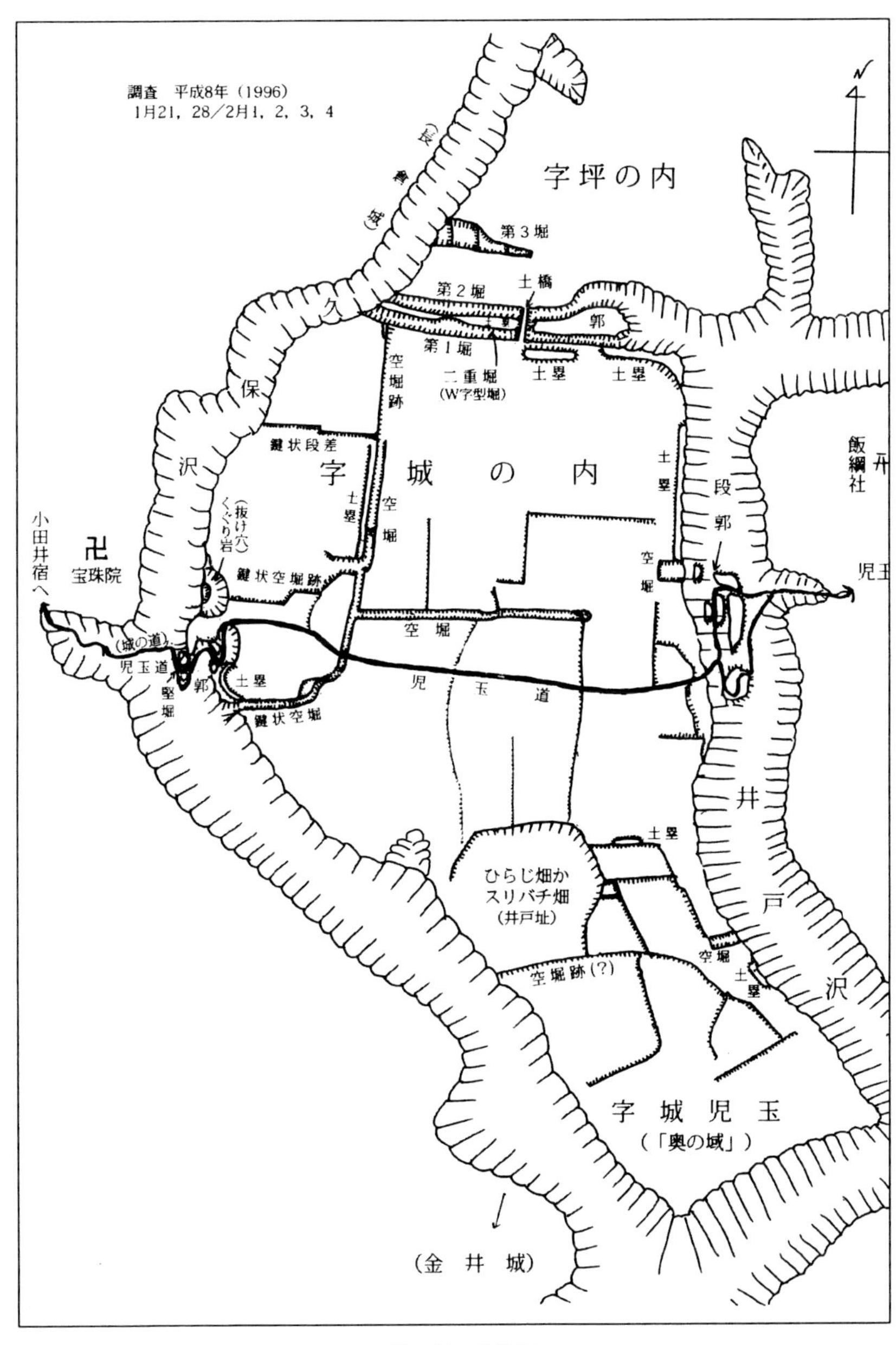
調査　平成8年（1996）
1月21，28／2月1，2，3，4
字坪の内
第3堀
第2堀
土橋
郭
第1堀
二重堀
(W字型堀)
土塁
土塁
久
保
沢
空堀跡
鍵状段差
字　城　の　内
土塁
空堀
土塁
段郭
飯綱社
空堀
(抜け穴)
くぐり岩
小田井宿へ
宝珠院
鍵状空堀跡
児玉
(城の道)
児玉道
竪堀
郭
土塁
鍵状空堀
空堀
児　玉　道
井
戸
沢
土塁
ひらじ畑か
スリバチ畑
(井戸址)
空堀
土塁
空堀跡(?)
字　城　児　玉
(「奥の城」)
(金　井　城)

芦田城の縄張り

ではないことが推測される。（同様な城郭に上州総社神社もその一郭に含まれる蒼海城がある）。それらと比べて小田井城は、広大ではあるが空堀（堀底の形態は箱堀）が意味ありげに走り、やや複雑な形態を示している。しかし、通常の城郭のイメージとは異なり、三ノ郭・二ノ郭・主郭といった機能が不明確である。小田井城は、郭・空堀・二重堀・土塁・堀や土塁の鍵形折れ・土橋があり、特徴的なものとしては、城からの抜道だという伝承がある「抜穴（くぐり岩）」、スリバチ畑（ヒラジ畑）［井戸址］がある。また特に大手の二重堀は大規模で本格的であり、近隣にはない珍しい形態である。『御代田町誌』によると、城主クラスのいた所は、城内最奥部の郭、通称「奥ノ城」であるとしているが、現地に足を運んでみれば一目瞭然のことではあるが、そこは北方の郭よりも一段と低く、主郭として適していない。そこは平尾城方面を見張ったり、南方を遠望する役目をも有する搦め手郭であろう。さりとて、本郭はどこなのか縄張りを見ても判然としない。城の北の字「坪ノ内」方面から、城域の正面の二重堀の土橋を渡りきると、現在の道はそのまま直線的に城内へ入り南へ延びているが、往時にはそのような単純な虎口であったとは思えない。土橋を渡ると左手前方に土塁（長さ四〇メートル、高さ一・五〜二メートル、幅五メートル）がある。往時の城内への道は土塁手前を左折して東へ進んだと推定される。土塁上には防護柵ないしは塀が設けられていたであろう。道幅は二・五メートルである。守城側に対して寄せ手は土塁を右手に見て進むので、体を開かねばならない体勢になり、右側から守備兵が横矢（横槍）を入れることができ、他方、寄せ手にとっては攻撃をしかけにくい形態である。四〇メートルほど進むと、土塁は切れて、もう一つの土塁（これも長さ四〇メートル）が堀の縁に沿って東へ延びている。この二つの土塁の痕跡からして、土塁と土塁の間は「食い違い虎口」であったと推定される。虎口を入ってしばらくすると、現在は右手に道は折れ、西方へ向かい、二重堀の土橋から直接南へ延びている現在の道と合流する。道が「虎口を入ってしばらくすると、現在は右手に道は折れ、西方へ向かい」というように、わざわざ不必要な迂回をしているということは、「往時には、そのように城内へ入っていた」という証拠でもある。（現在ではそのように道が入る必要は全くないことからも、そのように言える）。現状では、二重堀の土橋から直線的に南へ延びている現在の道へ合流する。

二重堀からの現在の直線的に南方へ延びる道（往時は、二重堀からそこまで南への直線的なその道は存在しなかったと推定される）と合流するが、食い違い虎口から入った道は、そこの箇所を突っ切って現在でも南西方向へそのまま延びている農道がある。それを辿ると字「城ノ内」の西端の郭へ至る。その郭の東端は南北に空堀が縦断している。その南北の空堀の北の部分は現在は段差だけではあるが、空堀が破壊された形跡がある。南北の空堀の真中の部分の西上方へ農道は通じ、土塁の上を通っている。その土塁の高みは小田井城内では一番の高所となっている。その土塁とその東下の南北に延びる空堀に守られた西端の郭を小田井城の主郭の候補として挙げておきたい。複数の空堀がそこへ集結しているからでもある。また、前述のように特にその郭の東側の空堀は南北に貫通している。南北の空堀の南の部分は鈎状空堀となっている。また、この郭にはほかにも土塁・鈎状空堀跡・鈎状段差・土橋があり、南西の隅には三日月土塁があって、西方の崖の切れ目から登って来る道（城ノ道）に対して上から攻撃できるようになっている。城域図をみると主郭は西の端に位置しているが、それでも極めて広い区域である。西端には通称「潜り岩」（くぐ）（抜穴）がある。そこから崖下は久保沢の田切地形で、久保沢を横切って西方へ上ると宝珠院があり、中山道小田井宿がある。後世、宝珠院の南から久保沢へ下り、わずか南から城内へ上り、「城ノ道」と呼ばれた児玉道（児玉集落へ通じていた）が城内へ入って、小田井城を東西に横断していたが、往時は小田井宿方面からの間道はあったかもしれないが、城域は横断してはいなかったであろう。字「城ノ内」は極めて広大で空堀（箱堀に見える。往時は薬研堀か）が城域を区切っている中央で東西に延びる空堀の西端が南北に延びる空堀へT字型に接合しているが、その南北に延びる空堀を北上すると、その空堀が左手（西側）に土塁を伴うようになる。土塁の手前を左（西）へ空堀を上った所は前述で主郭の候補地に挙げておいた郭である。特に土塁（現在その上は農道となっている）の高みは南北の空堀の東側の郭よりも高い。これは、土塁の西方に小田井城の中枢部があるということと示唆している。

それにしてもあまりにも城域が広大過ぎて、小豪族ではとても守りきれない城である。天正十年に北条氏の先方である大道寺政繁が一時在城したことがあったが、その時は大軍勢であったと推定されるので、その時のように大軍勢が陣を張ったり、駐屯したりする場合には適していそうである。辺り一帯は現在は耕作地、山林、宅地、工場、道路等で、残存状況はやや不良である。また、城域や近隣に「城ノ内、坪ノ内、城児玉（奥の城）、上小田井、飯綱、長倉、上ノ駅、中ノ駅、下ノ駅、除沢、狐坂」などの城郭関連地名がある。築城者は、小田井氏（尾台氏）で、尾台吉六郎副親（小田井又六郎信親）と言われ、年代は大永年間（一五二〇年代）とされている。

ところで『甲越軍記』では、「小田井誅伐之事」という表題を付けているが、読者はこの言葉をどう受けとめるのか。私（筆者は）としては、勝者による非常に思い上がった表現ではないかと感じられる。そもそも「誅伐」とは一方的に征服者たる武田氏側からの意識からであり、小田井氏側からの意識は皆無である。武田氏という絶対的な大きな勢力に対して一土豪に過ぎない小田井氏が立ち向かったのである。小田井又六郎信親からすると、近隣の城が次々と落とされていく中で、敢然と誇りを持って侵略者に抵抗する気持ちがあったであろう。いわんや、わが「芦田信守」といえども、たかが芦田の子倅（こせがれ）が武田のお先棒となって、投降を迫る使者として訪れたとしても、にべもなく追い返したのは、小田井氏側からの論理からすると当然であったかもしれないのである。

景気よく「首級をいくつ挙げた」とか「滅ぼした」とかいうことは勝者の論理でしかない。「誅伐」という言葉には、一方的な論理が潜んでいる。

4　内山城攻め

内山城は、佐久市東部の内山川の右岸にあり、内山渓谷入り口の北側に位置している。東方へたどれば内山峠を経て、上州の西牧・南牧へ通じ、関東へ出る要路を押さえる位置にある。境目城の性格をもつ城で、上州にいる関東管領上杉氏の勢力に対する城である。

佐久地方の城は地域性によって三種類に分類できる。比較的平坦の佐久盆地内にある城の多くは、浅間山麓の田切り地形を利用した**崖際城**（がけぎわじょう）である。千曲川西方の八ヶ岳・蓼科山系にある城は山城が多いが、**丘城**に比較的近い形状をしている。一方、千曲川の東方は関東山地が西へ突き出した尾根上にある山城で険しい**要害城**である場合が多い。内山城は、志賀城・田口城・平尾城などとともに、本格的な山城である。中でも内山城は、断崖絶壁を利用した、複雑で広大な縄張りを有する山城である。しかも、麓には城主の居館のある根小屋や、城下の町割りがあり、軍勢の駐屯する「宿城」があった本格的な城である。佐久地方最大の規模を持つ山城であり、城の持つ歴史は、多くの勢力の在城した経歴を持ち、単純には説明できない城郭である。しかも、詰城・山小屋（戦の時に民衆や腰弱が一時避難する所）・支城・枝城・砦・見張台・狼煙台から、攻撃の時に敵が築いたと思われる向城・陣城まで含めると、内山渓谷の入り口から、東方へ何キロメートルにもわたって、渓谷の両側の尾根上には、城塞の形状を持つ遺構が無数に存在する。間違いなく佐久地方最大の山城であるとともに、城主に関しては変遷が多く、不確かで、謎の多い山城でもある。この内山城を**芦田信守**は武田信玄の**信濃先方衆**として攻めていることになる。

内山城

文献の語る内山城

内山城に関する諸文献から、内山城主や内山城の城としての性格、武田氏による内山城攻めについてみてみる。

①『諏訪御符禮之古書』の文明八年（一四七六）の条には、

文明八年丙申明年花會御頭足　〈中略〉

一　**内山**　須江入道沙弥善孝、依田美濃守光俊、御符禮二貫八百、使三郎、頭役十貫

諏訪大社の「五月会」御頭役は、**地頭**がその任にあたることになっていたので、この文明八年の時点での**内山**の地頭は、依田美濃守光俊であったことが分かる。

②『諏訪御符禮之古書』の文明十八年の条には、

文明十八年五月五日　〈中略〉

一　流鏑馬、**内山**　依田美濃守光俊、御符禮二貫三百、使二郎三郎・金五郎

文明十八年の**内山**の地頭が**依田美濃守光俊**であることが分かる。この系譜は『相木市兵衛依田昌朝と武田信玄』（依田武勝著）によると、**相木依田氏**で、依田光康（新左衛門）～**光俊**（**美濃守**遠経）～貞直（左衛門三郎）で、**内山城主**であった。この時点では相木依田氏は、大井氏の重臣であったので、史家の言う「大井系依田氏」という表現も、あながち誤りではない。

③『高白斎記』天文十五年（一五四六）五月の項では、内山城攻略までの状況が端的に表現されている。

五月小三巳未卯刻向内山御門出陣、巳刻御立、海野口迄、六日壬戌前山へ御着城、八日甲子巳刻先衆立、九日乙丑辰刻前山ノワウツ立、十日水ノ手被為取、雷雨、十四日庚午責取、内山本城ハカリ残テ、小笠原ト金吾両人参、廿日丁丑内山ノ城主左衛門尉城ヲ明テ野沢へ下ル、

五月三日に内山城攻めに向けて午前六時に甲府を十時に出陣し、海ノ口まで。五月六日に（佐久での軍事基地としている）前山城に到着。八日午前十時に**信濃先方衆**が前山城から**内山城**へ向けて出発した。本隊は九日午前八時に前山を出発。十日に水の手を奪取。雷雨あり。十四日に本郭を残して二ノ郭まで攻め上り、小笠原氏らの参陣があり、二十日に内山城主**大井左衛門尉貞清**は城を明け渡して野沢へ下った。

……「本城ハカリ残テ」とあるが、「本城」とは、山頂部で断崖絶壁上の「本郭」をも含む郭群がそれに該当する。

内山城攻めの概要

天文十五年三月、武田晴信は村上方の戸石城を攻めたが、さしたる衝突はなかった。（第一次戸石城の戦い）。四月一六日、晴信は佐久郡内山城主の大井左衛門尉**貞清**に出仕を促したが、貞清はそれを無視していた。彼は三年前に小県郡**長久保城**で滅ぼされた**大井貞隆**の嫡子であるとも、弟であるとも言われている。**大井貞清**は佐久郡の反武田の勢力を結集して、佐久郡**内山城**に拠り、武田方の守城である前山城などを襲撃した。前ページの③に述べられていることではあるが、もう一度、改めて信玄の軍事行動を整理してみる。

――大井貞清の反武田の動きを知った信玄は大井貞清討伐の軍を率いて五月三日に甲府を出発した。そして、六日には佐久郡**前山の宿城**へ着陣した。九日には千曲川を渡河して東へ進み、内山峡の入り口を北から扼する**内山城**の攻撃を早朝から開始した。内山城は堅固で壮大な山城である。六日間の猛攻撃を加えて、本城を除いて全城域を制圧した。しかし、四方を断崖絶壁に守られた本城は頑として落ちず、さらに六日間の兵糧攻めの長期戦の末、ついに五月二十日に貞清は降参した。

内山城攻略の右の内容を箇条書きにしてみると　　天文十五年（一五四六）

(1)**大井左衛門長清**は反武田勢力を結集して内山城に拠り、武田の守城である前山城などを襲撃した。
(2)四月十六日、内山城主大井貞清父子に出仕を促す。
(3)五月　三日、信玄、大井貞清討伐の軍を率いて甲府を出陣
(4)　　六日、信玄、前山城（宿城があった）へ着陣
(5)　　九日、**内山城攻撃**を開始
(6)　　十四日、六日間攻め本城以外を制圧、断崖上の本郭は容易に落ちず。
(7)　　二十日、さらに六日間の兵糧攻めに及び、ついに**大井長清**は降参。城を明けて野沢へ下る。

(8)七月十八日、上原伊賀守が内山城代として入る。そして、佐久の状勢により、まもなく飯富兵部虎昌が替わる。晴信は、貞清の戦いぶりをかって、貞清一党を家臣にとりたて、甲府へ出仕させた。武田の家臣となった貞清は、二十九年後の長篠の戦いで討ち死にしている。

④『高白斎記』天文十五年（一五四六）七月の項では、

天文十五丙午年七月小丙辰上原伊賀守去、九日甲子致門出、今月十八日内山へ着、

内山城攻略後の天文十五年七月九日に、**上原伊賀守**が甲府を出発し、十八日に**内山城**へ到着した。甲府から内山まで通常は二、三日もあれば到達できる道のりである。十日間かかっていることに違和感があるが、その行程に何かあったのであろうか。不明である。武田信玄は、内山城代として上原伊賀守を入れたのである。

⑤『高白斎記』天文十六年四月の項では、

十六日丁酉大井左衛門父子就在府者身命並カツ命ツキ不可有別条之由、御罰文荒田方へ被越候、御使高白秋着仕候、――〈中略〉―五月大四甲寅大井左衛門父子着府、六日出仕、

天文十六年四月十六日、（信玄が前年に攻略した内山城主だった）**大井左衛門貞清**父子が、甲府へ来て身命に仕える、命は預けるということであるので、駒井高白斎（『高白斎記』の筆者）が使者として、罰文を伝えた。貞清父子は五月四日に甲府へ到着し、六日に（武田信玄に）出仕した。前年、武田軍に降伏して、内山城を明けて、大井貞清は野沢へ向かったが。（十一ヶ月後になって）、甲府へやってきて、信玄に出仕したのである。……大井貞清は、その後、武田家臣として務め、長篠の戦いで討ち死にしている。

⑥高白斎記』天文十七年（一五四八）四月の項では、

（天文十七戊申年四月）廿五日敵動内山宿城過半放火、

〔註解〕

天文十七年（一五四六）四月二十五日に敵が行動を起こし、**内山の宿城**の過半を放火した。――「宿城」とは、軍勢が駐屯できるほどの城域があり、軍事基地的な役目を担う城のことである。佐久では内山城・前山城・桜井山城（勝間ノ砦、稲荷山城）・海尻城などが「宿城」の役目を果たしていたようである。――その宿城である**内山城**を襲い放火したのは敵である**村上義清**である。去る二月の上田原の合戦で、武田信玄は村上義清に敗れている。その後、信玄は諏訪の上原城まで兵を退いたが、四月二十五日に村上義清が、信玄配下になっていた佐久郡内へ攻め入ったのである。

⑦『高白斎記』天文二十年（一五五一）九月の項では、

（天文二十年辛亥年）九月小廿日乙巳大井左衛門内山ヲ出テ甲府へ来ル、上原伊賀守重テ内山へ移リ、替名字号小山田備中守、廿二日屋形様内山ヲ御立、廿三日戊申御帰府、

天文二十年九月二十日、**内山城**を守備していた**大井左衛門貞清**が内山から甲府へ戻った。それに替わって**上原伊賀守**が再び内山城代となり、名を**小山田備中守**と改めた。そして、九月二十二日に信玄が内山を出発し、甲府へ帰ったことが述べられている。

⑧『妙法寺記』天文廿三年（一五五四）八月の項では、

此年（天文廿三甲寅）八月六日ニ柵郡要害一夜ニ九ツ落申候、―〈中略〉―思フ程切勝被成候、此年小室モ自ラ落申候、トテ、**内山**ノ人数ヲオシツケニ乗リ候テ、三百計打取ル、去程ニ上意様大慶満足被成候事無限候、

天文二十三年八月六日に、武田信玄の猛攻を目の当りにした佐久衆の要害は、**一夜に九城**も落ちた。この年、小諸城も自落するということで、**内山城**に駐屯していた軍勢を差し向けて、三百人ほどを討ち取った。信玄は大満足であった。――このことから、内山城は軍勢が駐屯する「**宿城**」の役目をもっていたことが分かる。

武田田信玄と村上義清の二回の戦いの直後の動向

武田信玄が**村上義清**との戦いに敗戦（上田原の戦い・戸石城の戦い）をきっする度に、その直後に村上義清が武田勢力下にあった佐久へ侵入し、佐久の諸将が反武田の旗印の下で結集し、蜂起したりしていることが分かる。その都度武田信玄が出馬し、佐久を再び武田の支配下に戻している。

○天文十七年二月十四日、**上田原の合戦**で武田信玄は村上義清に敗れる。

その結果、

・三月五日、諏訪の上原城まで兵を退いた。

・四月十五日、**村上義清**の軍勢が佐久郡内へ攻め入り、武田軍の基地である**内山の宿城**の大半を焼く。

・佐久では**反武田の反乱**が起き、前山城まで奪われた。

・九月六日、信玄は諏訪から佐久郡前山に向かって出発し、九月七日海の口に泊まり、九日に宮ノ上城に一泊、十一日に臼田（宿城あり）を発って、**前山城**を攻め落とす。

・前山城を攻め落とし、数百人を討ち取った。これを見た**佐久郡の諸将の十三城**は戦わずして降伏した。

・反乱の中心であった田口氏は、**田口城**で武田軍と戦い、田口良能は討ち死にし、田口氏は滅亡した。

○天文十九年（一五五〇）八月、**戸石城の戦い**で信玄は再び村上義清に敗れる。（第一回戸石城の戦い・戸石崩れ）

その結果、

・十一月八日、義清が**佐久へ侵入**し小諸城へ入る。

・十一月十三日、義清、**野沢城**と**桜井山城**を攻めて放火する。

○天文二十年（一五五一）四月二十六日、村上義清は**戸石城**を**真田昌幸**に攻略される。

・九月二十日、内山城の城代として取り立てられていた**大井貞清**は甲府へ行き、**上原伊賀守**が再び内山城に入り、

小山田備中守と改名して内山城主となっていることから、戸石城の戦いで武田軍が敗れた時、一時大井貞清が内山城へ入ったものと思われる。武田勝頼の滅亡と本能寺の変後の「天正壬午の乱」の一時期、北条氏からの**城代猪俣氏**が在城した。北条氏が去った後、北条傘下となっていた小山田藤四郎が内山城主に復帰し、芦田信蕃に反意を示していたが、信蕃の猛威に圧倒されて降参してきた。その後、芦田信蕃は**小山田藤四郎**に内山の地を宛てがっている。

内山城主の変遷

①平賀氏……中世初期……内山は平賀郷に属し、平賀氏の支配下にあった。
②大井氏……平賀氏滅亡（文安三年頃、一四四六年頃）により、大井庄地頭の大井氏の手に移る。

③須江氏・依田氏……『諏訪御荷礼之古書』によると、内山の地頭は、（あるいは、大井氏の代官は）、文明八年（一四七六）……須江入道沙弥善孝と依田美濃守光俊

④依田美濃守光俊……文明十八年（一四八六）……依田美濃守光俊

⑤大井玄岑……永正年間（一五〇四～一五二一）、**大井**美作守玄岑（または、**内山**美作守玄岑とも称す）が在城

⑥上原昌辰……天文十五年（一五四六）五月、大井貞清の内山城を信玄が攻略し、上原伊賀守昌辰（まさとき）（のちの小山田備中守）を城代とした。その後、小山田備中守は一時小諸城代となり、内山城には飯富兵部虎昌が入る。

⑦飯富虎昌……天文十七年（一五四八）五月下旬、内山城在城の飯富兵部虎昌から信玄の佐久への出陣要請がある。

⑧大井貞清……天文二十年（一五五一）三月二十八日、信玄は旧城主であった大井貞清を内山城主に当てた。

⑨小山田昌辰……天文二十年（一五五一）九月二十日、信玄は大井貞清に替わり小山田備中守昌辰に内山城の守備を命じる。

⑩小山田昌行…………永禄七年（一五六四）、小山田玄怡（小山田備中昌辰の子の小山田備中守昌行か）が在城天正十年（一五八二）、小山田備中守昌行は、仁科盛信が高遠城で織田軍に滅ぼされた時、副将として討ち死に。

⑪小山田六左衛門……天正十年（一五八二）、小山田備中昌行の子の小山田藤四郎（六左衛門）が内山城に入るが、北条に攻略され、北条氏の支配下に入る。（彼は小山田備中守**昌行**の子の**昌盛**か）。

⑫猪俣能登守…………天正十年（一五八二）、織田信長死後、佐久郡は北条氏に蹂躙される。北条氏は猪俣能登守を内山城主とする。

⑬小山田六左衛門……天正十年（一五八二）、北条が関東へ去った後、城主であった小山田六藤四郎（左衛門）は、内山城主に復帰していたが、芦田信蕃の手勢に敗れ、その臣下となった。

⇩〈内山城を城主で整理すると〉

・平賀氏→大井氏→大井氏重臣か（依田光俊）→大井（内山）美作守→大井貞清→小山田備中守昌辰→飯富兵部虎昌→大井貞清→小山田備中守昌行→小山田藤四郎六左衛門→猪俣能登守→小山田藤四郎六左衛門（芦田信蕃）

⇩〈さらに、単純化すると〉

・**平賀**氏→**大井**氏（重臣を含む）→**武田**氏（小山田氏など）→**北条**氏（猪俣氏）→（芦田氏）

⇩

・内山城は当初は**平賀**氏が関わっていたが、**大井**氏が支配するようになり、その後武田信玄の臣下の**小山田**氏等城代が統治し、天正十年には、いったん**北条**氏が押さえ、北条氏が去ったあと小山田氏が復帰したが、最後は**芦田信蕃**の勢力下になった。

内山城代小山田備中守

内山城の攻略後に武田により内山城の城代となった**小山田氏**は、小山田備中守昌辰～小山田備中守昌行～小山田藤四郎六左衛門と、約三十年間内山城主であった。昌辰（まさとき）は上原昌辰から改名した。守城戦には武田家中でも定評があった。昌行は天正十年三月二日の高遠城の落城の際に、仁科盛信の副将して討ち死にしている。藤四郎は北条氏にいったんは臣従したが、復帰し、芦田信蕃に降参してその臣下となり、徳川方となった小山田藤四郎は、徳川家康から佐久郡岩村田における戦功を賞する書状をもらっている。また、天正十年十一月十九日付けで、**芦田（依田）信蕃**から、内山等の地を宛てがわれている。（なお、その書状には、現在に残る信蕃による「花押（かおう）」がある）。

御本領之分
貳百拾貫文　内山之内
拾貫文　平賀之内
拾貫文　馬流之内
新地之分
七百貫文　入澤
参百貫文　岩尾之内
右合千貳百参拾貫文、今度被屬御當方へ、
無二可有忠節之由承候条、任御望候、恐々謹言、
天正壬午　　依田右衛門佐
霜月十九日　　信蕃（花押）
小山田藤四郎殿

芦田信蕃から小山田藤四郎に宛てがわれた知行は、（内山二一〇貫文＋平賀一〇貫文＋馬流一〇貫文＋入沢七〇〇貫文＋岩尾三〇〇貫文＝一・二三〇貫文）である。

ちなみに、武田勝頼が天正十年三月十一日に、天目山麓の田野で滅びているが、その時に武田を裏切ったとして濡れ衣を着せられた格好の小山田氏がいた。その小山田氏は、武田軍団最強とも言われた軍勢を要していた。甲斐郡内地方に本拠を置く小山田越中守**信有**～小山田出羽守**信有**～小山田左兵衛尉**信茂**の系統である。この二つの小山田氏は、全く別の系統の小山田氏である。

内山城攻めと芦田信守

芦田信守が天文十五年（一五四六）の内山城攻めに参陣していたかどうか、

戦いの前後の状況を考察してみよう。

かつて、依田系芦田氏は歴代大井氏の重臣であった。この天文十二年（一五四三）前後に、大井貞隆の臣であった**芦田氏**と相木氏は、ともに**武田晴信に臣従することになった**。つまり、それまでは**芦田信守**は在所**芦田城**にあって、大井氏や望月氏らとともに武田氏に抵抗していた可能性が高い。芦田氏の芦田郷は地理的にも、当時大井宗家を名乗っていた**大井貞隆**の長久保にも近く、それまでは臣下として同一行動をとっていたと推定される。

特に歴代の芦田氏は、**大井氏の筆頭重臣**であった。『蕉軒目録』（文明十六年、一四八四）には、「大井は千騎を以て大将たり。〈中略〉**大井の執事**芦田殿・相木殿……」とある。また『佐久大井氏由緒』（文明期～永正期）には「大井氏城中における座敷での御家中の着座は、**一番が芦田氏**、二番が相木氏、三番が志賀氏…〈中略〉…其他近習依田歴々なり」とある。大井氏家中でも**最も高い位置**を占めていた**芦田氏**である。**芦田信守**の武田家臣としてのその後の生き方、それを継いだ**信蕃**の忠烈ぶりからすると、芦田氏が長年の主家である**大井氏**を、武田氏との戦いを前にして、安易に裏切るとは思えない。

しかるに、天文十二年九月十九日、信玄が長窪城に**大井貞隆**を降し、生け捕りにし、甲府に護送し処刑する。大井宗家の滅亡に際して、芦田信守は**武田への臣従**をせざるを得なかったものと思われる。周辺の大勢力の情勢の急変によって、**芦田信守**の境遇も変転せざるを得なかったのである。

視点は違うが、『甲越軍記』には次のような一文がある。（現代文にしてみると）――「信州には村上佐衛門尉義清、小笠原大膳大夫長時、諏訪信濃守頼茂、木曾左馬頭義昌、四家の人々數年以來、度々甲州へ亂入し、別して近頃は戦ふごとに利を失ひ、同年（天文十三年、一五四四）霜月に至り、信州の國人**蘆田下野守**を始めとし、依路（与良）・平原・川上左衛門入道など、信州四家との約に背き、**降参を遂る者が**多かった」――。ここで「信濃国人蘆田下野守を始めとして」というように真っ先に名前が挙げられているということは、**芦田下野守信守**の存在感がそれだけ大きかったということを意味していよう。

武田臣従後に、まず芦田下野守の名が出てくるのは、武田氏による小田井城攻めに関してである。内山城攻め（天文十五年、一五四六）以前の**小田井城攻め**（天文十三年）の発端は、武田の使者として小田井城主の**小田井又六郎**に武田への出仕を勧告に出向いた**芦田下野守信守**に対して、拒否したのみならず、たびたび芦田領へ侵入し狼籍を働いたことによる。そこで武田氏が板垣信方を主将として、**小田井討伐**に乗り出したのである。当の芦田信守が小田井城攻めに参加していたことは、ことの成りゆきからして、必然であったと思われる。武田へ臣従後、少なくとも二年以上が経っていた**内山城攻め**では、（文書として残されてはいないが）芦田信守が**信濃先方衆**として、一族郎党を従えて参陣していたのは、以上の状況から判断すると確立はかなり高いといえる。（離合集散する佐久衆の中で、いったん武田に臣従した後は、一貫して武田氏の下で忠勇を示す芦田氏が、内山城攻めに参陣していなかったとは考えにくい）。

また、佐久の諸将のとった軍事行動との違いが明白なのは、次のことからもいえる。——武田信玄が村上義清との戦い（上田原の合戦、戸石城攻め）で敗れる度に、その直後に**村上義清**が佐久へ侵入し、また、**佐久の諸将が反武田**で結集して蜂起しているが、芦田氏と相木氏は**一貫して武田の臣下**であることを通している。その証拠に芦田氏も相木氏も**信濃先方衆の巨頭**として、川中島の合戦では**妻女山攻撃別働隊の十頭**のうちに入っていることからもいえる。佐久の他の諸将のように武田に従属したり、反旗を翻したりを繰り返していたのでは、一五〇騎の将（芦田氏）・八〇騎の将（相木氏）として、武田氏に重用され、お膝元の甲府で屋敷地を与えられる地位には成れなかったと思われる。したがって、天文十五年（一五四六）の**内山城攻め**の武田軍の中で、**信濃先方衆の中心**として大役を果たしたことは状況証拠としても間違いなさそうである。

『高白斎記』には内山城攻めに際して、「六日壬戌前山へ御着城、八日甲子巳刻**先衆立**」とあるが、その「**先衆**（信濃先方衆）」の中で兵力が一番多い**芦田衆**がいなくては、佐久では城攻めの大軍勢を編成できない。この内山城攻めは芦田信守にとっては、大井宗家は滅びたとはいえ、支族ではあるが「大井氏」を名乗る**大井貞清**を攻める先方衆という立場には、複雑な思いが去来していたと思われる、

この後も、同じ依田氏である芦田氏と相木氏は一貫して武田氏の麾下として、信濃先方衆の精鋭として、幾多の戦いに参陣していることは衆知の通りである。

内山城の縄張り

内山城はドローンで上空から俯瞰したとすると、ヒトデのように延びた五本の尾根がある。特に西尾根・南西尾根・南尾根に抱かれるような形で城下には**居館跡**がある。それに向かって旧国道二五四号線から上方向へ、四本の小路が延びている。西から順に大名小路（西小路）、じゃんぼん小路、中小路（殿様小路）、文明小路である。現在、それぞれの小路の左右には、階段状をした削平地が宅地となっていて、集落をなしている。地元ではこの**町割り**のある集落を「町（まち）」と称している。城下町の原初的なものが形成されていた。武田氏時代の改修の結果であろう。居館跡と推定される広大な平地の中央から上方へ進むと、内山城の本城からすると南西尾根が下方へ延びきったところにある断崖直下に突き当たるが、そこに絹笠神社（蚕社）がある。昔は諏訪社であったといわれている。

大手道は居館跡の右端（東端）から、ほぼ南西尾根に沿って登る。途中にいくつかの曲輪があり、**石積**を備えたかなり広い曲輪もある。下から攻め上って来る攻め手を上から攻撃する形状をなしている。曲輪群の上方の大手道は険しさを増し、断崖絶壁に阻まれる。左手斜め上方に回り込んで登りつめて、右手に向かうと、その上方が「**本城**」である。「本城」のうちの最頂部の**本郭**を挟むかのように、北に二つの郭（北郭1、北郭2）と南に二つの郭（南郭1、南郭2）がある。大手道が北郭2の西端に至り、右手へ進路を変え、さらに進むと上方の北郭1の西端から守城側の攻撃を受けることになる。そこを過ぎると本郭である。しかし、本郭に取り付こうとすると、本郭の南側にある南郭1、南郭2から迂回してきた守城側の兵に背後から狙われることになる。特に南郭3が本郭下へ延びているのが、その働きをすることになる。本郭には宗吾神社が祀られているが、明治二十年頃までは秋葉社であったという。多くの山城の山頂部の主郭

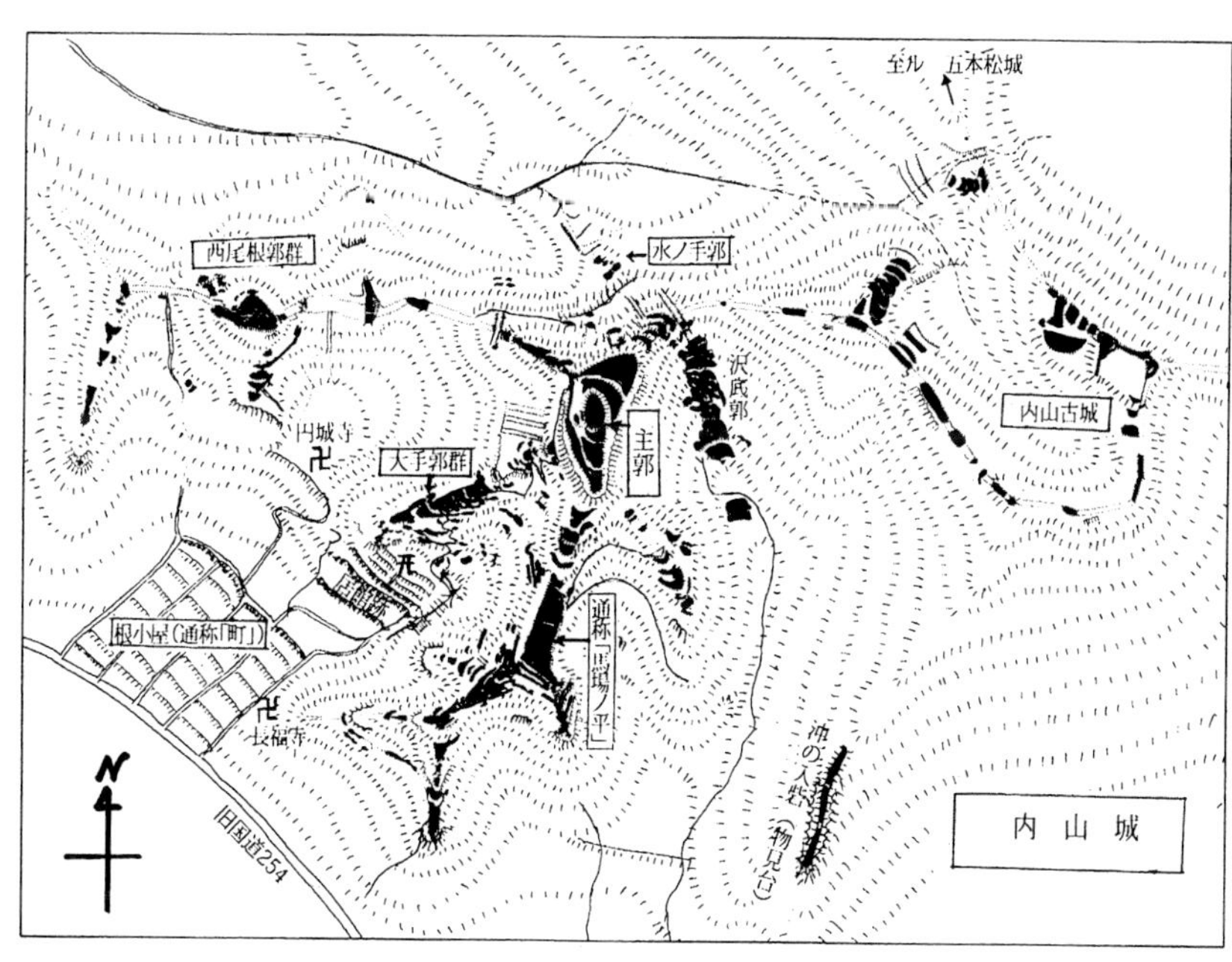

内山城の縄張図（作成完成、平成12年12月３日、市村）

には、秋葉社や愛宕社がある例が多いが、火除けの神様であると同時に、戦（いくさ）の神様でもある。現在地元の人々によって本郭は整備され説明板も設置されている。

長く西へ延びる西尾根には、**堀切**が三本ある。西尾根の最上部の付け根は、本城への取りかかり口にあたる。西方へ大きな岩場を経て細尾根が下り、狭い曲輪があり、その先に**堀切**がある。そこから先の西尾根には曲輪が少なく、尾根を下ったその先にも堀切がある。以上二本の堀切は北方からの侵入に備えて、**竪堀状**になって北の沢へ落ちている。二本目の堀切から西方は平坦な曲輪状尾根が延び、その西方はいったん少し上がって、瘤状の高みに平場（曲輪状）がある。その南側は断崖となっている。北側から西側にかけてはアルファベットの「G」の文字のような形の複雑な曲輪がある。その西方へは尾根が下がっているが、尾根の弛（たる）みの部分へ、円城寺の西方にある採石場跡からの道が上ってきているが、道が尾根まで上ってきた箇所は**堀切状地形**にも見える。その西側へ「西小路（大名小路）」からの上り道が続いてきている。西尾根はさらに西方へ延びているが、別の採石場の存在により破壊されていて、往古の地形が不明である。

東尾根は、本城の北端（三ノ郭）から急傾斜となって落ちており、細い**帯曲輪**が下方へ四つ続くが、四つ目の細曲輪の西端から北方下方へ**竪堀**が落ちている。その先の下方に「**水の手**」（井戸跡）がある。この井戸を守るために、石積みの遺構が存在する。再び上方へ戻って、東尾根を下りてきて、尾根の弛（たる）みとなった**一番低い鞍部**には**堀切**があり、それが北方へは竪堀となって落ちている。堀切の南方へは小さな曲輪が複数下っている。堀切を渡ってからは、東尾根は少しずつ東方へ上っているが、尾根なりにたどっていくと**内山古城**へと続いている。

前述のように、内山城の本城から東尾根をいったん下って堀切があるが、そこを越えて尾根が東方へ上っている。その先には地元で「**内山古城**」と呼ばれている城塞らしき地形がある。これは、本城からの尾根続きであることと、内山城下からは見えない所にあることからしても、古城というよりも、「**詰め城**」的な**要素**が高い。あるいは、民衆が「山上がり」して、小屋掛けした砦ないしは**避難所的な施設**（逃げ込み城）であった形状をしている。特徴的なのは削平地が不明瞭で斜めであることと、その割りには土塁状地形が北へ備えてあることである。また、東南方の「沖ノ入り」の沢を上って、西へ向かってくる尾根は細く、東から進んできても城塞が存在するとは分かり難い地形となっている。（東から尾根伝いに進んできたとすると、不意に古城の東端へ到達としていることになる）。内山古城は徐々に北西方向へ尾根がいったん下っているが、それをたどると五本松城へ至る。北方の谷を経て、志賀城方面へも通じる。いずれにせよ、内山渓谷を東へ延びる街道筋（富岡街道）からは全く見えないことや、内山城から尾根伝いに奥へきた位置にあること、そのつもりで見ないと遺構が不明瞭などからすると、常の使用はなかったと推定される。

内山城周辺の城塞群

西方の字松井にある**正安寺**には、内山美作守、小山田備中守の墓があり、内山城と関係の深さを思わせる古刹である。内山城の山麓には円城寺と長福寺がある。いずれもかつては、他所にあったが火災があり、現在地へ移転した経歴をもつということである。特に円城寺の境内地は、内山城に抱かれた奥まった所にあり、城に関わって何らかの機能を果たす施設があった可能性がある。ちなみに、その参道の南下は現在は畑であるが、「古屋敷」と呼ばれる地籍である。

内山城の周辺には、支城・枝城・見張り台・砦・狼煙台・詰め城・山上がりの砦の跡、あるいは攻城軍に向い城（陣城）として使用されたと推定できる**城塞跡**が散在する。それらは単独でみるよりも、内山城との関連で考える必要がある。…（例）平賀城、内堀城、大林寺砦、五本松城、日向林や安坂東の山頂の城塞跡的地形、観音堂跡、沖の入りの東尾根先の見張り台的遺構、内山渓谷を挟んだ南方の尾根、さらに東方の「苦水（にがみず）」の西にある見張り台的地形・北にある「御林」（日向林）の城塞跡、さらに東方の大月・根っ子沢の北側山上にある「山上がり」「小屋掛け」の跡らしき遺構等々は、調査が必要である。特に、内山峡入り口南側にある平賀城との関連を考える必要がある。――内山城の縄張りと周辺城塞群については、拙著『戦国三代と天下人～芦田（依田）氏の軌跡から』（五五～六一頁）参照

○内山郷や内山城に関連して、幾多の武将の名が歴史上で取り上げれらるが、それらを概観しただけでも、内山地区がいかに重要な役割を果たしていたのかが分かる。信州佐久地方の人々だけではなく、小県地方さらには北信地方との関係、武田信玄に関わる甲州との大きな関わり、内山渓谷の東に通じる上州・関東管領の上杉氏との関係など、先人の営みが現在に通じていることを意識する必要がある。

特に、本節においては、内山城と**芦田信守**に関わる具体的なことは、どの文献にも記述されていない。かろうじて天正壬午の乱の終末時に内山城主小山田藤四郎と**芦田信蕃**が「宛てがい状」を通して、文献上では直接関わっているだけである。――しかし、文献だけからの解釈ではなく、できるだけ状況証拠、総合的な見方での考察をするならば、天文十五年（一五四六）五月の武田軍による内山城攻めに、芦田信守が参陣していた可能性は限りなく大きいといえる。

（内山城の縄張りについての詳細は拙著『戦国三代と天下人～芦田（依田）氏の軌跡から』五五～六一頁参照）

内山城と内山峡の城塞群

※印は筆者発見の城塞（未公認）

①**内山城**……本城、広大な縄張り、根小屋、郭群、堀切、石積み、武田軍団の宿城、町割り、

②平賀城……平賀氏の本城、後に内山峡西の入り口南の押え、内山城の支城

③大林寺砦……平賀城西方を守る砦、平賀居館の東方の砦

④内堀城……内山峡西の入り口の北の押え、本郭～四ノ郭、土塁、帯郭群、竪堀

※⑤観音堂砦……内山城西方平地の砦、段郭群、土塁、帯郭

※⑥安坂砦……北方の志賀城方面へ通じる安坂峠の押え、東方の副郭北方へ郭群

※⑦日向林砦……隠れ小屋として機能か、東の尾根に腰郭や帯郭

⑧五本松城……志賀城方面との繋ぎの城（連絡城）、狼煙台、郭群、大堀切

⑨内山古城……内山城の詰城、逃げ込み城か、東方の入り口に備える馬蹄形土塁、

※⑩沖ノ入東尾根砦……内山城東方の物見台か、堀切、小段郭

※⑪沖ノ入砦……隠れ小屋か、字沖ノ入りの沢底は内山宿城の軍団の駐屯地

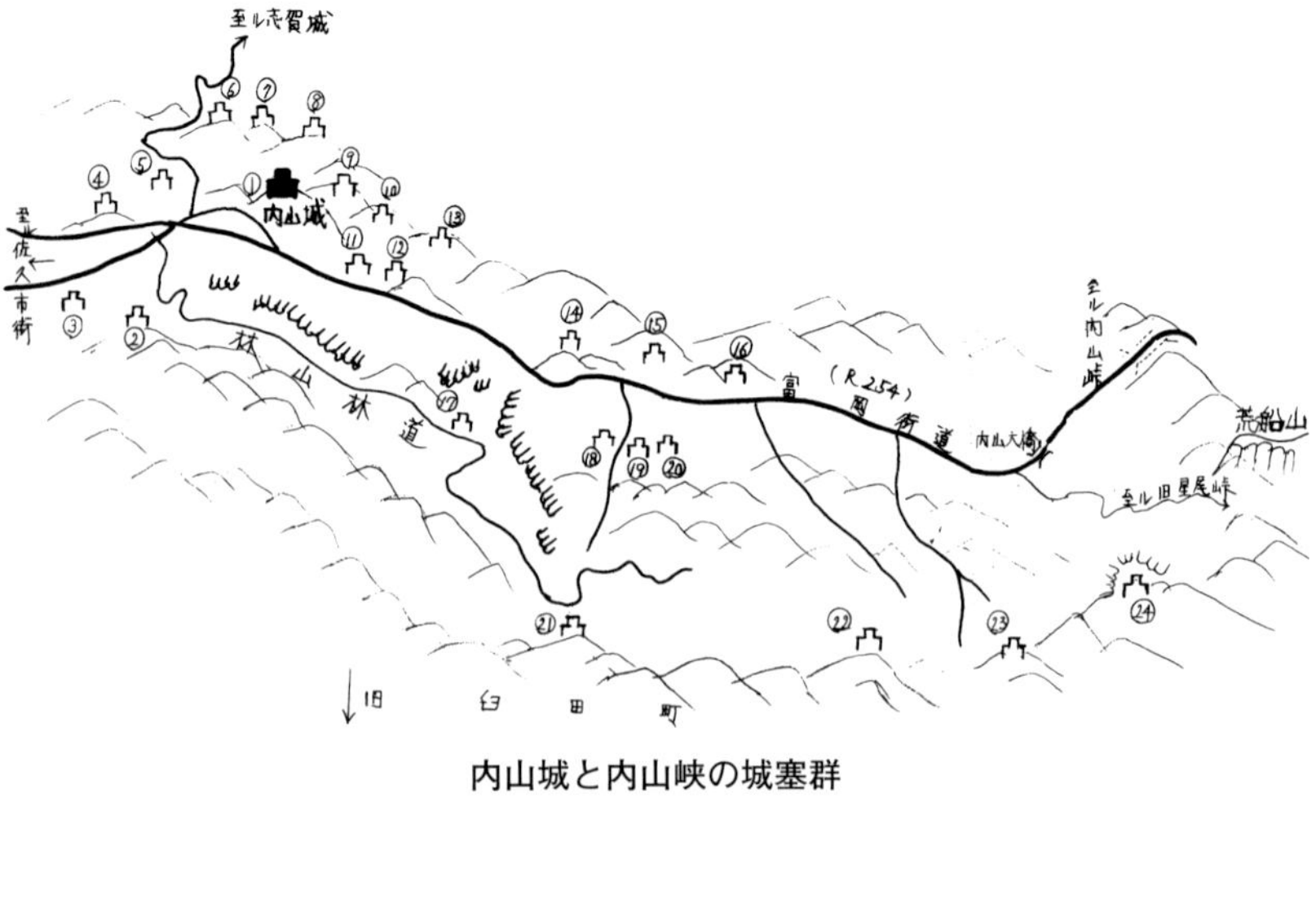

内山城と内山峡の城塞群

か

※⑫吹上砦……隠れ小屋か、字吹上地籍の沢底に謎の石積み地形の連続

※⑬肬水（いぼみず）北尾根砦…内山古城の東の守備か、内山古城へ続く東西の尾根への南方からの登攀を遮る段帯郭群、南西の沢底に謎の石積み群

※⑭見張砦…………内山峡の東西を唯一遮る尾根上の見張り台、郭群、竪堀状地形

※⑮苦水日向砦……苦水集落の北方の砦、上州へ通じる道筋の押え、堀切3本

※⑯根津古西尾根小屋砦……隠れ小屋か、物見砦か、下方からは存在が分からない。

※⑰倉沢城……………見張り台か、尾根鞍部に平地、郭不明瞭

※⑱古正安寺西尾根砦………狼煙台か、尾根上に直径二メートルの大穴跡

※⑲古正安寺丑寅尾根砦……狼煙台か、直径三メートルの大穴、尾根に堀切

※⑳御所平南尾根砦…………苦水集落南方の物見台か、堀切、土塁

㉑戸谷城……内山峡の南側山脈東方尾根上の城塞で最大最強の縄張り、無数の郭群、複雑で幾重もの横堀、塹壕状堀切、竪堀、南と東は絶壁

㉒猿田城……内山峡の南側山脈東方尾根上にある。鞍部に郭状地形全長四八メートルの馬蹄形塹壕と土塁、岩に大穴、尾根に石積状列石

㉓曽根城……内山峡の南側山脈東方尾根上にある。尾根上に郭群あり

㉔鍋割城……内山峡の南側山脈尾根上、兜岩（かぶと岩）の山頂にある。不明瞭

5　笛吹峠（碓氷峠）の戦い

笛吹峠（碓氷峠）の戦いは天文十五年（一五四六）に行なわれた合戦とされているが、多くの史家の間では、実際にはなかったものであると認識されている。しかし、『高白斎記』には、次のように記されている。

同年十月四日板垣信形大将ニテ、小山田左兵衛・逸見・於曽・勝沼・南部・日向大和・小宮山・相木・**芦田**等ノ人々ヲ指添、（「十月四日甲府ヲ出陣、同月六日巳刻於笛吹峠上杉衆ト合戦勝利、首千二百十九討捕」）

この意味するところは、「板垣信形を大将として**武田勢**が、碓氷峠で**関東管領上杉勢**に勝利した」ということである。**『高白斎記』**は武田晴信（信玄）の側近に侍した駒井高白斎の筆によった当時の日記である。特に信濃への侵略の経過は、当時の最も信憑性のある記録とされている。（佐久郡侵入、諏訪郡の経略、上伊那の攻略、信府の小笠原氏攻略、北信濃の村上氏の攻略など、他に求めることのできないものであると認知されている）。

その『**高白斎記**』の中で**芦田下野守信守**が武田麾下として、この合戦に参戦していることが記載されているので、信憑性は高い。もう少し詳しく『武田三代軍記』と『甲陽軍鑑』に記述されているので、ここでは、その二書の述べている内容を現代語訳でその大意を示すことにする。

笛吹峠の戦い～一ノ合戦

一の合戦「（武田晴信が大病に伏せっているとの風聞を耳にした関東管領上杉憲政幕下の武蔵・上野の軍勢は）、天文十五年九月下旬に、**碓氷峠**を越えて甲州に押し寄せようと、上野国から出陣した。晴信は、**板垣信形**を大将として、栗原左衛門詮冬・日向大和衆・小山田左衛門尉・小宮山丹後守昌友・逸見・勝沼・小曽・南部に、信州先方**蘆田下野守**・相木市兵衛尉を差しそえて、都合七千余の軍勢を、十月四日に甲府を発たせて先を急がせた。六日の巳の刻（午前十時）、小諸通りの追分を過ぎ、軽井沢を越えて、碓氷峠へと馳せ付けた。上州勢の先陣は、上田又次郎・見田五郎左衛門・松井田であった。すでに三万三千余人の軍勢が、先手は五千余人、碓氷峠を越えて侵入し、後陣は段々に備えを立てて、峠の彼方に陣取った。敵は早くも峠から三分の一ほど下って攻め込んできた。敵は後陣の軍勢も峠を越えてから合戦を始めようと時を待っているようであった。

敵の大勢が峠を越える前に急に攻めかかって敵を崩せと、大将の板垣信形が先陣をきって、一陣になって馳せでて、軍配を取って下知をし、敵の先陣上田又二郎の先備えの藤田丹後守の陣へ、いきなり突いてかかった。…（中略）…栗原・日向・相木・**蘆田**をはじめとして、全軍がどっと突きかかった。…（中略）…追いつめ追いつめ討ち取って、敵の首一二一九級討ち取った。小をもって大に勝った。この日の午の刻（正午頃）に至って、大将の板垣駿河守信形が、勝鬨（かちどき）の法式を執行させた。」

これは、碓氷峠の「**一の合戦**」と言われるもので、大将は板垣信形である。それに引き続いて「**二の合戦**」が語られている。それには、瘧（おこり）に病んでいた晴信が、大事な合戦ということで自ら病をおして出陣し、六日の未の刻（午後二時）に、軽井沢に着陣したというものである。

笛吹峠の戦い～二ノ合戦

二の合戦「上杉方はすでにその勢一万六千余人で、二の合戦を待って、碓氷峠を越えてきた。晴信は予め斥候を放って、敵情を把握し、備えを万全にした。前日の合戦で疲れている板垣・栗原・日向・小宮山・相木・**蘆田**の軍勢を後陣に備えた。今回は飯富虎昌を先陣とした。…（中略）…敵軍は一気に崩れて、まず峠の上の後陣にいた五甘（後閑氏）が敗走し、上州勢は我先にと崩走した。甲州勢はは碓氷の坂を上りに追いかけて、未の刻（午後二時）から始まり酉の刻（午後六時）に終わったこの日の合戦で、雑兵を含めて四三〇六人を討ち取った。その夜亥の刻（午後十時）に至って、首帳を作成し、勝鬨を執行した。晴信は軽井沢に三日間逗留し、上杉勢の押さえのために板垣信形を軽井沢に差し置き、十月十日に甲府へ帰還した。」

ここでは、**笛**吹峠（**碓氷峠**）の戦いが天文十五年（一五四六）十月六日、七日のこととしている。この碓氷峠の戦いなるものは、従来、歴史家の間では認められていない。とくに、ここで「二の合戦」とされている晴信の出陣は、いかにもとって付けたような感があり、あまり信じがたい。しかし、武田軍と関東管領上杉氏との間で「一の合戦」に近いような合戦が碓氷峠、軽井沢付近で行なわれた可能性は否定できない。

複数の砦遺構と地名が語るもの

碓氷峠付近には合戦があった可能性を示す地形や地名が散在する。まず、「陣場」「二手橋」といった地名が挙げられる。「**陣場**」は、現在の「旧軽」の銀座通りの南東方向数百メートルの所にある。字名は「上陣場・中陣場・下陣場」である。現在は別荘地と化している。また、軽井沢銀座通りのすぐ南東に接するように、**大ケ塚山**という丘がある。そこには、さる大物政治家の別荘がかつて存在していたが、平成の始め頃調査したところ、砦の跡らしき形状の削平地や段曲輪とも思える地形が残っていた。また、東の群馬県境から延びてきた尾根が「万平ホテル」の南方まで達しているが、その西端の高みは「桜ノ沢丸子山」と呼ばれている。そこにも別荘の跡とは考えられない削平地の旧状を残す形状があった。令和元年現在は別荘が建ち、破壊されている。また、「陣場」の南東には、やはり東方から延び下ってきた支尾根が、「三度山」という名の高みをなしている。ここにも砦があったと推定されるが、平成の始め頃には既に破壊されていた。

以上を鑑みるに、「**陣場**」北方に「**大ケ塚山砦**」、北東に「**桜ノ沢丸子山砦**」、南方に「**三度山砦**」に囲まれており、碓氷峠に対して三方が囲まれて、ほぼ平地になっている所が「陣場」である。そこは釜ケ沢という沢に立地している。

碓氷峠（笛吹峠）の合戦
複数の砦状遺構と地名

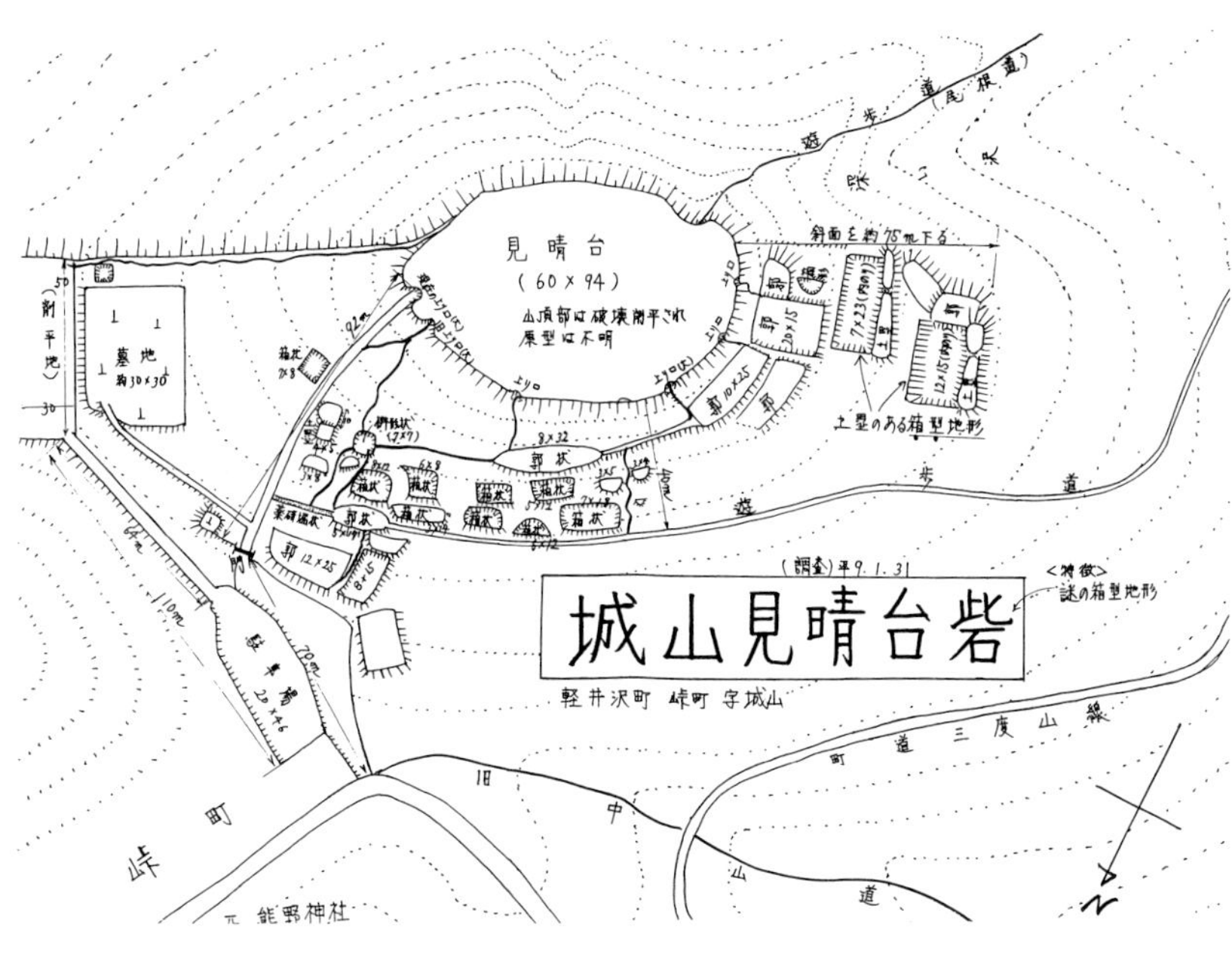

一方、軽井沢方面から碓氷峠を登りつめた右手には現在、「**見晴らし台**」がある。そこは開発されて削平され、ほぼ破壊しつくされているが、往古には境目の山城か砦が存在した形跡が、腰曲輪状地形として残っている。見晴らし台の北斜面には箱状窪地群があり、西斜面には、いくつかの曲輪状削平地のほか土塁をともなった箱状地形がある。また、見晴らし台の南方へ県境の尾根に沿ってたどれば、「桜ノ沢城尾根」と称する高みがあって、そこには規模は大きくはないが、明確な山城の跡がある。なによりも、その地名が「**桜ノ沢城尾根**」となっている。そこから西方へ支尾根を下れば、先述の「桜ノ沢丸子山」に至る。

また、群馬県側に碓氷峠を数百メートル下った所に「子持山」（一一〇七メートル）がある。その西側の緩斜面は「**陣場ケ原**」と呼ばれている。この地名の由来も合戦と関係がありそうである。

以上上げた地名や地形は、武田晴信や芦田下野守信守の時代とは異なる時代の遺跡である可能性もあるが、このように砦状の地形が碓氷峠周辺に散在することからも、「**碓氷峠の戦い**」があったことも一概には否定できない。いずれにせよ、『高白斎記』『甲陽軍鑑』『武田三代軍記』に**蘆田下野守**の名が記されているということは、「碓氷峠の合戦」（天文十五年、一五四六）のころまでには、**芦田下野守信守**が同じ依田氏の出自の相木氏とともに、武田軍の信濃先方衆の侍大将として、武田の合戦に参加していたことを物語っている。

6　信濃先方衆の百五十騎の侍大将

武田氏の軍団は、御親類衆・御譜代家老衆・各地先方衆などから成り立っていた。**芦田下野守信守**は信濃先方衆の巨頭で百五十騎の侍大将であったが、軍団でのその位置づけを見てみよう。

御親類衆

武田典廐（信繁、信豊）　２００騎
武田逍遥軒信綱（刑部信廉）　８０騎
武田四郎勝頼　２００騎
一条右衛門大夫信龍　２００騎
仁科五郎盛信　１００騎
葛山十郎信貞　１２０騎
板垣左京亮信安（信形）　１２０騎
木曽伊予守義昌　２００騎
穴山梅雪信君　２００騎

御譜代家老衆

馬場美濃守信房　１２０騎
内藤修理亮昌豊　２５０騎
山県三郎兵衛尉昌景　３００騎
高坂弾正忠虎綱　４５０騎
土屋右衛門尉昌次　１００騎
秋山伯耆守信友　５０騎
原隼人佑昌胤　１２０騎
小山田備中守昌行　７０騎

小山田兵衛尉信茂	200騎	跡部大炊助勝資	300騎
甘利左衛門尉昌忠	100騎	浅利右馬助信種	55騎
栗原左兵衛詮冬	100騎	駒井右京亮昌直	120騎
今福浄閑斎	70騎	小宮山丹後守昌友	30騎
跡部美作守勝忠	50騎		

足軽大将衆

横田十郎兵衛康景（綱松）	30騎、足軽100人	大熊備前守長秀	30騎、足軽75人
原与左衛門（勝重）	10騎、足軽50人	長坂長閑（釣閑斎光堅）	40騎、足軽45人
市川梅印（梅印斎等長）	10騎、足軽50人	下曽根覚雲軒	20騎、足軽50人
城伊庵（和泉守景茂）	10騎、足軽10人	曽根内匠助昌世	15騎、足軽30人
多田治郎右衛門（正治）	10騎、足軽10人	武藤喜兵衛昌幸	15騎、足軽30人
遠山右馬助直景	10騎、足軽30人	三枝勘解由左衛門守友	30騎、足軽70人

先方衆（さきかたしゅう、せんぽうしゅう「先鋒衆」）

信玄が形成した「甲斐合衆国」は、甲州ほか八カ国に及び、各国に先方衆という軍団を設けていた。

信濃先方衆（60氏）、駿河先方衆（8氏）、遠州・三州先方衆（4氏）、飛騨先方衆（1氏）、越中先方衆（2氏）、武蔵先方衆（2氏）、西上野先方衆（14氏）等々……〈後略〉

先方衆は主として地域を受け持つが、命令によって半数または三分の一の人数を主将が引き連れて出陣した。

全員を引き連れて出兵してしまえば、本貫地（自らの領地）の守備要員がいなくなってしまったり、武田領への敵対勢力に対する備えとして残しておく必要があるからである。これらの軍団部隊は、いわゆる外様であって、ごく一部を除いて信玄・勝頼の息のかかった者はいなかった。その時々の情勢によって敵方に寝返る者もあった。

先方衆は相備（あいぞなえ）の部隊として、武田の中心武将に所属が決っていた。――例えば、西表遠州三州へ向けての主将は山県三郎兵衛昌景（300騎）であったが、その組衆（相備）として朝比奈駿河守（150騎）、武田逍遥軒の聟松尾（100騎）、大熊（30騎）、山県昌景の聟相木（80騎）、奥平美作守（150騎）、菅沼新三郎（40騎）、その他（130騎）の合計980騎をもって編成されていた。主に織田信長や徳川家康に対する押さえの任務を負っていた。

また、別個に**城塞に詰める衆もあった。その最たる例は芦田氏である。**芦田氏は武田軍の戦闘でその一翼を担って各地に転戦し軍功を挙げたが、一方で、いずれも徳川軍に囲まれた孤塁であった二俣城・田中城を番手城主として守備した。芦田下野守信守については、特に『甲陽軍鑑末書』（下巻下、七）に「信州先方侍大将**足田下野、浮勢の頭也**」とある。左記にその詳細を記すと、

武田の軍構成を記述している箇所で、浮勢（遊軍）頭（かしら）として芦田下野守信守のことを述べている。

二万の人数、手分・手賦部府・手与、此備八ヶ条之事。
一ニ、五千留守居。
二ニ、三千旗本。
三ニ、五百宛の備七手、三千五百先衆。ク
四ニ、三百宛の備七手、弐千百、二の先衆。
五ニ、五百宛の備二手千ハ、小荷駄奉行、跡先ニ。
六ニ、五百宛の備六手三千ハ、旗本脇備、左右三手宛六手。
七ニ、三百宛の備三手九百ハ、後備。
八ニ、三百宛の備五手ハ、千五百、**遊軍**也。右を信玄公御

〈解説〉

つまり「三百宛の備五手ハ、千五百、**遊軍也**」ということで、この遊軍を武田家では「浮勢（うきぜい）」と称した。その**浮勢の頭が足田**（芦田）**下野守信守**であったのである。浮勢の任務の一つに、武田氏が敵城を攻め取った場合、その城の守りとして、その番手衆として充てたのである。

このことからも芦田下野守**信守・信蕃**父子が、遠州**二俣城**の番手城主となって守備を任されることになったのであ

家にハ、**うき勢と**申候。付、是ハ敵城も攻取、はきて捨に、此遊軍に申付ク。又敵城責取、能城とて抱候へバ、**此遊軍を番手に置**。扨又国々留守居少と申来候ハバ、其へ越にも此遊軍を分けて遣也。此遊軍を信玄公御家にハ、**浮勢**と申候、去程に、**信州先方侍大将足田下野、浮勢の頭也**。以上。

る。さらに、風雲極まる対徳川の最前線の駿州**田中城**を信蕃が番手城主として、家康のたび重なる攻撃に対して智略・武略を駆使し、守城戦を展開した。

戦国史に残る戦いぶりを示し、武田氏滅亡まで頑強に孤軍奮闘することになるのも、武田軍内における軍役のこうした使命からであった。もちろん、芦田信蕃の武将としての器量の大きさゆえであることはいうまでもない。

信濃先方衆

信濃先方衆は、武田連合軍の中で人数が半数以上を占めていた。甲州武士よりもはるかに多数で、甲州軍団での役割も大きかった。人的にも物的にも信州は甲州軍団の宝庫であったといえよう。信濃先方衆の内訳をみると、左記のごとくである。

真田源太左衛門信綱　200騎←←真田幸綱（幸隆）嫡男、真田氏当主として長篠の戦いに奮戦、討ち死に

真田兵部丞昌輝　50騎←←真田幸綱（幸隆）次男、兄信綱とともに長篠の戦いに奮戦、討ち死に

芦田下野守信守　150騎←←信濃先方衆の中では、芦田信守は真田氏に次いで二番目に大きな軍団をもつ武田麾下の侍大将であった。

保科弾正　120騎←←保科正俊は槍弾正と言われた。その子は正直

志摩津（島津）安房守入道　120騎

小日向　110騎

松尾（小笠原信嶺）　100騎←←小笠原氏（飯田市松尾城）、正室は信玄の弟（信廉）の娘、織田信忠の信

濃侵入時に、その道案内を務める。後に徳川の臣下となる。
下条伊豆守信氏　100騎←→下伊那郡下條村陽皐（ひさわ）に居城吉岡城がある。正室は信玄の妹で、足助城・岩村城の城番を務めた。浪合の滝ノ沢砦で織田軍に抗す。
相木市兵衛昌朝　80騎←→相木能登守（依田氏）
松岡三河守貞利　80騎←→小笠原氏
海野　80騎←→三河守幸貞（信玄次男竜芳のこと）
屋代左衛門　70騎←→屋代秀正
雨宮十兵衛家次　70騎
須田　70騎←→須坂を本貫とする。須田信頼は武田氏に、満親は上杉に臣従
栗田刑部　60騎←→栗田鶴壽、善光寺別当、高天神城で討ち死に
芋川　60騎←→現飯綱町の土豪、正章の頃は武田に、子の親正は上杉に臣従
大室　50騎←→小諸大井氏か
――（後略）――

このように**芦田下野守信守は、信濃先方衆の中では、真田信綱に続いて二番目に多い軍勢を有していた**ことが分かる。

武田軍団全体の中でみると、数え方によって軍勢の数は多少異なってくるが、何百騎から、少ない者は五・六騎の軍役しかない土豪まで武田麾下に御親類衆、譜代家老衆、足軽大将衆、先方衆が八〇〜一〇〇人の武将がいる。多い軍役の武将は、一番多い高坂弾正忠昌信（川中島海津城主、越後の上杉謙信の押さえのために軍勢が特に多い）の四五〇騎、三〇〇騎二人（山県昌景、跡部大炊助勝資）、二五〇騎一人（内藤昌豊、西上野で上杉や北条の押さえの役割）、二〇〇騎六人（武田

勝頼、武田典廐、一条信龍、木曽義昌、穴山梅雪ら御親類衆と真田信綱）と続く。**芦田下野守信守は全軍団の一二番目に多い軍役**の一五〇騎の軍勢を有していた。

さらに、観点を変えて、先方衆のほかに一門衆、御親類衆、御譜代家老衆も列挙し、信濃国に関係ある騎数の多い武将順に並べ直してみると、

①高坂弾正忠昌信	450騎	⑥馬場美濃守信房	120騎	⑦小笠原掃部大夫信嶺	100騎
②伊奈四郎勝頼	200騎	⑥保科弾正正直	120騎	⑫相木市兵衛政朝（本姓依田）	80騎
②木曽左馬頭義昌	200騎	⑥島津安房守入道	120騎	⑫松岡新左衛門改三河守貞利	80騎
②真田源太左衛門信綱	200騎	⑦下条伊豆守信氏	100騎	⑫海野三河守幸貞	80騎
⑤芦田下野守（本姓**依田**）	**150騎**	⑦仁科五郎盛信	100騎		

以上、信濃において武田軍団を眺めると、芦田下野守信守は軍勢数において、高坂弾正忠（四五〇騎）、伊那四郎勝頼（武田勝頼、二〇〇騎）、木曽義昌（二〇〇騎）、真田信綱（二〇〇騎）に続いて、第五番目に多い一五〇騎ということになる。――信濃先方衆に限ると、真田に続いて芦田は二番目に多いということになる。――以上の分析からも、芦田依田氏が武田軍団に占める位置がいかに高かったかということが推測できる。

芦田氏の軍事動員能力

『甲陽軍鑑』によると、――「芦田（下野）手前百五十騎とその組衆合わせて二百十」と述べられている。

一、**芦田**（**下野**）手前**百五十騎**　此組衆
　まりこ三右衛門（馬場美濃守むこ）　三十騎
　た気し　三十騎
「右之外在之云云」　合**二百十騎**

これは、芦田下野守は自らの一五〇騎をも含めて、組衆との合計は二一〇騎になる。「丸子」は丸子三左衛門、「た気し」は武石氏で、いずれも芦田氏と同じく、依田氏をその出自としている。

また、「小野山」は尾野山氏で、依田氏のかつての本拠地依田窪

（此外小野山・大井等小身の面々有之と云）

に拠っている。大井氏は、以前は芦田依田氏の主筋ではあるが、

　戦国時代後半になって、その立場は逆転していたことを物語っている。

「芦田百五十騎」ということを分析してみる。当時の軍役は、およそ二〇貫の知行につき一騎であったので、自らの一五〇騎ということは、二〇貫×一五〇＝**三〇〇〇貫の知行地**（芦田領）を有していたことになる。また、一騎（つまり、騎馬武者一人）に従卒が五人付くことが通常なので、（一＋五）×一五〇＝九〇〇人の動員力（兵力）のある侍大将であることが分かる。（少なく見積もって、従卒が四人としても七五〇人の軍勢である）。――また、さらに組衆を加えて二一〇騎と考えると、最大で二一〇×（一＋五）＝一二六〇人の動員力となる――。

　この軍事力をもって、**芦田下野守信守**は武田晴信（以下「信玄」と記す）の数多い合戦に活躍することになる。もっとも、そのうちの何割かは外敵からの防備のために、また、留守の春日郷や芦田郷、依田ノ庄等の治政のために、残しておく必要があったかと思われる。

芦田氏の貫高（または石高に換算すると）

　信州佐久には**貫高**一貫文を**石高**（収穫高）一石七斗五升とする慣例があり（『四隣譚藪』）、この頃の信守が三〇〇〇貫文ということは、石高に換算すると、三〇〇〇貫×一・七五石＝五二五〇石となる。後世江戸時代の観点で述べると、武田信玄の信濃先

方衆侍大将の頃の芦田氏は、五二五〇石の領地を有していたことになる。ところで信蕃の嫡男松平康國の時代には、佐久郡六万石、甲斐と駿河で二万石ずつで、合計十万石の領主となった。

甲府の芦田屋敷の留守居役の人物は？

また、芦田氏は下野守信守の時代から、武田氏のお膝元の甲府にも「**芦田屋敷**」を拝領していて、その留守居を取り仕切る人物もいたはずである。甲府での窓口として芦田屋敷を取り仕切っていた人物は、**依田左近助守俊**（芦田下野守信守の三弟、信蕃からすれば叔父）であった可能性を指摘しておきたい。彼の甲斐での存在は武田氏関係の文献に散見する。（詳細は拙著『戦国三代と天下人』（悠光堂）七四―七五頁参照）

甲府の芦田屋敷

武田氏に関する歴史で、資料としての信憑性が高く評価されている『妙法寺記』に「甲州府中ニ一國大人様ヲ集リ居給候」とある。「**一國大人様**」とは、武田家臣で侍大将級の「大身の武将」のことを指す。後世からみると、どの大名にとっても領国経営の基礎ではあったが、武田氏は有力な國人（土豪）を「つつじケ崎館」のお膝元に屋敷地を与えて住まわせていたことが分かる。重臣屋敷は「つつじケ崎館」の前面南に展開されているが、その南面外縁には神社仏閣が配置されている。（後期には北面にも屋敷を構えさせている）。

芦田氏も武田家臣になってから**甲府に屋敷**があった。信蕃の父である芦田下野守信守の頃からで、「**芦田下野屋敷**」と呼ばれていたようである。芦田信守自身は、信玄の指示で上野國浄法寺に館を構え、神流川の対岸にある御嶽城を守備したり、信玄に従って武蔵國・相模國・駿河國・遠江國等への遠征に加わっていて、本拠の信州佐久郡春日城や甲斐府中の芦田屋敷にいることはまれであったであろう。**その留守を預かる者**が、甲斐府中にいる必要があったが、それは信頼できる芦田氏（依田氏）の身内のうちのいずれかの人物であったと推定される。

甲斐府中の古図によると、その屋敷は時代によって異なるであろうが、二カ所に示されている。――その詳細については拙著『戦国三代と天下人～芦田（依田）氏の軌跡から』七六～七九頁参照。

7　志賀城攻め

武田信玄の信州佐久郡**志賀城攻め**のことが、『高白斎記』と『妙法寺記』に記述されている。

『**高白斎記**』は、明応七年（一四九八）の信虎の誕生から、信玄の嫡男義信の名乗り開きの天文二十二年（一五五三）までの、武田氏の勢力の拡張していく年代の文献資料であり、信濃への経略の過程に関しては、当時の最も信憑性のある同時代資料である。『妙法寺記』と相互に補完しながら翻くと歴史の真実に近づくことができると思われる。

『**妙法寺記**』とは、山梨県南都留郡勝山村にある日蓮宗妙法寺に伝わった古記録で、文正元年（一四六六）から永禄四年（一五六一）までの戦乱・天災・豊凶などを記している。そこには武田氏と信濃諸豪族との関係や武田氏の信濃侵攻の様子が語られている。いくつかの歴史事項の同時代資料であることから、その内容は信憑性が高いと評価を得ている。

『高白斎記』には、武田信玄による志賀城攻めが、左記のように記述されている。

　同十六丁未年…〈中略〉…七月大、十四日節、十八日丁卯向志賀御門出ノ御動高福所迄、閏七月小庚辰九日戊子大井三州其外御先衆出陣、十三日御出馬、十四日節、廿日**桜井山**迄御着、廿四日卯刻ヨリ午刻迄**志賀ノ城**へ被為取詰、廿五日未刻、水ノ手被為取、小笠原、金吾、山家参陣、八月大己酉細雨、敵城ノ雲布ノコトクナリ、六日甲寅卯刻**板駿其外動**、関東衆数多被討捕、申刻一戦、十日午刻外曲輪焼、子丑刻二ノ曲輪焼、十一日己未午刻、**志賀**父子・**高田**父子被討捕、十三日城へ御登リ、持鑓進上、廿一日己巳於諏訪小笠原ト御対面、廿二日御帰府

『妙法寺記』には、同じく志賀城攻めのことが、さらに詳しく次のように記述されている。

　此年（天文十六年）信州ノ柵郡**シカ殿**ヲ甲州ノ人数・信州人数悉ク談合被扠成候テ、取懸被食候、去程ニシカ殿モ随分ノ兵モノ共ヲ御持候、又常州ノモロオヤニテ御座候高田方シカ殿ヲ見継候而、**城ニ篭リ**被食候、去程ニ又常州ノ随分ノ旁々高田ヲ見継

候テ、**浅間嶽ノ廻リニ御陣ヲ御取候**、去程ニソレヲ目懸候テ、板垣駿河守殿・甘利備前守殿・横田備中守殿・多田野三八殿、其外打向軍被成候、去程ニ常州人数切負候テ、名大将十四、五人打取、雑人三千計打取、此首ヲシカノ城ノ廻リニ悉ク御懸候、是ヲ見テ、要害ノ人数モ力ヲ失ヒ申候、去程ニ、城ニハ水ニツマリ申候、**常州人数ト合戦ハ八月六日**、**シカノ要害ハ八月十一日ニ依田一門**、高田一族シカ殿御内ヲハカロウ平六左衛門尉兄弟八人、去間以上打死三百計リ、**シカ殿ノオカミヲハ小山田羽州給テ、駒橋へ御同心御申候**、去程ニ男女ヲイケトリニ被成候テ、悉甲州へ引越申候、去程ニ二貫三貫五貫十貫ニテモ親類アル人ハ承ケ申候、

この二つの文書から、要点を挙げてみると、

・志賀城の戦いは、天文十六年（一五四七）七月下旬から八月中旬にかけて行なわれた。

志賀城の戦いの概要

・信玄は七月十三日に甲府を出陣し、二十日に**桜井山城**（佐久市臼田の勝間反ノ砦、通称「稲荷山城」）に到着した。

・甲州・信州の軍勢を率いて**志賀城攻め**に取りかかった。

・城内には志賀氏とともに、上州から加勢に来た舅にあたる高田氏が籠もっていた。

・七月二十四日から攻撃を開始し、二十五日には「水の手」を押さえた。

・小笠原、金吾、山家も駆けつけ参陣した。

・八月に入って、細雨が降り志賀城は布のような雲に覆われた。

・上州より関東衆が**浅間山麓**に陣取った。それに対して八月六日卯刻（朝六時）に板垣駿河守、甘利備前守、横田備中守・多田三八等が迎撃に向かった。

・申刻（午後四時）に交戦し、関東衆の大将級一四、五人と雑兵三〇〇〇ほどを討ち取って勝利した。

・討ち取った関東勢の首を志賀城のまわりに懸けたので、籠城勢は力を失せた。

志賀城

・城内には、ついに水がなくなった。
・十日午刻（正午頃）、外曲輪を焼き、子丑刻（翌日午前一時頃）二ノ曲輪を焼く。
・十一日午刻（正午）、志賀父子・高田父子・**依田一門**を討ち取った。
・志賀城主の身内の討ち死には、家老**志賀平六左衛門尉**およびその兄弟八人であった。討ち死に者は計三〇〇人ほどであった。
・志賀城主の奥方は小山田出羽守（信有）が給わって、甲州岩殿山城下の駒橋へ連れて行き側室とした。
・男女を生け捕りにし、甲州へ連れ去った。甲州に親類がいる場合は、二貫〜十貫で引き取った。
・十三日に**信玄**は志賀城へ登った。
・二十一日、諏訪にて、加勢した小笠原と対面した。
・二十二日、信玄は甲府へ帰還した。

〈考察〉

守城勢で討ち死にした武将について、『高白斎記』では「**志賀父子**・高田父子被討捕」とあるが、『妙法寺記』では「**依田一門**、高田一族、シカ殿御内ヲハ**カロウ平六左衛門尉兄弟八人**」と述べている。「依田一門」という言葉を最初に挙げているということは、城主である**志賀新三郎清繁**は依田氏の支族であったことを示唆している。また、「高田一族」とは、上州菅原城主の**高田憲頼**で、シカ殿ノオカミ（志賀新三郎清繁の奥方）の父である。上州から援軍に来て、志賀城に籠城して一緒に戦っていたのである。（もちろん、関東管領上杉憲政の指令によるものであろう）。「平六左衛門」とは家老**志賀平六左衛門**のことである。

この攻撃陣の中に、当時二十歳ぐらいの**芦田下野守信守もいたと推定される**。一方の志賀氏は依田氏の一分族とも考えられる。この志賀城攻防戦では寄せ手と守城側両方に依田氏がいたことになる。籠城陣の中に「**依田一門**」という言葉もあることからもそれはいえる。

「シカ殿御内ヲハカロウ平六左衛門尉兄弟八人」とあるが、家老**志賀平六左衛門**の最期について、『赤羽記』（『信濃史料』所収）に次のように記述されている。

　信州佐久郡志賀ト云所アリ、其地主ニ志賀六左衛門ト云者アリ、信玄ニ背故信玄其へ御出馬也、筑前守ヲ召、其方儀ハ案内者也、彼ヲ可打ト云々、畏入ト御請、則志賀ノ町ニ互リ、角屋ノシトミノカゲニマタル、家來北原彦右衛門ヲ召具セラル、平六左衛門鹿毛之馬ニ乗、人數ヲ下知センタメ町中ヲ乗行、彦右衛門走出、平六左衛門カ馬ノフト腹ヲ長刀ヲ以テツク、ツクルト馬ハネタヲセバ、平六左衛門ヲリ立所ヲ、筑前殿走ヨリ首ヲ打ヲトシタマフ、甲ノシコロヲ，切落、首ヲ打ヲトス、大ヒゲ成ケル、其ヒゲヲ不殘切落、信玄御前ヘ平六左衛門カ首ヲ持参被成ル、信玄ハ上ノ山ヨリ此働委ク御覽、御前ヘ御出トヒトシク甚御褒美、

…〈後略〉

志賀城の家老**志賀平六左衛門**は決戦の直前に、城下の見廻り中に命を落としたことになる。「志賀ノ町ニ互リ、角屋ノシトミノカゲ」で窺っていたのは筑前守（保科筑前守）とその家来の北原彦右衛門である。いきなり、蔀（しとみ）の陰から飛び出して平六左衛門を襲ったのである。「信玄ハ上ノ山ヨリ此働委ク御覽」とあるが、この一部始終を信玄が上の山から見ていたということである。現地へ行けば、その可能性のある「上の山」とは志賀城とは志賀川の谷を挟んで、南にある尾根上の**五本松城**がそれに相当する。

以上、『妙法寺記』と『高白斎記』『赤羽記』の内容から、歴史に残る武田信玄による志賀城攻めの概要は分かるが、他の歴史解説書や城郭に関わる書物にも、しばしば記述されている。筆者が整理したり、現地調査して把握したことをも含めた知見を整理して、左に記してみたい。

佐久で最後まで信玄に抵抗した志賀城

この前年の天文十五年（一五四六）に、信玄は佐久の群雄の中でいまだ臣従せず、抗していた内山城の大井貞清を攻略した。そして残るは、ただ一人、**志賀城**の**笠原新三郎清繁**だけとなっていた。

志賀城は「志賀越え」の峠を経て東の上州へ通じる志賀の谷の入り口北側の尾根にあった。内山城と同様に関東管領上杉憲政の上州勢力に対する境目城的な要素を持つ山城であった。ところで、西方の佐久盆地方面から志賀城を攻撃するには、志賀の北方、閼伽流山城（あかるさんじょう）の麓まで、戦国時代まであった「**志賀湖**」と呼ばれる湖沼の存在を考慮しなければならない。志賀城の西方わずかの所（現在、佐久市志賀集落の入り口、旧志賀小学校近辺）までは岸辺であったと言われている。流れ込む川は志賀川と香坂川・霞川ぐらいであるので、想像するように水を満々と湛えていたという感じではなくとも、湖沼・湿地帯があり、徒歩や騎馬での進軍は無理であったであろう。したがって、信玄の志賀城攻めの時には、現在の道筋ではなく、南の内山城方面の安坂（あんざか）経由で侵入して来た可能性が高い。今でも、この経路方面には砦や物見、城塞の痕跡がうかがえる地形が、志賀城に至るまで存在する。

志賀城攻めが行なわれた天文十六年（一五四七）までに、既に佐久の他の城は信玄によって落とされていたので、他の佐久の諸将は、この志賀城攻めには「**信濃先方衆**」として、参陣していたと思われる。数年前に信玄に臣従し、忠勇を発揮し始めていた**芦田下野守信守**も、信濃先方衆の中心となって、志賀城攻めの軍勢の中にいたというのが妥当である。

ちなみに、多くの歴史書で一般化されている**志賀城**は、志賀本郷の集落の北方に東西に絶壁が連なる山があるが、その山の尾根に縄張りを展開する山城が「志賀城」と広く認知されている。しかし、地元の少なからぬ人々の認識とは必ずしも一致しない。天文十六年八月に、武田信玄は**志賀城**に立て籠る**笠原新三郎清繁**を攻め滅ぼしているが、その「志**賀城**」こそは**笠原城**であるというのである。笠原城は志賀川をさらに遡った佐久市志賀駒込集落の入り口北側に迫る断崖絶壁のある尾根上の山城である。車道の道端には「笠原新三郎清繁が籠もり、信玄によって落城させられた城」ということで詳しい説明板が立てられている。（笠原城については後述する）。

ところで、芦田信蕃の誕生が天文十七年であるので、志賀城攻めはその前年にあたる。佐久の諸城を落とした武田信玄は、最後に残る志賀城を慎重に攻めた。

武田信玄による天文十六年八月の志賀城攻めについて、『高白斎記』と『妙法寺記』に記述されている範囲で前述したが、ここでは、関係した歴史書や解説書と筆者の踏査をもとに、もう少し詳しく述べておきたい。志賀城には城主である**笠原新三郎清繁**と縁続きの**高田憲頼**が加勢して立て籠っていた。彼は上州甘楽郡菅原城主であった。

なお、『武田三代記』では、志賀城攻めの理由の一つに、城主笠原新三郎が、かねて、信玄が関東管領上杉氏と笛吹峠（碓氷峠）で戦ったときに、上杉に内通したのか、武田軍を阻もうとしたことを挙げている。

信玄は七月二十四日から志賀城を包囲し、城攻めにかかった。翌日には早くも、城の北方下にある水の手を押さえた。しかし城方の戦意は旺盛であった。その間、金井秀景を主将とする関東管領上杉憲政の派遣した**後詰めの軍勢**が碓氷峠を越えて信州入りし、救援に駆けつけたという報が入った。信玄は攻城軍の中から板垣信方、甘利虎泰、横田備中守高松（たかとし）らの分遣隊をもって碓氷峠から進軍してくる上杉勢を迎撃させた。

小田井原の合戦

これを志賀城攻めの時の別働隊を向けた「**小田井原の合戦**」という。浅間山麓の現北佐久郡御代田町小田井（一部は佐久市）の周辺は、田切り地形（浅間山の火山灰の積もったローム層が長い年月の間に、川の流れによってほぼ垂直に削られ、その底部に水田があることが多いので田切地形と呼ぶ）が大小複雑に入り組んでおり、軍勢を潜ませておいて敵を急襲し易く、また、混乱した軍勢が逃げ場を失ってとまどう地形が縦横に走っているのが小田井原の特徴である。戦闘のあった場所は、御代田町小田井にある**小田井城**がまず候補として上げられるが、あるいは、現佐久市小田井にある**金井砦**（**金井城**）であった可能性もある。どちらの場合も、砦に入ったのは関東勢か武田勢かは議論が分かれるところではある。わざわざ小田井「原」の合戦と称するからには、一方が城内に入っていたというよりも、**原野での会戦**の可能性がある。しかも、『高白斎記』には、八月六日の卯刻（朝六時）に板垣信形を主将とする迎撃軍が出発し、申刻（午後四時）に合戦し、勝利したとあるので、わずかな時間で勝敗が決したということからして、これは**野戦**というしかない。そうなると、**武田軍**が浅間山麓の地形をよく知っていて、その地形を利用して戦ったということが考えられる。田切地形の窪地に隠れていて、**進軍してくる上杉管領軍**を前後左右から攻撃すれば、一気に崩れるであろう。または、逃げ場の行く先が田切地形に落ち込むしかない台地へ追い込んで、せん滅することもできる。このように推定すると、武田軍には土地に詳しい地元の者が案内役として属していたと思われる。そのため、一気に数刻の戦闘で関東管領軍（上杉軍）の主だった武将が討ち取られ、全体が敗走したのであろう。さらに、上杉軍が破れたのは、軍勢としての統率力に関わることがある。**金井秀景**が一応は大将となっていたが、**関東管領上杉憲政**は、上州の諸将を集めた上で、どうやら籤引き（くじびき）によって主将を決定したと解説している歴史書もあるほどである。いかにも斜陽の関東管領上杉氏の一端がうかがえる戦いであった。一方、武田の分遣隊は板垣信方・甘利虎泰・横田備中守高松（たかとし）などの歴戦の猛者であった。小田井原の戦いでは、数刻のうちに関東勢（上杉勢）は、もろくも敗走した。関東管領上杉氏の面目は丸潰れであった。

志賀城の落城

信玄は小田井原の合戦で討ち取った何百という首級を槍の先に突き刺して、志賀城の守備軍から見える場所に曝したという。特に加勢で入城していた上州**高田憲頼勢**にとっては、その首が顔見知りの武将のものであるので恐怖と落胆に襲われたことであろう。後詰めの救援軍が来ないことを悟り、水も尽き、城から討って出た**笠原新三郎清繁**はじめ、城将は全滅した。信玄（当時二十七歳）は七月二十四日から志賀城を攻め、翌日には水の手を押さえていたが、ようやく落城したのは八月十一日といわている。史家によっては「炎天下の攻防戦」と称しているが、日付は旧暦表示であるので、現在の新暦に修正すると、志賀城の戦いは九月七日頃に開始され、九月二十三日に落城となったのである。ということは、落城した時は、まさに志賀城周辺は秋の風が寂しく吹いていた季節である。（現在、**笠原新三郎清繁の首塚**と里伝されている**五輪ノ塔**が、志賀集落の東の村外れの水田の中に立っている。なお、平成七年に、笠原新三郎清繁が開基で笠原氏の菩提寺でもある**雲興寺**で、新しく墓地を造成する際に、裏山から笠原新三郎清繁の戒名のある**墓石**が発見され、覆屋（霊廟）の中に納められている）。落城の時、城内に残っていた老人と婦女子は、生け捕りにされ、甲州へ連れ去られ、甲州に縁者があれば金で引き取られ、さもなくば奴隷とされた。信玄に逆らえばこのようになるという見せしめのための残虐的行為と解説される。そういう意味合いはあったかもしれないが、こういう行為はとりわけ信玄に限ったことではない。戦場の**奴隷狩り「人取り」**には、それに伴う人身売買があった。戦場で捕まえた人々を我がものにする戦争奴隷の習俗が、大陸でも、キリスト教世界でも、イスラム教世界でも、日本の中世でも、普通にまかり通っていた。（『雑兵たちの戦場』藤木久志著参照）。この志賀城攻めにおける武田信玄のみが特別ではなく、戦国時代にはしばしばあったことであることを述べておきたい。「乱暴狼籍」を禁じる**「制札」**がよく戦国大名から出されていて、それが歴史資料館などで展示されているが、兵による乱暴（暴力行為、強姦、人狩り）や狼籍（財産剥奪、食糧没収、窃盗など）が戦国時代の戦さに際しては、つきものであったことを示している。戦場の村落や寺社ではそれを免れるために、金や食糧を勝者となると思われる侵略者に提供し、乱暴狼籍などを禁じる**制札**を出してもらって保障を得たのである。（ちなみに、「義」の心の権化のように言われている上杉謙信は、領民が食料難で困窮している時などは、三国峠や清水峠を越えてしばしば関東へ越山している。その目的の一つに兵による他国での略奪があったといわれている）。志賀城の落城により、美貌と才媛の誉れの高かった城主**笠原新三郎の奥方**は、信玄の重臣**小山田出羽守信有**に二十貫で買われて、その側室とされた。甲州岩殿山城の麓の駒橋には、その「囲い屋敷」跡といわれる所（現在の大月市立図書館付近）がある。また、そこから一キロメートルほど隔たった大月市七保町葛野大島地区には岩殿山城の鬼門を守る宝林寺があり、その本堂の東に高さ一・三メートルほどの**五輪ノ塔**があるが、それが志賀夫人の墓といわれている。

信玄による志賀城攻撃の軍勢の中に、信蕃の父である**芦田下野守信守**もいたと推定されるが、文献上では確認できてはいない。しかし、当時の周囲の状況からして、信守が参陣していた可能性は高い。しかし、志賀城の攻防戦では、守城側には笠原氏とともに、**依田一門**がいた。例えば、『平尾守芳とその一統』によれば、平尾依田氏四代目修理亮為信の弟である依田右馬介**為守**は籠城側に加勢して戦っている。一方の攻城側にも依田一族がいたのも、事実である。**依田右京進**が信玄から感状をもらっていることからもそれは判明する。先祖を同じくする**依田氏**が敵味方に分かれて生死をやりとりしていたのが、この**志賀城の戦い**であった。天文十六年（一五四七）の時点では、**芦田依田氏**も**相木依田氏**も信玄に臣従していて、その前年の笛吹峠（碓氷峠）の合戦に参陣していることからしても、志賀城攻めの寄せ手勢の中に、**芦田下野守信守**がいた可能性は限りなく大きい。

信玄の志賀城攻めと芦田下野守信守

ちなみに、この戦いは**信蕃**の誕生する一年前のことである。また、余談ではあるが志賀城と芦田依田氏との関係については次のことがある。――下野守信守の弟で岩村田龍雲寺の第五世になった**天外大雲大和尚**（信蕃の叔父）が、甥信蕃の嫡子である松平康國の菩提を弔うために春日郷に康國寺を開山したことは知られているが、志賀城主笠原新三郎信繁の菩提寺である**雲興寺**の開山**祖**として、後年、元禄六年（一六九三）に勧請されたことも付け加えておきたい。現在、雲興寺には**天外大雲**大和尚の頂相（像）が安置されている。

志賀城周辺の城塞群

信玄の本陣（向かい城・陣城）または、城内の様子を把握する場所は、立地条件からして、志賀城の真南にある**五本松城**（志賀城よりも標高が高く、東西の尾根に長く展開する志賀城の縄張りを一望のもとに見下ろせる）の可能性がある。また、そこから志賀城方面へ「城日影」と呼ばれる北斜面が落ちているが、その一支脈の尾根の瘤のように少し高くなっている場所に、金比毘社の石祠があるが、そこには堀切や郭と推定される地形がある。そこを「**城日影金比毘羅砦**」と仮に命名しておこう。武田軍の志賀城攻めの時に利用された可能性が高い。

志賀城の北側は谷を隔てて、もう一つ尾根が東方より張り出しているが、その西端には堀切がある郭状の地形がある場所がある。これを仮称「**弁天山砦**」としよう。これも志賀城の裏（北方）の谷の入り口を窺う陣場の役目を果たしていたと推定される。更に、その尾根を東方へ辿って志賀城の北に隠れ城（地元の農民などが山上がりして隠れていた山小屋、避難所）ともとれる城塞らしき謎の地形もある。各種城郭研究書にも言及がない。これは「**上小倉城**」と命名しておきたい。上小倉城もやはり断崖に守られているが、一部急斜面が開けた場所から上ることができる。頂部にはかなり広い削平地がある。しかも、周囲を幅五メートルほどの土塁で囲まれた楕円形状（長径四五メートル×短径二五メートル）の窪地になっている。（これと同じような地形をしているのが後年依田信蕃の家族や近臣の縁者などが籠もったと推定される佐久市望月春日郷の奥の尾根上にある「小倉城」である。やはり頂部に窪地があり、その周囲を土塁状地形がめぐっている。くしくも「オグラ」（小倉）という地名まで同じである）。上小倉城に立つと付近には段郭や見張り（物見台）とも思われる場所もあり、**山小屋**の「小屋掛け」するのには適した地形をしている。「**山上がり**」としての機能があった可能性もあるが、北方（志賀城の裏側）から攻める**陣城・対の城**としての機能をした可能性も大きい。天文十六年の攻防戦の時にどのような役割を果したかは不明である。ここでは、課題を提起するにとどめたい。

志賀城の縄張り～尾根上に種々の防備が施されている

また、悲惨な落城の舞台になった**志賀城**ではあるが、その**縄張り**は、佐久地方においては比較的本格的な戦国時代の山城の様相を呈している。土塁・石塁・竪堀・竪土塁・切岸・空堀・堀切・郭群等々、どれを見ても壮大堅固な縄張りである。武田信玄を向こうに回して籠城戦に挑んだ笠原新三郎清繁の心意気が伝わってくる。

志賀城へは、笠原氏の菩提寺である**雲興寺**の東からつづらおりに大手道を登る。やがて、断崖に行く手を阻まれるが、やや左へ辿れば道は上方へ延び、二ノ郭の南及び西の腰郭群の下を進む。大手道を攻め上って来た寄せ手の軍勢は、体の右半分を守城側にさらして前進せざるを得ない大手道の構造（右下から斜め左上方向へ上る）になっている。守城勢からすると「右勝手の順の横矢の位置関係」となる。やがて、**西ノ郭**との境目の堀切へ出る。そこから右折して腰郭を上ると**二ノ郭**（一六メートル×五〇メートル）に出る。その南北にも腰郭が付属している。二ノ郭の東端と本郭方面との間には、大規模な空堀がある。長さ二〇メートル、実効堀幅九メートル、薬研堀である。その両端は竪堀となって落ちている。それを越えるとかなりの急斜面に段郭がいくつか続き、所々に石積みがある。やがて、**本郭**の急斜面が迫る。佐久地方の山城に特有の安山岩の平石積みが部分的に施されている。本郭は東西に長く二一メートル×四〇メートルで最高所（標高八七七メートル）にある。東西の中ほど南端には土塁の痕跡（長さ一〇メートル、基底幅三メートル、高さ〇・五メートル）が残る。本郭の東外側尾根上には細長い搦め手郭とでも称すべき削平地があり、東端は岩壁の堀切状自然断崖があり、高棚城方面への尾根を断ち切っている。登攀は不可能な地形である。ここが城域の東端である。

一方、大手道を登って尾根へ出てから、本郭方面へとは逆に左折して西方へ向かうと、**水ノ手郭群**や西備之郭群があるが、紙幅の関係上割愛する。（詳細は拙著『戦国三代と天下人』九一～九四頁参照）。

志賀城は、「高棚城・志賀城・笠原城」の三つの城の中では、もっとも人工が加えられ、種々の防備が施されており、比較的新しい形態の城である。やはり、ここが天文十六年（一五四七）に武田信玄によって攻略された城である確立が高い。

志賀の三城の特徴

佐久市志賀には、ごく近くに志賀城、笠原城、高棚城という山城が併立している。志賀城、笠原城、高棚城の関係を検討する必要がある。何らかの関係があったと推定されるが、不明のままである。歴史上名前が挙げられているのは志賀城と高棚城ではあるが、地元では笠原城こそが「志賀城」であるという伝承もある。武田信玄に滅ぼされた志賀城主が笠原新三郎清繁であることから、笠原城＝志賀城とした可能性もある。また、戦国末期の天正十年に芦田信蕃に志賀与惣左衛門が攻略された時に拠っていたのは高棚城であった。史家の間では、この三つの山城について、その理解と評価は定まっていない。

佐久市志賀地域にある三つの城塞の特徴に重複する所も多いが、詳細については、拙著『戦国三代の記～真田昌幸と伍した芦田（依田）信蕃とその一族』（悠光堂）の二八九～三〇六頁を参照されたい。

志賀城攻めを語るとき、今まで考慮されていなかったことに**志賀湖**の存在がある。志賀城のある志賀やその北方の香坂地区は佐久市に合併する以前は東村といっていた。その『東村誌』三三〇頁に戦国時代の佐久郡絵図の一部が載っている。そこには、**志賀湖**が描かれている。志賀湖は志賀川・瀬早谷川・香坂川・霞川の水を集めた湖沼であった。現在の佐久市の香坂・新子田・志賀・五十貫に及んでいた可能性がある、あるいは、そのようにも言われてきた湖であった。

今まで考慮されなかった志賀湖の存在と武田軍の侵入路

志賀湖の水は天正十四年（一五八六）までは、銚子口のような状態で瀬戸村へ水が少しずつ落ちていたのを、瀬戸村側に流れ出るように「**潜り岩**」の開鑿（かいさく）をした結果、志賀湖は消滅した。志賀湖の干拓事業は、芦田依田松平氏（**康眞**）が上州藤岡へ移封になったあと、小諸城主として入ってきた**仙石秀久の時代**で、天正末年から慶長初年にかけて（文禄年間、一五九二～九六）と推定されている。

ここで志賀湖を取り上げたのは――**武田信玄の志賀城攻め**があった頃には、志賀城の西方には志賀湖が存在したという事実があるからである。――現代の地理的状況からすると、信玄が志賀谷へ西方から侵入してきた思うのが自然である。しかし、そこには**志賀湖**があって、西方の経路からの侵入を拒んでいたはずである。水が満々と湛えられていなかったとしても、「湖沼」という意味で、湿地帯が広がっていた可能性もある。どの範囲まで志賀湖が広がっていたかということは、『東村誌』三三〇頁の絵図が参考になるが確定できてはいない。一応の目安として、旧志賀小学校の西方に通称「**舟着岩**」があるが、その辺りまでは水があったと推定される。『東村誌』一三六八頁には次のように記されている。

ちなみに、志賀湖開拓以前における交通については、数々のいい伝えが残っているとはいえ、今となってはその実態を知るよ

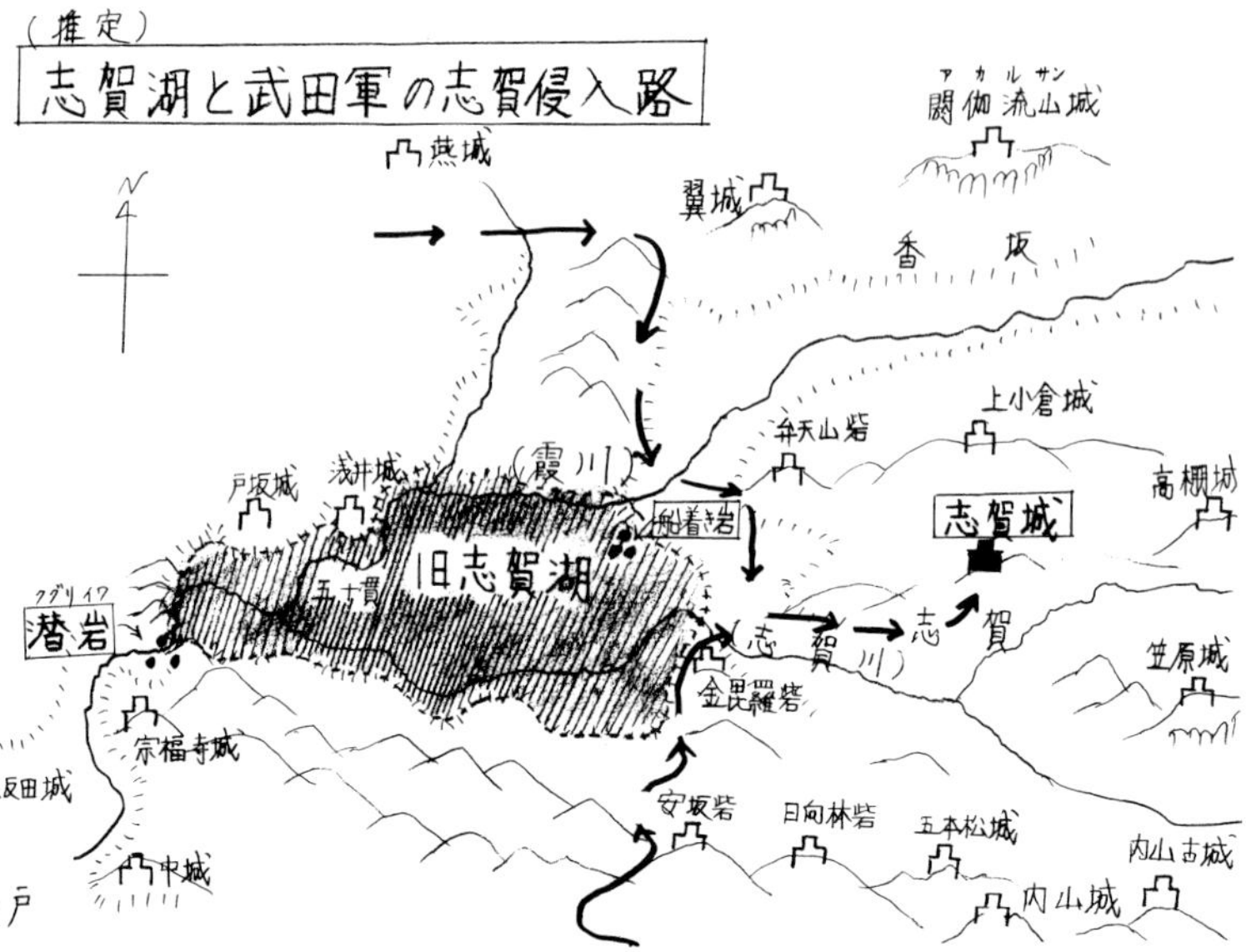

しもない。志賀湖が満々と水を湛えていたであろう当時における湖上交通は、専ら**舟運**を用いていたであろうが、当時における交通の様子を偲ばせるものとして、現在残っているものといえば、わずかに志賀離山東南端にある舟着岩があるのみである。

ここから取り入れるべき情報は、

①「**舟着岩**」は志賀集落の西方にあるが、文字通り舟が必要な自然状況であったかどうかという命題である。

②志賀湖干拓以前における　志賀谷への交通はどのようであったか。つまり、武田軍の志賀城攻めの際の侵入路は、どこからであったかという命題である。

まず、**地名から**探ってみると、志賀湖の範囲に含まれていたと推定できる範囲に、水と関係のある地名がある。

・海老在家（エビザイケ）……海老漁師の在家（海老漁師の家のあったところ）

・白見（シロミ）……古代、魚群を監視した所、香坂川が志賀湖に流入する近くで、付近から土錘が出土

・金刀比羅宮（コトヒラグウ）……海上交通の守り神（海運の守護神）

・志賀（シガ）……肥前国志賀島から漁民移住説あり、かつて存在した志賀湖と結びついている。

・舟着岩……文字通り舟を乗り降りした場所か。

次に、**交通について**考えてみる。志賀集落の入り口から北方に香坂地区の閼伽流山城（あかるさんじょう）が見えるが、その閼伽流山からの香坂～志賀～五十貫（ゴジッカ）方面の秋の眺めは、水田が黄金色になった頃は、あたかも琵琶湖を南方から鳥瞰（ちょうかん）したような形に見える。仮にかつての志賀湖が現在の水田地帯の大部分まで及んでいたとすると壮観である。少なくとも、現在の**五十貫**（ゴジッカン）集落の辺りは、**志賀湖の底**であったことが推定される。戦国時代末期は「**舟着岩**」あたりも湖の水があったとすると、武田軍の志賀城攻めの時の侵入路は、現在の道路と同じように新子田方面から入って来ることは困難である。そこで考えられるのが、南方の内山城下から「**安坂**（アンザカ）」の峠を越えて、志賀谷の西の入り口に至る経路と、西方の安原から東へ進んで香坂へ入り、湖の東岸を巡って志賀谷の西の入り口（舟着場の東方）へ至る経路である。志賀城攻めの前年の天文十五年（一五四六）に信玄は宿城のある**内山城**を手に入れているので、志賀城攻めには、経路としては前者をとる方が自然である。

内山方面から**安坂**の鞍部を越えた直後に、志賀城全体の光景が手に取るように見える。坂を北へ向かって下ると、現在は途中に果樹園があり、坂を下りきり平坦部に至ると、左手（西方）は一面の水田地帯である。右手（東）から半島状の尾根が水田地帯に果てる所に、「**志賀湖干拓完成記念碑**」と刻された立派な石碑がある。平成二十二年に志賀本郷の依田健一氏が中心になって建立したものであるが、碑面の文字は依田氏宅に伝来の古文書の文字を拡大して筆跡も実物通りに石に刻んだものである。二つの古文書が刻まれている。

「**志賀湖干拓完成記念碑**」の内容から分かることは、

ア　志賀湖干拓に貢献した**依田新六郎**は、志賀城主笠原新三郎清繁の一族であった**依田源十郎の孫**である。

イ　天文十六年八月に志賀城の戦いで討ち死にした**笠原新三郎清繁**（法名「城源院隆基雲興大禅定門」）の位牌を守っている。

ウ　依田新六郎は志賀郷で永三十貫文の土地を得て帰農していた。

エ　依田新六郎は、**志賀湖を干拓し**「五十貫」地籍の開発に奔走した結果、小諸藩主仙石秀久から二十三石の年貢免除地を拝領し、「**郷管農役**」（郷勧農役）に任命された。

オ　仙石秀久から帯刀と用心の槍を所持することを許された。

カ　遅くとも慶長六年（一六〇一）までに、「**潜り岩**」の開鑿（かいさく）工事が完了し、**志賀湖の干拓**が行なわれ、耕地化が成っていた。

また、「志賀湖干拓完成記念碑」の右脇には石柱が立っていて、その正面には「**金刀毘羅宮山登口**」と刻まれており、右側面には「平成二十三年十一月吉日建立」とある。地元の志賀地区の人々によって設置されたものである。「**金刀毘羅宮**」は総本宮が四国讃岐国（香川県）に鎮座する神社である。「こんぴらさん」と呼ばれて広く親しまれている。全国に「金刀毘羅神社」として末社が存在する。「金刀毘羅宮」とは「海運の守護神（**海上交通の守り神**）」としての由緒を持つ。佐久市志賀の西端で、五十貫地区を西方に望む岬状の山塊の上に金刀毘羅宮があり、しかもその登り口に「志賀湖干拓完成記念碑」が、先年建立されたという事実からしても、**志賀湖の存在**が歴史的にも地元の人々によって認識されていることになる。志賀のこの「金刀毘羅山」を平成十年頃調査したことがある。そこには狭いが段郭状の削平地がいくつかあり、砦ないしは見張り台状の地形をなしている。

志賀湖の東南端に位置するここを通過して北へ進み、現在志賀側に架かった「安坂橋」付近から志賀谷に東進し、武田軍は志賀城を攻めた可能性が高い。**志賀城攻め**の際にいままで考慮されていなかった**志賀湖の存在**を改めて認識する必要がある。ちなみに志賀湖干拓の結果できた「五十貫」地区の名称は、「志賀湖干拓で五十貫を要した」とか、「干拓により五十貫の収穫が上がった」からとも言われている。

以上は、「志賀湖の干拓」の証拠である。天正の末期～文禄～慶長初年にかけて志賀湖は消滅したことになる。（一五九〇～一六〇〇年頃）である。「**志賀湖干拓完成記念碑**」は佐久市志賀の**金刀毘羅宮**のある尾根（丘）の麓に建立され、西方に現在の「五十貫」地区を望む所にある。地域の伝承ばかりでなく、歴史を語る地名・古文書・自然地形からも、佐久市瀬戸の北にある「潜り岩」を南西の極限とし、その北東の五十貫地区から北方や東方に広がる田園地帯や一部集落になっている地域にまで、**志賀湖**が及んでいた可能性がある。

8　上田原の合戦

上田原の戦いの概要

佐久郡をほとんど勢力下においた武田信玄は、天文十七年（一五四八）に、埴科・更級・小県・高井・水内に勢力範囲を伸ばしていた葛尾城主**村上義清**と、当然勢力範囲を接するようになり、小県郡の**上田原**において合戦した。

二月一日に甲府から出陣し、諏訪から北上し、大門峠越えで小県郡へ入り、依田ノ庄から西方の砂原峠を経て上田原に陣を張った。一方、義清も川をはさんで（＝川を小楯に取り候て）対峙した。十四日、千曲川の支流産川（さんがわ）と浦野川の辺で激戦を展開した。その結果、諏訪郡代で上原城主であり、信玄の第一の宿老であった**板垣信方**をはじめ、甘利虎泰・才間河内守・初鹿野伝右衛門などが戦死した。村上方でも屋代源吾・雨宮刑部・小島権兵衛などの武将が命を落とした激戦であった。しかし、討ち死や負傷者は武田方の方が多く被害が大きかった。その上、大将の信玄自身も疵を負ってしまった。

信玄は疵の手当をしながら、二十日あまり上田原に在陣していた。三月五日にやっと陣を引き払って諏訪上原城へ帰り、三月二十六日に甲府へ戻った。信玄は生まれて初めて敗戦の苦渋を味わった戦いであった。

上田原の戦いについて述べている『妙法寺記』の箇所を書き下し文にすると、

此年（天文十七）二月十四日に、信州村上殿の近所塩田原と申すところにて、甲州の晴信様と村上殿が合戦なされ候、去るほどに互いに見合って、川を小楯に（川をはさんで）候て、軍勢を入れつ乱れつしながら戦った。さるほどに甲州勢が打ち負け候。板垣駿河守殿・甘利備前守殿・才間河内守殿・初鹿根伝左衛門殿などの方々が討ち死になされ候。お味方は力を落としめされ候。しかし、御大将は本陣にいて芝を踏まいめされ候。（本陣をお動きなされなかった）。小山田出羽守殿は比類なき働きをめされ候。御上意様（御大将信玄公）もかすて（手疵）を負いめされて候。さる間、一国の嘆き無限。されども軍止まず。

合戦の真相

「芝を踏まいめされ候」とあるが――戦国時代、「芝を踏む」という言葉があったが、「戦の後に現地にしばらくとどまる」という意味であった。つまり、信玄は二十日間あまり上田原に在陣し続けていたのである。理由は、すぐに現地を撤退するということは、負け戦を認めた行為と見なされていたからである。信玄は、へたに撤退すれば敵につけこまれることから、無闇に動けず、慎重に相手の出方を窺っていたという見方もできる。

一方、武田氏について語っているもう一つの同時代資料である『高白斎記』は、信玄の側近の駒井高白斎が記したもので、武田氏の信濃経略の経過の最も信憑性のある文書ではあるが、判読の際に課題もあるといわれている。それは、現在は原本はなく、存在しているのは写本であるが、武田家臣であった栗原氏が自家の武功を誇るため、故意に加筆し作意した箇所も散見するからである。『高白斎記』は、改竄した箇所か否か判断する基準は――「本文中に日付に干支を付し時刻を記してあるにもかかわらず、日付に干支を付してないもの」、つまり、「日付に干支が付してなければ」「時刻を記していないもの」栗原氏によって改竄加筆された文である」――ということであると、後世の史家によって明らかにされている。改竄された部分をカットせずに、『高白斎記』の上田原の合戦の部分を原文のまま次に紹介する。

廿四日信州於上田原村上義清ト辰刻ニ合戦初、板垣信形討死、板垣衆敗軍、五備ノ所へ崩カヽル、板垣組合七備ノ内栗原左衛門、真先カケテ競来、村上勢ヲ押ヘテ一戦初ル、六頭何モカ、リテ相戦所へ、晴信公御着、合戦御勝利、討捕首二千九百十九ノ

首帳ナリ、於栗原左衛門手首百三十二討捕、従晴信公賜感状、此時石森ノ御朱印モ被下候、是ハ去春ノ日付ナリ、

『**高白斎記**』の上田原の戦いの記述では、「廿四日信州於上田原……」ということで、「廿四日」の直後に干支が記されていないことから、栗原氏によって加筆改竄された文章が続くことが分かる。（高白斎の原文では、例えば「廿四日**庚申**」というように干支が記入されているはずである）。さらに、上田原の戦いの記述では、「於栗原左衛門手首百三十二討捕……」というように、不自然にも栗原氏の存在だけが取り上げられている。

また、『高白斎記』のいう「晴信公御着、合戦御勝利」（板垣軍が、負けていたが、信玄が戦場に到着したので勝利した）ではなく、『妙法寺記』のいうように「甲州勢が打ち負け候」（甲州勢が負けた）の方が、真実を語っているようである。また、合戦に負けた武田方は、この合戦をあまり語っていないので、その合戦の詳細は不明である。もっとも、『妙法寺記』では「小山田出羽守殿は比類なき働きをめされ候」と述べているが、妙法寺は甲斐国南都留郡勝山村にあったので、同じ都留郡の武将である小山田出羽守（信有）の軍功を特筆しているむきもあるのではなかろうか。

さらに、上田原の戦いを記述するいくつかの解説書の類には、「雪深い上田原」「寒さ厳しい上田原」「二月の信州は一番寒いときであり」というようなニュアンスで語られることがあるが、旧暦の二月十四日は現在の西暦にすると三月下旬にさしかかる時期である。この時期の上田市は寒さは、さして厳しくはない。また、上田市は千曲川流域では最も雪が少ない地域である。武田軍が寒さゆえに破れたというような分析があるのには、少なからず疑問が残る。むしろ、上田原の地形を知り尽くしていた村上軍が、それを戦術に利用することができたゆえと解釈した方がよいと思われる。

合戦の舞台　ところで、『妙法寺記』では、合戦場を「上田原」ではなく「**塩**田原」と記されている。多くの史家や解説者の間では、「上田原が誤って塩田原と表記されている」と解説しているようである。実際に「塩田」地籍は「上田原」地籍のすぐ南に存在してことを考えると、そのように考えても無理はないとは思えるが、少し違った解釈もできる可能性がある。

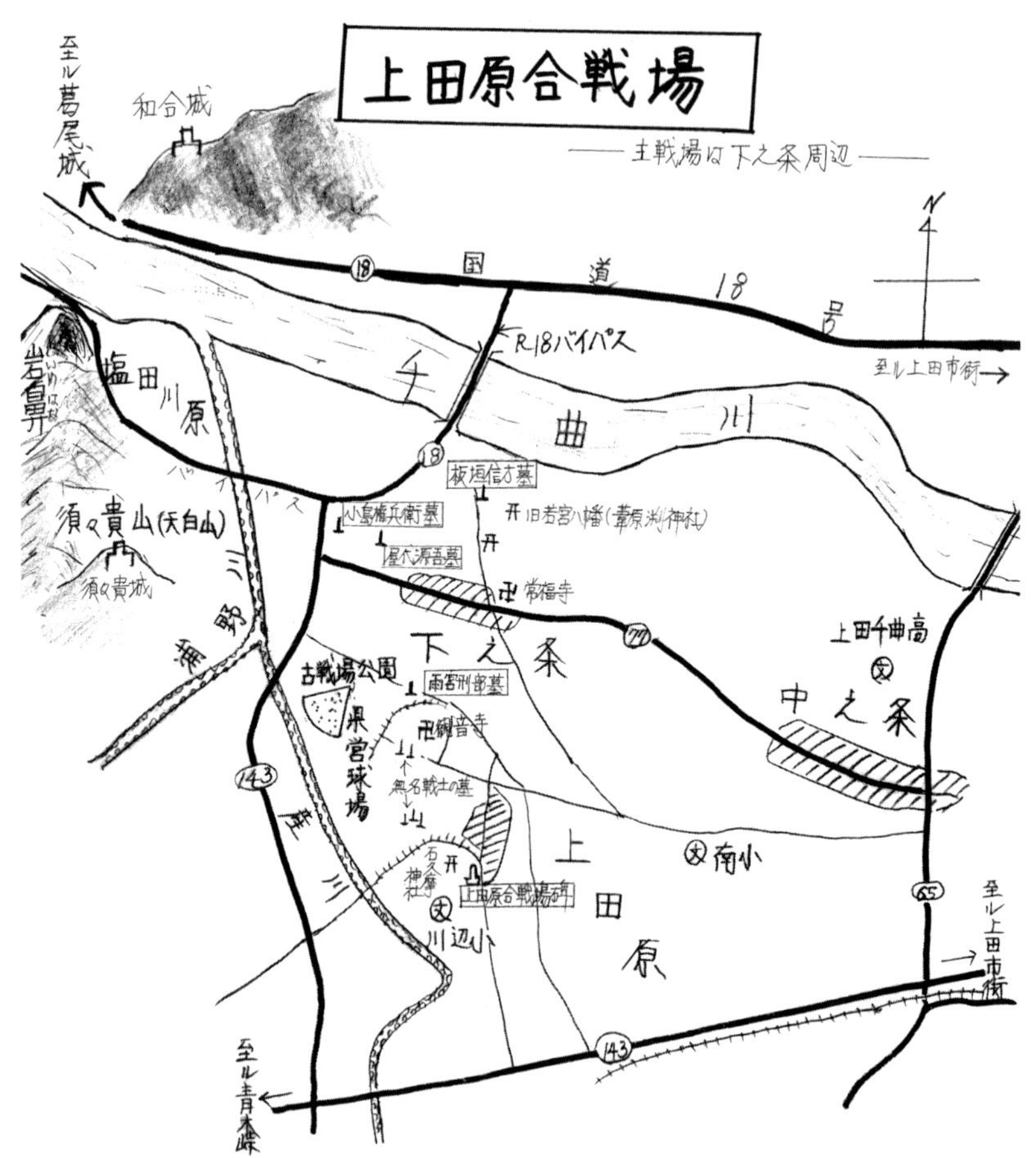

現地の地理を詳細に熟知している地元の『上田市誌、歴史編⑸』（一〇五—一〇六頁）によると——「上田原合戦の戦場は上田原の台地という概念が浮かんでくるが、国道一四三号線沿いの上田原の台地から、一段下の中之条から下之条にかけての一帯である。武田・村上両軍が激突し勝敗を決した主戦場は、下之条集落や、その北側の千曲川寄りの畑地にある若宮八幡宮付近から、合流した浦野川西の小字「塩田川原」とよばれる辺りと考えられる。」——と述べている。現地に足を運んでみると、その証左として、板垣信形・屋代源吾・雨宮刑部・小島権兵衛など両軍の戦死者の五輪塔が存

在する。現在、その辺りには田畑や県営野球場などがある。敵を崩して深追いし過ぎた**板垣信形**は、村上勢に取り囲まれて討ち死にしたとも言われている。

最大の激戦地「塩田川原」近辺は村上軍の拠った**天白山**（須々貴山）の目前である。このような地理的状況を考慮すると、『妙法寺記』で「**塩田原**と申すところにて、甲州の晴信様と村上殿が合戦なされ候」と表現したとしても不思議ではないと解釈できるが、いかがなものであろうか。

合戦場再吟味～戦死武将の五輪塔の分布位置から考察

戦闘開始以前に両軍が陣取った所は、合戦場から見ると村上義清は西方の**天白山**（須々貴山）に、武田信玄は南東方向かなり遠方にある**倉升山**に陣を張った。『上田市誌』によると、倉升山周辺には物見山・合図山・兵糧山・御陣ケ入・御陣ケ原・鉦ケ窪・味方原等、武田軍の布陣を示す地名がある。また、村上軍の足下にも物見塚・産川崖上には三兵・村上の旗を立てたといわれる旗塚の跡等があり、いずれも現在も小字名として残っている。

上田原古戦場といわれている辺りから西方を望むと、堤防状山塊が左から張り出し、奇勝「岩鼻」で突然開けた右側が千曲川の流れる低地である。千曲川の右（北）には、北方からこれまた断層崖の尾根が急に落ち込むが、落ち込む寸前の高みに和合城（埴科郡方面も、小県郡方面も一望できる位置にある）がある。上田盆地の西方極限で「岩鼻」と和合城に挟まれた箇所だけが開かれ、その狭い箇所を千曲川が北西方向へ流れ下っている。その先は村上義清の本拠地坂木（坂城）である。上田原の合戦は、義清にとっては、つい庭先まで侵入せんとする信玄を寸でのところでくい止める必死の合戦であったことが分かる。

主戦場（下之条）から北西を望む

上田市古戦場公園に県営上田野球場があるが、そこからわずか北方で野球場の西の一四三号線を北へ進むと、上田坂(さか)城(き)バイパスがあるが、そこへ至る前の信号「下之条」の脇に県営圃場整備事業竣工記念碑がある。当時の吉村午良長野県知事書による「古戦場の郷」と大書された文字が刻まれている。その北方右手（東）すぐに工場があるが、その南隣の水田の畔に**小島権兵衛**の五輪塔がある。さらに百(メートル)東の大木の根元に**屋代源吾**の五輪塔群がある。彼は屋代城主であった屋代政国の長子であった。そこから二百(メートル)ほど東に板垣信方の五輪塔が連続して存在する。また、わずか南方の段丘の下には**雨宮刑部**の五輪塔群がある。このように、いくつかの五輪塔群の現在ある場所から判断すると、そこが**戦闘の最激戦地**であった可能性がある。

板垣信方の五輪塔は簡易的ではあるが、覆屋の中に納められ、「**板垣神社**」として第一の鳥居から細い参道が北に三十(メートル)ほど延び、第二の鳥居の奥に鎮座している。村上方の重臣雨宮刑部・屋代源吾・小島権兵衛の五輪塔は板垣信方ほど丁重に扱われているわけではないが、地元の人々の伝承としてはっきり語り継がれてきた。地元の人々にとっては心情的には村上方に近いものがあると思われる。ところで、無名戦士の五輪塔群が複数箇所にある。これらは全て現在の石久摩神社や川辺小学校のある河岸段丘上よりも下の北西方向に存在している。これらの中に甘利虎泰・才間河内守・初鹿野伝右衛門などの五輪塔も紛れているのだろうか。

現在「石久摩神社」の境内の一遇に、「上田原古戦場碑」の大石碑が地元上田原区によって昭和四十四年に建立されている。麾毫は大僧正半田孝海である。神社は上田市立川辺小学校の北に隣接している。石久摩陣神社の段丘上の西端からは、村上義清が渡河して室賀峠へ向かったといわれる「石久摩渕」の段崖方面が望め、産川の流れが南西にある。また、武田信玄が退陣の時に通過したといわれる通称「信玄道」が石久摩神社の西下を南方へ向かっている。

〈最激戦の戦闘の場所〉

「上田原の戦い」は、広義には最初に両軍の陣地が置かれた天白山と倉升山の間の、この地方では比較的大平原ともいえる「上田原」全体で行なわれたということで間違ってはいない。しかし、実際に戦闘が行なわれた所であり、最激戦地は、――産川が浦野川に合流した地点のすぐ東側で、千曲川のすぐ南側の場所であると推定される。河畔ともいうべき河岸段丘の最下段「下之条」での激闘であったことになる。

上田原の合戦と芦田信守

ところで、この上田原の合戦に**芦田下野守信守**が参陣していたということは、どの文書にも伝承にも残っていない。しかし、信玄の他国での戦いは、実際は甲州武士よりも**信濃先方衆**が動員され、武田の重臣の軍勢の**脇備え**として、文字通り戦いの最前線（先方・先鋒）で戦っていた場合がほとんどである。この時点では、信州佐久は武田信玄の勢力下にあったので、佐久の信濃先方衆の最大勢力を要していた**芦田下野守信守**が、戦いの一翼を担っていた可能性が高い。ちなみに、芦田下野守信守の嫡男・**源十郎**こと、のちの芦田右衛門佐**信蕃**（のぶしげ）が芦田氏の本拠**佐久郡芦田城で誕生**したのは、上田原の合戦のあったこの年、**天文十七年（一五四八）**のことである。父信守が本格的に武田麾下として、信州各地を転戦し、武田家中で認められ出したころである。

合戦後の状勢～村上義清の暗躍と諸将の蜂起

一方、目を信濃全体に目を向けると、上田原の合戦における**武田軍の敗戦**は、信玄の侵略に抵抗していた信濃の諸将を大いに力づけることになった。信玄の支配下に入っていた佐久郡・諏訪郡・筑摩郡・安曇郡でも、この直後から、**諸将が武田に対して蜂起**する動きが勃発している。もちろん、その陰には埴科郡坂木の**村上義清による策動**があったことにもよる。

また、**村上義清**自身も積極的に、小笠原長時、安曇郡の仁科一族、再び離反した伊那の藤沢頼親らと図り、それまで武田の支配下にあった**諏訪へ侵攻**し、諏訪下社を一時占拠し、諏訪上原城の武田を牽制した。**佐久地方**では、武田怖るるに及ばずという風潮となり、**佐久郡十三の土豪**が武田方の**前山城**の伴野氏を追い立て、前山城に共同して立て籠った。さらに、村上義清の軍は、武田方の前進基地となっていた**内山城**の宿城に放火したりしている。いずれも知らせを受けた武田信玄が軍を起こし、武田支配下に回復しているが、依然、**村上義清との抗争**が続いていた。

9　塩尻峠の戦い（勝弦峠の奇襲戦）

天文十七年（一五四八）七月十九日に行なわれた、武田信玄と松本の林城に拠る小笠原長時との間の戦いである。

『妙法寺記』では、

此年七月十五日信州**塩尻嶺ニ小笠原殿**五千計ニテ御陣被成候ヲ、甲州人数朝懸ニ被成候テ、悉小笠原殿人数ヲ打殺シ被食候

『高白斎記』では、

七月大…〈中略〉…十八日辛卯従大井ノ森被進御馬、翌十九日卯刻被**塩尻峠**ニタテコモリ、**小笠原長時**責破リ、数多被為討捕候

両者ともごく短く塩尻峠の戦いを記述しているのみである。しかも月日の相違がある。右の二書から得られる確かな情報は「甲州軍が（天文）十七年に塩尻峠で小笠原軍に勝利した」ということである。この年の去る二月の上田原の合戦に武田信玄が破れるの報に、林城の小笠原長時は、村上義清・安曇郡の仁科氏・再び離反した伊那郡の藤沢頼親らと図り、早くも四月には諏訪へ侵入を始めている。諏訪の民家を焼き討ちし、諏訪下社を占拠し、武田氏の上原城を牽制した。諏訪郡西方衆の矢島氏や花岡氏も信玄に反旗を翻した。

塩尻峠の戦いの概要　広く歴史書で知られている**塩尻峠の戦い**（**勝弦峠の奇襲戦**）の概要を記述してみよう。――信濃の反乱軍を制圧する機会をねらっていた信玄は、小笠原軍が塩尻方面から諏訪へ通じる**勝弦峠**に陣を張り、諏訪から甲斐への侵攻を目指しているとの情報を受けた。信玄は、ただちにつつじケ崎の館から出陣した。甲斐国西端に位置する**大井ケ森**に軍勢を集結させたが、全軍を急いで動かそうとはしなかった。緩やかな行軍で進み、数日を過ごし、ようやく七月十八日夕暮れを待って、国境を越えて信州諏訪へ進軍した。諏訪での武田の根拠地**上**

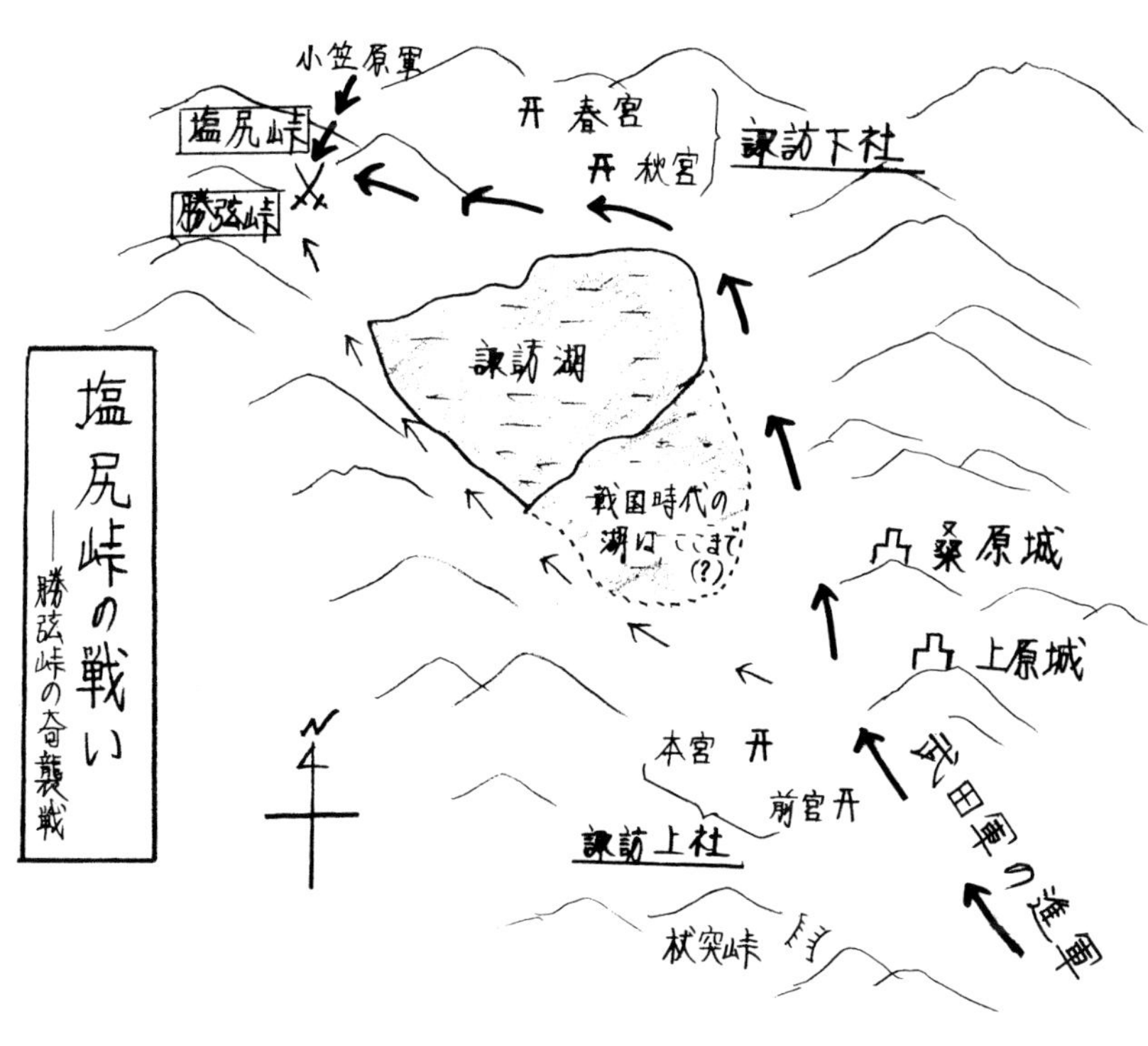

原城で小休止した後、今度は早足で諏訪湖畔を進軍し、十九日午前二時頃、一気に峠を駆け登って**小笠原軍**を襲った。武田軍はまだ国境辺りであろうと安心して、寝入っているところを急襲された小笠原軍は、かねて信玄に内応していた三村氏や西牧氏などの逃走もあり、わずか一時（二時間）ほどの戦いで総崩れとなり、討ち死にや負傷者は数知れず、全軍が松本方面へ敗走した。峠には小笠原方の死骸が散乱したという。小笠原長時が陣を張ったのは、広範囲では**塩尻峠**といってよいが、主力は**勝弦峠**であった。世に勝弦峠の奇襲戦とも称されている。諏訪を再び安定させた信玄は七月二十五日に上原城へ引き上げた。一説には、信玄が国境付近での進軍をゆっくりとしていたのは、敵をあざむいて隙を生じさせるねらいがあったともいう。

武田勢の中に芦田下野守信守の軍勢もいた

『武田三代軍記』に信州塩尻合戦について次の記述がある。

大膳大夫晴信、信州に發馬あるべしとて、同じき五月十三日、辰の刻に甲館を進發あって、十五日には小室に着かせ給ひ、當所の城代小山田備中守・岩尾の城代眞田弾正忠・内山の城代飯富兵部少輔を召し、佐久郡の様子、委細に聞召し、次に相木市兵衞・**蘆田下野守**・望月甚八・前山主殿・依路・平原等を召され、太刀・脇差・馬具なんど、夫々に給はり、其外、在々所々の仕置等、仰付けらるる所に、同じき十九日、午の刻に及んで、諏訪高島の城代板垣信形、飛脚を以て、木曾・**小笠原**の両勢働き出で、桔梗ケ原を押通り、**鹽尻峠**を打越えて、此方へ働き申候。伊奈勢も、同じく打ち出で申し候と言上す。晴信、之を聞きも敢へ給はず。則小室を打立ち給ひ諏訪を指して發向あり。伊奈勢には、板垣馳向ふべしとて、自身は諏訪通を押出して、木曾・小笠原の両敵に打向ひ給ふ。…〈中略〉…當手の戦、今日午の刻に始まり、未の刻に至って終りけるに、木曾・小笠原打負けて、散々に敗北せしかども、守に備へし伊奈勢は、静まり返って見えし所に、…〈中略〉…六月十四日、甲府に凱陣し給ひけり。此度の合戦に、武田方、勝利を得られしかば、是に気を失ひて、鹽尻・小曾・和田・福澤等の者共も、今年皆、武田家に降参をぞしたりける。

塩尻峠の合戦は「五月十三日に甲府を立ち、小諸城経由で塩尻峠の合戦をし、六月十四日に甲府凱陣」と『武田三代軍記』本文には述べられている。しかし、史実として認められている「塩尻峠・勝弦峠の戦い」は、**天文七年（一五四八）七月十九日**である。この『武田三代軍記』の内容は、あまり信がおけそうにない点が散見する。まず、塩尻峠の合戦の期日がおかしい。しかも、板垣信形は去る二月の上田原の戦いで討ち死にしているので、その後の塩尻峠の合戦の時に存命している記述があるのは誤りである。「相木市兵衞・**蘆田下野守**・望月甚八・前山主殿・依路・平原等を召され、太刀・脇差・馬具なんど、夫々に給はり、其外、在々所々の仕置等、仰付けらるる所に」とあることから、信州へ入り小室城（小諸城）で、小山田備中守（小諸城代）・眞田弾正忠幸隆（岩尾城代）・飯富兵部虎昌（内山城代）を呼んで、上田原の合戦以来不穏になっている佐久の情勢を報告させ、次に相木氏・**蘆田下野守信守**・望月氏・伴野氏・与良氏・平原氏等々を集め、太刀・脇差・馬具などを授けるとともに、「在所の仕置」（それぞれの領地の統治）等を申しつけた。しかし、「小諸を打ち立ち給ひ諏訪を指して發向あり」ということには疑義がある。甲斐国大井ケ森に軍を集結して、信州入りしたというのが通説である。

『武田三代軍記』の語っている合戦等の年月日は、史実と異なる場合が多いし、また、小笠原軍の寝込みを襲ったはずの合戦時刻も「午の刻（正午頃）に始まり、未の刻（午後二時頃）に至って終わりけるに」とあるように、内容には齟齬がある。また、板垣信形のように既に没している人物が話の中に登場したり、細部を見ればありえないことも書かれている。しかし、記述内容からその真実を見抜くことも必要である。――当時の状勢を考えると、**芦田下野守信守**が塩尻峠の戦いに参加していたという可能性は、文脈から読み取ることが可能である。

この年の二月に上田原の合戦で村上義清に破れてから、信濃国では四月から村上義清や小笠原長時などの策動が始まっていた。佐久では四月二十五日には、武田軍の佐久における拠点である内山城に村上義清が放火したりして、攪乱が続いていた。**塩尻峠（勝弦峠）の戦い**で小笠原長時を打ち破って以後、これを契機にいよいよ武田軍による本格的な信濃制圧が進んでいくことになる。

10　信玄　佐久奪還

天文十七年二月の上田原の合戦で、武田信玄が村上義清に敗退すると、佐久地方でも村上方になる武将の反乱が相次いだ。武田の佐久における前進基地たる内山城が村上方に襲われ宿城が放火された（四月二五日）。塩尻峠で勝利をあげ（七月一九日）、諏訪地方を制圧した信玄は、まず、小山田信有をして田口城を攻めさせたが（八月一八日）、この時は城主田口良能に加勢した佐久衆に逆に包囲されて失敗した。佐久の旗色は村上方に変わっていたのである。そこで、村上方によって奪われていた佐久の諸城を奪回すべく、信玄は九月に入って、諏訪を発って自ら佐久に出陣した。

『高白斎記』によると、

前山城を攻め落とすと、佐久の十三城は自落

（天文十七戊申年）九月大一日癸酉六日戊寅巳刻従諏訪向佐久郡前山被出御馬、矢戸御陣所、晴天、七日海野口御陣所、八日於て海野口穴山ト箕輪ト御判形申請進シ候、九日宮ノ上御陣所、十一日癸未辰刻打立、臼田大雨、**前山責落ス**、敵数百人被為討捕、**城十三ケ所自落**、十三日細雨、廿一日癸巳**前山ノ城普請**始ル、廿三日桜井山ノ御判形伴野へ渡ス、廿六戊戌ノ夜、望月源三郎方へ被管衆布引山へ忍損シ、両人討ル、廿七日己亥卯刻打立、彼ノ新地へ被寄る御馬、望月御陣所へ参ル、廿八日上原へ被納御馬、

天文十七年（一五四八）の九月の武田軍の動静や出来事を、右の文から箇条書きにすると、

六　日　諏訪（上原城）を立ち、**前山城へ向けて出陣**し、矢戸に陣を張る。

七　日　海ノ口を陣所とする。

九　日　宮ノ上を陣所とする。

十一日　午前八時に臼田（桜井山城）を立って、大雨の中を**前山城を攻め落とし**、敵勢数百人を討ち取る。

この武田軍の勢いに恐れをなした**佐久の十三城は自落**した。

廿一日　**前山城の普請**を開始する。

廿六日　反武田が奪取し、望月源三郎が立て籠っていた布引山城に、武田の兵二人が忍び入ったが討たれる。

廿七日　（この年の五月に築城した）布引山城へ入り（改修を指揮し）、その後、望月氏の陣所を訪れる。

廿八日　諏訪の上原城へ戻る。

このように、佐久郡の土豪が前山城の伴野氏を追い、立て籠っていたので、信玄がこれを攻めたのである。佐久の中心的存在である**前山城**を攻略し奪還したことによって、佐久郡は「**城十三ケ所自落**」という状況を呈した。佐久の諸将の多くは討ち取られたり、降伏したり、逃亡したりした。（例えば、芦田依田氏と出自を同じくするといわれている平尾依田氏では、平尾為信が降伏し、その弟の為守は小県郡上田に逃れて、そこに土着した）。この時の佐久攻めでの武田軍の勢いのほどが分かる。塩尻峠の戦いで勝利し、諏訪の憂いを払拭した信玄は、村上義清になびいていた佐久の多くを一気に再び制圧にかかったのである。しかし、まだ佐久の土豪の抵抗が完全に収まったわけではなく、翌天文十八年にも、信玄は諏訪を経て佐久制覇へ向けて出張することになる。一方、信玄は塩尻峠で敗走させた小笠原長時に対する次なる一手を投じている。長時の居城である松本の林城の押さえに村井城を十月に築城開始している。

なお、この年の十二月、越後では、後に信玄の宿敵となる長尾景虎（謙信）が家督を嗣いでいる。

信玄の佐久平定に芦田下野守信守も転戦か

信玄による佐久平定のこの時期に、**芦田下野守信守**はどうしていたのであろうか。間違っても、この時に前山城で反旗を翻した佐久の諸将と行動をともにしていたとは考えにくい。既に信玄に臣従し、信濃先方衆となって各地に転戦していたと推定される。少なくとも信玄による前山城攻略戦に参加していた可能性が大きい。また、同じ依田氏である**相木市兵衛**も、本拠地が甲斐に一番近く、佐久の武将ではいち早く武田に臣従していることから、武田の軍勢の中にいたと思われる。この時期からの実績があったからこそ、芦田氏も相木氏も武田麾下の佐久の武将（信濃先方衆）として信頼され、後年の川中島合戦の時にも、妻女山攻撃の別働隊十頭の中に位置づけられたのである。

なお、この年（天文十七年（一五四八））は芦田下野守信守の嫡男源十郎（後の信蕃）が、芦田城で産声を上げている。翌年、源十郎がいまだ数え年二歳の時に、芦田氏は本拠を芦田城から春日城へ移すことになる。

11　芦田氏、春日城を本拠とする

小県郡**依田ノ庄**に発した芦田依田氏は、徐々に佐久郡へ進出し、一四四〇年代に芦田郷の**芦田城**を本拠とし、**岩村田大井氏**の筆頭重臣として次第に重んじられた。芦田氏内部の「御家の事情」で、一時衰微していた期間（継母による孝玄抹殺の事件とその後の義玄の時代）もあったが、**下野守信守**の代になって、武田氏の佐久侵入後は、武田軍の**信濃先方衆百五十騎の侍大将**として、武田信玄の戦いに従軍し、幾多の戦功を重ね、一大勢力をなすようになった。やがて、**下野守信守**は望月氏の支族である**春日氏**が武田に滅ぼされた後の**春日城**を修築し、本拠を佐久郡春日郷へ移した。おそらく、春日氏を滅亡に追いやった武田勢の先方として、下野守信守がいたことは想像に難くない。芦田氏が芦田郷から春日郷に移るに際しての動きを、文献から確かめると、『高白斎記』の天文十八己酉年の項に次のように記述されている。

（三月大）九日己卯　芦田四郎左衛門春日ノ城再興、
四月小三日癸卯　依敵動、春日落城、味方勝利、

分かりやすく書き直すと、

・三月九日　**芦田四郎左衛門**、春日の城を再興す。
・四月三日　敵の働きにより、春日の城落城、味方勝利

つまり、天文十八年（一五四九）三月九日に「芦田四郎左衛門が春日の城を再興し」とあるように、**芦田四郎左衛門**が春日氏の拠っていた春日城を改修し再興したことを記している。この時、芦田依田氏は芦田から春日へ本拠を移したものとみられる。しかし、二十数日後の四月三日には、「敵の働きにより、春日の城落城、味方勝利」ということは、「芦田四郎左衛門が三月九日に春日城を再興したが、四月三日に敵、つまり、反武田勢力によって春日城は落城した」

春日城

のである。しかし、「味方が勝利した（城を奪回した）」とあるから、いったん城を奪われたが、「芦田氏（武田勢）が城を奪回した」という意味であろう。当初、春日城をめぐって、武田勢（芦田氏）と反武田勢との間で、目まぐるしく状勢が動いたことが分かる。こうした中にも武田氏を背景に**芦田信守**が春日城を確保し、春日郷を本拠としながら、勢力を伸ばしていったものと思われる。

ちなみに、天文十八年といえば、信守の嫡子**源十郎（後の信蕃）**は数え年二歳である。誕生したのは芦田城であるが、まだ幼児の源十郎が春日城へ移った直後に、春日郷は争乱状態にあったということになる。「敵の働きにより春日城落城」となった時、源十郎はどこにいたのであろうか。あるいは、春日城は改修した直後であったので、麓にあった居館は整っておらず、源十郎をふくめた信守の家族は、まだ芦田城にいた可能性もある。春日城が敵に襲われた時に、もし春日の居館にいたとすると、春日渓谷の山奥に「**山上がり**」して避難していたことも考えられる。（芦田氏は、この後も、武田氏の滅亡にともなう織田氏の侵攻時や、北条氏の侵攻時など、何度も春日城の居館から脱出し、「山上がり」して難を逃れていたと推定される）。

春日城を改修・再興した芦田四郎左衛門とは？

芦田四郎左衛門とは、『寛政重修諸家譜』にある「依田備前守信正―依田左近信吉―**依田四郎左衛門**信次」の可能性を『望月町誌』では指摘しているが、疑義がある。『寛政重修諸家譜』の述べている依田四郎左衛門信次の項には、次のような記述がある。――「武田家へつかへ、歩卒をあづかり、蘆田右衛門佐が一族たるをもってこれに属し……」は、その可能性を示してはいるが、「……慶長五年、東照宮甲斐國に御出馬のとき忠節をつくす。慶長五年、めされてつかへたてまつり、上野國緑埜郡藤岡にをいて采地二百石をたまひ、歩卒をあづけられる。…（中略）…藤岡にありて諸役をつとむ。七年七月死す。年五十二、法名義功」と記されている。没年慶長七年（一六〇二）で五十二歳ということは、一五五一年生まれとなり、芦田信蕃より三歳年下である。春日城を修築した天文十八年（一五四九）の時点、ではまだ生まれていないはずである。**依田四郎左衛門**信次が「芦田四郎左衛門」である可能性はゼロである。

わずかに残る他の可能性としては、芦田宗家に極めて近い「**依田**四郎左衛門」なる人物が存在していて、『高白斎記』の著者である武田重臣の駒井高白斎が「**芦田**四郎左衛門」と記述したかもしれないことである。しかし、「芦田氏」を名乗ることができるのは芦田依田氏の嫡流（宗家）に限られていることから、「芦田四郎左衛門」とは**芦田下野守信守**であると解釈するのが自然である。

春日城は春日氏の山城であった

現在、佐久市旧望月町春日にある山城「**春日城**」の尾根が北端で尽きた山麓に東向きに八幡宮があるが、その裏（西側）に数基の**五輪塔群**が草叢に囲まれて立っている。明治十一年の『長野縣町村誌』春日村の項に――「天保中城山崩れて美巧なる五輪塔九基を出す。春日氏代々の墓なり」――と記されているが、それが該当する。芦田下野守**信守**が春日郷に入って来る以前に、春日城の主で一帯を統治していた春日氏のものである。

春日城の先住の城主であった春日氏の始祖は**春日貞親**で、鎌倉時代初期にはその存在が確認できる（『吾妻鑑』）。歴史上特に有名なのは、**春日刑部貞幸**である。承久の変（一二二一）の時、三代執権北条泰時に従った宇治川合戦の渡河作戦で、劣勢に焦る北条泰時をいさめ、討ち死にの危険から命を救った武将として、鎌倉幕府の正史『吾妻鑑』にも**春日貞幸**のことが述べられている。これは春日貞幸の大功として、承久の変を記した諸書にいずれも記されている。鎌倉幕府にも認められていた信濃国佐久郡春日郷の春日氏であったが、三三〇年ほど経過した一五四八年に、武田氏によって滅亡の時を迎えたことになる。しかし、地元佐久市旧望月町春日地区でも、春日氏の存在があまり取り上げられることもなく、ただ**五輪塔群**がひっそりと春日城下の目立たない山陰の雑草の中にたたずんでいる光景には、時の移り変わりを痛感させられる。

春日氏は小県の**滋野氏**の一族である**祢津氏**の分流であるといわれている。現在の春日本郷に館を構え、春日城を築いて、一一八〇年頃から一五五〇年頃まで、少なくとも三三〇年間以上に渡って、**祢津氏流春日氏**が領主であったが、武田信玄が佐久へ侵入してきたことによって、滅ぼされたのである。その直後に、信玄の信濃先方衆の侍大将で勢力を伸ばしつつあった**芦田信守**が、かっての春日氏の館跡に居館を構え、**春日城**に拠ったのである。

春日館（やかた）　『長野県町村誌』の春日村の項に「居館は今金城山康国寺の境内なり。方二町、三方壘二重あり。濠を廻らして、堀端小路の名あり」とある。芦田氏の本拠となった城は天文十八年（一五四九）からは春日城であるが、常日頃は山上の山城ではなくて、その麓の居館である「春日館（やかた）」が日常生活や政庁の場所となっていた。春日館の跡とされる康國寺の周辺には、金井小路、前田、御新造、新小路、下小路、古屋口（小屋口）、馬場、竹ノ城、勝負田、城久保などの字名を残す。――佐久市教育委員会によって平成二十二年に春日館跡の一部発掘調査が実施された。それによると、

ア　五メートル離れて平行に掘られた幅四メートル以上と幅三メートル前後の濠跡のほか、濠掘削以前の竪穴をもつ建物跡が発見されている。

イ　平行する濠は、『長野縣町村誌』に記される二重の濠の可能性が高い。

ウ　背後の山城（春日城）の前面に「コの字」形に濠を廻らせた一辺一〇〇メートル～一五〇メートルの方形館が想定できる。

エ　出土遺物の時代は、十六世紀後半から十七世紀初頭、織豊期であり、時期的には芦田下野守信守や依田信蕃、松平康国の活躍した時代と一致する。

オ　出土品は土器皿や瀬戸・美濃系陶器、内耳鍋、石臼等一般の農村に多く見られる生活用具がほとんどであるが、長野県内二例目の出土である**景徳鎮系五彩椀**がある。

ただ、この付近は芦田依田氏以前、天文十八年までは滋野氏系春日氏が本拠としていたので、それとの関係も更なる調査による詳細の究明が待たれるところである。（ちなみに、その春日氏に関係すると推定される五輪塔群が春日館跡の北西の山陰にあると先に述べた）。なお、芦田依田氏の一族は、芦田郷や発祥の地小県郡依田庄にも当時いたわけである。現在の佐久市旧望月町春日の康國寺のある所に本拠春日館があり、城はその西背後に聳える山塊全域に春日城があったのである。（先人の著わしたいくつかの書籍に、春日城はとるに足らない「小城」であるなどと述べられているが、実地を踏査した者には、武田氏の手が加わった「かなりな規模の山城」で、守るに堅固な城であることが分かる）。

芦田氏、既存の春日氏の春日城に手を加え改修する

春日城で現在秋葉社が建っている高所が、春日氏時代の主曲輪であろう。北端の麓からここまで、おびただしい曲輪群があるが、その構造は比較的単純である。その南へ続く尾根に、深い壮大な堀切を数条ほどこした高所があるが、そこが芦田氏が手を加え修築した曲輪で、後にはそこが主曲輪としての機能をもったと推定される。春日城は比較的古式で単純構造の北半分と、複雑に防護地形を備えた南半分とでは、築城の主体者の時代的差異が分かりやすい山城といえる。芦田氏が春日城を広大な山城に生まれ変わらせたことになる。

春日城の縄張りや特徴の詳細については、三十四の「本拠佐久郡春日郷へ」の項で述べることにする。

12　信玄の佐久掃討戦

武田信虎が信州へ入って、善光寺参詣を大永三年と七年（一五二三、一五二七）にしているが、甲斐国を完全に掌握するのは天文元年（一五三二）である。信州佐久へ侵入し、佐久攻略を本格的に開始したのは、天文九年であったとされる。

『妙法寺記』には短いが次のように記述されている。

甲斐武田氏による佐久侵略〜信虎・信玄

此年（天文九庚子）五月ヨリ武田殿信州へ取懸リ被食候、去ル程ニ弓矢ニ切勝被食候テ、一日ニ城ヲ三十六落シ被食候ト聞エ候、去共佐久ノ郡ト申候ヲ御手ニ入候、

〔現代語訳〕（天文九年五月より武田氏は信州侵略を始めた。戦いの度に勝利した。一日に**三十六城を落とした**ということである。そうして佐久郡を支配下にいれた）。

一日に三十六城とは少々大げさではあるが、そのくらいの破竹の勢いで佐久郡を侵略したということである。天文九年（一五四〇）、ちなみに信玄二十歳の時である。その後、**武田信虎**は八月に佐久郡**海ノ口に伝馬制**をしいている。翌天文十年五月、信虎は諏訪頼重・村上義清を誘い、**滋野一党**（滋野氏、海野氏、祢津氏）を小県郡に攻めている。（諏訪頼重が「主なき体」の芦田城へ立ち寄ったのは、この時の帰途である）。

同じく天文十年に、**父信虎を駿河へ追放し**家督を継いだ信玄は、天文十五年（一五四六）には**内山城**を攻略し、翌十六年（一五四七）には**志賀城**を落としている。

信玄の佐久掃討作戦

しかし、信玄（当時はまだ晴信）は、天文十七年（一五四八）には**上田原の戦い**で村上義清に敗れた。その直後から、村上義清は佐久侵入を開始し、放火などを繰り返した。いったん信玄に下っていた佐久の諸将は、信玄に反旗を翻し、**前山城**に共同で立て籠ったりして蜂起した。信玄はこの年（一五四八）のうちに**塩尻峠の戦い**で小笠原長時を破り状勢を取り戻すと、まもなく佐久郡へ入り、佐久掃討作戦を展開した。前山城などを落としている。

天文十八年四月には春日城を落とし、信濃先方衆として力量を示しつつあった**芦田下野守信守**に春日郷を任せている。続いて五月七日、**望月新六**が武田氏に降り、布引城を出て二十九日に初めて出仕した。六月には**伴野左衛門**が初めて出

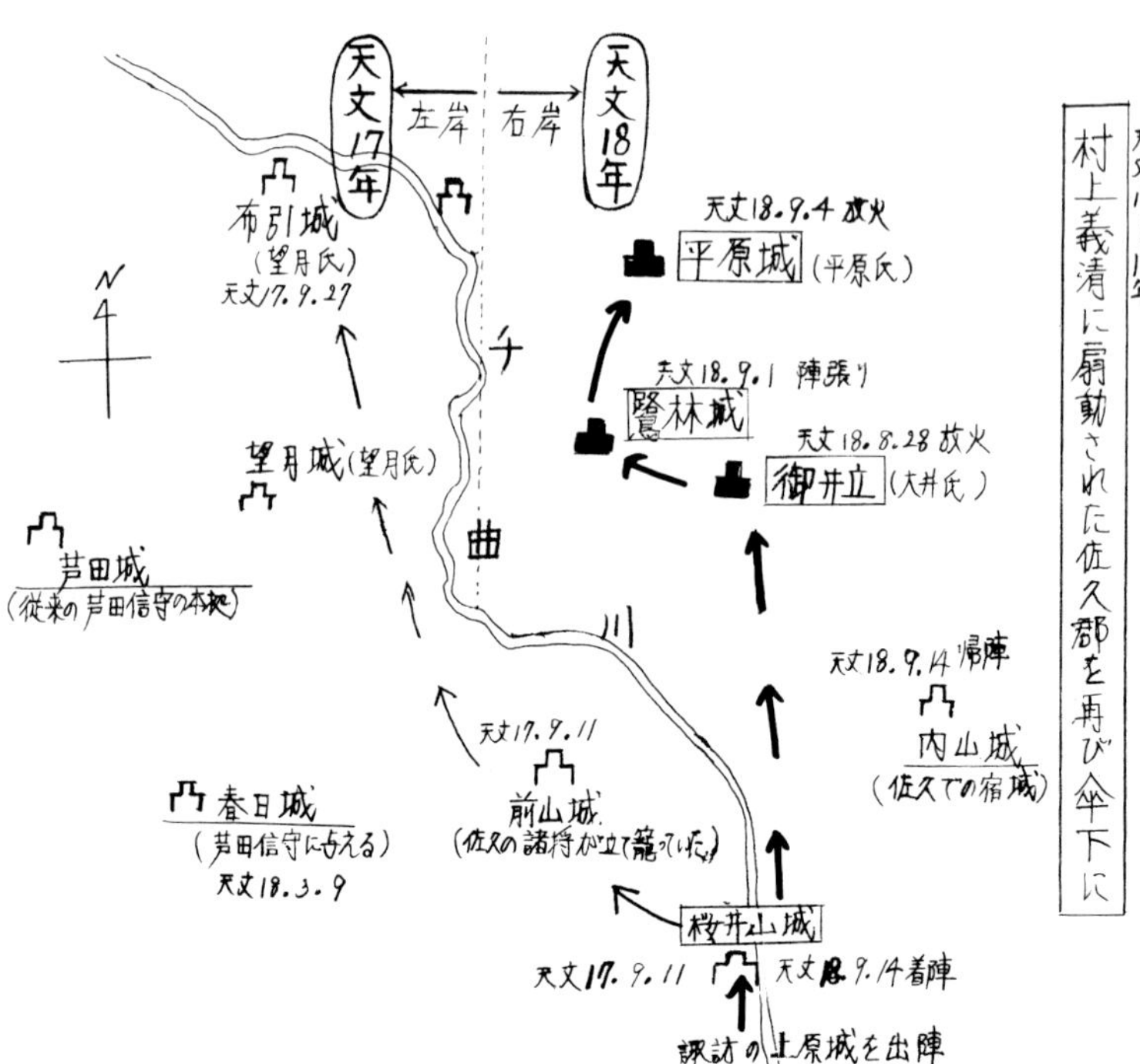

仕した。そして、八月末から**本格的な佐久掃討作戦**を**開始**した。その詳細は『高白斎記』に左記のように記述されている。

廿三日庚申午刻従**高島**御出馬、上原御陣所、廿六日申刻子**桜井山**御着城、細雨、廿八日乙丑辰刻**御井立**放火、九月大朔日丁卯**鷺林**ニ御陣スエラル、四日平原ノ宿城放火、七日平林出仕、八日節、九日富白斎坂木へ参ル、十四日庚辰一宮出羽守坂木へ参ル、**鷺林**ヨリ**内山**へ被納御馬、十七日終夜富白斎致談合、一書掛御目候、廿日丙戌**内山**ヲ御立、**海野口**迄御帰、廿一日御帰府、

これを時間の流れに沿って箇条書きにしてみると、

八月　①十三日、高島城を出陣し、
　　　②〃　上原城を陣所とする。
　　　③廿六日、桜井山城に着陣
　　　④廿八日、**御井立**に放火
九月　⑤一日、鷺林に陣をとる
　　　⑥四日、**平原城**に放火
　　　⑦七日、平林氏が出仕する。（↑「平原

　　　氏」が正しい）
・　九日「富白斎坂木へ参る」
・十四日、「一宮出羽守坂木へ参る」
⑧十四日、鷺林より内山へ帰陣する。
・十七日、「終夜富白斎致談合、一書掛御目候」
⑨十九日、内山を出立、帰路を海野口まで
⑩廿一日、帰府（甲府へ帰着）

信玄は佐久掃討作戦に先立つ七月末に、伊那の箕輪城の鍬立て（改修）に立ち会い、八月中旬まで諏訪高島城（後世の浮城といわれた高島城ではなく、茶臼山城と言われた古高島城）に滞在して、村上方への対応や佐久経略の策を練った後、八月十三日に高島城を出陣し、その日のうちに上原城に到着し、そこで十日あまり留まった。

そして、いよいよ佐久へ向けて軍を進め、二十六日になって佐久郡の**桜井山城**（勝間反ノ砦、稲荷山城）に入城した。ここは大軍が駐留できる宿城でもあった。佐久衆の参陣を確認し、北上して村上方の**御井立**を攻めて放火して攻略した。「御井立」とはどこのことを意味するのか不明であり、筆者の知見の限りでは、どこの城塞か場所を特定した史家はいないが、これは現佐久市岩村田にあった大井氏の岩村田館（**大井館**）であったと比定できる。「立(たて)」とは「館（たち、たて）」のことであり、「大井館→おおいだて→おいだて→御井立」と称したものであろう。大井館は大井氏宗家の本拠であったが、宗家が滅亡した後、大井貞隆が宗家を名乗り、小県郡長窪城に拠っていたが、貞隆が武田に下ってからは、大井館は大井支族が入ったり、地侍が立て籠ったりしていた。この時点では村上義清の勢力に占拠されていた。大井館の城主は不安定であり、諸将の力を統合する一大勢力にはなっていなかったが、岩村田は立地条件からして佐久の中心ともいえる場所にある。信玄の佐久平定のためには、落としておかねばならない城であった。（信玄は後に、越後国から北高全祝禅師を招き、城下に龍雲寺を再興して、この地方における武田の最重要寺院としている）。**大井館**を落とし、岩村田を傘下に収めたことは、大きな意味をもっている。

さらに、岩村田から進路を西にとり、現小諸市平原にある**平原城**攻略に向かった。まず、九月一日に**鷺林城**（さぎばやし）に陣をとった。ここは現佐久市常田にある城跡で、広い曲輪群と空堀を備えた軍事基地といったイメージのある大軍が駐屯可能な城郭である。どちらかというと、近世の野戦時の砦といった構えをしている。北側に田切地形の垂直の崖をもつ縄張りで、北東に平原城方面を望むことができる。ここを足溜まりとして出撃し、四日に平原城に放火した。平原城は田切地形を巧みに取り入れ、空堀を縦横に張り巡らせた広大な曲輪を擁する、この地方きっての巨大で複雑な縄張りをもった城である。城主は本姓が**依田**の**平原全真**（まさざね）であった。（平原依田氏）。いつの頃からか上野国に進出して、後閑城主や後に板鼻城主であった史実も残っているが、永正～大永年間（一五〇四～一五二八）の頃、全真（まさざね）が本拠を佐久郡平原に移していた。芦田氏と先祖を同じくする依田氏である。この時の戦火で平原全真が開基した正眼院（しょうごいん、しょうげんいん）も焼失したと伝えられている。平原氏は依田支族でもあったが、この時は村上義清の傘下にあったため信玄がどうしても落とさねばならぬ城であった。

平原城を攻略した信玄は、基地としていた鷺林城から十四日には、佐久の宿城である**内山城**へ入った。ここで佐久の情勢の落ち着いたのを確認し、十九日に内山城を出発し、帰路は海野口経由で九月二十一日に甲府へ帰着した。

直接の相手は**御井立**（大井館）と**平原城**であったが、この佐久掃討作戦に前後して、村上方の佐久の諸将のほとんど

御井立（おいだて）（**大井館**（だて））**を東方から望む**

が武田信玄の傘下になった。

この天文十八年（一五四九）は、信玄にとっては佐久制覇の上で大きな意味をもつ年であった。――佐久の土豪で勢力のあった伴野氏・大井氏・望月氏・平原依田氏がみな臣従してきた年であったからである。（以前から芦田依田氏と相木依田氏は信玄の臣下となっていた。そこへ新たに佐久の諸将が傘下に入ったのである）。

なお、信玄によるこの年の佐久掃討作戦には、文献にはないが、信濃先方衆として**芦田下野守信守**も**相木市兵衛**も参陣していたと推定される。芦田氏や相木氏に代表される佐久の地元勢力の存在ぬきにしては、この作戦の遂行は、さらに困難が予想された。

13　戸石城の戦い（戸石崩れ）

天文十九年（一五五〇）七月、武田信玄は筑摩郡の小笠原長時を攻めた。長時は平瀬城に逃れ、さらに村上義清を頼って逃亡した。長時の本拠の林城は自落した。

そして十月、いよいよ信玄は**村上義清**の**戸石城**を攻めた。戸石城は現上田市上野伊勢山にある山城で、村上氏の小県方面への拠点であった。その経過を『高白斎記』の記述に沿って、まとめてみると、

戸石城の戦いの概要

①**八月**十九日、信玄、甲府を出陣。深夜に小県郡**長窪城**に着陣。

②〃廿四日、**戸石城**の見積り（偵察）の軍勢を派遣

③〃廿五日、戸石城の見積り（偵察）の軍勢を派遣

④〃廿七日、長窪城を出発し、海野口向ノ原へ着陣

⑤〃廿八日、戸石城の近く「**屋降**」に本陣を張る。

砥石城（戸石城）

⑥〃　廿九日、信玄は自ら城際まで物見に出て「矢入れ始める」（戦闘を開始）

⑦**九月**　一日、村上義清の属将であった清野氏が信玄に出仕

⑧〃　三日、戸石城の城際へ陣を寄せる。

⑨〃　九日、戸石城へ攻めかかったが、霧が深く戦果なし。

⑩〃　十九日、（高井郡の）須田新左衛門が信玄への忠誠を誓ってきた。

⑪〃　廿三日、清野氏から、「高梨・坂木和談」（高梨政頼と村上義清が和睦）したこと、さらに、武田方の寺尾城が廿二日に攻撃されたという情報の注進（連絡）が入る。信玄は真田幸隆をして救援にさしむけた。

⑫〃　廿八日、（寺尾を攻めていた）雨宮氏と坂城衆が退却したという連絡があり、真田幸隆は深夜の帰陣する。

⑬　三十一日、「可被納御馬之御談合」—軍議を開き**戸石城攻撃から撤退すること**にした。（攻略は無理と判断）

⑭**十月**　一日、卯刻（午前六時）から退却を開始した。「御跡衆終日戦フ」—村上軍が追ってきたため殿軍（しんがり）は終日戦う。（横田備中高松〈たかとし〉を始め戦死者千余人、負傷者二千人ともいわれている）。「酉刻敵敗北」とあるが、ようやく酉刻（午後六時頃）に至って敵から逃れることができたのである。その夜は望月の古地（望月城）を陣所とした。

⑮〃　二日、峠（大門峠）を越えて諏訪へ入り、「湯川」に陣をとった。（茅野市北山湯川にある、枡形城ともいう。信玄が大門峠越えで東北信へ遠征する時、軍勢の足溜まりとして築く）。

⑯　〃　三日、上原城へ入り、戦いの総括をし、感状を発行する。
⑰　〃　六日、上原城を出発
⑱　〃　七日、「府中）へ被納御馬」――甲府へ帰陣した。

以上が、「**戸石崩れ**」ともいわれる戸石城の戦いの概要である。戸石城内で戦っているはずの**村上義清**が、いつのの間にか城を出て、武田軍背後から攻め立て、城内と城外の兵に腹背から攻撃され、**武田軍は総崩れ**になり、撤退したとも伝えられている。撤退する時は背後から攻められるので、この時、死傷者が増えたとも考えられる。

この合戦について『妙法寺記』はごく短く言及し、最後に「遠クハ国中皆被捨候、歎キ言語道断無限、サレトモ信州ノ取合不止」と記している。この敗戦による甲州への打撃の大きかったことを物語っている。信玄にとっては、**村上義清**に、上田原の戦い、戸石城の戦いと**二度までも敗戦**したことになる。

戸石城の戦いと芦田下野守信守

武田氏の戸石城の戦いに関して、『甲陽軍鑑』と『武田三代軍記』にも記述がある。

これらは、戦いの同時代資料である『高白斎記』や『妙法寺記』とは異なって、戦いの年月日や数字や筋などに齟齬がみられるが、その記述の中から、起こったことを垣間見ることはできる。

この二つには、いずれも**芦田下野守信守**が戸石城の戦いに参加していたことを記述しているので、左記に紹介する。

『甲陽軍鑑』品廿五、信州戸石合戦之事には、

天文十五年□月□日、小県のうち**戸石の城**へとりつめ攻なさる時は、晴信公御一代になき殿(おくれ)給ふ儀なり。

…〈中略〉…就中(なかんずく)、**戸石要害**せむる衆は、栗原左衛門に各五十騎、三十騎の衆二三人、又は十騎廿騎の小頭衆、さては**あひ木・あしだ**をはじめ、**信州先方衆**也。敵後詰め申べき為の押に、甘利備前、旗本よりの警護は、足軽大将横田備中、子息彦十郎、御旗本の前は小山田備中守、うしろは諸角豊後なり。…〈後略〉

『武田三代軍記』には、

去る程に、天文十五年三月上旬、甲陽の太守晴信、信州小縣郡**戸石の城**をせめらるべしとて、出陣の用意あり。…〈中略〉…かくて敵地に至り、寒川(かんがわ)の妻手(めて)（右岸）に陣し、三月十四日、栗原左衛門尉詮冬に、手勢五十騎・三十騎持ちたる者、或は十騎・二十騎の足軽大将を相加へ、**蘆田下野守・相木市兵衛**・川上入道・依路・福澤・平澤等を始めとして、何れも、**信州先方の者共**を以て、戸石の城を攻めさせらる。…〈後略〉

これらは、戸石城の戦いの時の**信濃先方衆**の中に、**芦田依田氏や相木依田氏**が参戦していたことを意味している。また、『武田三代軍記』の「戸石合戦」の絵図にも、攻城軍の中に**芦田下野守**の名が記されている。

戸石城の戦いのその後

戸石城の戦いで勝利を得た**村上義清**は、再び佐久郡・安曇郡へ侵入を繰り返している。佐久郡においては十月八日には**小諸へ侵攻**し、九日から十一日にかけて**岩村田に放火**し、さらに南へ侵入して、十三日には**野沢城下、桜井山城下に放火**している。安曇郡においては、小笠原長時を助けて平瀬城や塔ノ原城へ進出し、深志城奪還を図った。しかし、ともに武田信玄の出馬を知ると、兵を引き揚げている。目を北信濃に向けると、村上義清は、真田幸隆に調略されて戸石城の合戦に際して武田方へ寝返っていた**寺尾一族**（長野市松城町）を攻め、女・子どもに至るまで十一月に惨殺している。

ところが、翌天文二十年（一五五一）五月、**真田幸隆**が、武田全軍でも果たせなかった**戸石城攻略を単独で果たして**しまった。戸石城内の兵に手を回して内応させた結果である。真田の面目躍如といったところである。戸石城陥落後の村上氏の東信地方支配への勢いは急速に衰えることになった。

14　信州二大勢力（村上氏・小笠原氏）の追討

武田信玄の信濃制覇に立ちはだかった二大勢力は、**村上義清**と**小笠原長時**である。最大に勢力を及ぼしていた範囲は、村上義清は北信・東信地方であり、小笠原長時は中信地方に勢力を張っていた。さらに、南信地方には小笠原の一族が下伊那にいた。ちなみに、天文十七年（一五四八）以降をみると、

まず、信玄による村上義清との相克の過程を左記に概観する。

①天文十七年二月　**上田原の戦い**、信玄の敗戦
②　〃　四月　前山城を落とす。佐久の十三城、武田軍に下る。

信玄と村上義清の相克（一五四八～一五五三）

③天文十八年八月　信玄が村上方の潜入する御井立を放火する。
④　〃　九月　平原城に放火し攻略する。佐久の有力土豪が降伏し、武田の支配下に加わる。
⑤天文十九年九月　**戸石城の戦い**（戸石崩れ）、信玄の敗戦
⑥　〃　十月　村上勢が岩村田へ侵入し放火する。
⑦　〃　十一月　村上義清、小諸城へ立ち寄る。
⑧　〃　十一月　村上軍、野沢城・桜井山城を襲い放火する。
⑨天文二十年五月　信玄の先方衆真田幸隆が策略をもって戸石城を落とす。
⑩　〃　七月　佐久の岩尾弾正が信玄に出仕
⑪　〃　八月　村上勢に備え岩尾城と岩村田城の「鍬立（改修）」をする。
⑫　〃　九月　村上勢に備え、佐久の宿城内山城主を大井貞清から小山田備中守（上原伊賀守改名）に変更
⑬天文廿二年四月　村上義清、本城の葛尾城から逃亡する。葛尾城自落。
⑭　〃　四月　村上勢、葛尾城を奪還。信玄は苅屋原城まで兵を引き、いったん甲府へ戻る。
⑮　〃　八月　信玄、甲府から佐久郡を経て小県郡へ入り、和田城・高鳥屋城を攻略
⑯　〃　八月　村上義清が転じて本拠としていた小県郡の**塩田城**を落とす。義清は越後へ逃れる。

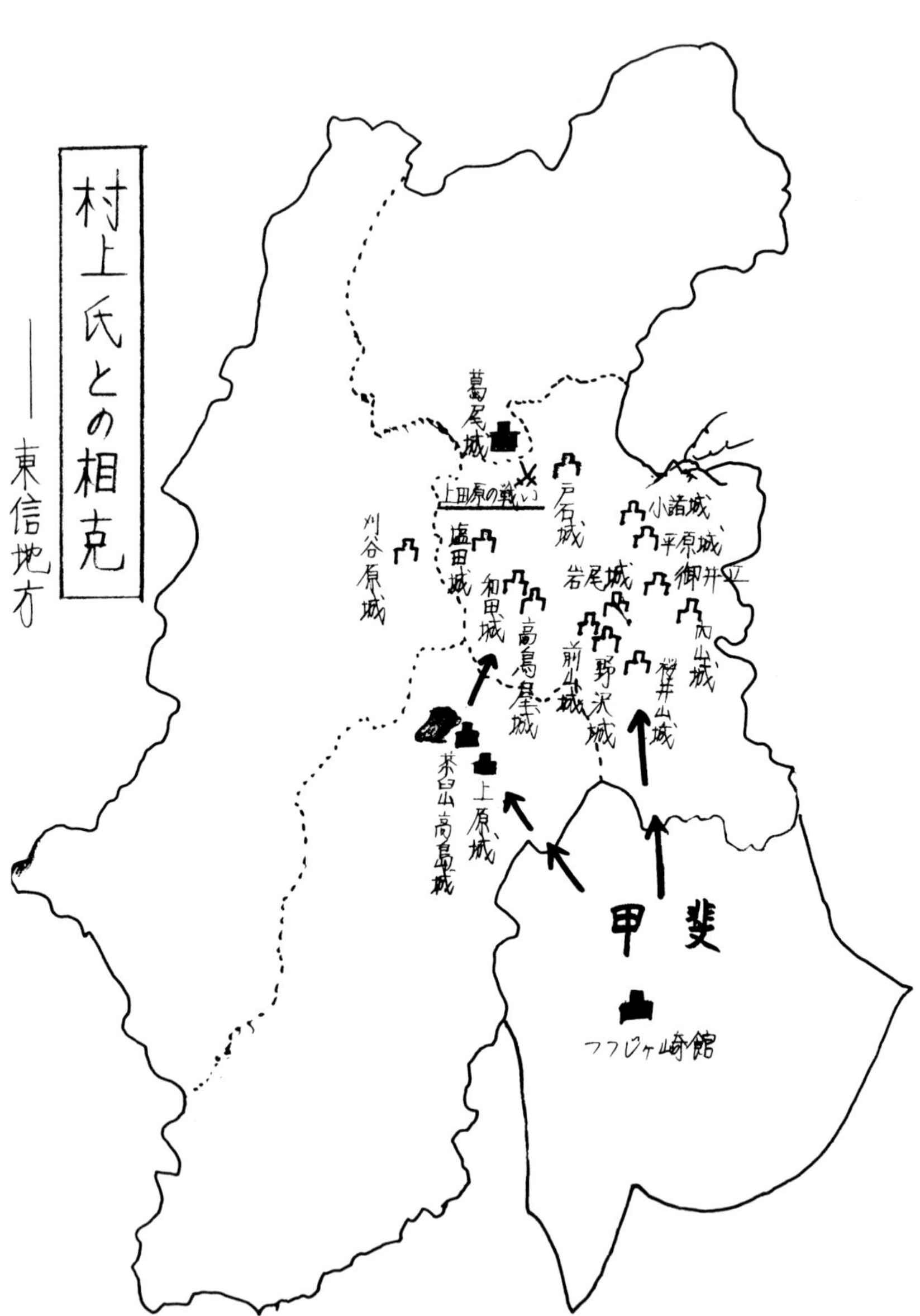
村上氏との相克
——東信地方
葛尾城
上田原の戦い
戸石城
小諸城
平原城
御井立
刈谷原城
塩田城
和田城
高鳥屋城
岩尾城
内山城
前山城
野沢城
桜井山城
茶臼山
高島城
上原城
甲斐
ツツジヶ崎館

⑰　〃　八月　武田方は、一日に十六の城を落としたという。
天文二十二年八月、義清は信濃を放棄し、越後春日山城の長尾景虎（後の**上杉謙信**）を頼って落ちる。
右にはないが、天文十七年の上田原の戦い以後は、佐久の諸城をめぐる信玄の戦いは、いったん義清方になった城または、乗じて反旗を翻した城を攻めて、再び武田臣下に戻すための戦いの場合が多い。

信玄と小笠原長時の相克（一五四八〜一五五二）

小笠原長時との相克の過程は、
①天文十七年七月　塩尻峠の戦いで小笠原長時軍を破る。以後、上田原の戦いで落ちた武田の志気は再び高まる。
②　〃　十月　信玄、村井城を占拠し、林城攻略の前進基地とする。
③天文十九年七月　信玄、林城の出城犬甘城を占拠。林城・深志城・岡田城・桐原城・山家城の城兵が逃亡
④　〃　七月　長時、平瀬城に逃れる。
⑤　〃　七月　長時の本拠の**林城落城**
⑥　〃　十月　村上義清と小笠原長時が平瀬城に入るが、まもなく義清は城を出る。
⑦天文二十年十月　信玄、平瀬城を攻略
⑧　〃　十月　信玄、小岩嶽城を攻める
⑨天文廿一年八月　小岩嶽城を攻略
⑩　〃　十二月　小笠原長時は、信玄に追われて、越後春日山城の長尾景虎（後の**上杉謙信**）を頼って落ちる。
⑪天文廿二年四月　信玄、苅屋原城を落とす。（城主太田弥助資忠を荻原弥右衛門が討ち取る→参照志賀城の項）
⑫　〃　四月　塔ノ原城を落とす。
⑬　〃　四月　会田虚空蔵山城を落とす。

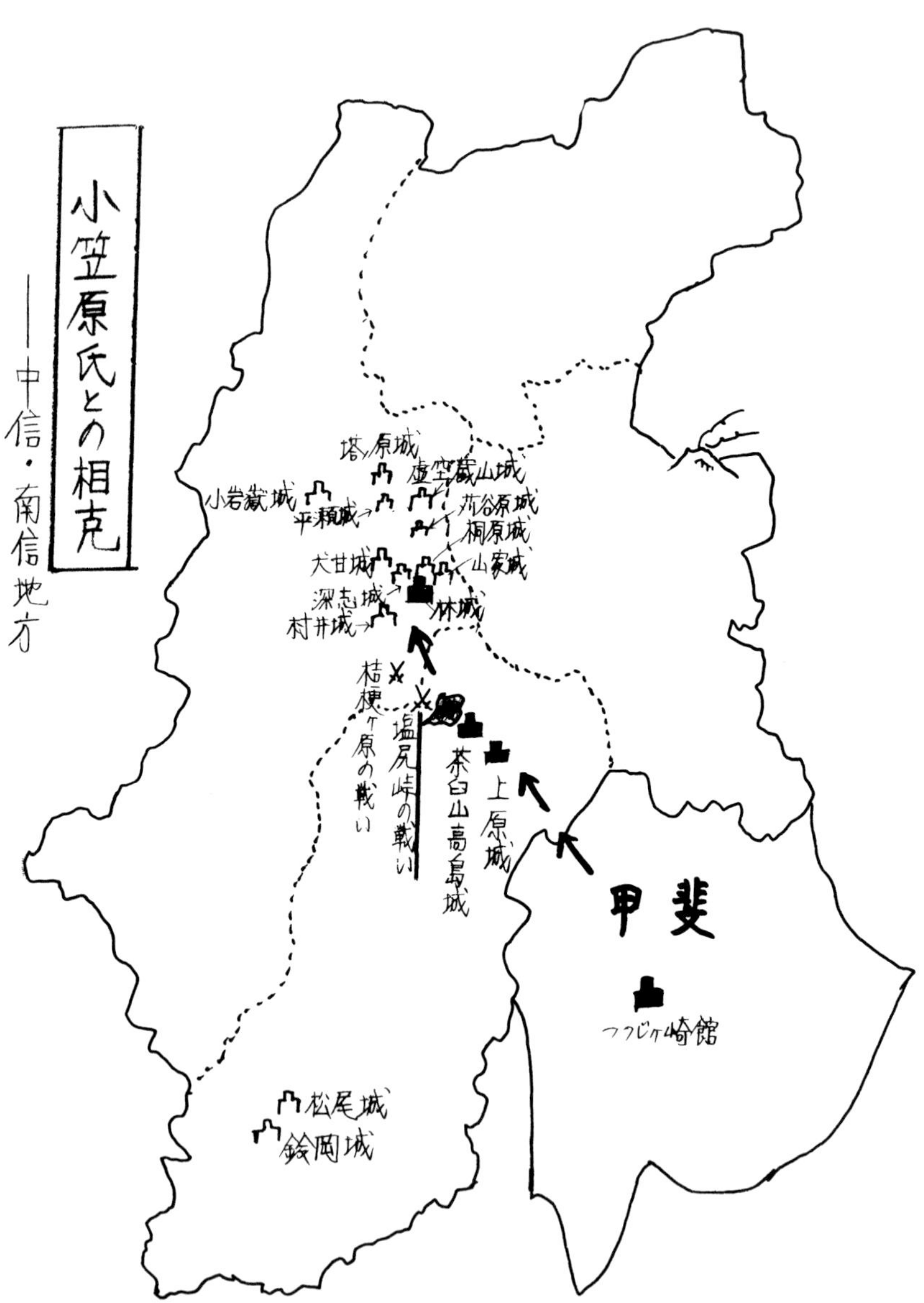
小笠原氏との相克
―中信・南信地方
塔ノ原城
虚空蔵山城
小岩嶽城
平瀬城
苅谷原城
桐原城
犬甘城
山家城
深志城
林城
村井城
桔梗ヶ原の戦い
塩尻峠の戦い
茶臼山
高島城
上原城
甲斐
つつじヶ崎館
松尾城
鈴岡城

⑭天文廿三年七月　信玄、下伊那へ出兵
⑮　〃　八月　小笠原氏の一族の鈴岡城を落とす。

小岩嶽城の落城により、小笠原長時は長尾景虎を頼って越後へ逃亡した。筑摩郡の苅屋原城・塔ノ原城・会田虚空蔵山城も落ちて、小笠原長時が支配していた安曇・筑摩両郡も、ほとんど武田氏の支配下に入ることとなった。

信玄は佐久や諏訪を経て小県方面から埴科郡の村上義清の葛尾城を目指すとともに、時を移さず、安曇郡・筑摩郡方面に小笠原長時を攻めていたことが分かる。

芦田下野守信守も武田勢の中で、戦闘に参加していたと考えられる。『武田三代軍記』には、戸石城の戦いに芦田下野守信守が参陣していた記述がある。他の多くの戦いでも、信玄の信濃先方衆であった芦田下野守は参戦していたことであろう。

武田信玄と上杉謙信の直接対決への動き

このように武田信玄は信濃国の大半を勢力下に収め、いよいよ残りは、善光寺平を窺う北信（北信濃）へと侵略の触手を伸ばしていった。

さらに、小笠原長時や村上義清が逃亡した先は、越後国長尾景虎（後の上杉謙信）のもとであった。この二大巨頭の国外逃亡により、それ以外の北信の高梨氏・島津氏・須田氏などの豪族達も動揺し、長尾景虎を頼って越後へ落ちていった。そこには、天文二十一年に上野国平井城から逃亡した関東管領**上杉憲政**もいたのである。長尾景虎は北信の旧勢力が相次いで救援を求めてきたこともあり、信濃国への出陣を決意した。武田に善光寺平を制圧されると、越後の国の防衛にも関わるからである。――かくて、武田信玄と上杉謙信の因縁の「**川中島の戦い**」へと歴史は展開していくのである。

15　川中島の戦い

信濃国「川中島」は千曲川と犀川とが合流するとともに、多くの交通路が交わる交通の要衝でもあった。善光寺平の穀倉地帯であり、古くから多くの人々の精神的支柱でもある善光寺をひかえていた。武田信玄にとっては、信濃国を制覇するには、どうしても支配を及ばせたい地域であった。また、上杉謙信にとっては、善光寺平を押さえられると、武田信玄に北国街道を経由して、信越国境を越えて、一気に春日山城まで侵略される可能性があった。

武田・上杉の川中島での戦闘を述べた書物として有名なのは、武田氏の『甲陽軍鑑』と上杉氏の『川中島五箇度合戦之次第』があるが、それぞれ思い入れがあり、必ずしも史実と認められない内容も含まれている。しかし、細部はさておき、何度も合戦を繰り返した事実があることは、それらの詳細からエキスを抽出すれば、その概要は捉えることはできる。天文二十二年（一五五三）から永禄七年（一五六四）までの五回の合戦については、定説となっている。

第一回川中島の戦い……天文廿二年八月（一五五三年）……更級郡布施（川中島の一部）で戦う。

第二回川中島の戦い……弘治元年　七月（一五五五年）……謙信は善光寺に信玄は大塚に二百余日の長対陣

第三回川中島の戦い……弘治三年　八月（一五五七年）……葛山城・旭山城を巡る攻防戦、上野原で合戦

第四回川中島の戦い……永禄四年　九月（一五六一年）……妻女山に謙信、妻女山攻撃隊、激戦八幡原

第五回川中島の戦い……永禄七年　八月（一五六四年）……塩崎で対陣六〇日、本格的には戦わず小競合い

世にいう「川中島の合戦」とは、狭義には永禄四年九月（一五六一）の合戦のことである。この時の合戦は有名であり、おびただしい歴史書で解説されているので、詳細は先学のそれに委ねるとして、本書では、**芦田下野守信守**が参戦していたことの裏づけとなる記述を、『武田三代軍記』から紹介する。

川中島の合戦——開戦前、対陣

（謙信）既に永禄四年辛酉八月中旬、春日山を雷發し給ふ。…中略…信州に打つて出て、**西條山**に陣城を構え、足下に**海津の城**をも、攻潰さん為體に見えければ、同月十六に、高坂弾正忠昌信、飛檄を馳せて、此旨甲府に言上す。信玄扨(さては)こそと仰あり。即時に蠋れさせられて、同じき十八日、其勢二萬人を従へられ、**浦野**を押通り、廿四日に**猿馬場**の北に當あたつたる**茶磨山**に打上がり給ひ、筑摩川の流、**雨の宮の渡り**を足下に見下し、越後の道を取切つて、五日對陣し給ひける。…中略…同じき廿九日、海津の北**廣瀬の渡**を打越えされ、**海津の城**に軍勢を入れ給ふ。九月朔日より九日迄、互に睨み合ひてぞ居たりける。…中略…謙信に重き手を討たれざる先に、此方より戰を始め、**西條山の陣城**をまくり落せとて、山本入道道鬼を召され、馬場民部少輔に軍議して、備を定むべし、明日急に西條山に懸つて、勝負を決し、然るべしと仰せければ、道鬼畏つて、景政と軍議を相定め、御前に出て、委しく其次第を申上げける。…中略（所謂「きつつきの戦法」）…信玄、此旨を聞召し、道鬼の申す所、理の至極なり。然らば手合を定めよとて、飯富兵部少輔虎昌・馬場民部少輔景政・高坂弾正忠昌信・甘利左衛門尉晴吉・小山田弥三郎信茂・小幡尾張守信定・小山田備中守昌辰・眞田弾正入道一徳齋・**葦田下野守**・相木市兵衛尉、**此十頭**を以て、**西條山の一番合戦**と定め、其勢一萬二千人、今夜子の刻に打立つて、明朝卯の刻に、合戦を始むべしとぞ定められける。

〈解説〉

永禄四年（一五六一）の**第四次川中島の戦い**である。上杉謙信は海津城を見下ろす西條山（妻女山）に陣城を構え、信玄は茶摩山（茶臼山）に陣取り、五日間対陣した。その後、信玄は廣瀬の渡りを越えて、海津城へ軍勢を入れた。ここで軍議をし、山本勘助の「きつつきの戦法」を取り入れることにした。

西條山の一番合戦に向かうべく**十頭**(じゅうがしら)の中に、**葦田**（**蘆田**）**下野守信守**の名がある。——飯富兵部・馬場民部・高坂弾正・甘利左衛門・小山田信茂・小幡信定・小山田備中・真田幸隆・**芦田下野守**・相木市兵衛——所謂「きつつきの戦法」かはさておき、この**十頭による別働隊**が、まず西條山（妻女山）に陣取る上杉勢に戦いを仕掛け、信玄の本隊が謙信を待ち受けて戦う作戦があったことは、この川中島の戦いの戦況の推移からして、想像に難くはない。前半の戦いで、上杉軍が優勢であったのは、間違いなく、軍勢の数で優っていたからであり、後半の戦いで武田軍が一気に優勢になるのは、十頭の別働隊の参戦によるものである。

西条山（妻女山）
——西側から見る。足許を高速道と鉄道が走る。
——別働隊は山の向こう側から攻撃する。

川中島の合戦——開戦後、戦闘

斯くて、上杉入道謙信は、其夜八代の渡りを打越えて、川中島に至り、寅の刻に及んで、軍勢の手分けある。…中略…既に卯の上刻に及んで、霧晴れ四方青々となる所に、遙かに南の方を見遣りたれば、上杉謙信、一萬三千餘人を従え、雨宮の渡りうち越えたりと覺えて、姥捨て山の東川中島の廣原に、大根の打懸の纏居を、真先に押立てさせ、忽然として控えたり。武田の軍勢、大いに仰天し、備に疑の色を顕須はすと雖も、信玄、些とも驚き給はず。…中略（劣勢の武田勢、一騎駆けの武者、西條山別働隊の参戦で戦況一変）…鬨を作って切立つれば、直江が備立足もなく崩れて、犀川の方へ引退く、甘利左衛門尉・小山田彌三郎・同備中守・小幡尾張守・眞田一徳齋・**葦田下野守**・相木市兵衛、各大波を立て、突く懸くれば、越後勢、前後の敵に途を失ひ散々に亂るれば、始めに崩れし九備、大正の術に気を蘇して、一度に大返しに返し、急の太鼓を打つて突く懸くれば、越後勢竟に總敗軍になりけり。謙信、今は是迄なりと、…中略…主従三騎、犀川に打入って、越後を指して落ち給ふ。

〈解説〉

霧が明ければ、武田軍本隊八千に対して、上杉軍一万三千が既に陣容を整えていた。数からして、前半は圧倒的に上杉軍が優勢である。後半になって西條山（妻女山）の攻撃に回っていた別働隊一万二千の参加によって、形勢が逆転するのである。単純に計算しても、武田軍二万に対して上杉軍一万三千となり、数の上でも、後半は圧倒的に武田軍が優

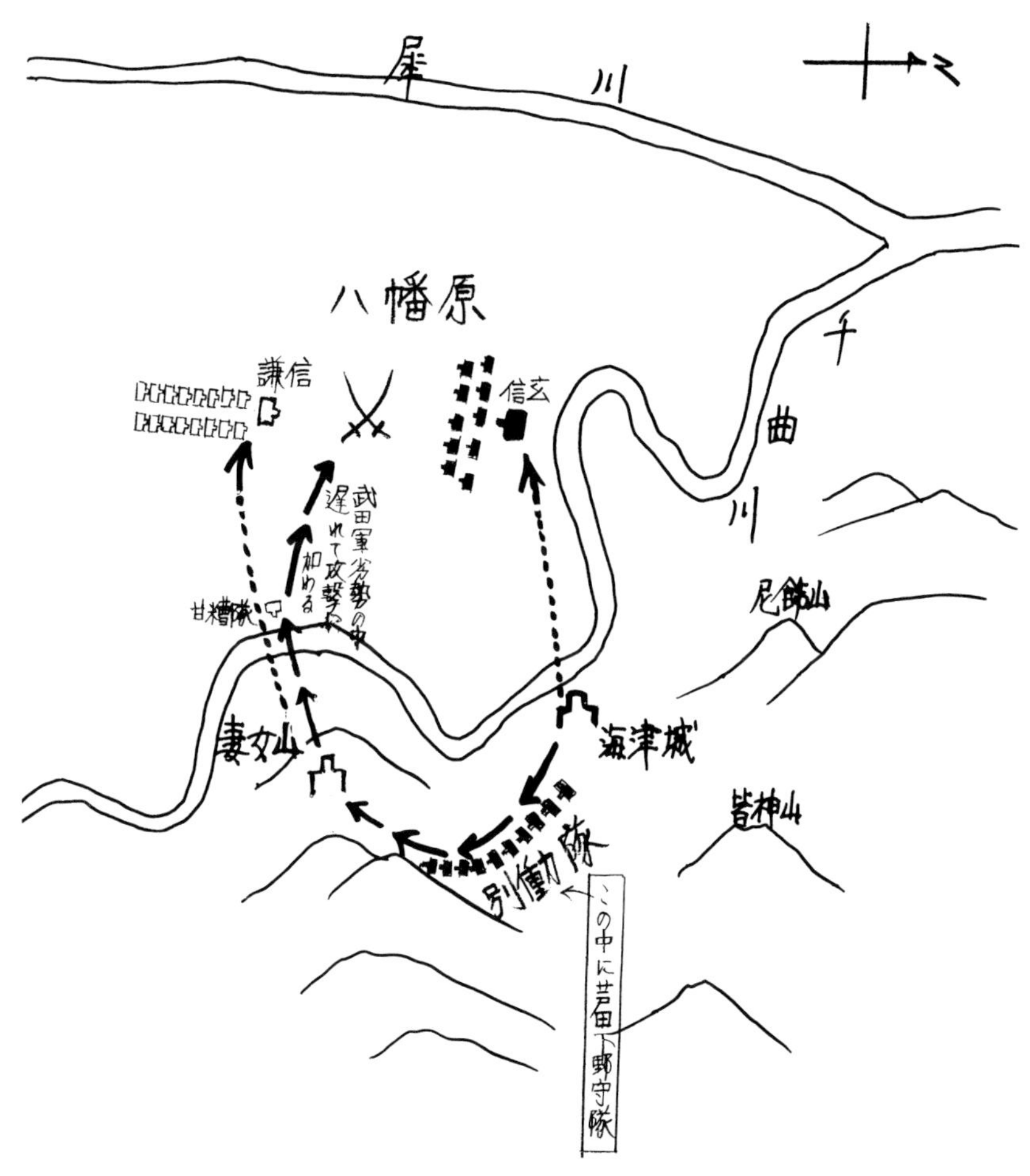
犀川
八幡原
謙信
信玄
千曲川
武田軍劣勢の中
遅れて攻撃に
加わる
甘糟隊
妻女山
海津城
尼飾山
皆神山
別働隊
この中に芦田下野守隊

川中島の戦い

勢になることは必定である。戦況からして、武田軍別働隊が編成されていて、前半は合戦に参加できていなかったことは、明らかである。山本勘助の「きつつきの戦法」は、背後の山岳部迂回路からの大軍の進軍は不可能であることから、今日では、それはなかったというのが定説となっている感がある。しかし、現実問題として、開戦時に川中島の合戦で信玄とともにいたのは、たった八千の軍勢であったことを考えると、**芦田下野守信守**も属していた一万二千の軍勢はどこにいたのか。いずれにしても、この軍勢は講談に言われるようなルートではないが、なんらかの経路で妻女山に向かっていて、合戦に遅れて参着したのである。……おそらく、妻女山に謙信の軍勢がいないことを知り、その後、千曲川を渡って合戦場へ向かおうとしたが、それを予想していた上杉勢に阻まれて、駆けつけるのに時間がかかったというのが真実に近いであろう。「妻女山の背後の山岳部迂回路から妻女山の急襲に向かった」ということを、「別働隊として妻女山の攻撃に向かった」ということになれば、実態とそうは遠くないであろう。『武田三代記』の戦場の図には、西條山（妻女山）に向かった**別働隊十頭**の中に**蘆田下野守**の名が描かれている。

信玄も謙信も、川中島の合戦の合間にも、侵略を繰り返していた

前後五回、十二年に及ぶ川中島の戦いであるが、その間にも、信玄と謙信は、隙さえあれば互いに水内郡・高井郡・善光寺平へと侵入した。その合間にもそれぞれ軍勢を他地域へ送ったり、自ら出撃したりして、他国を侵略し続けている。信玄は木曽谷・下伊那・碓氷峠を越えて西上野へ侵入・飛騨へ侵入、さらに越後へ侵入する構えさえ示した。謙信は、北信濃への侵入、中信地方へ侵入、恒常的な関東出兵を繰り返しながら、越中へも侵入し領国化を図った。

しかし、五度に渡る川中島の合戦は、時間の浪費と双方に大きな被害を出し、とりわけ謙信にとっては、戦いの後は常に川中島一帯を実質的には信玄に押さえられ、わずかに信越国境付近のみを維持するにすぎない状況に追い込まれた。戦術的には謙信が勝った場面もあったが、戦略的には信玄が勢力を伸ばす結果となったのが川中島の戦いの十二年間で

あった。文字通り「竜虎の戦い」を繰り広げたわけであるが、しかし、大局的にみると、信玄にとっても謙信にとっても、北信濃の川中島をめぐる十年間以上の抗争は、時間とエネルギーをかけただけの印象がある。

信玄も謙信も、それぞれの領国・支配地である小世界にあっては、人々の意識では「天下人」であったといえるが、その間に近隣の国では、やがて、押しも押されぬ天下人となる織田信長や徳川家康が着々と勢力を伸ばしてきていたのである。

16　信玄の西上野(こうづけ)侵攻

武田信玄の西上野侵攻

北信濃侵攻を目指して、上杉謙信との五度にわたる川中島の戦いを繰り返してきた信玄であったが、その間も関東への侵攻を重ねてきた謙信と同じく、**関東侵攻**（西上野）にも転じた。信玄・氏康の連合で阻止しようと考えたこともあろう。もう一つには、**関東管領の名跡を継いだ謙信**が、関東経略の拠点として上野国を重要視し始めたことにもよる。また、上野は信玄の支配下になった信濃の隣国であることも関係していると思われる。

版図拡張への意図も当然あったと思われるが、**信玄は北条氏康と同盟**を結んでいたこともあり、上杉謙信の関東進出を、

信玄が西上野に最初に侵入したのは、弘治三年（一五五七）四月に**長野業政(なりまさ)を箕輪城に攻めた**時であるといわれている。長野業政は関東管領であった上杉憲政の重臣で、箕輪城を本拠に西上野の有力な在地領主であった。何度か箕輪城を攻めたが、その都度撃退されていた。信玄が本格的に西上野侵攻に踏み切ったのは永禄四年（一五六一）からであった。

信玄、西上野侵攻にあたり、願文を佐久の二つの神社に奉納

この年の十一月信玄は佐久郡**松原神社に願文**を納めている。その中で「上野出兵の戦勝」を祈願している。

信玄の西上野侵攻
永禄四～九年（一五六一～一五六八）

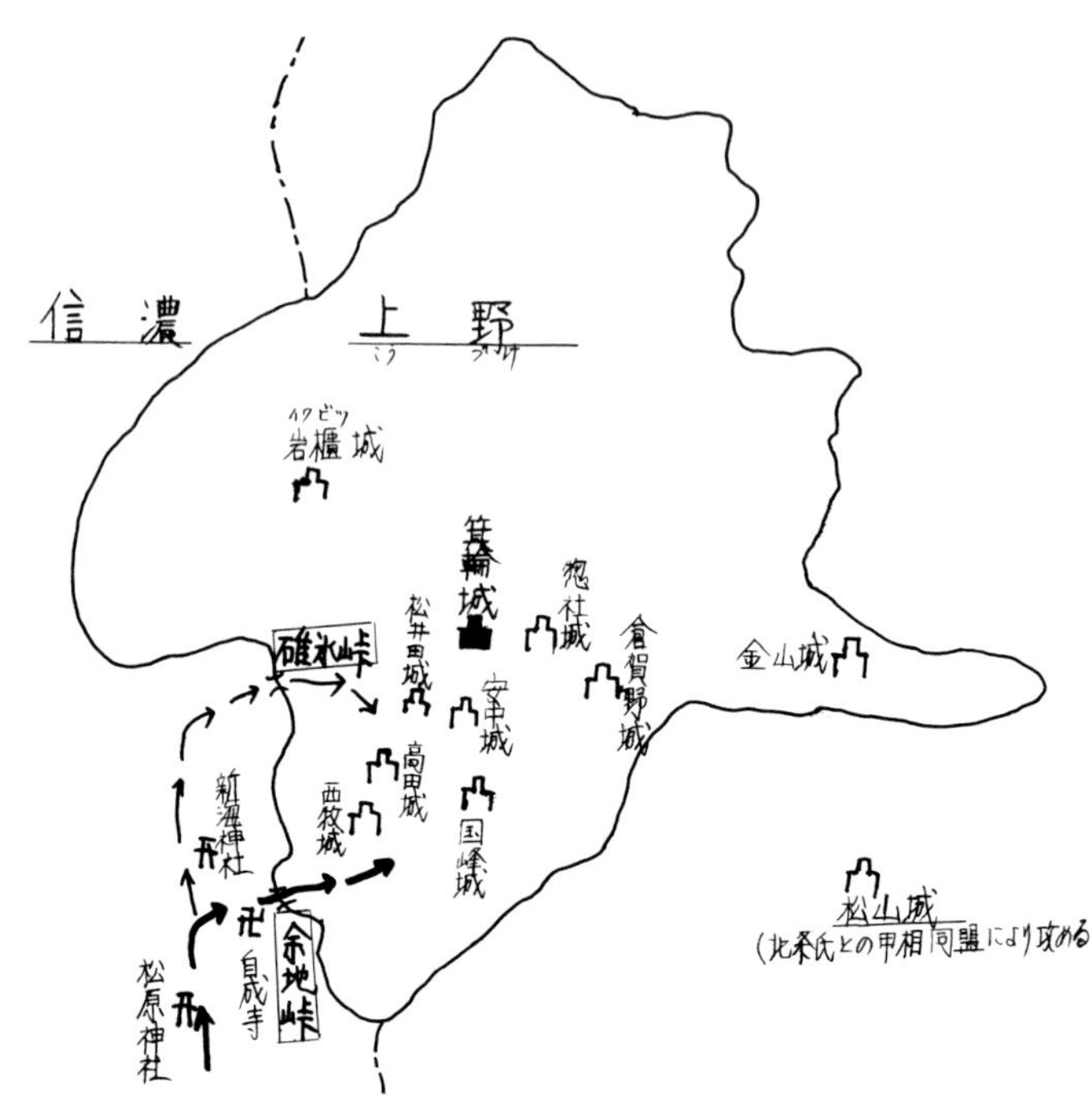

書き下し文にすると、

敬い白す願状

今度卜問最吉に任せ、吾が軍を上州に引卒するの日、松原上下大明神宝前に詣ず。その意趣は、殆んど西牧・高田・諏訪（三つとも上野）の三城二十有日を経ずして、或は幕下に降り、或は撃砕散亡せば、ひとえに当社の加護あるべし、ここに

一　三十三人の□芻衆を集め〔来る三月これを興行すべし〕松原宝殿に於て三十三部法華妙典を読誦すべきの事

一　太刀一腰〔只今これを納め奉る〕神馬三疋社納し奉るべきの事〔この内一疋は壬戌（五年）二月五日社納し奉るところなり。相残る二疋は諏訪落居の日、これを奉るべきものなり〕

右の願満昇平の日、合当つべきは必せり。

永禄四年辛酉十一月二日

信玄は、直接的には西牧・高田・諏訪（いずれも上野）の三城の攻略を祈願しているのである。永禄四年に上野に侵入し、高田城を落とし、倉賀野城を攻めて

いる。

信玄の西上野侵攻にあたって、意外と知られていないのが「**余地峠**（よじとうげ）」越えの侵入路である。信玄は西上州入りに碓氷峠よりも余地峠を経路としていたという史家もいる。上州へ入ると熊倉~砥沢~南牧（なんもく）~下仁田へと続いている。現在は県道一〇八号線が余地峠方面へ延びているが、峠の直前で車道は消滅し、群馬県側へ入ってから再び車道があるので、**余地峠**越えは途中から徒歩で行くしかない。現在の南佐久郡佐久穂町**余地**集落に古刹**自成寺**（じじょうじ）がある。寺宝の一つに「**信玄の陣鐘**」がある。明応八年作で、口径二十二センチ、本体の高さ二十八センチほどである。余地峠越えの経路にある自成寺に信玄が残していったものである。「陣鐘（じんしょう）」（じんがね）とは、戦いの際に打ち鳴らし、その音で、作戦の遂行や軍勢の進退の合図をした鐘である。

信玄は、前述のように永禄四年に上野に侵入し、高田城を落とし、倉賀野城を攻めている。翌永禄五年（一五六二）九月にも箕輪城・惣社（そうじゃ）城・倉賀野城を攻め、放火し、苅田を行っている。同年十一月には、同盟を組んでいる北条氏康とともに武蔵松山城を攻めている。そして永禄六年（一五六三）には、松山城を落とした。（北条氏の松山城攻めに加勢したのは西上野は信玄の切り取り次第という盟約があったからである）。さらに、倉賀野城などを攻めた後、吾妻郡の岩櫃（いわびつ）城を落とし、真田幸隆を在城させた。以後、岩櫃城は西上野攻略の拠点となった。

永禄八年（一五六五）二月、信玄は西上野の最重要拠点の箕輪城攻略をめざし、諏訪明神上社と佐久新海明神に、「箕輪城を十日以内に陥落させる」という願文を捧げた。新海神社への願文は、全文が漢字で書かれているが、ここでは書き下し文にすると、

願書

今茲（ことし）永禄八乙丑春皇二月七日、涓（えら）びて吉日良刻となし、天道運数に任せて吾軍を上州箕輪に引率するの日、先ず願状を**新海大明神祠前**に献ず。その意趣、殆んど**箕輪の城十日を過ぎず撃砕散亡せんこと**は必なり。それ当社は普賢菩薩の垂跡なり。人の願

□に乗り苦を救い難を救う。しかのみならず、細軟の衣を鎧となし、□珞冠を甲となし、如意鉄を干戈となし、大白象を駿馬となし、百億の化身□って吾が方に満たば、迂誕なかるべし。ここに太刀一腰〔銘あり〕孔方五□進納せしむるところなり。神感なお余りありて、惣社・白井・嶽山・食高等の五邑、□（たや）すく予が掌握に帰さば、□蒭衆を請じ、神前に於いて三百部の法華経王を読誦し、以って神徳に報謝すべし。急々如律令

時に永禄八年乙丑二月吉辰　　信玄敬白す（花押）

この直後に武田勢に対抗したのは由良氏であった。武田軍は由良一族を破り金山城を攻めたが、なかなか落ちなかった。いったん信州平原城へ引き揚げ、五月に再び信州から上野国へ侵入し、倉賀野城を奇襲して落とした。永禄九年六月のことであった。九月には再び出陣して、途中、松井田城、安中城を落とした。

箕輪城——大堀切と土橋

箕輪城の戦い

箕輪城攻めの障壁であった支城群を次々と陥落させて、箕輪城の孤立化を図っていたのである。そして、上州侵攻の最大の攻略目標としていた**箕輪城**を目指した。箕輪城主の長野業政（なりまさ）は既に死去し、嫡男の業盛（なりもり）が若いながらも、武田軍に対して万全の備えをしていた。九月十日頃から箕輪城を包囲して数回にわたり城攻めを敢行したが、守りは固かった。逆に城内から討って出て奇襲をかけるなどの戦法に出て、攻城軍を狼狽させた。しかし、多勢に無勢、武田軍の総攻撃により崩れ、城主長野業盛は城と運命をともにした。永禄九年（一五六六）九月二十九日であった。（箕輪城の落城は永禄六年二月二十二日説もある）。信玄は念願であった上野の箕輪城を落とし、重臣内藤修理亮昌豊を箕輪城代とし後を任せ、西上野七郡の郡代とした。信玄は、信州の大井民部丞・大井左馬允・依田新九郎・小林与一助けなどには、寄騎として上州に領地を宛行っている。また、箕輪衆

の少なからぬ武将を内藤昌豊の組下として加えている。西上野を支配下に入れた武田信玄は、いよいよその矛先を駿河へと向けることになる。

箕輪城攻城戦に芦田下野守信守も参陣していた

江戸時代に幕府が編纂した大名や徳川家の御家人の家譜『寛永諸家系圖伝』には、芦田信蕃の弟信幸の嫡子依田**肥前守**信守の系統の家系が掲載されている。（編纂時点で、幕府は芦田依田氏の宗家が越前福井藩の家老になっていることを知らず、旗本である肥前守信守の家系が宗家だと思っていた）。依田肥前守信守の項には次のような記述がある。

> 永禄五年、上野**箕輪の城**におゐて北条の兵と戦いを決し、大手をうちやぶり、よろひ武者をうちとり、疵をかうふる。其軍功により、信玄より**黒地のおりかけ**を許さる。

つまり、軍功として「黒地折掛け」（旗指物の旗の乳付＝棹を通す部分）の上部の金具使用が認められたのである。『寛永諸家系圖伝』の（芦田）依田氏の記述の内容には誤りが多い。――右の内容は「芦田**下野守**信守の次男（依田伊賀守信幸）の嫡男依田**肥前守**信守（同名…**信守**）の事跡の中で述べられている。しかし、永禄九年（一五六六）の時点での依田肥前信守は、誕生していないか乳幼児である。これは「信守」違いで、芦田下野守信守のことであることは明白である。つまり、祖父である芦田下野守**信守**の事跡が、孫の依田肥前守**信守**の事跡として書かれている。しかし、この内容から明白なことは、――芦田（依田）下野守信守が、上野国箕輪城に参戦していて、戦功を挙げたということを意味するのである。

17　上州浄法寺と武州御嶽城

芦田下野守**信守**の孫にあたる芦田**康眞**（松平右衛門大夫康眞、加藤四郎兵衛宗月）が、江戸時代の寛永二十年（一六四三）

信守が守備した御嶽城と浄法寺館

――上野国と武蔵国の国境を守る

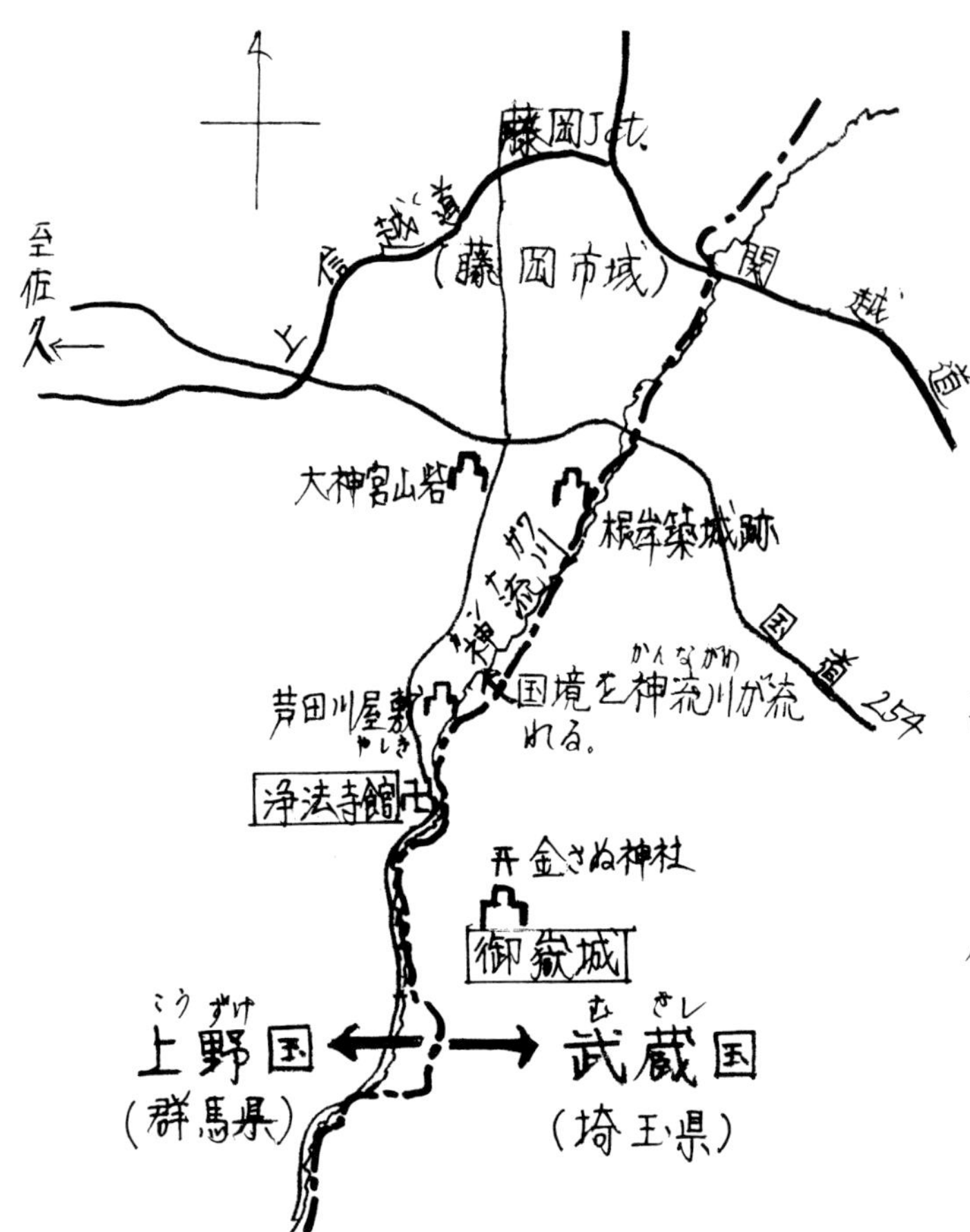

に、**尾張徳川義直**の求めに応じて、芦田依田氏の由来を示す書き付けを提出したものが、『芦田記（依田記）』として後世に伝わっている。そこには、芦田下野守信守に関わる**上州浄法寺**と**武州御嶽城**のことが、記述されている。それを左記に示すと、

> その後、年月覚え申さず候えども、武蔵のうち**上野境御嶽の城**に居申され候。我等が為には祖父**下野守信守**在城致され候節、常陸介も彼の地へ参られ、父子一所に二年が間在城候由、家老の者近年まで、その物語仕り候。上野の我等が知行のち、**浄法寺**と申す所に罷り在り候う時、御嶽尊奉ること家老ども物語仕り候え

ども、御嶽と浄法寺と同前に御座候。城は**御嶽**、町は**浄法寺**にて御座候えども、城の根に川御座候間、城は武蔵のうち、町は上野のうち浄法寺にて御座候。

〈要旨〉武蔵国のうち**上野境御嶽の城**にいた。拙者（康眞）の祖父である**下野守信守**が在城していた時、**常陸介信蕃**（のぶしげ）（芦田下野守信守の嫡男・『芦田記』の筆者芦田康眞の父）も、そこで一緒で、二年間在城した。芦田依田家に家老として仕えてきた者が、江戸時代寛永年代頃までそのことを語っていた。

上野国での知行地のうち、**浄法寺**という所にいた時、御嶽尊を奉っていたという。芦田氏の領地（信玄から任された守備範囲）は、城は**御嶽**山に、町（居住地）は**浄法寺**であった。御嶽城の麓に川（神流川（かんながわ））が流れていたので、城は武蔵国（現埼玉県）のうち、町は上野国（現群馬県）の浄法寺（寺名ではなく地域名）にあった。

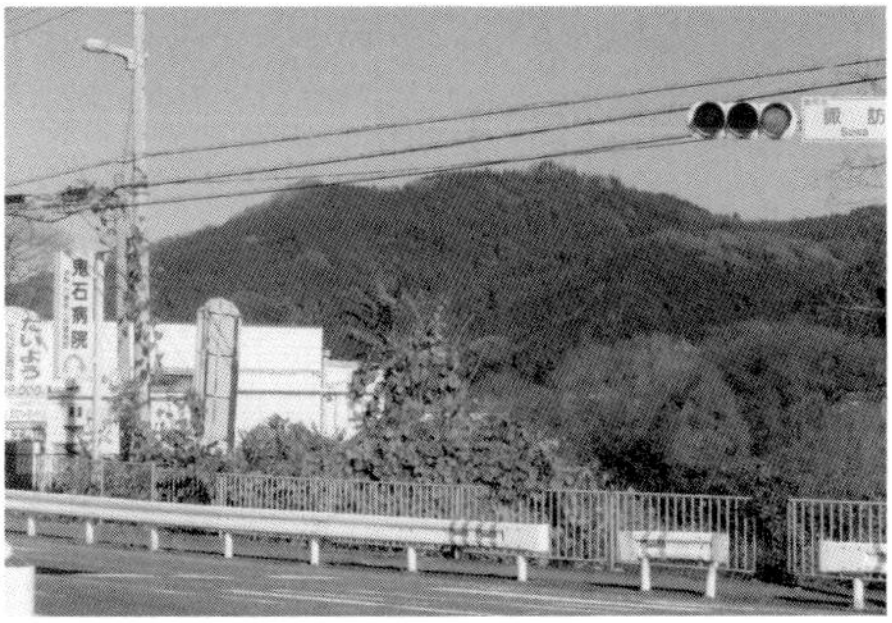

御嶽城（みたけ）
手前の浄法寺地域から神流川を隔てて東に望む

御嶽城と浄法寺——そして藤岡との関係

下野守信守は、信玄が西上野を勢力下に入れた永禄九年（一五六六）に、嫡子**源十郎**（**信蕃**）が証人（人質）として過ごしていた諏訪から返されてまもなく、本拠地である佐久郡春日郷を後にして、信玄の命によって、父子ともに西上野の守備につくことになった。上野國緑野郡鬼石町（おにしまち）**浄法寺**（地域名）に居館を構え、北条氏に備えて武蔵國**御嶽城**を守備した。これは上州**箕輪城の長野氏の滅亡後で、永禄九年から十一年**（一五六六〜一五六八）**頃**の足掛け三年間ほどと推定される。このことは、信守の孫である康眞が、後年記した文書『蘆田記（依田記）』は、尾張徳川家の仰せによって答申したものであるが、他の多くの内容が事実であると証明されることが多いことからしても史実であろう。

御嶽城は埼玉県児玉郡神川町にあり、神流川の右岸（東岸）に位置する。関東地方を見晴らすことのできる山城である。依田氏発祥の地、信州**小県郡依田庄**には**御嶽城**があるが、それに因んで命名した可能性もある。対岸の左岸（西岸）は居館を構えた浄法寺（群馬県多野郡鬼石町浄法寺〈寺名ではなく地域名〉）である。**芦田信守・信蕃父子**は、まさに上野國と武蔵國の国境の対北条の最前線を守っていたことになる。信守・信蕃父子は、浄法寺のある現在の藤岡に永住するつもりで、「根岸」の「堀の内」に築城計画を立て、縄張りまでして、普請が進められていた。しかし、永禄十一年十二月、今川氏との合戦に信玄の召集によって**駿河國へ信守父子も出陣**したため、工事は中断されたままとなった。結果として信守・信蕃父子がこの地へ戻ることはなかった。また、一説には藤岡市光徳寺南方の**大神宮山にある砦跡**も信守・信蕃の手によるものと言われている。芦田氏の浄法寺での居館は現在の**浄土院浄法寺**のある区域であると推定されている。

ここで、問題点もある。依田信守・信蕃父子が武田勢の先鋒として浄法寺に在城していた頃、長井政実も浄法寺にいた事実がある。当時、浄法寺には金鑽御嶽城、三ツ山城の両城の城主として長井政実が居住していたという史書もあることから、両氏は併住していた可能性もある。どのような関係になっていたかは不明である。

後に天正十八年（一五九〇）、**松平康眞**が、家康の関東移転に伴い、**藤岡藩三万石の藩主**として入部した。ある意味では父祖の旧領を復したことになる。つまり、祖父信守の時の領地であったからでもあろう。また、康眞が藤岡入部直後、藤岡城の築城中に**浄土院浄法寺に仮居**したのも、祖父下野守信守、父右衛門佐信蕃と、この地との縁故をたどったものである。

芦田氏第二の故郷上州藤岡

芦田下野守信守は、上州緑野郡藤岡にじっくり腰を据えようとしたが、武田信玄の駿河侵攻に従軍して、再び上州藤岡（緑野郡鬼石村浄法寺）へ帰って来ることはなかった。信守・信蕃父子の二年数ヶ月間（永禄九年～十一年〈一五六六～六八〉）、そして、後に康眞が藤岡藩主となっていた十年間

（天正十八年〜慶長五年〈一五九〇〜一六〇〇〉）の二度にわたって藤岡周辺が芦田氏の領地であった関係もあり、藤岡市に残る芦田氏（依田氏）関連の事蹟は多い。二十一世紀の現在でも藤岡市にその足跡が歴然と残っている。詳しくは後述五七「上州藤岡領主に」の項参照。上州藤岡はまさに芦田氏にとっては第二の故郷ともいえそうである。

18　関東へ出陣

武田信玄の北信濃侵攻作戦の行きついたところが、天文二十二年から永禄七年（一五五三〜一五六四）の上杉謙信との**川中島の戦い**であった。これは両軍にとって、膨大な時間とエネルギーの徒労に終わったとの感がある。信玄が謙信との合戦に勢力を傾けることができたのは、北条氏康（相模国）や今川義元（駿河国）との同盟関係「甲相駿（こうそうすん）」の**三国同盟**があったからである。ところが、永禄三年の桶狭間の戦いで今川義元が討ち取られたことにより、状況が変わった。義元の後継の氏眞（うじざね）の力量では今川領を維持できず、早晩徳川家康に侵略されることを予測した信玄は、その前に自ら駿河・遠江を支配下におくべく行動を起こした。信玄は甲**相駿三国同盟を破棄**する決意に至った。信玄の一方的な同盟破棄に対して、今川氏眞は駿河から甲斐・信濃への塩を送るのを禁止（**塩留め**）した。敵である上杉謙信が越後の塩を信玄の領国へ送ったという逸話が残っているのはこの時のことである。三国同盟の破棄によって、信玄は、この後、今川氏（駿河）や北条氏（相模・武蔵）を腹背の敵に回すことになる。そればかりでなく、北条氏康が上杉謙信と和睦し相越同盟を結び、武田信玄を牽制した。

信玄による関東出陣や駿河侵攻はこうした背景によって展開されるのである。まず、永禄十一年（一五六八）十二月に信玄は**駿河侵攻**を開始した。（前後六回におよぶことになる）。その間に今川氏と北条氏との同盟関係は続いているので、信玄は駿河侵攻への憂いをなくすために、いったん中断して、北条に対する**関東出陣**を行っている。

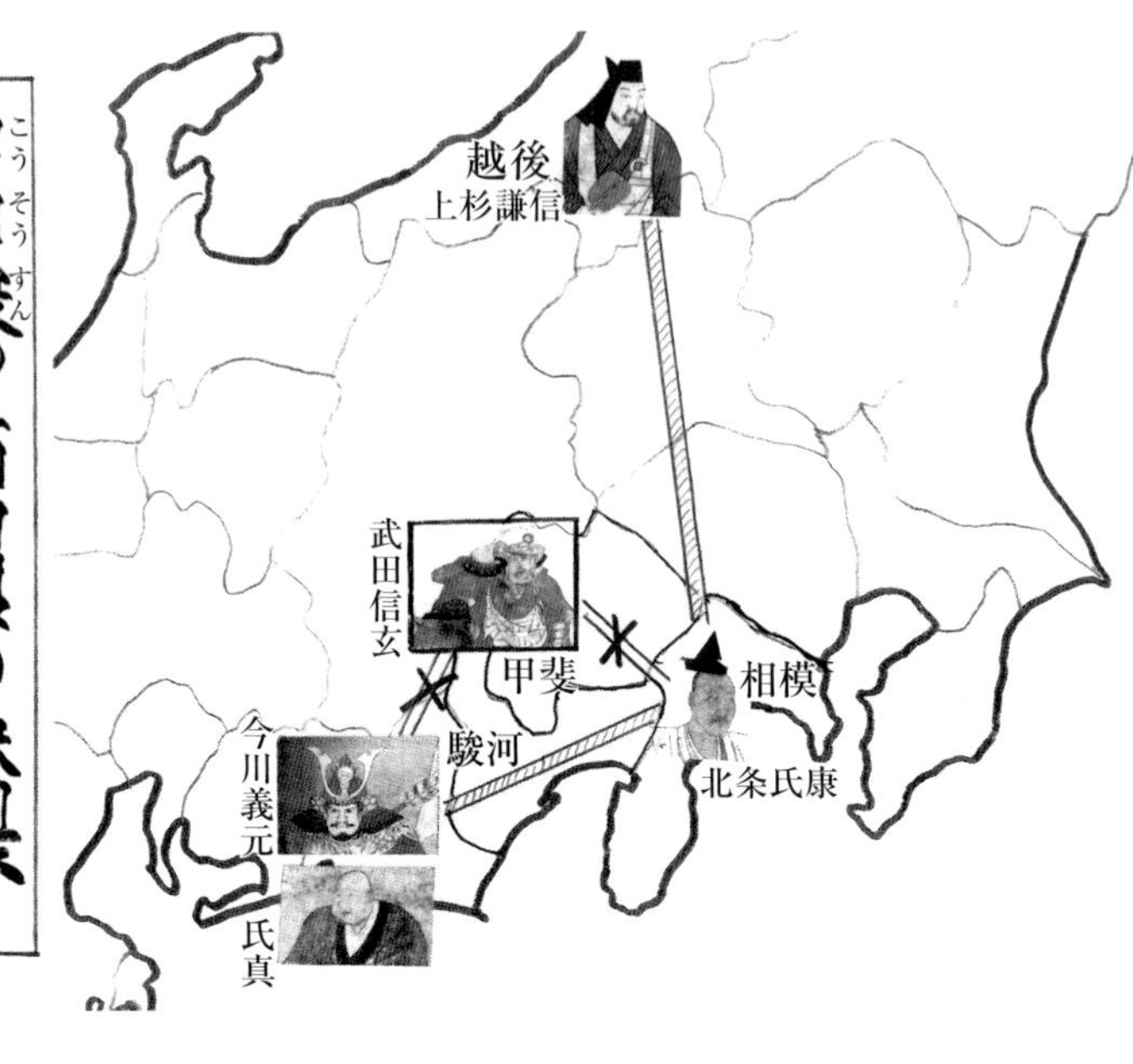

関東出陣で北条を牽制

北条をたたいておかないと、駿河侵攻が円滑に進まないとみた信玄は、甲府を出陣し、信濃国佐久郡を経て**上野国**に入り、北条氏の領国の武蔵国に侵入し、北条氏康の相模小田原城めざして、支城から順々に攻撃を開始した。永禄十二年（一五六九）九月一日、信玄は甲府を出て、信州佐久郡から碓氷峠を越え、上野国から南下して**武蔵国へ侵入**した。北条と上杉の和睦で、武田支配の西上野方面が不穏になりつつあったことから、まず九月九日に、上武国境の**御嶽城**を攻めた。（ここは、前年の十二月までは**芦田下野守信守**が守っていた武田方の城であったが、駿河侵攻を始めた後は、北条方の城になっていた。芦田信守が駿河侵攻に従軍し、不在であったためと推定される）。武田軍は御嶽城の攻略に時間をかけることは避けて、九月十日、北条**氏邦**の**鉢形城**を包囲して攻めた。（この時点で北条氏康は同盟者の上杉謙信に出兵を要請したが、謙信の応援はままならなかったようである）。武蔵国を進軍した信玄に小山田信茂の別働隊が合流した。次いで、北条氏照の**滝山城**を攻めた。滝山城の戦いでは、信玄は灰島に本陣を据え、武田勝頼を主将として攻撃させて、城下を焼き討ちし、城に猛攻を加えた。城方の城主北条**氏照**が二ノ丸の二階門の上で奮戦したこと、武田勝頼が鎌鑓を手に攻め立てて、二階門に迫り、三度とも大剛の敵師岡と鑓を合わせて武勇を示したが、信玄はこれは大将のとるべき態度ではないとした。信玄は陥落させるための力攻めをすることはしなかった。この滝山城の戦いは九月末のことである。

武田軍は海岸線をさらに南西へ**小田原城**へ向けて進軍し、途中、**相模川**（さがみ）と**酒匂川**（さかわ）を越え、十月一日、小田原城を攻めを開始した。駿河侵攻の際に今川支援に動く北条氏の本拠を攻めたのである。一色・酒匂の村を放火し、城下の蓮池門付近にあった武家屋敷を焼き払った。当時、支城支援に多くの軍勢が出向いていて城内には千人ほどしかいなかった。信玄がこんなに早く本城を攻めるとは予想をしていなかったのである。しかし、**堅固な惣構え**の小田原城は包囲したが攻略できなかった。後詰めの軍勢が支城から駆けつける前にと、信玄は四日朝に**全軍を撤退**した。この関東出陣では、長期の陣は始めから考えておらず、兵糧を十分に用意してなかったことにもよる。武田勢は小田原から平塚に出て、津久井を経て甲斐に戻る経路をたどった。これを知った北条**氏邦**（鉢形城主）と**氏照**（滝山城主）兄弟は、武田軍の退路の「**三増峠**（みませ）」で待ち構えた。武田軍の後を追って迫る北条**氏康・氏政**の北条本隊と挟撃して討とうとしていたのである。（十月六日）武田勢が**三増峠**にさしかかった時、一斉に攻撃した。しかし、信玄の巧みな戦略によって、北条軍は敗れた。（詳細は「三増峠の戦い」の項に委ねることにする）。合戦の後、武田軍は勝利の勝鬨の儀式を執り行ない、途中で野営したあと甲斐国郡内へ入り甲府へ帰陣した。

信玄の関東出兵から小田原城攻めは、北条方を威圧し、駿河侵攻の際に北条氏が今川氏を支援しにくくする牽制作戦だったとみる史家も多い。

関東出兵に芦田信守が参加していた

この北条攻めに芦田信守が参加していたことが、記述されている文書としては、『甲陽軍鑑』と『武田三代軍記』がある。例によって、この二書の細部には齟齬がありそうではあるが、芦田信守が参戦していたというメッセージは含まれているので紹介する。

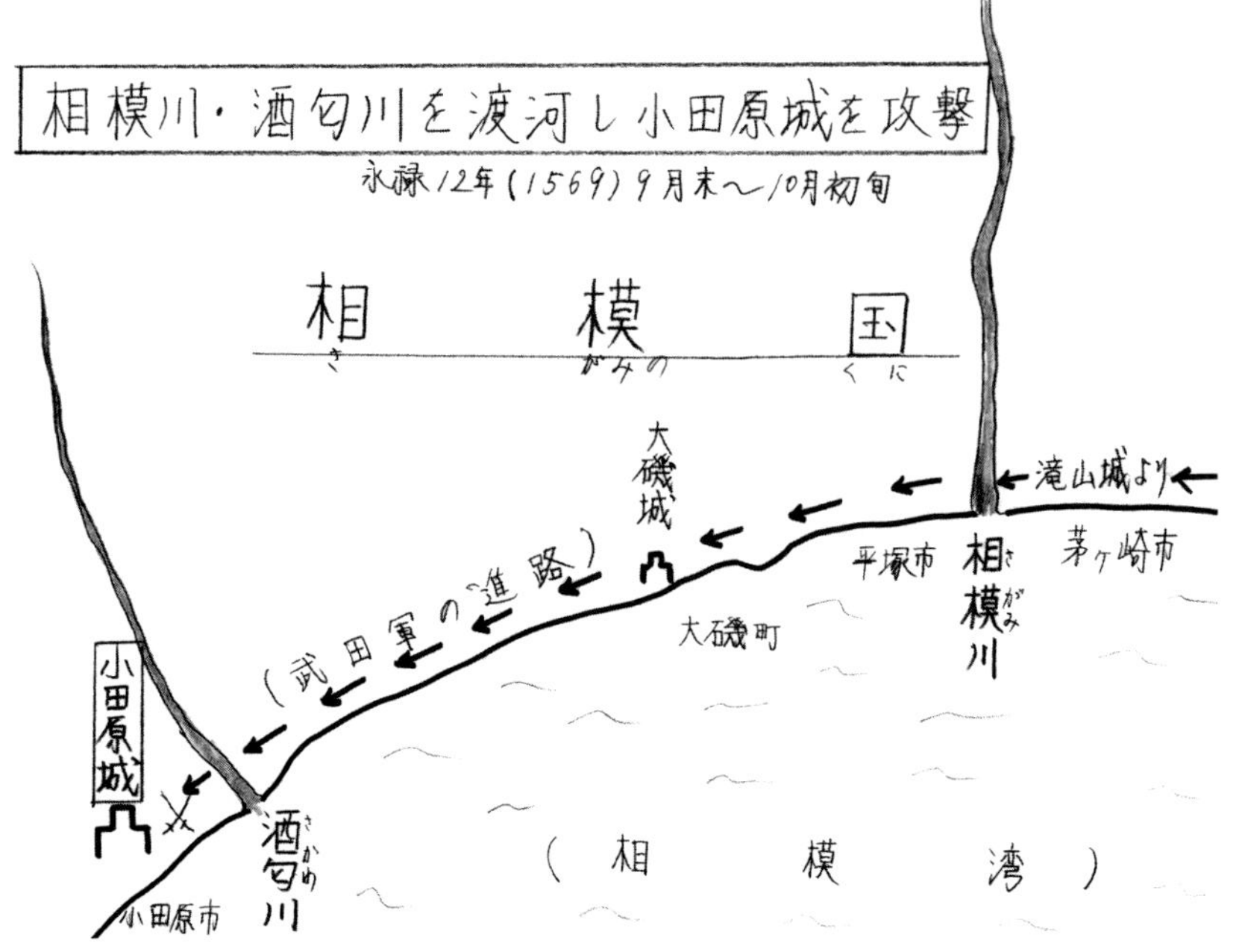

『武田三代軍記』には、「**相模川の渡河**」が次のように記述されている。

かくて、**相模川**を渉さるべしとて、其陣列を定めらる。先陣は、内藤修理正昌豊・小山田左兵衛信茂・**蘆田下野守**・小山田備中守・安中左近進・保科弾正忠・諏訪五郎・**相木市兵衛**・栗原左兵衛・板垣三郎・伊奈四郎勝頼なり。二の手は…（中略）…後備は、武田孫六入道逍遥軒・同一條右衛門大夫信龍・海士尾・白倉・**依田**・應戸、小荷駄奉行は…（中略）…其次、段々列を乱さず、後備に至る迄、少しも猶豫（ためら）はず、ひょうひょうと打ち入れ、一人も流れず渡しけり。かくて…（中略）…既に小田原に打入らんとぞ給ひける。

相模川の渡河は、**滝山城**の攻城を止め、**小田原城**へ向けての進軍の途上である。したがって、時期は永禄十二年（一五六九）九月末のことである。この渡河作戦の陣列の先陣の中に**蘆田下野守**の名がある。また、相木市兵衛は「相木市兵衛入道常喜（初名は市兵衛昌朝）」である。芦田依田氏との同族の相木依田氏である。また、「後備（うしろぞなえ）」の中に「依田」氏がいるが、これは**平原依田氏**で**西上野衆**である。そのころまで上州後閑城主（のちに板鼻城主）であったと推定される依田下総守であろう。それは、依田の名の直後に、同じ上野国の應戸（大戸）氏の名前が並んでいることからもその可能性が高い。（この依田氏は後に全真（まさざね）が信州佐久郡平原城を本拠とするようになり平原依田氏となった）。

『甲陽軍鑑』には、「相模川の渡河」のことが、ほぼ同じ内容で記述され、それに続いて「**酒勾川（さかわがわ）の瀬ぶみ**」のくだりが記述されている。

殊に勝坂にて、明日**相模川**うちこす跡の押衆、山県三郎兵衞・小幡尾張守・真田源太左衛門・同兵部介兄弟一手也、此三頭、川こす時の警固也。御先は内藤修理・小山田兵衛尉・**足田下総**・小山田備中・安中左近・保科弾正・諏訪殿・**相木市兵衞**・栗原左衛門・板垣殿・四郎勝頼公、此十一頭は先衆也。二ノ手は、あさり・原隼人・跡部大炊介、三は御旗本組衆・武田兵庫殿・諸牢人、弐百騎余、井伊弥右衛門・那和無理の亮・五味与左衛門、これ三人牢人頭、兵庫殿につく。長坂長閑四十騎・小山田大学卅五騎・下曽根廿騎・大熊備前三十騎・御旗本、一手にをす。御跡備は、逍遥軒・一城殿・海士尾五十騎・白倉五十騎・**余田八十騎**・大ど十騎、是は逍遥軒に付、合テ六頭なり。典廐様を初め・御旗本前備衆・市川宮内介三十騎・駒井右京進・外様近習五十騎の頭、典廐様・馬場美濃守と一組にをす。…中略…

次の日は、小田原へ押詰給ふに、**加藤駿河**末ノ子、他名になり**初鹿伝右衛門**、差物に香車と云字を書たるに、信玄公無興なされ候。其時**さかわの川**出たるに付、伝右衛門に瀬ふみを被仰付。伝右衛門其歳廿五なれども、走廻る才覚ありて、此人時代には、小山田八右衛門・初鹿伝右衛門とて、信玄公御旗本に若手の者なれば、**酒勾川の瀬ぶみ**、よく仕り候。それより武田勢惣ごしに酒勾を越、小田原へ乱入。…後略…

ここでいう**足田下総**とは**芦田下野守信守**のことである。ここでも、同族の相木市兵衞の名がある。「**余田八十騎**・大ど十騎、是は逍遥軒に付」とあるが、芦田下総（正しくは芦田下野守信守）と「余田（依田）八十騎」とは別ものであることが、ここで判明できる。先にも述べたことであるが、「**余田**八十騎」は「大と（大戸）十騎」と同じ隊であるので、

「**余田**八十騎」とは上野国後閑城（のちに板鼻城）の依田氏（**平原依田氏**）である。「**依田六郎、八十騎**」は「勝用軒の組衆四人（あひだ十騎・山口五騎・依田六郎八十騎・おふど十騎）」に属しているで、この本文で「勝用軒につく」とあることは合致する。

「**加藤駿河**末ノ子、他名になり**初鹿伝右衛門**、差物に香車と云字を書たる」とあるが――、信玄の弓矢の師で軍奉行であった**加藤駿河守信邦**の末子の弥五郎であったが、初鹿野源五郎忠次が永禄四年九月の川中島の戦いに討ち死にしたため、弥五郎が入って初鹿野氏を継ぎ、伝右衛門と称したのである。その彼が信玄のたっての指名で「酒勾川の瀬ぶみ」（軍勢が渡河できるか否かを馬に乗って確かめること）を真っ先に行う名誉を得たのである。彼の旗差し物には将棋の「香車（きょうしゃ）」の文字が描かれていて、戦闘では将棋の香車の駒と同じく、後退することなく、常に前進して敵に対した勇敢な武将と言われている。

――以上、**相模川の渡河と酒勾川の瀬踏み**の場面で、**芦田下野守信守**の名があるということは、この時の武田信玄の関東への出陣（鉢形城～滝山城～小田原城～三増峠）に際して、**信守**が参加していたことの証左となる。

また、三増峠の合戦の時に、山形昌景を隊長とした志田峠の別働隊の中に「**ヨ田**」（**依田**）の名あることからも、それが立証される。（三増峠の合戦については後述）。

19　三増（みませ）峠の戦い

いくつかの歴史解説書は「三増峠の戦い」に関して次のように述べている。

一般に知られている「三増峠の戦い」とは

「武田勢は小田原から平塚に出て、津久井を経て甲斐に戻る経路をたどった。これを知った北条**氏照**（滝山城主）と北条**氏邦**（鉢形城主）兄弟は、武田軍の退路の「三増峠」で待ち構えた。武田軍の後を追って迫る北条**氏康・氏政**の北条本隊と挟撃して討とうとしていたのである。武田勢が三増峠にさしかかった時、一斉に攻撃した。予めそれを予測していた信玄は、軍勢を二手に分け、それへの備えをしていた。**三増峠**を強行突破する風情を見せる**本隊**のほかに、三増峠の西方脇の**志田峠**の間道を山県三郎兵衛昌景を総指揮官とする**別働隊**を進軍させていた。合戦が始まって北条軍が本隊へ攻撃をしてきた時に、信玄は巧みに北条軍を三増峠から南方の平地におびき出している。あたりは現在広大な畑地となっている。先に甲斐へ向かったはずの別働隊が志田峠をとって返し、北条軍を横手から襲いかかったために、北条軍は激戦の中に三二〇〇人の戦死者を出したと伝えられる。小田原城からの北条氏康・氏政の本隊の軍勢は合戦に間に合わなかった。」――このような記述でおおよそ概要は説明されている。両軍の陣地に関しては「三増峠の高地に北条軍が陣取り、武田軍は南方の山麓から峠目指して上って行き、合戦が始まり、高地から北条軍をおびき出して合戦した」と解釈されているのが普通である。

高所に陣取った北条氏が、下から登ってくる武田軍に敗れるという前代未聞の失態がこの三増峠の戦いであり、北条軍のふがいなさと武田軍の強さを印象づける戦いのイメージがあるが、実際は少々事情が違うようである。――**開戦時に三増峠に陣していたのは武田軍であり、北条軍は下方の半原に陣していたというのが実状**のようである。そうであるならば、北条軍の不甲斐ない敗戦も理解できる。本来の「三増」峠方面は、武田軍の小荷駄隊がひたすら退き戦であったが、**内藤修理昌豊**の巧みな指揮により善戦した。所謂**「三増峠の戦い」の主戦場**は、志田峠、志田澤の南方の台地上（**志田原**）であったようである。「三増峠の戦い」の詳細が記述され、**芦田下野守信守**の名が載っている書物に『武田三代軍記』、『武家事紀』、『関八州古戦録』等があるが、『甲陽軍鑑』品第卅五によって「三増峠の戦い」の記述を紹介する。詳細は誤謬があることもあるが、その大要は汲み取りたい。

最大の激戦地は三増峠ではなくて志田原「三増合戦場」

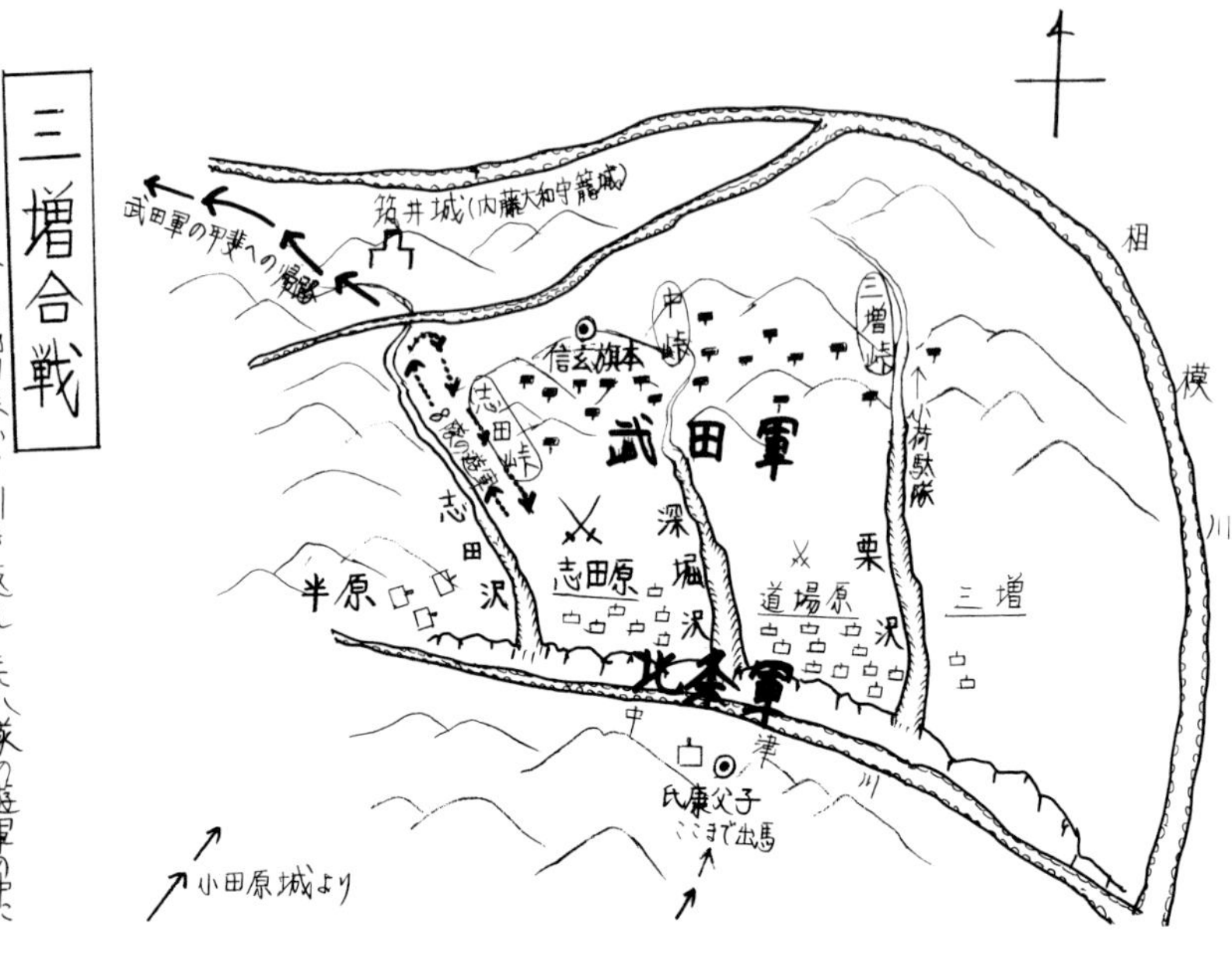

信玄公、小田原表利運に被成、十月六日（四日）に引取給ふ。

…中略…

信玄公、**みませすじ**の様子を、在々の生捕に問給へば、彼到下を取きる衆は、北條陸奥守・同舎弟安房守、其外、忍衆・深谷衆・江戸川越衆・碓氷衆・さくら・こがね・岩付・玉縄の北條上総守、如此北條むねとの侍大将、都合弐万あまり、**みませ到下**を取切り、居申候由、信玄公聞召、さらば**みませ**へ押懸候へ。…中略…七日（五日）に**みま瀬**へ押寄らるゝ。…中略…信玄公、**みま瀬**へつき給へば、北條衆は、陣屋をあけ、中津川をこし、はんはら（半原）山へ落る。信玄公、内藤修理をめし、小荷駄奉行を被仰付。…中略…小幡尾張守、のまと云所へ引こし、**つく井の城**のをさへと被仰付。…中略…山県三郎兵衛を始、随分の**侍大将を八頭**、遊軍とありて、真田沢（**志田沢**）のうへをとをり、にろね（小曽根）へ出て、それより真田沢へおり、返して敵の後よりかゝれと被仰付。**みま瀬到下**筋は浅利なり。味方右の方は、栗沢・ふかほりを右にみて返せば、二つの沢を左にあて、備候へとて、これをば小勢なれど、弓矢功者のよき名人故、馬場美濃守に被仰付。美濃守二の手は、四郎勝頼公と定る。殿（しんがり）の浅利備へ、真田喜兵衛をこし給ふ。勝頼公備は、三枝善右衛門をこし給ふ。残は御旗本組共に、（御馬所）のけて拾五備、夜中に**みま瀬**の山にあがり、御定のごとく御旗本弓手・馬手・うしろに五備づゝ、たてべく候。典廐小荷駄奉行の内藤修理、さては**ゆう軍**の山県をはじめ、各よき所へ首尾するを見定め、典廐仕る、相図の貝、小旗次第、三手の殿返して戦始よと、…中略…十月八日（六日）には、信玄公かねて御定のごとく、小幡は志沢上の山を岨（そわ）伝に沼へ押通る。其跡につき、山県押候へば、**山県につき七頭**も岨伝に押。小荷駄奉行内藤は、能小荷駄を勝（すぐり）、**みませ坂**の道の脇をのぼる。信玄公は御旗本組共に、十六備を高き山へあげ、**みませ到下**を左に見て、備なされ候。…中略…殊更其合戦、山県三郎兵衛を始、**八備五千余の人数**、敵のうしろへまはし候。此時に馬場美濃、山の上、典廐のあひづ見てさいはいをとりて返す。勝頼公横入に被成候。…中略…北條衆働き不自由なる子細は、北條衆の備所に、栗沢・ふか堀なんどといふ切所候て、味方どし助くる働ならず。其上、後よりかゝられこんらんして、かけへとびおり、中津河原をわたり、大方半原山へにげあがる。北條衆をうつとる其数、雑兵共に三千弐百六十九の頸帳をもって、東道六里余、こなた、そり畠にをひてかち時を執行なされ候。永禄十二年己巳十月八日（六日）、**相州みませ合戦**とは是也。氏康父子、荻野と云所迄、押来給へども、北條家先衆敗軍をきゝ、則時ひき返し、あしあしにて、小田原へ引入給ふなり。

「みませすじ」とは、神奈川県平塚より相模川の西岸を遡って、厚木を経て、三増峠を越えて津久井に入る道筋のことであり、三増は神奈川県愛甲郡愛川町にある。北條陸奥守とは、滝山城主北條**氏照**のことである。同舎弟安房守とは、武州鉢形城主の北條**氏邦**のことである。二人とも、小田原城へ来襲する前に武田軍に城を包囲され攻撃されたばかりである。したがって、武田軍に対する敵対心は大きいものがあった。真田沢（志田沢）は、三増峠の西に志田峠があるが、その西の斜面の沢のことである。そこを北へ進むと愛川町より津久井町へと入る。

　信玄は三増峠の尾根続きの西、志田峠の東側の**尾根の高所に本陣**をおいた。内藤修理の小荷駄を三増峠越えさせ、浅利右馬助信種にその方面に備えさせた。また、**山県三郎兵衛昌景**を主将とする八頭五千余を**志田峠方面の遊軍**とした。その中に**芦田下野守信守**の軍勢もいた。『新編相模国風土記稿』の「三増峠の戦い」に関する絵図面にも名前がある）。

三増合戦場——志田原に建つ石碑

三増峠合戦絵図によると、芦田下野守信守の**芦田隊**は、山県昌景を筆頭とする**別働隊**の中にいることが分かる。そこには「夕田」とあるが、「ヨ田」、つまり「依田」が正しい。芦田下野守信守の本姓は依田であるので、当時「依田氏」とも「芦田氏」とも称されていた。信守が参戦しているのは事実であろう。また、嫡男の**信蕃**も同行していたはずである。

開戦の采配を、信玄は、武田典廐（典廐信繁の嫡子典廐信豊）に振らせた。この時の戦いは「**三増峠の合戦**」として知られているが、三増峠は、三増高地を南北に通る（東から順に）「三増峠」「中峠」「志田峠」の三つの峠のうちの本道で、小荷駄隊の退却したのが「三増峠」である。しかし、現地調査してみると、信玄の陣取ったといわれている尾根は志田峠のすぐ東の高みであり、三増峠そのものとはだいぶ離れている。また、勝敗を分けたとされる山県三郎兵衛を主将とする**八頭の遊軍**が奮戦したのは**志田峠**（志田沢）からである。本来のいわゆる「三増峠」方面は、武田軍の小荷駄隊が、ひたすら退き戦をした所であるが、内藤修理昌豊の巧みな指揮により善戦し、撤退に成功している。**最も激しい戦闘は**、この狭義の「三増峠」ではなく、**志田沢に近い南方の台地上**（志田原）**であったと推定**できる。現在この「**志田原**」に「**三増合戦場**」なる石碑が建っている。「三増**峠**合戦場」ではなく、「峠」の文字を除いていることに、地元の人々のこの合戦に対する正しい認識を示している。なお、武田軍が小田原城の包囲を解いて撤退したのは十月六日ではなく四日であり、「三増峠の戦い」は十月八日ではなくて六日というのが通説である。『甲陽軍鑑』が述べている三増峠の戦いに関する月日は、いずれも実際よりも二日遅く記述されている。

北条勢は、武田軍が隊伍を乱したような様子で山を登る状況を遠望し、武田勢が総退却を行うものと誤認して、下方から総合攻撃を開始した。武田軍の浅利・馬場・勝頼勢も引き返して防戦した。**北条綱成**は「黄八幡」の旗印の豪勇無双の老将である。彼は、せっかくの戦機が熟したのに総大将の北条氏康の到着が遅れているので、催促の伝令を送った。一方の信玄は、北条の大将氏康が戦場へ到着する前に敵を崩す必要があるので、**山県昌景の遊軍（迂回隊）**の早期到着を待っていた。その間にもあちこちで激戦が展開された。殿（しんがり）軍で戦っていた浅利信種は銃弾に当たって討ち死にした。しかし、浅利隊の検使の曽根内匠助が踏み留まって奮戦し、殿軍二ノ手の武田信竜も旗を進めて防戦した。馬場美濃守と勝頼には、北条氏照・氏忠の軍が攻め寄せたが、ここでも激戦が続いた。この戦闘において勝敗の鍵を握っているのは、北条の本隊**氏康**の合戦場への到着と志田峠を通って戦場へ引き返してくるはずの**武田の遊軍（迂回隊）**のどちらが先に到着するかということであった。その時、遊軍の先頭**山県昌景**の旗標（はたじるし）が**志田沢**から現れた。この時とばかり、信玄は信号役の武田典廐信豊に、合図の旗を振らせた。それにより、信玄旗本の前備が、一同にどっと山より押し下り、正面から北条勢に攻め掛かった。さらに五千の遊軍が敵の左側背に殺到したので、さすがの北条勢も一気に総崩れとなり敗走しだした。しかし、北条勢は深堀・栗沢の谷が邪魔となり、友軍相互の救援や連絡も自由にできないありさまであった。総軍が次々に崩れたち、田代・半原方面に走る者、中津川を渡って荻野をさして逃れる者もあった。勝ちに乗じた武田軍は北条軍を追撃した。

北条総大将の**氏康・氏政**父子は、一万余の軍勢を率いて荻野まで駆けつけたが、時すでに遅く、敗戦の報に小田原へ引き返さざるを得なかった。百戦錬磨でしかも野戦に長けた武田信玄の作戦能力と、「**北条軍の三増高地の放棄、半原待機**」という氏照の戦況判断と戦術的能力の差が、三増峠の戦いの勝敗を分けたことになる。

三増峠の戦いの戦闘経過

信玄の巧妙な「おびき出し作戦」

小田原城の包囲をあきらめて帰路をたどると見せかけて、二万の軍勢の北条軍を小田原城や支城から**おびき出し**、得意な野戦に持ち込んだ武田信玄の巧妙な作戦であったともいわれている。——ちなみに、城内の敵の軍勢を城外におびき出して、野戦に持ち込んで勝利するという信玄の作戦は、この後、蒲原城の戦いや三方原の戦いの際にも用いられている。

三増峠の合戦の結果と駿河侵攻　信玄が武蔵国・相模国に侵入し、小田原城を包囲し、続いて三増合戦の敗報が伊豆・駿河方面に伝わったので、諸城の北条方は驚愕し動揺し、去就に心揺れることとなった。また、信玄の**関東出兵**に始まる小田原攻めは、**駿河侵攻**を邪魔する北条氏を威圧するための牽制作戦であり、また、駿河の諸将を動揺させることにもなった。

信玄は甲府へ帰って人馬を休めて、早くも十一月五日、甲斐・信濃・西上野の三国の兵を率いて、伊豆・駿河・相模の国境に出陣して北条方の城を攻め落としていった。そして、いよいよ信玄の**駿河侵攻が本格化する**のである。

20　信玄の駿河侵攻

武田信玄による**駿河侵攻は前後六回**を数える。もちろん、それに、芦田下野守信守・右衛門佐信蕃父子も同道していることは想像に難くない。まず、信玄のそれぞれの駿河侵攻作戦を概観してみる。

第一回駿河侵攻（永禄十一年、一五六八）　信玄は、十二月六日、いよいよ駿河侵略を志し、軍勢を率いて駿河に向かう。駿州往還（河内路）を南下し、十二月十二日には、内房（うつぶさ）（静岡県富士郡芝川町内房）に陣を張る。**薩埵峠**（さったとうげ）に今川勢を破る。（今川勢の主だった武将達を事前に諜略してあった）。十三日、武田軍は**駿府**へ乱入。今川氏眞は遠江の**掛川城へ出奔**。二十三日、信玄は家康に、かねての約束通り掛川城攻めを要請する。（二十七日、家康は要請どうり掛川城を攻撃）。ところが、十二月に武田の別働隊を率いた**秋山信友**が伊那衆を率いて天竜川を南下し、遠江に侵入したが、見附に陣を張っていた徳川方と交戦し、家康軍の岡崎城からの軍事ルートを遮断する結

興津城（横山城）

果を生じてしまった。「盟約に反する」と家康は厳重に抗議。**信玄と家康の同盟は崩れる**こととなった。年明けて、一月十八日、今川との同盟関係にあった北条氏政は、信玄を牽制しようと駿河**薩捶山**に拠る。武田軍は**興津城**（**横山城**）に対陣し膠着状態になる。北条氏との対陣が、正月十八日より四月二十四日まで三カ月以上に及び、信玄は四月二十八日、陣を払って甲府に帰る。北条との同盟関係にあった上杉謙信が手薄になった武田領国へ侵入する気配があったことと、兵糧が尽きてきたこともあって、信玄は撤収せざるをえなくなったのである。結局、この回の駿河侵攻作戦では、**今川氏眞を駿河から逐った**という成果を得ただけであった。（駿府へ若干の軍勢を残留させてあったが、まもなく奪還されてしまう）。

この侵攻作戦には、信玄領国の多くの軍勢が参戦していたので、信濃先方衆の巨頭である芦田下野守**信守・信蕃**父子が参加していた可能性はかなり高いが、それを裏づける文献は見当たらない。

第二回駿河侵攻（永禄十二年、一五六九）

信玄は永禄十二年四月下旬から五月上旬に駿河から甲府へ帰還し、兵を休める間もなく、六月十六日、再び駿河に侵攻している。伊豆の北端にある**三島**を攻め、その帰途、六月二十三日、富士大宮で**大宮城**を攻め落とした。この遠征は短期間で終わっている。

ここまで駿河侵攻は二回に渡っておこなわれているが、連続してすぐに第三回の駿河へ作戦を展開する前に、信玄は、甲斐から信濃へ入り碓氷峠を越え、上野国を経て北条氏の領国である武蔵国・相模国へ侵入している。前述の**関東出陣・小田原攻撃**である。これは、小田原**北条氏への牽制作戦**であった。

蒲原城――搦手の塹壕状横堀
武田軍は、ここから攻め上った。

第三回駿河侵攻（永禄十二年、一五六九）　十一月二十八日、信玄の大軍が甲駿の国境を越えて、みたび駿河に侵入した。北条氏が構えていた**薩埵砦**を落とし、十二月六日には**蒲原城**を陥れている。（↓蒲原城をめぐる戦いに芦田信守・信蕃父子が参加していたことが文献上残っているので、後述のページで項目を立てて扱うこととする）。そして、**駿府城**を今川の旧臣岡部正綱が占拠していたが、説得し無血開城させている。年が改まって元亀元年一月、信玄は初めて駿府より西へ駒を進め、**花沢城**を攻略している。

第四回駿河侵攻（元亀元年、一五七〇）　いったん甲斐へ戻った武田軍は四月に、よたび駿河に侵攻した。五月十四日に**吉原**及び**沼津**で北条軍と戦っている。沼津の千本松原が戦場となった。

第五回駿河侵攻（元亀元年、一五七〇）　八月、信玄は**本陣**を**黄瀬川**に置き、一手は北条の支城の伊豆**韮山城**を攻め、もう一手は沼津**興国寺城**を攻めているが、両方とも攻略には至らなかった。

第六回駿河侵攻（元亀二年、一五七一）　前月から一月にかけて、北条綱成が守る**深沢城**を攻める。籠城軍に対して一月三日付けで信玄が送った降伏を促す「深沢城矢文」の逸話は世に知られている。

＊＊＊＊＊＊

このように永禄十一年から元亀二年まで（一五六八～一五七一）と駿河を戦場として戦っているが、未だ駿河全域を征服できたわけではなかった。

21　駿州蒲原城

先にも述べたが、**武田氏の第三回駿河侵攻**は永禄十二年（一五六九）十一月である。薩埵峠を押さえるべく、峠の北方の尾根上の**薩埵砦**（さった）を攻めている。（これは「第二次薩埵砦の戦い」ともいえる）。そして、いよいよ**蒲原城**攻略に取りかかった。蒲原城は静岡県庵原郡蒲原町（現静岡市清水区）蒲原字城山にある。蒲原町の北側背後に屹立する山に築城された中世の山城で、蒲原町の南側に広がる狭い平野及び富士川を見渡すことができるところに立地している「後ろ堅固の構え」の山城であり、北方や東方からの動きを見張るのに最適の場所である。北条氏にとっては**蒲原城**は武田軍に対する最前線であり、緊張高まる富士郡を治めるための拠点でもあった。主将として**北条新三郎氏信**が入り、蒲原城本曲輪の後ろに善福寺曲輪を増築し塀も増加し、防備を強めた。この時の蒲原城攻防戦の状況は、『甲陽軍鑑』『武田三代記』『北条五代記』などに詳しい。それらから概略をまとめてみる。

蒲原城

蒲原城攻防戦

永禄十二年十二月四日、武田信玄は岩淵の宿を焼いて蒲原城に押し寄せ、蒲原城の東南**「吹上の六本松」に本陣**を据えた。信玄は城明け渡しを勧告した（「問落の計」）が、城主北条新三郎氏信が応じなかったため、六日未明に計を策し、五日夜半に軍を撤し、**小山田備中**を先陣の主将として、五〇〇〇余人の軍勢が浜須賀を西方の駿河府中方面へ向かって進軍する動きを見せた。

「信玄公の先衆、十二月五日の夜中に打立、六日の朝は**由井・くら沢**迄とをる、暫間有て、小山田備中ばかり、残り旗本の少シ先をいたす――、

信玄公の先衆（この中に信濃先方衆である**依田信守・信蕃**父子もいた可能性が大きい）は永禄十二年十二月五日に西方の駿河府中方面へ向かった素振りで動きだし、六日の朝は**由比・倉沢**にさしかかった。小山田備中守だけは、おとりとなって先衆に少し遅れて、信玄本陣の少し先を進軍する風情を見せた。そこへ、先陣の小山田と武田信玄の旗本隊との分断を図って、北条新三郎氏信が蒲原城から押し出してきたのである。北条新三郎は**信玄の陽動作戦（おびき出し作戦）**にひっかかったことになる。後年の三方原の戦いで、家康を浜松城からおびき出した作戦と似ている。

小山田備中と北条新三郎とせりあひ有、其時四郎勝頼公、さいはいを取って、道場山より乗り給ふ、其外うしろ備え、脇備をもって、城をのっとる、是を見て、北条新三郎城へあがる、小山田備中衆、北条衆を追掛、悉ク頚をとる。

小山田備中隊へ北条新三郎隊がつっ突っ込んだ。（この場所は、蒲原城の南城下から**由比・倉沢**にかけての浜辺であった。（『芦田記』にある「**下野父子之先手薩陲の浜にて父子共尽粉骨候故**」とあるのは、この時のことであろう）。先衆と北条新三郎とが戦っている時に、**武田勝頼隊**が北東にある道場山から蒲原城へ攻め上った。そのほかに信玄の後備えや脇備えが加わった。その時城内に武田への内応者がいて、四郎勝頼の兵を搦め手から引き入れた。勝頼隊は**善徳寺曲輪**へまず乗り入れ、やがて本丸へ乱入し、城を乗っ取った。北条新三郎は城へ上がろうとしたが、壊滅した。「上下合テ七百十一の頚帳をもつて、**吹上の六本松**にをいて、かち時を執行給ふ也」。武田方は蒲原城の東南東にある信玄の本陣のあった「**吹上の六本松**」において勝鬨の儀式を行なった。（信玄の本陣跡「吹上の六本松」は現在蒲原中学校の校庭の西一週にある）。**北条新三郎**は城下の常楽寺まで逃れてきて、そこで火を放ち切腹したという里伝がある。常楽寺跡の丘は現在の静岡市清水区蒲原諏訪町字常楽寺である。そこに「常楽寺殿衝天良月大居士」という**新三郎の墓**がある。蒲原落城から六日後の十二月十日には北条氏の最前線の拠点である**薩捶砦**も自落した。そして十三日には武田氏による府中再占領がなされた。そして**蒲原城**は逆に武田氏の北条氏に対する最前線拠点として位置付けられる城となった。

駿州蒲原城攻図から

『蒲原城総合調査報告書』（二〇〇七年、静岡市教育委員会八四―八六頁）を見ると、武田軍による蒲原城攻めの布陣の様子が六種類掲載されている。（それぞれ所収されている原本が違うことによる）。少しずつ異なった表現になっているが、城の南方大手筋には北条氏の「三鱗（ミツウロコ）」の旗印が並び、更にその南の浜辺に沿って武田氏の「武田菱」の旗印が東から西へ列をなしている。武田のそれをよくみると、全体が西に向かっている様子が分かる。一番の西の方から「武田先衆（晴信先手）」「小山田備中」「信玄旗本（晴信旗本）」の順に布陣し、北東の道場山方面には勝頼・小幡上総が布陣している。その内の『信玄公合戦伝図』所収「駿州蒲原城攻め」（東北大学狩野文庫所蔵）では武田軍の陣容に関しては更に詳しく、信玄の旗本（本陣）の後方（東側）には典廐・逍遥軒の陣が控え、信玄よりも西方（蒲原城の南方）には少し間を開けて小山田備中隊が描かれ、間を置いて先頭（西側）から馬場・内藤・山県・原・真田・跡部の名が記されている。信州に本拠をおく武将では、真田氏の名があるが**芦田氏**は載っていない。しかし、蒲原城攻略に参陣していない真田氏が載っていて、**芦田氏**が漏れている。――蒲原城を攻略したことを信玄が当時の真田氏当主の一徳斎幸隆・源太左衛門信綱父子に報じた信玄書状がある。真田氏の本隊が蒲原城攻略に参陣していなかった証拠である。（真田氏では四男の真田信尹（のぶただ）が参陣していた逸話はあるが、先方衆の一隊を形成できるような軍勢は率いてはいなかったはずである。また、後に当主となる三男の昌幸はこの時点では武藤氏を継いでいるが、参陣していたか否かは定かではない）。真田氏は後に徳川幕府内で十万石の大名として幕末に至っていることから、江戸時代の文書や史書では実際以上に取り上げられているが、これはその典型的な例である。一方、芦田氏は関東移封後しばらくまでは大身であったが、幕府の大名としては残ることはできなかった。この蒲原城攻略の時点を含めて、少なくとも信蕃の次男芦田依田松平康眞が慶長五年（一六〇〇）に藤岡藩を改易されるまでは、真田氏に勝るとも劣らなかった事実があるが、そのことは後世あまり語られてはいない。

この蒲原城攻略戦で芦田信守隊はどこにいたのであろうか。文書から探ってみると、

——「下野父子之者、先年**さつたの濱**にて、父子共に粉骨を立叚候故駿州退治のよし」……『蘆田記』

——「下野父子之先手**薩捶の浜**にて父子共尽粉骨候故」……『依田記』

——「父子先隊して兵を駿府にすすめ、今川氏眞が兵と**薩捶の濱**にたたかひこれを敗る」……『寛政重修諸家譜』

蒲原城攻略戦での芦田隊

いずれも「**薩捶の浜**」とあり「**薩捶峠**」とはない。では、「薩捶の浜」での戦いとは？　これこそ永禄十二年の蒲原城攻略の際に、先軍として由比・倉沢付近の浜で戦ったことに相当すると思われる。薩捶の浜とは、薩捶峠のすぐ南東下の浜、つまり西倉沢辺りの浜であろう。依田軍は先手として、**西倉沢**まで西進した部隊の中にいたのである。更に細かく推量すると、依田信蕃の妻は跡部大炊介の娘である（「寛政重修諸家譜」参照）と公の記録に記されているので、跡部の与力として**跡部隊の中に参陣している可能性**もある。ここで依田**信守・信蕃**父子の率いる依田軍は奮戦したことになる。西倉沢のすぐ先の海岸を西へ回れば、興津の浜へ到達し、更にその先には駿河府中がある。

芦田信守・信蕃父子の蒲原城の守備

蒲原城を攻略すると、信玄は即日、重臣**山県三郎兵衛尉**を入れた。翌永禄十三年（一五七〇）五月、山県三郎兵衛は庵原郡を領して江尻城主となり、清庵地方で武田臣下になった地侍を集めて蒲原衆を編成して、蒲原城の守備にあたらせた。蒲原城には常時、防衛維持管理のための城番がおかれたのである。**信守・信蕃父子が蒲原城を守備した**のは、この時のことであろうか。単なる番勢の一旗頭としてなのか、城将（守備大将）としてなのかは不明であるが、**いずれにせよ、信守・信蕃父子が蒲原城に在番した期間があると推定される**。武田信玄は元亀二年（一五七一）まで武田軍は駿河に六回侵攻し、ついに駿河全域を手中に収めているが、依田信守・信蕃父子ともに終始参陣していることから、蒲原城に在城した期間はそう長くはなかったであろう。依田信守・信蕃父子の蒲原在城について述べている文書としては、『蘆田記』『依田記』『寛政重修諸家譜』

のほかに、『**駿河記**』がある。

当城今川家時代の守衛を未詳。永禄の末北條氏康の持城となり、早雲孫、幻庵の子北條新三郎綱重土佐孕石文書には新三郎氏信とあり守将となり、在住、又武田領になりて、**芦田下野守**を守衛に被置と云……。

「當城」とは蒲原城のことである。「早雲孫、幻庵の子北條新三郎綱重」とは北條早雲の孫（幻庵の子）である北條新三郎綱重（**氏信**）のことである。そして、「武田領になりて、**芦田下野守**を守衛に被置と云」と述べている。『駿河記』は文政三年（一八二〇）に桑原藤泰によって刊行された書物である。したがって、『蘆田記』『依田記』『寛政重修諸家譜』などの先行する文書の記述を多分に参考にして、書いている可能性もあるが、信守・信蕃父子が蒲原城を守っていたと当時一般に認識されていた証左ともなる。また、

――「祖父にて候依田下野守**信守**、同常陸介**信蕃**、かんはらに父子共に在城かと聞え申候」……『蘆田記』

――「其時祖父に候依田下野守**信守**・同常陸介**信蕃**、蒲原に父子共に在城かと聞こえ申し候」……『依田記』

――「ときに**信守**男**信蕃**とともに、蒲原の城を守る。」……『寛政重修諸家譜』

以上のことからも、依田信守・信蕃父子は、武田信玄に従軍して駿河國へ侵攻し、蒲原城に在城したのである。主将としての城番であったか否かは別として、ともかく信守・信蕃父子が蒲原城に在城していた時期があったのである。では、それはいつのことであろうか。次に依田信守（芦田下野守）の名が登場するのは、三方原合戦の際に、美濃國岩村城攻略前後に関わっての岩村城南方の「上村の戦い」で、遠山景行（宗叔）を元亀三年（一五七二）十二月二八日に破った時のことである。したがって、依田信守・信蕃父子が蒲原城に在城したのは、武田氏が蒲原城を掌握した永禄十二年（一五六九）十二月から元亀三年十二月の三年間のうちの或る時期であったと推定される。

22　三方ケ原の戦い

信玄、上洛を目指す

上洛を決意した信玄は元亀三年（一五七二）、軍を三隊に分け、遠江・東三河・東美濃へ侵攻した。まず、九月二十九日に山県昌景を先発隊として出発させた。十月三日に**信玄は本隊を**率いて甲斐を出陣し、信州伊那を南下し、**青崩峠**及び**兵越峠**を越えて遠江に侵入している。**秋山晴近**（信友）の別働隊は信州平谷方面から美濃へ侵入し、岩村城攻略に向かった。

遠州では、内応した犬居城主の天野景貫を案内役（嚮導）としている。只来城・天方城・飯田城・各和城を攻略し、久野城を攻め、袋井方面へ侵入した。浜松城と高天神城・掛川城とを分断するための作戦であったといわれている。更に見附へと兵を進めた。三箇野川辺りで信玄軍と家康軍との間で最初の衝突があった（**三箇野川の戦い**）。そして、西走する徳川軍を追って磐田原台地の西、天龍川の東岸まで迫った。この時、退却する徳川軍の殿を本多忠勝が見事に果たした戦いぶりはよく知られている（**一言坂の戦い**）。その後、武田軍は深追いはせずに、天龍川の東岸を北上する進路をとった。浜松城・二俣城・高天神城・掛川城を分断する位置にある匂坂城を陥して、穴山梅雪を据え置いた。そして、合代島に陣を置き、勝頼を大将として**二俣城**攻略にとりかかった。二俣城は浜松城の支城にすぎなかったが、そのまま残して置いた場合、浜松城を攻めるときに、徳川方の後詰めの城となる危険性があったことによる。また、味方の城としておけば、浜松城に睨みをきかせれる位置にあったからであろう。二俣城は規模はそんなに大きくはないが、地形的に要害堅固な地に築かれていた。およそ二カ月もかかり十二月十九日に降伏開城させた。信玄は早速、城を修築し、城番として**芦田依田下野守信守・信蕃**父子を置いたとしている史書がかなりある。（信守・信蕃父子が二俣城攻略後すぐに城番になったとする説は首肯しがたい。このことについては後述したい）。

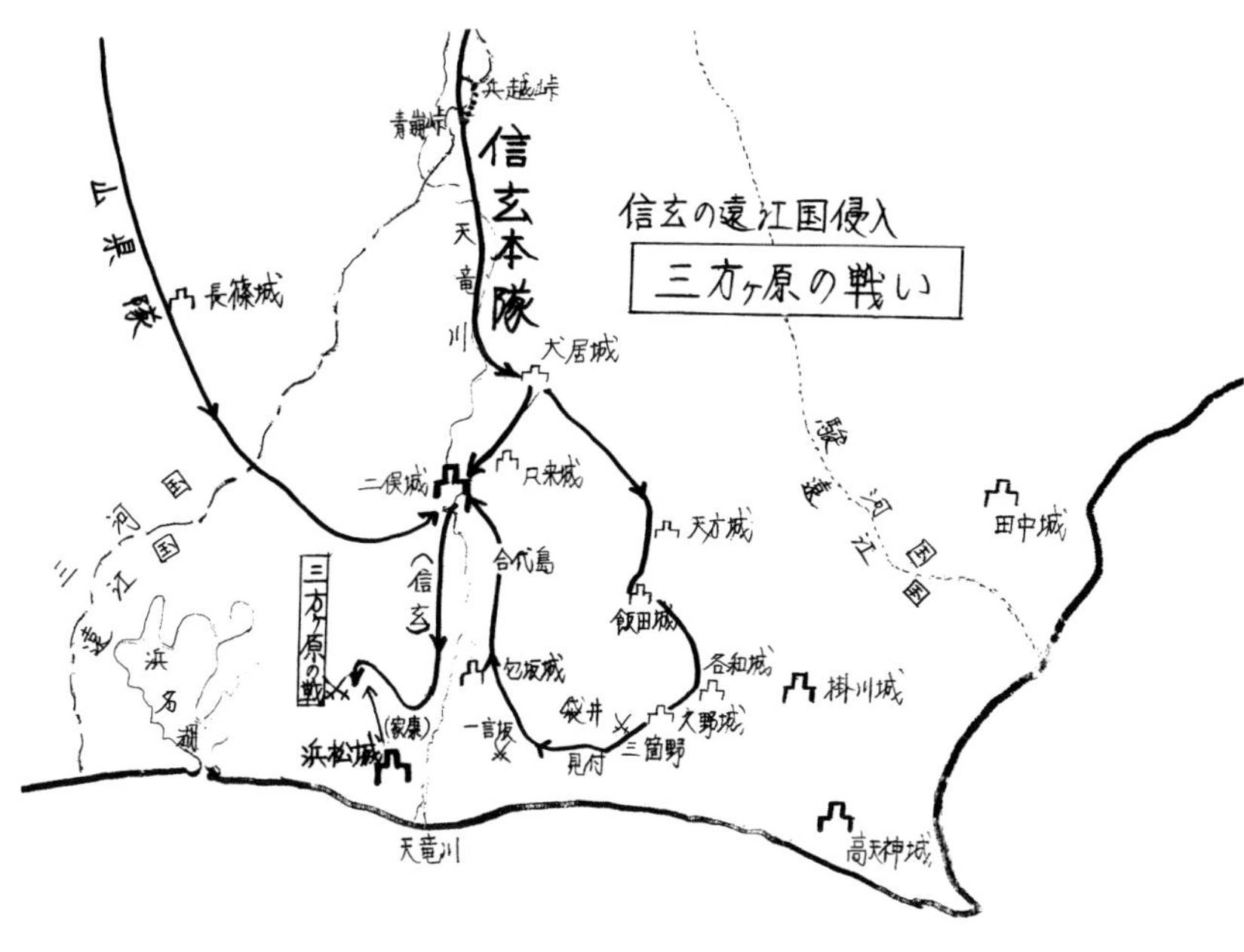

浜松城からおびき出す作戦
〜蒲原城攻略の時と同じ

信玄は二俣城から更に南下し、浜松城方面へ向かって十二月二十二日に**三方ケ原の戦い**で家康軍を破った。（新暦に直すと翌年の二月五日ということになる）。『芦田記』（依田記）』によると、その時数えで二十五歳であった**依田信蕃**は、父である**蘆田（依田）下野守信守**の武田への忠誠の証（あかし）の證人（証人）として信玄の旗本軍にいた。信玄の本隊は、これを大手備えと称した。武田軍は二俣城攻略後南下し、家康の本拠浜松城の直前で、家康を無視するかのように、進路を突然西へ向けて進んだ。これで城からおびき出された家康軍と三方ケ原で合戦し、短時間の間に家康軍を撃破した。――これは、三年前の永禄十二年（一五六九）十二月の蒲原城攻めの戦いの時に似た作戦である。蒲原城攻城戦では、信玄は蒲原城の東南東の「吹上の六本松」を本陣としていたが、小山田備中守を主将とする先方隊を、西方の駿府方面へ向かって薩埵の浜を進軍させた。それを見た城将の北条新三郎氏信は先方隊と信玄の本隊との分断を図って、城から出て先方隊の後尾に打って出た。ところが、それは信玄による城将のおびき出し作戦であり、それにまんまと乗せられた北条軍は、城外で大破され、その隙に蒲原城も落とされてしまった。その時と今回は状況は異なるが、信玄による敵軍おびき出し作戦ということでは同じである。

三方ケ原の戦いの概略

十二月二十二日、二俣城を出発した**武田軍**は秋葉街道を浜松城方面へ南下し始めた。ところが途中で**進路を急に西に向け**、欠下（かけした）から坂を上り、**三方ケ原**の台地に出て、そのまま西に進んで追分に至り、姫街道を北進し、祝田に向かい始めた。この時、家康は信玄が浜松城を攻撃してこないことを察した。信玄のねらいが浜松城ではなく更に西進して三河へ方面へ進軍するものとったのである。これでは籠城作戦で待ち構えていた家康にとって誤算というばかりでなく、自分の庭をそのまま西へ進まれてはプライドが許さない。やがて三方ケ原を西へ下り始める武田軍をみた家康は、家臣の制止を振り切って、武田軍の後を追った。家康は若気の至りから、まんまと信玄の罠にかかって、籠城戦ではなく野戦におびき出される格好となった。多くの歴史書はそのように解説する。事実結果として家康は信玄の作戦にはまってしまったことになるのであるが、しかし、家康にとっては、このまま何もせずに同盟者（実は力の差は歴然で、家康は信長の傘下であったが）信長の領地へ直接向かわれては信長に対して面目が立たないことになる。形勢不利と分かっていても、信長との関係から打って出ざるを得なかったものと思われる。また、信玄にこのまま蹂躙され続けていては、領主としての信頼を失うおそれがある上に、自分の指揮下にいる諸将の中に信玄側に降ってしまう者が出る可能性があると思った可能性もある。

戦いの火蓋が切っておとされたのは、十二月二十二日の夕方であった。一時は持ちこたえたものの、多勢に無勢であった。戦闘は夜戦となり、武田軍が次第に圧倒していった。家康は、何度も危ない局面にあいながら、命からがら浜松城に逃げ帰った。（この時のエピソードが、主として徳川方の史書に伺えるが、今は紙面の関係もあり、省略することとする）。信玄は、そのまま浜松城へは攻め込まず、刑部で年を越し、三河に侵入し野田城攻めに取りかかっている。

以上が三方ケ原の戦いの概略である。現在の三方ケ原は開発され、宅地化が進んでいる。往時の面影はない。合戦があったとされるしるしとしては、姫街道を西進すると左手道路脇にある「三方ケ原古戦場」という石碑と、それから更に少し進んだところにある、この戦いで信玄が本陣をおいた「**根洗いの松**」の跡に建つ石碑とその脇にある一本の大きな松の切り株だけである。「根洗」という名が示すように、松の切り株のすぐ側を今はさほど大きくはない川（用水といった方が現況をいいあてている）が流れている。ちなみに、地元本来の人々は「三方ケ原」とは言わない。あくまでも「三方原（みかたはら）」である。（地名や人名は、その主体者の言い方にすべきではある）。

23　美濃上村の戦い

上村（かんむら）合戦と岩村城攻略

西上する信玄の二俣城攻略、三方ケ原の戦いと前後して、**別働隊**として十月末に**秋山伯耆守（ほうき）晴近**（**信友**）を総大将とする武田の搦め手軍二五〇〇余の**岩村城攻撃隊**が、信州下伊那から**美濃へ侵入**した。『蘆田記』（『依田記』）の記述に従えば、**依田信守**（芦田下野守信守）は、一方の支隊長としてその軍勢の中にいたことになる。**上村（かんむら）の戦い**で織田方を破り、依田軍は大将明智城主**遠山宗叔（そうじゃく）**（**景行**）を討ち取った。岩村城は城主遠山景任（かげとう）は既に病没していた。（一説には戦死とも言われているが定かではない）。上村は岐阜県上矢作町（かみやはぎ）にある。遠山宗叔景行の最期の地は、木の実峠を越えれば岩村城という山の急斜面で、現在そこに石碑（**遠山塚**）が建てられている。『蘆田記』（『依田記』）では「宗叔人数五千にて御座候、**信守**七百の人数にて勝利を得候」とあるが、信守は秋山伯耆守晴近の率いる武田軍の中の一軍勢である**芦田勢**を率いていただけであり、その活躍についての記録されている他の文献はない。人数については検討を要する。――史実であるか不明ではあるが、しかし、少なくとも上村合戦で遠山宗叔景行が討ち死にしたことは事実であり、少なからぬ人が、芦田下野守信守が寄せ手の将であったと認識しているのも事実である。服部酒造夫著『木の実峠』（九八～一二四頁）では、「上村合戦」における芦田下野守**信守**のことが一部触れられているので参照されたい。

　秋山信友を主将とする武田軍が信州伊那谷から美濃国へ攻め入って岩村城方面を目指し、織田信長勢力下の東美濃一円の**遠山勢**（主将は明智城主遠山景行）を中心とする軍が上村にて迎え討った合戦が**上村合戦**であるとされている。ところが、歴史家によっては、市川武治『もう一人の真田〜依田右衛門佐信蕃』（株式会社櫟）や『立科町誌』（歴史編上）のように、「岩村城を奪回に向かった信長方の遠山軍を、秋山軍が上村方面で迎え討った戦いである」と解釈している場合がある。岩村城攻略の時期と前後する解釈になる。このことについては検討を要するが、後述したい。

芦田下野守信守軍と木之宮明神

　この戦いで、**依田信守**らの奮戦があったという。（『蘆田記』〈『依田記』〉）。また、**上村の戦い**における芦田城内**木ノ宮社**（依田大明神、右衛門大夫孝玄〈隆春〉を祀る）の御加護によって芦田依田軍は勝利を得ることができたという言い伝えがある。

　味方崩れようとした時、味方陣中より黒糸縅の鎧に鍬形の兜をかぶり、葦毛の馬に乗り、七尺の鉄棒を持った武者が表れ、「者共続け！」と大声でよばって敵陣に駆け入り、その働きは人間業とは見えなかった。味方はこれに勢いを得て大勝した。後日、木ノ宮へ戦勝報告に参拝すると、馬の足跡が社殿の中へ消えていたことから、芦田城内にある木の宮明神の化身が加護してくれたものであることが分かり、大いに感謝し、今まで以上に大切に祀った」（『立科町誌』民俗編・芦田記異聞集）。——

木ノ宮社——芦田城本郭内にある。

　木の宮社は**芦田城本曲輪跡**にある。祭神は芦田右衛門大夫**孝玄**（**隆春**）である。隆春は小県郡依田から佐久郡芦田へ本拠を移した芦田氏の始祖である芦田備前守光徳（初代）、右衛門大夫光玄（二代）に続く左衛門大夫孝玄（三代）のことである。**孝玄**は父の死後、弟**義玄**を当主にしようとする継母一派の勢力によってだまし討ちにされた人物である。その結果、備前守義玄が跡を継いだ（四代）。孝玄の祟りを畏れたがゆえに彼を祭神として木の宮社を勧請して、その鎮魂を図ったものである。（古来日本では、勝者が悲劇的な最期を遂げた敗者の祟りを鎮めるために祭神として祀るという事実がある。菅原道真の鎮魂のために藤原氏が北野天満宮を勧進したのと同じである）。創建は備前守義玄の時代であろう。祭日は九月二十日で、昭和初期までは芦田村で祀ってた。正徳二年（一七一二）に越前福井の芦田氏（依田信蕃の次男康眞こと宗月より三代目である芦田下野守**賢詮**が再建し、令和の現在は芦田城下茂田井在住の土屋武司氏が中心となって守り続けている。

上村合戦の時期の諸説に関する考察

上村合戦と岩村城の戦いの前後関係及びその時期について、いくつかの説が混在し、錯綜としている感がある。前後の動向をも含めて吟味してみたい。

武田信玄の重臣**秋山伯耆守信友**（**晴近**）が二五〇〇の兵を率いて信州高遠城を出発し、**上村**に侵入、それを迎え討とうとした織田信長勢力下の東美濃一円の遠山氏を中心とする軍との合戦が**上村合戦**である。東美濃勢は明智城主**遠山民部宗叔景行**・一行父子、串原城主遠山右馬介・五郎経景、飯狭間城主飯狭間右衛門助、安木遠山某、苗木城主遠山勘太郎ら二五〇〇余の兵と三河からの援兵二五〇〇、合わせて五〇〇〇余が上村に出陣し合戦となった。東美濃勢は主将**遠山景行**はじめ多くが討ち死にし、秋山信友の圧倒的な勝利に終わった。

上村合戦では、どうしたわけか遠山勢の総師である岩村城の遠山**景任**の名が、どの書物にも出てきていない。景任の没したのは元亀三年十二月（元亀二年十二月三日という説もある）であるので、上村合戦の際には病床であったのだろうか。岩村勢の名はなく、また活躍も述べられていない。岩村城の守りを固くしていたのであろうか。とにかく**秋山勢**に対する戦いに奮戦したのは**明智勢**であった。援軍であったはずの三河衆（奥平貞能を主将とする山家三方衆）は開戦後たいして戦わずに、まもなく敗走してしまったと言われている。この時、**芦田信守**が**山家三方衆**の籠もる砦に出向いて、**武田**

方につくことの利を説いて、**織田からの離反**を説得したという説もある。このことは、知勇に長けた芦田信守の面目躍如といったところである。（『木の実峠』参照）。

上村合戦の時期をめぐっては、説が五つある。諸記録によって記述がまちまちである。

①元亀元年説（一五七〇）……十二月二十八日

・**『甲陽軍鑑』『武田三代記』『美濃國諸旧記』**を拠り所とした『岩村町史』『中津川市史』『山岡町史』『串原村誌』では元亀元年上村侵入の理由として、**秋山信友**が信玄への人質として預かっていた徳川家康の親族である松平三郎勝政が出奔し三河へ逃亡してしまった。その責任を償うために秋山信友は東濃侵略を企てたのであり、信玄の命令ではなく**信友単独の判断による行動**であったとしている。……「したがって、元亀元年は東美濃へ侵入し上村合戦に勝利した後は、信州へ引き返した」というのが上村合戦元亀元年十二月二十八日説である。

この合戦で、**信長**は明智光廉（みつかど）を救援に向かわせるが、遠山勢の敗北した後であった。この時、秋山信友は岩村城攻撃には向かわず、矢作川を越え北三河に侵入して足助（あすけ）城を攻略し、信濃に帰還した。（翌元亀二年に信友は再び三河へ攻め入った。そして**元亀三年**になると**岩村城攻略**に向かった）。**上村合戦元亀元年説**の根拠である同時期資料として、「翌元亀二年高天神城の戦いに小幡兄弟の戦功と合わせて上村合戦の功績を信玄から彰された」ということがある。

②元亀二年説（一五七一）

・『安住寺碑銘（明知にある遠山氏の菩提寺安住寺にある遠山景行墓にある石碑）』

「……従然後来**元亀辛未極月念八**、上村戦場功成自殺……」。これは、遠山景行が**元亀辛未**（カノトヒツジ）に戦功を成し遂げ、自刃したことを述べているのである。**元亀辛未辛未極月念八**とは「元亀二年（一五七一）十二月二十八日」のことである。しかし、寺にある位牌には「乾樹院殿文岳宗叔大居士　元亀三申年十二月廿八日死亡」とあるということなので、菩提寺では三年説ということになる。（なお、「景行」は名乗りで、「宗叔」は法名である。）

③元亀三年説（一五七二）

・**『明智年譜』『明智遠山系譜』**『小里家家譜』などの系図類を拠り所とした『濃飛両国史』『恵那郡史』『岐阜県史』『恵那市史』『上矢作町史』『遠山塚碑文』

これらは、いずれも**上村合戦**は元亀三年（一五七二）**十二月二十八日**としている。この場合は**『蘆田記』**（『依田記』）にある「左右の飛脚と、両方途中にて逢い申し候。大手・搦手ともに同時分の合戦、日も三日とも違い申さず候かと聞こえ申し候」という内容と合致する。（**三方ケ原合戦**は元亀三年十二月二十二日、**上村合戦**元亀三年説では十二月二十八日。六日間の前後であるが、**ほぼ同じ時期**のことともいえよう）。

④元亀四年説（一五七三）

・『遠山来由記』

元亀三年の翌**四**年（一五七三）春に秋山勢が上村へ侵攻したとしている。（因みに元亀四年は七月二十八日からは天正と改元されているが、春の時点では、あくまでも元亀四年が正しい。）

⑤天正二年説（一五七四）

・『巌邑府誌』

以上みてきたように、ざっと上げただけでも五つの説があるが、後述するように、**芦田下野守信守**が、信玄の二俣城攻城の時に只来城・飯田城攻略の別働隊の主将となっていることからしても、体は二つはないので、同時期に信守の上村合戦参加は不可能となってしまう。――『芦田記（依田記）』に記述されていることは、期日的な齟齬は少々あったとしても、出来事そのものがあったことについては、他の事項についてもほぼ適切に記述されていることから、信守の

「**二俣城攻めや支城攻略**」と「**上村合戦での軍功**」は、両方ともにあった可能性が大きい。以上のことを鑑みて、**上村合戦**は三方ヶ原の戦い以前の年月に行なわれたと考えたい。現時点では本書では、元亀元年（一五七〇）十二月二十八日説を採用することとする。

岩村城攻略の時期の諸説に関する考察

概略＝秋山信友は**岩村城**を攻撃した。城主遠山景任は既に亡く（元亀二年十二月三日没の説あり）、その室である景任未亡人（**信長の叔母**）は**信長の五男御坊丸**（当時七歳）を養子として城を守っていた。信友は岩村城を攻囲するが、力攻めは避け、策略を巡らした。城内の反信長勢力を誘い、説得して**無血開城**に成功した。将来御坊丸に家督を譲ることとして、岩村城主（城代）となり景任未亡人を室とした。その後、信友は武田信玄の嫌疑を受けることをはばかり、御坊丸を人質として甲府へ送った。

①元亀三年説

・**十一月十四日**説……『武家事紀』に「十一月十四日に秋山信友が美濃岩村城を攻め、これを陥す」とある。

この場合は、上村合戦元亀三年**十二月二十八日**説からすると、岩村城攻略の方が時期的に先になる。そうすると、上村合戦は東濃勢が遠山景行を主将として、岩村城奪還に向かった戦いという位置づけになる。それでいくと東濃勢が砦に籠もったという事実や、地元の人々の解釈とは大分異なってくる。

②元亀四年三月説……（「天正元年」とする歴史書があるが、「天正」と改元されるのは七月二十八日以後のことである）

・『甲陽軍鑑』によれば、元亀四年四月に武田信玄は没している。まさに、**信玄が病に倒れ**、信濃を経由し甲斐へ退却する頃に岩村城を攻略したということになる。「三月十五日に勝頼は岩村城へ入城し、織田方の駐兵三十五人が首を討たれた」と『甲陽軍鑑』にある。これは**秋山信友**が元亀三年十一月十四日に岩村城を策略によって攻略した後、城主としておさまり、武田・遠山・織田の兵が三者の兵が共存していたものを、勝頼が三月に入城し、織田の兵を討ったということであろう。時期としては、当時、**織田信長**は近畿の各地へ軍を進めており、東美濃へ軍を動かす余裕がなかった時期のことである。

証拠となる同時代史料　岩村城攻略が元亀三年十一月十四日であることを証明する同時代文書がある。

(1)（元亀三年）十一月十九日　武田信玄書状（遠藤加賀守宛）

如前々給先書候、當備近日任存分候、**就中去十四日岩村之城請取**、籠置候人数、此時無用捨、岐阜江可亂對歟否、可為其馳走専候、又越前陣へ使者候、路次無相違様、指南可為祝著候、恐々、

十一月十九日　　信玄御判

遠加々守殿へ

（読み下し）

前々給せし先書の如く候、當備え近日存分に任せ候、**就中去る十四日に岩村之城**を請け**取**り、籠り置き候人数は、此の時無用に捨て、岐阜へ可亂對歟否、その馳走専ら為すべく候、また越前陣へ使者候、路次相違無き様、指南為すべく祝著に候、恐々、

十一月十九日　　信玄　判

遠加々守殿へ

「**去十四日岩村之城請取**」（去る十四日岩村城を請け取り）とは――「元亀三年十一月十四日に岩村城を攻略し、城を受け取った」ということを意味する。この事実から、**岩村城開城**が元亀三年十一月十四日であることが判明する。武田信玄は岩村城を**秋山信友が奪取**した五日後（十一月十九日）には、既に書状を遠藤加賀守宛に出していることになる。

岩村城本丸

(2)（元亀三年）十一月十九日　武田信玄書状写（朝倉左衛門督宛）内閣文庫蔵『古今消息集』所収では、

如露先書候、去月三日出甲府、同十日、當國江乱入、敵領不残撃碎、
號二俣地取詰候、殊三州山家、**濃州岩村屬味方**、長爲當敵動干戈候、
對信此所御分別肝要候、爲其以玄東斎委細説彼口上候間、不能具候、恐々謹言、

十一月十九日　　信玄

謹上　朝倉左衛門督殿

〔読み下し〕

先書にあらわし候ごとく、去月三日甲府を出て、同十日当国へ乱入。敵領残らず撃砕。二俣と号する地取り詰め候。殊に三州山家、**濃州岩村味方に属し**、信長に対し、当敵として干戈を動かし候。このところ御分別肝要に候。そのため、玄東斎をもって委細彼口上に説き候間、具にするあたわず候。恐々謹言。

十一月十九日　　信玄

謹上　朝倉左衛門督殿

〔要点〕

ア　十月三日甲府を出発し、十日に遠江の国に侵入した。

イ　敵の領地はみな撃砕し〔只来城、飯田城などを陥し〕、現在は**二俣城**を攻めている。

ウ　三河の**山家三方衆**、**美濃の岩村城が味方に属し**、**信長**に対して敵となっている。〔奥平貞能を筆頭とする山家三方衆は、上村合戦の時には東美濃の遠山衆に加勢した形で、秋山信友の侵攻軍に対していた。合戦が開始されると大して合戦に参加せずに、さっさと三河へ引き上げている。その山家三方衆が元亀三年十一月十九日の時点で武田方に属しているということは、上村合戦はそれ以前に行なわれたということを意味する〕

エ　以上のことをよく理解してほしい。〔信長包囲網の一翼を担ってほしい〕

オ　細かいことは使者の玄東斎が口上で伝えます。

カ　この書状の書かれたのは元亀三年十一月十九日（一五七二年）

キ　武田信玄から**朝倉**左衛門督**義景**への書状である。

この文書によって、元亀三年十一月十九日には**二俣城攻め**の最中であったことが分かるが、ここで「**濃州岩村味方に属し**」と岩村御城が武田方の手に落ちたことが、朝倉義景への情報として盛り込まれている。岩村城の攻略は、元亀三年十一月十四日のことであるので、その五日後にはこうして、信玄が信長包囲網の一翼を担うと期待している朝倉義景へ手紙を出していることになる。東美濃から敵地（徳川家康の三河）を経て、二俣城攻城中の信玄へ情報が伝わる早さが分かる。

以上二通の武田信玄書状（遠藤加賀守宛）（朝倉左衛門督宛）から判明する重要な点は、岩村城攻略の時期は――元亀三年（一五七二）十一月十四日が一番妥当ということになる。

岩村城主遠山景任について

岩村城主は遠山景任（かげとう）であった。永禄年間に織田信長の勢力下に入ったと推測される。**景任は織田信長の叔母**を室としており（信長の叔母婿）で、子はなく信長の五男の御坊丸を養子として入れている。秋山信友が上村へ侵入した時の諸書の記録に、その名前は出てこない。遠山勢の総帥であるべき「景任」の名が出ていないのは、既に他界していたか、病身で城から出られなかったのか、後陣にあったのか、活躍しなかったからなのか、いずれにせよ上村合戦時にその存在が感じられない。没したのは『遠山来由記』では元亀三年十二月であり、『美濃國諸旧記』では元亀二年十二月三日と記されている。

もし、**秋山信友の侵攻**が元亀**元**年とするならば、存命中の「遠山景任」なる名前が出てくる可能性が高いことになる。このことが、上村合戦元亀元年説の弱点ではある。（名前が出てこないということは、秋山信友の東美濃侵入に伴う**上村合戦**があった時期は元亀三年の可能性が高いという客観的要素になると考えることもできる）。しかし、本書では「芦田信守の上村合戦での活躍」と「二俣城攻略に際して、支城である只来城・飯田城攻略の別働隊を率いた活躍」を両方共に事実として捉える立場をとるため、上村合戦元亀元年説を支持したい。

遠山民部宗叔景行について

上村合戦の遠山勢の中心的存在は**遠山景行**であった。秋山勢の攻撃を正面から受けて討ち死にした。その最期の地が**遠山塚**である。遠山塚は上矢作町の漆原山中の傾斜地にある。この上村合戦の戦死者を弔い、遠山神社として小さな塚が立てられていたが、明治四十四年に漆原の近藤儀助氏が中心となって遠山塚として高さ二六二センチメートル、幅一八〇センチメートルの石碑が建立された。

武田信玄・織田信長と上村合戦

織田信長は東美濃方面に対しては、遠山氏を麾下につけるために、岩村城主**遠山景任**に叔母を、苗木城主**遠山勘太郎**直康には**妹**を嫁がせた。更に**武田信玄**に対しては、遠山勘太郎直康と妹との間に生まれた**娘**（**姪**）を自分の養女にして、信玄の嫡男となっていた**四郎勝頼**に嫁がせていた。信長はことあるごとに信玄に贈り物を送り、東方の憂いをなくそうとしていた。しかし、互いにその勢力範囲が広がった結果として、敵対せざるをえない運命にあった。信玄は信州・西上野・駿河を占領すると、いよいよ大軍を率いて西上の途についた。徳川家康を三方ケ原の戦いで蹂躙し、更に**家康**勢力下の三河と**信長**勢力下の東美濃に侵攻したのである。家康と同盟し西進を図っていた信長にとっては大変な脅威であった。それが**上村合戦の背景**である。

＊＊＊＊＊＊

上村合戦の地元が描く芦田信守

小説『木ノ実峠』（服部酒造夫著）には、依田**信守**が敵の砦まで出向き、奥平氏などの**山家三方衆**（やまがさんぽう）を諜略して武田方になびかせたり、敵の大将である**遠山宗叔景行**を最期に追いつめ討ち取る軍勢であったりして、活躍している。まさに芦田依田信守らしきありようが述べられている。そこには、**上村合戦に一支隊長として参軍していた**という一つの状況評価となり得る可能性がある。また、著者が、信守が上村合戦に参加していたこと、信守が武田麾下の智勇に優れた武将であることを知っていて、小説の中に登場させているこのことからしても興味深いものがある。

二俣城攻略・三方ケ原の戦いと芦田依田信守・信蕃父子

　一説には、遠州二俣城奪取直後、信玄は**蘆田下野守信守（依田信守）**を二俣城番に据えて、三方原の戦いへ向かったとなっている。その場合は、この上村合戦（十二月二十八日）での依田信守の活躍はありえないことになってしまう。また、『蘆田記』（『依田記』）では、三方原の戦いの時、下野守**信守**の嫡子の右衛門佐**信蕃**が、信玄の旗本に属していたということになっており、それと上村合戦の活躍との照合についても検討を要する。

　これまでの考察から、「二俣城の戦い・三方原の戦い」、「上村合戦・岩村城の戦い」との時期的な関係は、左記のごとくになるのが、妥当と思われる。

	〈**秋山晴近**の侵攻〉	〈**信玄**の侵攻〉
一五七〇年	①元亀**元**年十二月二十八日……上村の戦い	
一五七二年	②元亀三年十一月十四日………岩村城開城	③元亀三年十二月十九日……二俣城開城 ④元亀三年十二月二十二日……三方原の戦い

　上村の戦いに参戦して功を挙げた**芦田下野守信守**だが、元亀三年の岩村城開城の時の秋山勢の中にはいない。信玄の二俣城攻城戦と三方ケ原の戦いの時には、信玄本隊に属していたと推定される。

　少なくとも二俣城開城まではそういえる。ただし、三方ケ原の戦いの時には二俣城の守備に着いていた可能性もないわけではない。（このことについては後述）。

以上の攻防の戦いについて多くの史書に書かれているが、伝承、伝記物や家譜などの内容を史料としているので、その出来事の年や月日が諸書の間で相違することがある。そして、それが通説化してしまっていることがある。本稿で扱った上村合戦や岩村城攻略についてもそういう類の誤謬がある可能性が大きい。しかし、「史実そのものの存在はあった」と考えられる。大事なことは、書状、書簡、日記等の同時代史料を一番の基本として考察することである。

本書の考察では、『蘆田記』（依田記）』の著者である康眞（加藤四郎兵衛宗月）による本文は、年代的な誤りがあるという解釈をせざるを得ない立場をとっている。——芦田信守が同時期に上村の戦いと二俣城の攻城戦の両方に参陣することはできないからである。

上村の戦い・岩村城開城・二俣城開城・三方ケ原の戦いの時間的な前後関係についても、また、それらの戦いにおける芦田依田**信守**・**信蕃**父子の動向に関しても、そうした考えに立って更に慎重に考察しなおしてみる必要がある。

24　西上作戦と二俣城攻略

元亀三年の攻防（一五七二年、武田氏が攻めた戦い）

上洛を決意した信玄は元亀三年（一五七二）、軍を三隊に分け、遠江・東三河・東美濃へ侵攻した。まず、九月二十九日に**山県昌景**を先発隊として出発させ、伊那谷から東三河へ侵入させた。もうひとつの別働隊は**秋山信友**を大将として東美濃へ攻め入らせている。十月三日に**信玄は本隊**を率いて甲斐を出陣した。出陣にあたって、信長と対陣中の浅井長政・朝倉義景に書状を送り、双方で協力して信長に対抗するように呼びかけている。信玄は信州伊那を南下し、青崩峠及び兵越峠を越えて遠江に侵入している。遠州では、武田方に内応した犬居城主の天野景貫を案内役（嚮導）としている。信玄は犬居城（静岡県周智郡春野町）で、東三河方面から遠州へ侵入した先発隊山縣三郎兵衛昌景と合流し、そこで軍勢を二つに分け、一隊は**勝頼**を大将として**二俣城を包囲**させた。（近年、武田軍の遠州への侵入路については、新説がある。支隊は青崩峠及び兵越峠から侵入したが、信玄本隊は駿河方面から侵入したというものである。）。

信玄が直接率いる本隊は、天方城・各和城を攻略し、久野城（久能城）を攻め、袋井方面へ侵入した。浜松城と高天神城・掛川城とを分断するための作戦であったといわれている。更に見附へと兵を進めた。三箇野川辺りで信玄軍と家康軍との間で最初の衝突があった（**三箇野川の戦い**）。そして、西走する徳川軍を追って磐田原台地の西、天龍川の東岸まで迫った。この時、退却する徳川軍の殿（しんがり）を本多忠勝が見事に果たした戦いぶりはよく知られている（**一言坂**（ひとことざか）**の戦い**）。その後、武田軍は深追いはせずに、天龍川の東岸を北上する進路をとった。浜松城・二俣城・高天神城・掛川城を分断する位置にある匂坂（かぎさか）城を陥して、穴山梅雪を据え置いた。そして、二俣城攻略に向かい、二俣城南東四キロ（メートル）にある合代島に陣を取った。

二俣城は浜松城の支城にすぎなかったが、そのまま残して置いた場合、浜松城を攻めるときに、徳川方の後詰めの城となる危険性があったことによる。また、味方の城としておけば、浜松城に睨みをきかせられる位置にあったからであろう。二俣城を囲んだのは十一月十日以降十九日頃のことである。

一方、『武田三代軍記』には、次の記述がある。

二俣城後詰めの支城〜只来城・飯田城と芦田信守

天野宮内右衛門・**蘆田下野守**を以て、遠州**只来・飯田の両城**を攻められしが、忽ち両城共に攻め落され、天野宮内右衛門に、遠州城番の儀を仰付けられ。夫より久能の要害を巡見あり。

つまり、支隊は**只来城**、**飯田城**を占領し、後詰めの支城を攻略し、二俣城攻撃に備えた。支隊の軍勢を率いていたのは**蘆田下野守信守**等であった。遠州の**只来**（ただらい）**城**と**飯田城**は、信玄の本隊からコースを分かった**芦田下野守信守**と天野宮内右衛門景貫によって落とされた。

また、『浜松御在城記』に、次のように述べられている。

十月中旬ニ、信玄、甲州ヨリ遠州犬井秋葉口ヨリ発向、犬井の天野宮内右（衛）門藤秀ヲ為案内者、多々羅江・飯田ノ両城ヲ攻取、天野ヲ遠州定番ニ居

武田軍は地元の天野景貫を嚮導として遠江に侵攻し、二俣城の支城とも言うべき周辺の城を落とした後に、天野を定番（城番）として据え置いたのである。ここで「犬井」とは犬居のことであり、「多々羅江（たたらえ）」とあるのは只来（ただらい）城のことである。

遠州「たたら城」（**只来城**）は、静岡県磐田郡天竜市（現浜松市）只来字田ヒラにある山城で、上只来の西側の山頂（標高二七二メートル）にある。二俣城より北東へ五キロメートル程行った二俣川上流左岸に位置し、眼下に只来の集落が川沿いに展開する。その地に住んでおられる中谷良作氏（浜松市と合併する前の天竜市最後の市長）にお聞きすると、天竜市地域の盆踊りには、地元の人々が「籠城連（ろうじょうれん）」と称して踊る習俗が残っているとのことである。只来城は四周への眺望がよく、また、城内の一角を二俣城と犬居城を結ぶ尾根道が通過している。『三代記』には「多多羅（たたら）」とある。（「多多羅」というのは「鑪（タタラ）」、製鉄・鍛冶、つまり古代・中世に関係した地名であることから、あるいは、この近くに鑪集団が居住していた可能性がある）。只来城は信玄の西上戦において、真っ先に落とされた遠州の城ということになる。

飯田城は静岡県周智郡森町飯田字峯山にある。標高五〇メートルの台地に郭・堀切・空堀・土塁等が残っているが、多くは畑と化している。城跡の北の現在崇信寺のある所を、古城ないしは館跡と推定する説もある。この両城（只来城、飯田城）に立つと、遠い信州から遠征して来た依田**信守**・**信蕃**父子の息遣いが伝わってくるかのようである。**芦田下野守信守**らの支隊によって後詰めの支城を落とされた二俣城は、次第に窮地に陥っていく。

信玄の遠州侵入経路に関する新説

一隊は信州街道（秋葉街道）を下って、久能城（久野城〈袋井市〉）を包囲、木原宿、西島宿（磐田市）など袋井周辺に分宿して徳川軍を牽制した。信玄は合代島（ごうだい）（磐

田郡豊岡村）に陣をしき、二俣城攻略に取りかかった。……つまり、信玄は南方から攻めている。このこともあって、最近の若手の史家は、信玄の遠州への侵入経路は青崩峠や兵越峠からではなく、駿河方面からであるという新説を発表している。駿河方面にその時通過した証拠と推定される同時代の古文書が散見するとしている。（詳細については諸学にお任せしたい）。

二俣城は天竜川とその支流二俣川に挟まれた要害堅固な城であったが、家康の武将中根正照を城将に、守備も完璧であった。武田攻撃隊は勝頼を大将に十数回に渡って昼夜を分かたず城攻めを繰り返した。しかし、城兵の抵抗は衰えず攻防は激しさを増した。信玄にとっては家康・信長の後詰め（援軍）に備えての背水の陣のような状況であった。

難攻不落の二俣城ではあったが、武田軍は天竜川の流れを利用して、上流から筏（いかだ）を流し、水の手の櫓を破壊した。水の手を断たれ、城将中根正照は、ついに開城した。二俣城が落ちたのは元亀三年（一五七二）十二月十九日のことである。この攻城戦は約二ケ月かかっていることになる。中根正照らは人質として捕えられた。浜松城から来援した徳川家康軍は武田軍の守備に圧倒され、途中で釘付けとなり、中根らの人質交換を条件に、全軍浜松城に引き揚げた。

なお、いくつかの文献では、信玄は二俣城を奪取直後、**芦田信守**を城主に据えて、西上作戦を継続すべく、三方原へ向かったと述べているが、――このことについては大きな疑義がある。（後述することとする）。

二俣城攻撃で命を落とした佐久の武将　この攻防では敵味方ともに鉄砲を使用していた。武田氏は決して鉄砲の備えを怠っていたわけではない。実戦でかなり重要視されてもいたようである。

信州佐久に本拠をおく**小宮山丹後守昌友**は、水の手曲輪の一番乗りを果たしたが、敵の鉄砲に当たって討ち死にした。彼は信玄代の永禄年間に諏訪城代、また西上野松井田城将などを務めたこともある。二俣城では、馬場美濃守信春と先陣を争って城内に雪崩れ込み、突破口を開いたとされている。昌友の墓は佐久市龍雲寺にある。

また、武田方の戦没者の中に、平原依田氏の**依田昌忠**がいる。彼は潜行隊として城内に忍び込んだが、討ち死にしている。彼の子依田**盛繁**は、祖父**信盛**に養われ、後に依田信蕃の佐久平定戦では、一番に信蕃の臣下となり、小田井城や加増城の攻略に功を挙げている。

二俣城本丸へ入る北東部の喰違い虎口

二俣城の地取りと構造

二俣城は静岡県天竜市（現浜松市）二俣町二俣字城山にある。二俣城は、平山城で一〇〇メートル×三五〇メートルであり、比高四〇メートルである。城の東と西、それに南の三方が天竜川と二俣川の流れによって囲まれ、北方だけが、台地を深く掘り切った空堀で台地と絶縁しているという天険に構えていた。（当時は二俣川の流れは二俣城の南を巡って天龍川と合流していた）。東から半島状の台地に占地した結果、背後の尾根状の防備を二重の堀切と数区画の外郭を構えることによって強化している。天竜川の激流を背負い、二俣川を前面の帯として、東北に見通しのきく蜷原台地をひかえた二俣城は、当時としては極めて要害堅固な城郭であった。縄張りの細部を見ると、一直線上に六つの曲輪が階段状に配置され、それぞれ堀切（空堀）によって遮断されていた。また、斜面には竪堀をほどこし、大小の帯曲輪から構成された堅固な構えであった。依田信蕃が長期籠城戦に持ちこたえることができたのは、彼の武将としての資質によるところが大きいが、堅固な二俣城の構えがあってのこともあろう。また二俣城は街道と水運とを繋げる地点の城であった。北は信州に至る秋葉街道と犬居谷に通じる街道、南は浜名湖・浜松・見附・久野方面に至る街道との分岐点に位置し、天龍川水運の拠点でもあったことから、武田にとっても徳川にとっても戦略的に重要な城であったのである。

芦田信守・信蕃父子が二俣城の番手城主に

芦田信守・信蕃父子が二俣城の番手城主として守備についたのは、二俣城奪取直後ではないが、天正二年（一五七四）十一月十一日以前からであると推測される。（→詳細は後述の26の「遠州二俣城主・芦田信蕃」の項で述べることとする）。

父信守の智勇に優れた統率力によって、武田方の守備する城として、二俣城は徳川軍の猛攻にも揺るぎなかった。しかし、不運にも信守は天正三年六月十九日に城中で病死する。推定四十七歳であった。父の没後、右衛門佐信蕃は、父の遺志を受け継いで、父に勝るとも劣らぬ武将としての器量を発揮して、武田勝頼からの後詰めの援軍を望めぬ状況の中で、二俣城主として徳川軍と戦い続ける。（詳細は26に）。

なお、芦田下野守信守の法名は「仁徳院殿月桂良信大居士」あるいは「昌林寺殿良信大居士」である。

大手二ノ郭の虎口を仰ぐ←

右手は二俣城東斜面、遠方は向城（むかいじろ）の鳥羽山城、戦国時代の二俣川は、その間を西へ流れていた。

第二章　信蕃（のぶしげ）

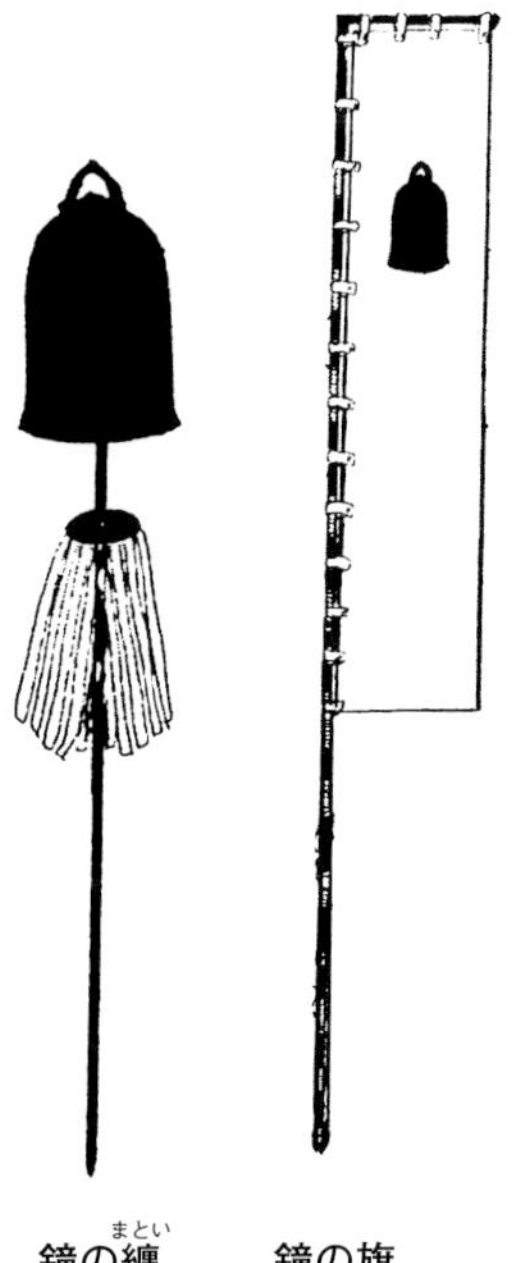

鐘の纏（まとい）　鐘の旗

25　武田への人質・源十郎〜諏訪での六年間

芦田下野守信守の死後、二俣城主となったのは、嫡男の信蕃であった。信玄に従っての信濃先方衆としての信守の関東出兵、小田原城攻撃、三増峠の戦い、駿河侵攻、遠江侵略には若き信蕃も父のもとで従軍している。したがって、ここまで述べてきた信守の事蹟の中に、信蕃の存在があったことはほぼ間違いない。改めてその経過を記述することは避けたい。ここでは、信蕃の活躍を中心に述べられている『蘆田記』（依田記）の冒頭の記述からとり上げたい。

一、**依田常陸介**一代の儀、御聞きなされたき由仰せ越され候えども、誰もしかと存ぜず候。我等承り候通り書き付け申し候。常陸介義、**天文十七年**戊申年出生、若名**源十郎**、その後**右衛門佐**、また、天正九年に**常陸介**に成り申され候。名乗りは**信蕃**（のぶしげ）に御座候。

一、歳十二の頃、諏訪高島の城に、信玄公への證人に居申し候、その後、年月覚え申さず候えども、武蔵のうち上野境御嶽の城に居申され候。我等が為には祖父下野守信守在城致され候節、常陸介も彼の地へ参られ、父子一所に二年が間在城候由、…

〈後略〉

〈要旨〉

・**依田常陸介**一代のことは、聞きたいと仰せ越されましたけれども、誰もしかとは存じません。私が聞き承った通りに、ここに書き付け申します。

・常陸介は、**天文十七年**（一五四八）戊申年出生、若名**源十郎**、その後**右衛門佐**、また、天正九年に**常陸介**となった。名乗りは**信蕃**（のぶしげ）であった。

・歳十二の頃、**諏訪高島の城**に、**信玄**公への證人としていた。

・その後、年月は覚えておりませんが、武蔵のうち**上野境御嶽の城**にいた。拙者（康眞）の祖父である**下野守信守**が在城していた時、常陸介信蕃も、そこで一緒で、二年間在城した。

〈註解〉

『蘆田記』（依田記）は、「依田常陸介一代の儀、御聞きなされたき由仰せ越され候えども、誰もしかと存ぜず候。我等承り候通り書き付け申し候。」で始まっている。ここで「我等」「拙者」とは、著者である康眞（やすざね）（信蕃の次男、後の加藤四郎兵衛宗月）のことである。

この文章の出だしからすると、筆者は自分よりも上位の人物の要請に答える形で記述を進めていくことになる。提出先は、後述に「大納言様」とあったり、康眞の娘の嫁いだ竹腰氏との関係からして、尾張大納言徳川義直であるというのがもっとも妥当である。（長野県立歴史館研究紀要第十八号所収『「依田記」の成立の背景と由緒書への転換の可能性について」〈山崎会理著〉』参照）

信蕃が活躍した事蹟の領域

『依田記』の前半の主人公常陸介は、天文十七年戊申年生まれで、若名（仮名）は**源十郎**、その後**右衛門佐**、また、天正九年に**常陸介**となった。名乗り（実名）は**信蕃**（のぶしげ）である。

「信」の字は武田氏から通字を授与されたものであろう。残っている文献によると、「右衛門佐」（官途名）から「常陸介」（受領名）となり、後に再び「右衛門佐」と名乗っている文書が多い。信蕃は「ノブシゲ」よりも「シンパン」という言い方の方が現代の信州佐久では馴染みであるが、よほどの歴史に興味ある人でないかぎりは、その存在さえ知られていないのが実態である。しかし、戦国末期の信州佐久の武将で武田氏（信玄・勝頼）の臣下として、幾多の合戦に活躍し、城を任され、智略・武略を尽くしての忠烈な武勇の軌跡は、大いに注目に価する。また、武田氏滅亡後は、その人物を大いに認めていた徳川家康に取り立てられ、特に家康の甲斐・信濃戦略には、なくてはならぬ存在であった。

その事跡は信州信濃国のみならず、甲斐国（山梨県）・上野国（群馬県）・駿河国（静岡県）・遠江国（静岡県）更には武蔵国（埼玉県）・越後国（新潟県）・美濃国（岐阜県）にまで及んでいる。そこは、武田信玄・勝頼、徳川家康、織田信長、今川氏、北条氏、上杉氏などが躍動した領域である。歴史の中央舞台ともいえる場所で彼らと関わる中で、その存在と実力が認められ、活躍しているのである。これらの地域の図書館を訪れれば、芦田・依田信蕃に関わる文書・史書・書籍が必ずあるほどである。特に「依田信蕃」の名が古文書や歴史書に認められる量は、圧倒的に静岡県が多い。その多くは信蕃が遠州二俣城、駿州田中城の主将としての籠城戦で、家康軍を向こうに回しての兵の掌握とその智略を駆使した辛抱強い戦いぶりが際立っていたこと、また、その間にも民政や人心にも意を注いだことによると思われる。上野國（群馬県）藤岡市では、父下野守信守と右衛門佐信蕃が永禄年間に武田氏の対武蔵國国境を守る役目を担って浄法寺地域の領主であったこと、また、康眞が天正十八年（一五九〇）から十年間、藤岡藩主であったことによる事蹟が多いからである。越前國（福井県）にも、その来歴を示す書籍がかなりある。加藤四郎兵衛宗月こと康眞が、始めは松平秀康の食客待遇で、後にその力量を認められ、城代家老にまでなったことによる。康眞を始祖とする越前芦田氏（芦田宗家）は、江戸時代を通じて福井藩家老を何人も輩出して、確かな足跡を残しているからでもある。

ある意味では、信州で特筆される真田氏（昌幸や信幸であり、かの有名な幸村ではない。幸村は大坂の陣では有名ではあるが、幸村には巷で知られているほどは実態がない。だいいち実名は信繁である）にまさるとも劣らない戦国武将の存在を認識していただきたいものである。（真田氏との違いは、後世にまで大名として存続できたか否かの差である。大名として存続した真田氏には文書も史料も多いが、芦田依田氏は同じように大名となったが、次男の康眞の時代に改易となり、大名としては存続できなかった）。信守や信蕃が所有していたであろう武田信玄や勝頼からの書状は、後世に残っていない。大変残念なことであるが、おそらく、信蕃が信長の「武田狩り」の追及から逃れて、本拠地佐久郡春日郷を留守にしていた時に、織田の臣で小諸城に入っていた森長可か、その後に入ってきた滝川一益軍によって、館や城を蹂躙され、持ち去られたか破却されてしまった可能性が高い。

その上、本拠のあった信州、とりわけ佐久地方においても信蕃の存在を知らない人々が多い。天正十一年から十八年まで小諸城主であった松平康國が信蕃の子であり芦田依田氏であったこともあまり知られてはいない。

人質・源十郎は思春期を諏訪高島城（茶臼山城）で六年間過ごす

諏訪氏を滅ぼした武田氏の諏訪での本拠地は、諏訪郡代板垣信方からしばらくは上ノ原城であったが、三代目郡代の長坂大炊助虎房は、信玄の命を受けて、代官所を上原から高島（岡村）へ移し、山本勘助も加わって、高島城（茶臼山城）の修築に取りかかっている。─『高白斎記』によると、「天文十八己酉年正月八日、長坂方始て高島へ被移候、十三日、山本勘助高島鍬立て」とある。天文十八年（一五四九）正月八日に、長坂虎房が初めて高島へ移り、十三日には城の鍬立てをしたとあるから、天文十八年初めには、諏訪氏の時代からあった高島城が武田氏の城に相応しく本格的に修改築されたことになる。（ちなみに、それは信蕃が生まれた翌年のことになる）

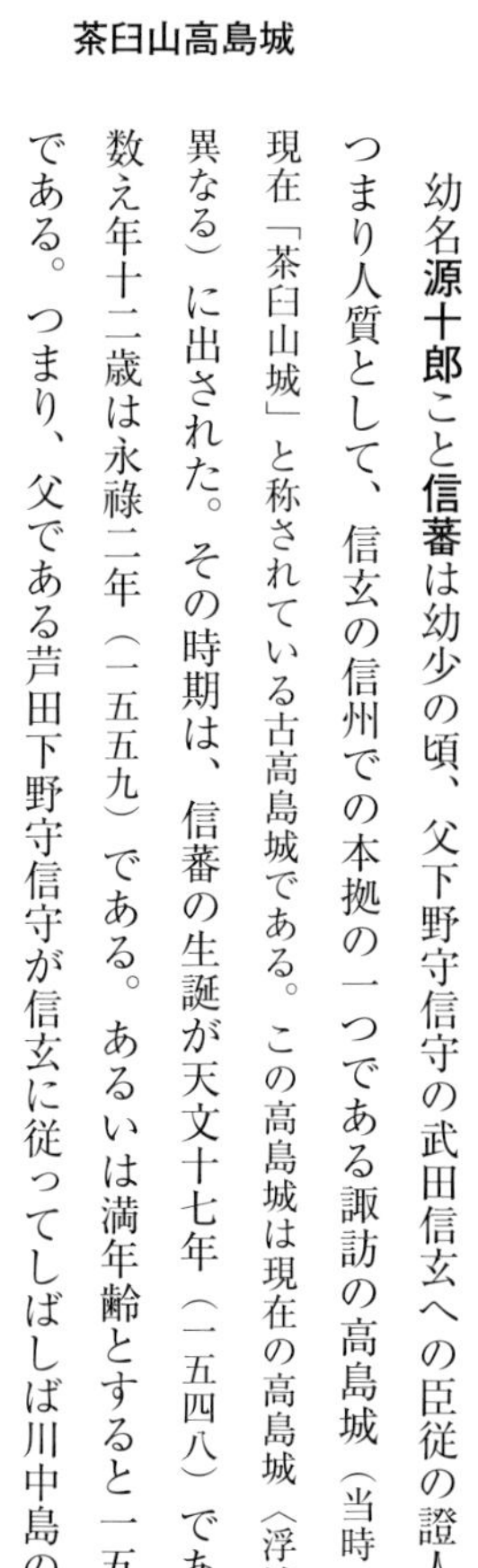
茶臼山高島城

幼名**源十郎**こと**信蕃**は幼少の頃、父下野守信守の武田信玄への臣従の證人（証人）、つまり人質として、信玄の信州での本拠の一つである諏訪の高島城（当時のそれは、現在「茶臼山城」と称されている古高島城である。この高島城は現在の高島城〈浮城〉とは異なる）に出された。その時期は、信蕃の生誕が天文十七年（一五四八）であるので、数え年十二歳は永祿二年（一五五九）である。あるいは満年齢とすると一五六〇年である。つまり、父である芦田下野守信守が信玄に従ってしばしば川中島の戦いに参陣していた頃である。信蕃が父芦田下野守信守のもとへ帰されたのは、信守が武蔵国境の淨法寺（地名）（群馬県藤岡市鬼石町）に知行地を与えられ、北条氏に備えて武蔵国内（埼玉県児玉町）の御嶽城を守備しはじめた頃であろう。その時期は、信玄が西上野の長野業盛を滅ぼしたのが永禄九年（一五六六）九月二十九日であるので、それ以降ということになる。信蕃が父の元へ戻されたのはその頃と推定される。信蕃十八歳の頃である。（人質で諏訪へいっていたのは約六年間ということになる）。その間に信蕃は後年の武田臣下としてのあり方、文武の素養を身に付けたものと推定される。現在でも十二歳から十八歳といえば思春期であり、人生の一番の基礎が身につく年代である。この時代は證人（人質）であるからといって、罪人のような扱いを受けたのではなく、徳川家康や歴史上の少なからぬ武将がそうであったように、いっぱしの侍大将になるような武将の師弟は、滞在先でもそれなりの生活が保証され、文武の修錬もさせてもらっていたと推定される。源十郎こと信蕃は武田氏のもとへ送られていたわけであるが、直接武田信玄の薫陶を受けたかどうかは分からない。信玄の側室諏訪御領人は諏訪にいたので、あるいは時々諏訪を訪れる信玄に会う機会があった可能性はあるが、あくまで武田氏支配下の信州諏訪の高島城（茶臼山城）下にいたに過ぎないから、甲斐国が本国である信玄との接触の可能性は小さい。しかし、後年、智略・武略を駆使するのみならず、心情的にも武田臣下としての忠義の行動や、部下の心を掌握する能力、統率力の基礎は、六年間の諏訪時代に身に付いたものが大きかったものと思われる。

観音院——諏訪御料人がいた

以上からも分かるように、**源十郎**こと芦田信蕃が思春期を人質（證人）として過ごした「諏訪」とは、高島城（茶臼山城）もしくは、その城下にあったと推定される人質屋敷のあった所を意味する。信蕃が没した年齢は数え三十七歳であるが、そのうちの六年間を彼が過ごした場所が諏訪湖を眼下に望む所ということになる。彼が誕生した芦田氏の本拠地芦田には一年間余り、その後の本拠地春日城には数え二歳から十二歳までの十年間である。人質生活を経て父信守のもとに帰されて後は、連戦に次ぐ連戦で、上野国をはじめとする関東地方、駿河国、遠江国などへ侵略した武田信玄に従って転戦し、あるいは番手城主としての守備を任されて滞在することが多く、本拠地の佐久郡春日郷へ腰を落ち着かせることはできなかった。後にほぼ佐久を平定し、これからという時に没している。

源十郎信蕃の人格形成に大きな影響を及ぼしたのは、思春期の十二歳から十八歳の六年余の諏訪での人質時代であるといっても過言ではない。**諏訪湖**の風景を朝な夕なに目にして成長したことであろう。時には遙か遠くに富士山をも眺望できたであろう人質時代、芦田源十郎の境遇に思いを馳せると、彼のことが少しは理解できそうな気持ちになる。人質の六年余りの間にも父信守の信濃先方衆侍大将としての働きを耳にし、自らの来たるべき将来を見つめていたであろう源十郎少年の姿が思い浮かぶかのようである。多感な思春期を諏訪で過ごしたという事実をここではまず確認しておきたい。

ちなみに、蛇足ではあるが證人（証人）という意味では、後年の徳川家康との三方ケ原の戦いの際に、信蕃は父信守の芦田隊とは離れて、證人として武田信玄の旗本隊に属して戦ったという説もある。

高島城（茶臼山城）の現況

茶臼山頂上部の本城については、武田氏の手が加えられたのであろうが、戦後の住宅建設で大規模な整地がなされ、往時を偲ぶことはできない。しかし、西から南側の急斜面に大規模な五段階の帯曲輪と推定される地形が残り、城の堅固さや壮大さを偲ぶ手掛かりとなる。この高嶋城は現在の高島城（浮城）とは異なる。諏訪市の上諏訪中学校の北方にある手長神社の背後の茶臼山にあった山城である。戦後、住宅が造成されるまでは土壇が三基残っていたが、何を意味する遺構か不明のまま破壊されてしまったと「茅野市史（中巻、中世・近世）」に記されている。

父下野守信守とともに信玄に従い他国に転戦

先にも述べたように、信守は、信玄が西上野を勢力下に入れた永禄九年（一五六六）に、父芦田下野守信守のもとへ諏訪から帰されてまもなく、本拠地である佐久郡春日を後にして、信玄の命によって、父子ともに西上野の守備についた。上野國緑野郡鬼石町浄法寺（地域名）に居館を構え、北条氏に備えて武蔵野國御嶽城を守備した。これは上州箕輪城の長野氏の滅亡後で、永禄九年から十一年（一五六六～一五六八）頃の足掛け三年間ほどと推定される。このことを含め、以降の芦田信守・信蕃父子の各地転戦の事蹟も、信蕃の子である康眞が、後年記した文書（「蘆田記」「依田記」）は、尾張徳川家の仰せによって答申したものであり、他の多くの内容が事実であると証明されることが多いことからしても史実であろう。

――〈第二章を進めるにあたって〉――

先にもふれたが、上州武州国境の浄法寺・御嶽城での守備、信玄に従軍しての関東出兵、小田原攻撃、駿河侵攻、遠江での戦歴等については、父である芦田下野守信守と共に行動していたので、信蕃の事蹟については、既述の信守の項に委ねることとして、二俣城で父信蕃が病死した後から、本格的に芦田依田信蕃の事項を記述することになる。

26　遠州二俣城主・芦田信蕃

孤軍、二俣城

芦田信蕃が遠州二俣城主として、援軍の望めない中、徳川家康に対して孤軍奮闘した様子は、『芦田記（依田記）』に次のように記述されている。

甲戌年より亥年まで、祖父**下野守**、親にて候**常陸介信蕃**、父子ともに**遠州二股に在城**、亥年に至りて、五月廿二日に**長篠の合戰**、信長公家康公御勝ち、武田勝頼公打ち負け、甲斐國へ引き退く。その上、家康様は直ちに**二股の城**御責め候はんとて押し寄せ、五ケ所に向城、南録方山、辰巳鳥羽山・家康様御本陣、東あくらの山、北みなはらの山、西たうとうみの取手・これは、和田ケ島とも申候。五月末より御攻め成られ候。**六月十九日**に祖父**下野守信守は病死**。それより**常陸介信蕃**、そのまま城を堅く持つ。十二月廿三日まで七ケ月、城持ち詰め罷り在り候後は、兵粮これ無く、浜松近辺まで城中より足軽を出し、夜討ち、強盗、乱捕り、夜々御座候へども、兵粮杯は左様の時城中へ入れ候義、罷り成らず候。五月より十二月までのうちの間、兵粮盡き果て候えども、軍兵への気付に候とて、常陸介謀に、土俵を三百余申し付け、藏に詰め置き、城中下々の者に見せ置く。兵粮にこと欠く候義はあるまじきの間、心安く存じ候えへと申し候えば、軍兵力を得候。十一月時まで、甲斐の**勝頼**公より、二股の城を明け渡し、甲斐國へつぼみ候様にと、両度申し候えへども、**常陸介**申されるは、その脇々の奉書の分にてはいかに候えば、**勝頼**公の御直書にてこれなくば、明け渡し申す義いかがの由、両度申し候えば、三度目に勝頼公の御直書参り候により、十二月中旬扱いの談合候て、家康公よりは**大久保新十郎**殿、**榊原小平太**殿、何も無事にて證人（人質）に御越し候。また、我等親の方よりは、弟**依田善九郎**、**同源八郎**、両人證人に参る。廿三日に城相渡し候はん約束に候つるところに、二十三日少雨降候に付き、**常陸介**申され様は、雨降りにては蓑笠にて見苦しき候間、雨晴れ候て廿四日、廿五日なりともと、申され候て、城を出申されず候。これを**家康**様御感なられ候由、承り候。その上、**二十四日**天氣晴れ、城を相渡し、二股川の辺にて、互いに人質返し、帰陣申され候。

〈要旨〉『芦田記（依田記）』の右の概要を整理してみると、左記のようになる。

・甲戌より亥（乙亥）年まで、芦田（依田）下野守**信守**と常陸介**信蕃**は二俣城に在城した。

……天正二年（一五七四）から天正三年までのことである。

・天正三年五月二十一日の**長篠の合戦**で、信長・家康の連合軍は武田勝頼を破った。その後、**家康**は**芦田依田信守**・**信蕃**の守る二俣城攻めを開始し、二俣城の回りに**五ケ所の向城**（陣城・付城）を築いた。それらは、

（南）**録方山**……『三河物語』をはじめ多くの史書では「四カ所」の向城としていて、この「録方山」なる名はない。

（場所についてもいまのところ特定できていない）

（南西）**鳥羽山城**……辰巳つまり南東とあるが、現地の状況からすると未申（ひつじさる）南西が正しい。徳川家康が本陣を置いた。現在は「鳥羽山公園」となっている。城門の礎石・枡形・石塁・土塁・堀切・広い曲輪などがある。しっかりとした城跡で、家康の本陣が置かれるだけの構えをしている。

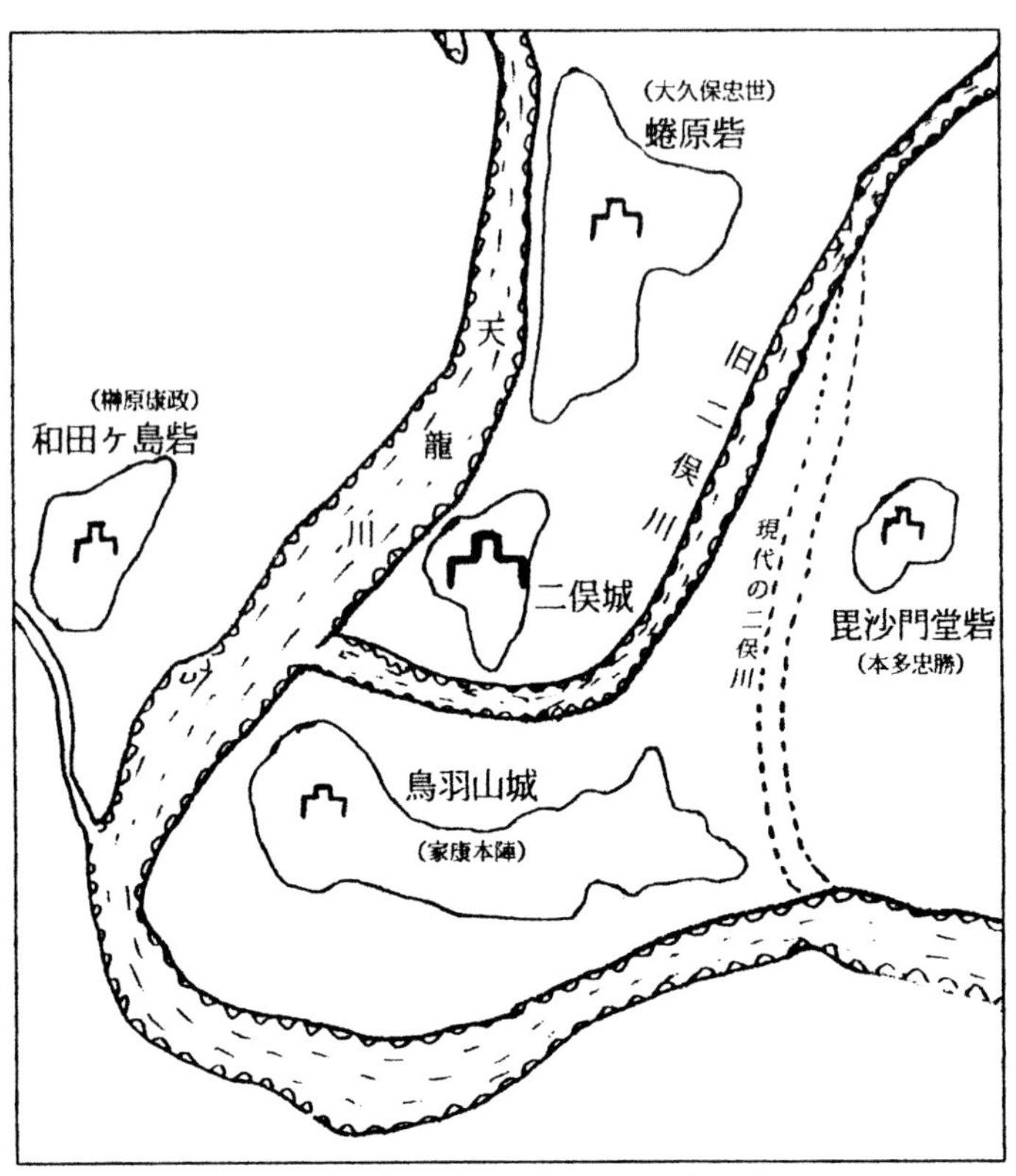

家康が築いた二俣城を囲む向城（陣城）

（東）**毘沙門堂砦**〈あくらの山・安倉〉……本多忠勝の陣、二俣旭町の毘沙門堂の東側の山の先端部にある。

（北）**蜷原砦**〈みなはらの山〉……大久保忠世の陣

（西）**和田ヶ島砦**〈たうとうみの取手・渡ヶ島〉……榊原康政の陣

・天正三年五月末より、家康による二俣城攻めが行なわれた。

・**下野守信守**は六月十九日に、二俣城内にて病死した。

信蕃、父信守病死後に二俣城主を引き継ぐ　・十二月廿三日まで七ケ月間、徳川の包囲網と攻城に耐え抜いた。

貯えておいた兵糧も乏しくなったが、浜松近辺まで城中より足軽を出し、夜討ち、強盗、乱捕りを夜々行なってきたけれども、包囲されていたので兵糧米は城中へ入れることはできなかった。（ちなみに、これは「狼籍」であるが、戦国時代の戦においては当然として行なわれていた行為である）。

・五月より十二月までのうちの間、**兵糧**は果てたけれども、軍兵に気付かれないようにと、信蕃は土俵を三百余藏に詰め置き、城中下々の者に見せて、兵糧にこと欠くことはないと安心させたので、兵は力を得た。
・十一月時まで、甲斐の**勝頼**から、二俣の城を明け渡し、甲斐国へ撤退するようにと、**奉書**が二度伝えられたが、勝頼の直書でなければ、城を明け渡しことはできないと信蕃が二度とも申し上げると、三度目に勝頼の**直書**が届けられたので、城を明け渡すことにした。
・十二月中旬に、**城明け渡し**の件で守城側と攻城側とで相談があり、徳川方からは**大久保新十郎**（忠隣）と**榊原小平太**（康政）、依田軍からは弟**依田善九郎**信春と、**同源八郎**信幸が互いに證人（人質）となり、相手方へ出向いた。
・十二月二十三日に二俣城を明け渡す約束になっていたが、二十三日には小雨が降っていたので、**常陸介**は、「雨降りでは蓑笠で見苦しいので、雨が晴れれば、二十四日か二十五日にでも」と申し送り、城を出なかった。その上で、**二十四日**に天気が晴れたので、城を明け渡し、二俣川の辺にて、互いに人質を返し、**堂々と城を明け渡し**帰陣した。この一連の信蕃のとった判断力・統率力・対応力・胆力・忠勇あふれる武将としての資質は、**家康**をして敵ながら見込みのある武将として強い印象を与えた。

和田ヶ島砦
――二俣城から天龍川の対岸に望む。下野守信蕃はここを奇襲した。

天正三年の攻防（一五七五年、芦田信守・信蕃父子が守備した戦い）

家康による**二俣城奪還作戦**は、長篠の戦い（天正三年五月）の翌六月に早くも始まった。『蘆田記（依田記）』では「五月より御攻め成られ候」とあるが、『浜松御在城記』には、次のように記述されている。

同六月、二俣へ御出馬、毘沙門堂・鳥羽山・蜷原・和田島ニ附城ヲ被仰付、御

攻サセ被成候、

とあり、武田方が立て籠る二俣城を四カ所の付城（陣城）で囲している。（『依田記』にある「祿方山」の砦に言及なし）。

下野守信守は果敢に二俣城から打って出て、天龍川の対岸の砦山山頂にある**和田ケ島砦**（渡ケ島砦）を襲撃した。現在でも主郭、帯郭、堀切、井戸跡などが残っている。当時は**榊原康政**が陣取っていた。二俣城を西方から睨む砦である。襲撃はある程度成功したが、その時の負傷も関係してか、『蘆田記』（『依田記』）は「六月十九日に祖父下野守信守は病死。それより常陸介信蕃、そのまま城を堅く持つ」と述べている。このことに関しては徳川方の『松平記』には、

大久保七郎右衛門忠世、蜷原砦にあり、使者を諏訪原に遣はし、家康に告げて曰く、聞く此頃二股の城将**依田下野守**病死すと、若し其の喪に乗せば、一擧にして功を奏すへし、この機を逸せは、再来期すへからずと、家康報を得て大に悦ひ、匆々兵を率ゐて二股に至り、大久保・榊原を先鋒として、二俣城を攻めしめ……

また、『浜松御在城記』にも、次のように述べられている。

二俣ノ守将**下野守**も、六月病死、子息**依田右衛門佐信蕃**ト大久保忠世、極月迄對陣

『芦田記』（『依田記』）筆者である芦田**康眞**（信蕃の次男、下野守信守の孫）だけでなく、**敵方である徳川の文書**にも「依田下野守「病死」とあるからには、病をえての死であることは真実であろう。

「十二月廿三日、依田ハ和ヲ請テ、甲州へ退去……」（『浜松御在城記』）とある。その際の信蕃の城明け渡しは堂々たるもの（詳細は別ページ参照）で、その後も（高天神城）、田中城へ入り、武田軍の主将として家康軍と戦っている。この**信蕃の人となりや戦いぶり**が、後年家康をして是非徳川麾下に組み入れたいという働きかけにつながっていくのである。

依田信蕃の知略、軍略を尽くした城主（ここでは城番の主将）としての戦いぶりがほうふつされる事項を、『依田記』に述べられている二俣城についての内容から、前述のこととの重複をおそれずに列挙してみる。

ア　長篠の戦い直後の五月末から十二月二十四日まで七ケ月間、徳川の包囲網と攻城に耐え抜き、**孤軍奮闘**したこと。

その間の守備兵の**人心掌握**と**軍略の巧妙さ**である。

イ　援軍のない中、兵糧が乏しくなったが、敵方徳川家康の膝元浜松近辺まで現地調達のための兵を夜々出している。夜討ち・強盗・乱捕りなどの現地調達をしている。（もっとも、これは当時の戦における軍勢の当然の所業ではあった。信玄、謙信も他の戦国武将も行なっており、むしろ大飢饉などの時には、それを解消するために他国へ攻め入っている事実もあると言われている）。

ウ　土俵三百余を蔵に詰め置いて、米のように見せかけ、兵糧にこと欠くことはないと安心させるなどの**心理作戦**で、**兵の戦意を維持高揚**した。

エ　十一月時までに、**勝頼**から二俣の城を明け渡して撤退するようにと、**奉書**で二度伝えられたが、「勝頼の直書でなければ、城を明け渡すことはできない」と忠節心を示し、三度目に勝頼の**直書**が届けられて、城を明け渡すことにしたこと。（なお、「奉書」とは主君の側近が書いた命令書のことであり、「直書」とは」主君直筆の書状のことである）。

オ　十二月二十三日に二俣城を明け渡す約束になっていたが、二十三日には小雨が降っていたので、**常陸介**は、「雨降りでは蓑笠で見苦しいので、雨が晴れれば、二十四日か二十五日にでも」と、**毅然と折り目正しく**敵方に申し送った**胆力**

カ　**二十四日**に天気が晴れ、城明け渡し作法をわきまえ、**一糸乱れず整然と明け渡し**、退いたこと。この時、徳川方からは**大久保新十郎**（忠隣）と**榊原小平太**（康政）、依田軍からは、信蕃の二人の弟である**依田源八郎**信幸（次弟）と**依田善九郎信春**（三弟）を證人（人質）とし、事が済んだ後、二俣河原で**整然と人質交換**を果たしたこと。

この二俣城の攻防戦の指揮ぶり統制ぶりや、城の明け渡し前後の堂々とした**一連の信蕃のとった対応や人となり**は、**家康**をして、敵ながら見込みのある武将として強い印象をもたせたに違いない。（ちなみに、この時依田信蕃は二十七歳であった）。

信蕃の武将としての器量の大きさを表わす逸話

もうひとつ、余談ではあるが、依田信蕃の**武士としての心得や心の持ち様**、**礼儀作法**を持った武将であることが垣間見える二俣城の戦いでのエピソードをここに紹介しよう。『新編藩翰譜』第二巻所収の**内藤家長**に関する文章の中に述べられている。

今年六月二日、二俣の城を攻めらる。城兵打って出、両陣小川を隔てて支えたり。敵の方より朝比奈弥兵衛と名乗って出、松平彦九郎が首取って引返す。家長、彦九郎と外戚に就きて親しければ、当の敵逃さじとおつ懸けて放つ矢、朝比奈が鎧の後より前へ、ぐっと射貫きしかば、などかは少しもたまるべき、うつ伏せに臥して死す。弟の弥蔵是を見て、兄が首取らさじと押し隔だたりて切って掛る。家長又取つて番ひ、しばし固めて放つ矢に、まつ直中を射通されて是も同じく倒れ死す。敵、朝比奈兄弟打たるるを見て、水をさつと渡して家長を目掛け切つて懸る。御方内藤打たすな、続けやとておめき叫びて馳せ寄る。敵、かなはじとや思ひけん、民家に火を懸けて烟に紛れて引いて行く。明くれば三日、**城の大将依田右衛門佐信蕃、石川日向守家成が陣に使者を立て、誰人の御矢に候ぞ、御弓勢の程、驚き入りて候、とて家長がきのふの矢を贈りける。**徳川殿此の由を聞召して、家長を御前にめされ、御鎧の上に召されたる道服脱がせ玉ひてぞ賜はりける。

これは、直接的には徳川方の**内藤家長**の武功を述べたものであるが、**二俣城の大将依田右衛門佐が、家長の弓の戦いぶりを認めて、敵ながらあっぱれと、その矢を送り返してきたエピソードでもある。**図らずもここからも、依田信蕃の武将としての人物と度量の大きさが語られていることになる。

二俣城でのこれらのことに加えて、更に依田信蕃は後年、田中城の主将として徳川軍の包囲作戦に耐え抜き、武田氏への忠誠心と武人魂を示し、城将としてのその力量を遺憾なく発揮することになる。そのような信蕃であったればこそ、武田勝頼が滅亡した後、徳川家康が臣下に加えようとして、信蕃を信長の追及から逃れさせて、彼を二俣の奥小川村に匿い、本能寺の変後、甲州・信州平定の先がけとしたわけである。

信玄は二俣城を奪取直後、誰を城番として据えたか

信玄は二俣城奪取直後、城を改修して、**芦田下野守信守**を二俣城の守備に就かせ、直ちに三方ケ原に向かったという見方が多い。——信玄が二俣城将として**蘆田下野守**（常陸介信蕃としている場合もある）を据え、信玄本隊は浜松方面へ南下し、その後の十二月二十二日、三方原の戦いで徳川軍を破ったとしているのが、『三河物語』『松平記』『譜牒餘録』『三河記』『三河後風土記』『浜松御在城記』などである。芦田下野守信守と信蕃が、家康軍の二俣城包囲作戦にもかかわらず、よく籠城して統率力、武略と知略によってその能力を発揮し耐え続けたのは史実ではある。

しかし、最初から二俣城の城番城主として守備していたということには、若干の疑義がある。いくつか、左記に掲げてみよう。まず、二俣城のお膝元である二俣（浜松市天竜区）では、どのように考えられているのだろうか。

㋐二俣城本曲輪にある説明板によると、武田領時代に関して「元亀三年（一五七二）からの城主は三浦右馬助・小原宮内丞・小山田六左衛門であり、天正二年（一五七四）からの城主は依田信蕃」と記されている。

㋑浜松市生涯学習課発行の『北遠の城』でもこれと同じ内容である。

㋒『天竜市史（上巻）』では、その証拠として「二俣城には三浦右馬助・小山田六左衛門・小原宮内丞らが在城していたが、武田勝頼は十二月二十七日に彼らに条目を与え、その中で徳川方の忍び（しの）に対する注意を説いている」として『友野文書』を挙げている。それは、武田勝頼が元亀三年十二月二十七日に彼らに朱印状で与えたとされるものである。

『友野文書』
（竜朱印）条目
一　其城用心普請等、不捨昼夜肝煎之事
付、忍之用心専可被申付之事

三箇条の条目の大意は、
・城の守備を堅固にすること
・諏訪原城に伏兵を出し攪乱すること
・その他の城番として山家衆と駿衆それぞれ一人を送る

一　向諏訪原出伏兵、稼不可有由断候事
一　其地為番替山家並駿州衆一両人指越候、為着城者、小山田六左衛門尉片時も早速帰参之事
　　已上
　　　十二月廿七日
　三浦右馬助殿　　小山田六左衛門殿
　小原宮内丞殿　　其外在番衆

ので、着城したならば小山田六左衛門（昌盛、昌成とも）を甲府に帰すことを命じている。

同じく、『日本城郭大系⑧、静岡・愛知・岐阜編』でも『友野文書』の内容は「**二俣城**」在番衆への条目（三箇条）」と解釈している。（もっとも、大塚勲氏が『武田・徳川、攻防の推移』（地方史静岡第二十六号所収）で述べているように、これは**天正三年**（一五七五）の十二月二十七日のことであり、勝頼が田中城在城の城将に与えた朱印状であると考えることもできる可能性も残っている）。

㋓地元である浜松市天竜区大谷の江戸時代の学者である内山真龍（またつ）の『真龍文書』によると、天正二年甲戌年十月に「**依田左衛門信蕃**」が二俣城主となったとしている。

㋔『竹重文書』は他の箇所で、天正二年（一五七四）閏十一月十一日付けで勝頼は深山宗三に対し、「依田右衛門佐二俣在城被仰付候条、向後其方も可致在城之旨、被加御下知之処」と書状を送っている。これは**二俣城に依田右衛門佐**を入れ、更に深山宗三を加勢として配置したことを意味する。このことから分かることは、少なくともこの頃天正二年十一月十一日までには依田信蕃が二俣城の守備についているということの確証があることになる。

㋕また『蘆田記』（『依田記』）にも、天正二年からとしているので、その確立は高い。（ただし、この時点では、あくまでも父の下野守信守が城主である）。

以上を鑑みると、

芦田信守・信蕃父子が二俣城の守備についたのは、二俣城奪取直後ではないが、天正二年（一五七四）十一月十一日

以前からである。翌天正三年十二月二十四日まで、籠城は一年二カ月あまりということになる。

二俣城籠城中の天正三年の時点での**信蕃**の年齢は二十五歳、**父信守**は生年が不明なので明確ではないが、天文十年、一五四一年に「主なき体（てい）」の芦田城から諏訪頼重によって諏訪へ人質として連れ去られた時の推定十三歳（十四歳）から計算すると、四十七歳か四十八歳であったと思われる。なお、信蕃の嫡男竹福丸（後年の松平**康國**）は数え年六歳、次男の福千代丸（後年の松平**康眞**・加藤四郎兵衛宗月）は数え年二歳であったと推定される。信守・信蕃の妻子がこの頃どこにいたのか、本拠である信州佐久郡春日城にいたのか、武田氏によって与えられていた甲府の芦田屋敷にいたのか、あるいは他の場所にいたのかということについては不明である。

その間、天正三年五月二十一日の**長篠の合戦**で武田勝頼は、織田・徳川連合軍に大敗している。直後の五月末から**徳川家康**は一万二千の兵をもって**二俣城を包囲攻撃**を繰り返した。信守・信蕃父子は**武田氏からの後詰めもない**中で、**撤退せず、頑強に守備し続けた**。長篠の合戦での武田勝頼の敗戦により、周囲は全て敵となった中で、残るは二俣城の信蕃と高天神城の岡部実幸だけとなっていたのである。

徳川氏が二俣城奪取後〜大久保忠世と芦田氏の縁

家康は三河譜代の**大久保七郎右衛門忠世**を二俣城へ入れた。二俣城には忠世の弟（忠為・忠長・彦左衛門忠教（ただたか））、従兄弟（忠吉）、一族（忠景）をはじめ家康から寄子として付けられた面々が在城した。**忠世**は以後、秀吉による家康の関東移封にともなって小田原へ去る天正十八年（一五九〇）七月まで**約十五年間二俣城主**であった。忠世が城主の頃、二俣城は大規模な改修が行なわれ、天守台などが構築された。現在、本曲輪の食い違い虎口、桝形など見所も多い。また、かつて徳川家康が本陣を築いたとされる鳥羽山城にも手を加え、二俣城を挟んで南側に別郭一城のような形式で鳥羽山城も大改修を施した。立派な石垣によって構えられた大型の枡形、虎口や大土塁などがある。また築山のある庭園が造営された。これは多分に城館的な色彩の濃い山城といわれている。もっとも、今に残る最終的な遺構は、二俣城も鳥羽山城も、家康とともに大久保忠世が関東へ移封になった後に浜松城へ入ってきた堀尾吉晴の弟宗光が最終的な改修を施した跡とも考えられる。したがって、現在二俣城跡で見ることのできる城の姿は、依田信蕃が守り通した城郭とはだいぶ様変わりしていることを認識する必要がある。

この間、天正七年（一五七九）九月には、家康の嫡男岡崎三郎**信康**が織田信長の命で二俣城において自害させられるという事件が起きている。二俣城から北東五〇〇メートルほどの所にある**清瀧寺**（せいりゅうじ）は家康が信康の菩提を弔うために建立した寺である。現在そこには、二俣城の水の手の井楼（せいろう）が推定復元されている。

また、依田信蕃が徳川臣従後、天正十年九月から、嫡男**竹福丸**（後の松平康国、数え十三歳）と次男**福千代**（後の松平康眞、数え九歳）が**証人（人質）**として、大久保忠世が城主となっていた**二俣城に在城**している。七年前の天正三年に父信蕃が城主として守備した城で二子が日々を送ったのは奇縁ではある。以後も大久保忠世は二人の後見の役を務めている。**大久保忠世**は二俣城攻防戦及び後の田中城攻防戦で、信蕃が城を徳川方に明け渡した時の直接の武将である。その時の対応を通して信蕃と肝胆相照らすものがあったものと推定される。ところで、**二俣城明け渡し後、信蕃は高天神城に向かったといわれているが、同時代資料が存在しない現在では、明らかではない**。しかし、『蘆田記』（『依田記』）の述べている内容については、細部に誤りはあるものの、その件が確認されているものが多いことから、信蕃が高天神城へ向かったということも事実であった可能性が高い。

二俣城～芦田信蕃・大久保忠世・石神菟角之助（とかくのすけ）の縁～三澤小屋・乙骨（おっこつ）の陣

旧天竜市の郷土史家であった大場亀吉氏の手書きガリ版刷りの『二俣城史』には、次のような記述がある。

駿州止駄郡（志田郡）笹間村の人に石神兎角之助といふ者あり。初め今川義元・氏眞父子に仕へ石上砦に在りしが、氏眞没落後武田に仕へ、遠州二俣城に住し、徳川勢の来攻むるに及びて戦死せり。笹間村東福寺に法牌あり。法名を石上院殿泰翁盛安居士といふ。其の塁壁跡も同地に存す。
一説、石神兎角之助は、徳川氏の士、大久保忠世に仕へ、其の家人となる。

石神菟角之助が戦死せず、後日にも活躍したことが判明する一件がある。

後年のことになるが、天正十年（一五八二）に、徳川家康臣下となった**芦田信蕃**が、北条氏の大軍から逃れて佐久郡**三澤小屋**へ籠城し、そこから出没しては北条氏を攪乱していたが、**石神菟角之助**は大久保忠世の使いで、三澤小屋との連絡役を務めている。――つまり、**大久保忠世**などの徳川七将が甲信の境、今の富士見町**乙事**（乙骨）で**乙骨の陣**を張っている時に、忠世の命で信蕃の三澤小屋の砦まで使いにでていたが、「北条氏が四万三千（四三、〇〇〇）の軍勢で、かじか原（現茅野市北山柏原）に陣している」という信蕃からの情報を伝えた。徳川七手衆は、それを聞いて、地元の乙骨太郎左衛門に北条軍の偵察に行かせ、その報告を聞き、北条軍が大軍であることを再確認し、甲斐新府まで一兵も失うことなく撤退できたということがあった。（詳細は37「乙骨の退き戦と信蕃」で後述）。

これは、信蕃に関わる人間関係が、徳川七手衆の危機を救ったということになる。――つまり、**芦田信蕃**が二俣城主であった時に、籠城衆の中に**石神菟角之助**がいて、信蕃の指揮のもとで戦ったという経歴があった。

信蕃が徳川方に二俣城を明け渡した直接の相手は大久保忠世であった。信蕃と忠世は互いに武将として、相手を認め合う関係となっていた。信蕃が去った後、地元出身の**石神菟角之助**は、新たに二俣城主となった**大久保忠世**の臣下となっていたのである。したがって、本能寺の変後の信州の動乱期、徳川家康の七手衆といわれる徳川勢が、諏訪地方へ侵入していた時に、菟角之助は忠世の使者として、かつて顔見知りの信蕃の三澤小屋への使者の役目を果たしたのである。蓼科山中腹の険阻な地形の三澤小屋への使者の役目を果たした石神菟角之助は、常人以上の能力の持ち主（当時の「飛脚」、ないしは忍びを心得ていた人物）の可能性がある。「芦田信蕃～大久保忠世～石神菟角之助」三者の人間関係が、ここで生かされていたといえよう。

27　高天神城に在城

信蕃は遠州高天神城の守備についたか

『芦田記（依田記）』には、「その後、**常陸介**は、**遠州高天神**に在城致され、そのうち毎日毎夜の陣は際限無く候間、記し及ばず候。」と記されている。

「その後、**常陸介**は、**遠州高天神**に在城致され」とあることは、「依田信蕃は二俣城を明け渡した後、高天神城へ入って守備した」ということを意味する。しかし、信蕃の高天神在城については「そのうち毎日毎夜の陣は際限無く候間、記し及ばず候。」ということ以上の記述がない。これは父信蕃の高天神城における事蹟について、筆者である康眞が詳しくは知らなかったからであろう。しかも、あらゆる文献を調べても、信蕃が高天神城にいたという証拠になる文言は今のところ確認できない。記述があったとしても、この『蘆田記』（『依田記』）の内容から、それを事実として述べているようである。したがって、信蕃が高天神城の守備については事実関係が不明である。しかし、確実な同時代の文書がないから、そういうことはなかったとする文献至上主義に陥ることは無益である。『芦田記』（『依田記』）に記述されていることは、細かい誤りはあったとしても、大概はその実態がある場合が多い。そういう状況証拠からすると、信蕃が高天神城に在城したということは事実である可能性が高い。

高天神城

高天神城の構造

高天神城は静岡県大東町上土方（ひじかた）にある。小笠山の山塊が東南に延びた尾根の末端に位置する標高一三〇メートル（比高一〇〇メートル）ほどの鶴翁山にある。山全体が急な断崖によって囲まれている要害の城である。東峰と西峰の二つの部分から構成され、**一城別郭式の城**となっている。独立した二つの城が中央の鞍部に築かれた井戸曲輪によって連結されている。主体部が二つあることによって、攻守ともに連携して戦える有利な構えであった。（しかし、考えようによっては、一方が陥落すれば、そこを足掛かりとして他方が攻撃されるという場合も考えられると言われている）。通称、**東峰**といわれる**本曲輪**と現在高天神社のある**西曲輪**とに分かれている。（東峰の部分を**本城**と表現し、西峰の部分を**西城**と表現する場合もある）。東峰は一年代古い縄張りで峰に沿って段状に各曲輪を配列している。東峰の中心が本曲輪（千畳敷と呼ばれている）である。本曲輪の東南部分は一段と高所で御前曲輪（元の高天神社はここに祀られていた）である。本曲輪の西へ一段下がって的場曲輪、更に一段下がって鐘曲輪と続く。また東峰を東南へ下がった所に三の曲輪ともいうべき与左衛門平がある。大手道を上から監視する位置にある。

西峰は空堀（山城なので「横堀」という表現が妥当であろう）を有効に使用した武田流の縄張りである。**西峰**の主郭に相当するのが**二ノ曲輪**（東峰の本曲輪に対してこう称する）である。これは**西曲輪**とも呼ばれる。現在、「高天神社」の社殿が建てられている場所である。さらに北方へ堂ノ尾曲輪（塔ノ尾曲輪）が続く。更にその先端部分をせいろう曲輪（井楼曲輪）があり、その方向への横堀が特徴的である。また、二ノ曲輪の南西に通称「馬場」（番所のあった「番場（ばんば）」の意味か）と呼ばれる曲輪がある。そこから落城時に横田甚五郎が脱出したとされる「甚五郎抜け道（犬戻り・猿戻り）」の尾根が続いている。

高天神城の攻防戦

「高天神城を制する者は遠州を制する」といわれていたように、高天神城は遠江の象徴的な城であり、軍事的重要性が大きかった。

①**第一次高天神城の戦い**（元亀二年三月、一五七一）……武田信玄が攻める

信玄は元亀二年に二万の大軍を率いて遠江に侵入し、重臣の一人内藤昌豊を主将に命じて、高天神城を攻めさせた。この時の城主は家康に属していた**小笠原与八郎長忠**（弾正少弼信興）であった。信玄は少し攻めさせて、容易

に落ちないことが分かると無理攻めはやめさせて、押さえとして内藤昌豊を置いて甲斐に戻っている。（信玄が攻めたのはこの一回だけ）

②第二次高天神城の戦い（天正二年五月、一五七四）……武田勝頼による攻略

信玄亡き後、**勝頼**は二万五〇〇〇の大軍を率いて、高天神城を包囲した。城主小笠原長忠は浜松城の家康に援軍の要請をしている。しかし、家康単独では勝ち目がなく、また織田信長は越前一向一揆との戦いに全力を注いでおり、高天神城の後詰めの援軍を回すことができなかった。援軍の望みがない中で、猛攻を続ける勝頼からの好条件の降伏勧告によって、ついに**小笠原長忠**は城を六月十七日に明け渡し、高天神城は武田氏の手に落ちた。信玄が落とせなかった高天神城を落とした勝頼は自信をもったが、このことが墓穴を掘ることになったと後世いわれている。その後、城番はしばらくは、そのまま小笠原長忠であったが、やがて勝頼の家臣**横田甚五郎尹松**（ただとし）が替わる。

③第三次高天神城の戦い（天正八年～九年三月二十二日〈一五八〇～一五八一〉）…徳川家康が奪還

天正三年五月の長篠の戦いでの武田氏の大敗によって、**家康**が高天神城の**奪還作戦を展開**することになる。その間、高天神城の番替えが行なわれ、駿河先方衆の一人**岡部真幸**（元信、長教、長保）が主将となり、横田尹松は軍監となった。家康は高天神城の周りに天正七年から八年に掛けて六つの砦を築いて取り囲み、武田の後詰めを断った。城将岡部真幸は、勝頼に対して援軍の要請をしたが、武田には援軍を送るだけの力は既になく、城内では兵糧が尽き、甲府からの後詰めも望めないことから、矢文で降伏を申し出たが、それは黙殺された。いよいよ兵糧に窮し、血路ひらくため、三月二十二日に総攻撃に討って出た。高天神城の周囲には空堀と柵が張りめぐされて、脱出は極めて困難であった。徳川軍が待ち構えているところへ城内から討って出たので、すさまじい戦いとなり、武田方の将兵七三〇余人が討ち死にしたという。『家忠日記』によると、「今日（三月二十二日）高天神城ニシテ御味方ノ軍勢撃捕ル所ノ首凡曾七百三十余級……」として、主将の岡部真幸をはじめ**駿州先方衆**、また、**信州先方衆**では、

「栗田ガ従兵信州ノ士」として栗田刑部丞（鶴寿）・栗田彦兵衛及び弟二人、勝股主税助・櫛木庄左衛門・山上備前守・和根川雅楽助……「**与田**能登守ガ従兵」として与田美濃守・与田木工左衛門・与田武兵衛・大子原川三蔵・江戸力助の名がある。（なお「与田」とは「依田」のことであり、ここでは芦田依田氏の同族である相木依田氏のことである。）。また『高天神城討死注文写』（乾徳山恵林寺雑本）にも同様の名が記されている。

高天神城の落城により、武田氏は遠江における拠点を失い、このあと武田・徳川の戦いの舞台は駿河に移ることになる。

二俣城明け渡し後の依田信蕃の動向

信蕃が、二俣城を**大久保忠世**へ明け渡したのが天正三年（一五七五）十二月二十四日である。その後、『芦田記』（『依田記』）やそれに基づいて編纂された『寛政重修諸家譜』以外の文献上で明確な信蕃の動向は、田中城の守備である。二俣城明け渡しから田中城の守備につくまでの三年十カ月ほどが空白の期間となる。

そこで、信蕃の二俣城明け渡し後の行動で考えられるのは、

㋐　高天神城の守備についた。（『蘆田記〈依田記〉』など）

㋑　本拠のある信州佐久へ帰った。

㋒　甲府へ帰った（『浜松御在城記』など）……父下野守信守の頃から甲斐府中に芦田屋敷を与えられていた

㋓　いったん高天神城に入ったが、勝頼の越後出兵に従軍した。（『蘆田記〈依田記〉』など）

㋔　田中城の守備についた。（『武田三代記』など）

㋑の信州佐久あるいは㋒の甲斐府中へ帰ったということも考えられないでもないが、当時の武田氏の事情からして、信蕃が他国の最前線にいることなく、本拠地で過ごせることはほとんどなかったであろう。㋐の高天神城の守備に着いたということは十分に考えられる。天正三年十二月二十四日に二俣城を明け渡したので、同じ遠州国内の高天神城へは、

少なくとも天正三年の末日までには入城したと考えられる。信蕃が高天神城に在城したという同時代の資料は発見されていない。しかし、前述の通り、細かい誤りはあるものの、信蕃の次男である康眞（加藤四郎兵衛宗月）による『芦田記』（『依田記』）に記述されている内容は、他の事項に関する記述が概ね史実を述べていることからして、信蕃が田中城明け渡しの後、高天神城の守備に着いたということは信用できそうである。

依田信蕃が高天神城を後にしたのはいつか

では、信蕃が高天神城の守備につき在城したとして、高天神城から去ったのはいつのことであろうか。天正九年三月二十二日の**高天神城の落城時**、信蕃は**既に田中城の主将**として智略、武略を発揮していたわけであるから、それ以前の時期ということになる。まず、**高天神城の番替え**が勝頼によって行なわれた時期を考察してみたい。そのヒントとして、天正五年（一五七七）閏七月十一日に武田勝頼が某に、徳川家康の遠江国高天神城攻撃に対して、出陣を命じている書状がある。

（原文）

昨十日如及催促候、来廿三到諏訪郡可有参陣之由、雖申遣候、家康向高天神相揺之由候条、来十九可出馬候、乍苦労十八日着府簡要候、有油断者不可有曲候、恐々謹言
急之用所候間、印判候
七月十一日　　勝頼　□←（朱印、印文「晴信」）
〈宛所は切断されている〉

（書き下し文）

昨十日催促に及び候如く、来る二十三、諏訪郡に到り参陣有るべきの由、申し遣わし候といえども、家康、高天神に向かい、相揺すりの由候条、来る十九出馬候べし、苦労ながら十八日着府肝要候、油断有る者あるまじく候、恐々謹言
急の用の所候間、印判に候

七月十一日　　勝頼　□↑（朱印、印文「晴信」）

〈宛所は切断されている〉

これは、「昨日七月十日に、来る二十三日に諏訪郡へ来て参陣するように申しつけたが、徳川家康が高天神城攻撃に向かって来るので、（予定を早めて）七月十九日に出馬する予定である。ご苦労であるが、そのためには十八日に甲斐府中まで到着していることが肝要である。油断しないように」と信州の「某」に出した書状（朱印状）である。日付の「七月十一日」とは静岡県『浅羽町誌』資料編一（第1章古代中世史料四七九―四八〇頁）によれば、「天正五年七月十一日」である。勝頼の書状であるが、「急之用所候間、印判候」とあるように、この書状の発行に際しては、用件が緊急であったので「晴信（信玄）」の印文のある朱印状となっている。

発行者は勝頼であるが、朱印の印文は、既に他界しているが、もっと威信のある「信玄」である。天正二年六月十七日に勝頼は高天神城の攻略に成功したが、翌天正三年五月に**長篠の戦い**で大打撃をうけた勝頼である。信玄の威徳を利用している書状ともいえる。このように、何人もの臣下に高天神城への出馬を促したものと推定される。（しかし、宛先の名前の書いてある部分は切断されている。これは徳川家康に敵対した武田勝頼からの書状であるので、都合が悪いのでその所有者が後世になって、切断した可能性がある）。この書状から分かることは、天正五年の七月頃から、徳川家康がいよいよ本腰を入れて高天神城攻撃に向かい、武田方にとっては形勢が危うくなりかけたことである。「高天神を制する者は遠州を制す」といわれるほどの重要な拠点であったので、勝頼は城番の兵をたびたび増やしたり、番替えを行なったりして守り抜こうとしている。

二俣城明け渡し後、高天神城へ入ったとされる信蕃は、番替えの時に佐久ないしは甲斐府中へ帰還したものと思われるが、それがいつのことかは不明である。

天正六年（六月十四日付け）勝頼が小山城の守備についていた岡部丹波守元信へ送った書状がある。

急度染一筆候、仍高天神番替差越候間、道之儀相頼候、備帳被見合有心得、
高天神根小屋迄被送届、備番之衆召連帰尤候、備不猥様肝要、悉皆任入候、恐々謹言
追而、畢竟、室大・朝駿・城意、談合尤候
六月十四日
岡部丹波守殿

これは、高天神城の**城番衆の差替え**をするので、当番衆を高天神の根小屋まで送り届けるように岡部元信に送った書状である。（なお、この時同じく小山城に室賀大和守・朝比奈駿河守信置・城意庵景茂も在番していたことを示す）。この書状で「高天神城の番替えをするので在番衆を高天神城の根小屋まで送り届けるように」指示している。このことは、天正六年（一五七八）六月十四日以降に高天神城の番替えが実施されたことを意味する。その後、大きな番替えがなされたのは、『甲陽軍鑑』によると天正七年八月で、**岡部丹波守元信、相木依田氏、栗田鶴寿**、上野衆、孕石氏以下駿河先鋒衆、直参衆、江間右馬丞らが入城している。『甲陽軍鑑』によると、

同年（天正七年）八月、遠州高天神へ御人数千余り、**番替りにさし越給ふ**。駿河先方岡部丹波守・信州相木、基外上野侍騎馬二三騎ばかり持たる衆、或は駿州先方孕石主水を初二三騎計持たる衆、或一騎合の直参衆に旗本より足軽大将江馬右馬丞・横田甚五郎を万御目付警固の為にさし添こし給ふ。さて又此侍衆寄合衆なれ共、岡部丹波守を大将分に定らるる事、丹波大剛の誉れをとりたる武士故如此。以上

この時（天正七年八月）の番替えで**依田信蕃**が高天神城を後にした可能性はある。

しかし、それ以前に依田信蕃が高天神城を既に出ている証拠がある。『芦田記』（『依田記』）では、上杉謙信の跡目相続争いの**御館の乱**に際して、依田信蕃は勝頼の**越後出兵**に従軍している。武田軍が越後へ入ったのは、天正六年（一五七八）五月のことであるので、既にそれ以前に高天神城からは帰還していたことになる。したがって、天正七年八月の

大番替え以前に高天神城を後にしたことになる。ところで、武田朱印状によると、勝頼が高天神城在城中の孕石元泰の私領である**藤枝鬼岩寺分の堤の普請**を依田信蕃に命じている武田家朱印状がある。

依田右衛門佐殿（懸紙ウハ書）

定

孕石私領藤枝鬼岩寺分、堤之普請、以先御印判申付之由候之条、自今以後も、破損之砌者、再興之普請可被申付旨、被　仰出者也、仍如件、

天正七年己卯　曾祢河内守　奉之

十月廿七日（竜朱印）

依田右衛門佐殿

（読み下し）　定

孕石私領藤枝鬼岩寺分、堤の普請、先御印判を以って申し付けるの由候の条、自今以後も、破損の砌は、再興の普請申し付けられるべき旨、仰せ出だされるもの也、よって件のごとし。

天正七年己卯　曾祢河内守　奉之

十月廿七日（竜朱印）

依田右衛門佐殿

これは、**田中城城番の依田信蕃**に孕石私領**藤枝鬼岩寺分の堤の普請**を命じる文書である。藤枝堤の確かな位置は分からないが、瀬戸川東岸の鬼岸寺門前周辺であろう。瀬戸川の現在をみると、ふだんは水量がほとんどない涸れ川であるが、いざ洪水となると暴れ川に変身したのであろう。治水工事を当時**田中城主**であった**依田信蕃**に命じた文書である。このことから、信蕃の田中城の守備が天正七年十月二十七日以前であり、田中城の周辺を統治していたことが判明する。

以上の関係を考察すると、

①二俣城明け渡し後、高天神城の守備に着く…天正三年（一五七五）十二月二十四日以降

○⇧⇧⇧⇧⇧⇧⇧⇧⇧高天神城を去る

②武田勝頼の御館の乱の時の越後への出兵……天正六年（一五七八）五月

③高天神城の大規模な番替え……………………天正七年（一五七九）八月
◯⇧⇧⇧⇧⇧⇧⇧⇧⇧田中城の守備に着く
④武田勝頼の朱印状にある鬼岩寺分の堤の普請命令…天正七年（一五七九）十月二十七日

依田信蕃が高天神城を去ったのは、③よりも早く、また②よりも前の時期と考えられ、また田中城の備に着いたのは④よりも以前ということになる。

いずれにせよ、大規模な番替え（天正七年八月）以前に信蕃は高天神城を後にした可能性が高い。とすると、信蕃が高天神城に在城したのは、天正三年十二月二十四日の二俣城明け渡した後、高天神城へ入城してから、越後出兵従軍の天正六年五月までの二年五カ月の間の、いずれかの時期ということになる。

なお、徳川家康は高天神城を囲む形で六つ砦を築き、攻撃体制を整え、兵糧や武器弾薬の搬入を阻止する体制を構えた。いわゆる「**高天神六砦**」といわれるものであるが、これらが築かれたのは、小笠山砦以外はいずれも天正七年から翌八年にかけてのことである。したがって、それ以前であったので、**依田信蕃が高天神城から脱出**することは比較的困難ではなかったといえそうである。

高天神城陥落と同族相木依田氏の討ち死に

武田勝頼は高天神城の守備兵の**番替え**を何回か実施しているが、次第に遠州における武田氏支配の情勢は厳しくなっていく。同じ依田氏でも信蕃は芦田依田氏であるが、**相木依田氏**が高天神城に在番していた時に、とうとう落城の憂き目に遭う。**相木氏**と推定される三名が、天正九年二月二十二日の高天神城落城時に討ち死にしている。前述した**依田美濃守**（相木釆女佐美濃守信房、依田幸雄か?）、**依田杢左衛門**、**依田武兵衛**である。一方、相木依田宗家の**相木能登守市兵衛**は落城時に脱出したとされている。『武徳大成記』に「横田甚五郎及**相木某**、囲ヲ突テ出テ甲州ニ帰ル」とある。また、『家忠日記』に「城兵横田甚五郎及ビ**相木ノ某**ハ大須賀五郎左衛門尉康高ガ陣ト大久保七郎右衛門尉忠世ガ陣ノ間ナル柵ヲ破テ遁レ去ル」とある。

相木某とは二代目**相木市兵衛**（相木市兵衛入道能登守常栄、依田頼房）のことであろう。ちなみに、一代目**相木市兵衛**（相木市兵衛入道能登守常喜・依田昌朝）は彼の父である。二代目相木市兵衛は、その後も歴史上にその名が幾度か出てくる。

（ここで余談ではあるが、高天神城で壮絶な討ち死にを遂げた依田美濃守こと相木采女佐美濃守信房は、筆者の地元の北佐久郡豊昇神社（もと十二社、諏訪社）の大旦那として社殿を改築したという経緯がある）。

依田信蕃は、上杉謙信没後の上杉氏の跡目相続争いで景勝と景虎との間の**御館の乱**の際に、武田勝頼の**越後出兵**に従軍している。天正六年五月以前に高天神城を去っていたので、天正九年三月二十二日の高天神城の落城玉砕の戦いの時には、在城してはいなかった。この時期には、**駿河田中城の城主**として守備していた。そして、先の二俣城と田中城での見事な統率力と武勇でもって、徳川家康に敵ながら天晴れ（あっぱれ）と感嘆させている。

しかし、その信蕃もちょうど丸二年後の天正十一年二月二十二日、佐久郡岩尾城攻めで、鉄砲で狙撃され、翌朝暁を迎える頃に落命するという運命が待っている。

28　御館の乱で越後出兵

『芦田記（依田記）』には、御館の乱に際する記述がある。

> 天正六年の頃は、越後の**景勝**と**北条三郎**と取り合いに成り候時、**勝頼**公より三郎殿へ常陸介加勢に参り申し候。**小田の浜**と申す所にて、鑓比類無し。その上、景勝を追い崩し追い討ち、数多く討ち取り申され候こと。

「天正六年（一五七八）の頃は、越後では、**景勝**と**北条三郎**とが謙信の跡目相続争いをした。武田**勝頼**は甲相同盟により、北条三郎へ加勢した。**常陸介**も加勢の軍の中にいた。**小田の浜**という所で、比類なき鑓はたらきをした。その上、景勝軍を追い崩し追い討ち、数多く討ち取った。」と記されている。

御館の乱

天正六年三月十三日、越後では上杉謙信が四十九歳で急逝すると、その後継争いが、ともに養子である**上杉景勝**と**上杉景虎**との間で起こった。景勝（はじめ顕景と称した）は、謙信の姉と従兄長尾政景との間の子である。景虎は北条氏康の七男氏秀で、謙信と氏康が和睦した際に人質として春日山城へやってきた。謙信は氏秀を気に入り、人質としてではなく養子とし、自らの若い頃の名乗り「景虎」を名乗らせていた。景勝が春日山城の実城（本丸）を占拠して、遺言と称し家督相続権を主張した。景虎は謙信のもとに居住していた前関東菅領**上杉憲政**を味方とし、その館「**御館**（おたて）」を本拠としてこれに対抗した。後世これを「**御館**（おたて）**の乱**」という。因みに、「御館」はJR信越線（直江津駅）の線路沿いにあり、昭和四十年頃の調査によると、東西一四五メートル、南北一六〇メートルの長方形で、土居と堀を二重に巡らしていた。明治年間までは御館跡の周囲には土塁と幅十八メートルから二十メートルの堀があったという。北陸本線敷設工事に際して破壊され、水田と化していた。現在は更に宅地化しており、その内郭の部分が公園となっている。

上杉家の相続権をめぐって争ったのが「**御館の乱**」であるが、この間、越後は大いに乱れた。謙信恩顧の家臣の多くが**景勝**についたため、**景虎**は救援を小田原に求めた。

御館の乱と武田氏の越後出兵

甲相同盟により、**勝頼**は北条氏政の妹を正室にし、氏政の義弟にあたる関係から、出兵要請を受け入れ、五月二十九日、武田典厩信豊（信玄の次弟信繁の嫡男、勝頼の従弟にあたる）を先陣として信越国境に二万余ともいわれる軍勢を進めた。

一方、景勝は武田軍の出兵により不利を悟り、勝頼方の先手の大将武田**典厩信豊**に和議の斡旋を申し出た。『上杉三代日記』には――「上条家老赤田の城主斎藤下野守、謀を以て、芋川縫之介・島津月下斎使者として、勝頼へ黄金一万両、長坂・跡部へ二千両宛差越し、東上州半国遣し、其上旗下に罷成り、勝頼の妹婿となし、武田・上杉一家となり申さんとの趣なり」――とある。北条氏をバックにした**景虎**に勝つために、**景勝**は武田を取り込もうとしたのである。父信玄の宿敵上杉が向こうから「旗下に罷（まか）り成り」と申し出たのである。越後に向けて進軍中の勝頼は、典厩信豊の斡旋によって、六月七日に**景勝との和議**を承諾した。北条氏政が景虎救援に出陣して来ないことに勝頼が疑念を持ったことも景勝方との和睦の一因と考えられる。

話は前後するが勝頼がまだ長沼辺りにいた頃、勝頼と春日山城の景勝との間で和談の条件の交渉が続けられたが、進展のないまま勝頼は、その後越後へ入り、六月十七日、大軍を率いて**小出雲に陣**をしいた。（「おいずも」、新潟県新井市、

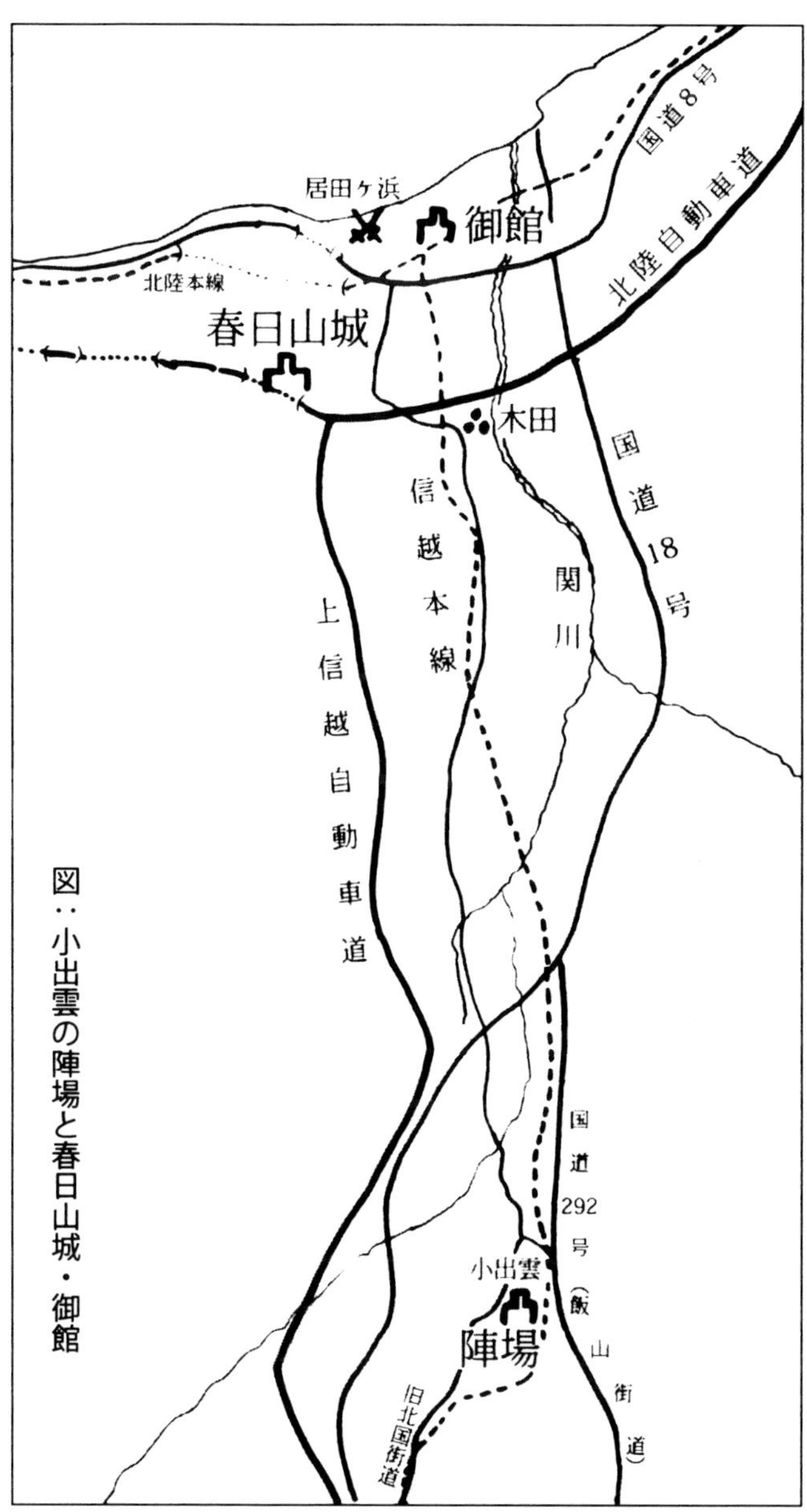

図：小出雲の陣場と春日山城・御館

古書に「**老津**」とある。信蕃も景勝軍に対して小出雲（新井市））の陣の中にいた。小出雲は信州路の北国街道（当時の越後街道）と飯山街道の合流点である。現在ＪＲ新井駅の南方に横たわる丘の上は、「**陣場**」と呼ばれている。景勝が景虎支援の為に三万ともいわれる大軍を率いて陣を張ったことに由来している。頸城平野を眼下に見ることのできる広大な丘で、上面は数万坪に及ぶ平坦地で、現在は「経塚山公園」があり、眺望がきく場所である。西隅近くには五輪塔、経塚や戦国時代に関係ありげな石塔や石造物が何基かある。戦死者を葬った墓の可能性もある。この地から春日山城へ五里、御館城へは六里の距離である。（「**小出雲の対陣**」）

勝頼は北条氏の要請で景虎の援軍として出兵したが、この時点では、態度を決めかねていたのか、積極的な動きは見せてはいない。更に軍を小出雲から藤巻原まで進めたが春日山城を攻撃しなかった。城攻めには多大な犠牲が生じることと、和睦の内談が成立しかかっていたこと、更に肝心の北条氏が出兵して来ていなかったからである。

六月二十九日に和議を図ろうとして、春日山城下の**木田に陣**を張った。木田は荒川河岸で、春日山城からも御館城からも半里の距離にある。御館城から信濃に通じる信濃街道（越後街道）と、現在の十日町、六日町（上田）を経て関東に通じる三国街道が交差する要衝の地であった。現上越市役所付近である。『蘆田記』（『依田記』）にある「小田の浜」は、すぐ近くにある。小田の浜の合戦で、信蕃は大活躍したことになっている。——『**小田の浜**と申す所で槍比類なく、其の上景勝を追い崩し追い討ち、数多く討ち取り……』とある。

しかし、武田勝頼は様子見に軍を進めたが、本格的に景勝軍と交戦した可能性は低い。現在、上越市直江津の春日山城の北方にある国府跡の近くに居多（こた）神社がある。「**居多の浜**」（**小田之浜**）とは、**居多神社**北方の直江津海岸のことである。現在、海水浴場なども近くにある。居多神社は越後一之宮としての格式を誇り、大国主命と奴奈川姫の結婚伝説の社としても有名である。また、「**居多ケ浜**」は親鸞聖人上陸の地と言われている。（越後国府へ配流の身となった聖人が上陸した所）。

府内で勝頼は景虎・景勝の和親を図り、斡旋に努めた。八月中旬一応両者は和議に至った。勝頼は八月二十八日、兵をまとめて越後を去って帰国の途についた。（勝頼の越後在陣は、六月中旬から八月下旬の二カ月余に及んだことになる）。しかし、この和平も長くは続かず、わずか十数日で間もなく破れた。勝頼は越後の内紛調停に乗りだした形となったが、結局は和平は不成功に終わった。

一方、九月になって北条氏政が景虎救援のために、氏輝を主将として越後国魚沼郡へ侵入させた。景勝方の坂戸城を攻めたが攻略できず、氏輝は九月末に帰国してしまった。いかにも遅くそして頼りにならない北条氏の対応であった。もっとも、北条氏はこの時期、関東の争乱の鎮圧に奔走せざるを得ず、景虎救援のために越後へ軍勢を送る余裕はなかったのである。

武田氏滅亡の序章～勝頼、甲相同盟を破棄し、甲越同盟へ

九月には、**勝頼**は**景虎**を捨てて、**景勝**を援助することに決心をする。――勝頼と景勝の同盟の証として、十二月に勝頼の妹菊姫と景勝との間に婚約が成立する。御館の乱での戦況は一進一退の状態が続いたが、やがて次第に景勝方が景虎方を駆逐し、ついに翌天正七年三月十七日、景勝は御館城を攻め、敗走した景虎は三月二十四日に鮫尾城で自刃した。上杉の跡目は武田勝頼が肩入れした景勝が継ぐ結果となった。そして、天正七年（一五七九）十月二十日、勝頼の妹菊姫（二十二歳）が景勝（二十五歳）のもとへ輿入れした。（ちなみにこの時、勝頼は数えで三十四歳、信蕃は三十二歳であった）。

かくして、**甲越同盟**は成立したが、逆に**甲相同盟**は破れ、勝頼は北条氏政を敵に回すことになった。ひいては、武田の滅びる一因ともなった。この越後出兵がなかったとしても、武田氏の衰退は確実に進行していたのである。勝頼が甲相同盟を破棄し、甲越同盟に走ったが、同盟といっても当時の上杉景勝には、甲斐を支援するだけの力はまだなく、逆に勝頼は信長・家康・北条に包囲されて、一気に滅びる客観的な状況に陥ってしまったのは事実であろう。

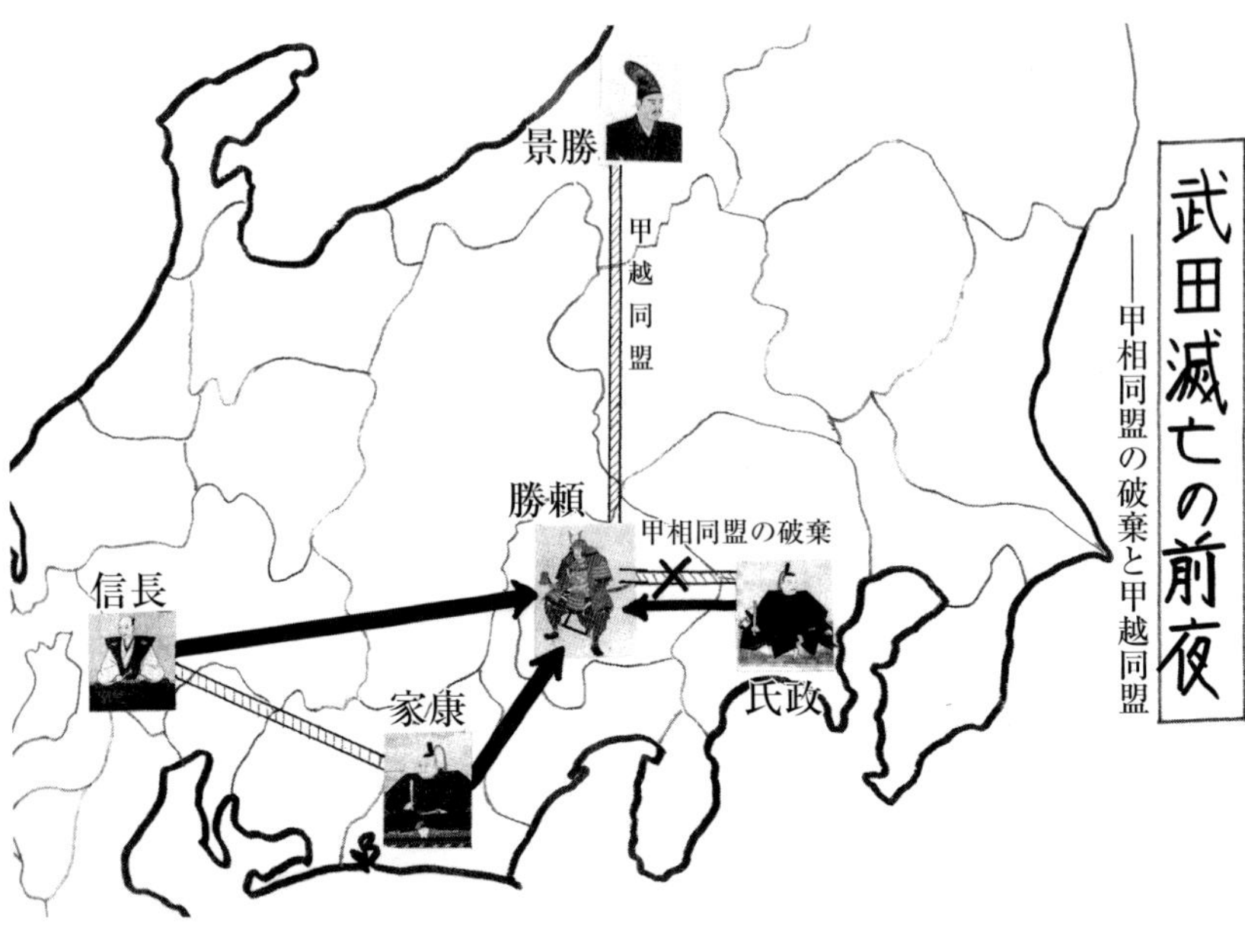

武田滅亡の前夜
——甲相同盟の破棄と甲越同盟

依田信蕃は、御館の乱に際し、勝頼に従軍して**越後へ出兵**したことが『蘆田記』（依田記）にあるが、それを裏付ける同時代の史料は見つかっていない。残念ながら、しかし、二俣城明け渡し後、（高天神城へ一時在城した後）呼び戻されて、勝頼の**越後出兵に従軍**したことは、前後の情勢からして十分に考えられることである。『蘆田記』（『依田記』）の内容は、芦田依田氏（信守・信蕃・康國・康眞）に関わって、その歴史的な一件が存在したということは、概ね確かな場合がほとんどであるので、詳細はともかく、御館の乱に際しての勝頼の越後出兵に、信蕃が侍大将として従軍したということを、ここでは確認しておきたい。

29　駿州田中城主・芦田信蕃

『芦田記（依田記）』には、**田中城主芦田信蕃**のことが記述されているが、周囲の状況は木曽・穴山の裏切りに始まり、織田・徳川の攻勢が勢いを増し、武田の命運尽きようとしている中で、**孤軍奮闘**する田中城主信蕃の状況が色濃く描かれている。

天正八年辰歳より午年に至りて三ケ年、**駿州田中**に在城。このうち度々攻め合いの軍数多くの義に候間、三ケ年のうち記すに及ばず候。然るところ、午年の春、**勝頼**退治の為、**信長**公出馬。**木曾**心替え故、早速信州落居。信長公**信州高遠**まで打ち入り候砌、**家康**様、**穴山梅雪齋**より内通申され候。駿府江尻辺まで御先手を入れ、家康様御発向の砌まで、**常陸介信蕃**、**田中城**持ち詰め罷りあられ候に付て、家康様より、勝頼滅亡に極り候上は、いつを期すべきとの御断にて、是非に及ばず、**田中城**を**大久保七郎右衛門殿**へ相渡し申し候。その節、**山本帯刀**を御使となし、既に木曾、穴山両臣をはじめ、信長公へ一味致され、その外も甲斐へ心替の砌、常陸介只今まで田中城持ち詰め居られ候こと、敵ながら神妙の旨御感思し召し、その上、累年信蕃手柄をば御存じ候間、御家中召抱られ度御内存、御懇に仰せられ候えども、未だ国の落付もこれ無き時分故、先ず信州小諸へ三月十四日帰着。

〈要旨〉

・信蕃は、天正八年（一五八〇）から十年年に至る三年間、駿州田中に在城した。

・天正十年春、武田勝頼征伐のため、信長が出馬した。**木曾義昌**が武田を見限って織田に寝返ったため、早速信州は総崩れとなった。**信長**が信州高遠まで侵入した頃、家康に**穴山梅雪齋**が内通を申し出た。

・家康が駿府や江尻辺まで御先手を入れ、駿河の国へ侵入した時まで、常陸介信蕃は田中城を固く守備していた。

・家康より、**武田勝頼が滅亡寸前**であるからには、田中城を堅持していても意味がないので城を明け渡すようにとの勧告があった。信蕃は武田氏の命運も尽きた客観情勢を鑑みると、やむを得ず、田中城を**大久保七郎右衛門忠世**へ明け渡した。

・その時、家康は山本帯刀を使者として、既に木曾義昌穴山梅雪をはじめとして、武田の臣は信長へ味方するようになり、その外の者も心変わりしているこの時に、常陸介が、今の今まで田中城を持ちこたえていることは、敵ながら神妙であると感心した。その上、歴年の信蕃の手柄を知っていたので、家臣として召し抱えようと懇ろに伝えたけれども、未だ国の落付も無い時分であるのでと、先ず信州小諸へ三月十四日に帰った。

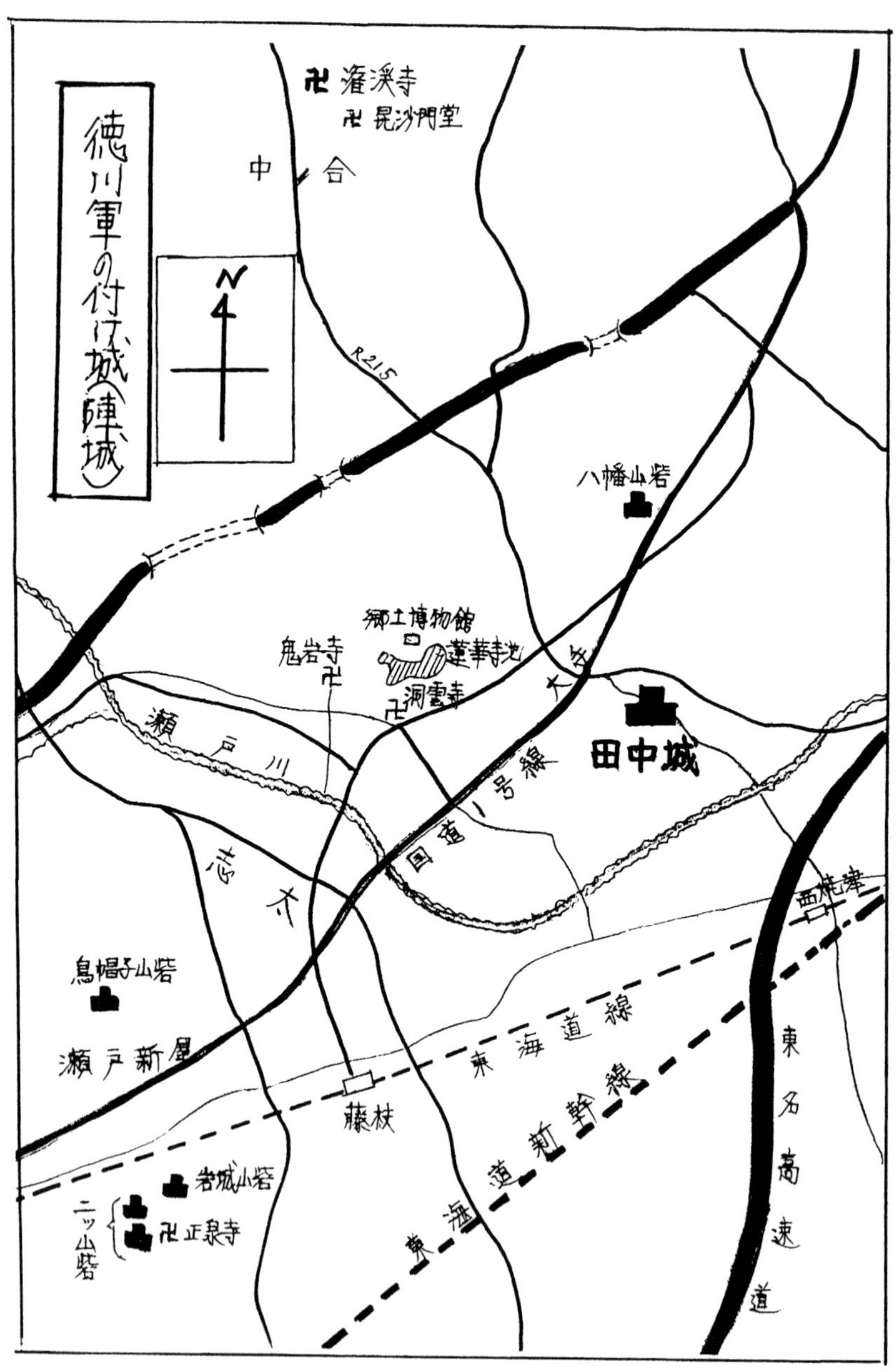

徳川軍の付け城（陣城）
N
滝渓寺
毘沙門堂
中　合
R215
八幡山砦
郷土博物館
鬼岩寺
蓮華寺池
洞雲寺
瀬戸川
大
田中城
国道1号線
志太
西焼津
烏帽子山砦
瀬戸新屋
東海道線
藤枝
東海道新幹線
東名高速道
若城山砦
二ッ山砦
正泉寺

〈註解〉

『芦田記』(『依田記』)では「天正八年辰歳より午年に至りて三ケ年、**駿州田中**に在城」とあるが、後述するように、信蕃が田中城へ入ったのは、それよりも早く**天正七年(一五七九)秋**頃のことである。徳川軍は天正八年三月頃から田中城に対して**付け城(向城・陣城)**を築いた。岩城山砦、二ツ山砦、烏帽子山砦、八幡山砦がそれである。徳川の猛攻に耐え、田中城を堅く守備していた信蕃ではあるが、客観情勢では武田勝頼は既に滅亡寸前であった。天正十年二月に入ると、織田信長、徳川家康、北条氏政の三者が、ともに武田攻めを開始した。徳川軍の侵攻によって小山城が陥落、家康は田中城を包囲し、用宗城の朝比奈信置は久能山城に退去し、江尻城の穴山信君は徳川に内応した。駿東郡へは北条軍が侵入し、戸倉城が陥落、沼津城、深沢城が自落して、**駿河における武田氏の戦線は崩壊**した。

田中城においては、城を明け渡すようにという降伏勧告の使者は、山本帯刀と述べられているが成瀬吉右衛門との二人であった。信蕃は勝頼の滅亡が避けられない客観的状況を悟ったこと、武田親族衆の筆頭である穴山信君の開城を進める書状も届いたこと、また、周囲の持舟城・久能城・小山城なども次々と徳川方に渡り、田中城は孤立していたことから、城を明け渡すようにとの家康の勧告を受け入れるのもやむを得ないと判断し、以前二俣城を**明け渡した**直接の相手である**大久保七郎右衛門忠世**へ田中城を明け渡した。永禄十一年、一五六八年から武田氏の駿河・遠江侵攻に従軍し、また蒲原城・二俣城・高天神城・田中城と守備してきた信蕃にも帰還の時がやってきた。

田中城の攻防

年月	事項	番手城主
一五七〇　永禄一三・一・二七	信玄、田中城を落とす。 馬場信房に命じて馬出曲輪(三日月堀も)などを作り改修	
一五七〇　元亀元年 ～元亀三年	山県昌景在番(三枝虎吉・朝比奈信置も在番) 板垣信安在番	山県昌景 板垣信安

西暦	和暦・月日	事項	城将
一五七二	元亀三・二月までに〜	孕石主水佐在番　（山県昌満なども在番）	（孕石主水佐？）
一五七五	天正三・六・一一	家康、八幡山に陣し初めて田中城を攻める。	←（一条信竜）
	八月以降	家康、松井康親をして田中城辺の刈田	←
一五七六	天正四・八	家康、山西の地の刈田（戦局次第で穴山梅雪が江尻城から時々出張し在城）	←（穴山梅雪）
一五七八	天正六・三・九	家康、外曲輪を破るも引き上げる。	←
	五・四	家康、刈田。大須賀康高、外曲輪を破るも引き上げる。	←
	八・二三	田中城辺の刈田、城兵出て戦う。	←
	八・二六	田中城辺刈田、松平家忠が攻める。	←
一五七九	**天正七　秋**	**この頃から依田信蕃在番**する。副将は三枝虎吉	**依田信蕃**
	九・一八	瀬戸新屋の二つ山に陣し、田中城を攻める。**信蕃**善戦	←
一五八〇	天正八・五・三	田中城辺の麦を刈り取る	←
	七・二三	家康、八幡山に陣す。石川数正先方で攻める。勝頼田中城へ来援	←
一五八二	天正十・二・二〇	家康、田中城の包囲戦、大手曲輪を破る。**信蕃**よく防戦。	←
	三・一	**信蕃**、武田勝頼滅亡が必至と悟り、徳川の将大久保忠世へ明け渡す	〔城明け渡し〕

田中城は、武田の手に落ちた永禄十三年から天正十年三月の開城までの十三年間駿河・遠江の守りとして武田氏にとって重要な使命を果たした。家康が田中城攻撃を開始したのは長篠の戦い（天正三年・一五七五）以降である。家康の度重なる攻撃に田中城は屈しなかった。家康は田中城を攻めるだけには拘泥せず、絶えず**周辺の城の攻略**にも向かっていた。その間、たびたび徳川軍による**田中城**周辺の「**刈田**」が行なわれた。秋の刈田は文字通り「収穫間近の稲を刈り取って味方の兵糧を現地調達する目的があったり」、あるいは「敵に収穫させないために収穫前に刈り取ってしまうことであり、夏の刈田は「稲の成長前に刈り取ったり、田を荒らしたりすること」で、敵を兵糧欠乏に追い込むためのもの」であった。あるいは、麦を刈りとってしまうことである。田中城の攻防戦では「刈田」が何回も行なわれている。守備側としても、みすみすやり過ごすことはできず、その都度打って出たことであろう。

しかし、武田氏は勢力は徐々に衰退し、御親類衆の**穴山梅雪**（信君）や**木曽義昌**の織田・徳川への内応によって急速に滅亡に向かうのである。特に駿河・遠江の要であった穴山梅雪が徳川方へついたため、用宗城・小山城・久能城・江尻城等も開城し、二月末の時点で武田方の城は田中城・興国寺城・駿府城にすぎなかった。もはや武田氏も風前の灯火であったのである。そんな時に、**徳川家康**から田中城将の**依田信蕃**へ、成瀬吉右衛門と山本帯刀の二人が遣わされ、講和をし城を明け渡すことを勧めてきたのである。

依田信蕃の義勇と節義――『三河物語』（大久保彦左衛門忠教著）の現代語試訳（筆者）

（和を勧めるために家康から田中城へ遣わされた成瀬吉右衛門と山本帯刀の二人は）信蕃を説得して次のように言った。「そなた達が長い間この田中城を守って屈しなかったことは、徳川公は深く感じ入っている。しかし今は織田信長公父子が信州より甲州へ進入しているのに、甲州方の諸城は情勢をみて降参し、一つも交戦する者がない。更に我が兵が今日駿河より進んでくると、小田原の北条氏直公もまた武州・駿河より兵を出すと聞いている。武田勝頼公は勇猛であるといえども、これをどうやって防げ得ようか。武田氏の滅亡は実に今日明日に迫っているといえよう。このように奮闘激戦も主君あってのことである。そなたが努力してこの城を守り抜いても、勝頼公が死んでしまえば、果たして何の益があろうか。速やかに城を開いて我が徳川軍へ来てほしい。家康公は深くそなたの節義に感じ入っている。必ずそまつにはなさらない。これは私の私言ではない。家康公が私達に命じているところである。本当にそのようにおっしゃっている」。それに応えて信蕃等（主将の依田信蕃と副将の三枝（虎吉）は次のように言った。「厚志は至れり尽せりです。私は、本当に肝に銘じて忘れないでしょう。しかし、この身は長い間包囲の中にあって、外のことの虚実は全く知らない。勝頼公の存亡も国の推移等も全て分かっていることではないので、武田氏の重臣のお墨付きの書状もないまま、この城を棄て去るならば、人は何というであろうか。また、徳川公もそのようにお思いになるであろう。あなた方の言うことに背くことになっても、この城を退くことはできない。もし、国が破れて主君である武田勝頼公が死ねば、我らもこの城とともに滅びるのみです。」と二人に礼をつくして還らせた。

家康はますますその義に感じいり、信蕃のいうところは真に理にかなっている。では穴山梅雪に書を送ろうとおっしゃって、梅雪に書状を書かせた。梅雪は信蕃の意を汲んだ家康の意向を書状にして「その城早々に明け渡すべし」等々と書いて送ってきたので、二人（成瀬吉右衛門と山本帯刀）はそれを持って再び田中城へ至って、言葉を尽くして勧めた。それに対して信蕃が言うことには、「この書状があって、何を拒むことがあろうか。しかし、この城は他人には渡し難い。大久保忠世殿を通してお渡ししたい。かつて二俣城にあって、城を忠世殿に渡した由縁があるので、今もこの人より他にはない。もし、このことが用いられなければ、城とともに滅びるとも、少しも悔いはない」。

二人はまた帰り、この信蕃の言葉を報告した。家康公は「信蕃が言うことは、無理もない。その意に任せよう」とおっしゃった。また、二人を田中城へ遣わした。信蕃は、もともと死を決していて、城明け渡しつもりはなかったので、言を左右し、たびたび難問を発し、家康公が拒絶することを覚悟していたが、家康公がまたその意を察し、ことごとくその求めに応じたので、信蕃もとうとう田中城の開城を約束した。

因って家康公は、今日。大久保忠世を田中へ遣わし、城の授受を果たさせ。かつ次のように言わせた。「我々は、そなた達の高義に感ずること最も深いものがある。故に今日も城の明け渡しに臨むに及んで、あなた方がもし志を改めて、我が徳川軍に属すならば、信州の本領安堵は相違ない。あなた方は、幸いとして我が家康公の切望に応じられたらいかがか」と。二人（主将の依田信蕃と副将の三枝虎吉）は言った「勝頼公がご存命のうちは、いかなる恩命に接するといえども、徳川公に従うことはない。しかし、もし不幸にして勝頼公がお亡くなりになり、私が独り生きていくこともあるならば、必ず人質を託して（家康公の）恩命に応えて、長く忠勤を励むつもりである」と。家康公はこれを聞いておっしゃった。「この上、すぐに臣下になることを強いることは、義士の志を害することになる。よし、その志を妨げることはしない」。二人は大いに悦び、徐ろに城門を出て、顧みて城を仰ぎ、籠城中の攻防を思いだして感じていたのであろう。暫くは去ることができなかったようだが、依田は信州芦田へ、三枝は伊勢国へ、共に涙をこらえて別れていった。ああ、この二士こそ、実に古武士に恥じぬ義勇の士というべきであった。

以上のように、依田信蕃の義勇と節義を著者の**大久保忠教**は賞賛している。忠教は「大久保彦左衛門」と言った方が有名である。家康の旗本として武断派の代表格である。（長兄は大久保忠世である）。江戸時代になってからは、家康を支えてきたという本人の自負に対して、待遇は不遇であったといわれているが、古武士的頑固さと忠義心の塊のようなイメージの人物である。その彼の著書であるということを差し引いても、田中城の攻防戦と明け渡しにおける依田信蕃の智略や義勇とその人柄は十分に感じることができる。また、なによりも、数多い徳川の武将の中で、**二俣城**明け渡しに続いて、**田中城**の明け渡しに際しても、家康が同じ**大久保忠世**を引き受けの武将として選んだことにも、依田信蕃の武将としての価値を認めていた証拠である。この『三河物語』における依田信蕃と、家康及びその使者である成瀬吉右衛門・山本帯刀とのやりとりをまとめてみると左記のようになる。（あくまでも大久保忠教の視点から述べられてはいるが、概ねは事実であろう）。

家康（使者）成瀬吉右衛門・山本帯刀

←→①一度目……速やかに城を明けて徳川軍に属すべし。（勝頼の滅亡は迫っている）奮闘激戦も主君あってのことである。

（信蕃）厚志はありがたいが、勝頼公の存亡も國の推移も未だ不明である。武田の重臣のお墨付きの書状がないまま城を退くわけにはいかない。武田とともに滅びるのみ。

②二度目……家康は穴山梅雪の「田中城を早々に明け渡すべし」の書状を二人に持たせる。

二人は再度来城し言葉を尽くして開城を勧めた。

（信蕃）この書状があって何を拒むことがあろうか。しかし明け渡しは（二俣城で由縁のある）大久保忠世殿にお願いしたい。それが叶えられねば、城と共に滅びても悔いはない。

③三度目……「信蕃の言うことは無理もない。その意に任せよう」という家康の意を伝える。

（信蕃）とうとう、開城の約束をする。

④四度目……（使者）大久保忠世。信蕃と田中城の受け渡しをする。

「その高義に深く感じた。もし徳川に属するならば、信州の本領安堵は相違ない。家康公の心に応じられよ」

（信蕃）勝頼公が不幸にしてお亡くなりになり、頼る主君がいなくなったならば、家康公の恩命に応え忠勤に励むつもりです。（今はその時ではありません）」

（家康）この上、直ぐに臣下になることを強いることは義士の志を害することになる。その志を妨げることはできない」

←→

信蕃　田中城を明け渡して、信州芦田（↑「春日」が正しい）へ帰る。

かくして**依田信蕃**は**田中城**を天正十年（一五八二）三月一日に明け渡した。信蕃の田中城主将としての戦いぶりや明け渡しに際しての義勇ぶりについては、ここに紹介した『三河物語』のほか数え切れないほどの文書で述べられている。

家康の予言通り、**武田勝頼**は三月三日に**新府城**を退去し、小山田信茂の**岩殿山城**めざして逃避行をたどった。

武田氏の滅亡と信蕃の佐久帰還

信蕃は三月十日に本拠信州佐久郡**春日城**に帰着した。その翌日三月十一日に、武田勝頼は信じていた重臣小山田信茂の謀反に遭い、織田軍に攻められて甲斐**天目山田野**に滅亡した。そこは現在の笹子トンネル北入り口の東一・七キロメートルの地である。

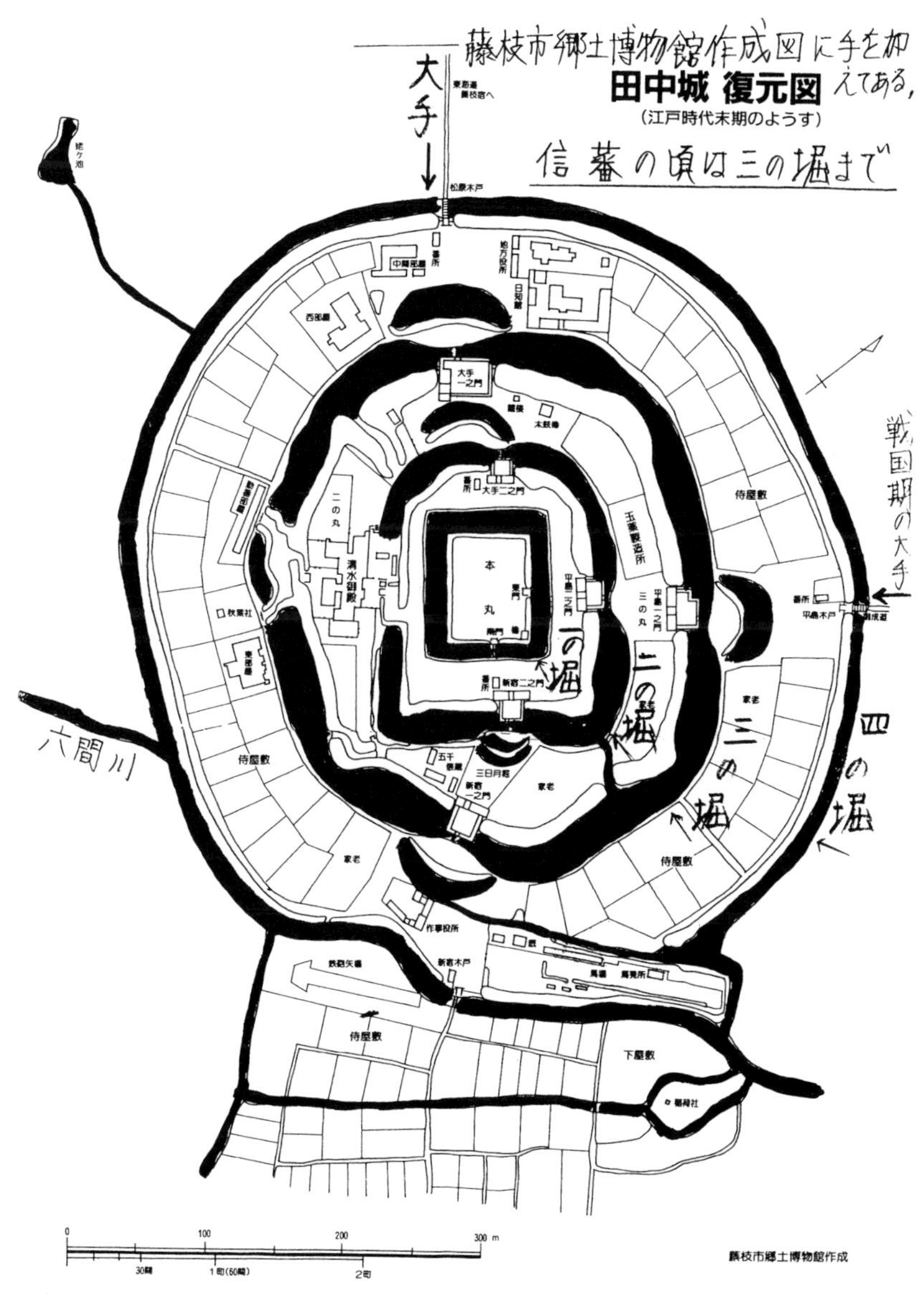
藤枝市郷土博物館作成図に手を加えてある，
田中城 復元図
（江戸時代末期のようす）
信蕃の頃は三の堀まで
大手
松原木戸
番所
中間部屋
西部屋
地方役所
日知館
大手一之門
太鼓櫓
二の丸
清水御殿
本丸
大手二之門
平島二之門
平島一之門
三の丸
玉薬製造所
侍屋敷
戦国期の大手
番所
平島木戸
一の堀
二の堀
三の堀
四の堀
家老
六間川
秋葉社
東部屋
新宿二之門
新宿一之門
五千俵蔵
三日月堀
作事役所
新宿木戸
鉄砲矢場
馬場
馬見所
侍屋敷
下屋敷
稲荷社
0
100
200
300 m
30間
1町(60間)
2町
藤枝市郷土博物館作成

信蕃は、信州佐久へ帰還した後、**小諸城**に入っていた織田方の**森勝蔵長可**に対面している。武田氏滅亡直後のことである。その直前に嫡子竹福丸（後の康國）と次男福千代（後の康眞）は武田の人質という立場から織田方の人質に変わっていた。なお、依田信蕃も三枝虎吉も後日織田信長の追及を免れ、家康に匿われていた（信蕃は**二俣の奥小川の里**に、三枝虎吉は田中城の近く洞雲寺に）が、本能寺の変後、家康に属し、信蕃は信州へ戻って、家康のために佐久平定に奮戦した。その時、信蕃の指揮下に入った三枝虎吉と嫡子の昌吉は佐久郡高野町を襲った相木氏（北条の麾下になった）を追い、相木城を攻め落としている。（詳細後述）

田中城の特徴　田中城は遠江国諏訪原城（徳川の手に落ちてからの名は牧野原城）・高天神城・小山城、駿河国久能城、用宗城（持船城）などを結ぶ城郭ネットワークの一環として重要な位置を占めていた。その城郭としての特徴は、

①**同心円形（円形）の縄張りである。**（本丸のみが方形で、その外側に三重の堀を巡らせている。同心円の縄張りは、攻撃軍の迂回に際しても、防御側は最短距離をもって兵を移動させ、機先を制することができるので有利である。依田信蕃が守備していた頃は二重の堀で、三ノ曲輪までであった。螺旋式縄張の城郭とも呼ばれる。これは軍学でいうところの「円形の利」に基づくもので寄せ手が攻めてきてもそれに応じて自由に対応できるというわけである。）

②**城門の外**（そと）に六箇所に**三日月堀**と**丸馬出し**の組み合わせを配した。（「三日月堀」「丸馬出し」は武田氏の築城の特徴でもある）。

③**交通の要路にある平城である。**（志太平野の北端に位置し、海抜一五メートル（メー/トル）、全くの平城ではあるが四周は湿田地帯）

④**城南を流れる六間川の水を巧みに利用した。**（六間川を堰止めると、一番外側の第四堀に水が湛えられるようになっている。また、第三の堀に水路が通じているので、第三の堀を満たし、更に平常から水堀になっていた第二の堀までに水が及び、浮き城化するように造られていた。）

⑤**素朴な築城**（堀は掻き上げにしたばかりで、土居も高く積み上げたばかりで、石を積んで堅固にしたのは、六つの城門に限られ

ていた）。

田中城周辺で信蕃の在城を示すことがらが、いくつかある。先に掲げた諸文献の記載内容もさることながら、ここでは左記の三点を明記しておきたい。

依田信蕃の田中城在城を示すもの

①鬼岩寺分の藤枝堤の普請

武田家が、天正七年（一五七九）年十月二十七日付けで、**依田信蕃**に孕石主水佑元泰（はらみいしもんどのすけ）知行**鬼岩寺分の堤**（つつみ）の補修を命じている書状がある。（前項「高天神城」参照）。その文書の意味は「孕石和泉守の私領である藤枝鬼岩寺分の堤の普請については、先の元亀三年と天正七年五月の朱印状で、（孕石和泉守に）その再興を命じてあるが、これからもその堤が破損した場合は、その再興を依田右衛門佐の判断で、命令すべきである」という内容である。（どうも孕石氏はあまり普請を進めていなかったようである）。

これにより、少なくとも、依田信蕃が、天正七年十月二十七日までには、番手城たる田中城の城主としてついていた証拠となる。

鬼岩寺周辺のの領主であった**孕石主水佑元泰**に武田氏は山県三郎兵衛尉を通して二度にわたって普請の命令をしていたが、はかどらないまま孕石氏を高天神城の番勢としたことから、その後に田中城番の主将として入ってきて、城主として武田の威信をこの地に定着させつつあった**依田信蕃**に**藤枝堤の普請**を命じたわけである。長いこと堤防の普請ができないで荒れるままの状態であったようである。洪水によって家も田畑も流されれば百姓は疲弊し、生産力は衰え、結局武士の収入も減ることになる。藤枝堤を再興させ、生産力をあげようとしたわけであるが、武田氏は釜無川や笛吹川の河川の治水に関わって実績があることから、技術的には堤防を築くことに関しては問題なかったと思われる。優れた技術を背景に積極的に勧農政策を展開しようとしたわけである。藤枝堤の再興を地方小領主の責任において実現させようとしていることは、武田氏の領国経営の姿勢を知るものとして注目すべきであると『藤枝市史』は指摘している。

武略智略に優れ、まじめで粘り強い忠誠心の溢れた**依田信蕃**が、**民政にも意を注いで**いたことは推測される。しかし、戦乱が続く他国での普請は、困難を極めたことは想像できる。特に依田信蕃が城番となったころには、絶えず徳川軍の脅威にさらされていた状況である。徳川軍の「刈田」に何度も悩まされたことからして、実際にどの程度藤枝堤の普請を進めることができたかは不明である。

②石竜山灌渓寺を開基

依田**信蕃**と弟の信幸が中興開基となって天正八年（一五八〇）に再興したとされる石竜山灌渓寺（かんけい）（藤枝市中ノ谷　六八）がある。

田中城から七キロ北西にあり山を背にしている。戦国時代には鎌倉街道の脇道が通っていた。灌渓寺では開基として二人の位牌を祀っている。**信蕃**の法名は「蕃松院殿節叟良筠大禅定門」、**信幸**の法名は「灌渓寺殿月山良秀大禅定門」、（信幸ではなく信春という説もある）二人とも芦田依田氏の宗家の戒名に使われている「良」の一字が入っている。また、信蕃の戒名は信州のそれと同じである。灌渓寺は今川氏の香花所（菩提寺）になっていたこともある。また、三百メートル程離れたところにある毘沙門様は日本三毘沙門のひとつと伝えられている。

③志太郡の内で配下に所領を宛てがっている。

さらなる事実として**依田信蕃**が、天正十年十二月十七日付けで、縫殿左衛門、新左衛門に志太郡の内に采地を与えている宛行状がある。これは、駿河国田中城の周辺に**芦田氏**（**依田氏**）**の領地**があった証拠である。

二通ともいずれも内容は宛名以外は全く同じである。**依田信蕃**が**縫殿左衛門**と**新左衛門**に志太郡内に領地を宛てがっている文書である。「天正十壬午極月十七日」の発給日である。この給発日の時点では、依田信蕃は、信州佐久郡をほぼ統一しかかっていた絶頂期の頃である。既に駿州田中城をあとにしているわけであるが、天正十年十二月には、家康の甲州・信州制覇の先駆けとして徳川氏のために奮闘していた依田信蕃に対して、駿州田中城周辺を数年間治めていた依田信蕃に対して、志田郡の辺りに領地を与えていた証拠である。

『依田信蕃黒印状写』

> 於于駿州志田郡五貫文出置候、当表本意候上、
> 領地可宛行者也、仍如件
> 天正十壬午　　　　（依田信蕃）
> 極月十七日　□（印文未詳）
> **縫殿左衛門**との

> 於于駿州志田郡五貫文出置候、当表本意候上、
> 領地可宛行者也、仍如件
> 天正十壬午　　　　（依田信蕃）
> 極月十七日　□（印文未詳）
> **新左衛門**との

田中城の攻防戦は、後に将軍となり江戸幕府を開くことになる**徳川家康**に対して、**依田信蕃**が、智略と武略を生かして奮戦したことになる。時に信蕃は数えで三十五歳であった。**二俣城**や**田中城**の攻防戦で主将として戦い、まさに戦国の中央舞台のまっただ中で、その存在が光を放っていたのである。信蕃のものの考え方や生き方、行動原理には、よかれあしかれ「信州人」そのものが垣間見える。残念ながら彼の本拠地である信州人には、彼の存在を意外と知られてないのは惜しい限りである。

30　武田滅亡～信長・家康の侵攻と信蕃

『芦田記（依田記）』に、信蕃が信長の武田遺臣狩りから逃れ、家康に臣従する経緯が語られている。

森勝藏小諸に居られ候に付、**常陸介**、勝藏と対面申され、その上**信長**公へ御礼申すべくに付て、**小諸**を出、**諏訪**に**城介**殿御座

候の間、先ず城介殿へ御礼申すべきと存じ候えども、途中まで**家康**様より御飛脚下され、城介殿へ出仕無用、信長より甲斐國大名切腹仰せ付けらるべしとの書立参り、**依田常陸介**切腹一の筆に書付け候間、諏訪へ参り候こと相止め、夜通しに**甲斐國市川**へ参り、**家康**様に御目見え仕り候様にと、御飛脚下る付き、即**市川**にて御目見え仕り、

〈要旨〉

・田中城を徳川氏へ明け渡して信州へ帰った常陸介は、信長の臣である**森勝藏**が小諸城にいたので、森勝藏と対面した。その上、**織田信長**へ挨拶するために小諸を出発し、**諏訪**に織田城介**信忠**がいたので、先ず信忠へ挨拶しようとして、諏訪へ向かった。

・諏訪への途中で、**家康**からの飛脚に出会った。「織田城介信忠へ出仕することは無用。信長より甲斐の國の大名には切腹させよとの書立が来ていて、**依田常陸介**は切腹を申しつける者の一の筆に名前が挙がっているので、諏訪へ行くことは止めて、夜通しに甲斐國**市川**へ行き、徳川家康にに御目見えするように」との飛脚であった。そこで、直ちに**市川の陣所**で、家康に御目見えし、家康に臣従することとなった。

信長の武田領国侵入と勝頼の最期

信長は、嫡男**信忠**を大将とする織田軍を武田領侵略に先行させた。信州伊那郡へ入って、現平谷村滝之澤要害を守る吉岡城主下条信氏の軍勢を突破したのを手始めとして、吉岡城・飯田城・大島城（信玄三弟逍遥軒信綱〈信廉〉）などは大した抵抗できずに陥落した。唯一本格的な抗戦をしたのは高遠城の**仁科盛信**（勝頼の異母弟）であったが、信忠の指揮の下、森勝蔵（長可）・滝川一益・河尻秀隆などの総攻撃に三月二日に落城した。この時に城側の副将格で戦った佐久の**小山田備中守昌行**（甲州郡内地方の小山田左兵衛尉信茂とは別系統）も討ち死にしている。**信忠**は三日に**上諏訪へ侵入**し、諏訪大社上社周辺を焼き払った。その同じ三日には武田勝頼は、わずか二カ月住んだ新府城を焼き自落している。信忠は七日に陣を諏訪から**甲府**へ進めた。

勝頼は新府城から眞田昌幸の西上野の岩櫃（びつ）城へいったん待避し再起を図るに決定していたとされているが、累代の重

臣**小山田信茂**の意を入れて、都留郡の信茂の居城**岩殿山城**を目指した。笹子峠の手前の駒飼の宿で、先に本拠へ帰った小山田信茂の出迎えを待って七日間滞在したが、信茂は裏切って信長方に寝返った。新関を作って入郷を拒否した。やむなく勝頼は日川に沿って山峡を**田野**を経て更に上流へ**天目山**栖雲寺方面へ向かった。（現在の笹子トンネル西入り口の北東方向になる。その先は大菩薩峠である。どういう見通しをもって向かったものか、解釈しかねる）。追尾してきたのは、滝川一益・川尻秀隆ら五千余の兵であった。天目山麓に逃れた時には総勢百名もいなかった。行く手の上流方向からは、織田勢とは別に辻弥兵衛に率いられた天目山麓の郷人ら六十余名が弓鉄砲を撃ちかけて攻撃してきた。挟み撃ちになった格好で進退極まった勝頼一行は終焉の地を求めて、やむなく**再び田野**へ引き返した。この時、**土屋惣蔵昌恒**が主君の危機を救わんと、最も崖道の狭い所で岩角に身を隠し、片手は藤蔓につかまり、片手には刀を持ち迫り来る敵兵を次々と斬っては谷川に蹴落としたと伝えられ、谷川の水は三日間も血で赤く染まったと言われている。そこは「土屋惣蔵片手千人斬り」史跡として石碑と説明板が立てられている。勝頼最期の地である田野の上流一・七キロほどの地点である。土屋惣蔵が奮闘している間に田野に至り、南方から追尾してきた滝川一益らとの間に最期の戦闘が開始された。（田野の戦い）。多勢に無勢、**勝頼**と嫡男信勝をはじめ主従は従容として全員自刃した。天正十年三月十一日のことである。**武田氏は天目山麓田野で滅亡**した。天正十六年、一五八八年に徳川家康が田野の勝頼終焉の場所に勝頼の菩提寺を「田野寺」として建立した。後に勝頼の戒名である「**景徳院**殿頼山勝公大居士」から、「**景徳院**」となった。境内には勝頼一行を祀る甲将殿があり、その前には勝頼・北条夫人・信勝の生害石、すぐ背面には真中に勝頼の宝篋印塔、向かって右側の北条夫人の五輪塔、左側の信勝

天目山田野
――この高台の上に勝頼終焉の地がある
（今は景徳院が立つ）

の五輪塔の三基が据えられ、左右両脇には家臣の供養塔が立っている。景徳院の立地は、日川を遡って来て雨沢川との合流地点に挟まれた比高二〇～三〇メートルの急崖上であり、さながら砦跡であるかのようである。迫り来る織田勢に少ない兵力で抵抗しながら最期を迎えたのである。

武田氏滅亡が避けられないと悟った**依田信蕃**が、城主として守備していた田中城をやむなく明け渡し、甲斐の国へさしかかったのは、おそらく三月三日頃と推定される。それは、**武田勝頼**が新府城を捨て、逃避行を始めた時と一致する。信蕃としては、その忠勇の行動ぶりからして、ともかく新府城へ出向いて主君である勝頼に目通りするつもりであったと思われる。しかるに、すでに勝頼の消息が不明であり、武田家臣の多くが離反している状況を知り、また、織田・徳川が怒濤の如く甲斐へ侵攻してくる状況から、本拠地佐久郡**春日郷**を目指す決断をしたものと推定される。信蕃一行は甲斐の国を通って信州へ戻ったわけで、彼が甲斐の国を北へ進んでいた頃、行方が分からなかった勝頼一行は、田野への入り口の駒飼の宿で、岩殿山城への小山田信茂の出迎えを、裏切られることも知らずに七日間待っていたことになる。**信蕃**は三月十日に**春日城**に帰着した。**武田勝頼**が滅びたのは、その翌日のことということになる。

しばらくの間、信忠は甲斐一円の武田旧臣や残党狩りをしたり、関係した寺社などを焼き払ったりしている。軍勢は信州佐久郡へも侵入し、武田信玄にゆかりを持つ諸寺を兵火にかけた。『津金寺由来記』によると、芦田依田氏祈願寺でもあった**津金寺**（北佐久郡立科町山部）では、堂塔・山門・仏像・宝物・什器・諸記録などの多くが灰燼と帰した。

信長、上諏訪法華寺に着陣、諸将が謁見する

一方、信長自身は天正十年三月五日安土城を出発した。六日美濃国呂久渡で、去る三月二日に滅亡した仁科盛信の首実検をし、更に信州へ向けて北上した。十四日信州に入り下伊那浪合（根羽という説もある）で、勝頼・信勝父子の首実検をし、十六日飯田で武田信豊の首実検、十七日飯田城から大島城を通過して飯島へ、十八日は高遠城に陣し、十九日に杖突峠（つえつきとうげ）を越えて**上諏訪**に到着した。

信長は諏訪では**法華寺に本陣**を置いた。これより先三月三日には信忠が諏訪上社周辺に放火したが、上社のすぐ隣にある法華寺は焼け残っていた。法華寺は諏訪大社上社本宮の南東に隣接してあり、上社の別院別当の寺であった。『信長公記』の三月十九日の条には、「**上之諏訪法花寺**に御居陣、諸手之御陣取段々に被仰付候也」とある。『當代記』にも「十九日、信長上の諏訪へ御着陣」とある。信長は四月二日まで十四日間法華寺に滞在した間、諸将の謁見を受けた。その間、織田軍の主な武将が在陣した。また、甲州に侵入し市川に陣を張っていた**徳川家康**（二十日）をはじめ、木曽義昌（二十日）、穴山梅雪（二十一日）、小笠原信嶺、小田原の北条氏政の使者（二十六日）などが法華寺を訪れ、信長に謁見した。二十六日、信長は甲府入りを先に果たした嫡男信忠の功績を賞することを伝えた。二十八日には**信忠**が甲府から上諏訪へ帰陣し、信長に対面し、戦勝報告をした。

信長、論功行賞と厳しい成敗

一段落した二十九日に、信長は**国割り**（論功行賞）等を行なった。恩賞の将士は旧武田の臣では、信長・家康に内応していた穴山梅雪、木曽義昌、小笠原信嶺などであった。

（武田領国の知行割り）

・徳川家康…駿河国
・滝川一益…西上野（関東管領）と信濃佐久郡・小県郡
・河尻秀隆…甲斐国（穴山氏本領以外）と信濃国諏訪郡
・森　勝蔵…信濃国のうち高井・水内・更級・埴科の四郡
・木曽義昌……信濃国のうち木曽郡・安曇郡・筑摩郡
・毛利河内守…伊那郡
・穴山梅雪、眞田昌幸、小幡信眞…本領安堵

処罰の将士のうち御親族衆では、武田逍遥軒信綱（信玄三弟信廉）、武田典厩信豊（勝頼従兄弟）、武田信友・信堯父子、一條信龍・信就父子、葛山信貞などである。重臣や有力国衆では山県・馬場・曽根・長坂・跡部・日向・秋山などである。また、勝頼を裏切った小山田信茂も例外ではなかった。いずれも死罪であった。

一方、信濃国・上野国・駿河国のように甲斐国に征服された武田領国の国衆に相対的に厳しい処罰は下されなかった。

（内藤氏・小幡氏・真田氏等はこの範疇か）。しかし、そのうちでも諏訪氏の一部・朝比奈氏・菅沼氏の一部等のように、武田氏に強い忠誠を尽くしたり、最後まで番城で抵抗したり、織田氏に抵抗した経緯があったり、織田や徳川から武田方に走った武将等には厳しい処断がなされた。

依田信蕃の場合は「勝頼公御ためを一筋に存たるをば成敗なり」「武田氏に強い忠誠を尽くしたり、最後まで番城で抵抗したり、織田氏に抵抗した経緯があった」ということから、「**御成敗**」（つまり断罪、切腹、打ち首）される運命にあった可能性が大きい。

信長の法華寺での滞在中、信長勢力下の諸将が上諏訪に一時的に集まってきた。諏訪は半月ほど戦国の中心舞台といってもよい状況であった。

信長の甲府入り・安土への凱旋と家康

信長は四月二日に上諏訪を出発、甲州へ入って台ケ原に一泊し、三日には新府城の焼け跡を検分し、甲府へ入り、信玄の館であった「つつじケ崎館」跡に建設された仮御殿に陣した。この同じ日、信忠に命じて武田氏の菩提寺である**恵林寺**を焼き払っている。

信長は甲斐国内を巡察し、四月十日に甲府を立って帰路についている。『家忠日記』には「十日、上様甲府より**うは口**迄御成候」とある。「うは口」とは「右左口（うばぐち）」宿である。つまり、信長は安土への帰路は中道往還の道順をたどったのである。右左口（上口）～右左口峠～迦葉坂（かしょうざか）（柏坂）～阿難坂（あなんざか）（女坂）～古関～精進～本栖を経由し、雄大な富士の裾野へ出て、眺望を愛でながら～大宮城～駿府城～江尻城～田中城～浜松城と家康の領国（駿河・遠江・三河）を経由し、四月二十一日に**安土城へ帰着**している。（↑それは、実に本能寺の変の四十三日前のことである）。

その道筋は徳川家康の勢力範囲の地であるため、家康は信長の歓待と警護に細心の注意を払って各地に御茶屋や御（お）厩（うまや）を建て、食事などにも贅を尽くし、饗応に努めている。家康の臣深溝（ふこうず）松平氏の松平主殿助家忠が記した『家忠日記』によると、天正十年四月十日以降の信長の行動は全て「御成（おなり）」と記され、御成の際には多数の家臣を伴った行列が進んで行き、沿道に作られた茶屋や小屋、そして御成先では**馳走**（**饗応**）が行なわれた。日記の筆者である松平家忠も、主に小屋と茶屋の建設、道路の普請、行列の警護などを行なっている。

武田攻めの際のこうした家康の労をねぎらうために、信長は家康を安土に招待した。今度は、信長は家康一行に気を遣って様々な馳走（接待）をしている。この頃が信長の絶頂期であり、その直後に急転直下、本能寺の変が勃発するのである。

徳川家康の甲斐侵攻の状況

話は前後するが、**家康の甲斐への侵攻**について、『家忠日記』の内容を中心に見ていくことにする。

先にも『家忠日記』にはふれたが、深溝（ふこうず）松平主殿助の日記『家忠日記』の天正十年は、家忠二十八歳の時である。家忠個人の私的日記で、家忠個人の生活を記したものである。いかなる重大事件にあっても、それに関する家忠個人の主観的判断は記さず、自己の経験のみを簡略に記するという態度が終始一貫して貫かれているので、その内容は同時代資料としても極めて信用がおけるものであるという評価を史家の間では得ている。その日記によって、武田氏滅亡の前後の状況をみてみよう。

武田の御親類衆の筆頭である江尻城主穴山梅雪が徳川方に内応したということが、三月一日に家忠の耳に入った。**梅雪とすれば**、**母が信玄の姉**であり、**妻が信玄の娘**である自分の家系の方が、諏訪四郎勝頼〈武田勝頼〉よりも**武田氏の血が濃い**という自負があり、自分が前面に出て織田・徳川にいったん降ることによって、武田氏の血脈を存続をさせることができるものという彼なりの判断があったと推測される。四日に梅雪は家康に謁した。甲斐への案内役梅雪によって家康は抵抗なく侵攻した。八日に駿河興津城へ入り、九日には身延へ軍を進めた。都合七回甲斐に進入している家康であるが、この武田勝頼滅亡に際しての第一回目の時のみ、興津方面から富士川沿いに北上している。それは穴山梅雪の河内領内を通過するルート（**河内路**）である。他は全て**中道往還**（迦葉坂〈柏坂〉、右左口）経由である。この天正十年三月の武田氏征服の侵入時における一番安全なのは穴山梅雪の領内（駿河国庵原郡、甲斐国河内地方）を通過することであったのである。三月十日、穴山梅雪の案内で**市川に着陣**している。天正十年三月十一日以降を『家忠日記』の原文でたどってみると、

天正十年三月大

十一日己巳、雨降り

家康、穴山同心にて甲府、中将殿へ御越候、

武田勝頼父子、てんもく澤と云所ニ山入候を瀧川手へ

討取候てしるし越候、

〈中略〉

十七日乙亥、上様信濃諏訪迄御着にて、家康御越候、

十八日丙子

十九日丁丑、上様三川ヲ歸陣候ハんするか、遠州御陣所（御茶屋）作候、

酒左衆者本栖へ越候へ由申來候、

〈中略〉

廿四日壬午、普請具取候、家康昨日諏訪より御歸候由候、

市川へ着陣した翌十一日には梅雪を伴って織田信忠のいる甲府へ入った。その日はまさに郡内地方の重臣小山田信茂に裏切られた**武田勝頼**が、滝川一益の織田軍に追い詰められ、**天目山麓田野で滅亡**した日にあたる。

更に『家忠日記』では、「三月十七日乙亥、上様信濃諏訪迄御着にて、**家康越候**」とある。ここで「家康越候」の「**越候**」の解釈の仕方であるが、「行った」のうちでも、「行き、そちらへ到着した」ではなく、「そちらへ向けて出発し

た」の意であろう。つまり、織田信長が信濃諏訪へ到着するので、徳川家康が陣所（市川）を出発したのが三月十七日ということにある。それを裏付けるのが『當代記』の「家康**昨日市川を出**、今日**廿日**出仕、信長曰、此度早速被達本意事」という一文である。これは「家康が十九日に市川を出立し、（『家忠日記』によると市川出立は十七日であるが）、二十日に信長に出仕した（謁した）」ということを意味するからである。

・『家忠日記』……市川を十七日出立、信長に出仕二十日
・『當代記』……市川を十九日出立、信長に出仕二十日

甲斐市川から諏訪まで要した日数が異なるが、いずれにせよ武田領国たる信州諏訪へ入った信長に出仕したのは三月二十日である。また、家康が信長との会見を終え甲斐（市川）へ戻ったのは、三月二十三日のことである。―『家忠日記』の「**廿四**壬午、普請具取候、家康**昨日**諏訪より御歸候由候」という一文にて判明する。家康が上諏訪の信長のもとに滞在したのは三日間ほどである。その間に武田氏から内応していた穴山梅雪を信長に紹介したりしている。また、家忠や酒井忠次などの近臣には事前に準備を指示してあったが、二十五日に信長の帰途の道の普請を開始している。『家忠日記』三月十九日に―「上様（信長）三川（三河）ヲ御歸陣候ハんするか、遠州御陣所（御茶屋）作候、酒左（酒井左衛門尉忠次）衆者本栖へ由申來候」―と記されている。その後の日記にも「普請候」という日が幾日か記されている。（松平家忠は松平氏でもあり、家康に近い家臣であるが、とりわけ、徳川家中において築城の普請、道路普請などの土木工事に優れた武将でもあった）。

依田信蕃の動向〜佐久へ奇跡の帰還

依田信蕃は天正十年**三月一日**に遠州**田中城**を大久保忠世に**明け渡し**、本拠地佐久郡**春日**へ**三月十日**に帰還した。田中城から本拠春日郷まで約十日間要している。もっと早く帰還していてもおかしくない距離であるが、この間の甲斐の三月初旬の状況を考えてみると、合点がいく。それを左記にまとめてみよう。

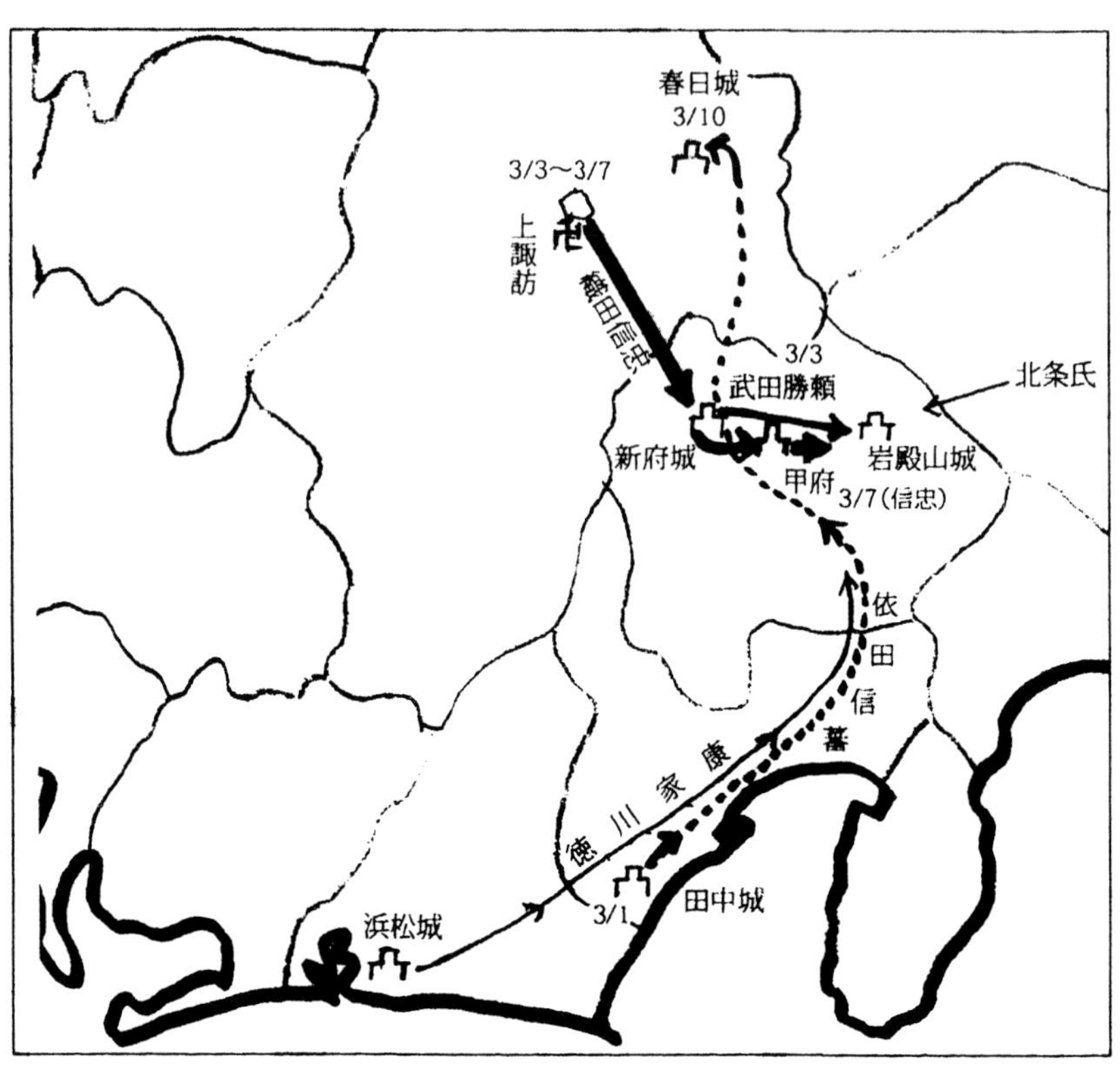

混乱の甲斐国を縦断して、佐久春日郷へ帰還した信蕃（天正10年３月１日～10日）

㋐**武田勝頼**は――三月二日の信州高遠城（仁科盛信）の落城を知り、諏訪上ノ原城から新府へ退いた。本拠地である新造間もない新府城に火を放って、三月三日に退去し、甲府を経て、重臣小山田信茂の岩殿山城目指して東方への逃避行中であった。

㋑**織田信忠**は――三月三日に上諏訪に着陣し、三月七日に甲府入りし、武田の勢力を一掃し、いよいよ勝頼を追いつめようとしていた。

㋒**徳川家康**は――穴山梅雪の投降を受け、家康自らが河内路を北上し、甲州市川に三月十日に着陣した。（依田信蕃が佐久郡春日城へ帰着したまさにその日にあたる）。しかし、家康は自らに先行して家臣を甲斐に送り込んでいる。曹洞宗吉国山龍華院（山梨県東八代郡中道町上曽根）には、その証拠の文書がある。

徳川家康の朱印による禁制が発行されている。

禁制　　龍華院
一、当軍勢甲乙人等、乱暴狼籍事
一、寺中堂塔放火事
一、山木竹木伐採事
右条々、堅令停止訖、若此旨於違犯之輩者、速可被処厳科者也、仍而如件
　天正十年三月三日

戦乱に紛れて寺院を荒らすことを禁じたものである。日付は天正十年三月三日となっており、家康自身は未だ甲斐に入国してはいない。しかし、勝頼が新府城を放棄した当日には、既に徳川の勢力が甲斐に侵入している証拠である。

㊁**北条軍**も――東方から甲斐へ進軍してきていた。

まさに依田信蕃が信州へ帰還しようとしていた三月上旬の甲斐国は、

①東へ逃避行する勝頼一行、
②諏訪方面から侵攻する信忠の軍勢、
③穴山梅雪の河内領を北上して甲斐へ侵攻する家康の軍勢、
④東から甲斐をうかがう北条勢力、
⑤武田勝頼から離脱し、姿をくらましたり、本貫地へ帰ったり、さまよう武田家臣の群れとで、

甲斐の国は、不穏な混乱状態で極めてぶっそうな状況であったと推測される。**依田信蕃**が駿河田中城から、どういう経路をたどって信州**佐久へ帰還**したのかは不明ではあるが、どのみち、甲斐を南から北へ通り抜けなればならない。単独行ならいざ知らず、信蕃には少なからぬ譜代の臣も同行していたはずであるから、忍びで移動しても所々でその一行は目撃されたであろう。いわんや織田信忠が甲府へ着陣したのは三月七日であるので、その前後には信蕃一行は潜行せざるを得なかったであろう。一方、武田方の勢力に途中出会ったとしても安全というわけではない。敵か味方か分からない呼び止められる可能性は大であったであろう。

どのようにして信蕃が駿河国から甲斐国を通過して信州へ帰還できたのかは分からないが、ともかく、本拠の佐久郡

春日郷へ三月十日に辿り着いている。よくぞ甲斐国を無事に通り抜けられたものだと驚嘆せざるを得ない。

その後、三月十四日に織田の臣、**森勝藏**（勝一・長可）が在城していた**小諸城**へ出向いた。彼は織田信長の近習として有名な森蘭丸の兄で、鬼武蔵と異名をとった勇将である。信蕃は今後の身の置き所を決めかねていたが、まず小諸城へ出向いたのである。

――小諸が佐久を統治する勢力の中心であったからであるが、その他にも重要なことがあった。それは、この時までに、信蕃の二人の子（嫡子竹福丸、後の松平康國）（次男福千代丸、後の松平康眞）が人質として小諸城に連れ去られていたからである。（武田氏の末期に武田への人質として、武田氏滅亡後はそのまま織田方に人質として身柄を拘束されていた）。

織田方の城将**森勝蔵**（**森長可**）に会って、織田信忠のいる諏訪へ挨拶に行くように勧められた。

森勝蔵の助言で**諏訪**にいる**織田信忠**に挨拶に出かける

信長に会えば切腹のいの一番に名前が上がっていることを知らされ、急きょ家康に臣従

ことにした。信蕃は弟の源八郎信幸・善九郎信春・叔父左近助守俊・従弟依田主膳・戸田（奥平）金弥の五人を従えていた。この時代に本拠地佐久郡春日城から諏訪へ向かうには、普通は古東山道の雨境峠沿いの役行者越えのルートが考えられるが、人目をはばかって主従六人が潜行するには、間道や尾根道も考えられる。一行が諏訪へ向っている途中で家康からの飛脚（密使）に出会った。その飛脚は信蕃の進行方向とは逆に、多分諏訪方面から佐久へ向かい、途中で一行に出会うことを見越したルートを辿ったと推定される。いずれにせよ、その飛脚は信蕃一行の辿るルートを知っていて、顔も知っている人物ということになる。（佐久の郷土史家市川武治氏によると、信蕃の叔父依田左近助守俊の関係で、信蕃とも縁者となる佐久根際の重田守国であるという）。その飛脚の知らせにより、自分が織田信長による旧武田家臣の追及リストに載っており、諏訪へ行けば切腹させられる運命にあることを知り、急拠変更して、前々からこの人物ならばと内心決めていた徳川家康の陣である**甲斐市川大門**へ行き、家康に臣従することになったのである。

勝頼滅亡前後の信長・信忠、家康・信蕃　天正十年 3/1～4/3

月日	織田信長	織田信忠	徳川家康	依田信蕃
1			穴山梅雪の寝返り公表	田中城を明け渡す
2		高遠城仁科盛信を滅す	穴山梅雪に知行の保証	←
3	（勝頼新府城を自落）	諏訪着、上社周辺焼く		←
4			穴山梅雪が謁す	
5	安土城を出立			不穏極まりない甲斐を南から北へ縦断し奇跡の佐久帰還
6	美濃呂久渡で盛信の首実検			
7	岐阜城着	陣を上諏訪から甲府へ		
8	犬山城着		駿河興津城へ入る	←
9	兼山着		梅雪を案内役に身延へ進む	←
10	高野着		甲州市川文殊堂に着陣	佐久郡春日へ帰着
11	岐阜城着（勝頼天目山に滅亡）		信忠のいる甲府へ行く	
12				
13				
14	浪合で勝頼の首実検			小諸城で森勝蔵に会う
15				
16	飯田で信豊の首実検			
17	大島を経て飯島に陣す		（甲府を出立する）	
18	高遠城に陣す			
19	上諏訪法華寺に着陣		市川を出立する	
20	家康と会見、木曽義昌を引見		上諏訪で信長に謁す	諏訪への途中飛脚と出会う
21	穴山梅雪を引見			
22		（佐久侵入、諸寺焼討）		
23	上野と佐久小県を滝川一益に		上諏訪より市川へ帰る	★家康に謁したのは三月二三日以降か～
24				
25			信長帰途の普請開始	★以後、信長の追及から逃れて二俣奥小川に隠れ潜む
26	北条氏政の使い来る	功績を信長から認められる		
27				

日付				
28		甲府から上諏訪へ帰陣		
29	国割（論功行賞）を行なう			
30				
4/1				
2	上諏訪を出発、台ケ原に一泊			
3	新府城経由、甲府着			

信蕃が信長から切腹させられる可能性が高かった証拠

『芦田記（依田記）』にある「信長より甲斐國大名切腹仰せ付けらるべしとの書立参り、**依田常陸介**切腹一の筆に書付け候」とある家康からの書状にはあるが、その可能性について考えてみたい。先にも述べたように①武田御親族衆、②重臣や有力国衆、③武田氏に強い忠誠を尽くしたり、④最後まで番城で抵抗したり、⑤織田氏に抵抗した経緯があったり、⑥織田や徳川から武田方に走った武将等、には厳しい処断がなされた。いずれも死罪であった。

武田臣下の武将で駿河、遠江の諸城の最後の城主（城番）に対しての信長による処断の結果を見ると、穴山梅雪、曽根昌世のように武田を裏切って織田・徳川へ内応していた者、依田信蕃のように織田の追及を逃れて家康に匿われていた者以外は、いずれも死罪（●印）となっている。依田信蕃は「**在城主**」として信州佐久郡春日城主であったが、同時に「**城番主**」として二俣城や後に田中城の城主であった。最後は徳川へ明け渡したとはいえ、武田の滅亡寸前まで頑強に城を守り続けた。まさに、「武田氏に強い忠誠を尽くしたり、最後まで番城で抵抗したり、織田氏や徳川氏に抵抗した経緯があった」という武将の典型であり、実績では**信濃先方衆の筆頭格**であり、織田や徳川での知名度も高かった。左記の一覧を見ても、「信長より甲斐國大名切腹仰せ付けらるべしとの書立参り、**依田常陸介**切腹一の筆に書付け候」と『芦田記』（『依田記』）にあるように、信蕃は織田信長が処刑を予定している書き立て（リスト）の一の筆（筆頭）に上げられていたというのもあながち間違ってはいないであろう。

武田臣下の諸将の武田氏滅亡後の運命は左記の如くである。

（駿河）

・田中城……**依田信蕃**　⇩武田氏滅亡を悟り開城、いったん佐久帰還、家康の支援で遠州二俣奥小川に隠遁

・三枚橋城…興国寺城……曽根昌世↓かなり前から織田・徳川に誼を通じていた。家康によって匿われる。

・江尻城……穴山梅雪　↓内応（武田氏への裏切り）

・丸子城……屋代左衛門秀正、室賀兵部↓逃亡

●持舟城……朝比奈駿河守信置↓殺害

●庵原山城…朝比奈兵衛大夫信良（信置の子）↓殺害

●久能城……今福丹波守虎孝↓殺害

（遠江）

●諏訪原城…今福丹波守（再掲）↓殺害

●小山城……大熊備前守長秀↓殺害

●高天神城…岡部丹波守↓討ち死に（前年）

厳しい処断の対象――依田信蕃

・武田氏に強い忠誠を尽くした。

・最後まで番城で抵抗した。

・織田氏や徳川氏に抵抗した経緯がある。

一方、信濃国・上野国・駿河国のように甲斐国に征服された武田領国の国衆に相対的に厳しい処罰は下されなかった。（内藤氏・小幡氏・真田氏等はこの範疇か）。また、丸子城の城番であったが大した抵抗もなく逃亡した屋代左衛門秀正、室賀兵部も同じか。しかし、武田領国の国衆のうちでも、勝頼に忠節を尽くし織田軍に抵抗した諏訪氏（頼豊・伊豆守・刑部・采女など頼忠以外の者）、菅沼氏のうちでも織田・徳川から離反して武田氏に加担した（田峰菅沼氏・長篠菅沼氏）は捕えられて死罪となっている。

依田信蕃が家康に謁し臣下となった場所と時期

信蕃が織田信長の招集を逃れて、急遽甲斐の国の市川大門で家康と面会し、臣従を誓った**家康の市川の本陣**とは、**平塩の丘**である可能性が高い。「平塩の丘」は旧市川大門町立図書館の東南に位置する。芦川、笛吹川（富士川）が前面にあり、裏山は台地になっている。図書館のある市街地より二十ないし三十メートル高所にあり眺望がよい。平塩の丘の最上段（熊野神社の現在ある場所）辺りは源義清の館跡であったという伝承がある。そのすぐ北下には「**御屋敷**（ごやしき）」という地名の平坦な地形があり、現在は広い畑で民家も複数建っている。発掘の結果では掘っ立て柱の跡があったという。昔から土地の支配者が利用しそうな地形である。ここが**平塩の丘の家康の本陣**であろう。また、平塩の丘の背後（南）は若干低くなっている平地で、市川中学校や民家がある。「天正十年、**徳川氏が四十日**の間滞在し、仮御殿を設けて国事を行なったので、**御屋敷跡**といふ」と地元の郷土史関係の複数の書物でも述べられている。（これは、本能寺の変の後六月以降のことを示す可能性もある）

前述の表から見ると、**家康**は三月二十日に**上諏訪**にいる**信長**に謁見した。まさに、その日に依田信蕃は、織田信忠に謁するために上諏訪へ行く途中、飛脚（密使）と出会って、「信長から切腹を命じられるから、諏訪ではなく家康のいる甲州へ向かうように」という家康のからの助言を受け、甲州市川にいる家康の陣へ主従六人で向かった。逃避行の間道なども飛脚（密使）が案内したものと思われる。家康が上諏訪から**甲州市川の陣所**へ帰着したのは、三月二十三日なので、（信蕃主従が前日までに市川へ到着していたとしても）、家康に謁見できたのは、三月二十三日またはそれ以降ということになろう。

31　信蕃、二俣奥・小川の里に隠れ棲む

芦田信蕃は、信長の武田遺臣狩りから逃れ、家康に臣従し、**遠州二俣の奥**に隠れ棲んだ。『芦田記（依田記）』に記述

されている。

即**市川**にて御目見え仕り、直に山路をしのぎ、遠州二股の奥に小川と申す所に、上下六人にて隠居申され候。

諏訪の**織田信長**陣所へ向かっていた途中、**家康**からの飛脚（忍者）に会った。――「諏訪へ行けば信長に命を奪われる」。夜通しに甲斐國市川へ行き、徳川家康に御目見えするようにとの飛脚であった。そこで、直ちに甲斐国市川の陣所で、家康に御目見えし、**家康に臣従**することとなった。家康にとっては、信蕃の**二俣城主**や**田中城主**としての知略と武勇を目の当りにしており、いつかは家来にしようと願っていたのである。信蕃も**武田一筋**で忠勇を発揮してきたが、その武田氏は今はなく、途方にくれていたところ信長から命を狙われていることが判明し、そこへ家康から声が掛かったのである。信蕃としても仕えるなら家康と思っていたに違いない。両者の思惑が一致し、信長の支配が及ばない遠州二俣の奥に身を潜めることとなったのである。幸い、徳川家康に渡ってからの二俣城主は、信蕃と肝胆相照らす間柄の**大久保七右衛門忠世**であった。

依田信蕃、遠州二俣の奥小川に隠れ潜む

依田信蕃が、徳川家康の勧めにより、織田信長の追及から逃れるために主従六人で隠れ棲んだのは、**遠州二俣の奥小川**という所であった。主従六人とは――**信蕃**・次弟依田源八郎**信幸**・三弟依田善九郎**信春**・叔父依田**左近助守俊**・従兄弟**依田主膳**・**奥平（戸田）金弥**であった。現在の浜松市（旧天竜市）小川字松間であると推定される。小川が選ばれたのは、小川を治めていた大久保忠世と依田信蕃は二俣城の攻防で共によく知っていたからであろう。**信長の追及から逃れて隠れ潜む**にあたっては、食糧や必要最低限の物については、家康の指示で大久保忠世の支援があったものと想像できる。ちなみに、依田信蕃が遠州二俣の奥小川に潜居した時の仮の名は、依田**忠右衛門**（土屋節堂選集第五巻『史談武田落』歴史図書社）、**三郎左衛門**（『寛政重修諸家譜』）、**三郎右衛門**（『もう一人の真田』市川武治著、株式会社櫟）と微妙に違っている。旧天竜市（現浜松市天竜区）小川は「**小川郷**」と称した。その小川郷を流れる気田川は、東から南西へ流れる清流である。その昔川を上下する舟に

よる交通があったとのことである。今でもカヌーの練習をしていたり、鮎釣りをしている光景がある。二俣方面から「県道鮎釣り東雲名春野線」を気田川の右岸（西岸）に沿って遡り、松間大橋を東へ渡ったところにある山塊の上に、依田信蕃が**隠れ住んだ砦跡**があったと推定される。その砦跡については、地元の人の伝承や研究もいくつかある。（詳細は拙著「戦国三代と天下人」二七〇～二七一頁参照）。『芦田記』（『依田記』）に出てくる「遠州二股の奥に小川と申す所に、上下六人にて隠居申され候」という内容に相当すると思われる「城山」「松間」「上ノ平」「ヌタ山」等の地名があったり、「上ノ平」の主郭に該当する部分が近世になって、宅地や耕地に利用されたためか、当初の遺構がそのままの形で残っていないとはいえ、山頂下の帯曲輪や主郭の土塁や空堀の一部は戦国時代の遺構であろうことは推定できる。

織田信長の追及から逃れ、信蕃が潜伏した小川砦（松間砦、ぬた山）

いずれにしても、**依田信蕃**が**二俣の奥の小川**に隠れ住んだのは天正十年三月二十日過ぎ頃から本能寺の変の直後の六月初旬までであるので、せいぜい**七十数日間**ほどのことである。したがって、その旧跡はあったとしても、実際は、いかばかりであろうかと思われる。

信長と家康の武田旧臣に対する処遇の違い

信長は名のある武田旧臣は見つけ次第、あるいは謁見に出てきた者は、**容赦なく殺害**した。征服した領国へは直臣を派遣し統治させた。例えば、甲斐國は河尻肥後守秀隆に、西上野および佐久・小県郡は滝川一益に、川中島四郡は森勝蔵（長可）に統治させた。

一方、**家康**は信長とは逆に、**依田信蕃**、三枝虎吉、曽根昌世、岡部正綱等何人かを駿河國などに**匿い**、彼らの力を生かして甲斐國・信濃國の平定を図かり、**旧臣の臣従を促した**。それを見たその他多くの武田旧臣は、続々と家康に忠誠を誓った。特に家康は武田旧臣である曽根昌世、岡部正綱を甲斐での奉行として、下級武士にまで配慮して、その取り込みを図っていることが、後世の目からみると、成功の大きな鍵であったことが分かる。信長とは違って、彼らを臣下として、新しい領国を統治する手法をとった。家康の**本領安堵**による**現地兵力の抱き込み**の方が成功をおさめることになった。甲・信の武田旧臣が家康に臣従を誓約した「**天正壬午起請文**」には八九五名が名を連ねている。日付を天正十年八月二十一日とした起請文が多い。家康にとっては、同じく甲斐國を狙う北条氏との抜き差しならぬ対陣が行なわれていた時期である。ところで、その中には**依田信蕃**の名はない。信蕃が信州佐久郡・小県郡方面の平定を任された立場であり、家康から信頼を既に得ていた為と推定される。また、八月頃には信蕃は、まさに佐久郡春日の奥の三澤小屋へ籠もって北条氏やその先兵である大道寺政繁と戦っている頃で、起請文を書く余裕がなかったからとも考えられる。徳川家康の兵力は、同じく甲斐に侵入した北条氏直の兵力と比較して、圧倒的に不利であったが、家康の武田旧臣に対する処遇と、依田信蕃などの武田旧臣の主だった武将の武略・智略による活躍によって、北条との講和にこぎつけ、甲斐國・信濃國を領国とするに至る。（後述）。

本拠春日郷、織田軍に蹂躙される

ところで、信蕃主従六人が去った後、不在の**春日城**はどうなったであろうか。織田方からすれば、上諏訪へ来れば命を奪う予定であった依田信蕃が出頭せず、どこかへ姿をくらましてしまったわけであるから、そのまま何もしないという選択肢はない。小諸城にいて、信蕃に上諏訪へ行って織田に挨拶（出頭）するように直接申し渡した**森長可**か、直後に佐久郡・小県郡を与えられて小諸城へ入った**滝川一益**のいずれかが、**軍勢を**信蕃留守の**春日郷へ**送り込んだことは、状況からして必定である。

佐久郡春日郷は、古東山道が近くを通過していた。佐久平から大河原峠を越えて諏訪の山浦地方（茅野市周辺）、要衝に位置していた。そこの本拠の**春日館**（**芦田氏館**）は焼き討ちにあったと推定される。その際、その時点までに芦田氏が武田信玄・勝頼から賜った書状や家宝は、ことごとく持ち去られたり破壊されたり、焼かれた可能性がある。そのた

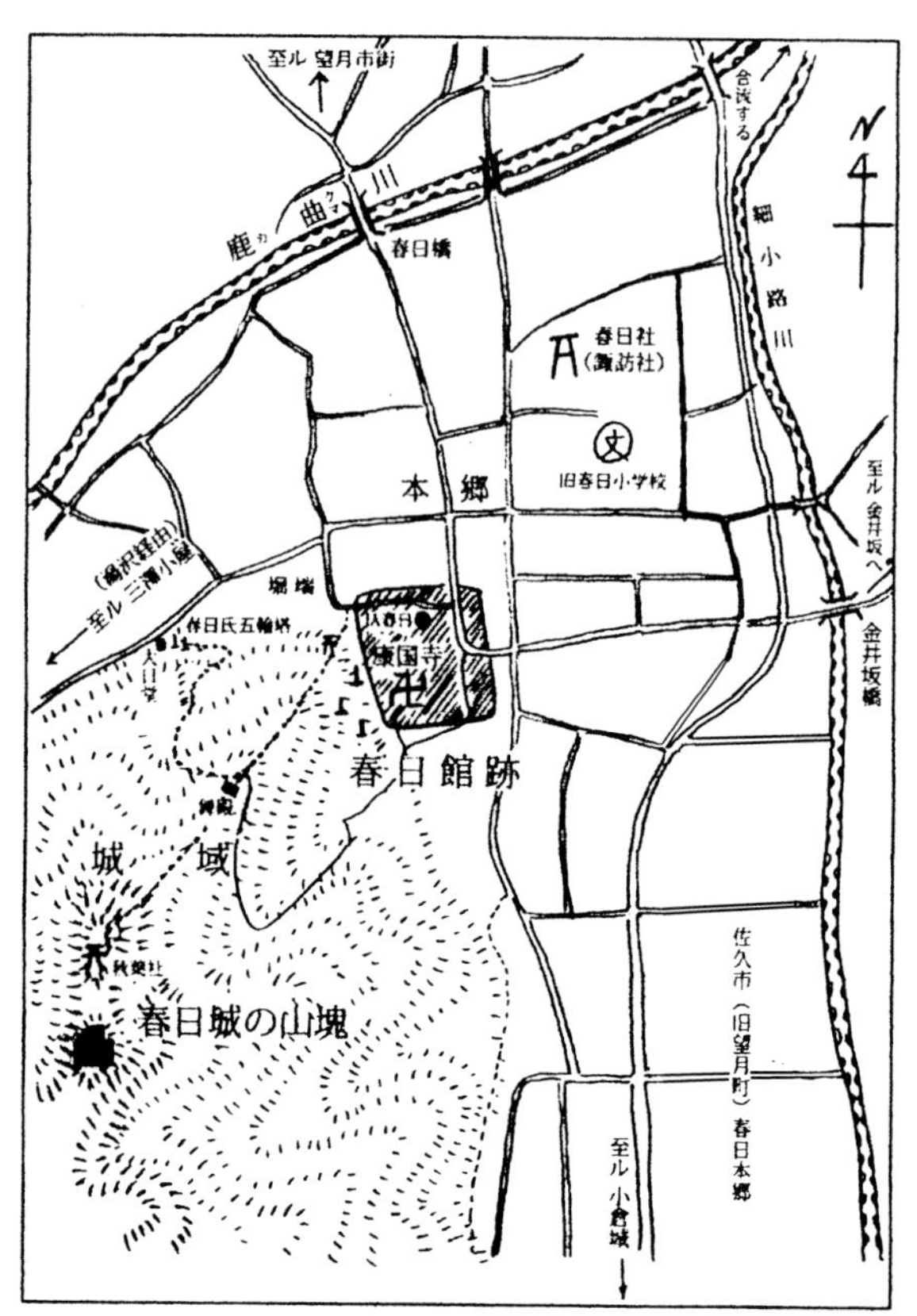

春日城と春日館

めか『芦田記』（依田記）の後述の文の中で、証拠としては実物ではなく「写し」が尾張藩徳川家へ提出されている。二十一世紀の今日まで伝わった**芦田家の家宝や文物**は、平成二十三に長野県立歴史館の特別展「武士の家宝〜かたりつがれた御家の由緒」ということで展示され、また冊子が刊行されている。しかし、**いずれも本能寺の変以降の物しかない**ことからも、それは裏付けられている。

　北佐久郡旧春日村から明治十一年に『長野県町村誌』の刊行のために提出された内容には、春日村の項に「居館は今金城山康国寺の境内なり。方二町、三方塁二重あり。濠を廻らして、堀端小路の名あり」とある。その館跡が佐久市教育委員会によって平成二十二年に発掘調査が実施された。それによると、五メートル離れて平行に掘られた幅四メートル以上と幅三メートル前後の濠跡のほか、濠掘削以前の竪穴をもつ建物跡が発見されている。平行する濠は、町村誌に記される二重の濠の可能性が高い。背後の山城（春日城）の前面に「コの字」形に濠を廻らせた一辺一〇〇メートル〜一五〇メートルの方形館が想定できる。（詳細は後続ページ参照）当主信蕃が織田信長の追及から逃れて、家康によって遠州二俣の奥小川郷に匿われていたこの時期に春日郷、春日城、春日館は**織田軍に蹂躙され**、芦田氏の留守を預かる武将や家族・近親者・臣下の家族などは春日館の南方の**蓼科山系の山小屋**や避難所へ身を隠していた（「**山上がり**」していた）と思われる。その具体的な場所については、何カ所か郷土史家によって取り上げられているが、特定はできていない。筆者は細小路川奥右岸の岩山上にある小倉城がその一つであろうかと推定している。（詳細は拙著『戦国三代の記～真田昌幸と伍した芦田（依田）信蕃とその一族』三五六—三五七頁参照）。

32　本能寺の変と柏坂峠旗挙げ

遠州**二俣の奥小川**の里で織田信長の追及から逃れて先行きの見えない**隠棲**を始めて**七十日余**り。歴史は思わぬ方向へ急展開する。日本史上最も衝撃的な事件「**本能寺の変**」である。『芦田記（依田記）』では、その直後の**芦田信蕃**の動向を伝えている。

その後、六月二日、信長御果ての由、**家康**様より御飛脚下され、**本多弥八**へ一通、**常陸介**へ一通、御書下し置かれ候。その御書に、このたび、明智、信長御父子を殺し奉り候。その折節、和泉の境御見物の為、家康様御越し候、その留守にて何事も無、堺より大和路を、直ちに伊勢より御舟にて大高へ御着あるべし由にて候間、早速常陸介甲斐並信州へ参り。両国ともに家康様御手に入り候様に引き付け申すべしと御書に付けて、則甲州衆を引き付け申すべしとて、二股を出、甲州へ上下六人にて参られ、甲州入口**柏坂**（柏イ崎）の峠に**鐘の旗**を立て候へば、**柏坂**（柏イ崎）の麓五里三里の間、旗を見て**蘆田殿の旗**にて候と見知り、**横田甚右衛門**始め迎えに出、甲州衆悉く**常陸介**に礼を申す。それより人数三千になる。その後、信州小諸へ六月廿日頃に参られ候。

柏坂峠（右左口峠）に鐘の旗

〈要旨〉

・その後、六月二日、本能寺の変で織田信長が滅んだということを、**家康**から飛脚によって知らされた。本多弥八郎正信へ一通、依田常陸介信蕃へ一通の御書（書状）が下し置かれた。その書状には「このたび、明智光秀が謀反を起こして織田信長・信忠父子を滅ぼした。その時、徳川家康は見物のため和泉の堺にいたので無事であった。堺から大和路を直ちに伊勢より舟で大高へ到着する予定である。常陸介は早速甲斐と信州へ行き、両国ともに家康に臣従するように手筈せよ。」とあった。

・すぐに甲州衆を徳川へ引き付けるべく、遠州二俣の奥小川を出て、甲州へ主従六人で向かった。甲州の入口**柏坂**峠に**鐘の旗**を立てると、**柏坂**の麓五里三里の間、旗を見て**常陸介**（**蘆田**信蕃）の旗だと見知って、**横田甚右衛門**が真っ先に出迎え、甲州衆は、ことごとく**常陸介**に礼を申した。それより集まった人数は三千になった。

・その後、常陸介は信州小諸へ六月二十日頃に帰った。

本能寺の変と徳川家康

天正十一年六月二日未明、**明智光秀**の謀反によって**織田信長**は非業の死を遂げた。**本能寺の変**であるが、このことについては既に多くの言及があるので、ここでは筆を控えたい。この時の徳川家康のことにつて若干触れたい。家康は信長の勧めもあって、その時は穴山梅雪を伴って泉州堺にあった。昵懇であった豪商茶屋四郎次郎清延の知らせによって、危うく難を逃れ、**服部半蔵**の案内により**伊賀越え**の間道をとって、逃避行をした。（その際、家康からはぐれた穴山梅雪は一揆の土民によって命を落としたといわれている）。家康一行は更に伊勢に至り、舟で伊勢湾を渡った。知多半島の先端を回り、知多湾を北上し、大浜（現在の愛知県碧南市）に上陸して、四日に無事岡崎城へ入った。家康の人生における大ピンチは、この本能寺の変直後の苦難の「伊賀越え」による本国への帰還と三方ケ原の合戦での敗走の時であろう。なお、『芦田記（依田記）』では、上陸地を「大高」としているが、正しくは「大浜」であることが、『家忠日記』の六月四日の記述によって裏付けられる。

家康者境（堺）ニ御座候、岡崎江越候、家康いか（伊賀）、伊勢地を御のき候て、**大濱**へ御あかり候而、町迄御迎ニ越候……。

この時、松平家忠は家康一行を迎えに**大浜**まで行っているのである。

家康、信蕃に甲信の武将を徳川方の味方に付けるように働くべく命じる

『**武家事紀**』には、次のような記述がある。

織田信長逆弑の時、源君より蘆田常陸介信蕃が許へ書を賜り、甲信両国を味方に属するごとく才覚仕るべしの旨命ぜらる。玆に因って遠州二俣の奥小川と云う所より、……〈後略〉

『**武徳編年集成**』には、この局面について左記のように述べられている。

神君より一番に酒井左衛門尉・大須賀五郎左衛門、二番に岡部次郎右衛門正綱・日下部兵右衛門・成瀬吉右衛門・穴山勢、三番に大久保七郎右衛門・石川左衛門大夫・本多豊後守父子并曾根下野正清を始め、武田の舊臣等を催し、甲州征伐の為に遣し玉ふ。且、本多佐渡守正信を以て信州の浪客**依田右衛門佐信蕃**初幸致と號すに命じたまふは、兼て**大久保忠世**言上する所、汝が舊好の士餘多佐久郡に散在する由、早く彼輩を相催し且諸手より五騎、十騎宛援兵を得て、信州を手柄次第に攻従ふべしと云々。**柴田**

七九郎康忠は譜第舊勲の勇者と雖、御勘気を蒙り蟄居せし所に、大久保忠世が歡訴に因て是を免許せられ、**右衛門佐信蕃**が監軍たらしめ玉ふ。柴田愁眉を披き、白地に黒輪貫くの旗、晴明が判の馬標を押立、**依田**と共に**柏坂峠**に張翼し、國中の士を招く所、最初に横田甚五郎後甚右衛門と改む尹松馳來る。其外甲州の勇兵踵を繼で擧参し、千餘騎に及べり。則ち**依田**、柴田、信州佐久郡に赴く。」

これによると、甲州征伐（甲州平定）する為に遣わした徳川直臣の武将とともに、武田旧臣であるが、徳川へ臣従してきた岡部次郎右衛門正綱と曾根下野守正清（昌世）、更に穴山勢（穴山梅雪は既に亡く、嫡子の勝千代はいまだ幼少で、有泉大学助が統率していた）の名が上げられている。整理してみると、

一番に……酒井左衛門尉・大須賀五郎左衛門、

二番に……岡部次郎右衛門正綱・日下部兵右衛門・成瀬吉右衛門・穴山勢、

三番に……大久保七郎右衛門忠世・石川左衛門大夫康道・本多豊後守広孝、同康重・曾根下野正清（昌世）

平山優著『天正壬午の乱』（学研）によると、六月六日以後、家康によって甲斐に真っ先に派遣されたのは甲斐衆との関係が緊密な岡部正綱と曽根昌世（正清）であり、この二人が甲斐で武田旧臣に徳川帰属を呼びかけ、その後、大須賀康高が甲斐に入って八代郡市川に在陣し、徳川の威光を至らしめる宣撫工作を行なった。それは、彼らが発給した知行安堵状に表れているという。家康が甲斐に到着するまでの暫定的な証文であったが、甲斐の武田旧臣を徳川方の味方にする上で大きな役割を果したことになる。六月末には第二陣ともいうべき大久保忠世・石川康道・本多広孝同康重父子らが派遣された。河内路から甲州入りした家臣が甲州支配の目安を整えた。家康自身は浜松を出発し、甲州に向かった。富士の裾野〜女坂〜迦葉坂・柏坂峠・右左口峠を通って、三カ月前に信長が甲州から凱旋した中道還往を逆に辿って、九日に甲州へ入った。家康自身の甲斐入りは四カ月ぶりであった。現在、右左口（うばぐち）宿の敬泉寺（きょうせんじ）の上にある「**仮御殿跡**」は、去る四月に家康が織田信長の宿舎として建て、以後は家康の中道往還通過にあたって休泊する仮御殿のあった

ところである。そのすぐ東の山上に地元の人々から城山と称されている**右左口砦**（うばぐちとりで）跡がある。これは仮御殿や右左口宿を守る役割を担っていたが、家康の家臣**松平家忠**が修築したものである。依田信蕃が鐘の旗を立てて兵を募った「柏坂峠」というのは、周囲の自然地形からして、この小山辺りが妥当と思われる。家康は**前後計七回甲斐入り**しているが、初回を除き六回、右左口を通過する**中道往還**を通っている。

一方、信州の平定に関しては、（軍監柴田康忠をつけて）**依田信蕃**に任せられた。『武徳編年集成』によると、

本多佐渡守正信を以て信州の浪客**依田右衛門佐信蕃**（初め幸致と號す）に命じたまふは、兼て**大久保忠世**言上する所、汝が舊好の士餘多佐久郡に散在する由、早く彼輩を相催し且諸手より五騎、十騎宛援兵を得て、信州を手柄次第に攻従ふべしと云々。

とあるように、織田信長の追及から逃れ、徳川家康に遠州二俣の奥小川の里に匿われ、隠れ住んでいた**依田信蕃**に、

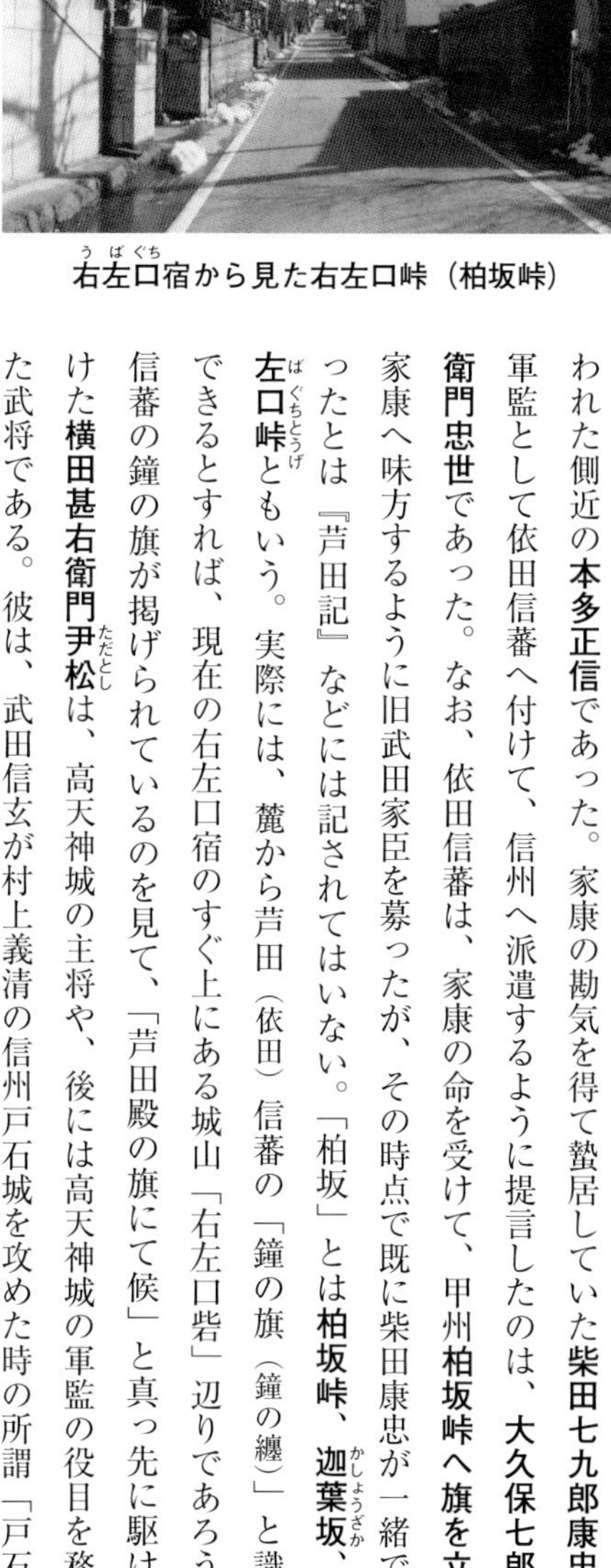

右左口（うばぐち）宿から見た右左口峠（柏坂峠）

本能寺の変で信長が滅んだ後、徳川家康の命令を伝えたのは、家康の懐刀とまで言われた側近の**本多正信**であった。家康の勘気を得て蟄居していた**柴田七九郎康忠**を軍監として依田信蕃へ付けて、信州へ派遣するように提言したのは、**大久保七郎右衛門忠世**であった。なお、依田信蕃は、家康の命を受けて、甲州**柏坂峠へ旗を立て**、家康へ味方するように旧武田家臣を募ったが、その時点で既に柴田康忠が一緒であったとは『芦田記』などには記されてはいない。「柏坂」とは**柏坂峠**、**迦葉坂**（かしょうざか）、**右左口峠**（うばぐちとうげ）ともいう。実際には、麓から芦田（依田）信蕃の「鐘の旗（鐘の纏）」と識別できるとすれば、現在の右左口宿のすぐ上にある城山「右左口砦」辺りであろうか。信蕃の鐘の旗が掲げられているのを見て、「芦田殿の旗にて候」と真っ先に駆けつけた**横田甚右衛門尹松**（ただとし）は、高天神城の主将や、後には高天神城の軍監の役目を務めた武将である。彼は、武田信玄が村上義清の信州戸石城を攻めた時の所謂「戸石崩

れ」の殿軍を務めて討ち死にした横田備中守高松の養子で跡を継いだ。武田滅亡後、依田信蕃に属して信州三澤小屋に籠もったりもした。後に徳川氏に属し旗本となった。ところで、柏坂峠での信蕃の旗揚げに集まった人数は三千（『武徳編年集成』では「千餘騎」）になったといわれているが、真偽のほどは定かではない。また、「その後常陸介は、信州小諸へ六月二十日に帰った」ということであるが、その時その人数を従えていたという説もあるが、とてもその人数は考えられない。そのような大人数では、春日城のある谷の奥、蓼科山の山岳渓谷地帯にある三澤小屋に籠もることは不可能である。ただし、後に信蕃が三澤小屋へ籠もって北条氏直の糧道を断つゲリラ行動に及んだ後、佐久平定に乗り出した頃には、徳川からの加勢の軍勢が増えたのは確かであろう。

信蕃が柏坂峠に立てたのは「鐘の旗」か「鐘の纏」か？

依田信蕃が潜居していた遠州二俣の奥小川村から、家康の命により、本能寺の変の直後に甲州入りした時に、**柏坂峠**（右左口峠）（迦葉坂）に立てたのは「鐘の**旗**」か、それとも「鐘の**纏**」かという疑問が存在する。

①「**鐘の旗**」か？

『依田記』によると「旗」であったという。「信蕃の旗」＝「鐘の**旗**」と甲州武士の間では認識されていたことになる。

②「**鐘の纏**」か？

『寛政重修諸家譜』の（三百五十六）依田信蕃の項によると、信蕃が柏坂峠で掲げたのは「**鐘の纏**」であったとされる。信蕃の旗印が鐘（たぶん陣鐘）をデザインして描いた「鐘の旗」ということがあったかもしれないが、諸将を集める時には「鐘の纏」となっている。つまり、依田信蕃の馬印が「鐘の纏」（鐘を頂点にあしらった纏）であった可能性がある。

旌旗～幟旗・馬印・合印の指物

旗は軍団の標であるので、挙兵を「旗を挙げる」といい、進軍は「旗が動く」「旗を進める」と言った。旗の大きさについては故実によると、旗の長さは一丈（約三・三メートル）または一丈二尺（約四メートル）で、幅は約八〇センチメートルである。広い意味での隊旗には幟旗、馬印、指物（合印指物）

があった。**幟旗**や**馬印**は本陣の位置を指し示した。指物（合印指物）は敵味方を区別する個人の標識用の旗で「旗指物」とも言った。そうしたことからすると、芦田信蕃の本陣（信蕃の所在）は、「**鐘**の紋を描いた幟旗」と「**鐘**の纏の馬印」であったことになろう。つまり、大将（一軍団の主将）のいる場所を示すのは「幟旗」であり、同時に「馬印」も存在したことになる。したがって、芦田信蕃が柏坂（右左口峠）ではためかせて武田旧臣を集めた時の旌旗は、**鐘の紋の幟旗**でもあるし、同時にその場に鐘をあしらった**纏の馬印**もあったということができそうである。

金の采幣を下賜される

依田信蕃は、家康が出陣を指示した証として書状とともに「**金の采幣**」を送られている。

『寛政重修諸家譜』巻第三百五十六の信蕃の項では次のように述べられている。

> 脚力をして**信蕃**に御書を下され、はやく甲信のあひだに旗をあげ、兩國をして平均せしむべしとなり。これにより信蕃ただちに小川を發し、甲斐國にいらむとす。また、**本多彌八郎正信**をしてすみやかに甲信に入、舊好の士を催し、其勢をあはせ、兩國をして全く麾下に屬すべしとの仰せを蒙り、かつ其證として**金の御采幣**を賜ふ。ここにおいて信蕃鐘の纏を甲信の境、柏坂峠に建て、近郷の士を招く。來り集るもの三千餘人にをよぶ。

信蕃が家康から拝領したとされる金の采幣（**金紙采配**）は、長野県立歴史館に寄託されている。

旌旗はためく～「峠の旗」へんぽんと翻る

「**峠の旗は芦田殿の旗よ**」と、来たり集まる**武田旧臣**は三千余人に及んだ。芦田信蕃はこの兵を具して」――信蕃は甲州柏坂峠に鐘の旗を立て、近郷の士を招いた。この瞬間から戦国末期の中央舞台を全力で駆け抜け、いわゆる「天正壬午の乱」のまっただ中に光彩を放つ信蕃の最終章が、いよいよここから始まるのである。

武田・徳川・織田・北条の間に、**芦田あり**とその名を知られた侍大将**芦田**（**依田**）**信蕃**は、戦国の終焉に向かっての強風の中ではためく、まさに「峠の旗」であった。信蕃の鐘印の旌旗が赴く先には、逆風が吹く中を、戦いの日々の明け暮れの向こうに、希望の光が見えて来ていた。そのシンボルとしての「峠の旗」の舞台が、いよいよ本拠地信州の山間を縦横無尽に走るシナリオが用意されているのである。

33　信蕃、小諸城へ入城

その時、**瀧川左近**上野國にて氏政との合戦に打ち負け、信州小諸に居られるにつき、瀧川左近に**常陸介**も対面。

……〈中略〉……瀧川左近六月廿三日に小諸を立ち、木曾路をさして尾州長島へ落ち申し候。

信蕃が信州小諸城へ六月廿日頃に入った時、**瀧川左近一益**が上野國で北条氏政との合戦に打ち負けて、小諸城にいたので、信蕃は瀧川左近一益に対面した。瀧川左近一益は、六月廿三日に小諸を立ち、木曾路を経由して尾州長島へ落ちて行った。

神流川の戦いで滝川一益敗戦

信濃國を経て甲斐の国へ織田軍先鋒として侵入し、高遠城の仁科盛信や武田勝頼を滅ぼす際に直接功のあった**滝川一益**（かずます）は、信長から、諸将に先だって上野一国と信州佐久郡・小県郡の領国の統治を任され、織田への臣従を示した関東の諸将を与力とし、**関東管領**（かんれい）を称した。本拠を最初は上州**箕輪城**に、次いで**厩橋城**（うまやばしじょう）へ移した。信州佐久・小県の二郡の統治には小諸城に甥の**道家彦八郎正栄**（まさよし）を置いた。

本能寺の変の第一報が滝川一益のところへもたらされたのは、天正十年六月七日とも九日とも言われている。一益は即刻上洛したかったが、小田原の北条が後を追ってくる可能性があるため、一戦を交えておく必要があった。信長横死のため上洛を急ごうとする一益と、武田家の滅亡と本能寺の変の混乱に乗じて上野支配を窺う北条との戦いが「**神流川**（カンナガワ）**の戦い**」である。信長が本能寺の変によって滅びた後、織田方の滝川一益と北条氏直・氏邦が武蔵國児玉郡（現在の上里町周辺）で衝突したのである。滝川軍一万八千、北条軍五万ともいわれる規模からすると、戦国時代を通じて関東地方で最も大きな野戦であったといわれている。――六月十六日、北条**氏直**が倉賀野へ進軍した。十八日、滝川一益が北

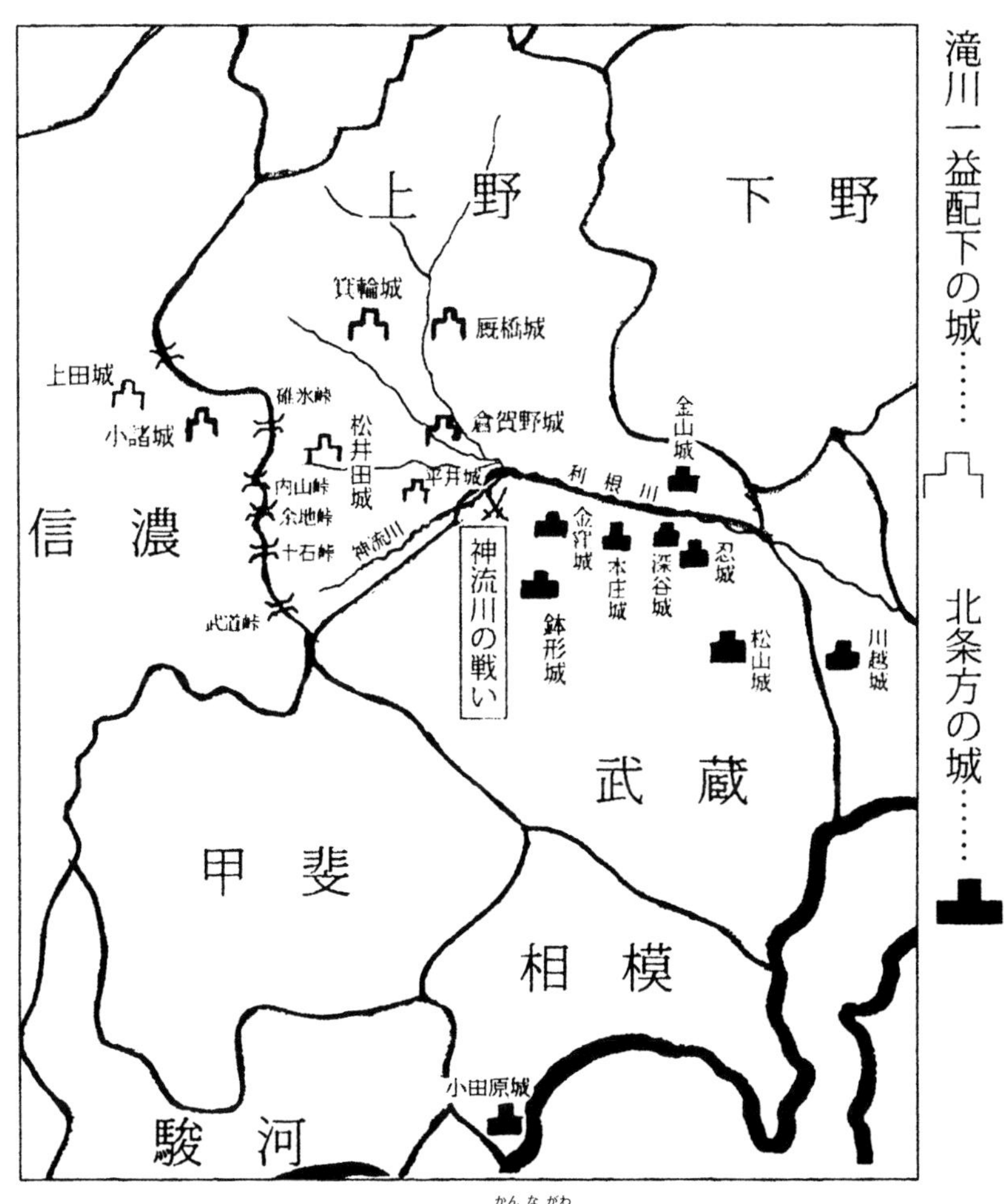

滝川一益と神流川（かんながわ）の戦い

条方の金窪城を陥落させ、**金窪原**での合戦では北条氏直も参戦したが、滝川一益は**氏邦**率いる鉢形勢を破ったが軍勢に勝る北条勢に押され、また、上州勢も頼りにならず、一益は終に敗れ、夕刻に敗走し、**倉賀野城**を経て**厩橋城**へ退却した。この前後四日間の戦いを「**神流川の戦い**」という。二十日、一益は上州衆を**箕輪城**へ集め、別れの酒宴をもち、深夜に箕輪城を旅立った。二十一日、松井田城経由で碓氷峠を越え、信州での拠点**小諸城**へ着陣した。群馬県高崎市新町の国道十七号線を東京方面へ向かって行くと、神流川に架かる橋の手前左側の道端に「神流川古戦場跡」と書かれた大きな石碑が建っている。また、付近の住宅の立ち並んでいる辺りには、首塚や胴塚が別々の所にあり、鳥居や祠とともに説明板がある。今から、約四三〇年以上前にこの辺りで壮絶な戦いがあったことは想像もできないほどの平和な光景が展開している。

最終的には**一益**はこの敗戦を契機に碓氷峠から信濃の**小諸**を経て、本拠地**伊勢**へ引き返すことになった。この頃、旧武田支配であった新しい領国を信長から任されていた武将のうち、甲斐の河尻秀隆は武田旧臣により殺害されている。北信濃の森長可は美濃へ、南信濃の毛利長秀は尾張へ、それぞれ領地を放棄して帰還している。東国における織田氏の支配は三カ月弱という短期間で終わった。

滝川一益、本拠伊勢へ撤退

前述に「（信蕃は）信州小諸へ六月廿日頃に参られ候」「その時、**瀧川左近**上野國にて氏政との合戦に打ち負け、信州小諸に居られるにつき、瀧川左近に**常陸介**も対面」とあるのは、この時のことを物語っている。つまり、**信蕃**が甲斐国**柏坂峠**で旗挙げした後、兵を率いて信州へ帰り、**小諸城**へ到着した六月二十日頃は、滝川一益がちょうど上州から小諸へ到着した頃と一致するのである。一益はこの時、小諸城を依田信蕃に託したとされ、信蕃はこの時点で小諸城主となったとする説もある。瀧川一益は、六月廿七日に小諸城を立ち、木曾路を経由して、本拠の尾州長島へ落ちて行った。この時、信長への**人質**として預かっていた佐久郡・小県郡の国衆の人質―依田信蕃の二人の男子である**竹福丸**（のちの康国）と**福千代**丸（のちの康眞）、更に真田昌幸の母などを、長島まで連れて行く予定で、下諏訪経由で木曾まで来た。ここで**木曾義昌**に人質を託す（渡す・譲る）のを条件として無事木曾谷を通過して美濃国へ入り、尾張を経て本拠である伊勢国長島に帰還したのは七月一日（本能寺の変のちょうど一カ月後）であった。滝川一益は、六月二十七日に行なわれた織田家宿老による清洲会議に出席できず、一益の織田家における地位は急落することとなった。ともあれ、**信蕃の二子**は人質として**木曽義昌**のもとにおかれたのである。

依田信蕃は、佐久へ帰還して前後二度小諸城へ入っている。それは信玄時代以来、小諸城が佐久の統治を象徴する城としての機能を果たしていたということを意味する。

信蕃が小諸城主となったとする説について

まず最初に、信蕃が小諸城へ入ったのは、田中城を徳川へ明け渡した後、信州へ帰った天正十年**三月十四日**のことである。その三日前には武田勝頼が滅びている。この時は小諸城に陣していた織田の**森長可**に会って、織田信忠のいる諏訪へ挨拶に行くように勧められたが、途中で家康からの飛脚の知らせによって、急きょ甲州市川の家康本陣へ向かっている。

二度目は、隠れ潜んでいた遠州二俣の奥小川から、本能寺の変後に甲州柏坂峠に旗揚げし、兵を募った後、信濃入りして小諸城へ入った。それが**六月二十日頃**である。滝川一益が神流川の戦いで敗れ、上州から小諸城へ撤退していた時のことである。この時、**一益**は**信蕃**を小諸城代に任じ、後事を託して二十五日に西国へ向かったという。信州佐久郡三塚（みちづか）の**瀬下敬忠**（のぶただ）が宝暦三年（一七五三）に編述した『千曲之真砂（信濃雑記）』の小諸城の項で、「城代」として芦田右衛門信蕃の名を上げ、「六月廿五日為小諸城代」と述べられている。これをもって、「信蕃が天正十年（一五八二）六月二十五日に小諸城代になり、在城一カ月」とする郷土史家もいて、小諸市関係の歴史書ではそのように解釈説明している場合が多い。しかし、瀬下敬忠の記述内容をそのまま解釈して、依田信蕃を小諸城の「城代」ないしは「城主」として論じることは、妥当ではない。なぜならば、滝川一益が信蕃と別れたのは六月二十五日。その後、信蕃は佐久の諸将に対して**徳川への臣従の工作**をした。信蕃の斡旋で平尾氏、平原氏など何人かの武将が家康から安堵状を発行されているが、彼らは、やがて北条方になってしまう。しかし、信濃国を狙ってた北条氏直が、碓氷峠を越えて佐久へ乱入し、先鋒の**大道寺政繁**が、遅くても七月十二日以前には信蕃を小諸城に攻めている。大軍の攻撃に信蕃は本拠地である佐久郡**春日城へ退いた**。信蕃が滝川一益と別れてから、この時までそのまま小諸城に在城していたか否かということは定かではないが、たとえいたとしても、小諸在城は足掛け二カ月（実際には二十日間ほど）であった。とても「城主」とはいえなかったし、誰かの代わりに「城代」になっていたわけではなかったのである。「信蕃は小諸城主となった」というのは、後日嫡子の竹福丸が松平康國となって、天正十一年から十八年まで七年間小諸城主であった経緯もあって、その父である信蕃も城主であったことがあると、安易に考えられている傾向がなきにしもあらずといったところであろう。

北条氏、信州へ侵攻　滝川一益が去ると、南関東に勢力を拡充していた北条氏が更に台頭することとなった。北条氏は碓氷峠を越えて信州佐久へ乱入し、信濃へ勢力を伸ばし、川中島で上杉氏と一戦を交えたり、更に諏訪を経て甲斐の国へ侵入、徳川家康と甲州若神子に対陣することとなる。——**芦田信蕃が三沢小屋**へ立て籠もり、また、たびたび**北条の糧道を断って**後方攪乱し、家康から戦功を大いに認められたのはこの時のことである。（後述）

信蕃、春日城へ撤退。そして三澤小屋へ籠もる　北条氏先鋒の**大道寺政繁**が、遅くとも七月初旬には**信蕃**を**小諸城**に攻めている。大軍の来襲に信蕃は本拠地である佐久郡春日城へ撤退した。信蕃の小諸城入城から撤退までを時系列に従ってまとめてみると、

①六月二十日頃……信蕃が小諸城へ入る。
②六月二十三日……滝川一益が小諸城を発って尾州長島へ向かう。（6／25、6／26、6／27とも）
③七月初旬………北条方先鋒の大道寺政繁が佐久へ侵入する。
④七月上旬………信蕃が春日へ撤退した後、北条は小諸城を信濃侵攻の拠点とした。
⑤七月十二日……北条軍は小県郡の海野へ進出する。

吉澤好謙（たかあき）の『信陽雑志』（一七四四）でも、「（六月）**廿七日、大道寺駿河守小田井砦来**」と述べている。したがって、北条先鋒が小諸城へ迫ったのは六月末ないしは七月初旬であろう。

滝川一益が小諸城を去ってからずっと信蕃が小諸城に在城していたか否かは定かではないが、たとえ継続して居たと

しても**小諸城在城は実際には二十日間余り**であった。しかも、信蕃が小諸城で佐久の諸将に徳川家康への帰順を呼びかけることができたと思われる「小諸城を支配している武将」としての立場は、滝川一益が小諸城を去った日（六月二十三日〈二十五日、二十六日、二十七日とも〉）から北条勢が迫り来る7月初旬であったので、実質的には十日間程度であったということになる。

信蕃は、在城二十数日、北条の大軍の佐久侵攻に抗すこと能わず**小諸城を撤退し**、本拠である佐久郡**春日城**へ入るが、さらに北条の攻勢を避けるために春日渓谷奥の**三澤小屋**に籠ってゲリラ戦を展開した。

北条の信州侵入によって、**常陸介（芦田右衛門佐信蕃）**の撤退した小諸城へ北条の**先鋒大道寺政繁**が入った。信蕃は春日の山奥、蓼科山中の三澤小屋へ避難し、そこから出没して小諸城を攻めたり、**ゲリラ戦**を展開し、**北条の糧道を断った**。信蕃のこの功績を家康は大いに認めることとなる。甲州若神子（わかみこ）で徳川家康と対陣する北条氏直は、大軍なるゆえに兵糧に困窮し、家康と講話を結んで本国へ帰還せざるを得なくなった。これによって、徳川の甲州・信州の制覇が一気に進展した。特に佐久平定は芦田信蕃の独壇場となった。

天守閣存在説……「四十一年間天守閣があった」？　『小諸藩記録』には次のような記述がある。

「天正十一癸（ミズノトヒツジ）未年より同十三乙酉（キノトトリ）迄の工にして、芦田（依田）信蕃起工し、其子康國に至り竣工す。三重なりき。寛永の始、松平憲良代焼失す。」

「寛永三年四月より八月まで非常の日でり、六月大雷雨あり。其日落雷のため消失す」

以上から得られる情報は、

①「天正十一年（一五八三）、依田信蕃によって工を起こし、その子松平康國の天正十三年に完成した。」

②天守閣は三重であった。③寛永時代（松平憲良が藩主の頃）に焼失した。

また『小諸砂石鈔』には、

小諸城天守台——野面積み（のづらづみ）の重厚なもの。この上に天守閣があったとされている（信蕃時代よりも後世のもの）

「天守寛永之始迄有リシ云、天火ニテ焼失、今台計リ也、昔三重櫓也」とある。つまり天守閣は寛永三年（一六二六）に落雷によって焼失していることになる。

依田信蕃が小諸城に滞在したのは、二十日間前後に過ぎない。没したのは天正十一年（一五八三）二月二十四日である。その時期に小諸城にいたのは北条の城代である**大道寺政繁**である。信蕃は、佐久郡のほぼ全域を平定していたが、とうとう岩尾城と小諸城の制圧は果たせずに岩尾城で狙撃されて亡くなっている。したがって、つまり、当時の状況からして「芦田信蕃起工し……」ということは、ありえない。小諸城に天守閣があったという可能性はあるが、**芦田信蕃が小諸城天守閣を建てた可能性は皆無である。**

34　本拠佐久郡春日郷へ

信蕃は、いったん小諸城へ入り、織田方の滝川一益に会った後。本拠の佐久郡**春日郷**へ帰還している。『芦田記（依田記）』には、

信州小諸に居られるにつき、瀧川左近に**常陸介**も対面。その後、**春日**と申す在所へ参らる。

常陸介信蕃が信州小諸城へ六月廿日頃に入った時、**瀧川左近**一益が上野國で北条氏政との合戦に打ち負けて、信州小諸城に帰って来たので、**常陸介**信蕃は瀧川左近一益に対面した。その後、**常陸介**信蕃は、**春日**という在所（本拠地）へ

帰った。

「その後、春日と申す在所へ参らる」について

「その後、**春日**と申す在所へ参らる」とあるが、小諸城で滝川一益と対面した後、信州へ侵入して来た北条氏の大軍に支えきれず本拠としていた**春日城**（北佐久郡旧望月町春日、現佐久市春日）へ帰ったのである。この**春日城**を芦田小屋・穴小屋・三澤小屋などと称して同一視する歴史家もいるが、それぞれ全く別なものである。当時、芦田依田氏の本拠は、同じ佐久郡内の芦田城（北佐久郡立科町芦田）から、春日城へ移っていたのである。その時期については、確定できないが、天文十八年（一五四九）には、武田信玄が春日郷を本拠としていた春日氏を滅ぼしていることから、芦田氏が佐久郡芦田から本拠を春日へ移したのは、その頃と推定される。信蕃の誕生が天文十八年であることから、信蕃は佐久郡芦田城で生まれ、数え二歳の頃に、父芦田下野守信守が本拠を春日郷に移したという解釈ができる。

東方の金井坂より眺める春日城の山塊と春日郷

ただし、「**芦田小屋**」といった場合、文献によっては**芦田城**を指す場合と、**春日城**または**三澤小屋**を指す場合があるので、前後の文脈の状況からの読み取りが必要である。いずれにせよ、**依田信蕃**は武田方の信濃先方衆の侍大将として、信玄・勝頼の遠征の戦いに従軍しての戦いに明け暮れ、また、城番・城主として上州浄法寺（武州御嶽城）、駿州蒲原城、遠州二俣城、遠州高天神城、駿州田中城などでの年月がほとんどで、本拠地である信州佐久郡春日城の在地城主としては留守続きであった。留守の間は信頼のできる重臣に任せておかざるを得なかったであろう。おそらくは信蕃の父芦田下野守信守の叔父か兄弟（つまり、信蕃の大叔父か叔父）などの近親の人物の可能性が高い。

幻の三澤小屋……穴小屋城、春日城、芦田小屋、山小屋

ところで、**春日郷**を語る場合、「穴小屋城」「穴小屋」と称する城ないしは砦、あるいは山小屋・避難所の存在が取り上げられる場合がある。春日城を穴小屋城としている場合は、「春日の**穴**咋邑（あなくいむら）」の「穴」からきていると思われる。地名的・地形的に分析すると、奥行きのある谷や沢の行き詰まった最奥部を「**穴**」と称する例がある。（鹿教湯温泉の近く小県郡旧西内村〈現上田市〉の穴沢、東筑摩郡旧四賀村〈現松本市〉の穴沢など）。春日郷も鹿曲川を遡って奥深まった、一見その先はどこにも通じていない袋小路のような地形をしていることからまさに「穴」の表現に合う。山城は小屋とも称されていたことからして、穴小屋、穴小屋城を春日城と比定したとしても無理はない。一方、伝承では、「穴小屋」とは依田信蕃が織田信長の武田遺臣狩りから逃れて家康の臣となり、遠江国二俣の奥の小川郷に隠れ棲んだ時に、家族や家臣が織田勢から難を逃れて身を潜めた春日渓谷を遡った山岳地帯に多数ある**洞穴**のことであるとも伝えられている。あるいは、本能寺の変の後に北条軍の大軍に攻められて信蕃が春日渓谷の奥に拠った砦ないしは洞穴である言う人もいる。この場合は「三澤小屋」のことであろう。あるいは、そことは異なるが北条軍から逃れて信蕃の家族や家臣の家族が身を潜めた洞穴のことを指すという考えもある。キーポイントは三澤小屋を踏査することである。（春日城下の春日本郷には三澤小屋の存在場所を示唆する古絵図を所有しているお宅もあるが、現在は拝見不可能となっている）、残念ながら筆者を含め先人の誰一人として、**三澤小屋**に辿り着き、**縄張り図**を描いてここがそうだと納得させることができた者はいない。筆者も何度か試みてはみたが、急峻極まる地形からして、単独行では遭難の危険が大きく、また熊などに遭遇する可能性が大きいことから未だに調査しきれてはいない。**幻の三澤小屋**は、大河原峠や兜巾岩（トキンの岩）、そこを通過する現代の山岳道路「蓼科スカイライン」からの展望の視野の中に存在すると推定されるが、判明できていない。

さらに、いくつかある古文献には、芦田信蕃が籠もった山小屋であるということから、「蘆田小屋（芦田小屋）」と記述してある場合があることを心得ておきたい。（ちなみに『寛政重修諸家譜』では「三澤小屋」と記述されている場合が圧倒的

に多いことから、本書では芦田信蕃が佐久郡立科山中に籠もって北条氏と戦った小屋〈砦〉を「三澤小屋」として記述する。）

康國寺

佐久市春日本郷にある**康国寺**は、かつての芦田氏の**春日館の跡**にある。開山は**天外大雲**である。康国の菩提を弔うために慶長六年（一六〇一）に開山となって創建したものである。開山である天外大雲は『大田山実録』や『もう一人の真田〜依田右衛門佐信蕃（市川武治著）』では、信蕃の三弟で康國や康眞の叔父である**善九郎信春**としている。佐久市岩村田大田山龍雲寺の寺誌『大田山実録』では、左記のように述べられている。

五世天外大雲禅師、小諸城主芦田下総守の叔父也、時に広徳二世に住す。転して当山に住職たり、炎上狼狽の後にありて、文禄二年や、諸堂成就す、然るに始め天外禅師貴族たるによりて甲乙あハす、改宗の人多し、時に村中の零落論するに絶たり、慶長六年春日村に退く、康國禅寺爰に起れり、後元和元乙卯十二月廿三日遷化を唱ふ、世寿八拾三歳なり、

しかし、これは誤りである。「龍雲寺五世天外大雲禅師」は「小諸城主芦田下総守の叔父也」としているが、だいいち「小諸城主芦田下総守」などという人物は存在しない。いくつか文献で、芦田（依田）信蕃のことを芦田下総守と記している文献もある。しかし、いずれも誤りであると言わねばならない。（もっとも、全く関係なく、北条氏に仕えた依田下総守なる人物は存在したことを記しておきたい。）「元和元乙卯十二月廿三日遷化を唱ふ、世寿八拾三歳なり」とあるのは、**天外大雲**が没したのが元和元年（一六一五）で数え八十三歳ということになる。すると天外大雲の生まれたのは一五三三年頃となる。そうすると一五四八年生まれの信蕃の誕生に先立つこと十五年前になる。信蕃の三弟信春ということにはならない。

ところで、『寛政重修諸家譜』巻第三百五十六の清和源氏滿快流依田氏の項には、**依田下野守信守**の四弟に「**天外大雲**和尚、信濃國岩村田の龍雲寺に住す」がいる。そうであるならば、年齢的にも辻つまが合う。康國寺の開山**天外大雲**は**康國**や**康眞**の**大叔父**（祖父芦田下野守信守の四弟）であることに間違いない。――『大田山実録』や『もう一人の真田〜依田右衛門佐信蕃（市川武治著）』では芦田信蕃を「小諸城主芦田下総守」と表現しているのである。（もっとも、芦田

信蕃が下総守であったことも小諸城主となったという事実もない）。後世の者が「小諸城主」「芦田下総守」ということから連想して、実際に小諸城主となった（芦田依田）松平康國のことであるとしてしまったのである。その結果、天外大雲を康國の叔父である善九郎信春と誤って比定してしまったのである。

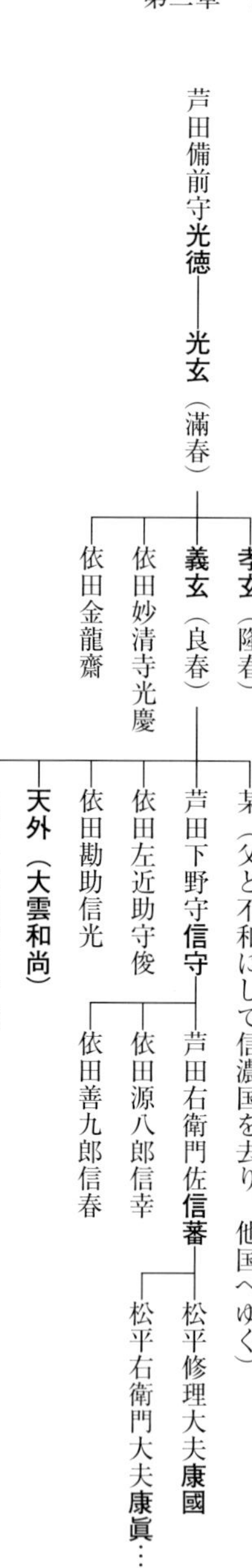

春日城の構造

春日城は佐久市旧望月町春日本郷にある山城で、最高所は標高八九二メートル、麓からの比高一二〇メートルほどである。穴小屋・春日穴小屋・芦田小屋・三澤小屋などと呼ばれることがあるが、歴史家によってその判断は異なっている。そのことに関する論は別項に委ねるとして、ここでは、春日城の立地・地形・縄張りなどの構造面について述べることにする。

康國寺の西背後に屹立する南から北に延びている尾根上にある。西側を鹿曲川、東側を細小路川が北方へ流れている。南方は蓼科山への渓谷が上っている。北方は数キロメートルに渡って谷が開け、現在の佐久市望月市街地へと続いている。その途中には**天神林城**があり、更に前方を屏風のように遮るように**望月城**と瓜生坂方面へ連なるその砦群が存在する。依田信蕃が春日城からその奥の蓼科山中の**三澤小屋**へ籠もっていたころは、春日城のみならず、谷の北の出口にあたるこの二城は北条方に押さえられていた。北への行動は限られてしまうが、一方、三澤小屋は隠密に南方の蓼科山系や八ヶ岳

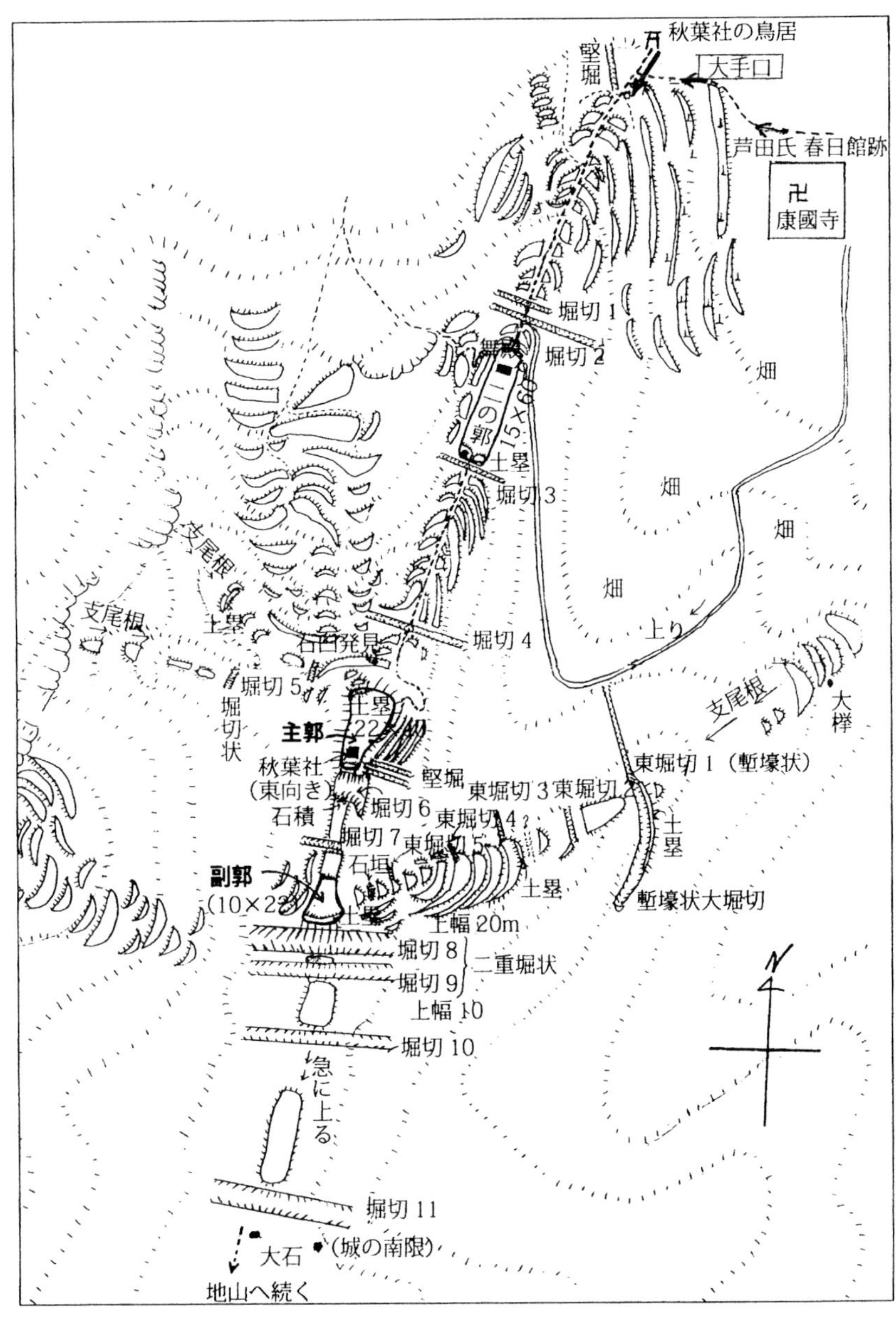

春日城の縄張り図（平成 8 年 5 月26日／平成19年 2 月 4 日調査、市村）

の中腹を経由して、諏訪地方や甲州への連絡をとるには、好都合の立地条件ではあった。佐久平定に向けて、籠城初期の頃、芦田勢が三澤小屋から出没し、ゲリラ行動を行なうには、この二城に至る前に、春日城東方の**金井坂**等の丘陵部を布施方面へ東進し、佐久平（現在の新幹線開通後の狭義「佐久平」ではなく、広い意味での佐久地方一帯を指す佐久平）へ向かったものと推定される。

城の構造は山城であるが、田口城・志賀城・高棚城などのように登攀不可能な断崖絶壁があるわけではない。しかし、南北に延びた城の軸（尾根）を利用して、巧妙に郭や堀切が幾重にも配置されている。尾根が延びきって平地になった箇所（康國寺の北西、春日城の最北端）から、城の最奥部へ至る縄張りをみてみよう。（詳細は拙著『戦国三代と天下人』三〇〇〜三〇六頁参照）

⑴尾根の消滅する最北端（鳥居のある場所）から上り始める。

まず、**秋葉社の鳥居**をくぐって尾根道を城の中心部へ向かってかなり急に上り始める。尾根の左右に無数の**削平地（小郭）**が配置されている。左手（東斜面）を見下ろすと、これも無数の**帯郭群**があり。下方の康國寺近くの何段かの郭は、現在は墓地なっている。視線を主尾根に戻して上へ進むと、**第一堀切**がある。更に少し上方に**第二堀切**がある。左側（康國寺側）は長く、**竪堀**となって下方の墓地まで落ちている。現在、この堀切を過ぎた直後の所へ、左手（康國寺）方面から、かなりしっかりした道が上っている。これが、往時春日館から直接登る大手道であったのか、後世に新たに秋葉神社参道として造られたものであるかは、検討を要する。

⑵二ノ郭周辺　第二堀切から一五メートル登ると秋葉神社の**舞殿（舞台）**の建物がある広い平らな場所へ急に出る。左右一五メートル×奥行き六〇メートルある。この広大な郭を便宜的に「**二ノ郭**」としておく。これはあるいは「武者溜まり」的な場所とも考えられる。舞殿は北端近くに建っているが、その右手（西方）下には**数個の郭**があるが、いずれもその面は**穴のように窪んでいる**。そこは半地下式の掘っ立て小屋があり、武者が寝泊まりした場所の可能性もある。二ノ郭の南へ越え

る所に**第三堀切**がある。そこから尾根は緩斜面で**第四堀切**まで徐々に八〇メートル上るが、左右には幅五メートルで長さが五メートルから一五メートルまでの郭が、左右合わせて一二ほどある。第四堀切を過ぎると尾根の上方は急に傾斜が厳しくなっている。主郭まで尾根上を直線で測ると五五メートルであるが、その何倍もの距離を辿らないと到達することはできない。

(3)主郭北西下の支尾根周辺郭群

第四堀切から二五メートル登った主郭直下の地点から、主郭へ向かわずに、（つまり、左側へ向かわずに）右手を見ると、三×五〇メートルの**帯郭**が主郭の三〇メートル下を右手へ巻くように西方の支尾根まで延びている。（平成八年にこの帯郭で**石臼**の一部を発見した）。西支尾根へ達するまでに、右手北面に沢があるが、その沢底状の地形に八つ以上の**削平地**がある。この北西支尾根の北側斜面には**無数（二五以上）の段郭群**が麓まで存在する。中には後世の畑となった場合も考えられるが、日当たりの悪い北斜面や沢底にあり、立地条件はよくない。

(4)**主郭**の構造

再び、主郭北方下の第四堀切から二五メートル登った地点に戻って、**大手道**を辿ることにする。急斜面であるため、大手道は左側へ巻く感じで上っていく。人一人やっと歩けるほどの道は、つづら折りに上方へ延びて、やがて主郭の東中間の**虎口**へ到達する。登って来る寄せ手は守備側の右上方からの攻撃に曝されざるを得ない構造になっている。（防御側にとっては「右勝手の順（すぐ）の横矢」の位置関係である）。虎口の構造は単純でやや物足りない感がある。主郭は二一メートル×四〇メートルでヒョウタン型である。北側の幅二一メートル、南側の幅は八メートルである。主郭内の南端近くには**秋葉社本殿**が東向きに建っている。主郭南端には幅五メートル、長さ八メートルの**土塁**が南方からの侵入を防いでいる。

この郭は最高所ではないが、郭の広さが南方の高所にある郭よりもかなりあることや、南方からの敵の侵入を防ぐ土塁があるということは、ここが「主郭」であるということを裏づける証拠にもなろうか。ただし、主郭と比定する上でのマイナス点は、主郭とするには虎口の構造が判然としないことや、東西直下斜面の腰郭が貧弱の感があるということである。

(5)城内最大の堀切と土塁に守られた**副郭**

主郭と副郭の間は、**船底形**になっている。この第六堀切が主郭と副郭の間の一番低い箇所である。そこから南へ高さ一メートルの**石積み**を上ると、五×二〇メートルの郭になり、その南端には**第七堀切**がある。

南側へ上がると、そこは**副郭**になっている。あるいは、これが主郭の可能性もあるが、上りきったった所の北端の幅が一〇メートルで最奥部（南端）の幅が二〇メートルで、長さが二二メートルである。主郭としては、いかにも狭すぎる。この郭の南端に高さ二・五メートル、上幅一・五メートル、円弧を描いた長さ二一メートルの**土塁**があり、その最高部には三角点がある。南方地山方面からの侵入を防備するための土塁で、春日城においては最も堅固な土塁であり、その南下の**堀切**も最大で険しい。しかし、その堀切の両端（東西）下方からの寄せ手の堀切内を利用しての侵入は比較的可能であり、ここが主郭であるとすると、この「大堀切＋土塁」のセットを突破すれば、「いきなり奥の院（城の最重要部）へ到達」という感じがあり、守備側としては、あまり安心できない。南方を険しい堀切で守っているとはいえ、やはり、この郭を楯として、北方の広い郭を主郭と考える方が妥当と思われる。なお、この副郭の東下方へは麓まで**支尾根**が張り出しているが、後述の如く、**段郭**が何段も続き、その間に**堀切**がいくつか設けられている。

(6)主尾根の地山方面からの攻撃に備える大堀切群

春日城の圧巻は、蓼科山系の主尾根（地山）から城内を断つ**大堀切群**にある。副郭の南には**第八堀切**（城域最大の堀切）がある。上幅二五メートル、底は北の土塁上より斜面で一二メートル低く、底への斜面には**石積み**もある。南より斜面で六メートル低い。左右いずれ方面へも**竪堀**となって落ちている。第八堀切と第九堀切は**二重堀の形状**をなしているといってもよいであろう。

(7)副郭下の東尾根郭群

副郭から東へ下る**支尾根**には複雑で無数の郭群がある。副郭の直下一六メートルの所に八×一五メートルの**腰郭**があり、それを始めとして二四〇メートル下方の**塹壕状大堀切**まで、実に**十以上の段郭**がある。この東尾根には**五つの堀切**がある。春日城最高部にある副郭から**東方二四〇メートル下**に**東第一堀切**がある。これは**塹壕状の大堀切**で、幅五メートルほどであるが、上方向は急斜面であるため、上への法面はもっと大きな段差を感じる。横に三五メートルほどは直線の堀切となるが、下方への防備のために**土塁**があるため、あたかも塹壕のようである。この塹壕状地形までは副郭から**約二五〇メートル**である。ここに潜んで下方から寄せてくる軍勢を一斉射撃できる構造になっている。この東第一堀切は、尾根を断つばかりでなく、南北の沢下まで続いているので、長さが合計**一二〇メートル**を越えることになる。

武田氏についた芦田氏は、春日城のどこを修改築したか

『高白斎記』で「**城を再興す**」とか「**城を鋤立て**」という場合は、**攻略した城を修築すること**を意味しているので、この経緯の中で、芦田氏が修築強化したものと推定される。春日城全域の縄張り図を参照すると、北端から主郭への大手道筋は、比較的古式の風情があるが、**南半分**（主郭から南）、特に副郭と南の地山の尾根を断ち切る**四本の堀切**（第八〜十二）は、修築の際に手を加えられた可能性が大きい。また副郭から東へ下がっている**東尾根の郭群**についても可能性がある。春日城最高部の南方に**大堀切**があるが、守備するには主たる郭が端に寄っていることと、いかにも狭いことから、私見では一応「**副郭**」と仮定したが、東尾根郭群の存在を考慮すると、そこが芦田氏の時代の**主郭の可能**も捨て難い。

いずれにせよ、「主郭」の南方の「副郭」と、それに関わる縄張り部分が、芦田氏によって改築された箇所と推定しておきたい。

本拠春日城の留守居役の人物再考

先に「11」で述べたごとく、おそらく父下野守信守と**信蕃**は本拠である佐久郡春日郷を**不在にすること**が多かったと思われる。武田軍にしたがって遠征したり、

遠州・駿州の城を守備したりの時が多かったので、親族のうちの信頼おける重臣が、春日城や在地春日郷を経営していたものと推測される。しかし、芦田氏系図や『寛政重修諸家譜』から推測してみても、その人物を特定することは極めて困難であるが、**芦田下野守信守**の末弟（信蕃からすれば叔父）の依田**十郎左衛門守慶**である可能性がある。（詳細は拙著『戦国三代と天下人』三〇七～三〇八頁参照）

35　風雲三澤小屋

碓氷峠を越えて怒濤が如く信州へ乱入してきた**北条氏直**の大軍勢を前に、小諸城で抗しきれなくなった**依田信蕃**は、本拠**春日城**へ退いたが、さらに北条軍の攻撃に多勢に無勢で、活路を春日渓谷の奥に求めた。**三澤小屋へ籠もり**、地形と自然を利用してゲリラ的攻撃活動を展開して、北条軍を攪乱した。この間の信蕃の活躍は信濃・甲斐制覇を目論む**徳川家康**にとっても、最も信蕃の存在を印象づけるものであった。『芦田記（依田記）』には、

その跡へ氏政の先手信州へ打ち入り、小諸へ**大導寺尾張守**入れ替り居られ申され候。家康様と**氏政**と御取り合いになり、氏政七萬の人数にて**臼井口**を進発。それに就き、**常陸介**は、**春日山の奥三澤小屋**と申す所へ籠もり居られ候。**蘆田小屋**と申すは、このことにて御座候。

・徳川家康と北条氏政（←「氏直」が正しい。以後は**氏直**とする）とが旧武田領を取り合いになり、氏直は七万の軍勢を率いて**臼井口**（碓氷峠）を越えて佐久へ侵入してきた。大軍を前にして、依田常陸介信蕃は、**春日山の奥にある三澤小屋**という所へ籠もった。**蘆田小屋**というのは、これである。

・北条氏直は蘆田小屋を攻めるのを途中で諦めて……

信蕃だけが徳川方に、佐久の諸将は北条方へ

滝川一益が小諸城を依田信蕃に託して去ったとも言われているが、その確証はない。しかし、芦田信蕃が佐久郡・小県郡の諸将に徳川方への臣従を呼びかけたことは、七月十一日に平尾平三・森山豊後・森山兵部丞・禰津昌綱らが徳川にいったん帰属し、家康から**知行安堵状**が発給されたことからしても、それが分かる。前後するが、信州佐久方面の徳川への臣従計策を信蕃に任せた**家康**は、七月三日に浜松を発ち、富士の裾野を経て、中道往還を通って右左口宿へ達した。去る三月に武田勝頼を滅ぼした織田信長が四月に凱旋した時に、信長の為に家康が右左口宿に造った仮御殿が、今度は家康の宿泊場所となった。（家康は生涯のうちで**計七回甲斐入り**しているが、初回の武田討伐の時以外の六回は、**中道往還**を通行し、**右左口**の御殿を使っている。現在その場所は敬泉寺の上の削平地で野菜畑と化しているが、御殿の跡を示す標柱が一遇に立っている）。本能寺の変後の甲斐入りの家康は、七月九日に甲府入りをした。

一方、北条氏直の大軍が十二日には碓氷峠を越えて信濃国へ侵入し、先陣は間もなく小県郡海野に布陣した。そして小諸城には北条の麾下である**大導寺尾張守政繁**が入った。伴野氏や相木氏など、佐久郡のほとんどの地侍（土豪）は北条方へ付いた。そんな中で、ただ一人**芦田依田信蕃**だけが徳川方であった。佐久郡を制圧した**北条氏直**は、信蕃の**春日城**を攻めた。信蕃は、佐久郡では当初孤立無援ともいえる状況であったといってよい。佐久武士に徳川方への調略を進めていた信蕃の苦労は、北条氏の侵入により水泡に帰してしまった。

幻の三澤小屋～その場所は誰も特定できていない

信蕃は、北条の大軍を前にして、春日城を守ることは断念し、春日城のある沢を更に南方の蓼科山方面へ登った「**春日山の奥の三澤小屋**」という所へ籠もった。これを『蘆田記』（『依田記』）では「**蘆田小屋**」と称し、また、そのように比定している歴史書もあるが、別ものである。依田（蘆田）信蕃が籠城したので「蘆田小屋」と呼んだ可能性が高い。また、現在北佐久郡立科町茂田井に「芦田城（蘆田城）」と呼ばれる山城があるが、それは芦田依田氏（信蕃の父芦田下野守信守）が天

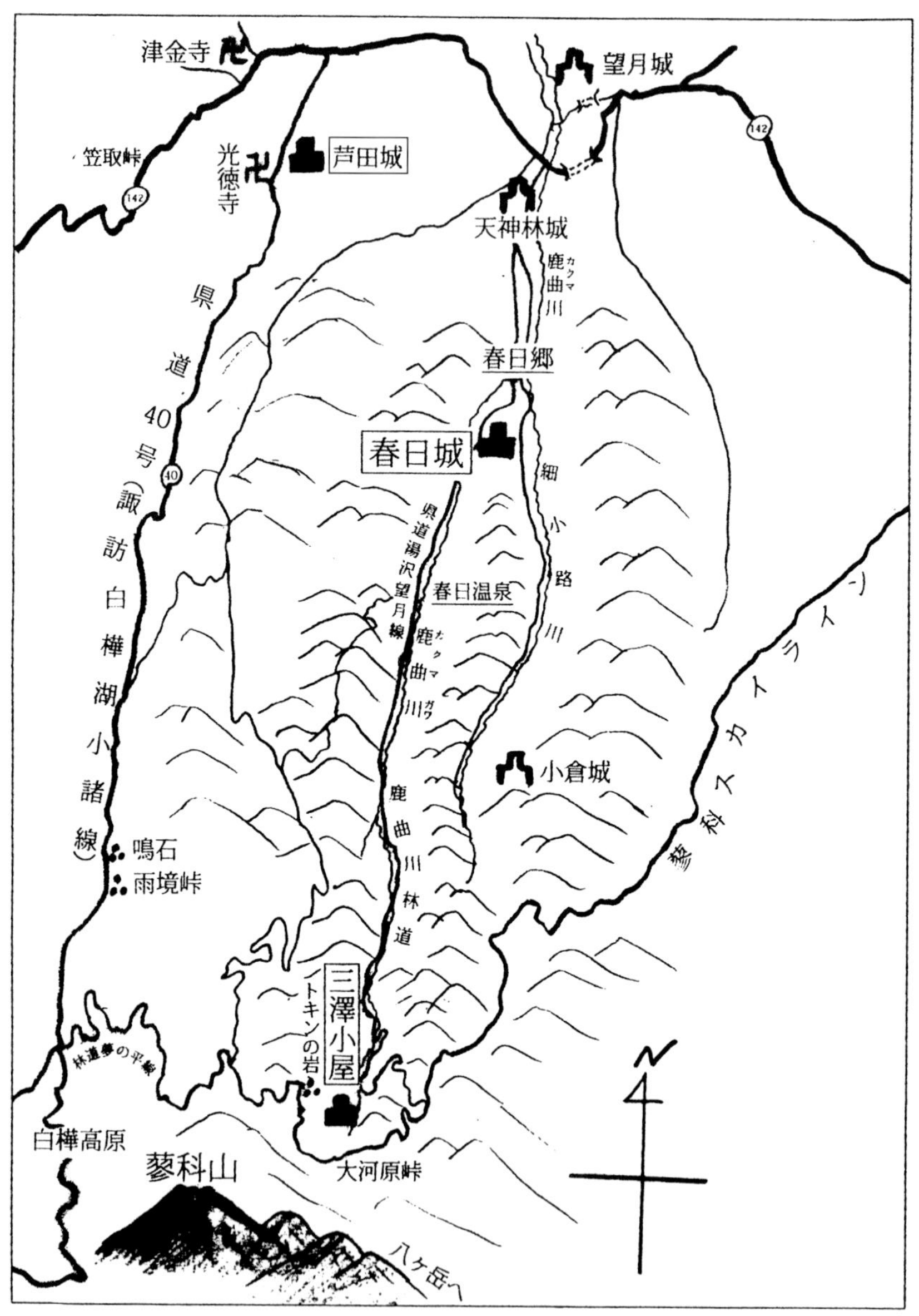
津金寺
望月城
142
笠取峠
光徳寺
芦田城
142
天神林城
鹿曲川
カクマ
県道40号(諏訪白樺湖小諸線)
40
春日郷
春日城
細小路川
県道湯沢望月線
春日温泉
鹿曲川
カクマガワ
蓼科スカイライン
小倉城
鹿曲川林道
鳴石
雨境峠
三澤小屋
トキンの岩
林道夢の平線
白樺高原
蓼科山
大河原峠
八ヶ岳へ
N

春日渓谷の奥、三澤小屋

文十八年（一五四九）に本拠を春日城へ移す以前に本城としていた城である。天正十年（一五八二）の時点では芦田依田氏の支城となっていたという可能性はあるが、信蕃と北条氏との間で激しい争奪戦の舞台になるほど重要視される城ではなかったと思われる。また、戦国時代には山城を「小屋」「山小屋」等とも称しているので、蘆田小屋（芦田小屋）とは、「春日城」のことを指したと解釈するのが妥当である。また、**蘆田小屋**（**春日城**）と**三澤小屋**が別ものであったということは『武徳編年集成』に述べられている内容からも判明する。――それによると、天正十年九月二十五日に、家康からの援軍（岡部正綱・川窪新十郎信俊・今福求助・三井十右衛門など）が**三澤小屋**に到着し、信蕃は北条方に奪われていた**蘆田小屋**の攻撃を開始している。そして、約一カ月後の十月二十六日に信蕃軍は、蘆田小屋を攻め落とし奪還している。更に、「三澤小屋」は、『寛政重修諸家譜』や徳川旗本諸士関係の古文書では、「蘆田信蕃と**三澤小屋**へ籠もり」と表現されている場合が多い。

依田信蕃の籠もったといわれる砦「**三澤小屋**」については、その場所を誰も明確には確認できていない。明治十一年の時点で佐久郡春日村が長野県令（現在の県知事に相当する）に提出した内容が記載されている『長野県町村誌』のいうように、春日城のことを「穴小屋」または「三澤小屋」ともいうという説もあるが、とうてい首肯できない。また、それらしき砦として同じ春日の奥にある「大小屋城」「小倉城」などについても触れているが、三澤小屋とするには無理がある。『もう一人の真田～依田右衛門佐信蕃』（市川武治著、株式会社櫟）では、「三澤」とは春日の谷を鹿曲川に沿って登った沢の詰めが「鹿角沢（カノカドサワ）」「大たるみ（オオタルミ）」「三澤横手」と三つに分かれていることによる命名であるという。また、寛政年（一七八九～一八〇一）春日村絵図（春日竹花徹雄氏藏）には三沢横手の字名添え書きに「此上白岩ヲとの小屋（殿小屋）と云」と記され、沢の奥に三澤小屋のあることを示している由。

いずれにせよ、三澤小屋の位置は春日村（現在の佐久市望月春日）にある春日温泉の奥の渓谷（春日渓谷）を鹿曲川に沿う林道（鹿曲川線（カクマガワ））を登った詰めが三澤であるが、そこにあるといわれる信蕃の砦（山小屋）である。しかし、場所は特

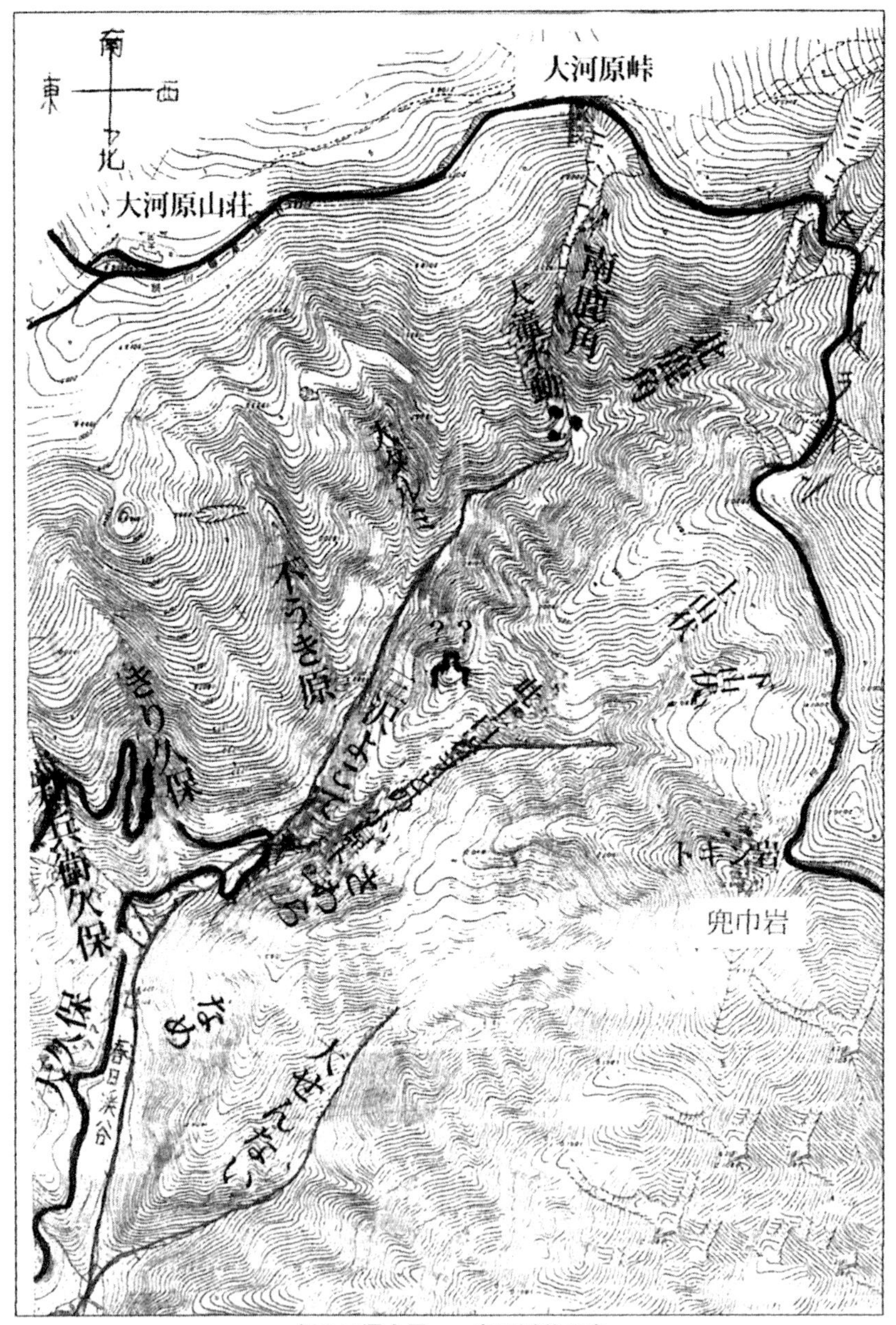

幻の三澤小屋――春日渓谷の奥
『もう一人の真田』（市川武治著）P.49を参考にして地形にあてはめた。

定できているとは言いがたい。それは、この辺にあったとかいう推定地はあるが、先人の研究者のうち誰一人として、**三澤小屋**（砦）を地図で場所を示したり、**縄張り図**を書いている例がないからである。昔は急峻で、断崖・巨岩が行く手を阻み、谷が深く、修験者や山人しか近づけない行き詰まりの渓谷であった。現代は旧望月町（佐久市）春日温泉の脇から南方へ林道を遡り、リゾート開発地域「仙境都市」を通って大河原峠へ出る道がある。（二〇〇〇年代になってから、土砂崩れが何ケ所か発生した後、道は予算上の課題からか修理されず、二〇二二年現在では、そのルートは、ずたずたに寸断され、復旧不可能と思われるほどの状況になっているのは残念である）。なお、佐久市野沢の洞源湖の脇から美笹湖方面へ通じる道路（蓼科スカイライン）があるが、その道を大河原峠へ抜ける方が道幅も広く、整備もされているので容易に到達できる。また、臼田方面から通じる道も途中から合流している。大河原峠を最高地点（海抜二〇九三）として、諏訪方面へそのまま自動車道路が通じている。この自動車道は**トキンの岩**（兜巾の岩、二〇一三メートル）のすぐ南の脇の尾根を掘り切って通過している。**三澤の稜線**へ出ることも案外容易になっている。この道路から三澤小屋を探索する場合は、下り斜面となるが、途中に岩場や急斜面、断崖絶壁が連続し、危険極まりない。また、熊に遭遇する可能性もあり、到底単独行はできない。市川武治氏は「三澤の奥には鹿曲川の水源である大滝があり、滝不動・石不動など密教信仰の不動明王が祭られている場所がある。付近の地名には上山伏・下山伏、峯近くの稜線にはトキンの岩（山伏が額に付けているものをトキンという）などがある。したがって、三澤小屋は外部からはその存在が判明できない隠された要害であり、北条の大軍を迎え討つには最適の地勢である。また、防衛施設や目立つものは避けているので、守るに固く、ゲリラ戦法で奇襲を繰り返す基地としては適した所であった」と述べている。しかし、その三澤小屋を図面の上で明確に特定できたとは、言い難い。三澤小屋の現地をつき止めることができた場合は、砦の立地・構造・規模などが分かる簡単な縄張り図（または「見取り図」でもよい）があれば、三澤小屋の存在が証明できる。令和四年現在まで、誰一人としてそれをなし得えていないのは残念ではある。

三澤小屋の攻防と信蕃のゲリラ的戦い

天正十年（一五八二）七月中旬、まず**北条氏直**が大軍を率いて、佐久における唯一の徳川方である**信蕃**を**三澤小屋**に攻めたが徒労に終わっている。そうこうしているうちに越後の**上杉景勝**が北信濃を制圧し川中島の海津城へ入った。そこで氏直本隊は**川中島へ転進**し、**上杉勢と対陣**する。信濃は北条・徳川・上杉の三つ巴の争奪戦の場と化した。氏直は三澤小屋を小諸城代の大道寺政繁にその間も攻めさせていたが、険阻な地形と信蕃の巧みな戦略によって失敗に終わっている。

七月中旬、諏訪頼房の高島城（茶臼山城）を攻めていた**徳川七手衆**（酒井忠次、大久保忠世、大須賀康高、石川康道、本多広孝と康重、岡部正綱、穴山衆）は、佐久で孤軍奮闘している依田信蕃の籠もる**三澤小屋**へ**乙骨太郎左衛門**（おっこつ）を遣わした。信蕃は、乙骨太郎左衛門を通して援軍を要請した。七手衆は信蕃への援軍として**柴田康忠**に一〇〇〇余の兵を率いさせ、乙骨太郎左衛門の案内で、三澤小屋へ送り込んだ。（ここでは、軍監柴田康忠は、はじめて信蕃軍に合流したことになっている）。援軍は、何度も押し寄せる大道寺政繁の軍に抗するのに、信蕃にとって心強い味方であったが、信蕃は、その後籠城兵が多くなり、兵糧に窮することになる。信蕃軍が三澤小屋へ立て籠るには、食糧や収容人員の関係で、この七月の時点（旧暦七月中旬は、現代の暦にあてはめると八月下旬にあたる）。では少数精鋭であったと推定できる。いたずらに軍勢が多くなれば、当然身の動きも限られてしまい、ゲリラ的な戦法も実行できなくなるのであった。（その後、更に八月から九月にかけても、北条軍は**大導寺政繁**をもって何度も攻撃を試みたが、援軍を得た信蕃に翻弄され続けた）。七手衆からとは別に七月十四日に、家康は甲斐衆の辻弥兵衛に十騎（四十騎とも）を付けて、三澤小屋の信蕃への援軍として出陣させている。援軍を得た信蕃は、七月十六日に**依田肥前守信守**（次弟信幸の嫡子）らをもって、**前山城を攻撃**しているが、攻め落とすまでには至らなかった。

川中島での上杉景勝との対陣から七月十九日に引き上げた後、**北条氏直**自身、再び本隊でもって三澤小屋を一挙に攻め落とそうと攻撃を加えたが、蘆田軍を攻略できなかった。巨岩・断崖の阻む険峻な地形では、わずかな兵力しか侵入できず、そこを信蕃軍のゲリラ的戦法で攪乱されたのであろう。いたずらに、時間を費やすことは甲斐国侵入で家康に遅れをとることになるので、氏直はここを放棄して立ち去らざるを得なかったと思われる。信蕃は、北条軍が三澤から一尾根西に越した八丁地川沿いに雨境峠へ抜ける古代東山道を通過して「役ノ行者越え」（雨境峠）で諏訪へ進軍するであろうと判断し、その経路で少数精鋭でゲリラ的な攻撃を北条軍へしかけたと思われる。佐久で徳川方として孤軍奮闘している信蕃には、**周りの佐久衆**がことごとく**北条方**へついてしまった不利な状況を理解しながらも、二俣城攻防戦・田中城攻防戦の時の当面の敵城主であった自分を、織田信長の追及から救ってくれた徳川家康に臣従すると誓ったからには、いかなる策を尽くしてでも、家康のために戦う姿勢は確固たるものがあったであろう。**武勇**、**智略**に優れていたばかりでなく、彼の**義烈な性格**からして、節を曲げるようなことは到底なかったであろう。家康も、信州佐久の平定を任せた信蕃の苦境を知った上で、信蕃を励ますべく七月二十六日に、信蕃に佐久郡・諏訪郡の二郡を宛てがっている。

〈徳川家康宛行状（判物）〉
信州諏方・佐久兩郡之事、
今度依被抽忠節、為其
賞所宛行也、兼又前々
付来与力事、不可有相違、
次同名親類等直恩事、任
所望、別而可宛行之者、弥
可被存忠信之状如件
天正十年

〔訓読〕
信州諏訪・佐久両郡の事、
今度忠節を抽んでらるるにより、
その賞として宛行ふところなり。かねてまた前々
付け来る与力の事、相違あるべからず。
次に同名・親類等直恩の事、
所望に任せ、別してこれを宛行ふべし。
いよいよ忠信を存ぜらるべきの状件の如し。

七月廿六日　**家康**（花押）

依田右衛門佐殿

家康が信蕃の忠節に対して**諏訪郡と佐久郡**を宛てがっている内容である。その外に家康が信蕃に付けた与力や信蕃の一門の恩賞についても保証している。しかし、二郡とも未だ徳川方のものとはなってはいず、空手形のようなものである。

一方、この頃、**徳川七手衆**の攻撃を受けていた（茶臼山）高島城の諏訪頼忠は、佐久から諏訪方面へ進軍してくる**北条**への帰順の意を示し、氏直に支援を求めている。このことが、いよいよ徳川七手衆と北条氏直との戦いにつながってくるのである。

信蕃、眞田昌幸を徳川の味方につけさせる

信蕃は九月中旬から下旬にかけて、小県郡と上州沼田に勢力をもっている**真田昌幸**を、北条から徳川へ臣従させるべく、交渉を粘り強く繰り返し、成功させている。これが、その後の動静を大きく変えることになるのは言うべくもない。その際、信蕃からの使者としては、まず、蘆田氏の祈願寺である津金寺の住職**林鶴**（**善海**）、二度目に信蕃の叔父**依田十郎左衛門守慶**が、役目を果たし、三度目にいよいよ信蕃自身が昌幸と会って徳川臣従を成功させている。また、それとは別に家康の家臣となっていた真田昌幸の実弟である加津野昌春（信昌・信尹）の働きもあった。最終的には**真田昌幸**が密かに三澤小屋の麓まで出向き、**信蕃**が三澤小屋から出て、直接交渉し、真田の徳川臣従が決定したのである。家康は、信蕃の武略・武勇のみならず、真田を味方に付けるにあたっての知略を高く評価した。（→→この件の詳細は後述する）。

依田信蕃に属した衆～三澤小屋籠城
――『寛永諸家系圖伝』と『寛政重修諸家譜』に掲載されている人物より――
○印↑「三澤小屋」籠城が記述から明白な武将

No.	姓　名		記述されている文言（主として『寛政重修諸家譜』のものを採用）
1	依田源八郎伊賀守信幸	○	常に兄信蕃とともにあり。（信蕃次弟）
2	依田善九郎信春	○	岩村田の城攻に奮戦し、家康より感状、信蕃没後甥康国がもとにあり、（信蕃三弟）
3	依田六郎二郎肥前守信守（信盛）	○	三澤小屋に籠る、加末須・小田井の二城を抜く、岩村田・前山の城攻めに軍功、（信蕃甥）
4	依田源七郎右馬助盛繁（平原）	○	蘆田右衛門佐信蕃等とともに三澤小屋に籠る、小田井の城攻に功をあらはす、
5	依田次郎左衛門國吉		蘆田常陸介につかふ
6	依田勘助小隼人但馬元吉（平尾）		蘆田の支族にして蘆田右衛門佐信蕃につかへ、蘆田五十騎の列たり
7	依田金左衛門守秀（守直）	○	信濃國三澤小屋にこもる
8	依田四郎左衛門信次		蘆田右衛門佐信蕃が一族たるをもってこれに属す、
9	依田五兵衛小隼人守直（伴野）		蘆田右衛門佐信蕃につかへ、其一族となりて依田を稱し、信蕃に従いて、
10	上原惣左衛門吉備（まさ）		信濃國佐久郡瀬戸邑に住し、芦田右衛門佐信蕃に属す、
11	岩下又右衛門守重	○	芦田下野守及び右衛門佐信蕃に仕ふ、信濃國三澤の小屋に籠る。
12	岩下角弥守胤（甚左衛門）	○	信蕃にしたがひ信濃國三澤の小屋に籠る、重田周防守國とともに信蕃の命を受け、家康への使者の役
13	石原次郎三郎豊後守政吉	○	勝頼につかえ蘆田右衛門佐信蕃が麾下にあり、三澤の山小屋において忠節を尽す、
14	石原孫助重宗		蘆田右衛門佐が手に属す、信蕃にしたがひ軍忠を励まし、豆生田合戦の時も軍功あり、
15	石原太郎左衛門	○	信蕃に属し、三澤小屋に籠もる。
16	内田小太夫定吉	○	蘆田右衛門佐信蕃が手に属し、三澤の山小屋に栖籠り、
17	桜井仁兵衛（六左衛門）久忠	○	蘆田右衛門佐信蕃につかふ、信濃國佐久郡三澤の山小屋に籠り忠をいたす、
18	桜井鍋次郎忠弥（金弥）守長	○	蘆田信蕃につかへ、兄久忠とおなじく（三澤の山小屋に籠り）忠を尽くす、
19	桜井惣助助右衛門正吉	○	蘆田右衛門佐信蕃につかふ、三澤の山小屋に籠る。天正十年兄仁兵衛久忠とおなじく軍功あり、

20	小林理右衛門重吉	○	芦田修理大夫ならびに右衛門大夫につかふ（→信蕃に仕える）、見澤山の小屋に籠り忠節をはげます、
21	内山三右衛門貞國		芦田右衛門太夫康貞（右衛門佐信蕃が正しい）に属して忠功をはげます、
22	内河傳次郎七左衛門正吉	○	蘆田信蕃にしたがひ、諸士と心をあはせて蘆田小屋に籠り、のち諏訪の城の城番を務む、
23	大原徳右衛門資次		蘆田右衛門佐信蕃をよび松平右衛門大夫康貞に属し、
24	杉原修理亮昌直（平左衛門昌直？）	○	蘆田右衛門佐信蕃と同じく三澤の山小屋に籠る、
25	杉原左馬助小左衛門直秀	○	蘆田右衛門佐信蕃が手に属し、右に同じ、しばらく戦功をはげます。（高野町での相木戦で討死に）
26	杉原治部景明		蘆田右衛門佐信蕃にしたがひ、信濃國佐久郡高野町にをいて相木某と戦ひて討死にす、
27	関若狭吉眞		蘆田右衛門佐信蕃に属し、騎馬同心三人、足軽三十人をあづかる、
28	関五郎左衛門吉兼	○	信濃國三澤の山小屋に籠り忠節をつくす、
29	関次太夫信正	○	蘆田につかへ、信濃國三澤の山小屋にこもり、
30	関才兵衛杢兵衛正安		蘆田右衛門佐信蕃につかふ、天正十年東照宮甲斐國新府に御出馬のとき忠節をはげます、
31	服部和泉守正吉（重好）		蘆田右衛門佐信蕃につかへ、北条氏直勢の守る豆生田の砦攻めに参加
32	服部七左衛門正長		父（正吉）とともに蘆田家に仕へ、
33	中沢五郎左衛門尉源助久吉	○	蘆田右衛門佐信蕃三澤の山小屋に栖籠るの時、兵糧等を蘆田に遣る。
34	高付（高月）六左衛門久利	○	蘆田右衛門佐信蕃佐久郡三澤の小屋にたてこもる、味方して兵粮を三澤の小屋にをくり蘆田に属す、
35	原庄左衛門長正	○	蘆田右衛門佐信蕃信州佐久郡見澤の山小屋にありしに兵粮を運び、信蕃に属す、
36	原太郎兵衛（太兵衛か？）	○	三澤の山小屋へ兵糧を入れ、信蕃に属す。
37	重田周防守國	○	蘆田下野守及び右衛門佐信蕃につかふ、信濃國三澤の山小屋から岩下守胤とともに蓼科山・八ヶ岳経由で徳川へ援兵要請の密使、
38	重田庄左衛門（佐兵衛）守秀	○	父（守國）とともに三澤の山小屋に籠る、
39	重田助之丞喜兵衛守光	○	蘆田右衛門佐信蕃につかへ、父・兄とともに信濃國三澤の小屋にこもり軍忠、

40	重田左近守信		はじめ蘆田父子につかへ、のち東照宮、台徳院殿に歴任し、
41	木内忠左衛門蕃吉	○	蘆田右衛門佐信蕃が手に属す、男（嫡子）蕃正と共に三澤の山小屋に籠り信蕃が麾下、
42	木内忠左衛門尉蕃正	○	父（蕃吉）と共に蘆田信蕃が手に属し、三澤の小屋にあり、豆生田合戦の時も高名す、
43	武者右衛門尉滿安		信玄をよび勝頼に歴任し、のち蘆田右衛門佐信蕃に属して御麾下に列し、
44	日向傳次郎半兵衛正成		信濃國前山の城攻めには曾根下野守忠清に属して軍功、望月の一揆には蘆田右衛門佐信蕃に属し岩村田・岩尾の役にも高名す、
45	布下伊勢豊明（与五左衛門か？）		蘆田右衛門佐信蕃に属し、
46	塩入日向守重顕	○	蘆田右衛門佐信蕃に属し、山小屋より伴野にいたり、加奈井坂にをいて高名あり、
47	塩入金兵衛重信	○	父（重顕）とともに蘆田信蕃に属し、信濃國三澤の山小屋に籠り、のち望月・伴野・岩尾を攻るの時も是に従ふ、
48	水原又七郎茂親	○	大権現甲州御進發の時、甲州先方の士信州に發向、芦田某を案内者として度々合戦す、先方の者芦田小屋に引き籠り、のち柴田康忠に属し諏訪の城の城番を務む、
49	清野半左衛門（満成？越中守？）		信蕃に属す、岩尾城攻め、康眞の高野山行きに従う
50	清野越中守滿成		蘆田右衛門佐信蕃が家臣と志を同じうして従いたてまつり、信蕃が手に属し信濃國岩尾城を攻め、
51	山田六右衛門尉元重	○	蘆田小屋にこもる、のち柴田七九郎康忠に属し信濃國諏訪城を守る。
52	竹田勘右衛門（守次？助右衛門？）		信蕃の家臣と心を合わせ忠節を尽くす。
53	小山權介（九郎左衛門）行正	○	芦田右衛門佐が家臣とおなじく三澤の山小屋にこもり、阿江木にをひてはせめぐり、
54	森山與五郎石見守（豊後守）俊盛（信盛）		市兵衛、信蕃が手に属し相謀りて郡中に砦を構へ日夜軍忠をはげます。（一時北条方に）
55	森山與五郎兵部丞盛房		右衛門芦田信蕃が手に属して忠節をはげます、（信蕃により徳川から安堵されたが、一時北条方についた）

次ページは、徳川によって派遣された柴田康忠等の諸将に属していて、信蕃に加勢したという意味合いをもって『寛政重修諸家譜』『寛永諸家系図伝』に記述されている者（表1～55の中にもここの範疇に含まれる可能性がある武将もいる）

番号	武将		事績
56	津金修理亮胤久		信濃國におもむき、岩尾・穴小屋・前山等の敵を討つ、津金衆
57	津金（小尾）監物祐光		弟胤久の項に「兄祐光等とおなじく……」とある。
58	津金又十郎久次		「兄祐光・胤久等とともに先手に加はり」とある。大久保七郎右衛門忠世・菅沼大膳定利・柴田七九郎康忠に属し、信濃國岩尾・穴小屋・前山等にいたりて軍功、
59	武田（川窪）新十郎信俊	○	康忠に属して發向す、蘆田小屋等所々に於て戦功あり、康忠小諸岩尾の両城を攻るの時も、一番に槍を合わせ
60	小幡勝五郎昌忠		平原宮内刃傷事件で宮内を成敗、柴田康忠に従って岩尾城・前山城攻めで功、
61	横田甚五郎（甚右衛門尉）尹松	○	甲斐國の士とともに信濃國蘆田小屋をまもる。
62	辻弥兵衛盛昌		蘆田に属し、信濃國の案内者となる、甲斐國の士四十騎〈十騎とも〉を率いる。

『寛永諸家系圖伝』『寛政重修諸家譜』以外の文書『甲斐國史』『武徳編年集成』『甲斐国志』『武家事紀』『譜牒餘録』等に載っている依田右衛門佐信蕃に属した（または小屋に籠もったり、合力した武将）

番号	武将		事績
63	小池筑前守信胤		津金衆支族
64	小池監物祐光		津金衆支族
65	戸田（奥平）金弥	○	信蕃や重臣と行動を共にする。信蕃の二俣奥小川での隠棲時、三澤小屋、塩名田合戦など
66	石原太郎左衛門		
67	清水主殿助		
68	今井兵部		甲斐衆、蘆田において疵を被り家康から感状
69	今井主計助		辻弥兵衛に属す。
70	饗場（相場）修理亮		
71	加賀美七郎右衛門尉		蘆田において討ち死に
72	臼田監物		

番号	氏名		備考
73	山田六右衛門尉元重	○	蘆田小屋に籠もる。
74	大木外記親忠		信蕃のもとに加勢、望月城攻めで討ち死に
75	速水忠左衛門		甲斐衆、信蕃に加勢

家康の指示で三澤小屋へ加勢したと明確になっている者

番号	氏名	備考
76	柴田康忠	・家康の命で**一千余の軍勢**を率いて信蕃に加勢した。信蕃への軍監の役目も。
77	岡部次郎右衛門正綱	・元は今川義元の重臣、武田の駿河先方衆、長篠でも奮戦、後に家康に帰属、甲州平定の先鋒となる。**三十四騎**を率いて信蕃に加勢。
再掲	川窪新十郎信俊	・長篠の戦いで鳶ノ巣山砦で討ち死にした信玄の異母弟武田信実の子、信玄の甥 武田滅亡後に家康の臣下となる。
78	今福主米助（求助）	
79	三井十郎右衛門（十右衛門）	
80	曾根下野守昌世（まさただ）	・「信玄の眼（まなこ）」とまで言われた情報将校であり、最後まで興国寺城を守備していたが、武田氏滅亡以前から織田信長に通じていた。旧武田領国を徳川領国へ編入する際には、武田遺臣を調略する任務を担当した。（武田遺臣の徳川への帰順に際しては起請文奉行の役を果たす。**百二十騎**を率いて信蕃へ加勢。）
81	武田信勝近習の士	・**三十一騎**、以前武田勝頼の嫡子信勝の近習であった者
再掲	辻弥兵衛盛昌	・蘆田に属し、信濃國の案内者となる、甲斐國の士、**四十騎**〈十騎とも〉を率いる
82	菅沼大膳定利	・武田軍の猛攻から長篠城を守り抜いた菅沼貞能の子忠政（信昌の弟）で、武田滅亡後に同じ奥三河山家三方衆の田峰菅沼氏を継承し定利を名乗る。
83	（大久保忠世）	・芦田信蕃のよき理解者で後に康國・康眞の後見役を務める。大久保忠教（ただたか）著による『三河物語』に信蕃支援のことが述べられている。
84	（大久保彦左衛門忠教（ただたか））	・信州・甲州での戦闘体験を含む『三河物語』の著者で、信蕃や芦田松平氏のことを記述している。

77～81は甲斐を9／21発、三澤小屋9／25着　で信蕃に加勢

「三澤小屋」に関する『寛政重修諸家譜』記載から

①三澤小屋は次のように表現されている。

ア　三澤山の小屋、三澤山乃小屋

イ　三澤の山小屋、見澤の山小屋、見澤乃山小屋

ウ　山小屋

エ　信州山小屋

オ　穴小屋

カ　蘆田小屋

〈考察〉依田信蕃が、北条軍の追及を逃れて、本拠である春日城を撤退し、蓼科山春日渓谷奥に籠もり、しばしばゲリラ的に出没し、北条軍の糧道を襲ったり、北条方の城を攻めたりした根城たる砦の名称は、大方「**三澤小屋**」であるが、「**山小屋**」というのもある。これは、三澤小屋の実態なので妥当であろう。しかし、「穴小屋」については、確かに春日渓谷は断崖・絶壁・奇岩が多い地形で、大小の手ごろな洞穴も無数にあることから、そういう地形も雨露を凌ぐには利用されていたであろうが、多くの兵が籠もるには「穴」では収容しきれない。穴小屋とは別のものである可能性が高い。また、「**蘆田小屋**」については、（別項で詳しく述べるが）春日城・三澤小屋・芦田城のいずれかは状況から判断が必要である。

②武将の関わり様のニュアンス

ア「〜に籠もり」

イ「〜に引籠もり」

ウ「〜○○小屋を守り〜」

エ 「蘆田右衛門佐に属し～」「蘆田右衛門佐が手に属して忠節をはげます～」

オ 「蘆田右衛門佐につかえ～」「蘆田右衛門佐に仕ふ」

カ 「～に籠り忠節をつくす」

キ 「蘆田右衛門佐信蕃に属して～忠節をはげまし～」

ク 「東照宮甲斐國へ入らせ給ふ時、蘆田右衛門佐信蕃に属して～」

ケ 「天正十年、東照権現甲州新府出馬の時、三澤の小屋にこもり忠を致す。」

コ 「蘆田信蕃の家臣とこころざしを同じくして～」

ケ 「柴田七九郎康忠に属して発向す。○○小屋等所々に於て戦功あり。」「柴田七九郎康忠の下～」

〈考察〉

『寛政重修諸家譜』は徳川幕府の求めに応じて、大名や直参旗本が、自家の由来や過去について提出したものである。したがって、「籠もる」「属す」「使え」などの他に「忠節」「忠を致す」などの表現の他に、内容も表現も依田信蕃との関係というよりも、当然ではあるが幕府将軍に配慮したものになっている。

家康の存在に気を使った内容のものも多い。

三澤小屋はこの視界にある？
——春日渓谷・鹿曲(かくま)林道より南西に見る

○八十四名の名前を挙げてあるが、**柴田康忠**（一〇〇〇余）・**岡部正綱**（三十四騎）・**曾根下野守**（百二十騎）・**辻弥兵衛盛昌**（四十騎または十騎）にあるように、大人数の軍勢を率いて**信蕃の援軍**となっている。しかし、名前がある他の武将も、それぞれ通常数名の家人が付属しているはずであるので、三澤小屋に籠もった信蕃の直接の家来に加えて、援軍として徳川から送られた人数を加えると、かなりの軍勢となる。従って、この一覧表に載った武将の関係の兵全員が三澤小屋へ籠もることは、その規模からして到底無理であろう。一部は佐久の他所に籠もっていた（陣していた）可能性もある。徳川からの援軍は感謝しつつも、新たな問題点は、それだけの**兵糧が不足**してしまうということであった。そのことで信蕃は徳川へ支援を訴え、また、岩村田の地侍である中沢・高付・原（№33〜36）を内通させ、**密かに兵糧を搬入**してもらったり、後に真田昌幸に兵糧を入れてもらったりして工面していることからも、それは窺える。

ところで、ここに掲げた武将を、「**信蕃に属した衆**」としたが、⑴明らかに三澤小屋に籠もった者（〇印）、⑵信蕃に属し、三澤小屋へ籠もったと推定されるが、文献からは断定できない者、⑶徳川軍からの援軍で三澤小屋へ籠もった者、⑷三澤小屋へ直接籠もることなく援軍として信蕃に属した者、⑸徳川からの援軍を率いた将の下で信蕃と共に戦った者等が想定されるが、詳らかにできないままである。

また、**三澤小屋**に関係した（少なくとも信蕃に加勢した）武将であっても、本人ないしはその子孫が江戸時代になってから、**幕府の旗本**になった場合は、『寛永諸家系圖伝』『寛政重修諸家譜』に載っているが、他の大名に仕官したり（つまり幕府からすると「**陪臣**」となったり）、**帰農**して武士を捨てた家系については、記録として文献に残っていない。芦田依田右衛門佐信蕃に属していた者ないしは加勢した者であっても、他の文献で姓名が判明する例は極めて少ない（把握できない）ままである。

少なくとも八十四名の武将の名前を右の一覧表に掲げたが、分類の仕方に誤謬があったり、あるいは名前の判断上のことから重複している可能性もある。また、筆者が把握できていない武将の名前が更にあることは自明の理である。また、読者や研究諸兄からご指摘、ご教授いただければ幸甚である。

36　信蕃、真田昌幸を徳川方へ

信州と甲州を制覇しようとしている**家康**にとって、信州において麾下に属していたのは、**芦田信蕃**だけであった。当時、信州のうちで北信地方は上杉景勝が、中南信地方は徳川家康が、東信地方は北条氏直の勢力が及んでいた。家康にとっては、当面の敵は、共に甲斐の制覇を目指している北条氏の背後を脅かすべく、東信を勢力下に押さえることにあった。東信のうちでは小県郡の**真田昌幸**さえ味方に付ければ、その他の勢力は自ずと支配下に入るであろうと目論んでいたものと推定される。『芦田記（依田記）』には、左記のように記述されている。

天正十年壬午秋より、**依田右衛門佐**計策をもって、**眞田安房守**引き付け申し候。この義信州にて眞田安房守大名と申す。殊に先年の時分、武田信玄公の使番、その節は**眞田喜兵衛**武辺の行をも見聞き申し候儀に御座候故、右衛門佐もそのところを存じ寄り、眞田をさえ引き付け味方へ付け候はゞ、残る侍ども、手にたつ義にて御座無く候間、そのところを存じ、先ず眞田方へ午の秋、**津金寺**と申出家を遣わし、眞田対面、具に右衛門佐方へ返事御座候。それに就き、二度目に、**依田十郎右衛門**と申す者を眞田へ遣わし、弥和談に仕り、三度目に眞田安房守自身、**蘆田小屋之麓**まで参り候。右衛門佐も蘆田小屋より罷り出、眞田に対面仕り、直々よく談合御座候。その時、右衛門佐申す様。家康様へ深く存じ寄り候はゞ、起證文をもって申し上げ然るべしと、好み申され候えば、眞田尤もと同心仕り候。則證文を上げ申し候。この時眞田望むに、恐れながら、家康様御起證文を申し請けたき由申すに付て、右衛門佐方より眞田上げ申候起證文を持たせ、新府へ使いを越し、眞田の望の之段をも申し上げ候ところ、家康様殊の外御満足成せられ、家康様の御起證文を眞田に下され候、是を持って右の使新府より罷り帰り候。ところで、右衛門佐手前の起證文をも相添え、眞田方へ持たせ遣わし申し候。眞田別して忝く存じ奉り候。御起證文再三頂戴拝見仕り候由申し候。その時、眞田に一郡下さるべき由御約束にて御座候つる由承り及び候。その後、下されず候とて、眞田御不足を存じ候に付て、右衛門佐申す様、拙者手前は諏訪郡拝領申す。眞田には下されず候えば、最前御約束の筋目捨り申し候間、右衛門佐手前へ拝領申し候諏訪郡を差し上げ申し候間、これを眞田に下され候様にと申し上げ、諏訪郡を指上げ申し候。この替え地には、上野にて適地を下され候へば、私に伐ち平らげ申すべくに御座候。

〈要旨〉

・天正十年壬午（一五八二）秋より、**依田右衛門佐信蕃**は計策をもって、**眞田安房守**昌幸を味方に付けた。そのわけは、信州では眞田安房守は大名である。殊に先年、武田信玄公の使番を務め、**眞田喜兵衛**（昌幸前名）の武辺の行いをも見聞きしたので、右衛門佐もそのところを知っていたので、眞田をさえ引き付け味方にするならば、残る侍どもは大したことはない、他も眞田に倣うであろうという見込みであった。

・先ず眞田方へ壬午の秋（天正十年秋）、**津金寺**の住職を遣わし、眞田と対面した。具に右衛門佐方へ返事があった。それに就き、二度目には**依田十郎右衛門**を眞田へ遣わし対面せしめ、三度目に眞田安房守自身が、**蘆田小屋**（↑正しくは「三澤小屋」）の**麓**までやってきた。右衛門佐も三澤小屋より出て、眞田に直々に会って、眞田が家康に味方することについて話し合った。

・信蕃と眞田昌幸が談合した時、右衛門佐は、眞田が家康へ味方するということを堅く約束するとなれば、**起證文**をもってすべきであると言うと、眞田ももっともであると賛成した。そして、眞田は、すぐに家康宛に證文を書いた。この時眞田が家康からの起證文を申し請けたいと言うので、右衛門佐より眞田へ書いた起證文を持たせ、新府へ使いをやった。そして、眞田からの望みの内容を家康に伝えたところ、家康は、ことのほか満足し、家康からの起證文を眞田に書いてよこした。これを持って使いの者は、家康の陣している新府より帰ってきた。そこで、右衛門佐自身の起證文をも添えて、眞田方へ使者を遣わして届けさせた。その時の家康の起證文によると、眞田に一郡を与えるという約束であった。その後、一郡を与えるという約束が果たされず、眞田にとっては不足であるので、**右衛**

門佐は、自分は諏訪郡を拝領したが、それを眞田に下さるようにと家康に申し上げた。その替え地には、信蕃に上野国で敵地を下されれば、信蕃自身が伐ち平らげますと申し上げた。

信蕃、真田昌幸を徳川方の味方にする

依田信蕃は計策をもって、当時北条方についていた眞田信幸を徳川の味方にするために奔走した。**眞田昌幸**は天文十六年（一五四七）に眞田幸隆の三男として生まれた。（芦田信蕃の一歳年上である）。信玄在世の頃は、武藤氏の名跡を継いで**武藤喜兵衛**と称していたが、長篠の戦いで兄の眞田信綱と昌輝が討ち死にして後に、眞田氏の宗家を継いで眞田昌幸と名乗っていた。真田昌幸さえ味方に引きつければ、他の小侍はしれたものだと、信蕃は、最初、津金寺の和尚**林鶴**を眞田昌幸のもとへ遣わして談合し、二度目に叔父**依田十郎左衛門**を遣わして和談した。

三度目には真田安房守**昌幸**自身が、芦田小屋（三沢小屋）の麓まで来て、**信蕃**も芦田小屋を出て、真田と対面し、親しく談合した。ここにいう「**芦田小屋**」とは**三澤小屋**のことであろう。その時信蕃は昌幸に、家康へ存意ならば、**起証文**をもって申し上げるように言った。昌幸も、もっとものことと同意した。すなわち（家康へ）起証文を差し上げ、なお昌幸が望みの儀をも供して（家康がいる）新府へ使者を遣わした。家康は殊のほか満足し、起証文を昌幸に下さった。これに信蕃の起証文を添えて真田に使わした。昌幸は再三戴いて悦に入った。その後、「昌幸に一郡を与える約束であったが、まだ家康が実行しなかったので、昌幸が不満に思うであろう」と、信蕃は「拙者は諏訪郡を拝領し、昌幸には下さらず、最前の約束通り真田に諏訪郡を下されたい。自分は上州の内で敵地を下さらば自ら伐り平らげます」と言って、自分が拝領した**諏訪郡を昌幸に譲った**。その後、家康は小県郡を昌幸に与えた。

①真田昌幸に対して家康の起証文に加えて**信蕃自らの起証文**も添えたこと、②家康が領地の約束を果たそうとしないので、自分が拝領した**諏訪郡**を真田に譲ったこと、このことにも、信蕃の佐久人としての律儀な人柄が出ている。なによりも、戦国時代の権謀術数の駆け引きに長けた、海千山千の真田昌幸、後年、かの豊臣秀吉や蒲生氏郷をして「表裏（ひょうり）

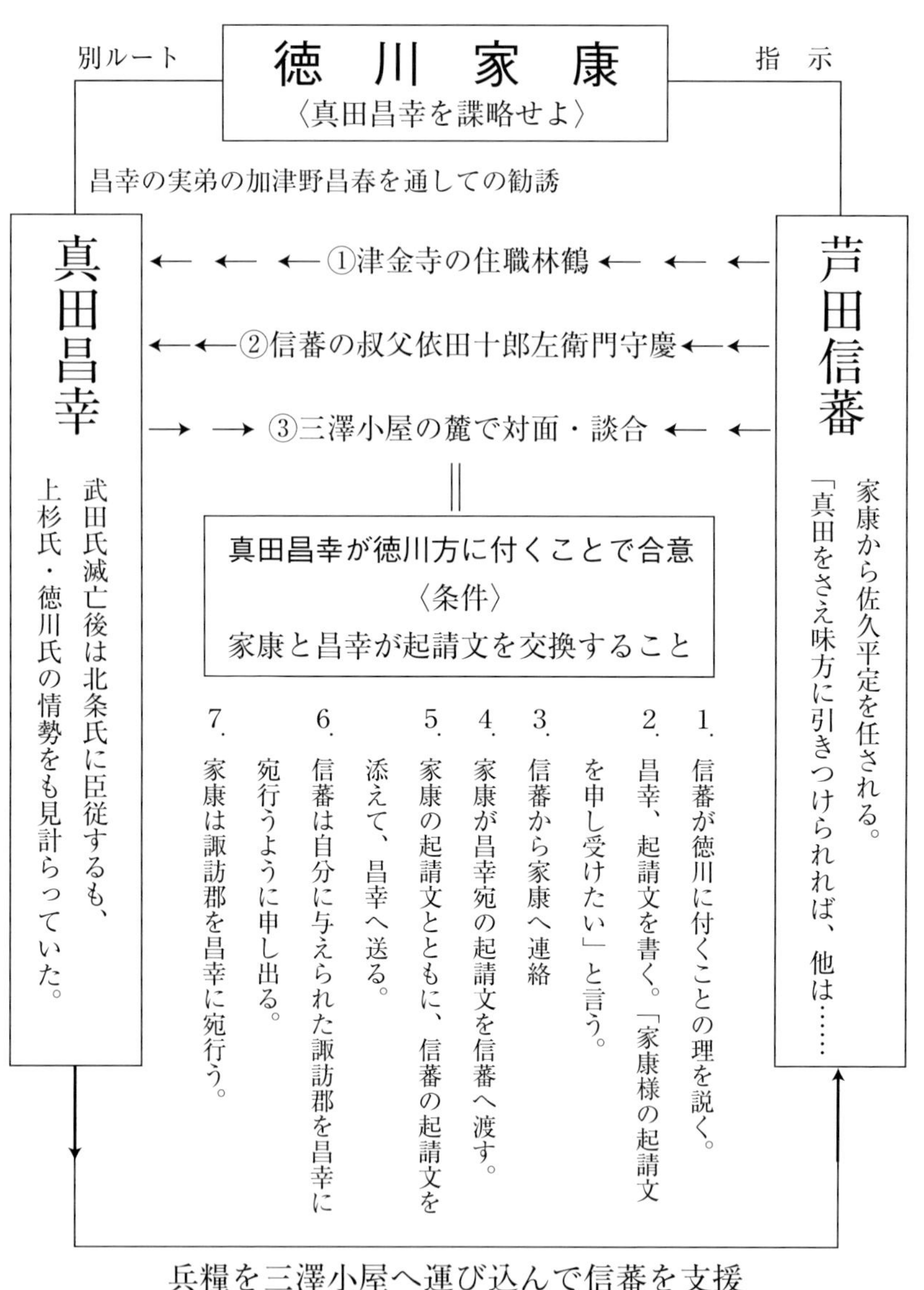

別ルート
徳川家康
〈真田昌幸を謀略せよ〉
指示
昌幸の実弟の加津野昌春を通しての勧誘
真田昌幸
芦田信蕃
①津金寺の住職林鶴
②信蕃の叔父依田十郎左衛門守慶
③三澤小屋の麓で対面・談合
武田氏滅亡後は北条氏に臣従するも、上杉氏・徳川氏の情勢をも見計らっていた。
家康から佐久平定を任される。
「真田をさえ味方に引きつけられれば、他は……
真田昌幸が徳川方に付くことで合意
〈条件〉
家康と昌幸が起請文を交換すること
1. 信蕃が徳川に付くことの理を説く。
2. 昌幸、起請文を書く。「家康様の起請文を申し受けたい」と言う。
3. 信蕃から家康へ連絡
4. 家康が昌幸宛の起請文を信蕃へ渡す。
5. 家康の起請文とともに、信蕃の起請文を添えて、昌幸へ送る。
6. 信蕃は自分に与えられた諏訪郡を昌幸に宛行うように申し出る。
7. 家康は諏訪郡を昌幸に宛行う。
兵糧を三澤小屋へ運び込んで信蕃を支援
芦田と真田が協力して北条軍の若神子への糧道を断つ

芦田信蕃

天文十七年（一五四八）生まれ

真田昌幸

天文十六年（一五四七）生まれ

・信蕃の諜略により、昌幸は徳川方になる。
・・・天正十年（一五八二）九月下旬から、天正十三年（一五八五）七月まで
・信蕃と昌幸は協力して、甲州若神子で対陣中の北条氏の糧道を断つ。
・千曲河畔塩名田の戦いでの主戦（信蕃）と戦見物（昌幸）
・心のライバル

〈共通点〉

・武田氏の信濃先方衆の巨頭
・甲府の武田つつじケ崎館の近くに屋敷（芦田屋敷・真田屋敷）を与えられていた。
・少年期には、父の武田臣従の証として、人質生活

〈相違点〉

芦田信蕃 ⇨

・武田の他国侵略に従軍する。番手城主（二俣城・田中城）として、最後まで徳川と戦う。
・智略、武略に長けた忠烈の武将
・武田滅亡後は、一貫して徳川の佐久・甲州平定に尽くす。
・家康から佐久郡・諏訪郡を宛行われる。（佐久をほぼ平定）

⇦ **真田昌幸**

・天正十年頃までは武田官僚としての働きが多い。（新府城普請奉行の一人）
・権謀術数に長けた表裏比興の者
・武田滅亡後は、北条・織田・上杉・徳川の間で次々と臣従先を変える
・小県郡のほかに上州沼田等に所領

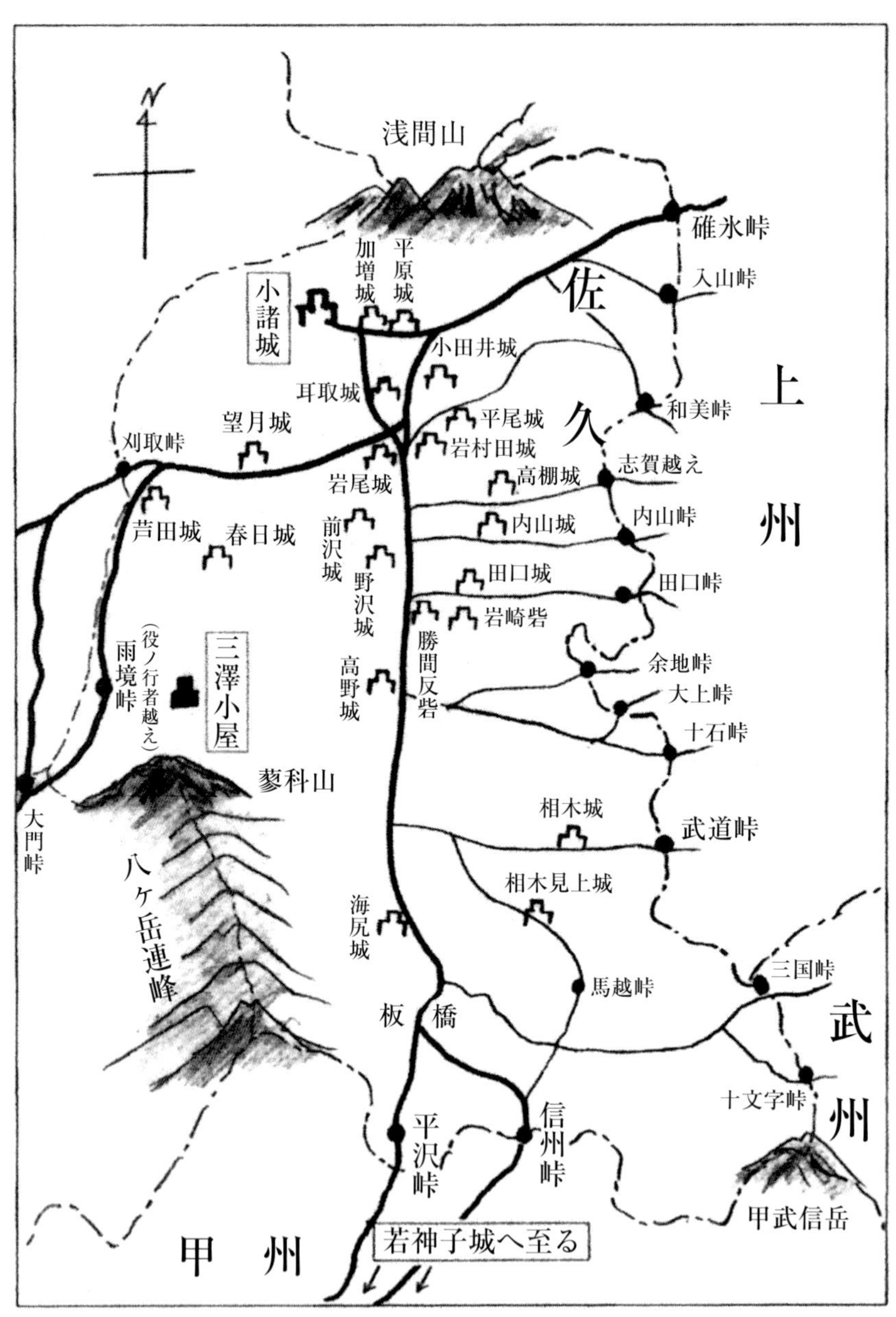

上州国境の諸峠から入る北条氏の糧道

比興（ひきょう）なる者」とまで言わせた真田昌幸を調略し、北条方から徳川方へ付かせた信蕃の手腕・知略は並の武将ではない器量の程が分かる。この場合は、信蕃の誠心誠意が昌幸の打算の心を動かしたともいえるであろう。時に信蕃三十五歳、昌幸三十六歳。ともに働き盛りであった。

かくして、信蕃と真田昌幸は協力して、甲斐へ侵攻している**北条軍の兵糧部隊**を襲い、碓氷峠を始めとする上州と信州の国境の峠で断ち切ったので、**糧道**を断たれた北条は、家康と和議を結ばざるを得なくなり、小田原へ帰った。家康・芦田信蕃・眞田昌幸の関係を図示化したものが、P.二七二の図である。

37　乙骨の退き戦と信蕃

小諸城にいた芦田信蕃を春日城へ追い、さらに攻撃した北条氏直軍であったが、春日渓谷の奥の**三澤小屋**へ籠もって抵抗し、ゲリラ的攻撃を繰り返す信蕃軍に翻弄された。**北条氏直**は、攻撃を小諸城代に任命した大道寺政繁に委ね、本隊を率いて、**役ノ行者越え**（**雨境峠**）を経て、**諏訪地方へ侵入**して行った。『芦田記（依田記）』は次のように述べている。

氏政は蘆田小屋を責め候はんとて、**役行者**と申す山越えを諏訪郡へ打ち入り、**かぢか原**と申す所を通り、甲斐國**みの原**に陣を取る。家康様は甲斐國**新府中**に御座なられ候。小田原衆と**新府御対陣**の様子は、その元の衆委細御覧あるべく候、

〈要旨〉

・滝川一益が小諸城を退いて本拠の伊勢長島へ去った後へ、北条氏政（←「氏直」が正しい）の先手が信州へ侵入し、小諸城へは城代として**大導寺尾張守政繁**が入った。

・徳川家康と北条氏政（←「氏直」が正しい。以後は**氏直**とする）とが旧武田領を取り合いになり、氏直は七万の軍勢を率いて**臼井口**（碓氷峠）を越えて佐久へ侵入してきた。大軍を前にして、依田常陸介信蕃は、**春日山の奥の三澤小**

屋という所へ籠もった。**蘆田小屋**というのは、これである。

・北条氏直は蘆田小屋を攻めるのを途中で諦めて、**役行者**という山を越え、諏訪郡へ侵入し、**かぢか原**（柏原）という所を通り、甲斐國**みの原**に陣を取った。

・徳川家康は甲斐國**新府**に陣取った。小田原衆（北条氏）と**新府**での**対陣**の様子は、これは家康軍にいた人々が委細知っていることであるので、ここでは詳細には申し上げない。

乙骨の対陣と甲州への撤退時の丸山争奪戦～三澤小屋の信蕃も関わっていた

北条氏直は、三澤小屋への攻撃から手を引き、七月下旬に諏訪郡へ入って、八月一日に**かじか原**（茅野市**柏原**）に四万三千（とも、四万五千とも四万八千あるいは二万余という文献もあって、特定できない。また『蘆田記』では七万とある）の兵で陣を敷いた。柏原は大門峠や役ノ行者越えで現在の白樺湖周辺を通過し、諏訪方面へ南下して、やや視界が開けた緩傾斜地である。付近には武田信玄が佐久や川中島方面への遠征時に陣した枡形城（武田流の三日月堀や丸枡形が構えられていた）がある。そのあたりに氏直も本陣を置いた可能性がある。北条軍の動きを察し、**徳川七手衆**三〇〇〇の兵（酒井忠次、大久保忠世、大須賀康高、石川康道、本多広孝・康重、岡部正綱、穴山衆）は諏訪高島城の諏訪頼忠への攻撃から軍を引いて諏訪郡**乙骨**（おっこつ）（富士見町**乙事**（おっこと））にいた。そこへ、**大久保忠世**の臣で**信蕃の三澤小屋**まで遣いに出ていた**石上菟角**（とかく）が「北条氏が四万三千の軍勢でかじか原（柏原）に陣している」という**依田信蕃**からの情報を伝えた。七手衆はそれを聞いて、**乙骨太郎左衛門**に北条軍の偵察に行かせ、その報告を聞き、北条が大軍であることを確認する。かじか原方面から南東へ進入した北条軍は、乙骨の北西に位

乙骨陣場（おつこつじんば）

置する原（立場川右岸と推定されるか）に陣取った。**乙骨陣場**（現在の乙骨足場溜め池のある台地）に陣取った徳川軍と北条軍との間でにらみ合いとなった——**乙骨の対陣**。しかし、圧倒的な兵力の差があることを認識した七手衆は、地元に詳しい**乙骨太郎左衛門**の進言を入れて、退却することとした。『乙骨太郎左衛門覚書』は次のように述べている。

太郎左衛門屋敷のかさ（上の方）に**丸山**ござ候。…〈中略〉…すなわち海道は諏訪への海道を（徳川七人衆は）のけられ候。氏直の人数は、越後海道を通り申し候。この両道行き先に丸山ござ候が、この丸山の西の方を七手衆お通りなされ候。氏直の人数は東のひら（平地）を通り申し候。

かつての信玄の「**上の棒道**」を甲州へ向けて東方へ進軍する北条軍に対して、徳川軍は「**中の棒道**」を甲州へと向かったのである。その途中で「**乙骨丸山の争奪戦**」が行なわれた。**太郎左衛門**の助言により、いち早く丸山の頂上を押さえた七手衆は、北条軍を上方から攻撃した。この山を占拠できれば、北条軍はそこを拠点として徳川軍を攻撃できたわけであるが、徳川軍はなんとか先制してそれを阻止したのである。徳川七手衆は進路を塞がれるおそれをなくし、また、北条勢の足取りを鈍らせたり、牽制しつつ、一兵も損なうことなく甲州へ兵を引いて、新府城で陣を構えた。この時の退却戦を「**乙骨の退き戦**（のきいくさ）」という。それが八月一日とも六日とも文献によって異なり、どちらかは、今のところ断定できない。

乙骨退却戦の際の「丸山」考

退却戦のポイントとなった**乙骨の「丸山」**について、『天正壬午の乱』（平山優、学研）では、「丸山とは現在の茅野市宮川丸山で、ここはかつて丸山と呼ばれた芝山があったといい、それが地名の由来と伝えている」と述べている。それとは別に平成二十年に調査した時、「丸山」という地名から、独自に現地へ足を運んでみたが、七手衆の退き戦の時の舞台となるような地形（当然それなりの規模もあったはず）とは思えない平坦な地形であった。「丸山」という丘は富士見駅の南方に丸山公園となっている丘があるし、単に「丸山」と呼ばれてもしかるべき小円丘は、富士見町だけでも十八もある。（『富士見町誌（第一編自然）』参照）。いずれも

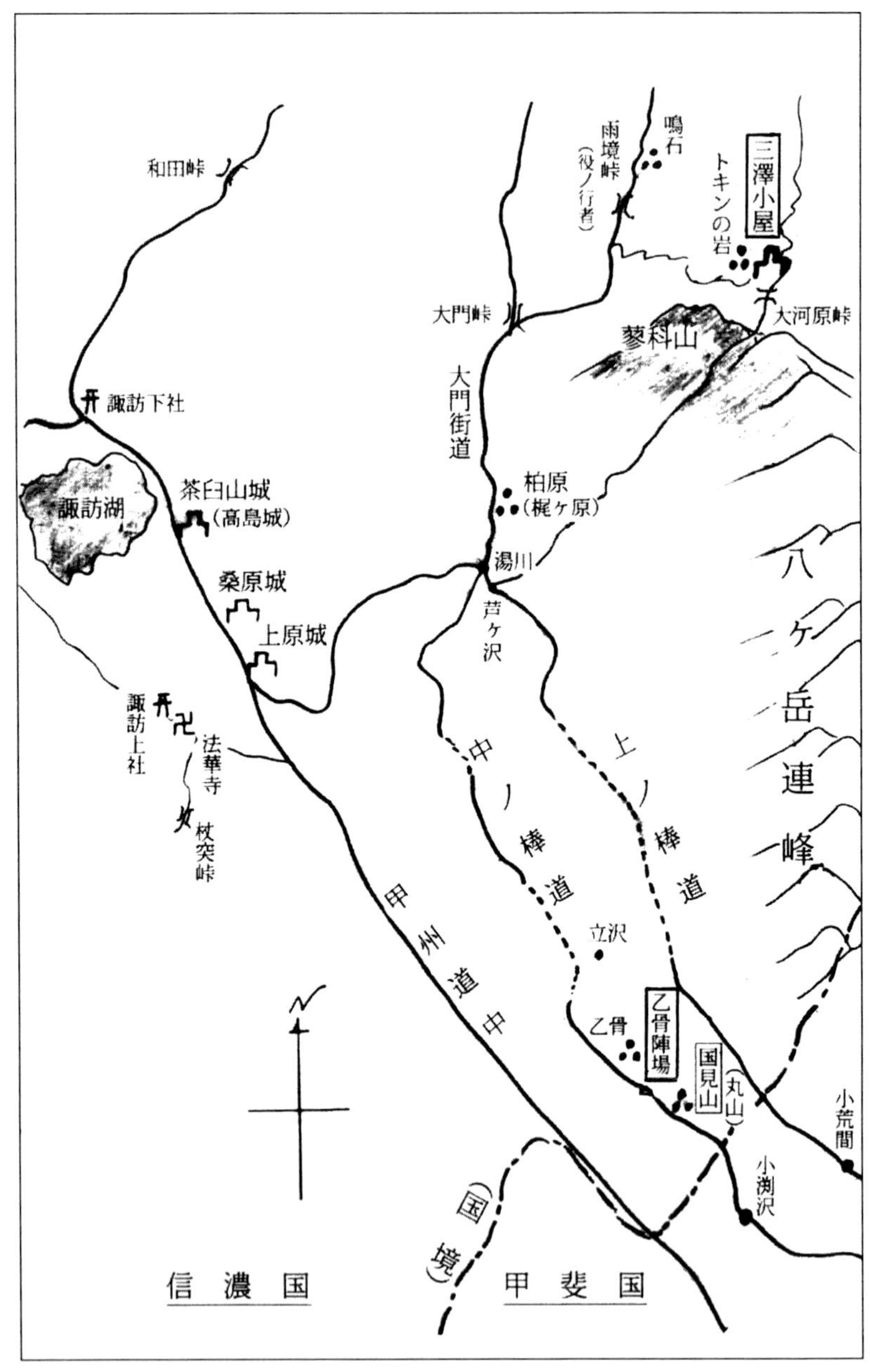
和田峠
雨境峠（役ノ行者）
鳴石
三澤小屋
トキンの岩
大門峠
大河原峠
蓼科山
大門街道
諏訪下社
諏訪湖
茶臼山城（高島城）
柏原（梶ヶ原）
湯川
桑原城
上原城
芦ヶ沢
八ヶ岳連峰
諏訪上社
法華寺
杖突峠
中ノ棒道
上ノ棒道
甲州道中
立沢
乙骨
乙骨陣場
国見山（丸山）
小荒間
小渕沢
（国境）
信濃国
甲斐国

三澤小屋と乙骨陣場

八ヶ岳の熔岩丘陵である。

乙骨退き戦に関わる「丸山」は、場所的には乙骨（乙事）の対陣のあった**「陣場」よりも甲州側**（つまり南東方向）でないと、七手衆の撤退の時に「丸山」の頂上を北条軍との間で争奪するということにはならない。『乙骨太郎左衛門覚え書き』では「太郎左衛門屋敷之かさに丸山御座候」とも述べられている。また、**七手衆**は「**中の棒道**」を撤退し、**北条軍**は「**上の棒道**」を進軍したわけであることを鑑みると、比定地は諏訪郡富士見町旧高森村の東北部にある**押立山**（おったてやま）、別名「**国見山**」である可能性を指摘しておきたい。

諏訪藩主が新しくなって、初めて領内を巡視した際に、藩主は乙事村（乙骨村）から高森村を通って押立山に登り、頂上で領内や甲信国境の様子を視察したり、国見の儀を催した所でもある。平成二十年現在、富士見町立境小学校の北方を中央高速道が通過しているが、そこを過ぎて北へ登る丘（海抜一〇七〇）である。下方から見るとかなりの標高差があるが、頂上の削平地から八ヶ岳側（北東方面）、つまり「上の棒道」よりかなりの高みであるということではないのが、比定地とするには少々難が残るが、『乙骨太郎左衛門覚書』には、「氏直の人数は東の**ひら**を通り申し候」とあるので、北条軍の通過した上ノ棒道からすると、「丸山」の東（更なる地山側）は「ひら（平地・緩斜面）」という表現からして、山手側から見た丸山は、あまり高くは感じないほどであったのであろう。そうだとすれば、**押立山（国見山）**の地形からして、ほぼ妥当であると判断できる。いずれにせよ、更なる検討を要する。徳川七手衆は、去る七月中旬には、三澤小屋に籠もる**信蕃**が、使者の**乙骨太郎左衛門**を通して援軍を要請したところ、**柴田康忠**に一〇〇〇余の兵を率いさせ、三澤小屋へ送り込んでいる。北条氏との乙骨対陣に際しても、三澤小屋に籠城して北条に抗している**依田信蕃**との**情報のやりとり**等を、**乙骨太郎左衛門**や**石上菟角**などを使者として行なっている。こうして戦国乱世においても、正確な情報の把握と分析、それにすばやく対応する能力が、いかに大事かが分かる。**信蕃**が、そうした面でも力を発揮できる武将であり、徳川七手衆（特に因縁の二俣城や田中城での攻防と城の明け渡しに大きく関わった**大久保忠世**）**との人間関係**が、ここでも生かされていることが分かる。

38　北条の糧道を断つ

『芦田記（依田記）』には、次のように記述されている。

その内常陸介は蘆田小屋に籠り、氏政、関東よりの運送の兵粮人馬、蘆田小屋より討ち取り、氏政との陣の續、成り難く候間、氏政も開陣。（↑「氏直」が正しい）

北条氏直は甲斐へ侵入し、**若神子**で**徳川家康**（新府城）と対陣した。北条軍は大軍であるだけに、関東から信州佐久郡を経由して、甲斐へ兵糧を運ぶ**兵站**（**糧道**）が延び切っていた。**三澤小屋**に籠もっていた**芦田信蕃**は、**ゲリラ的に出没し**、大道寺政繁が守る小諸城を攻撃したり、神出鬼没に**兵糧隊を襲った**。この活動は真田昌幸を徳川方へ引き付けてから一層活発化した。若神子で対陣中の北条軍は、信蕃の働きによって**糧道を断たれ**、兵糧に困るようになり、志気の高揚維持にも事欠くようになっていった。

若神子の対陣～徳川と北条

北条氏直は**徳川七手衆**を追って甲斐国へ侵入すると、**若神子城**へ陣した。『蘆田記』（依田記）で、「役ノ行者と申す山越えを諏訪郡へ打ち入り、かぢか原と申す所を通り、甲斐国**みの原**に陣を取る」とあるが、この「みの原」が若神子(わかみこ)のことである。かつて信玄の信濃攻略の兵站基地であり、兵馬を整えて陣立てした場所であった。若神子とその周辺には「信玄の棒道」の起点が集中し、佐久往還など近世に至るまで信州方面への交通の要地であった。北条氏直が**若神子に陣**を取り、徳川家康が府中から**新府城**へ八月十日に入り、本格的に対陣した。家康は氏直よりもはるかに寡兵で、一万程度の軍勢であったとも言われている。若神子城の北条氏直と新府城の徳川家康の、八月十日頃から十月末までの**八十日間**の甲斐国を巡る対陣を「**若神子の対陣**」という。なお、

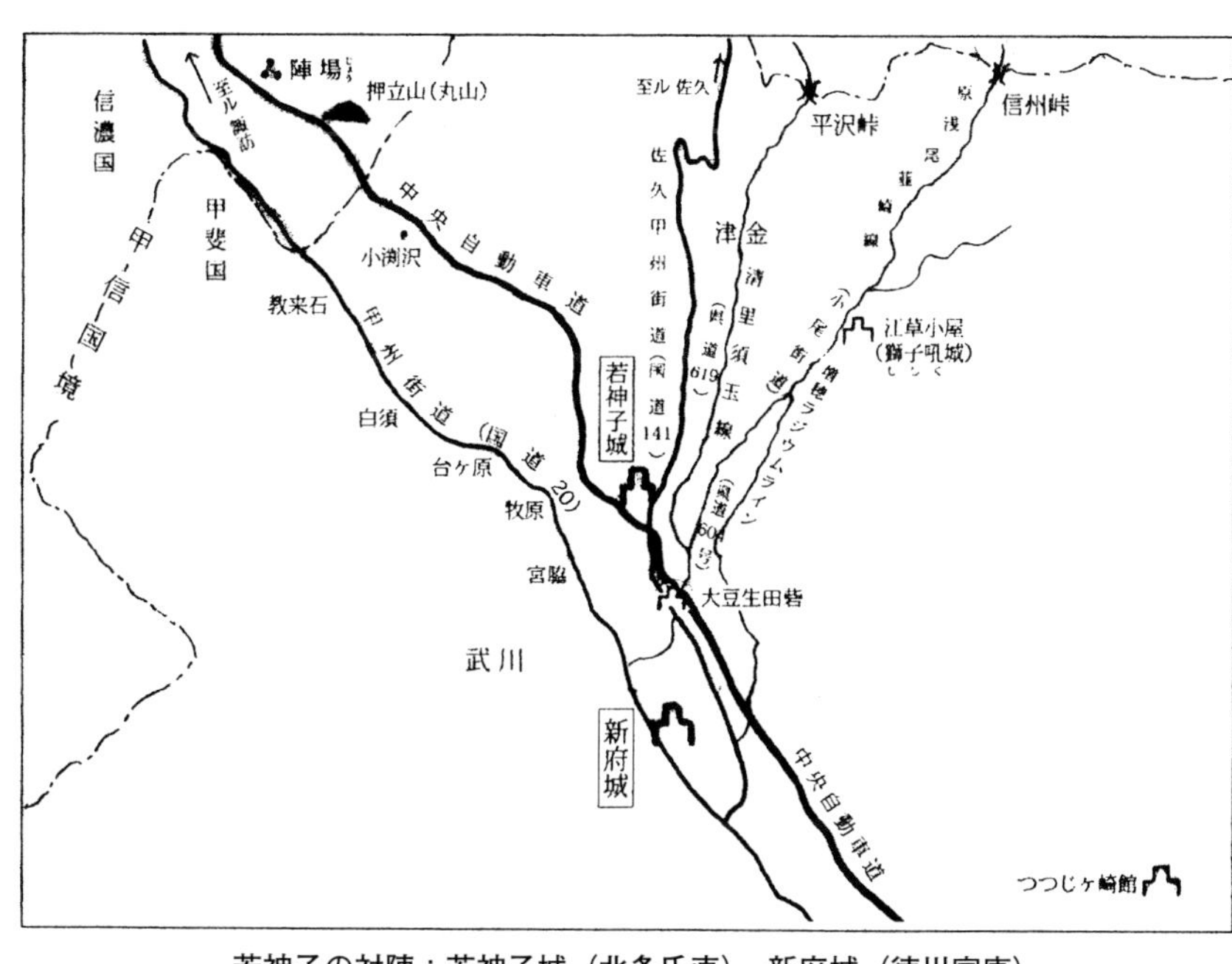

若神子の対陣：若神子城（北条氏直）、新府城（徳川家康）

若神子の対陣が始まったのと期を一にして、八月十二日には、徳川勢を挟撃しようとして東方から動いた北条勢の一部を、鳥居元忠らが撃破するという黒駒合戦〈現笛吹市〉があった。これによって、北条氏の東方からの甲斐国への侵入路は断たれることになった。

前後するが、北条本隊が甲斐へ向かったことにより、信蕃は三澤小屋から今まで以上に出没し、佐久郡の北条方の諸城攻略の作戦を再開し、蘆田小屋（春日城）のある谷の北方の入り口を押さえている望月城を八月八日に攻めている。

一方、この間も八月中旬に、北条の小諸城代**大道寺政繁**が三澤小屋を攻めている。この時に信蕃方の今井兵部が負傷し、加賀美七郎右衛門が討ち死にしていることが、家康からの感状で分かる。更に、芦田軍は**金井坂**で北条方と交戦している。金井坂とは現佐久市望月春日の康國寺の数百メートル東方で、布施方面へ通じる坂周辺と推定される。

甲斐の徳川別働隊、佐久往還を押さえる

また、八月二十八日には徳川軍が、佐久往還を押さえる若神子城の砦である**大豆生田**（まみょうだ）**砦**を落としているが、芦田信蕃の甥**依田信政**（次弟信幸の次男）も参戦し活躍している。『武徳大成記』巻十一には、次の記述がある。

氏直砦ヲ豆生田ニ築テ、兵士ヲシテ是ヲ守ラシム、味方ノ兵禾（いね）ヲ刈捨ンタメニ、豆生田ニ出張ス、敵兵急ニ是ヲ撃テ殆ド危シ、久世三四郎廣宣フミ留テ防ギ戦フ、神君事ノ危ヲ聞キ給テ、自ラ兵士ヲ率テ是ヲ援ケ玉フ、大久保左衛門・榊原式部大輔・酒井左衛門尉・大久保七郎右衛門・石川長門守・本多豊後守・岡部次郎右衛門先陣タリ、小田原勢大軍ヲ見テ引退ク、久世三四郎馳セ進デ、野中六右衛門ト鑓ヲ合セ、疵ヲ蒙ルコト、數箇所、深ク柵内に入リ、首級ヲ獲タリ、久松某・菅沼兵蔵等奮ヒ戦ヒ、**木内忠左衛門蕃正**・**服部和泉守**正吉・**依田肥前守**・**小林理右衛門重吉**・**櫻井仁兵衛久忠**・大久保喜六郎忠豊・大久保荒之助忠直・**石原孫助重宗**・坂部三十郎廣勝・原田権左衛門モ軍功アリ、小田原ノ兵士防ギ戦ヒ難クシテ退ク、大久保次右衛門、久世三四郎ヲ抱て、神君に謁見セシム、神君其ノ功を感ジ給テ、薬ヲ出シテ是ニ授ケ、且ツ彼レガ父祖ノ武功ヲ説テ賞美シ給フ、

ここで、「依田肥前守」とあるのは、後に江戸時代になってから「依田肥前守**信守**」の実弟で、その養子となって旗本依田氏を継いだ「依田肥前守信政」のことを指している。そのことは、同じような内容が『武徳編年集成』巻二十四にもあるが、そこでは、明確に「依田肥前守信政」とあることからも判明する。さらに、太字で表現した武将が六名いるが、彼らは芦田信蕃のもとで**三澤小屋に籠もった武将**（前述の「依田信蕃に属した衆～三澤小屋籠城」のページ参照）であり、その彼らが大豆生田砦の攻撃に派遣されていたのである。また、大久保姓が三名いるが、後に芦田依田氏の後見人的存在になる**大久保忠世の一族**である。さら徳川軍は北条本隊の後方の穂坂道（小尾街道）の要衝である**江草小屋**（獅子（しし）吼城（くじょう））を津金衆・小尾党・伊賀者服部半蔵らの働きにより陥落させている。そして信州へ通じる交通の要衝である**板橋**（現南佐久郡南牧村）を押さえた。こうして甲斐の**徳川別働隊**ともいうべき津金衆・小尾党・武川衆は、信州峠から佐久郡へ侵入し、現佐久市臼田にある**勝間ノ砦（稲荷山城）**まで進出した。このことは、上野國から信濃國へ侵入した北条氏にとっては、甲斐へ入る為には「北佐久～勝間ノ砦～南牧板橋～信州峠～江草小屋～若神子」のルートは、諏訪経由

勝間反ノ砦（稲荷山城）

よりも近く、はるかに重要な糧道であったことを意味する。北条氏は勝間ノ砦の存在によって、佐久往還（甲州道）の通行が困難となり、**補給路が分断される**ことになった。

後年、**勝間反砦**（かつまぞり）には信蕃の甥である**依田肥前守信守**（次弟信幸の嫡男）が**芦田四十七騎**（ということは実質二〇〇～二五〇人の兵力）を従えて、佐久南部の守りについている。勝間反砦は佐久郡の南部から甲州へ通じる**交通の要衝**であり、その重要性は歴史が物語っている。勝間反砦（後年の稲荷山城）には依田**肥前**守信守の在城に由来する「肥前郭」があり、そこは、現在は運動広場になっている。

信蕃に合力した甲斐別働隊は、勝間反砦とは千曲川の対岸（東岸）になる**岩崎砦**で、北条方（相木氏か）を破っている。**勝間反砦も岩崎砦も甲州若神子へと通じる**佐久往還を押さえる位置にある極めて重要な戦略的な場所であったのである。

家康からの援軍を得た信蕃は、北条軍の糧道を断つとともに、芦田小屋（春日城）を奪還

芦田信蕃は家臣の伴野對馬守と小坂新助を足軽三〇〇余人の将として、峠道や山谷に潜伏させ、**北条の兵糧隊**を襲わせた。度重なる襲撃によって、数万にのぼる北条軍は兵糧に極めて困窮していった。天正十年九月上旬から～十月下旬（若神子の和議の成立）時点までの、芦田信蕃に関わる出来事を整理してみると、

①九月八日に、家康が乙骨太郎左衛門を三澤小屋へ遣わし、信蕃へ金四〇〇両を送り物資の調達の支援をしている。

②信蕃は、三澤小屋を訪れた乙骨太郎左衛門の帰還時に、これまで討ち取った北条軍の首帳を、家康へ送っている（九月十一日着）。

③十七日には、家康は木曾義昌に信蕃の二子（竹福丸・福千代）をはじめ、佐久郡・小県郡の武将からの人質の引き渡しを命じている。

④九月二十一日には、家康は**信蕃への援軍**として、岡部正綱（駿河衆）、甲斐衆の曽根昌世、武田一族川窪新十郎信俊（信玄の弟武田信実の子）、今福求助・三井十右衛門などに命じている。家康からのこれらの軍は、「新府〜武川〜台ケ原〜信州梶ケ原（柏原）〜役ノ行者越え〜三澤小屋」のルートをたどって、信蕃の元へ向かった。

⑤家康から信蕃への援軍は、**九月二十五日に信蕃のもとへ**到着している。

⑥**援軍を得た信蕃は、北条方に奪われた芦田小屋（春日城）の攻撃を開始する。**

⑦九月二十八日には、家康から臣下となった真田昌幸へ宛てがい状が発給されている。

⑧十月十日には、真田昌幸は北条との手切れを通告し、徳川方としての軍事行動を開始している。信蕃は援軍を得たこともあり、積極的攻勢に転じる。

⑨二十一日には望月城を陥落させ、北条源五郎は逃亡している。

⑩特に十月中旬以降、信蕃は真田昌幸とともに上州・信州境の碓氷峠等の諸峠を固め、北条軍への兵糧や物資の補給路を断った。

⑪また、北条方の小諸城代として輸送隊の警備に当たっていた大道寺政繁のルートにある小田井城（二俣丹波守）、加増城（桜井大膳）を、信蕃の命を受けた依田肥前守信守が攻め落としている。

⑫ついに**十月二十六日、信蕃軍は芦田小屋（春日城）を攻め落とし、奪還を果たしている。**（その後、真田昌幸が芦田軍へ兵糧を運び入れている）。

⑬そして、まさに翌日付け（十月二十七日）で「**北条との若神子の対陣の和議成立**」の事前の第一報が、家康から信蕃に送られている。（正式成立は十月二十九日）

——以上の経緯を考察するならば、家康にとって信蕃の存在がいかに重要であったかが裏付けられる。

右の一連のことからしても、北条氏に奪われていて信蕃が奪還した「芦田小屋」とは、**三澤小屋**ではなく**春日城**であることが判明する。いわんや北佐久郡立科町にある**芦田城**のことでもない。なぜならば、この頃の芦田城は、この時を去ること三十年以上も前に芦田依田氏の本拠は春日城に移っていることに加え、地理的なことを考慮しても、北条氏が依田信蕃を攻めるに際して、戦略的な意味が薄いからである。——歴史資料で語られることのある「**芦田小屋**」は古い順から、芦田城・春日城・三澤小屋の三カ所の城塞のいずれかをを意味するので、時代背景や前後の文脈から慎重に判断することが必要である。

芦田小屋とは？

徳川と北条の和議成立

信蕃は、三澤小屋に七月十五日頃から、十月二十六日頃までの三カ月間（約百日間）籠城したことになる。現代の暦に直すと八月末近くから十二月上旬に当たる。季節からすると秋から冬にかけてである。三澤小屋は、おそらく標高一五〇〇メートル～二〇〇〇メートルの高所にあったと推定され、また、三澤小屋から出ることができた十月下旬は、現代の十二月上旬に相当することから、最後の方は寒さと飢えで、かなり厳しい状態であったことは想像に難くない。信蕃は十月末になると、佐久郡内の北条党攻めを本格化している。十月二十七日には、家康は信蕃へ**依田肥前守信守**（信蕃の次弟源八郎信幸の嫡子）に書状を持たせ、甲斐若神子における**北条との和議**の成立を知らせ、詳細は信守から直接聞くように伝えている。——依田肥前守信守は当時十代半ば過ぎの若武者であった。彼は信蕃の三澤小屋に籠もり、佐久郡各地へ軍勢を率いて出没したり、また、家康への信蕃からの「証人」の意味もあり、比較的家康の近くでも活動した。家康と信蕃の連絡役も果たしており、芦田依田一族では、歴史的活躍の跡が極めて多い。

『譜牒餘録』（四十五　内藤紀伊守）の項にある文章を訓読すると、

急度申し入れ候。よって上方公心劇に付いて、当表無事然るべきの由、信長御子達より、度々御異見の間、殊二に我等こと、日比信長御厚浅からざるの間、先ず以ってその儀に任せ和与せしめ候。いよいよ相示し、これより**依田肥前守**を以って、巨細申し入るべく候。恐々謹言。

十月廿七日　　　　　家康（御書判）

依田右衛門佐殿

膠着した**若神子の対陣**の打開策として、大義名分を得る為に家康は故信長の次男**織田信孝**に北条との間を仲介してもらうという手立てを講じていたのである。

徳川と北条の和議成立の条件は、大まかに述べると、

①甲斐國と信濃國は徳川の領分に、上野國は北条の領分にすること。

②家康の娘督姫を氏直に嫁がせること。

という内容であった。

なお、『木俣文書』によると、「甲州若御子之原ニ而、北条氏政ト神君御和睦相調、氏政公執筆之五箇条、氏政點頭御書壹通」ということで、北条**氏政**が執筆した**五箇条の誓書**を徳川家康へ送っている。

一　御ゐんきょ様せいく之事
一　さたけ、ゆふきゑひきゃく御通可被成之事
一　みなかわ方、水之屋兩人御通候て可給候事
一　志よのおり□さい志御渡可給候事
一　**あしたかたへひきゃく之事**　　以上
十月廿八日

下の文には佐竹・結城・皆川・水谷・城氏への言及もある。ここで特筆すべきは、覚え書き（和睦の五ヶ条の附帯条件）の一つに、「**あしたかたへのひきやく**之事（芦田への飛脚のこと）」があることである。これは「**芦田信蕃との連絡を保証すること**」、つまり、「家康が芦田依田信蕃と飛脚（遣いの者）を通して連絡し合うことを北条方が妨げない」という約束をした（家康が約束させた）わけである。**家康にとって、信蕃が戦略上いかに重要な存在であったか**が、この一

件を見ても歴然としている。

かくて、徳川と北条の和議が正式に天正十年十月二十九日に成立した。北条軍は甲州若神子を陣払いし、本隊は、やがて佐久を経て引き上げて行った。この後、霜月（十一月）になって、**信蕃による佐久平定**が一気に進展することになるのである。

北条の糧道を断った信蕃の功績

圧倒的に兵力に勝っていた**北条の糧道を断って**、北条氏が徳川と講和撤退せざるを得ない状況をつくった大きな功労者が依田信蕃であった。かれは、三澤小屋から出ては、碓氷峠をはじめとする上信国境の諸峠や街道筋の北条の兵糧隊を襲うことを繰り返した。大軍であるが故に、糧道を断たれた北条氏は長陣ができなくなってしまったのである。

信蕃のこの功績を家康は高く評価していたことは、後に信蕃の後継となった二子（松平康国・康眞）に、松平の姓と「康」の一字を与えたり、大久保忠世の後見で小諸城主とするなど、厚遇していることからも分かる。

信蕃の三澤小屋籠城に関わる徳川・北条の動き

北条氏直

- 7/12 佐久へ侵入、制圧
- 7/中旬 芦田小屋（春日城）を攻撃する
- 7/19 三澤小屋を攻撃する
- 7/ 役ノ行者越～諏訪郡～甲斐へ
  - ・小諸城代大道寺政繁、ひんぱんに三澤小屋攻撃
- 8/10 （徳川家康と若神子の対陣）
  - ・大道寺政繁、ひんぱんに三澤小屋を攻撃
- 8/中旬 大道寺政繁、三澤小屋を攻撃
  - 信蕃軍と交戦
- 10/29 （若神子の対陣の和議）
- 11/ 野辺山～佐久経由で帰陣

依田信蕃

- ・小諸城から撤退し春日城へ
- ・芦田小屋（春日城）から退き蓼科山中へ
- ・三澤小屋に籠城する
- ・三澤小屋から出没しゲリラ戦展開
- ・しばしば北条方の城を攻める
- ・しばしば小諸城を攻撃する
- 7/ 北条氏の動向を家康へ伝える
  - ・ゲリラ的出没で北条の糧道を断つ
- 9/11 北条軍の首帳を家康へ送る
- 9/25 **芦田小屋（春日城）奪還の攻撃開始**
- 10/10 真田昌幸と協力北条糧道を断つ
- 10/21 望月城を陥落させる
- 10/26 **芦田小屋（春日城）を奪還する**
- 10/末 **三澤小屋から出る**
- 11月 信蕃による佐久平定本格化する

徳川家康

- 7/12 柴田康忠（一〇〇〇余）を信蕃援軍に
- 7/14 辻弥兵衛（一〇騎）を信蕃の援軍に送る。
- 7/ 徳川七手衆を諏訪郡へ派遣
- 8/初 七手衆、乙骨の対陣と退き戦
- 8/10 （北条氏直と若神子の対陣）
- 9/初旬 武川衆・津金衆を佐久へ援軍に
- 9/8 信蕃支援に金四〇〇両を送る
- 9/21 岡部・川窪・曽根・今福氏等を信蕃の援軍に送る（9/25到着）
- 10/29 （若神子の対陣の和議）
  - ・信濃・甲斐を徳川領国に

39　佐久平定へ～千曲河畔の戦い

信蕃は**三澤小屋**を出て、春日城に復帰し佐久郡の統一にとりかかった。まず佐久郡平定緒戦として、地理的に佐久の中心である**岩村田城**を攻略することが必要であった。当時は、かつての地頭大井氏は名ばかりで衰退していたが、それでも岩村田城を攻略するということには大きな意義があった。

加藤宗月（芦田康眞）が最初に尾張徳川義直に提出した『芦田記（依田記）』には、次のように記述されている。

> その未の正月、**蘆田小屋**より常陸介討ち出て、**岩村田**へ働く。この時、常陸介も采配取りて馬を入れ追散らし、家中の者ども存じの通り、**家康様の御感状**取り申し候。その時は、**眞田安房守**も上田より出合い、筑摩川をへだて軍見物。その時、常陸介と対面にて御座候。

〈要旨〉

・天正十一年正月（↑正しくは「十年十一月二日」）、**蘆田小屋**より常陸介は討って出て、**岩村田城**を攻めた。この時、常陸介が采配取って、馬を入れ敵を追い散らした。家中の者どもはこのことをよく知っている。徳川**家康公**からもらった**感状**がある。

・その時は、**眞田安房守**昌幸も上田から来て、千曲川を隔てて軍見物をした。その時、常陸介が戦をしている所とは対岸であった。

右の内容だけでは不十分であるので、その詳細を再度徳川義直から求められて追加提出した内容には、さらなる詳細が述べられている。

> **眞田**も御味方に罷成候験にと申し、**右衛門佐**と申し合わせ、**岩村田**と申す地を攻め取り候はんと申し、**眞田**は**八幡平**と申す所

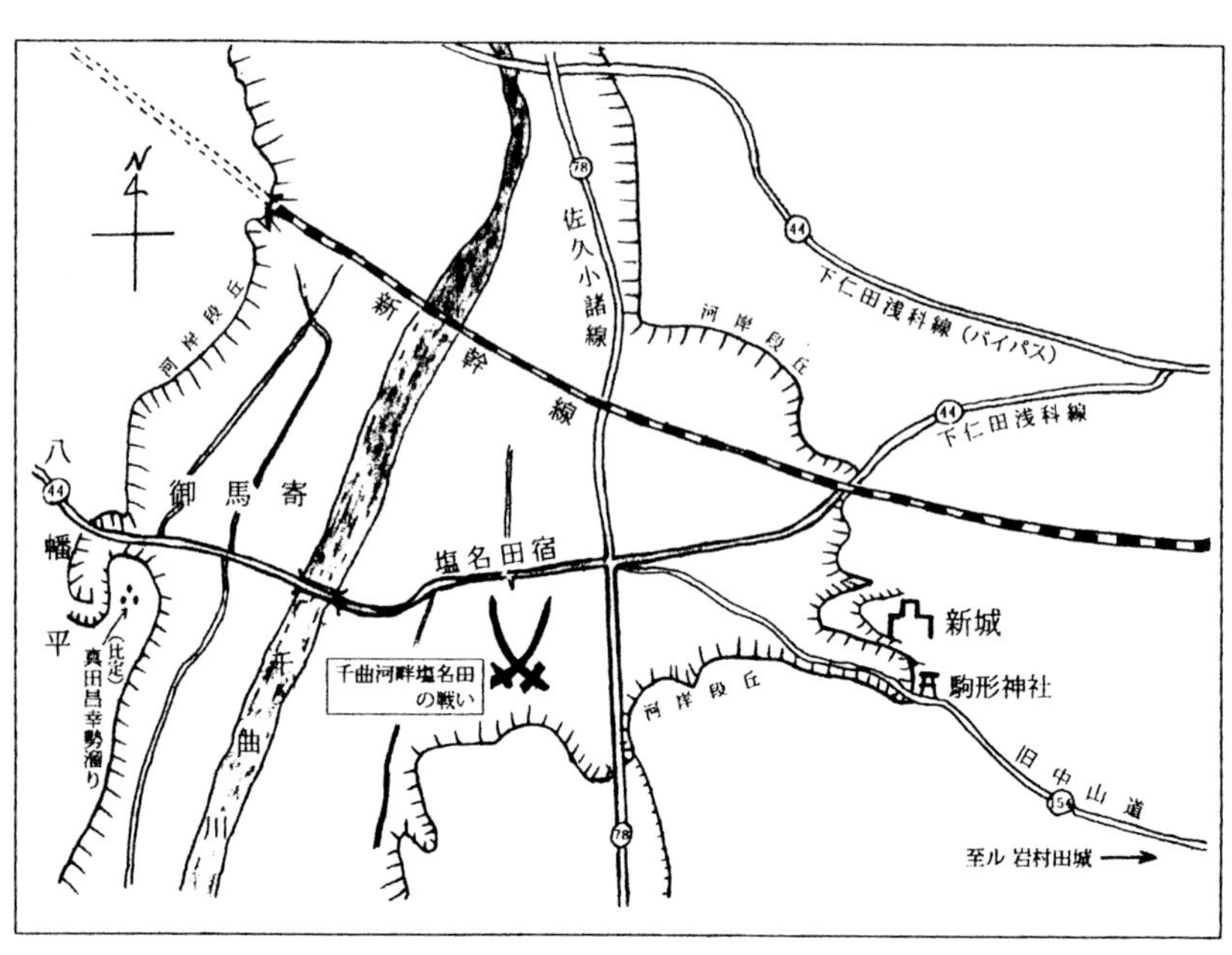

千曲河畔塩名田の戦い

に陣を取り、**筑摩川**の左に人数を立てならべ罷り在り候。右衛門佐は筑摩川を打ち越し、**鹽名田**と申す所に越し上げ、すなわち川にて濡れ候人数を集め、それより**岩村田**へ働く。その川口に敵突いてかゝり候ところ、右衛門佐自身眞先に馬を入れ、乗り崩し候。人数二、三百も討ち取り申し候様に承り申し候。その時、家康様より御感状直判頂戴の者、**右衛門佐**、依田善九郎、同源八郎、家中の者には、依田左近之助、依田主膳、奥平金弥、依田豊後、この者どもに御座候。そのまゝ眞田も上田へ罷り帰り、右衛門佐も人数を入れる。その後、ぬかずきて**岩村田**の者ども降参仕り、岩村田右衛門佐手に入り申し候に付て、名代に依田勘助と申す者を指し置き申し候。

〈要旨〉

・**眞田昌幸**は徳川方になった証にと、**右衛門佐**と申し合わせ、**岩村田**という地を攻め取ろうということで、**眞田**は**八幡平**と申す所に陣を取り、千曲川の左岸（西岸）に人数を立てならべていた。

・**右衛門佐**は千曲川を渡り越し、**塩名田**という所に越し上げ、川で濡れた人数を集め、それより**岩村田**

へ攻める。その川口に敵が突いてかゝるところを、右衛門佐自身眞先に馬を入れ、敵を乗り崩した。その時、人数二、三百も討ち取ったと聞いている。

・その時、家康より感状と直判をいただいた者は、**右衛門佐**・依田善九郎・同源八郎、そして家来では、依田左近之助、依田主膳、奥平金弥、依田豊後（石原豊後とも）であった。

・そのまゝ眞田も上田へ帰り、右衛門佐も人数を入れる。その後、ぬかずいて**岩村田**の者どもは降参した。

・岩村田を**右衛門佐**は手に入れることができたので、**依田勘助**を城代として置いた。

以上が『芦田記（依田記）』が述べるところである。

徳川家康から授かった金の采配

「この時、常陸介も采配取て馬を入れ追散らし」とあるが、この采配は、徳川家康から甲信の平定の命令の證（あかし）として信蕃が賜ったものである。『寛政重修諸家譜』の依田信蕃の項では「采配」のいわれについて次のように述べられている。

脚力をして信蕃に御書を下され、はやく甲信のあひだに旗をあげ、兩國をして平均せしむべしとなり。これによりて信蕃たゞちに小川を發し、甲斐國にいらむとす。また本多彌八郎正信をしてすみやかに甲信に入、舊好の士を催し、其勢をあはせ、兩國をして全く麾下に屬州すべしとの仰を蒙流り、かつ其證として**金の御采配**を賜ふ。こゝにをいて信蕃鐘の纏を甲信の境、柏坂峠に建て、近郷の士を招く……

つまり、家康から賜った**金の采配**であった。この采配は蘆田宗家の家宝の一つとして後世まで伝えられている。長野県立歴史館発行の『武士の家宝〜かたりつがれた御家の由緒〜』（平成二十三年一二頁）には「金紙采配」として、写真と説明が加えられている。

千曲河畔塩名田の戦い

川西方面から千曲川を越え岩村田城へ向かう信蕃軍に対して迎え討つ形で、岩村田勢は城から出て塩名田の東方に陣をしいていた。そこは、現在もある駒形神社（佐久市下塚原）付近

岩村田勢は駒形神社にも陣した

の段丘上と推定できる。駒形神社の北に「新城」と地字名のある場所があるが、そこは、農地改善によって改変され、現在水田や畑と化しているが、千曲川方面への展望もよく、信蕃が進撃して来ようする塩名田地区を見下ろし、軍勢の足溜まりとしての地の利がある。また、字「新城」の地形は、簡単な堀切りや土塁が存在した形跡がある。塩名田方面と岩村田方面を連絡する道が続いている。

この戦いをもう少し細かく見てみよう。——信蕃は、水が深くて兜を浸すほどであったが、**岩村田城攻略**に向けて直ちに千曲川を渡った。しばらく鹽灘（**塩名田**）で兵を整え、敵勢の観察に努めた。時を見計らい強弱を測ろうとして、少しだけ攻めて速やかに兵を引かせた。敵はそれを追って進軍してきた。信蕃は殿（しんがり）して、千曲川河畔までいったん引いて、敵を東の河岸段丘上から下へ誘いだしておいて、急に全軍の体制を整えて反転し、勇んで攻めてくる岩村田勢に襲いかかった。**「大返し」という戦法**である。武田氏・徳川氏・北条氏といった戦国の中央の戦いを経験してきた歴戦の信蕃軍の前には、岩村田勢はものの数ではなかった。信蕃は、馬を馳せて敵中に入り、四方にあたった。しかし、敵は一気には崩れはしなかった。時に歩卒が二人、鎗を構えて左右より信蕃を突こうとした。信蕃は両手にその鎗をつかみ、勇をもって力戦するといえども、なおも危うかった。家臣の芦田川又左衛門某が走ってきて敵を倒したが、その身も創をこうむった。そして、信蕃はまぬがれることができた。味方の軍勢がこれを見て一時に競って進み出たので、敵は戦い屈して四方に離散した。

岩村田城を一気に攻略

城将の大井氏は**岩村田城**目指して一里半（約六キロメートル）の道程を走り、城中に逃込んだ。信蕃はいったん兵をまとめて追い討ちして城門に迫った。大手は南端の**黒岩城**と称される郭である。

現在黒い色の大岩があるが、そこに城門があったといわれている。現在そこには白山社が建っている。信蕃軍は追討して城門に至った。この時、信蕃に通じていた大井氏の家臣が、城中に火を放った。城主である**大井美作守**（**雅楽助**）は、北条氏の勢力を背景に岩村田城主となった人物といわれている。天文年間、大井貞隆が小県郡長窪城で武田信玄に降って以来、信玄の佐久侵入の頃から、岩村田には大井宗家は形をなさず、岩村田城は地侍達が守ってきていた。そこへ、かつての主君大井氏を名乗るが、よく得体のしれぬ大井美作守がおさまったことには、多くの武士が反感を抱いていたといわれている。その者達が信蕃に内応していたのである。（三澤小屋へ兵糧を密かに運び入れていた中沢五郎源助久吉・高附六左衛門久利・原庄左衛門長正・原太郎兵衛・小池・岩瀬などである可能性が高い）。城内から放火したので、まもなく岩村田城は陥落した。この日、信蕃軍の大勝であった。敵の首を得ること三百余級であった。

『芦田記』（依田記）によると、岩村田城攻めで信蕃のほかに依田源八郎（次弟信幸）・依田善九郎（三弟信春）・依田左近助（叔父守俊）・依田主膳・奥平金弥（戸田金弥）・依田豊後（石原豊後）が、**家康より感状**を与えられている。このうち依田豊後を除く六名は、織田信長に信蕃が狙われていた時に、家康の援助によって遠州二俣の奥小川に隠棲した主従六名でもある。

さて、岩村田城を陥落させた信蕃は、家臣**依田勘助**某を**岩村田城代**として入れた。大井氏を倒したあとの岩村田城を守る武将としては、それなりの重臣でなくてはならない。『寛政重修諸家譜』第三百五十六にある依田氏系譜にある蘆田依田下野守信守の三弟（信蕃の叔父）に**依田勘助信光**なる名前があるが、その人物だろうか。あるいは家臣の**依田勘助但馬守元吉**（または伴野小隼人？）かは検討を要する。これより大井の家臣はみな信蕃に属した。この時の岩村田城（大井館）の中心は北から石並城・王城・黒岩城と古い順にあるうち、一番後世のものと推定される**黒岩城**であろう。

心のライバル芦田信蕃と真田昌幸

心のライバルとして意識している**眞田昌幸**を**八幡平**まで出張させた上に、加勢せずにわざわざ観戦させて、その目の前での完勝で、信蕃は溜飲を下げたにちがいない。真田昌幸は終始兵を動かすこともなく、敵が敗れるのを確認すると本拠の小県郡眞田の砥石城（戸石城）に帰って行った。

眞田昌幸は、この時から三年後の天正十三年（一五八五）七月、徳川軍との間の第一次上田合戦の時に、徳川軍を翻弄し、敗走させたほどの人物である。この時観戦した時でさえ、並の武将とは違うものを得たに相違ない。権謀術数に長けた希代の武将眞田昌幸が、不敵な表情を浮かべ、馬上悠々と本拠である砥石城へ帰る後ろ姿が目に浮かぶようである。

信蕃は**真田昌幸**と申し合わせ、岩村田城の西方約六キロメートルの**千曲河畔塩名田**で岩村田衆と戦っていた。この時、昌幸は千曲川の左岸（西岸）の河岸段丘上から、信蕃の戦いぶりを観戦している。塩名田とは北佐久郡浅科村（現佐久市）塩名田（千曲川の右岸）にある。眞田昌幸が陣取った「**八幡平**」とは、千曲川左岸で浅科村（現佐久市）八幡（やわた）であろうか。千曲川からは少し離れすぎではあるが、中世には、現在の八幡～下原～御馬寄あたり一帯を八幡平と称したのかもしれない。具体的に昌幸が兵を率いて、信蕃の戦いぶりを千曲川左岸で観戦「戦見物（いくさけんぶつ）」したのは、**御馬寄**（みまよせ）の西方河岸段丘上であると推定される。

「八幡平～御馬寄」について

そこに、同じ徳川の傘下として同盟者になっていた**真田昌幸**が**御馬寄**に陣をとったのである。（蘆田信蕃は真田昌幸に、真田勢は参戦せずに、ただ観戦しているだけでよいと伝えてあった）。そこからは、合戦が展開された千曲川や塩名田、さらに岩村田勢が陣した方面をも一望できる。なお、「**御馬寄**（みまよせ）」なる地名は、この時真田昌幸が馬を寄せ陣を取った場所であるという伝承があるが、むしろ奈良時代からの望月牧（矢島牧？）の東端でもあるので、官牧の馬を寄せた（集めた）場所であることから発生した地名である可能性が高い。

40　佐久平定へ〜前山城に伴野氏を滅ぼす

『芦田記（依田記）』には、前山城攻略を簡略に次のように記述している。

前山と申す城、右衛門佐責め取り申す刻、午霜月、右衛門佐も蘆田小屋を罷り出で候て、前山城へ移り、しかと存じ居り申し候。

前山城を右衛門佐信蕃が攻め取った時、天正十年（一五八二）十一月、右衛門佐も蘆田小屋（**春日城**）から出て、前山城へ移ったということを、はっきりと記憶している、と述べている。

前山城と伴野氏

前山城は佐久市野沢前山にある山城である。蓼科山の東北に延びる一支脈が佐久平に延び切った先端部に位置する。城の軸は北東から南西に延び、北側は四十メートルほどの崖である。崖下を西から東へ北沢川が流れている。東側からいくつかの**段郭**（後世畑と化している）を経て**本郭**に至る。そこから南西へ一段下がって**二ノ郭**があり、そこから西下に下がって郭があり、その西に**第一堀切**がある。その堀切から北方下方を望むと仙翁寺がある。第一堀切から西は**三ノ郭**へと続く。三ノ郭の西側（外側）には、**土塁**と**第二堀切**がある。更に地山方面へ続く尾根を西方へ六十メートルほど進むと、**二重の堀切**（第三堀切・第四堀切）がある。城域の東西は三五〇メートルを越える。その二重堀切の南方下方に水の手があったといわれている。現在その南付近に伴野神社と前山寺（旧泉福寺）がある。また、前山城東下には旧前山小学校跡があるが、そこは伴野氏の**前山城館**があった可能性が高い。（江戸時代にそこには幕府の代官屋敷があったといわれているからである）。城の東北に「物見塚」と呼ばれる小高い岩山があり、上は平地になっている。これは見張り台の役割を果たしたと思われる。この「物見塚」から西方の前山城まで、空堀とその南に沿って土塁がかつてあった。土塁の南方の居屋敷の所を「**土手の中**」と称している。また、居屋敷の南方にも**堀**（水堀）があったといわれる。イメージからすれば、**前山城の東城下に宿城**があったことになる。宿城の東方一帯は湿地帯があったという。

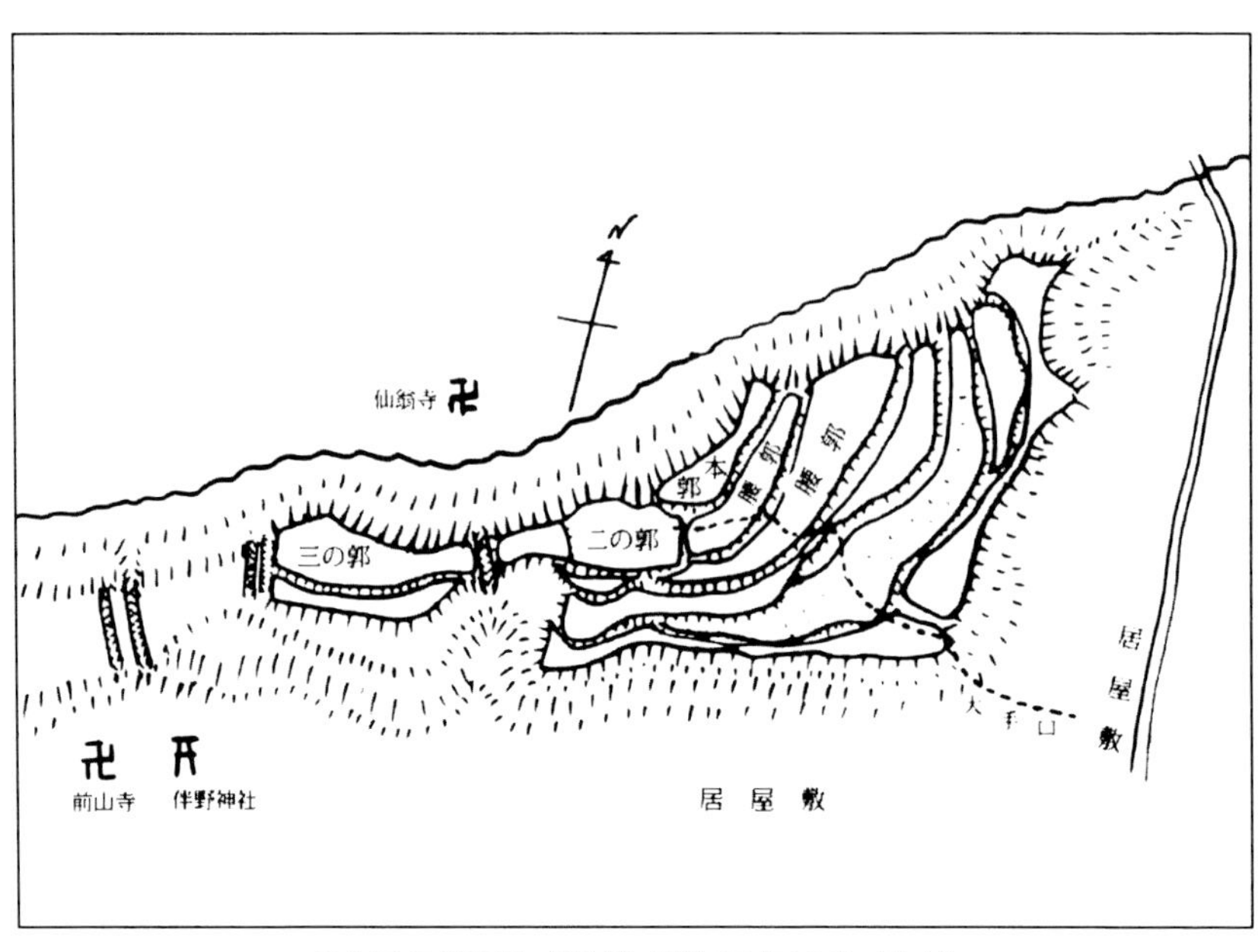

前山城の縄張り（調査）昭和59年10月〈市村〉

（宿城は北と南は堀と土塁で防備され、東は侵入を拒む泥田であったことになる）。

武田氏は、ここを**佐久における有力な基地**としている。東方の内山城とともに、山城下には集落が形成され、武田軍の「**宿城**」として利用されたのである。物流の中核をなすような所で、**兵站基地**としても活用されていた。いわゆる宿城は、前山城のほかには、佐久地方では内山城、稲荷山城（勝間ケ反砦）、海尻城などが知られている。

前山城は、元来、佐久地頭**伴野氏**の要害城で、その本拠地の**野沢城**（**野沢館**）は東方二・五キロメートルの千曲川西岸に近く平坦地にある。北隣の庄の大井氏との抗争の中で文明年間に要害の地を求めてここに築城した。周囲をみると、千曲川を東から北の防衛線とし、西から南には蓼科山系の北東に延びる支脈上に**支城群**を配置していた。長坂城（日向城）・虚空蔵山狼煙台・宝生寺山砦・物見塚・前山古城・荒城（新城）・荒山城（新山城、大沢城）などである。また、立地からすると前山城は、佐久平の大部分を展望できる所に位置し、花岡狼煙台・勝間ケ反砦（稲荷山城）・田口城・平賀城・内山城・志賀城・高棚城・平尾城・岩村田城・岩尾城など佐久平の**諸城を一望**できる。

武田信玄は天文十七年（一五四八）九月に前山城を攻略している。（ちなみに、芦田信蕃が現北佐久郡蓼科町芦田にある芦田城で生まれた年にあたる）。伴野氏は以後武田の臣下となり、一応は所領や城は安堵されていた。鎌倉以来の小笠原氏の系統の佐久の二大名族（大井氏・伴野氏）の一方の雄であった**伴野氏**ではあるが、武田臣下になってからは、芦田氏や相木氏ほど目だった足跡や戦歴は残していない。（もっとも、この点では大井氏も同様であった）。

天正十年十一月四日、**信蕃**は前山城に**伴野信守**とその子**貞長**を攻めた。（**第二次前山城攻め**）。攻撃には徳川の柴田康忠・菅沼定利らの加勢もあった。この戦いで城主**伴野信守**は戦死したものと思われるが、落ち延びて後に病死したという説もある。また、落城の日についても諸説がある。子の伴野貞長は城から逃れて小田原の北条氏を頼って佐久から去った。（貞長の後日の動向については、後方ページ参照）。

前山城と物見塚

武家の名門伴野氏

「貞祥寺開基之由」によると、小笠原源氏の名門**伴野信守**・**貞長**の父子は**芦田信蕃**に降るを恥とし、武門の意地にかけて前山城に籠り、年寄り・女・子供を城から去らせ、十一月四日の決戦で、自害及び逃亡して、中世佐久郡の名族伴野氏は滅亡した。**芦田信蕃**は、去る十月二十六日に芦田小屋（春日城）を北条方から奪還し、その後拠点を蓼科山中の**三澤小屋**から**芦田小屋**（**春日城**）へ復していたが、更に今回前山城を攻略したので、居を**前山城**に移した。（さらに、短日にして更に田口城へ移ることになるのだが……）。

岩村田城の攻略に引き続いて、**前山城**の伴野信守・貞長父子を攻略することが、信蕃の次の攻撃目標となっていたのである。伴野氏は大井氏と並んで鎌倉時代以来、佐久郡における武士の筆頭格として君臨してきた名族であった。特に、芦田氏と伴野氏の間では、かつて、佐久郡根際（ねぎわ）での領地をめぐる争論があり、武田信玄の裁定を仰いだことがあり、それ以来犬猿の仲である。誇り高き伴野氏が芦田依田氏の風下に立つことは到底考えられなかったのである。

前山城攻略の過程を詳しくみてみよう。まず、信蕃は三澤小屋へ籠もって、北条氏直や小諸城代大道寺政繁の攻撃に抗しているが、一方、そこからゲリラ的に出ては、北条方についた佐久の土豪（城持ち武将）を攻めている。その一環として前山城をも攻撃してきている。岩村田城攻略以前の時点に遡るが、そこからみてみたい。

第一次前山城攻め―天正十年七月

七月十六日、芦田信蕃は、甥にあたる**依田肥前守信守**（次弟信幸の嫡子）をして、**前山城**の伴野氏を攻撃している。依田肥前守信守は、当時やっと十代半ばになったばかりの年齢であったと推定される。城下を焼き討ちし、攻め立てたが、落城させるまでには至らなかった。この戦いについて、当時九歳の桜井村の**諏訪十**という子供が、城中に入ってこの戦いを見ていて、後に語った「**諏訪十物語**」が、『四隣譚藪』（佐久の江戸中期の郷土史家である吉沢好謙（たかあき）が著わした）の中にあり、その戦いの様子を垣間見ることができる。

> 伴野家の士、桜井某の子、諏訪十といふ童あり。九歳ばかりの時、桜井村において七月十六日、里童とつれて川辺に遊ぶ。…（家に帰った時、誰もいなかった。もし城に変事があった時には城に来るようにという父の教えに従って城に向かい、敵と城との間に出る。敵の鎧武者に襲われたが、危うくのところで城中にいた伯父に助けられた）。…ややありて四方を見れば、城中白髪の大将有りて下知をなす。諏訪十なほ塀に添て尿をする時に、敵時の声をあげて潮のわく如く鉄砲を打事あられの如し、其矢、諏訪十が前髪を射けずりて戸外の柱に当る。
>
> 其際、東の塀に敵大勢付きて曳くや声を出し、数十間に手をかけたり。此時城中に腹巻（鎧の一種）したる女将一人、長刀取りのべ、塀にかかりたる手を縦横にはらへば、しばらくして敵兵皆退散したり。終に其日の戦やみて城外を見れば、田間にむくろあまた伏てあり。首なければかたち箕に似たりとかや。稲も畔も血しほに染まれり。その余、童心にて始終をつまびらかにせ

ずと語る。

この前山城の攻防戦は七月十六日のことであるが、落城までには至らなかった。

ところで、**伴野氏**は、千曲川沿いの西岸（左岸）に平城の**野沢城**があり、野沢城は平城とはいえ、二重の水堀と土塁に囲まれた館（野沢館）である。**前山城**は西方の蓼科山東端に延びた支脈の一つの突端にある。ここでいう「伴野城」とは、いずれを意味するのかは、はっきりしないが、敵が落としてよこした大石により疵を負ったという者が複数いるので、山城である**前山城**であろう。また、平城の野沢城では、この頃鉄砲も当然使われていたことであろうから、芦田依田勢の　激しい攻撃によって、あまり長く持ちこたえられずに落ちる可能性がある。七月の時の攻防で落とせなかったということは、**「伴野の城」とは「前山城」**であろう。

この時、**依田肥前守信守**は、敵が落とした石のために負傷したこともあって、後詰めの北条軍が伴野氏の援軍に到着する前にと、三澤小屋へ退却している。依田信守は、直後の七月十九日、**家康より感状**をもらっている。『寛永諸家系圖伝』の旗本依田氏「肥前守信守」の項には次のように載っている。

〈家康の感状〉

> 今度至**伴野**地相働蒙疵之由、寔無比類儀候。殊ニ宿城迄悉令放火、数多被討捕之由、尤も候弥馳走候者可為本望候。恐々謹言
> 七月十九日　**家康**御在判
> **依田肥前守**殿

〈訓読〉

今度**伴野の地**に至って相働らき、疵をこうむるの由、まことに、比類なき儀に候。

殊に宿城までことごとく放火せしめ、数多く討ち捕らるるの由、もっともに候。

いよいよ馳走候わば本望たるべく候。恐々謹言

これは、**北条氏直**が碓氷峠を越えて佐久へ侵入し、**蘆田勢**は**三澤小屋に籠もっていたころ**のことである。徳川からの援軍を得たこともあり、三澤小屋から出没し、当時十代半ばの若さであったと思われる**依田信守**が、信蕃に主将を任された。「殊ニ**宿城**迄悉令放火（殊に宿城までことごとく放火せしめ）」とあるので、前山城が「宿城」であったことがここからも判明する。七月十六日の前山城攻城戦の軍功に対して、甲州入りしていた家康が、早速月十九日認めて出した感状である。十六日のことを**信蕃**が書状で、当時甲州**市川の陣**（通称「御屋敷（ごやしき）」）にいた家康に送り、即座に十九日に家康が発行したものである。信蕃としても北条から攻められて、三澤小屋に籠城したばかりの、抜き差しならぬ状況にあった時のことである。戦国のこの時代の情報伝達の早さと、家康の素早い対応に驚かされる一件である。

また、家康と信蕃の間で飛脚（遣い番、忍者のような役目）を果たす

戦国時代の情報伝達～家康と信蕃の間で飛脚（遣い番）、諜報役を果たした人物

信蕃の家臣や家康の使いの者が活躍していたことが、この裏にあることが想像できる。戦国時代にも、情報戦は大事な役割を果たしていたのである。**家康**と**信蕃**の間の飛脚の役目を果たしていたと推定される人物には、次の者が考えられる。

・重田周防守守國……………天正十年五月二十三日没、信蕃の叔父左近助守俊の妻の弟、遠州二俣の奥小川に信蕃が隠棲していた時に、飛脚（遣い番）の役を果たす。何回目かの遣い番の帰途、織田方に遭遇して討ち死に。

・岩下甚左衛門角弥守胤…三澤小屋より八ヶ岳山系を経てしばしば新府城へ飛脚を果たす。春日郷の奥に「岩下」という地籍があるが、そこと関係しているか。

・柳沢元目助………………信蕃の妹婿、信蕃の情報網を統括（↑市川武治氏教示）。柳沢氏は修験として、各地にその配下と情報網を持つ。

・乙骨太郎左衛門……………諏訪郡乙骨の名主、五味氏、三澤小屋籠城中に連絡案内役、八ヶ岳周辺の地勢や情勢に詳しく、地元の名主として家康と信蕃に様々な関わりや役目を果たした。

・石上菟角之助……………元今川家臣、遠州二俣城の守城戦の時に信蕃に属す。後に大久保忠世の臣となる。忠世の遣いで三澤小屋の信蕃と連絡役を果たす。

・依田弥次……………忍びの術をよくし、芦田氏は彼を敵地に送り込んで、多くその利を得ていた。三澤小屋へ籠城し、康眞の時代に小諸藩主仙石秀久の家人の盗賊事件が伏見であった時に、かれらとともに捕われ、獄に入れられた。芦田小屋（三澤小屋）にて信蕃のために働いたことがあるならば、その、罪を免じるべしという家康のはからいがあったが、芦田氏の家人ではないと頑強に嘘をいい張って磔（はりつけ）の刑に処された。芦田氏の名を汚すことを拒んだのである。

これらの人物の存在なくして、三澤小屋に籠もる**信蕃**が**家康**と交信したり、様々な甲信の情報、徳川・北条の「若神子の対陣」の状況を的確に把握し、それに対してすかさず対処するという行動にでることはできなかったであろう。

第二次前山城攻め――天正十年十一月

依田信蕃が前山城を落とすのは、徳川との和議が整い北条の主力が関東へ去った十一月である。佐久平定のこれまでの経緯からすると、この時の攻城軍の総大将は、**依田信蕃**であった。しかし、『蘆田記』（依田記）以外で、それを証明する文献は残っていない。かろうじて『武徳編年集成』に、前山城攻略に関して述べられている。

去月以来、**伴野刑部**一揆を起し栖籠る信州小縣郡（←佐久郡が正しい）**前山城**を、菅沼大膳亮定利、柴田七九郎康忠、**依田右衛門佐信蕃**に甲信先方の士を添て攻らる。城兵度々突出合戦す。味方一宮修理、松澤五助、合せ槍を雨宮故十兵衛家次が子平兵衛、市川内膳清成、土屋三郎右衛門、槍下の功名有り。山中主水介行、小幡藤五郎昌忠、崩れ際或は守返し際の功を顕す。川窪與左衛門、三枝平右衛門、先登し、小尾監物、小池筑前等働あり。敵尚防ぎ守ると云々。

徳川からの援将にスポットが当てられ、信蕃は単に先方の将として記述されている。――これを一例として、佐久平定作戦における依田信蕃が、何人かいる徳川方諸将の中で、先方の一武将にすぎなかったということを指摘している歴史家もいるが、賛成はできない。『武徳編年集成』は、江戸時代に幕府方からの視点で編纂されたものであることを知っておく必要がある。文献主義にあまり陥りたくはない。また、芦田依田氏を半ば身内としている者が著わした『三河物語』（大久保忠教著）においてさえも、その内容からは、あくまでも徳川が中心で、信蕃は脇役として記述されている。そういう執筆の姿勢の傾向は避けがたいことではある。しかし、本能寺の変後の佐久平定作戦の動静、佐久の武将（土豪）に対する徳川方としての顔、相手との交渉や投降の勧誘、合戦の実際のどれ一つとっても、信蕃の智略・武略が佐久の諸将の前面（全面）に関係しているのである。

九月以来、**伴刑部**（伴野刑部）が楯籠っている**前山城**とは、現佐久市野沢前山にある。**依田右衛門佐信蕃**と共に、菅沼大膳亮定利、柴田七九郎康忠が攻めている。**菅沼は援軍**であり、**柴田は軍監**である。あくまで主力は依田信蕃の軍勢であり、主体は信蕃であろう。総勢二〇〇〇の軍勢であった。前述の三澤小屋へ籠もった武将の名簿一覧からすると、その各々が五人前後の家人や配下を従えているわけで、ここでいうように総勢二〇〇〇というのは、荒唐無稽な数字ではなさそうである。総攻撃は十一月四日とされているが異論もある。『武徳編年集成』で攻城側の士として他に名前があるのは、列挙してみると次の面々である。

・小尾監物（津金衆）　・山中主水介行　・一宮修理　・松澤五助
・小池筑前（津金衆）　・市川内膳清成　・土屋三郎右衛門
・雨宮故十兵衛家次が子平兵衛　・三枝平右衛門（三枝昌吉の関係か）
・小幡藤五郎昌忠（柴田康忠の臣、岩尾城攻撃にも功、平原宮内の刃傷事件で宮内を成敗した豪の者）
・川窪與左衛門（川窪新十郎信俊、信玄異母弟で長篠の戦いの鳶ノ巣砦で討死にした武田信実の子、信玄の甥）

『武徳編年集成』では、更に十一月の項で、次のように述べている。

　主殿助家忠、佐久郡**勝間ガ反砦**を修築すべき旨、命を蒙る。又柴田七九郎康忠を部将とし、**依田**が兵を魁首として、今日**伴野刑部**が佐久郡**前山城**を攻抜、城主をば石黒八兵衞、是を討捕、刑部は小笠原の庶流にして、數代刑部と稱し、弓馬の譽あり。此時家亡び、其名を失ふ。

松平主殿助家忠は佐久郡**勝間ガ反砦**を修築するように家康から命じられる。徳川直臣で築城の随一の名手である松平家忠によって、**勝間ガ反砦**（稲荷山城）は本格的な縄張りを備えた城に改修された。後日、**依田肥前守信守**が康國によって「依田四十七騎」を与えられ、守備につくことになる。（稲荷山城こと勝間ケ反砦の本郭のすぐ西側に「肥前郭」と称される比較的大きな郭跡があるが、この砦（城）を依田肥前守信守が主将として守備した時期があることに由来する。

右の『武徳編年集成』の記述によると、柴田七九郎康忠を部将とし、**依田信蕃**の兵を魁首として、伴野刑部の前山城を攻め落とした。前山城主**伴野刑部**を石黒八兵衞が討ち取ったとしている。七月の戦いの時に諏訪十少年が目にした、部下に命令していた白髪の大将とは、この**伴野刑部信守**のことであろうか。伴野氏は小笠原氏の庶流で数代刑部を名乗っていた。弓馬の誉れある家系であったが、この時実質上滅亡した。信守の子**伴野貞長**二十歳は関東へ逃亡し、小田原の北条氏を頼った。（貞長は後に、佐久奪還を複数回試みているが、それについては後述する）。

前山城攻略後　落城後、**依田信蕃**は、前山城を仮の本拠とし、妹婿である**柳沢元目助**を前山城代に据えた。後日、いったん逃亡した**伴野貞長**が奪還に襲ってくることを察知して、翌天正十一年一月二十八日に信蕃自身が前山城に在城し、二月三日、伴野貞長が前山城奪還を期して攻撃してきたが、**信蕃**はこれを迎え撃ち撃破している（『貞祥寺歴代伝文』）。この時、**伴野貞長**は討ち死にしたという説もある。しかし、天正十八年（一五九〇）の小田原合戦の前哨戦として行なわれた**相木能登守市兵衛**と**伴野貞長**が、**相木谷に挙兵**し、（芦田依田）松平康國軍と相木城・白岩城・木次原で合戦し、伴野貞長は討ち死にしたことになっているが、その貞長との整合性がつかない、あるいは、後出の貞長は伴野氏一族の別の人物である可能性もある。

その後、家康の指示で、伊那衆の知久氏が前山城代として入っている。依田信蕃自身は、天正十年十一月中には、今後の本拠として適地であるとかねがね思っていた**田口城**の南麓に居館を構えている。**前山城**は山城ではあるが、これからの佐久郡全体を支配する為には小規模であると判断したのである。前山城から千曲川を挟んで佐久盆地の東の対局にある田口城は、がっしりとした山塊の、いかにも防備に優れた山城であった。そこは、芦田依田氏とは同じ「依田」を祖とする**相木依田氏**（相木能登守市兵衛）が信玄から与えられた居城であった。武田家臣時代は共に信濃先方衆として戦ってきた盟友であったが、武田滅亡後は、相木氏は北条方となって敵対する関係になっていたのである。信蕃には、そこを本拠として佐久郡を統治する構想があったのである。

41　佐久平定へ～諸将、信蕃へ出仕

甲斐國での徳川と北条の「**若神子の対陣**」は去る十月二十九日に正式に和議の運びとなった。しかし、その直後の十一月にその後の事態が急に変わったわけではないことは推測できる。

北条氏に従った**佐久の諸豪**（大井雅楽介・大井民部介・平原全真・森山豊後守・森山兵部助・小山田六左衛門・柏木六郎・志賀与惣左衛門・市川某）等は**岩村田に四カ所の砦**を構え、徳川氏の麾下である**信蕃**に従わなかっだ。この四箇所の砦とは具体的には不明である。いずれも現在佐久市岩村田ないしはその近在にある岩村田城・鷺林城・金井砦（金井城）・曽根新城・戸谷城そして塩名田を見下ろす新城などを候補として挙げておきたい。このことについては更に検討を要する。

しかし、徳川からの援軍を得たこともあって、北条が去った後は**芦田信蕃の佐久平定**が一気に進んだ。千曲河畔塩名田の戦いと岩村田**大井氏の攻略**、前山城**伴野氏の攻略**の状況を知った佐久の諸将は、信蕃に攻略されたり、雪崩をうっ

て出仕してきた。加藤宗月が最初に尾張徳川義直へ提出した『芦田記（依田記）』によると、次のように記述されている。

これより相続け**高棚**と申す小城、**小田井**と申す小城、その外四、五ケ所の城を取りて、残る小侍ども、常陸介へ出仕の礼申し候。大井民部介、小山田六左衛門、平尾平藏、平原善眞、森山豐後、志賀與三左衛門、柏木六郎、望月卯月齋、そのまま家中の者に成り申し候。…〈中略〉…田の口と申す城は、阿江木能登守居申し候。常陸介の威勢に恐れ、**田の口の城**を明け渡し申し候。

さらに、徳川義直の要請に応じて、詳細を後日再提出したものには、重複した内容もあるが、佐久平定の詳細が記されている。

〈前略〉…**高棚**と申す城計策にて取り申し候。…〈中略〉…**小田井と申す城**を手に入れ申し候。この頃、城々の小侍ども、あなたより降参仕り候は、一番に平原善心、二番に平尾平蔵、三番に大井民部助、これは備中子にて御座候小山田六左衛門、森山豊後、志賀與左衛門、柏木六郎、望月卯月齋。これ等は右知行三千石の株にて御座候。何れも人数二、三百あるいは百余持ちほどの小侍どもに御座候。右の分午の霜月中に皆**右衛門佐**所に出仕申し候。

高棚城、**小田井城**、その外四、五ケ所の城を攻め取って、残る小領主達は、雪崩をうって芦田依田常陸介**信蕃**へ出仕してきた。――一番に平原善心（全眞）、二番に平尾平蔵、三番に大井民部助、さらに小山田六左衛門、森山豊後、志賀與左衛門、柏木六郎、望月卯月齋であった。彼らは、そのまま信蕃の家中の者（家来）になった。

佐久ほぼ平定と佐久武士の動向

鎌倉時代以降佐久の有力な勢力であった**大井氏**（岩村田城）と**伴野氏**（前山城）を攻略すると、甲州若神子の対陣が徳川と北条の和議で収まったこともあって、事態は一挙に徳川方の依田信蕃に有利に動いた。信蕃は佐久の諸将に出仕を呼びかけ、平定への計策を図った。しかし、簡単に事が進んだわけではない。

『蘆田記』（『依田記』）には、信蕃の軍勢は、この後、**高棚城**や**小田井の城**をも攻めて落としたとしているが、小田井城はすでに依田肥前守信守が十月中旬から下旬頃攻め落としている。その時、**平原善直**（←**全真**か）（ここでは**信盛**か）は、その孫五郎兵衛**盛繁**を携さえ、**小田井の城**の攻手に加わり、功を上げたといわれる。**盛繁**は元亀三辛未年（一五七二）十一月、遠州二俣城攻めにおいて、勝頼の臣として命を落とした**平原右近昌忠**の子である。**高棚城**の志賀与惣左衛門は、叶わないとみて信蕃に自ら出仕してきたと言われている。

信蕃による小田井城の攻略

天文十三年（一五四四）に武田信玄によって小田井又六郎が滅ぼされて以降、**小田井城**は武田の持ち城であったが、武田氏滅亡後は**北条氏**の持ち城となっていた。**大道寺政繁**が一時城将であったこともある。『芦田記』（『依田記』）によると今回**依田信蕃**が小田井城を攻略したのであるが、具体的には、信蕃の甥（次弟の信幸の嫡子）である**依田肥前守信守**が蓼科山奥の三澤小屋から一隊を引き連れて、小田井城及び加増城（小諸市）を攻め、**小田井城将二俣丹波守**、加増城将桜井大膳正を討ち取り攻略している。天正十年七月下旬である。その際、平原依田氏の依田又左衛門**信盛**も孫の源七郎**盛繁**とともに両城攻略時に功を立てている。子の右近之助昌忠は、元亀三年（一五七二）十一月十六日、遠江国二俣城攻めの戦いで、討ち死にしている。その時、盛繁は九歳であった。小田井城攻略の時には十九歳の若武者であったことになる。もっとも、この時の攻城軍を指揮していた**依田肥前守信守**（信蕃の次弟源八郎信幸の嫡男）は、十代半ば過ぎぐらいの年齢であったと推定される。これにより北条方の小諸城将大道寺政繁への上州～碓氷峠～浅間山麓～小諸への連絡路を断ち、その動きを封じ込めている。**小田井城**は、また、関東から碓氷峠を越えてくる**北条氏の兵站の分岐点**でもあった。南へ向かえば、小田井城は南佐久から、甲州若神子で家康と対陣している北条氏直軍へ甲州往還が通じていた。また、東山道沿いに雨境峠（役ノ行者越）経由～かじか原（柏原）～棒道～甲州入り～そして若神子へと通じてい

小田井城――大手の二重堀（向こうが城内）

た。北条方に付いていた小田井城を攻略したということは、それをも遮断したということになる。その後の十月には、徳川へついた甲州勢（津金衆・武川衆・小尾党など）の協力により、現佐久市臼田にある**勝間反砦**（稲荷山城）を押さえた。その際、北条方の軍勢を勝間反砦とは千曲川の東対岸の**岩崎砦**に破っているが、北条方とは至近距離の**田口城**に拠った相木市兵衛（依田頼房入道能登守常栄）の軍ということになろう。その上、碓氷峠をはじめ上信国境の諸峠で、**兵糧**を運ぶ北条軍を**ゲリラ的に襲った**ので、北条の兵站ルートを完全に押さえることとなった。

田口城の相木市兵衛、関東へ逃亡

芦田氏と遠祖が同じ依田氏の一族で田口城主**相木依田市兵衛能登守常栄**は、北条の佐久侵攻以来、北条傘下に属していたのであるが、信蕃が**岩村田城大井氏**、**前山城伴野氏**を攻略すると、雪崩をうつように佐久の諸将が信蕃へ参じる状況を知り、城を捨てて、上州へ亡命してしまった。相木依田氏もかつては甲府の武田館（つつじケ崎館）の近くに同様に屋敷を与えられ、芦田依田氏と共に信濃先方衆として、信玄の川中島の戦いをはじめ、数多くの合戦にその名を連ねていた名門である。しかも、出身の本拠地相木が地理的にも甲州に一番近いということもあって、武田に臣従した時期も、信州勢では一番早い。信蕃に屈して配下になることには、そのプライドが許さなかったであろう。（八年後の天正十八年、小田原合戦の前哨戦で、**伴野貞長**とともに**再び相木谷へ侵入**し、信蕃の嫡男で小諸城主の松平康國の軍と合戦し、破れている）。

蓮華定院文書から分かる佐久の諸将の身の振り方

その後、一番に平原全真、二番に平尾平蔵、三番に大井民部介、そして小山田・森山・志賀・望月の諸氏が相次いで**芦田氏**（**依田氏**）に降った。――『武徳編年集成』に平原全真・平原五郎兵衛・望月印月斉・知久与左衛門・平尾平三・大井民部・小山田六左衛門をはじめ、新参の諸氏が徳川家に忠誠を尽くすとあるのは、この頃である。（但し、知久氏は本来下伊那の土豪で、この時期は家康の命令で前山城番として佐久へ派遣された経緯がある）。

天正壬午十年（一五八二）十一月には、佐久郡の大勢は決したが、①**依田信蕃に服属**した武将と、②**北条方**（上州または小田原）へ逃れた武将とがいた。『北佐久郡志（第二巻、歴史編、昭和三十一年発行）』によると、この頃の『蓮華定院古文書』の内容からも判別できるという。それは、当時の人々は**高野山信仰**に帰依し、参詣することがあったが、領内の者が高野山詣でをする場合、その定宿を定めることが多かった。また、それぞれの宿坊へ土地を寄進する場合もあった。佐久や小県郡に本拠を置いてた武将は**定宿は蓮華定院**であった。（これは蓮華定院から毎年使者が佐久へ定期的に訪れて連絡を取り合っていた結果でもある）。

①**依田信蕃に服属**して佐久に残った武将（土豪）……**信州から書状**を出している。

・依田平三昌朝　・依田肥前入道広珍　・依田右衛門太夫隆昌　・平原全真　・森山豊後満盛
・森山兵部助成磐　・大井兵部少輔隆世　・大井左衛門尉貞清　・大井治郎信景

②**北条方**（上州または小田原）へ逃れた武将（土豪）……**上州から書状**を出している

・依田源信季　・依田半郎季日広　・依田能登入道　・依田大和守春賢
・瀬戸丹波守　・市河丹波入道道善　・伴野善九郎信蕃

なお、これらの書状の日付は**佐久在留者**（①）からのものは、天正十年の四・八・九・十月等であるのに対して、**上州等に逃れた者**（②）からのものは、十一月のものが多い。信蕃によって攻められ、十一月には佐久から逃亡して行った先で、**蓮華定院**へ出した書状であるからである。また、このことから、徳川家康と北条氏直の甲州若神子の対陣での講和に続く信蕃の佐久平定作戦によって、**十一月には既に佐久の大勢が決していたことが分かる**。

信蕃と高野山蓮華定院

前ページと時の流れは前後するが、**依田信蕃**と**蓮華定院**との関わりを示す書状「蓮華定院文書」が残っている。

①天正六年（一五七八）一月の寄進状

定
任先代、為日盃、五貫文之所、并於春日之郷
五百文之屋敷、永代奉寄進所実也、現世安穏、
善所祈之、仍如件、
追、諸々役者有間敷候、以上、
天正六年戊寅　依田右衛門佐
正月吉日　信蕃（花押）
蓮華定院
御同宿中

（訓読）

定

⇩⇩先代に任せ、日盃のため、五貫文の所并びに春日之郷に於て五百文の屋敷、永代寄進し奉る所実なり。現世安穏、後生善所これを祈る。仍って件の如し

追って、諸々役は有るまじく候。以上。

・信蕃が高野山蓮華定院に、父下**野守信守**をはじめ芦田依田氏の先祖の菩提を毎日供養してもらう**日牌料**として、春日郷のうち五貫文などを寄進しているものである。

②天正八年（一五八〇）三月一日の契状

於于高野山宿坊之事、従先代、葦田之郷并春日其
外配領之内、真俗貴賤共、可為蓮華定院、背若此
旨族者、任御寺法、可有其沙汰、於此方者、可申
付者也、仍證文如件、
天正八年庚辰　依田常陸介
三月朔日　信蕃（花押）
高野山
蓮華定院

（訓読）

⇩⇩高野山に於て宿坊の事、先代より**芦田の郷**并びに**春日**その外配領の内、**真俗貴賤**とも**蓮華定院たるべし**。

若し此の旨に背く族は、御寺法に任せ、その沙汰有るべし。此の方に於ては申し付くべき者也。

仍って証文件の如し。

依田信蕃の花押（かおう）

・信蕃が、**領民の高野山参詣**のおりの**宿坊を蓮華定院**とすることを定めたものである。
・これは永続的な効力を付与すべき文書であるので、発給者である信蕃が自ら判（花押（カオウ））据えた文書（**判物**（ハンモツ））となっている。
・この文書からも信蕃の**花押**が判明する。

家康、三澤小屋の援軍の多くを引き揚げさせる

依田信蕃が蘆田小屋（**春日城**）を奪還し、**三澤小屋**から出てきて、**佐久平定**も進んだ天正十年**十一月下旬**、徳川家康は信蕃の三澤小屋に送り込んでいた援軍の諸将を、自らが駐屯している甲斐國まで引き揚げさせている。そのことは『蘆田記』（『依田記』）には述べられてはいないが、『武家事紀』（江戸前期の兵学者**山鹿素行**の編集になる）の記述からみてみたい。

―蘆田小屋加勢の士（巻第二十二）―

ここによって、九月廿一日に**蘆田小屋**への加勢として曾根下野守・岡部二郎右衛門・今福主米助・三井十右衛門・川窪新十郎・この外武田信勝近習の士三十一人、仰せ付けられ、甲州**武川**より**臺ケ原**をとをり、信州**梶ケ原**にかかり、**役ノ行者**の峯道をとをり、**蘆田小屋**に移る。これは伊奈・木曾・諏訪、皆味方に通ずるゆへ也。曾根百二十騎・岡部三十二騎・信勝衆三十一騎は、同廿五日に蘆田小屋に著て、其晩より度々の取り合いなり。柴田七九郎警固として、御家人は一人も手をゝろさず、武田降参の武士ども力戦す。凡そ、武田旗本の者十八人、霜月より翌八月迄戦死。皆其跡を立てらる。十月廿一日に、**望月の城**陥ちる。城主源五郎落行。廿六日に、所々の敵陥る。凡そ、卅二日の間に、落去の旨註進に付きて、源君大いに感悦、霜月末に加勢どもを召し寄せらる。

芦田信蕃が籠城していた山城（小屋）であるから、そのまま「**芦田小屋**」と呼んではいるが、正しくは**三澤小屋**のことである。（信蕃が本拠である芦田小屋を北条に占拠され、三澤小屋へ籠もり、後に「芦田小屋」を奪還しているという事実は、「芦田小屋」とは「**春日城**」を意味することは明白である)。——したがって、『武家事紀』でいう「芦田小屋」は「三澤小屋」と置き換えることにする。その記述から、分かることを箇条書きにしてみる。

(1)天正十年九月二十一日、**三澤小屋への加勢**をするように命じる。

曾根下野守（百二十騎）／岡部二郎右衛門（三十二騎）／今福主米助／三井十右衛門／川窪新十郎／武田信勝近習の士（三十一騎）

—三澤小屋への経路は、伊那・木曾・諏訪が味方で安全な経路であることから、

「甲州**武川**～**臺ケ原**～信州**梶ケ原**～**役ノ行者**～**三澤小屋**」

(2)九月二十五日、曾根下野守／岡部二郎右衛門／武田信勝近習の士等が三澤小屋へ到着したが、その晩から度々攻防戦があった。

(3)柴田七九郎康忠の警固をし、御家人は一人も手をおろさず、**武田旧臣が力戦**し、十八人が十一月から翌八月までに戦死したが、皆その後継者は引き立てられた。

(4)十月二十一日に、**望月の城**が陥落する。城主望月源五郎は逃亡した。

(5)十月二十六日に、所々の敵陥る。およそ九月二十五日から十月二十六日までの三十二日間に、落城の註進があり、家康は大いに感じ悦んだ。(↑なお、十月二十六日とは、信蕃が「芦田小屋」こと春日城を北条氏から奪還した日である)。

(6)十一月末に、三澤小屋への**加勢の衆**は、甲州に駐在している**家康のもとへ**呼び戻された。

要するに、徳川からの信蕃への援軍の衆は、ほぼ佐久平定の見通しが立ったので、霜月（十一月）末に信蕃のもとを離れたことになる。十二月以降は、蘆田氏譜代の家来や信蕃へ新たに臣従した佐久の諸将によって、更に佐久平定作戦を遂行することになる。(ただし、徳川からの軍監としての**柴田康忠**や、信州の「総督」的な任務を任された**大久保忠世**の兵は依然として、佐久に残り、信蕃の覇業を支援する立場になるのである)。

信蕃と関わった佐久の諸将の動向

佐久の諸城は、十月末から十一月中旬までのうちに、依田信蕃が攻め落としたり、敵から降参し、ほとんど出仕してきた。（中には、関東へ逃亡し北条を頼った者もいた）

城名	城主	対信蕃	城跡所在地
小田井城	二俣丹波守	戦死	御代田町小田井城ノ内
加増城	桜井大膳正	戦死	小諸市加増城
金井城	市河某（上野國南牧衆）	逃亡	佐久市小田井金井
外山城	大谷帯刀左衛門	逃亡	北御牧村羽毛山
岩村田城	大井雅楽助（美作守・大炊助）	降参	佐久市岩村田古城
前山城	伴野刑部信守	戦死	佐久市前山城山
田口城	相木能登守頼房（常林）	逃亡	佐久市田口城山
内山城	小山田六左衛門（藤四郎）	降参	佐久市内山城下
高棚城	志賀與惣（与三）左衛門	降参	佐久市志賀天狗岩
平尾城	平尾平蔵昌朝	降参	佐久市上平尾秋葉山
平原城	平原宮内全眞	降参	小諸市平原城
森山城	森山豊後守	降参	小諸市森山西城
耳取城	大井民部助満安	降参	小諸市耳取古城
柏木城	柏木六郎	降参	小諸市柏木古屋敷
望月城	望月源五郎	戦死	佐久市望月城
岩尾城	大井次郎行吉（岩尾弾正）	抗戦	佐久市鳴瀬城跡
小諸城	大道寺駿河守政繁	攻防	小諸市子小諸丁

『甲陽軍鑑』本編巻二十所収「甲州勝頼衆家康衆に成事」より

家康の麾下となった武田旧臣及び信蕃の佐久平定支援のために送り込まれた武将

信州侍大将**あしだ**・真田・ほしな甚四郎・小笠原掃部大夫・諏訪殿・下条・ちく・松岡・屋代（此次きれて見得ず）、各家康ひくわんになる事、前午のとし、大かた如此し。信州へこさるゝ家康普代の侍大将に、大久保七郎右衛門・菅沼大膳・柴田七九郎（此次きれて見得ず）信州の内に…（中略）…其外所々に、家康手につかざるものどものあるをば、甲州先方侍衆、さしこし給ふ。曽根下野・たまむし・つがね一とう・こまひ一とう・いまぶくいづミ・くどう一とう・遠山右馬助・其外、甲州直参衆、ミな信州にて、午のとしより未のとし迄、度々のせり合あり。

〈解説〉

①徳川家康に被官した信州の侍大将

天正十年壬午（一五八二）、**徳川家康に被官した信州の侍大将**、ということで名を挙げているが、真田よりも前になる筆頭に「**あしだ**」、つまり**芦田信蕃**を記している。このことからしても、家康が信濃國を領國にするために、芦田依田信蕃の働きがいかに大きかったか、甲州・佐久での信蕃の存在がいかに大きかったかが分かる。

そのほかの**信州の侍大将**には、真田昌幸・保科甚四郎正直・小笠原掃部大夫信嶺・諏訪頼忠・下條信氏・屋代秀正・知久頼氏・松岡刑部などがいた。

②信州へ入った家康譜代の侍大将

信州へ入った家康譜代の侍大将は、大久保七郎右衛門忠世・菅沼大膳定利・柴田七九郎康忠であったが、いずれも家康から派遣された、依田信蕃の**佐久平定作戦の援護者**である。特に、大久保七郎右衛門忠世は、この時点で信州制覇の総督的役割を担っていた。さらに彼は、二俣城・田中城の攻防以来で、信蕃と肝胆相照らす関係であり、信蕃の子の康国・康眞の後見人的な役目を果たしている。また、柴田七九郎康忠は軍監として信蕃の佐久での戦いに同陣している。

③家康によって佐久平定のために送り込まれた甲州先方衆

家康に従わない信州の武士の討伐のために、**家康は甲州先方衆を信州へ送り込んだ**が、それらは曽根下野・玉虫・津金一党・駒井一党・今福和泉・工藤一党・遠山右馬助・その外、甲州直参衆であった。（←これらの多くは、**依田信蕃による佐久平定作戦の与力**となった）

以上の武将のうちの多くが、家康による信濃國制覇に向けて実際に手足となって動いたのである。なお、家康は一生のうちで**合計七回甲斐入り**しているが、**信濃國は重臣に任せ**、本人は、信長が武田勝頼を滅亡に追い込んだ時に、諏訪の法華寺で信長と会見した時を除き、信濃へは一度も足を踏み入れていないのは、意外ではある。

42　追鳥狩り　～譜代も新規も平等に

『芦田記（依田記）』によると、佐久が霜月（十一月）に一応治まったので、信蕃は「追鳥狩り」を催している。

佐久郡午霜月に治り、手に立つ敵御座無く候に付て、この中各苦労の由、**右衛門**佐申され振舞い候はんとて、**追鳥狩**仕るにも、譜代の家人並右の侍衆も罷り出、追鳥狩仕る。すなわち、鳥を右衛門佐前にあげ、その料理御座候つる由承り候。その上、褒美と為す金子、紅の糸、甲、その外色々出したく右衛門佐存じ候えども、片恨みいかゞにて、これを各へ出たく候間、鬮（くじ）取り致し候へと申す。鬮の約束にて皆々取り、謹て戴き申され候き、右衛門佐申す様。昨日今日まで互に討ちつ討たれつ敵にて候つるに、この如く譜代の被官並の仕合満足の由、申し候由。

〈要旨〉

・佐久郡は**天正十年十一月に治り**、さしたる敵がいなくなったので、それまで各々苦労してきたのでと、依田**右衛門**

佐信蕃は一同の慰労を兼ねて「**追鳥狩**」を催した。**臣従してきた諸将**をも**譜代の家人並み**に招待した。

・すなわち、獲物を右衛門佐前にあげ、それが料理されて出された。その上、褒美としての金子、紅の糸、甲、その外色々出したく右衛門佐は思ったが、片恨みしあわないようにと、鬮取り（くじ）でそれぞれ謹んで受け取った。

・右衛門佐は、昨日今日まで互に討ちつ討たれつ敵味方であったのに、このように皆譜代の被官のようであるかのように満足であった。

追鳥狩りと田野口館

十一月中に**佐久はほぼ平定**され、信蕃は「**追鳥狩り**」を行なった。この『蘆田記』（依田記）の文面によると、その時期は十一月末から十二月頃であろうか。旧暦を西暦に直すと一月中下旬に相当することになる。一年のうちで一番寒さが厳しい時節ではある。

「**追鳥狩り**（オイトリガ）」とは「山野でキジ等を勢子（セコ）に追い立てさせて、狩ること」である。山野の視界が良好になり、動きやすい冬の季節に多く行なわれることから、「追鳥狩り」という言葉は冬の季語や季題にもなっている。追鳥狩りは狩猟形式での**大規模な軍事演習**でもある。依田信蕃は諸将を動員して「追鳥狩り」を催すほどの立場になったのである。新規に出仕してきた諸将もこれに随伴し、鳥料理の馳走を受けた。更に褒美として金子、紅の糸、甲、その他褒美を授かり譜代並の待遇を受けた。その際、信蕃は、**籤引き**（クジ）で褒美の品物を決めさせている。褒美の軽重、良し悪しについて「恨みっこなし」ということで、籤引きにしたのであろう。現代とは異なって、籤引きには神の意思が働いた結果がでる、と認識する時代であったので、一同ありがたくその褒美を賜ったものと思われる。信蕃にとっては、新規に臣従してきた諸将一人一人への配慮の意味合いもあったと思われる。この辺に、信蕃の意外と細かいところまで気を使う人柄や佐久人らしさが伺える。追鳥狩りの獲物の料理を肴に酒盛りで談笑する一堂に会した武将達の姿を見て、信蕃はさぞ満足であったであろう。当然、徳川からの軍監柴田康忠なども賓客として出席していた可能性もある。佐久のほとんどの武将が自分に臣下の礼をとって目の前にいる。念願の佐久平定をほぼ成し遂げた満足感に浸った瞬間であろう。（しかし、人間はそういう時が得てして、次の展開でつまづくもとになるのであるが……）。信蕃に従って徳川の臣下となった諸士は、更に十二月には甲府に至って、徳川家康に閲した。これを「**甲信諸士御目見**（オメミエ）」という。

甲信諸士御目見え

信蕃に従って徳川の臣下となった諸士は、更に十二月には甲府に至って、徳川家康に閲し、各自、本領安堵を得た。『武徳編年集成』巻之二十五、天正十年十二月十一日の項には、「**甲信諸士御目見**（こうしんしょしおめみえ）」のことが記されている。

頃日甲信ノ先方ノ士ヲ甲陽古府ニ召テ拝謁ヲ遂サセ忠ノ輕重ヲ糺サレ或ハ全ク本領ヲ賜ヒ或ハ舊地ヲ減ゼラル

つまり、**甲州・信州の先方衆**（甲信諸士、武田氏滅亡後、家康のために先方となって北条と戦ってきた甲州と信州の士）を、家康は甲府へ招いて、家康と**拝謁**（**御目見え**）**させ**、忠義の軽重を糺し、本領を安堵したり、旧地を減じたりした。佐久の諸将も甲府へ行き、**家康に謁見**したのである。芦田依田信蕃が「甲信諸士御目見え」の時、出向いたのか否かということは不明であるが、信蕃は既に家康臣従の御目見えは済ませており、また、諸将が甲州へ出向いている間の佐久の治安のためもあって、この時、甲州へは行かなかったことが推定される。

かくて、あわただしかった動乱の**天正壬午**（ジンゴ・みずのえうま）**十年**は、表向きは比較的平穏に暮れた。

想像を絶する早期完成～新造の田ノ口館

「**追鳥狩り**（おいとりがり）」をして諸将を招いた信蕃の館は**田口館**であった。田口城の南麓の日溜まりにある居館で、そこは、現在の佐久市田口にある**蕃松院**（ばんしょういん）のある所であっと推定される。蕃松院は、依田信蕃の嫡子である**松平康国が開基**となり、父である信蕃の菩提を弔うために、信蕃の法名「蕃松院殿節叟良筠居士」をとって命名し、信蕃最後の居館あとに建立した寺である。現在、蕃松院の裏には信蕃と次弟信幸のものであるとされる二基の五輪塔がある。近年（平成二十二年）、五輪の塔の台石の下から**刀が出土**した。この刀についての詳細の検討を待ちたい。

ところで、「**追鳥狩り**」は前述では「この『蘆田記』（依田記）の文面から素直に解釈すると、その時期は十一月末から十二月頃であろう」と書いた。市川武治氏は『もう一人の真田〜依田右衛門佐信蕃』で――「天正十年十二月、信蕃は田口城山南麓へ、大名にふさわしい豪華な館を新築しここに移った」と述べている。十一月六日に前山城の伴野刑部信守を滅亡させ、信蕃はその直後、三澤小屋から出て奪還したばかりの**春日城**（芦田小屋）から、佐久の中央部に近い「**前山城**へ移った」と少なかぬ史書で述べられている。前山城は信玄の宿城として使われたこともある戦国時代の佐久の中心ではあったが、戦国大名としての芦田依田信蕃が拠る城郭としては、やや小規模であった。また、伴野氏を滅ぼした直後から信蕃が前山城にいた期間や諸状況からして、信蕃が前山城を本格的に本拠とするつもりであった可能性は低い。信蕃が前山城に拠ったのは、一カ月にも満たないのが事実ではある。信蕃は本拠を千曲川をはさんで南東に位置する、相木依田能登守の逃亡した後の**田口城**へ移った。山上にあるこの頃の山城は、現代人が想像するような城郭ではなく、おそらく郭も土塁・切り岸・空堀・防護柵程度の構築であったと推定される。

蕃松院――田口館の跡に

問題はその麓にあった**田口館**である。相木能登守の館がどこにあったのかは不確定ではあるが、おそらく信蕃のそれと同じような場所であったであろう。

中世・戦国時代は、城郭や館は戦いに破れる時、攻め手によって破壊されたり、放火されるばかりでなく、相木能登守のように**自落逃亡**する場合も、**自ら焼き払ってしまう**のが常であった。田口城及び館も同様であった可能性がある。相木能登守が信蕃の来襲を恐れて自落し、上州へ走ったのが天正十年十一月六日の前山城落城の頃とすれば、それから一カ月ちょっとしか経過していない十二月に、信蕃の田口山城麓の**新田口館**が新築されたことになる。現代とは違い、機械も道具も発達していなかった時代に、建築資材の調達・建築に携わる人員の確保等々を考えると、実に驚異的な早さである。おそらく現代人が想像するような立派な館ではなかったであろうが、追鳥狩りに招かれた諸将が居並ぶだけの広さが必要であったであろう。建設が非常に短期日のうちになされているということは、建築を奉行する人物の下、有能な技能集団が必要である。その人物が**丸山左衛門太郎**であると推定できる。ここに紹介するのは、丸山左衛門太良(タロウ)への**信蕃の印判状**である。――「佐久郡が思い通りになったら、郡中の大工（の棟梁）を申しつけ、知行五十貫文を与える」という宛行状(あてがいじょう)である。

当郡の本意に於ては
郡中の大工申し
付くべく候其の上知行
五十貫文出し
置く者也、よって件の如し
天正十壬午
九月晦日　信蕃（角印）
丸山左衛門太良

・上記の書面から、芦田（依田）信蕃の印判（角印）が左記の如くであることが分かる。

⇧⇧・文字は「續榮」と読める。

・ちなみに、同じ「續榮」の文字の信蕃の印判（丸印）も紹介する。

信蕃の「續榮」の印（二種類）
角印（上）、丸印（下）

市川武治氏が指摘しているように、おそらくは、**丸山左衛門太郎**を中心とした**技能集団**が、信蕃の命により、田ノ口館の新築工事を担ったものであろう。戦国末期には、**情報網伝達**に関してもそうであったが、技能集団も我々の想像を越える能力を短期日の間に発揮できたものであろう。戦いに明け暮れる時世柄、戦での本陣の設置、城郭の普請、簡単な防御施設の早期建設、道路や橋の修復、土塁や堀の築造などの全般に渡る**工兵技能集団**、ないしは雑兵を指揮してそれを担う役が必要であったのは十分に考えられる。芦田依田信蕃に属してそれを担当していたのが**丸山左衛門太郎**であったと推定される。なお、その子**丸山内匠助**は、天正十七年、信蕃の子の松平康國より、山宮豊後跡百六十一貫文（新海神社社領）を与えられているが、その末裔は二十一世紀の

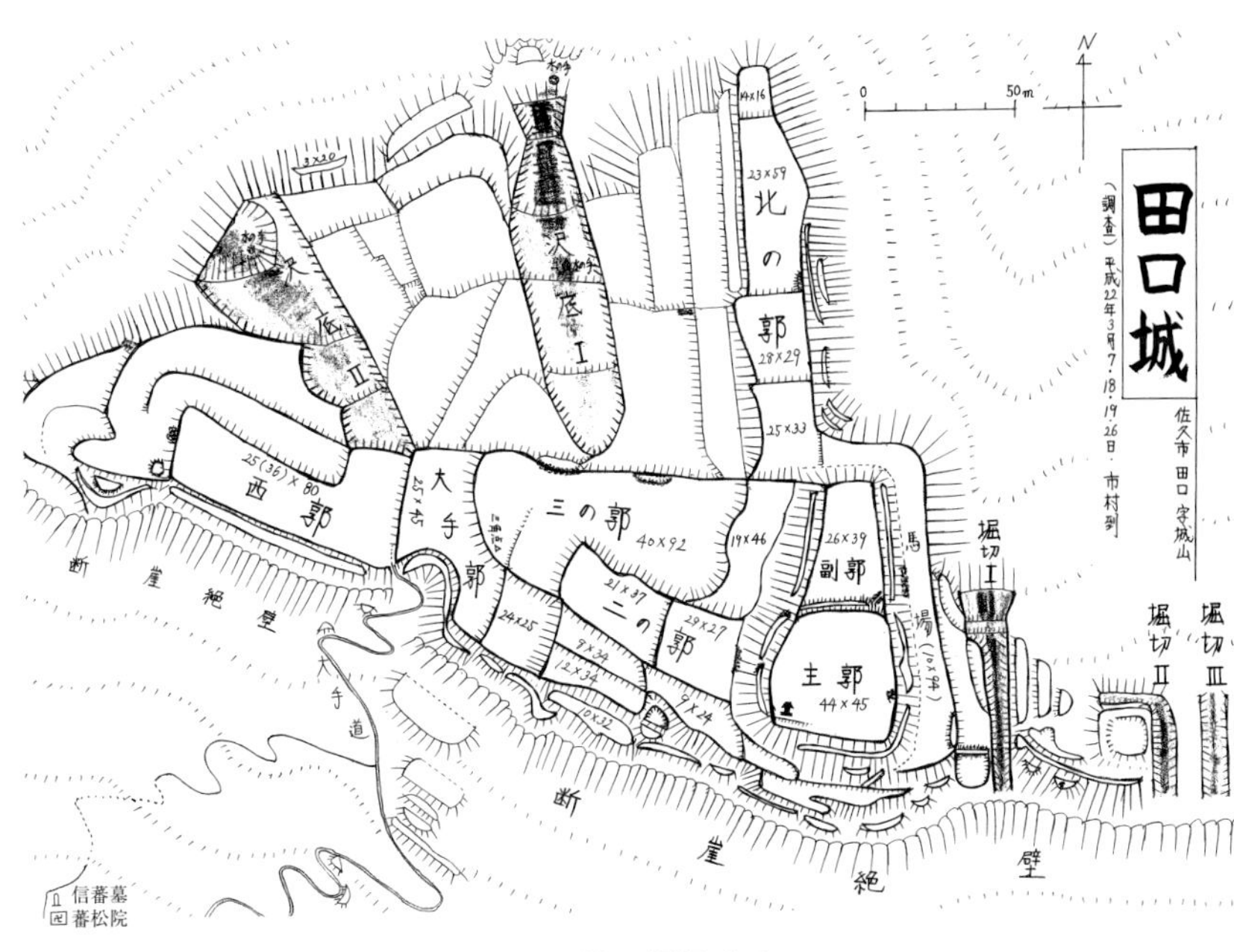

田口城の縄張り図

現在でも、佐久市田口新海三社神社の境内近くに在住である。

田の口城の構造

蕃松院の東方百㍍ほどの所から北の斜面には地元の人々の墓地のある削平地が何段も登っているが、それらは田口山城へと続く**大手道**を守る**段郭の跡**であった可能性がある。墓地を過ぎてさらに急斜面を登ると、道が左右に折れる箇所にも、上方から横矢をしかけられる郭跡とおぼしき地形がいくつかある。更に登ると、やがて**屏風状に断崖が連続する真下**に出る。突然道がなくなり途方にくれるが、よく見ると、岩壁が湾曲した所を人がやっと通れるほどの幅で、上へ通じる急坂が延びている。そこを過ぎると、田口山城の**西郭**（仮称）へ出る。岩尾城方面を眺望できるのはこの西郭あたりである。後日、天正十一年二月二十日に軍監柴田康忠をともなって岩尾城を一望したのはここであろう。西郭から西方は**西尾根郭群**を経て、更に西方へ徐々に下がるが、いくつかの削平地をともない、最終的には現在の県道へ落ちている。

一方、西郭の東端から右方向（東方）へ**大手郭**、**三ノ郭**、**二ノ郭**、**副郭**（三九×二六メートル）と進んで**主郭**（四四×四五メートル）へ達する。断崖の切れ目から尾根に出た箇所から数百メートル進んで、主郭へ到達するわけで、かなり広大な城郭である。主郭からは前山城、平賀城、内山城なども眺望できる。南の足元には後世江戸末期の**龍岡城五稜郭の星型**がはっきりと目に入る。北海道函館五稜郭と田口のものと日本では二つしかない。（ちなみに西欧中世では五稜郭の集落は珍しくはない）。更に南方には甲斐衆も加わった依田軍が、北条方の軍勢（具体的には相木市兵衛の軍）を破ったという**岩崎砦**のある山塊が見え、千曲川を挟んだ西側には**勝間反ノ砦**（かつまぞりのとりで）（稲荷山城）が指呼の間に見える。足下やや東方には**新海三社神社**がある。その現在ある社殿や三重ノ塔は当時のままで、まさに依田信蕃が田口城の主郭から見たものでもあることを思うと感慨深いものがある。

なお、田口城の副郭の北下には何段もの北郭が続く。主郭の東下は「**馬場**」（一〇×九四メートル）といわれているが、その東方には**三条の堀切**があり、それに関わっていくつかの削平地がある。田口城全体の尾根の大部分や山頂は、後世になって桑畑や薬用人参畑として開墾されているので、郭や道の細かい部分は、かなり破壊変形している可能性もある。現在はその畑も荒廃し、落葉松林となっている。城の南側はとにかく**断崖絶壁の連続**で登攀は不可能である。あえて言えば北方面は断崖のない箇所があるが、これも急斜面であり、難攻不落の山城である。**田口長能**（ながよし）が武田信玄に滅ぼされた後、武田の将として**相木市兵衛**が守り、その後、**依田信蕃**が最後に拠った城として、さすがの規模と構えをもった縄張りである。

43　新年の祝賀～信蕃絶頂の時

いよいよ、運命の天正十一年は明ける。『芦田記（依田記）』には、**新年の祝賀**のことが記述されている。

癸未正月元日、右の侍ども、譜代の者並に、**右衛門佐**大形折紙にて、礼盃も譜代の被官並に候つる由承り候。この年、家康様四十二の御歳に候間、四十三に御祝直しなされ候御心待にて、閏正月に御祝の為、なされ候。御分國その分に御座候。

〈要旨〉

・大正十一癸未年（一五八三）正月元日、**右衛門佐**は追鳥狩りに参加した諸将を、譜代の者並に、大形折紙にて、礼盃も譜代の被官並に行なった。この年は、家康が厄年四十二歳にあたるので遠慮し、（この年は閏年で正月が二度あったため）四十三に御祝い直しする心待ちで、閏正月に御祝いをした。

右衛門佐信蕃は、天正十一年（一五八三）閏（うるう）正月、田口城の麓の**田口館**（やかた）で、家臣を招いて新年の祝賀を催した。この年は徳川家康が厄年の数え四十二歳にあたっていたので遠慮し、四十三歳にお祝いし直しする心持ちで、閏正月に新年の祝賀の席を開いたのである。**服属してきた佐久の諸将**（土豪）をも、やはり**譜代の者**並に大形折り紙にて処遇した。先の追鳥狩りに参加した諸将とほぼ同じ顔ぶれであろう。この頃が依田信蕃のまさに絶頂期であったことは言を待たない。上座に位置した自らの目の前に、佐久の主だった諸将が臣従の意を示しているのである。その時の席順を記したものに『**芦田家旧臣名列簿**』（『もう一人の真田―依田右衛門佐信蕃―』（市川武治著参照）があるが、それを参考に（　）内で私見を加えると、

芦田家旧臣名列簿

年頭上席……三名
・依田**左近**（信蕃父下野守信守の次弟、**左近助守俊**）
・依田**勘助**（信蕃父下野守信守の三弟、岩村田落城後の城代、信光）
・依田**主馬**（信蕃父下野守信守の五弟）

←三人とも信蕃の叔父か？
『寛政重修諸家譜』参照

騎馬以上……六名

・横田甚右衛門尹松（ただとし）（高天神城の戦いで武田側主将のち軍監、柏坂峠以来信蕃の下）
・石原豊後守（武田旧臣、石原政吉、書物によっては「依田豊後」とも称す）
・大井河内守（大井満雪〈きよ〉、小兵衛、耳取大井氏、志賀城攻め先陣、もと箕輪城を守備）
・伴野対馬守（伴野氏の家の通称は「主馬」で、芦田五十騎中のそれは貞吉のこと）
・栗原左衛門
・**依田十郎左衛門**（信蕃叔父**守慶**、真田昌幸と交渉し味方にするに功あり、外山城主）

一騎衆……約一六〇名〈順不同〉

・平尾平三（平尾城主、平尾依田氏、守芳）
・平尾右近（平尾）
・依田主膳（信蕃従弟）
・平原源助（平原依田氏、源七郎盛繁か）
・平原膳心（全真？）
・奥平金弥（戸田金弥、長篠以来）
・依田兵部（丸子依田氏鞠子兵部ともいう）
・平原将監（しょうげん）（平原）
・望月印（卯）月斎（望月城主）
・伴野小隼人（天神林城主、後に依田姓）
・森山豊後守（森山城主）
・柏木六蔵（柏木城主、六郎）
・大井民部丞（耳取城主、政吉、この頃大井総領職）
・尾台又九郎（小田井）
・志賀与惣左衛門（高棚城主）
・柳沢平右衛門（平左衛門、軽井沢発地）

——その他（省略）も入れて、一騎衆は約一六〇名

以上合計約一七〇名の名が『芦田家旧臣名列簿』（佐久市誌刊行会文書）にある由。中には後の「依田五十騎」に含まれると思われる名前もある。

芦田信蕃の親族・近親者

芦田氏は宗家だけが**芦田**を名乗り、それ以外は**依田**を名乗ることから、丸子依田氏、平原依田氏、平尾依田氏以外の「依田姓」の場合は、芦田（依田）信蕃にかなり近い親族関係の人物ということもできる。年頭上席の依田左近（左近助守俊）、依田勘助（信光）、依田主馬及び騎馬以上の依田十郎左衛門（守慶）は、いずれも信蕃の叔父である。しかし、ここで意外なのは、『**芦田家旧臣名列簿**』には信蕃の兄弟関係

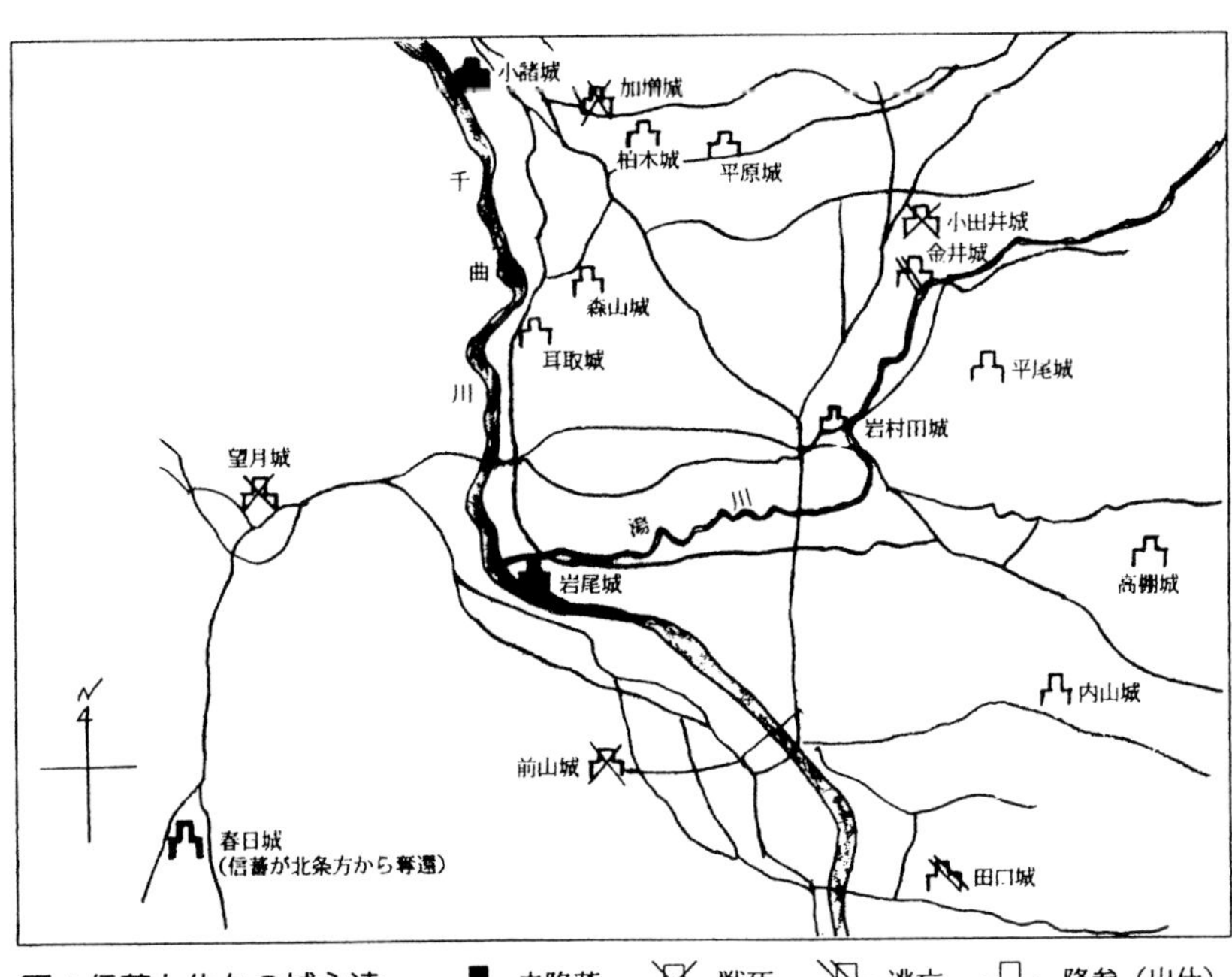

図：信蕃と佐久の城主達　未陥落　戦死　逃亡　降参（出仕）

の者の名前がないことである。次弟依田伊賀守源八郎**信幸**、三弟依田善九郎**信春**や、甥の依田肥前守六郎次**信守**、依田源太郎**信政**等の名前の記載がないことである。それは、あくまでも旧「家臣名簿」であるので、信蕃に極めて近い「家族」として「臣」には敢えて列しなかったとも解釈できる。このことについて市川武治氏によると、その他にも芦田信蕃の近臣の柳沢氏、重田氏など多数の名が漏れているが、これは正月とはいえ、未だ不穏な北条方との関係で、上信国境を警備していた故であろうという。柳沢氏は信蕃の諜報網を担っており、また、柳沢次右衛門の子元目助に信蕃の妹が嫁している関係がある。重田氏は、重田周防守満の娘が信蕃叔父**左近助守俊**の妻になっている。

芦田依田軍の動員力

「一騎衆」以上が一七〇名であるという数字から、芦田依田軍の動員できる軍勢数を算出してみる。戦国期の着到の軍役は、一騎につき四名の家来が付属することになっているし、それが通常である。一将に四人の家来がつくとすると、「一＋四＝五」で**五名が戦国時代の**

軍勢の最少単位である。それを考慮すると、芦田依田軍は一七〇×五＝**八五〇名と推測される**。「六」で既述したように、従者が五名付いて「一＋五＝六」で編成されたとすると、一七〇×六＝一〇二〇名となる。いずれにせよ、八五〇名〜一〇二〇名、約一〇〇〇名前後の軍勢を形成することになる。実質これだけの軍勢が信蕃の傘下に入っていたのである。いよいよ**佐久平定制覇も間近**であったのである。

44　旧地奪回を図る相木依田氏と伴野氏

同族相木依田氏と田口城

天正十年十一月、**依田信蕃**は**田口城**に阿江木能登守を攻めようとしたが、阿江木（相木）能登守は信蕃の大軍に恐れ、城を空けて逃亡し、小田原の北条氏のもとに身を寄せた。この能登守とは**相木市兵衛依田頼房入道能登守常栄**のことである。

相木氏の本貫地は現南佐久郡南相木村・北相木村の範囲である。北相木にある相木城（**坂**上城）は調査の手が入り、簡単な縄張り図ではあるが解説もなされ、一般に紹介され、「相木城」と認知されている。しかし、南相木にある**見上**城が相木本城であると、依田武勝氏（相木氏の子孫で系図や家宝等も継承している宗家）は、そのいくつかの著書で述べている。**相木氏**が関わった文化財や遺跡、更に伝承等からすると、南相木がその本拠であり「阿江木（相木）」発祥の地であろう。また、武田氏の佐久侵入以降は、武田軍団主要道でもある信州峠〜馬越峠を通って（ないしは、平沢峠〜板橋〜臨幸峠経由で）至る所に南相木が位置することから、南相木が軍事上重要な地域であったことは想像に難くない。依田武勝氏は相木氏の本拠を南相木川南岸に比定し、「見上城」としている。（ちなみに、『定本佐久の城』〈一九九七、郷土出版社〉で中田栄七郎氏は、相木城（旧城）の居館跡は現在の常源寺がある所としている。そこは南相木川の北岸である）。いずれにせよ、**相木城**には旧城（南相木、本城・**見上城**）と新城（北相木、**坂上城**）とが存在したわけである。情勢の変化によって、要害の地に城を移転する必要があり、相木領内で要害堅固な条件を満たす北相木の坂上に築城したのである。武田氏の信州への主要道を押さえる意味で南相木の旧城（本城）も引き続き相木氏によって守備していたが、北相木は「ぶどう峠」越えで上州へ通じる道筋にあたっている。その方面を押さえる必要性がでてきたことも理由の一つと考えられる。

　相木氏もその一族である依田氏の発祥の地は小県郡丸子町（現上田市）である。依田川、依田窪、依田城と「依田」関係する地名がある。その依田氏の一族が鎌倉時代から戦国時代にかけて、千曲川の本流・支流沿いの小県郡から佐久地方までの範囲に広がった。『武田騎馬軍団秘史』（依田武勝、叢文社）によると、相木氏・芦田氏・浦野氏・矢島氏・海野氏・飯沼氏・望月氏がいわゆる依田七家である。また、戦国時代の佐久の土豪として城郭を構え、まさに天正壬午十年の佐久統一の戦いの時に、しばしばその名が上がる平原氏・平尾氏も通常は「依田氏」で通っている。その中でも、相木氏も芦田氏と同じく、信玄に従って各地の戦いに転戦し、『甲陽軍鑑』では、武田氏のほとんどの合戦で武田氏の武将として、芦田氏とともにその名がある。（しかも、芦田氏よりも先に名が上げられていることが多い）。永禄四年（一五六一）の第四次川中島の戦いでは**妻女山攻撃の別働隊十頭**（高坂弾正・飯富兵部・馬場民部・小山田備中・甘利左衛門・真田一徳斎・**相木市兵衛昌朝・芦田下野守信守・**

相木見上城
——手前の台地中央左
——向こうの山の麓（ふもと）に相木一族の墓

相木坂上城
——住宅地となる

郡内の小山田弥三郎・小幡尾張守）の一方の旗頭として活躍している。また、相木氏と芦田氏はともに甲府の信玄のお膝元に**屋形**（館・屋敷）を与えられた重臣であったという自負があった。

天文十三年（一五四四）、武田信玄が佐久に侵入し、志賀城を残して佐久の諸城を攻略したが、信玄は相木市兵衛依田**昌朝**（入道能登守**常喜**）に**田口城**を与えた。昌朝は、嫡子である相木市兵衛依田**頼房**（能登守**常栄**）を城主とした。それ以前にも、相木氏は相木谷ばかりでなく、佐久の各地に城を構えていたが、田口城は南北佐久地方のほぼ中間にあたることから、相木氏にとっては、佐久に支配を広げるために大事な役割を果たしていた。その田口城をあきらめて能登守は関東へ亡命したのである。武田氏の滅亡、本能寺の変を経て、**相木氏**を始めとする佐久の諸将は関東の**北条氏の臣下**となった。ただ一人**芦田信蕃**のみが**徳川氏**へ属し、その信蕃が佐久を席巻しつつある現状に対して、プライドからして到底屈するわけにはいかない。しかし、周りの諸将は雪崩をうったように信蕃の傘下に入っていく。抗することができなければ、北条を頼って関東へ逃れ、再起を図るしかなかったのである。

前山城を攻略された伴野氏のその後　信蕃の次男康眞が後に、尾張徳川義直の求めに応じて、提出した文書（『芦田記（依田記』のもとになったもの）には、次のように記されている。

一、天正十一未年二月十二日の御書、**依田右衛門佐**方への一通写し上げ申し候。これは**前山**と申す城、**伴野刑部**楯籠もり罷り在り候を、依田右衛門佐午の霜月責め落とし、伴野刑部は夜明けに退去申し候き。頓て前山の城へ右衛門佐移り罷り在り候内に、加勢成られる小番の人数前山へ遣わされ候時分の御書にて御座候。

〈要旨〉

・天正十一未年（一五八三）二月十二日付けの**依田右衛門佐**方への書状一通の写しを提出致します。これは**前山**城に**伴野刑部**が楯籠っていたのを、依田右衛門佐が天正十年十一月に攻め落とし、城主伴野刑部は夜明けに城から退去致しました。

・そのすぐ後、前山城へ右衛門佐が移り在城しているうちに、徳川からの加勢の小番の兵が前山城へ遣わされた頃の御書（書状）です。

ここでは「依田右衛門佐午の霜月責め落とし、伴野刑部は夜明けに退去申し候」と記述されている。つまり、天正十年十一月七日に信蕃が前山城を落城させたことを述べている。その際、前山城主伴野刑部信守は「夜明けに退去した」となっている。一方『武徳編年集成』では、「今日伴野刑部が（＝の）佐久郡前山城を攻抜、城主をば石黒八兵衛、是を打捕」とあって、城主伴野刑部は討ち死にしたことになっている。いずれが正しいかは明確にはなっていない。『貞祥寺開山歴代傳文』『洞源山貞祥寺開基之由』（貞祥寺所蔵）によると、前山城落城は天正十一年二月三日となっている。――「城主伴野刑部少輔信守并に股肱の臣は奮戦したが力尽き、城に火を放って自害し、嫡男の左京進貞長（二十歳）は城から討って出て、よく戦ったが、城から火が上がるのを見て敗軍の士を集め、再び敵に入って戦死した。（一方、貞長は落城時に危機を脱して小田原北条氏を頼ったとも言われている）。弟の萬次郎貞信（七歳）は、前山儀助に伴われて武州へ去り、その後の動向は分からなくなった。前山城並びに荒城は灰塵となったが、洞源山貞祥寺は残った」と述べられている。

ここで問題となるのは、前山城の落城を天正十一年二月三日としていることである。伴野氏の菩提寺である貞祥寺に関わる文書に、伴野氏の滅亡の期日がそのように記されているということは、前山城奪還へ向けて伴野氏の何らかの軍事行動があったとも受け取れる。それに符合することとして、芦田信蕃が前もって伴野氏の襲来を察知したのか、それまでの前山城の城番柳沢元目助と交替し、信蕃自らが前山城へ入城している事実があるからである。

伴野貞長は天正十年十一月七日には逃げ延びていたが、年が明けたこの二月三日の前山城奪還戦で討ち死にしたのだという説もある。

「伴野刑部」と名乗る武将が、その後も前山城奪還を狙っている。天正十八年（一五九〇）の小田原合戦の頃に、相木市兵衛能登守とともに北条の支援を得て、相木谷に侵入したりしているのは事実である。その刑部は、松平康國・康眞軍によって、信州と上州との境の武道峠下の木次原で討ち死にし、現在そこに墓が立てられている。その墓碑銘には伴野刑部は「貞長」となっている。相木白岩合戦の際の木次原で討ち死にしたのは伴野氏のうちの一族の別人が刑部を名乗っていて、その彼が討ち死にしたとする歴史家もいる。可能性との一つに、前山城落城時に七歳で武州へ逃れていた萬次郎貞信が、九年後の天正十八年（一五九〇）に、数え十五歳になって伴野刑部を名乗り、旧地奪還を目指して相木市兵衛能登守と共に佐久へ侵入したとも考えられる。

少々複雑になるが、「伴野刑部」と名乗る伴野氏の武将が二人ないしは三人この時代に次々と名乗ったということになろうか。しかし、いづれも芦田信蕃またはその子松平康國・康眞によって滅ぼされ、伴野氏の再興は叶わなかった。

（前山城攻城戦の詳細については既述の項を参照されたい）

天正十一年二月十二日付で、家康から信蕃へ下された書状は、左記のものである。

徳川家康書状　『依田文書』（佐久市依田四郎氏所蔵）

前山番替之儀、伊奈郡衆可相勤候旨雖申付、阿江木於出城者差而人数者不可入候歟、其上近日至甲府出馬候間、彼表置目之儀可有候間、先之人数之儀労兵無之様被差帰尤候、諸事柴田七九郎被遂談合、才覚専肝候、恐々謹言、

二月十二日　家康（花押）

依田右衛門佐殿

前山番替の儀、伊奈郡衆相勤むべく候の旨申し付くると雖も、阿江木出城に於ては、差して人数は入るべからず候か。その上近日甲府に至り馬を出し候の間、かの表置目の儀あるべく候の間、先の人数の儀労兵無之これなき様差し帰され尤に候。諸事柴田七九郎と談合を遂げられ、才覚専肝に候、恐々謹言。

〈解釈〉

「前山番替之儀、伊奈郡衆可相勤候旨雖申付」とは、前山城の番替えをするという指示である。「徳川からの加勢の小番の兵が前山城へ遣わされた」という意味である。もう一歩となった佐久平定の成就に向けて、信蕃には前山城の守備にこだわらないようにという配慮からくるものであろう。番替えで入れ替わって入ってきたのは、下伊那からの**知久頼氏**である。知久氏は現下伊那郡喬木村上久方（かみひさかた）の神之峯城（かんのみねじょう）を本拠とする土豪である。同じ下伊那の下条氏や小笠原氏とともに、家康に臣従していたのである。

信蕃が、前山城に伴野氏を滅亡させたのは、天正十年十一月六日である。その後、いったん信蕃自身が前山城へ入ったが、その後、自らは本拠を田口城下の田口館へ移し、前山城へは姻戚関係にあり、信蕃の情報網を握っていた柳沢元目助を城番として入れていた。しかし、二月の初旬には伴野信守の子である貞長が前山城奪還に来襲するという動きを知り、自らが前山城へ入ることもあった。今回、その前山城の守備に、家康は下伊那郡の知久氏を城代として充てるという書状である。

芦田勢の佐久高野町の守備と相木城攻略

天正十一未年（一五八三）二月十二日付けの**依田右衛門佐**への書状の内容は、十二日に先だって、甲州先方の士**三枝土佐虎吉**（さえぐさ）が、信州佐久郡高野町を北条方の攻撃から守り、阿江木の砦を攻め落としたことについて、**依田信蕃**は家康より尊翰を賜わった。ここでいう北条方とは相木勢のことである。

阿江木の砦（相木城）は、現在の南佐久郡北相木村坂上にある崖上の城で、現在は村の中心部となっている。坂上集落の標高は一〇三四メートルで、北相木川の河谷の中で、やや広い台地を利用して築城したもので、川が大きく曲がって城の東・南・西を流れており、一〇メートルから数十メートルの断崖になっている。山と川を利用した自然の要害で、相木氏の根城であった。相木氏の館跡は字殿村にあり、付近には御門・西の丸・馬場地・空堀・御門向などの関連地名が残っている。相木氏の本来の拠点は南相木であったが、この頃には栂峠や武道峠を越えて上野国や武蔵国へ通じる街道の通る交通の要衝である北相木に中心が移っていたようである。その相木城に相木氏の一族が、地元の支えもあり、依田信蕃軍に対して抵抗を示していたのである。当主相木市兵衛入道能登守（常栄依田頼房）は既にこの時点では、本拠としていた田口城から上州へ逃れ、更に小田原の北条氏のもとにいたが、相木氏の一族は本貫の地である相木にいたのである。

　北条氏に属するその相木一党が、佐久平定のために甲州からやってくる徳川勢の進路の要衝である高野町を押さえようとして、佐久郡高野町を何度も襲撃している。相木勢が襲撃したという「高野町」とは、現南佐久郡佐久穂町大字高野町であるが、その襲撃した場所は高野城であろう。高野城の縄張りは自然地形の舌状台地そのものを総体としており、五〇メートル×一五〇メートルほどの城域である。台地は北東（比較的要害の地、本郭があった）から南西（居館などがあったと推定される）方向に延びている。自然地形を巧みに利用した平山城である。三枝虎吉は、それ以前からあった城に修築を加え、堅固な城にして守備についていたのであろう。相木勢の来襲を撃退したばかりでなく、相木氏の本城（相木城）を攻め、自軍のかなりの被害を被りながらも、落としたのである。

　三枝虎吉は信蕃が主将として駿州田中城を守備していた時の副将格の武将である。武田氏の滅亡後、織田信長の追及から逃れて、信蕃と同じように家康によって匿われていた。本能寺の変後、家康の指示によって信州佐久へ入り、信蕃の指揮下に入っていたのである。この文書では、「阿江木城（相木城）の守りはあまり兵が必要ないから、人数を減らすように」家康から信蕃への指示である。

　これ以前に、依田信蕃は阿江木（相木）能登守を佐久郡田口城に攻めて、上州へ逃亡させ、これを落としている。今回落とした相木氏の本城である相木城には当主である相木能登守は既にいなかったのである。主なき城を守っていた人々こそ哀れである。討たれたり、上州へ逃亡したり、山上がりした（山小屋へ逃げて隠れた）者もいたであろうと推定されるが、多くは農民であり、各々の残兵の追及はあまり厳しくなかったであろう。収まった相木城に信蕃は甥の依田肥前守**信守**に守備させていた。その阿江木（相木）城の守備兵の数を、そんなに必要ないからと減らさせているわけである。

45　岩尾城の戦い～急転直下

佐久平定に向けての総仕上げが、いよいよ近づいてきた。**岩尾城攻め**である。この様子は信蕃の次男康眞（後の加藤宗月）が尾張徳川義直に応じて、お家の由来をまとめて提出した『芦田記（依田記）』に記述されている。

田の口と申す城は、**阿江木能登守**居申し候。常陸介の威勢に恐れ、田の口の城を明け渡し申し候。その時、小諸**大道寺尾張守**、さてまた**岩尾城**岩尾之主居申し候。この両所より外、佐久郡に敵一所もこれ無く候間、岩尾城はほとぬけに罷り成るべしを、二月廿二日、無理責めに**岩尾城**を責め候とて、**常陸介**自身一の先を仕り、自身塀を乗る所を、内より鐵砲にて押し當て打たれ、弟の**依田源八郎**も右同前鐵砲にて打たれ、先ず源八郎廿二日の晩に相果て、常陸介落命。

徳川義直から、詳細を記述するように指示されて、宗月が再度提出したものには次のように述べられている。

未の二月廿日に、**田の口の城**へ**右衛門佐**上り、並びに**柴田七九郎**も同道候て、佐久郡一目に見渡し候高き所にて見るに、この程残所無く味方に成り候。**小諸**一城ばかり敵にてあるに、その外**岩尾の小城**一つ憎き仕合いに候、明日は責潰し申すべき候間、柴田七九郎には一人も御出し候はで御見物候え、城攻めを御目に掛けるべく由、**右衛門佐**広言を申され、廿一日には城より降参申すべく様子に付いて、一日相待ち候へども、廿二日には早天に取り巻く。**右衛門佐**も城際にて馬より下り、足軽旗指より眞先に、右衛門佐塀を乗り候ところを、鉄砲にて押し当て臍下を抜かれ臥す。また、弟の**依田源八郎**、これも塀乗り候ところをため、章門の急所を右章門前へ打ち抜かれ申し候。惣軍取り巻き候えども、大將右の仕合いにて、廿二日の晩に源八郎先ず相果て、廿三日の未明に右衛門佐相果て申し候。岩尾の次郎は城こらえかねて、関東筋へ出奔仕り候。

〈要旨〉

・**田口**主、**阿江木能登守**は、依田信蕃の威勢に恐れ明け渡し、北条氏の勢力圏内の上州方面へ逃れた。

岩尾城
――登攀不可能な垂直に切り立つ崖

・天正十一年二月二十日に、**田口の城**へ**右衛門佐**は**柴田七九郎**康忠と一緒に登って、佐久郡を一望に見渡し、この程残る所無く味方に成った。**小諸**一城ばかりが敵である。その外、**岩尾**の**小城**が一つが残っていて憎いことである。明日は攻め潰してお目にかけるので、柴田七九郎殿には一兵も出さずに御見物願いたい。城攻めを御目に掛け申そうと、**右衛門佐**は広言を申した。

・二月二十一日には城方より降参するような様子であったので、一日相待ったけれども二十二日には早朝から城を取り巻いた。**右衛門佐**も城際にて馬より下り、足軽旗指よりも眞先に、塀を乗り越えようとしたところを、鉄砲にて押し当て臍下を撃ち抜かれ倒れた。また、弟の**依田源八郎**信幸も、塀乗り越えようとしたところを、章門の急所を右章門前へ撃ち抜かれた。全軍は岩尾城を取り巻いていたけれども、大将がこのようになったので、その日は攻撃を中断した。二十二日の晩に源八郎が先ず相果て、廿三日の未明に右衛門佐も落命した。

・**岩尾次郎行吉**は城を持ちこたえられず、関東方面へ出奔した。

・**加藤四郎兵衛宗月**こと**芦田康眞**が、芦田氏の来歴に関して、尾張徳川義直へ第一回目に提出した文書の岩尾城攻めに関する記述になかった内容が、第二回目では三点加えられている。それらは、――①田口城へ登っての広言　②信蕃と信幸が体のどこを銃撃されたかという具体的なこと。③岩尾城の城主（岩尾次郎行吉）の名が加えられたこと。

御見物候え、城攻めを御目に掛けるべし

岩尾城攻めのためには、寄せ手の基地としては前山城の方が近く、都合がよいにもかかわらず、ここではかなり離れた**田口城**へ、軍監柴田康忠とともに登っている。つまり、この時点での依田信蕃の**本拠たる城は田口城**であったという証拠でもある。
信蕃が、徳川からの軍監である**柴田七九郎康忠**をともなって登った田口城は、後世の田口城（五稜郭龍岡城）ではなく、蕃松院や新海三社神社の北方に聳える田口山城のことである。**田口城**へ登るには、田口館跡の裏にある信蕃・信幸の五輪ノ塔のある削平地（墓地）の東辺り（現在の蕃松院本堂の北東上段）から上方へ延びる道があった。昭和の末期頃からは矢竹の群落や薮に覆われ、上方へ進むことができず、また、道も消滅してしまっていた。しかし、つい先年、地元佐久市田口の人々によって遊歩道として復元された。山城へ登るもう一筋の道が蕃松院の東約百メートルほどの所から北方上方へ九十九折りに城に向かって延びている。その登り口からしばらく進むと、少し上方には現在は何段かの墓地のある**削平地**が続く。要所要所に道の上から横矢を入れて襲いかかるような格好で、小郭の削平地がある。先に述べた信蕃・信幸兄弟の墓から上方へ延びていた道を辿ってきた道筋と途中で合流している。蕃松院の東百メートルほどの所からの道は、近世になって耕作道としても使われていた可能性がある。合流後のきつい大手道を息せききって登りつめ、やがて屏風のような**断崖**が頭上を遮る。人ひとりかろうじて通れるような、わずかな隙間を登り切ると、**西郭**の東端に出る。岩尾城方面の眺望が一番効く場所である。信蕃が柴田康忠とともに田口城に登って岩尾城方面を眺望したのは、このあたりであると考えられる。

佐久平を一望し、――「**小諸**一城ばかり敵にてあるに、その**外岩尾の小城**一つ憎き仕合いに候、明日は責潰し申すべき候間、柴田七九郎には一人も御出し候はで御見物候え、城攻めを御目に掛けるべく由」――、つまり、「小諸城は北条方の大道寺政繁が城代として守っているので敵として手応えありそうであるが、そのほかの小城である岩尾城一つまだ残っている。明日は岩尾城を攻め潰してお見せ致すので、柴田殿には一兵たりとも出さずに見物していただきたい」と広言した。

岩尾城攻撃での信蕃の心理

佐久郡の統一を目前にした**信蕃**の自信のほどがうかがえる。歴史を知るものの後世の結果論ではあるが、この広言の前兆は、既に「千曲河畔塩名田の戦い」に顕れている。この時は真田昌幸に対して、「千曲川を隔てて軍見物だけしていてもらえばいい」と言って、芦田軍だけで岩村田大井氏との合戦に臨み、勝利したことがあった。**戦国の中央舞台**で歴戦の経験をしてきたことによる自信と自負からでた言葉であると思われるが、それは往々として、自信過剰と慢心にも変化しやすいものである。しかし、信蕃がそのように言わざるを得ないような、周囲の状況もあった可能性もある。推定に過ぎないが、おそらく、それは人間関係であろう。人間が生きていく上で一番悩むことは、人と人との間の関係上のことから生じているからである。特に**柴田康忠**との人間関係はどうであったのか？　信蕃軍の佐久平定の過程には常に、徳川からの軍監として、柴田康忠が在陣していた。

佐久平定がもう少しで成し遂げられるところまできていた信蕃にとっては、もう軍監柴田康忠とその大軍のことが、少々煩わしくなってきていた可能性もある。信蕃の広言に対して、柴田康忠は軍監として助言をしたと思われるが、そうでなくとも、不快に感じたであろうことは想像に難くない。その後の岩尾城攻めの際には、信蕃は自らの言葉を証明しなくてはならない立場になってしまったのである。そこから来る焦りもあったであろう。

思えば、信蕃が天正十年の本能寺の変の後に、信州入りした時に、佐久の他の土豪は、ほとんどが北条方であった。徳川方は彼のみであった状況から八カ月余り、その間に、徳川からの支援を得ながらも、先方（さきかた）の責任者として、ほとんど自分一人で佐久をきり従えてきたことになる。また、今は麾下に属することになっている土豪も、もとはと言えば、皆同じ仲間であった。佐久の総帥としての自らの姿勢を示すと共に、徳川からの援将（柴田七九郎康忠、大久保忠世、武田旧臣、信州の他郡からの将達）にその実力のほどを目の当りにみせなくてはならない立場になってしまったことも、その遠因であろう。何よりも佐久平定完遂まで、残るは実質的に岩尾城の大井行吉の攻略のみということで、自信過剰気味になっていたとも言える。そして、とうとう「明日一日で、依田軍だけで岩尾城を攻略してみせる」と柴田康忠の前で宣言してしまった。自信にあふれた言葉だが、彼我の戦力差からして勝敗は明らかであると考えていたのであろう。一説には攻城第一日目の後、柴田康忠に「一日で依田軍だけで攻略してみせる」という言葉が実現されなかったことをなじられた上での焦りがあったのではないかとも言われている。

いずれの戦の時にも、大将は全体の戦況を見、的確な判断をし、的確な指令を出すことが役目である。岩尾城攻めでの失敗は、大将が突撃隊長や行動隊長のように、自ら第一線にでてしまったことによる。勇敢なことは可としても、「匹夫の勇」では、命を落とすことになってしまう。人間は、物事がうまく運び、もう少しで目的が達成できそうになった時、油断が生じる。

依田信蕃、岩尾城攻撃で鉄砲に狙撃され落命す

佐久郡の諸将は、天正十年十一月頃までに、信蕃との戦いに破れるか、あるいは自ら信蕃に出仕し、そろって信蕃の臣下となった。未だに残るは北条氏の小諸城代大道寺政繁と岩尾城の大井行吉のみであった。

天正十一年（一五八三）、二月二十日、信蕃の軍は岩尾城を囲んだ。信蕃の本陣には「**鐘の纏**」が、ありと立てられていたはずである。徳川からの軍監柴田康忠は川を隔てて湯川の北側（右岸）に屯する。芦田依田軍の「**鐘の旗**」は、岩尾城の大手方面にはためいていた。城主（主将）として戦った遠江国二俣城でも、駿河国田中城でも、常に信蕃の戦いの象徴として掲げられた旗である。本能寺の変の後、甲斐の柏坂峠に立てられた**峠の旗**「鐘の旗」は、その後、佐久平定の戦いでも信蕃の向かうところ連戦連勝の象徴であった。特に北条氏直本隊が関東へ撤退した後は潮目が変わり、「鐘の旗」の勢いが佐久を席巻した。佐久郡の諸将は「鐘の旗」が進軍するのを見ただけで、他国へ逃亡したり、降伏を申し出てくるようになった。若神子に北条と対陣する家康から、甲斐への北条糧道阻止と信濃東部平定を託された「鐘の旗」は、しかし、第一日目の二月二十一日には動かなかった。信蕃はこの日は囲みを解いて桃源院の北の丘の高みに「鐘の纏」を立て陣を敷いたが、軍を動かさなかった。城主大井行吉の投降を待ったのである。

二月二十二日、依田**信蕃**、次弟源八郎**信幸**、三弟善九郎信春、信幸の嫡男依田六郎次**信守**及び、大久保彦左衛門忠教（二十四歳）等、およそ三千の兵は、大井行吉方三百の兵が立て籠る**岩尾城を包囲**した。信蕃及び臣下となった芦田軍だけで、軍監の柴田軍をはじめ徳川からの援軍には、持ち場について観戦していてくれればよいと伝えてあった。しかし、城兵は決死の覚悟でよく防戦し、なかなか破れなかった。城側の浅沼半兵衛は、**大手台曲輪**の櫓に登り、兵を指揮していたが、腰に下げていた火薬袋へ火縄銃の火が移り大火傷を負いながらも奮戦した。火は燃え広がって、櫓が火事になった。依田信蕃と信幸は、この期を逃さず寄せては激しく攻め立てた。守城側は苦戦に陥る。平尾平三、平原善心は三の曲輪の壕に攻め入る。城門を破り信蕃の兵は大手台曲輪へ殺到した。攻め込まれた城方は一瞬静かになった。

依田**信蕃**、**信幸**は兵の先頭に立って進み、自ら堀際に攻め入って、士卒を指揮していた。浅沼半兵衛は、足軽に命じ、土塁を越えようとした信蕃・信幸兄弟を至近距離で狙撃させた。……狙いはあやまたず、信蕃は臍（へそ）の下を撃ち抜かれ、弟の信幸は左の脇の下を撃たれた。**信蕃**（右衛門佐）については、「足軽や旗指しよりも真っ先に塀を乗り越えようとしているところを」とは、勇敢そのものではあるが、単なる切り込み隊長的な行動であり、寄せ手の大将らしからぬ行為である。岩尾城の攻略に対して、信蕃がよほど焦っていたことの結果であろう。また、「鉄砲にて押し当て」とは「鉄砲を体に押し当てて」ということなのか、「鉄砲でしっかり狙いをつけ」ということなのかは不明であるが、いずれにしても極めて至近距離から狙撃されたことには間違いない。また、「臍下（ほぞした）を抜かれ伏す」とは、「臍（ほぞ）」とは「臍（へそ）」のことである。したがって、文字通り「ヘソの下を撃ち抜かれて」ということである。「丹田（たんでん）」とも称される体の部位である。また、**信幸**（源八郎）については、「これも塀乗り候ところを」「ため」「章門の急所を右章門前へ打ち抜かれ申し候」とあるが、信幸も信蕃に続いて塀を乗り越えようとしたところを、「ためて」（しっかり狙いをつけて）、（左の）脇の下の急所を右脇の下の前へ撃ち抜かれて倒れたことになる。銃弾が心臓付近を貫通したことになる。

その日、二月二十二日夜に信幸は死に（三十四歳）、二十三日朝には信蕃も落命した。（三十六歳）。――岩尾城攻防戦の詳細の機微は、『もう一人の真田〜依田右衛門佐信蕃』（市川武治著、櫟）一〇三―一一〇頁や、『信濃合戦譚』（高橋武児著、信濃郷土誌刊行會編）二〇一―二五六頁に小説風ではあるがよく語られているので、参照されたい。

銃撃の真相が敵方『岩尾家譜』に述べられている

一方、信蕃への銃撃について、敵方である岩尾城の守備側からみた『**岩尾家譜**』という書物には信蕃の名誉を回復するような記述がある。敵方の視点からの記述であるので尚更である。おそらく、それがより真実に近いものと推定される。――「躬ら来り、**隍**（からほり）**の際、士卒を指揮す**。時に…〈中略〉…浅沼従卒山中嘉助・紺屋武右衛門に令し、匿塀内で各々発砲、信蕃・信幸を倒す」――つまり、さすがに信蕃・信幸兄弟は、「足軽旗指より真っ先に、塀を乗り越し候」というような軽率な行動をした上で銃撃に遭ったのではなく、（おそらく、守城勢からの鉄砲による迎撃が、いったん静まり、戦いが一時落ち着いたので）「空堀の際まで来て、士卒を指揮していた」ところを、大井行吉の重臣浅沼平兵衛が二人の兵に命じて、城内の隠し塀の狭間から、至近距離で信蕃と信幸を**狙撃**させたのである。向こう見ずに真っ先に塀を乗り越えようとしたわけではないとすると、若干救われた気持ちになる。しかし、大将自らがそういう所に身をさらしたことは、一代の不覚であったはずである。

武田信玄・勝頼、徳川家康への頑なまでの忠誠……、艱難辛苦をたぐいまれな努力と知略・武略によって、責任者として乗り越えてきた戦場……、特に遠州二俣城主、駿州田中城主としての守城戦は、後詰め（援軍）の全く望めない状況で、智略・武略を尽くしての戦いは、四方を敵に囲まれ、絶海に浮かぶ小舟を攻撃から守り抜くようなものであったであろう。**天正壬午の動乱**の中で、有り余る実力があり、将来を期待されながらも、**最後の詰めを誤って**、惜しいかな大願成就寸前での頓挫……。依田信蕃は、ある意味で信州「佐久人」の典型の一面をも表わしていると言えないだろうか。

暁将落つ……夜明けの旌旗「鐘の旗」

信蕃三十六歳、信幸三十四歳の死であった。佐久の出身で、武田臣下として甲斐国・上野国にも進出し、駿河国・遠江国・武蔵国・相模国・三河国・美濃国・越後国と歴史上の中央の檜舞台でその武勇・知略で存在を知られ、最後は徳川家康の麾下となり、信州に戻って佐久平定のために、また、家康の甲信制覇の為に戦い抜いた信蕃は、故郷佐久郡の統一を目前にして壮烈な戦死を遂げた。**信蕃**は、まさに戦国時代の佐久、信州のみならず、武田・徳川・今川・北条・織田・上杉との抜き差しならぬ関わりの中で光を放ち続け、夜明け前に突然消えた星であった。（信蕃の旌旗「鐘の旗」は三弟善九郎信春によって守られた。その後、岩尾城将**大井行吉**は降伏勧告を受け入れ開城した）。

ちなみに、信蕃が落命したのは天正十一年二月二十三日未明のことであるが、現在の暦（西暦）にすると四月十日前後になる。佐久では桜の花弁が蕾が膨らんで旬日中に開花せんとする時節であった。信蕃は戦国佐久の平定が成就するまさに直前に散ってしまったのである。幾多の激戦を戦い抜いてきた**「峠の旗」芦田信蕃**の予期せぬ急転直下の最期は、実にあっけなかった印象を与える。主なき本陣には「鐘の纏」と林立する「鐘の旗」が、途方に暮れて二月二十三日の夜明けを迎えたことであろう。

岩尾城主大井行吉

岩尾次郎こと**大井行吉**は、天文九年（一五四〇）頃の生まれで、岩尾大井氏の五代目である。依田信蕃や真田昌幸ほどには知られてはいないが、**武田氏に従い**各地を転戦している。川中島の戦い・駿州での薩捶峠の戦い・興津合戦等に参戦したり、上州箕輪城の守備についたりしている。天正十年三月に武田氏滅亡後は、いったん岩尾城に帰ったが、信長の武田旧臣残党狩りの追及を逃れて難を**碓氷峠の山中**に避けていたという。本能寺の変の後、北条氏が佐久へ侵入した時、その呼びかけに呼応して**北条に降り**、岩尾城に戻っている。この時四十二歳ほどである。（信蕃の六歳年長ということになる）。北条氏が若神子の対陣から徳川との和議がなり、関東へ引いた後は、短期間のうちに依田信蕃がほとんど佐久を制覇し、天正十一年二月の時点では、信蕃に対抗する城は、北条から佐久郡を託されていた大道寺政繁のいる小諸城と、自らの**岩尾城**だけになっていた。しかし、大井行吉は大井氏支族ではあったが、伴野氏や相木依田氏同様に、芦田氏の風下に立つことはプライドが許さなかったものと思われる。北条氏が去った後は立場が逆転し、佐久では孤立無援となってしまったが、「行吉、従者に謂て曰、郡中の諸志尽く信蕃に降る、我は小笠原の裔、何の面目ありて彼が風下に立たん云々」（『長野県町村誌』）と、徹底交戦の構えを見せていた。……

二月二十二日の岩尾城攻めで依田信蕃と信幸が、至近距離からの狙い撃ちで銃撃を受け、翌二十三日に命を落として以来、攻城軍は激しい戦闘を繰り返すことはなかったが、守城側の敗戦は目に見えていた。**軍監柴田康忠**は、三月三日に津金寺（芦田氏の祈願寺でもあった）の**僧林鶴**と大井行吉の一族である**岩尾行教**を遣わして、城将大井行吉に開城を勧めた。行吉は、信蕃が戦死し、城側としても一応の面目を保ったことになった上、これ以上の抗戦は無理とみて、三月七日（八日説もある）開城して、城を去った。

芦田信蕃兄弟の五輪塔と蕃松院

岩尾城で銃の狙撃に遭い壮烈な討ち死にを遂げた芦田信蕃と次弟信幸は、三弟信春らによって、本拠となっていた佐久郡田口城の山麓の**田口館**の裏に手厚く葬られた。しばしあって、戦乱が落ち着いた頃、嫡男竹福丸が小諸城主**松平康國**となった後、信蕃の田口館跡に父の菩提を弔うために**蕃松院**（ばんしょういん）を開基した。おそらく、その時であろうと推定されるが、信蕃・信幸の五輪塔の墓が建立された。その際、五輪塔二基が載る大きな台石を据えたが、その下に護りとして信蕃の愛刀が納められた。

佐久市田口の蕃松院の増田友厚老師によると、蕃松院で平成二十二年に信蕃兄弟の墓及び周辺の整備を実施した際に、台石の下から**刀剣**が発見された。現在は寺宝の一つとして大切に保管されている。なお、蕃松院の本堂には美術家小川淳一氏の制作になる芦田信蕃の等身大の像が安置されていることをここに記しておきたい。

武田流築城術を施された岩尾城

岩尾城は平山城であるが、文字通り「岩尾」、つまり浅間火山のローム層が作りなす垂直に切り立つ崖（岩）に囲まれた、台地の先にある「尾」のように延びた形の立地にある。一方から見れば平城のようでも、他方から眺めると崖を利用しているので山城のようにも見える。この崖は岩盤というよりも崩れやすい性質があり、また垂直に切れ立っているので、攻城勢の登攀はまず不可能である。つまり、浅間山の火山灰による堆積地形の特徴を生かした平城が、佐久北部（北佐久郡）に特徴的に分布している。一方、八ケ岳・蓼科山系にある佐久南部（南佐久郡）の城は、山頂部や支尾根の先端近くの高所を立地とした山城が多い。また、荒船山系・三国山系や上州との国境（峠）に近い佐久の東部には、典型的な山城や砦などが林立している感がある。

そんな中で、舞台となる**岩尾城**は、千曲川・湯川からの比高は一五メートルから二〇メートル前後であるが、崩れやすく攻めにくい垂直に切り立つ断崖の上にある。なによりも、戦国時代においては極めて大事な、他の城への眺望が極めてよいのが特徴的である。南方〜東方〜北方へ視線を移すと、日向城・虚空蔵山烽火台・前山城・野沢城・荒城・荒山城（大沢城）・勝間反ノ砦・田口城・平賀城・内山城・志賀城・高棚城・阿伽流山城・平尾城など佐久の山城を望むことができる。また、現在では視界での確認はできないが、当時とすれば岩村田城・小田井城・金井城・平原城・森山城・耳取城・柏木城などの動向や小諸城方面の様子を察することができた可能性がある。

このように**岩尾城**は、比高はないが、位置的には佐久平の中心に位置し、絶好の場所にある。そのため、**武田信玄**は、天文十二年（一五四三）に、岩尾城を攻略すると、一時、**真田一徳斎幸隆**に守らせたこともある。その後、天文二十年（一五五一）七月の『高白斎記』には、「廿日丙午、岩尾弾正初テ若神子迄出仕」とあり、**大井弾正行頼**が武田の臣下になったことが記されている。更に八月には「廿八日甲申、午刻向未ノ方**岩尾城ノ鍬立七五三**」（くわだてシメカケ）とあり、「鍬立七五三」つまり「しめ縄を張り、鍬入れし、地鎮祭をして、城の改修を行なった」ことを示している。また、勝頼の代になって、天正六年（一五七八）五月には、普請奉行を**原隼人佑**とし、更に改修の手が加えられている。武田氏二代にわたり**武田流築城術**で改修されて**堅固な平山城**（崖城）になっていた。武田氏が岩尾城をいかに重要視していたかがここからも分かる。

難攻不落岩尾城の構造――二度にわたる武田氏の改修

岩尾城は佐久市鳴瀬字城跡にあり、南に千曲川、北に湯川が流れており、二つの川に削られてできた合流点の台地の断崖上にある平山城である。大手は東側にある。東方に岩尾大井氏の菩提寺である桃源院（三代目の大井行真が建立）がある。その後背部に当る北方台地上に、まず東端の**空堀**が南北に延び、東方の台地から区切っているが、その内側（西側）は少し高所となっている。その高みが、岩尾城攻撃の際の**依田信蕃の本陣**であった可能性がある。そこは岩尾城の中心部方面への眺望がきく場所である。現在は墓地がある。また、墓地の境界になっているが、往時の土塁の名残りの可能性もある地形がある。

古図によると、その西側には段差があり、南北に延びる水堀がある。「北岩尾」の信号交差点を南北に延びる道路が、その水堀跡にあたるが、水堀であった面影はない。千曲川や湯川からの高低差からして水堀ではなく、**空堀**であった可能性が高い。その「水堀」の更に西方には、古図によると、二条目の「水堀」がある。これも水堀ではなく**空堀**であった可能性が高い。ここも現在は道路となっており、南北の半ばほどで「**折れ**」があり、その場所が**大手門**（**大手虎口**）であった場所と推定される。大手虎口のあった場所付近は、現在アパートが建っている。また、現在その場所から城内に向かって小路が延びている。一方、大手虎口から南へ延びた「水堀」は、南の下で更に**水堀**（現在は水田）に合する。また、さらに城の南方下の東西の水堀（現在は用水）と合する。この大手から南へ延びる「水堀」の城内側南端付近は石垣で守られている。（しかし、積み方からして後世の石垣である可能性もある）。大手虎口を西へ入った所が、**台郭**であり、現在は畑や墓地になっている。なお、台郭の西端には南北に**空堀**が走っているが、その空堀の南端の空堀の中には、土塁状の仕切りがある。また、**台郭**から**大手台郭**方面へ道が現在延びているが、その道の左手に石垣が施されて若干高くなっている。台郭の南西隅の**空堀**は深くなっており、南方下へ**竪堀**となって落ち

大手門跡（大手虎口跡）

ている。

空堀から**大手台郭**へは**土塁**があるが、空堀底部から土塁頂部までの高低差は、かなりあったものと推定される。現在、台郭から空堀を隔てて、一・五メートルから二メートル上方に大手台郭がある。現況は畑となっているが、東方からの寄せ手から城の中心部を守るかなり広い郭である。

古図によると、大手台郭の西端中央の箇所には、**三日月堀**と**三日月郭（丸馬出し）**があったことになっているが、現在は痕跡すらうかがえない。大手台郭と三ノ丸との間には空堀があり、それが北方へ延びるにつれて西へ弧を描いているが、現在は道となっている。この堀跡に「三日月堀跡」という標柱が立っているが、これには疑義がある。古図によると、そこから西側は三ノ丸であり、三日月堀や三日月郭（丸馬出し）は、その空堀よりも東方の大手台郭へ迫り出して存在したことになっている。後世に畑化した時に破壊埋没した可能性がある。

標柱で「三日月堀跡」とされている**空堀**は、確かに北半分は西へ大きくカーブしているので、現況から見ると、三ノ丸の外側を守る「三日月堀」の変形とも言えないではないが、少々無理がある。「三日月堀」は通常「虎口」の外に設けられ、「丸馬出し」とセットで防御の為に設けられているものである。単独にそれが「三日月堀」であるとすると、現在「三ノ丸」としている郭が「丸馬出し」の機能をもっていたことになるか、検討を要する。**三ノ丸**入り口は、現在、石灯籠や鳥居が建ち、「伊豆・箱根・三島神社」への入り口となっている。（三島神社は源氏の祭神である。ちなみに大井氏は源氏の末裔を称している）。

鳥居をくぐって西方へ二ノ丸方面へ、**三ノ丸**内においてはやや高みとなり、土塁状になっている道を進むと、途中から右方向（やや北）へ曲がるが、その左手が二ノ丸との間の**大堀切**（空堀）となっている。二ノ丸直下で相当な段差をなす空堀である。その堀底には「**依田信蕃兄弟の供養塔**」と言われる五輪塔が一基ある。

そこから**二ノ丸**までは、五メートルほどの段差がある。現在、二ノ丸へは十九段の石段を上るようになっている。二ノ丸に

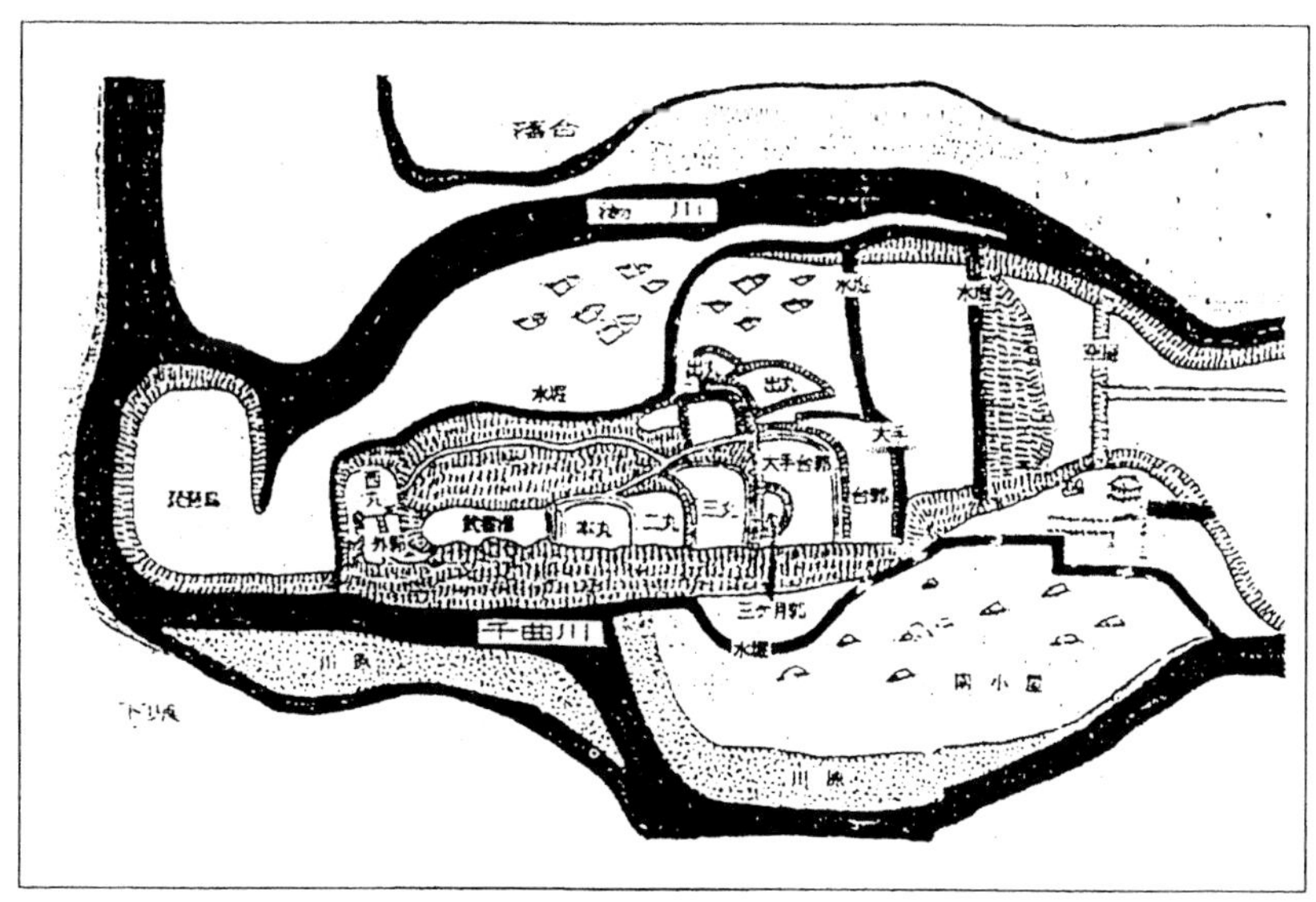

岩尾城要図（市川武治著『もう一人の真田～依田右衛門佐信蕃』より）

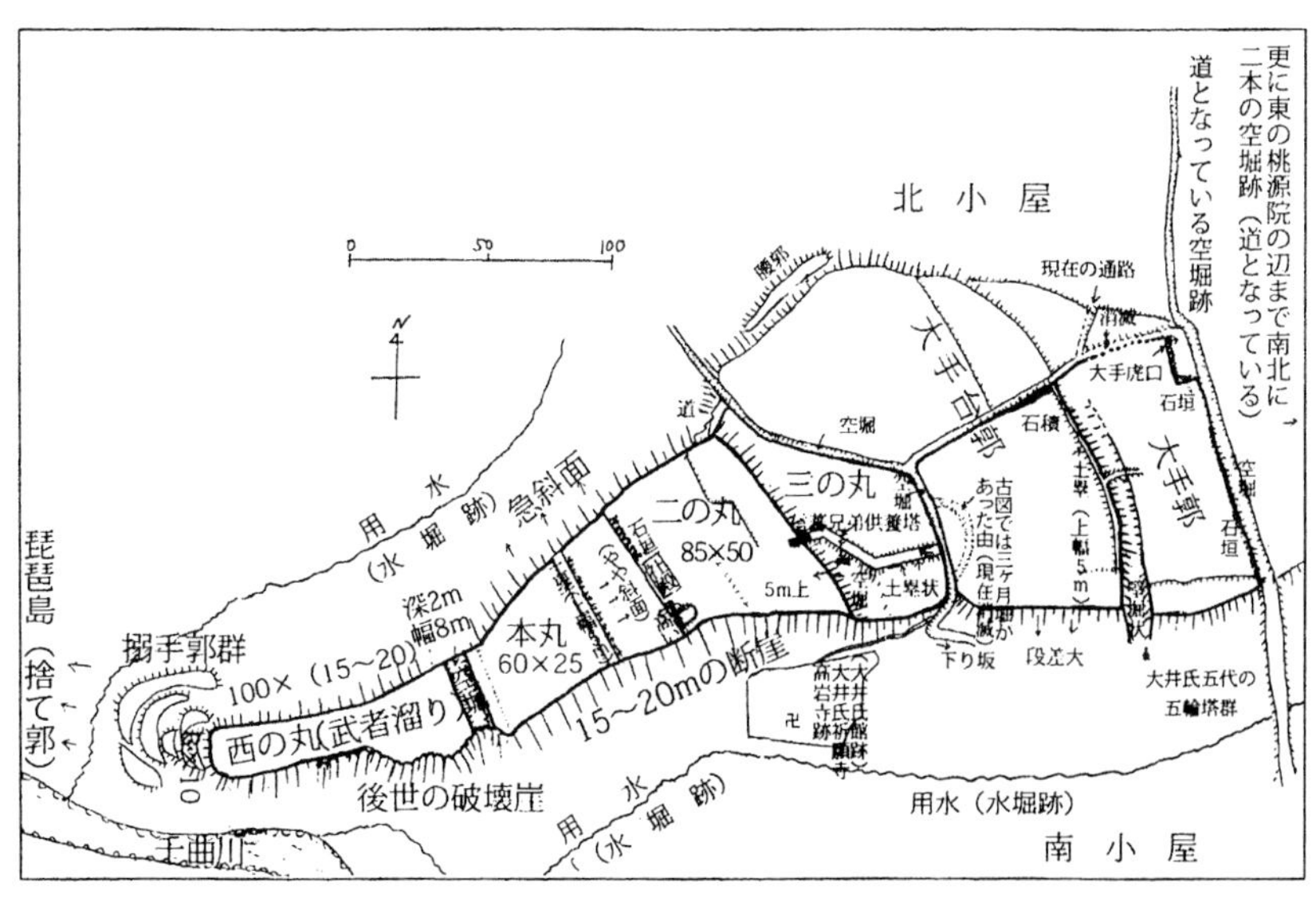

岩尾城縄張り図（昭和56、61年、平成 5、8、18、27、28年調査：市村）

上ると、奥に「伊豆・箱根・三島神社」の社殿がある。二の丸はかなり広く、戦いの際には、実際の最後の防衛拠点であったと思われる。

二ノ丸は、東西の中ほどで石段をさらに八段ないしは九段（社殿の左右に石段があるが、段数が異なる）上ると一段高い二ノ丸の西半分の部分に至る。二ノ丸内の東半分と西半分の段差は一・五メートルから二メートルほどは石垣になっている。二ノ丸西半分は緩傾斜で上っている。**大井弾正**（二代目城主**行満**）建立の供養塔が建つ。その正面には、上部に梵字が刻まれ、それに続いて右より「西國三十三番。秩父三十四番・坂東三十三番国」の文字があり、裏面には岩尾大井氏の「松皮菱紋」が上部に刻まれ、その下に「大井弾正入道」、右に「大永」、左に「五天」の文字が見える。本丸を東西（手前と奥）に分ける土塁は、上幅五メートルほどあり、その上には、摂社や石祠が数基ある。それを西奥へ越えると、そこに長野県教委と佐久市教委による「主郭跡」の標柱が立っている。（岩尾城は現在「長野県史跡」に指定されている）。

主郭（**本丸**）は幅二五メートル×奥行き六一メートルほどである。その西端には**土塁**の痕跡があり、その西方に**空堀**が一本南北に掘られている。その本丸側斜面は**石垣**で補強されている。現況では深さは二メートル、幅は八メートルほどである。それを西へ越えると一段低い**武者溜**（むしゃだまり）**の郭**が西方へ延びている。この武者溜郭の南崖下は砕石場になっており、郭の南側はかなり破壊されてしまった形跡がある。武者溜郭は西へ延びるにつれ少しずつ左右が狭くなっている。武者溜郭の西方下方には**搦手郭群**がある。これらは西端の方面を守っている。古図によるとその下を細い水堀が存在したが、現在も用水路として残っている。

さらにその西方には**琵琶島**といわれる広大な平原があり、これは**捨て郭**として機能していたものであろう。現在は宅地化しているが、その西方で千曲川と湯川が合流している。

再び主郭へ戻り、東方へ進んで鳥居のあるところを出て、三ノ丸東にあるカーブした空堀を南へ下った場所に「**下ノ屋敷**」という一角がある。今は住宅が建っているが、その脇に**大井一族**のものと思われる**五輪塔**などの石塔があった。

そこは岩尾大井氏の祈願寺である**高岩寺**があった辺りで、平成十八年現在、高岩寺の建物が平成十五年に撤去された際に破壊されたものと思われ、荒れ放題となっていた。そこには五輪塔四基と宝篋印塔一基が並んでいたとされ、**岩尾大井氏五代の墓**であるという伝承がある。（現在は、付近の住宅の敷地内で整然と並べられている）。なお、現在それとは別に、大井氏の菩提寺**桃源院**の本堂の裏手に、後世建立の岩尾大井氏五代の立派な石塔が建っている。高岩寺跡の敷地には「岩尾城主大井一族祈願所、龍登山観音院高岩寺再興予定地」という比較的大きな看板が立っている。また、その境内地は城主の**居館跡**という伝承もある。往時にはその場所にも郭などが存在したらしきことは、桃源院方面から西流する用水（昔は水堀）が、その場所の南側を流れていることからも推定できる。

なお、往時は桃源院付近からその辺りまでは「南小屋」と称され、**根小屋**が存在した可能性がある。（また、現在の南岩尾の集落の中には、殿中・中屋敷・下屋敷・などの地字名があり、付近には堀越・溝ノ上・北小屋などの小字名もある）。往時は本丸南下辺りから武者溜郭及びその西方の城域の南崖下のかなり近い所を千曲川が流れていたようである。また、古図によると城域の北の崖下にも湯川から配した水堀が西の琵琶島方面へ延びていた。

――以上見てきたように、**岩尾城**は**連郭式の平山城**であるが、**二度にわたる武田氏による修改築**が行われたことにより、**武田流の築城術**を生かしたものであった。現況は改変され、よく見なければ気がつかないことが多いが、その特徴として、千曲川と湯川にはさまれ、南・西・北の三方が断崖で、東方からしか攻められない縄張りであったこと、幾多の水堀・空堀と崖下へ落ちる竪堀・三日月堀・三日月郭（丸馬出し）、特に中心部は土塁と空堀で固め上げ堅固な構えをとっていたことなど、難攻不落の城塞であった。

少数の兵力で籠城した城将大井行吉の武勇もさることながら、**依田信蕃**が力攻めしても陥落しなかったのには、戦国末期で**鉄砲**による有効な戦いをしたことにもよるが、この城の構造によることも、容易に落城しなかった大きな要因である。

46　岩尾城の戦い余聞

三弟信春は兄二人亡き後、康國の時代にも活躍

書物によっては、この戦いで三弟の**善九郎信春**も戦死したことになっている。群馬県や静岡県などのいくつかの地方史では信蕃・信幸・信春の三兄弟ともに、この岩尾城攻防戦で討ち死にしたと述べられている場合がある。更に静岡県では、鉄砲で狙い撃ちされたのではなく、三人とも弓矢で射られて死亡したということになっている。天正十一年当時、鉄砲が相当普及しており、大将と副将が同時に命を落としているということは、**鉄砲による狙い撃ち**である。また、少なくとも**三弟の信春**はこの時、討ち死にしていない。後年に信春の存在を示す複数の文書があるので、彼はこの時には死んではいないことが分かる。「岩尾城攻城戦で三人とも討ち死にした」という誤謬は、次の二つの書物が原因であろう。

①『**寛永諸家系圖伝**』の依田氏の項では、信蕃と信幸の事跡が次のように述べられている。

信蕃…（×）「（前略）松平の称号をたまはり、十万国の地を拝領す。其後岩尾の城にて**兄弟三人討死す**」

（○）松平の称号と十万国を賜わったのは、信蕃ではなく嫡子の康國である。「兄弟三人」と誤って記されている。正しくは「（信蕃・信幸の兄弟二人）である。

信幸…（×）「（前略）北条が（「の」の意味）領内岩尾の城をせめたまふとき、兄信蕃、**弟信春と一所にて討死**」

（○）弟信春は討ち死にしていない。

〈考察〉

『**寛永諸家系圖伝**』は、寛永年間に幕府が大名や旗本にお家の系図・来歴を報告させて、それを基にまとめたものである。依田氏の項では、著しく誤りが多い。まず、編集の時点で芦田依田宗家は既に大名ではなく、福井藩松平氏の臣

（つまり幕府からみると陪臣）であった。ゆえに、幕府の編纂する『寛永諸家系圖伝』には芦田宗家は記載されないことになる。当時の幕府は、信蕃の次弟信幸の嫡子依田肥前守信守系統の依田氏が旗本であったため、それが宗家であるとの認識であった。そこで、編纂時の依田家当主であった依田**信重**（伊賀守源八郎信幸〜肥前守信守〜源太郎肥前守信政〜内之助**信重**）の申告提出した書類のままに記載されたものと推定される。悲しいかな、信重の世代にとっては、ほんの二、三代前の先祖の事蹟でさえ、あやふやどころか間違えだらけになってしまうのである。『寛永諸家系圖伝』の（芦田）依田氏の記述では、芦田依田下野守は名が「信吉」と誤っているばかりでなく、信蕃の弟の位置づけになっている。また、芦田下野守信守とその孫の肥前守信守の事蹟が混同されているなど、芦田依田氏に関する限り、誤りだらけである。

それればかりでなく、この『寛永諸家系圖伝』の内容の影響からとはすべきではないが、――芦田信蕃以降と、彼以前の芦田氏（つまり、父芦田下野守信守までの系統）とは全く別系統でつながりはなく、信蕃の父が芦田下野守信守であるかどうかは分からない――という論文さえも、一級の研究者から発表されていることは、意外であるというよりは、驚愕すべきことである。

『寛永諸家系圖伝』が編纂されたのと同時代に、越前福井藩の家老となっていた**加藤宗月**（信蕃の次男、芦田依田松平**康眞**）が尾張徳川家へ提出してあった『芦田記』（『依田記』）の内容を取り入れ、後世になって編纂された『**寛政重修諸家譜**』では、ほぼ史実通りに芦田依田氏の項が記述されることになる。それによると、芦田信蕃の三弟であった**依田善九郎**（**信春**）は、岩尾城の戦いの後にも生きていることが記されている。

②『**武徳編年集成**』には、

廿二日、柴田七九郎康忠、甲信二州の軍勢を以て、一昨日より上杉景勝が持分小縣郡小諸佐久郡岩尾の両城を囲み、攻る所ろ、今日**依田右衛門佐信蕃・弟伊賀守信幸・同善九郎信春**、他の兵を交へず、一手を以て岩尾を陥すべき旨、荒言を吐て、田口の枝城に登り、頻一士卒を進め、岩尾城を攻撃しけるが、**兄弟三人共に銃矢に中て**、陣營に帰り、晩景に及で、**各没す**。

〈考察〉

『武徳編年集成』には誤謬が多い。右の内容だけでも訂正を並べてみると、

・上杉景勝　×→○北条氏直
・小縣郡小諸×→○佐久郡小諸
・～小諸～岩尾の両城を囲み×→○岩尾城を囲み
・田口の枝城×→○田口の山城
・兄弟三人共に×→○兄弟二人（信蕃、信幸）
・銃矢×→○銃弾（当時「銃弾」という語彙がなかったので「銃矢」なる単語を使った？）

このように『武徳編年集成』が記述してしまっているため、後世の歴史書の類もそのように誤解してしまっている場合があるのである。

一方、「三弟**善九郎信春**が岩尾城の戦いで討ち死にしていない」という証拠は、左記の文書にもあるのでここに紹介したい。

① **『蓮華定院文書』**

> 蓮華定院、当郷において勧進なされ度(た)きとの由聞き及び候、尤、後世の為に候の条。旁(かたがた)相つとめらるべきもの也。仍て件の如し。
> 天正十七年八月十六日　　康國（花押）
> **依田善九郎**殿
> 松井与兵衛殿

依田善九郎信春が、重臣筆頭にあったことがこの文書から判明する。

天正十七年は岩尾城攻防戦の七年後にあたる。

〈考察〉

小諸城主である松平康國（信蕃の嫡男、家康から「松平」の姓と「康」の一字を授かる）が重臣達

依田肥前守殿
依田正斎　殿
依田三郎兵衛殿
依田十郎左衛門殿
依田隼人　殿
依田勝三　殿
依田管助　殿

に対して、高野山から佐久郡へ勧進僧が出向くので、その際には便宜を図るように申し伝えている内容である善九郎信春が、信蕃没後、松平康國（信蕃の嫡男）に仕えていることは、この内容からも証明される。

②『**寛政重修諸家譜**』には、

……のち病者たるによりつかへずして甥康國がもとにあり。つねに軍議にあづかる。十八年康國にしたがひて小田原陣におもむく。四月二十七日、康國、長根縫殿助某を饗し、茶會をもよほす。**善九郎**も其席にあり。ときに縫殿助俄に狂氣し康國を殺害す。**善九郎**走りより、長根と組で壇下に轉び、つゐにかれを刺て仇を報ず。

〈考察〉

小田原合戦（天正十八年、一五九〇）の際、**松平康國**が**上州石倉城**で謀殺された直後に、叔父である依田**善九郎信春**が、その仇を討ったという内容である。天正十八年の時点のこの記述は、善九郎信春が岩尾城で信蕃や信幸と共に討ち死にはしていなかった証拠である。

③『依田（松平）康國寄進状』（南佐久郡小海町鷹野一弥氏所蔵）には、

定

海口藤一郎分[?]内地蔵免、上納五百文進置候、於于自今巳後者、祈念并寺役才無異儀可被相勤之由、

被仰出候者也、仍如件、

天正十六年

十月廿七日（黒印）　　**依田善九郎**

奉之

明照寺

〈考察〉

これは、天正十六年（一五八八）に松平康國が、佐久郡明照寺に土地を寄進している寄進状である。この時の奉者の名は**依田善九郎**である。つまり、信蕃の三弟善九郎信春が、岩尾城攻めで討ち死にしたのではなく、その後も芦田宗家を支えている重い役を担っていたことが明白である。

以上のことから、岩尾城の戦い以降も、芦田信蕃の三弟である**依田善九郎信春**は健在で、信蕃と信幸亡きあとの芦田氏を支え、信蕃の二子である松平康國・康眞の重臣として重きをなしていたことが判明する。

信蕃と芦田依田一族の絆　田の口城の**依田能登守**（相木市兵衛）は小田原へ逃げ、岩尾城主**大井行吉**も城を明け渡して上州へ去り、やがて、北条方の小諸城代**大道寺政繁**も佐久を去り、本領の上州松井田城へ帰った。佐久はようやくおさまり、甲信二国は徳川氏に属することとなった。

依田信蕃は、大願成就するまさにその直前に命を落としたのである。信濃先方衆としての**芦田百五十騎**の旗頭としての他国への遠征や、武田氏から任せられた他国での城主（城代）としての役目と攻防戦、等々。そして徳川臣従後も対北条との戦いの連続であった。

この間に芦田依田氏が結束を保っていられた一つの大きな要因は、「一族の固いつながり（絆の強さ）」があったことによる。芦田下野守信守の世代以降の家系図をもう一度掲げてみる。

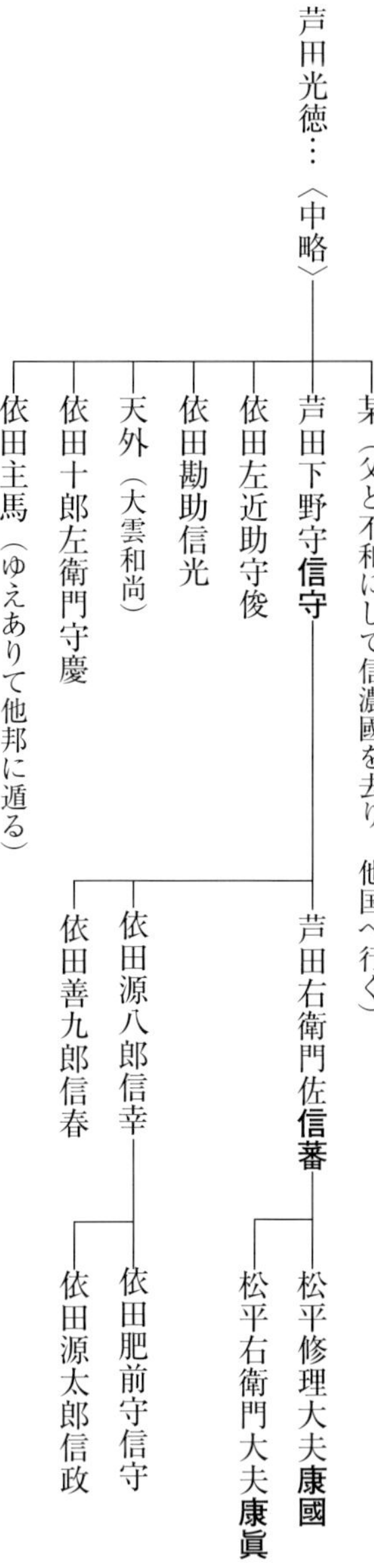

芦田宗家を支えた一族の絆を考える時、まず、信蕃の何人かの叔父（蘆田下野守信守の弟達）があげられる。**左近助守俊**、**十郎左衛門守慶**は信守亡き後にも信蕃を支えており、信蕃の覇業の節目節目に名前がうかがえる。また『寛政重修諸家譜』には、その他に叔父として**勘助信光**と**主馬**がいた。（『芦田家旧臣名列簿』には二人とも年寄上席に載っている）。また、岩村田龍雲寺の第五世住職となり、松平康國没後に芦田依田氏の本拠佐久郡春日郷に康國寺（こうこくじ）を開山した**天外大雲和尚**もいる。信蕃の弟には既に述べた**源八郎信幸**と**善九郎信春**がいる。佐久の歴史書の中には善九郎信春が後に天外大雲和尚となったとしているものがあるが、和尚の没年からする年齢に二十歳もの無理が生じてしまうため、その可能性はない。信幸と信春は常に長兄信蕃と行動を共にしてきたことが、二俣城明け渡しの時の証人となったこと、織田信長の呼び出しから二俣奥小川へ身を隠した時の主従六名や、佐久平定の千曲河畔塩名田の合戦で家康から感状を授かった主従七名の中に二人がいたこと、岩尾城攻略戦での兄弟三人の動きなどから、固い絆で結ばれた一族であったことが分かる。

さらに、次弟信幸の嫡男**肥前守信守**は、本能寺の変後、徳川家康が甲斐に入国する際には、信蕃の名代として甲斐で出迎え、引き続き、（信蕃の二人の子、竹福丸・福千代丸が当時人質となって木曾義昌のもとにいたことから）芦田依田氏からの証人（家康に芦田氏が臣従することを証明する人質）として、しばらく家康のもとにいたこともある。更に、しばしば家康と信蕃の連絡役を果たしていること、信蕃が三澤小屋に籠城していた頃、信蕃の命を受けて、小諸**加増城**・北佐久**小田井城**を攻略し、城主を討ち取っている。また、主将として臨んだ**第一次前山城攻め**では家康から感状を授かっている。信蕃に似て武勇に優れていた若武者であったことは、前山城攻めや岩尾城攻略戦で負傷していることからも、血気盛んな様子がうかがえる。その弟**信政**も武勇に優れ、若神子の対陣の時に大豆生田（まみょうだ）砦（トリデ）攻めで戦功を上げている。宗家当主で従弟にあたる後の松平康國が上州石倉城攻めで謀殺された時には、敵を数多く討ち前田利家から感状を受けている。そのほかにも、芦田依田一族と思われる「依田姓」の武士の名が、信蕃・康國の時代を通して書状や文書に多く見かけることから、芦田宗家を中心に、芦田依田一族の絆には固いものがあったことが伺える。また、**平原**依田氏や**平尾**依田氏は徳川氏へか北条氏へかの帰属をめぐって、一時信蕃と敵対したが、佐久平定の過程で芦田信蕃の麾下となり、岩尾城攻防戦では、平原依田氏も平尾依田氏も信蕃の先方の衆として戦っている。しかし、武田氏滅亡以前は盟友であり、共に武田の信濃先方衆の侍大将であった**芦田氏**（徳川へ臣従）と**相木氏**（北条へ臣従）は、田口城の攻防戦で**相木市兵衛**が上州へ亡命せざるを得なかったこともあり、それ以来、犬猿の仲になってしまったことは、戦国の厳しい状況とはいえ真に残念なことではある。

依田姓の分布

依田姓は現在信州（長野県）のみならず、甲斐國（山梨県）・上野國（群馬県）・駿河國・遠江國・伊豆國（静岡県）などの各地に分布している。いずれもその遠い祖先のルーツ（発祥の地）を信州**小県郡依田の地**（現上田市）としている。そして、依田信蕃やその時代の依田氏の子孫であるという家の伝統と誇りを大事にしている。不十分ではあるが、ここでは紙幅の関係で短く紹介だけしておきたい。

（長野県）小県郡・上田市・北佐久郡・南佐久郡・小諸市など、依田氏は芦田氏・相木氏・平原氏・平尾氏・海野

氏・丸子氏・浦野氏・飯沼氏などが、主に「依田」姓として東信地方に多く分布している。（山梨県）甲府市・増穂町・鮎沢町・櫛形町・甲西町・六郷町・市川大門町・身延町・竜王町・中富町に多い。芦田氏が甲斐に領地を有しており、土着したと推定される。資料に出ている依田氏には、東山梨市川大門町高田の依田氏・西八代郡大河内依田氏・塩山市下於曾依田氏など、多数存在。みなお家の由緒を大事にしている。（群馬県）上杉氏の被官から自立し、箕輪衆に加わり、後に武田氏に降った**後閑城**依田氏、**板鼻城**依田氏がいる。上州にいた時期がある信州佐久の**平原**依田氏・**平尾**依田氏と関係があると推定される場合が多い。（静岡県）富士宮市・静岡市・磐田郡佐久間町・賀茂郡松崎町に多い。富士市には三十数家しかいないが、依田町・依田原・依田橋・依田神社がある。甲州中富町宮木の依田出雲守正信の子孫が伊豆松崎村・大沢村（現松崎町）の名家として活躍（依田左二平・善六・勉三）している。芦田信蕃の後裔という。志太郡にも依田姓が残る。

山梨依田会のまとめた「全国依田姓分布状況」（一九九九年）によると、**長野県**（一五八四）・**山梨県**（一二一一）・東京都（八四五）・神奈川県（五五七）・埼玉県（三八九）・**静岡県**（二七九）の順で多く、**群馬県**（一一九）は意外と多くはない。東京都・神奈川県・埼玉県など関東が多いのは、北条氏臣下に名が残る依田氏もいたが、現代の人口自体が多いことによる可能性が高い。

第三章　康

第一次上田合戦（神川合戦）で、徳川軍の総崩れを救った康國の「鐘の纏」

鐘の纏

47　康國、佐久郡平定し小諸城主に

信蕃の嫡男竹福丸は松平康國となり大久保忠世の後見を得て、佐久郡を平定し、小諸城主となり、仕置を行なった。次男康眞（後の加藤宗月）が尾張徳川義直へ提出した芦田氏のお家の由来記がもとになってできた『芦田記（依田記）』には、次のように記述されている。

甲斐信濃両国、権現様御手に入れ候時、**大久保七郎右衛門**差し遣わされ、信州の内、味方に成申さぬ城々どもの義、御手に入れ候様、御書き付け御座候。先ずもって、このこと左様にて御座なく候。佐久郡城々どもは、午十月末より極月中旬までのうち、**依田右衛門佐**責め落とし、または、敵降参にて出仕申し納め候。大久保七郎右衛門遣わされ候義、翌年三月のことに御座候、これは右衛門佐討死の後、拙者兄、その節十四歳にて御座候故、萬事**七郎右衛門**申し付け候。

さらに、徳川義直の求めに応じて、再度提出したものには、次の内容が付け加えられている。

三月に至りて、**大久保七郎右衛門**に仰せ付けられ、**右衛門佐子十四歳**に成り候間、万事七郎右衛門指し引き次第、もっともの由、権現様御意にて、十四歳の**依田竹福丸**を、御名字下し置かれ、**松平源十郎**と名を為し替えられ、七郎右衛門同道にて、未の三月小諸へ参り申し候。これよりして、大久保七郎右衛門後見にて、佐久郡仕置き申し付け候。

〈要旨〉

・甲斐・信濃両国を、権現様（**徳川家康**）が手に入れた時、**大久保七郎右衛門忠世**が差し遣わされ、信州の内、徳川方の味方にならない城々どもを手に入れる様にとの御書き付けが今にある。

・佐久郡の諸城は、天正壬午十年（一五八二）十月末より十二月中旬までのうちに、**依田右衛門佐信蕃**が攻め落とし、または、敵が降参し出仕してきて、納まった。

・大久保七郎右衛門忠世が家康から佐久へ遣わされたのは、翌年（天正十一年）三月のことに御座候、これは右衛門佐討死の後、拙者の兄が、その時十四歳であったので、徳川家康公より**大久保七郎右衛門**忠世に仰せ付けられ、万事七郎右衛門の指し引き次第であった。

・ここで「拙者」と称しているのは、『蘆田記（依田記）』の著者で、依田信蕃の次男である**松平康眞**（執筆当時は、越前福井藩城代家老となっていた**加藤四郎兵衛宗月**）のことである。

・徳川家康の御意で、十四歳の**依田竹福丸**に名字を下さり、**松平源十郎**と名を為し替えられ、七郎右衛門が同道にて、天正十一年三月に小諸城へ入った。これよりして、大久保七郎右衛門後見にて、**佐久郡の仕置き**を申し付けた。

佐久の諸将は、天正十年十月末から十二月中旬までのうちに、信蕃が攻略したり、敵から降参し、ほとんどが出仕してきていた。残っていた岩尾城と小諸城も松平源十郎康國のもとに収まったのである。

転々と人質生活を送っていた信蕃の二子

岩尾城の攻防戦の当時、信蕃の二子（嫡男**竹福丸**と次男**福千代丸**）は、**大久保忠世**が城主となっている遠州**二俣城**にいた。二子は武田氏の滅亡から本能寺の変を経て、その後も、**人質**としてあちこちの武将のもとに過ごすという、変転きわまりない日々を送っていた。

――もっとも、**芦田三代**（信守、信蕃、康國・康眞）は、いずれも証人（人質）生活経験がある。

芦田下野守**信守**は十三、四歳の頃、海野氏を征服した帰途の諏訪頼重によって芦田城（現北佐久郡立科町芦田）から連れ去られ、短期間ではあったが、諏訪の上原城に人質となっている。

芦田右衛門佐**信蕃**は十二歳から十八歳頃までの六年間ほど、父下野守信守の武田氏へ**の臣従の証**（あかし）として、武田信玄によって諏訪の高島城（**茶臼山城**）に人質になっている。

信蕃の二子である竹福丸（後の松平**康國**）と福千代丸（後の松平**康眞**）は、武田勝頼の滅亡直前から、人質として短期間の間に、武田方と織田方そして徳川方を、左記のようにめまぐるしく流転している。

①天正十年二月武田への人質で小諸城に……………………………武田方へ
②小諸城に侵攻した森長可のもとで織田への人質に（三月に）……………………織田方へ
③長可に引き続いて小諸城で滝川一益のもとに
④小諸城で一益の弟道家彦八郎のもとに
⑤木曾義昌への人質で木曾に留め置かれる…………………………木曾義昌へ
⑥家康の家臣奥平信昌・鈴木重次の在城した飯田城に（天正十年九月下旬）………徳川方へ
⑦徳川方への人質で遠州二俣城の大久保七郎右衛門忠世のもとに

信蕃の二子は去る天正十年九月下旬に、木曾義昌のもとから**徳川家康**のもとへ送られた。家康は、二俣城攻防戦・田中城攻防戦及びその明け渡し以来、信蕃とは感歎相照らす間柄となっていた二俣城主**大久保忠世**のもとに預けていたのである。そして時々、家康自身も二子と接することもあった。

徳川の甲斐・信州の平定に大きく貢献した依田信蕃が岩尾城で戦死したのを惜しみ、家康は当時十四歳であった信蕃の嫡子**竹福丸**を、浜松城に呼んで、三月二十六日に、「**松平**」の姓と、諱の「**康**」を授けて、**松平源十郎康國**と名乗らせた。「**源十郎**」は芦田依田氏総領の名乗りであり、父信蕃も源十郎を名乗っていた。武勇・智略・忠烈の士芦田信蕃の死を惜しみ、**竹福丸に徳川一門の証である「松平」の姓を与えた**のである。さらに家康の諱である「康」の一文字を授けて「**康國**」と称させた。そして、よき理解者でもある大久保七郎右衛門忠世を後見役として信州佐久へ帰還させた。――「大久保七郎右衛門遣わされ候義、翌年三月のことに御座候、これは右衛門佐討死の後、拙者兄、その節十四歳にて御座候故、萬事**七郎右衛門**申し付け候」とは、このことを指している。――家康のこの措置は破格の内容である。

家康の甲信制覇に際して、信蕃の果たした役割がいかに大きなものであったかという証でもある。

信蕃戦死後、竹福丸は家康のもとで元服し、松平康國となって、大久保忠世の後見を得て父信蕃の覇業を継続すべく信州へ帰ったのである。

なお、『芦田記（依田記）』の筆者で「拙者」こと**加藤宗月**（幼名**福千代丸**、後の**松平康眞**）は、兄康國が信州佐久へ帰還した時は、まだ九歳で、さらに二俣城や浜松城に証人として数年間過ごすことになるが、その聡明、誠実で豪胆な人柄が家康に気に入られ、彼の後の人生を左右することになる。（↑後述）。

信蕃の嫡子竹福丸（松平康國）、小諸城主となり佐久平定完成

佐久へ帰ると**康國**は大久保忠世の後見を得て、最後の北条方勢力小諸城代の**大道寺政繁**を攻略し、関東の本領へ去らせた。家康は康國を**小諸城主**とした。ここに戦国大名**松平康國**となったわけである。佐久一円は平定され統一された。

竹福丸（康國）の生まれたのは、単純計算してみると、一五六九年から一五七〇年（永禄十二年から元亀元年）ということになる。逆算すると、祖父信守・父信蕃が信玄に従って、駿河遠征に参戦していた時期に誕生したことになる。信蕃が岩尾城で戦死した時、嫡子の竹福丸（後の松平康国）と次男の福千代丸（後の松平康眞、加藤四郎兵衛宗月）は、**証人**（人質）として大久保七郎右衛門忠世の居城である**二俣城**にいた。

かつて**信蕃**は武田氏からの**番手城主**として**二俣城**や**田中城**を守備し、その時の智略・武略をもった戦いぶりは有能な武将として徳川方に鮮明な印象を与えていた。滅びつつある武田氏の勢力が弱体化した中でも**依田信蕃**は孤軍奮闘し、やむを得ず徳川方に城を明け渡す時に、直接的には**二俣城**の時も**田中城**の時も**大久保忠世**が関わっており、肝胆相照らすところがあったと思われる。そんな経緯もあり、家康は大久保忠世を松平康国の後見として、天正十一年三月に芦田依田松平氏の**本拠地信州佐久郡へ送り込んだ**のである。更に大久保忠世は信濃取り次ぎ役で信濃総督的な任務をも帯び

信蕃兄弟の五輪塔（田口の蕃松院）

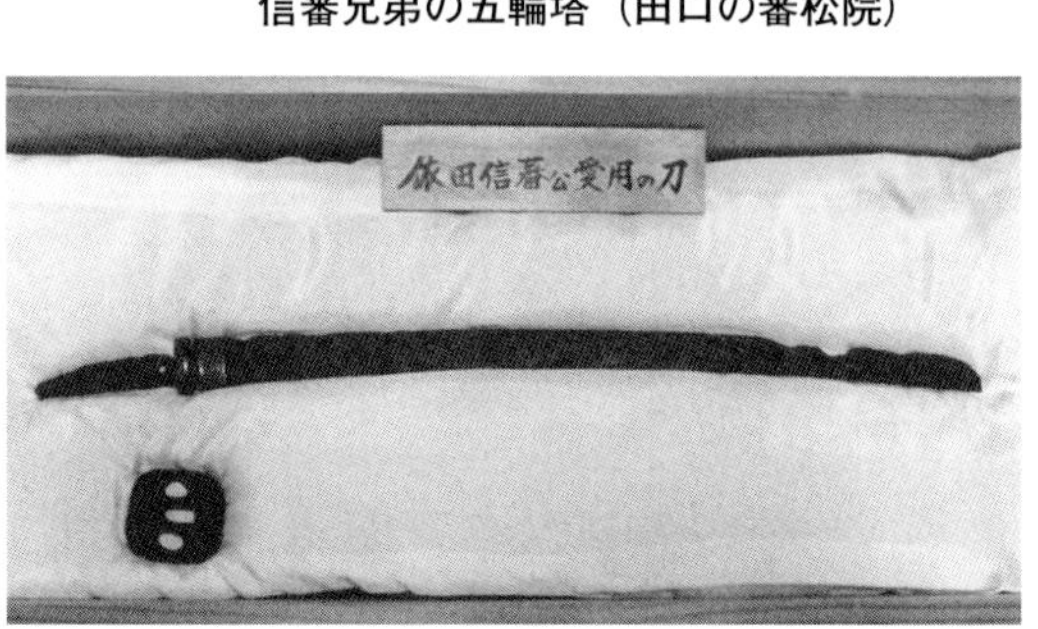

信蕃所用の愛刀、信蕃兄弟の墓石の下から発見——刃渡54㎝、つか10.5㎝（金属部分）、つば6.5㎝×6.0㎝、金属刀身65㎝

ていた。康國は家康から「**佐久郡の仕置き**」を申しつかったが、数え十四歳という若年であり、後見人である大久保忠世の力添えなくしては果たし得ぬことであった。

康國は小諸城へ入城し、**佐久郡の仕置き**をした。徳川家康の配下としての佐久郡の役割は、北条氏への備えであったのは言うまでもない。北条勢力は完全に信濃の國から去り、**佐久一円が初めて統一**されたわけである。佐久郡全体を所領としたのは、先にも後にも**松平康國**（と彼の後継者になった松平康眞）しかいない。

佐久郡郷村貫高帳

康國が小諸城主であったのは、天正十一年（一五八三）から天正十八年（一五九〇）までの**七年間**であるが、領主として全領内の**検地**を実施している。彼の治世中の天正十四年十二月四日付けの「**信州佐久郡之内貫之御帳**（佐久郡郷村貫高帳）」が残されているが、佐久郡合計「三万八百四貫七百文」である。（貫高制であり石高制の数字表示ではないが、佐久郡だけで概ね六万石にはなろう）。——佐久では、貫高一貫文を石高（収穫高）一石七斗五升とする慣例があり（『四隣譚薮』）、この頃の松平康國の全佐久での貫高が、合計「三万八百四貫七百文」（三〇八〇四・七貫）であるということは、石高に表現し直すと、「約五万四千石」（五四〇〇〇石）となる。貫高一貫文を石高（収穫高）一石七斗五升とするのは自然環境の厳しい佐久の場合であるので、徳川氏の通常の換算にすると六〇〇〇〇石

〈六万石〉を超えている可能性が高い。

また、**康國**は父**信蕃**が家康から諏訪郡を名目上ではあるが宛てがわれていた関係から、それに代わる所領二万石を**駿河國志田郡**に賜った。本領の佐久郡六万石、甲斐國での二万石と併せて、合計**十万石の大名**となった。ということは、ほぼ事実を証明している。

かくて、五月二日、芦田軍の面々は**甲斐市川の陣所**に参じ、**家康に拝謁**した。徳川家康の配下としての佐久郡の役割は、当面北条氏への備えであった。

康國は父信蕃の供養のために田口城山麓田口館跡に、天正十三年、父の法名「**蕃松院**殿節叟良筠大居士」を付けて**蕃松院**（ばんしょういん）を建立した。現在、本堂の裏上段の墓地に**信蕃と信幸の墓**がある。平成二十二年、五輪塔の台石の整備工事の際に、台石の下から刀が発見された。**信蕃所用の愛刀**と推定されている。

48　康國時代の小諸城

〈芦田・依田〉松平氏は康國・康眞の二代、天正十一年から十八年までの**七年間に渡って小諸城主**であった。〈康國没後の次弟の康眞の城主としての小諸在城は、ほんの一、二カ月であった〉。……歴史上、**佐久全域を支配**したのは芦田氏〈松平康國・康眞〉しかいない。江戸時代になると佐久は小諸藩・岩村田藩・田野口藩〈幕末までは三河奥殿藩の支配〉・天領〈幕府直轄地〉に分かれて統治された。

康國時代の「加番制度」

城主として康國は、臣下になった佐久の諸将を**加番制度**によって小諸城の守備に付かせた。加番の時の諸将の曲輪として明確なものは左記の五つである。

・岩村田大井氏…矢村田曲輪〈岩村田曲輪、筒井町にあったので「筒井曲輪」とも〉

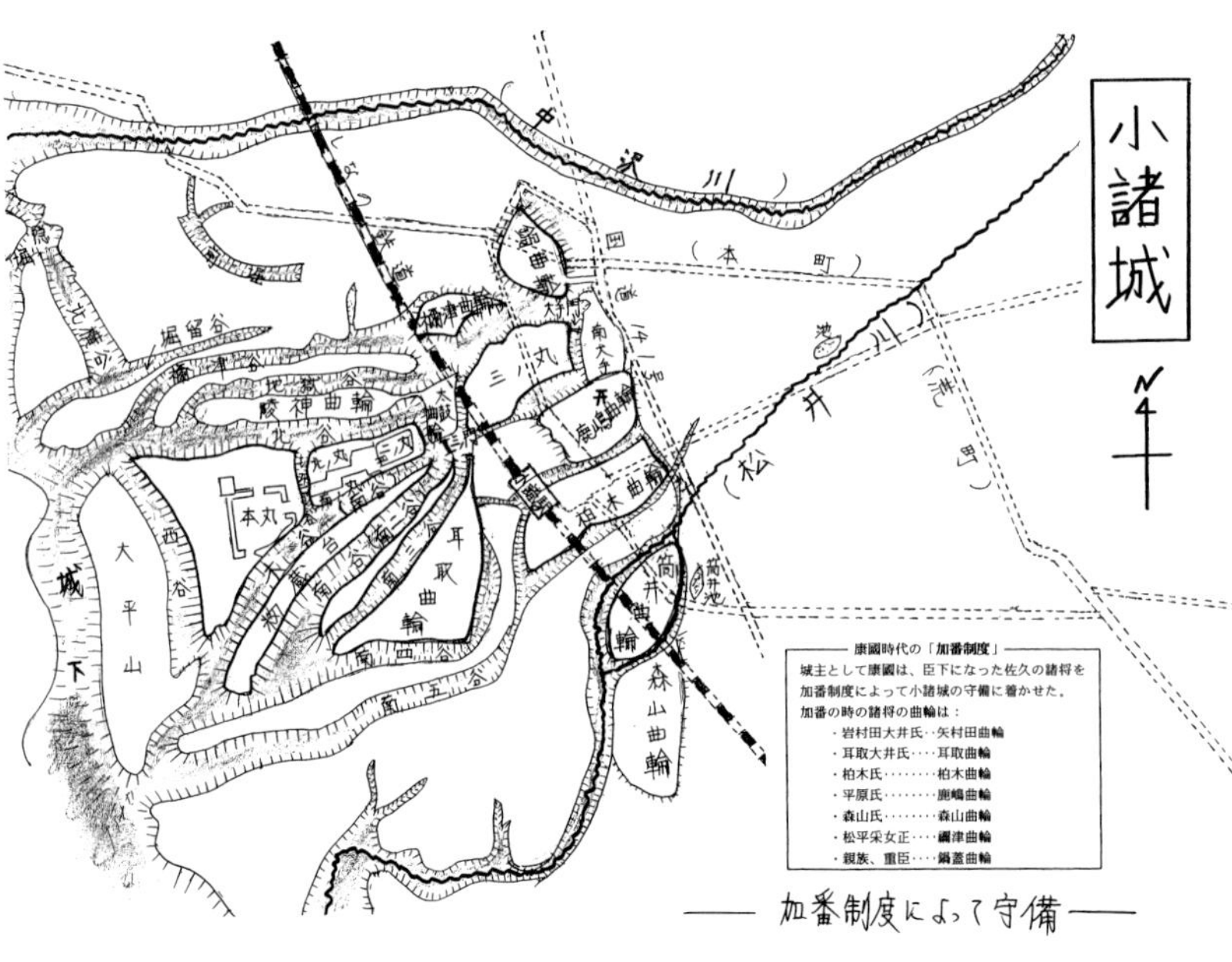

・**耳取大井氏**……耳取曲輪（耳取町、現在古城二丁目）

・**柏木氏**………柏木曲輪（現在の相生町通りの南〈東〉側及び小諸駅構内）

・**平原氏**…………鹿嶋曲輪（当時は鹿嶋神社があった）、小諸駅前飲食店街（「大手町」「相生町」信号まで）

・**森山氏**…………森山曲輪（矢村田曲輪の南「駒形町（赤坂二丁目付近）」に）

加番を任せられたのは、岩村田大井氏以外は、皆現在の小諸市域の将である。

芦田（依田・松平）氏との関係が不明確な曲輪としては、

・松平采女正……禰津曲輪（鍋蓋曲輪と三ノ丸の中間の西側、三家目藩主松平氏の頃から）

・親族、重臣……鍋蓋曲輪（現在本町一丁目、信号「本町」西方）、城代屋敷、鍋蓋城そのものは大井氏時代の当初から存在した。

以上、（後世にはなるが、江戸時代には）七曲輪と呼ばれた。

小諸城の空堀の整備・充実

小諸城の空堀は浅間山の**火山灰**（ローム層）を浸食した**自**

然の田切り地形がほとんどである。浅間山方面から千曲川方面へ向かっている傾斜地形に沿った空堀はこれである。自然地形に手を加えて空堀としたものであろう。しかし、それに直角に交わる方向の空堀（傾斜地形に沿っていない空堀）は**人工**である可能性が高い。人工の空堀は具体的には左記の堀であろう。

・「もみじ谷」……二ノ丸を経て北ノ丸・南ノ丸を方面から～本丸の台地へ通じる黒門橋の架かっていた空堀
・「西谷」……本丸の台地と大平山の間の窪地
・「北横堀」……現在の博物館脇から北西に走っている空堀
・二ノ丸と太鼓曲輪（かなり破壊されている）の間の空堀
・太鼓曲輪と三ノ丸（完全に破壊され鉄道が走る）の間の空堀

依田四十七騎

依田四十七騎に足軽二〇〇人を付けて、康國は従兄の**依田肥前守信守**に委ね、佐久郡南部の治安維持のため**勝間反ノ砦**（旧臼田町稲荷山城）に配備した。

そのうちわけは、
・芦田衆（十六騎）、小諸衆（九騎）、与良衆（四騎）、柏木衆（十一騎）、小田井衆（七騎）であった。

このうち芦田衆十六騎は芦田依田氏本来の武将である。小諸衆・与良衆・柏木衆は現小諸市域の武将であり、小田井衆は現御代田町に属する。いずれも佐久郡北部の武将である。佐久郡南部の治安維持の役を任され、その統率役を松平康國が最も信頼を寄せる従兄の**依田肥前守信守**としたのである。勝間反砦に「肥前郭」なる郭があるが、その名残りである。

「**依田四十七騎**」は騎馬武者四十七人に足軽二〇〇人が付き、約二五〇人で守備したという意味である。戦国時代は騎馬武者　人につき従う者が四人いた。「一騎」は最少五人から形成される。その中には徒歩(かち)武者を含めて、足軽等が付いていたことになる。四十七騎ということは四七×五＝二三五人となる。それにプラスアルファーの武者が存在するわけで、「依田肥前守信守が依田四十七騎を引率して勝間反ノ砦を守備した」ということは、約二百五十人の軍勢をもっていたという意味になる。（一騎が六人から形成されるという考えからすると、四七×六＝二八二人となる）。

康國時代に天守閣はあったか

先に芦田信蕃が小諸城の天守閣を築いた可能性は皆無であることを述べた。その嫡子である**松平康國**が、大久保忠世の後見によって小諸城主になった時期は、早くみても、天正十一年（一五八三）の四月以降である。上田市立博物館元館長の寺島隆史氏によると、さらに一年経過した天正十二年二月以降の可能性があるともいう。（東信史学会報『千曲』第一六八号）。それからすぐに天守閣建築の工を起こしたとすれば、「天正十三年（一五八五）」ということもあり得る。しかし、実際のところ、佐久郡平定といっても、いまだ不穏な動きあったはずで、もう少し時が経ってから着工した可能性の方が大きい。

ちなみに、天正十三年に**天守閣**が完成ということになれば、それは**第一次上田合戦**のあった年ということになる。この時、**小諸城**は上田城を攻める**徳川勢の本営**としての役割を担っていたので、あるいは必要性から急きょ「簡易的な櫓」を建造したことも考えられる。（徳川勢は大久保忠世、鳥居元忠、柴田康忠、平岩親吉、岡部長盛、信州の小笠原信嶺・諏訪頼忠・保科正直・知久頼氏・屋代秀政の諸将による七、〇〇〇の軍勢で編成されていた。小諸城主であった**松平康國**もこの時、徳川勢の一翼を担って、真田方の支城である矢沢城を攻めている。）――『芦田記』によると、この時、康國は「**鐘の纏**（まとい）」を神川の堤で立て、敗走する徳川勢を救ったという。

松平康國が小諸城主であったのは天正十二～十八年（一五八三～一五九〇）の七年間である。天守閣がこの頃建築されたということになれば、**松平康國の時に完成した**（天守閣を造った）ということになる。そして、四十一年後の寛永三年（一六二六）に落雷によって焼失したわけである。（幕府の政策もあって、天守閣の再建はなされなかった）

瓦葺きの三重の天守閣があったという説を首肯するならば、小田原合戦（天正十八年、一五九〇年）の後、康國のあとの康眞が上州藤岡へ移封後に、豊臣秀吉によって小諸城へ入部した**仙石秀久**によるものである可能性もある。

第一次上田合戦と小諸城

①**第一次上田合戦**（一五八五）の時には、**小諸城は徳川軍の本営**となった。

……ちなみに、真田氏は徳川氏相手に「十五年ごとに三度の大きな戦」に遭遇した。

・第一次上田合戦（神川合戦ともいう）……一五八五年（天正十三年）

・第二次上田合戦（関ヶ原の戦いの時）……一六〇〇年（慶長五年）

・大坂冬の陣・夏の陣……………………一六一四、一六一五年（慶長十九年、元和元年）

松平康國が関係した真田氏との合戦は**第一次上田合戦**である。天正十年九月下旬に**芦田信蕃**の斡旋によって**真田昌幸**は徳川に従属していたが、戦国の大勢力の間を天秤にかけて、武田滅亡後は北条氏～徳川氏～織田氏～上杉氏の間で、次々と従属先を変えていた「表裏比興」の者、**真田昌幸**はこの時点で徳川に不満を持っていて、上杉景勝を頼るようになっていたのである。——去る天正十年十月末に徳川と北条は甲斐若神子の対陣を終了する際の領地に関する条件として、「甲斐・信濃は徳川に、上野は北条に」という和解条件があった。ところが、**上野国沼田は真田**が独力で占めた領地であり、自分の頭越しに、徳川が勝手に決めたことになり、真田にとっては承服できぬ内容であったのである。（真田領「沼田の帰属問題」が発端であったのである）。

②**徳川方の松平康國の視点からの第一次上田合戦**

真田勢二千に対して、徳川勢七千の軍勢であった。この合戦では、昌幸の並外れた戦略によって、徳川勢は劣勢であった。この第一次上田合戦の様子を、『寛政重修諸家譜』の松平康國の項にある記述から、康國の視点で現代語訳して紹介する。

（天正）十三年七月東照宮（家康公）は、昌幸の上田城を攻めるため、井伊直政・平岩親吉・鳥居元忠・岡部長盛等をして信濃国へおもむかせなさった。康國および大久保忠世に仰せ下さったことは、汝らは諸将とはかり、速やかに兵を上田に向けて出発させよということであった。

閏八月二日**康國**は兵を率いて上田に向けて出発し、先隊となった。二隊は大久保忠世、三隊は平岩親吉、四隊は鳥居元忠、五隊は岡部長盛、六隊は井伊直政、その他は屋代秀正・諏訪頼忠等であった。時に諸将は軍議で自己主張が強く一決しなかった。あらかじめ敗戦の兆しがあった。いよいよ康國は加賀川（神川）を渡って兵を進めた。昌幸はあえてこれに防戦しなかった。城中は静まり返って声がなかった。康國は左右を見て言った。「この城は必ず伏兵があるだろう。味方は敢えて進まない方がいい」。他の諸将はこれを聞かず、士卒を下知して直に進んだ。昌幸は、はたして奇計を設け、伏兵をもって、前後よりさしはさんで攻め手を討った。味方の諸将は大いに敗続した。このとき康國は「鐘の纏（まとい）」を川辺に立てて士卒を集め、後殿に備えた。それによって、諸将は逃れることができた。（八月）三日、諸将は八重原に陣した。昌幸はまた出て**手白塚**に屯した。康國は忠世と議して諸将に牒し、軍を促したが、諸将はあえて進軍しなかった。二十日、昌幸は騎士数十人を率いて自ら大物見した。ときに康國急に兵を進め競って進んだ。諸将はこれに応じて軍を出した。昌幸は馬を走らせて城中に入った。これを追撃して首級を得た。その後、長い間、対陣したけれども利はなかった。よって、（家康公が）浜松から命令をなさって、諸将に軍を撤収させた。康國も兵を率いて小諸に帰る。のちまた、しばしば昌幸と会戦し、毎戦利を得て帰った。

西方の真田勢に備えて**富士見城**が強化され、**柴田康忠**が駐屯した。彼は**芦田信蕃の徳川からの軍監**を務めて以来、佐久に関わってきた徳川方の武将である。富士見城は小諸市諸（もろ）集落と後平（うしろだいら）集落の間にある独立溶岩丘にある。（現在、城跡の真下を高速長野道のトンネルが貫通しており、城跡の東端には小諸高原美術館が建っている）。富士見城からは晴天の日には文字通り富士山が遠望できる立地条件である。このころの佐久の城としては珍しく、**各曲輪の周囲に石垣**を多用した堅固な山城であった。その縄張りは明らかに西方（真田氏の小県方面）を意識しており、石垣もその方面からの攻撃に備えたものであり、**敵を威圧する景観**をなしている。現在、城跡は公園として整備され、主曲輪・二ノ曲輪・三ノ曲輪などが明確化され、曲輪を守る**石垣**、**堀切**などの構造がよく分かる。特徴的なのは美術館方面から主曲輪へ向かう長尾根に連続する「旗塚」の存在である。

『寛政重修諸家譜』の松平康國の項には記述されていないが、**康國の松平隊**は、この**第一次上田合戦**の時に、真田の属城である**矢沢城**を攻撃したが攻略することはできなかった。神川の堤防上に「**鐘の纏**」を立て、徳川方の総崩れを防いだと記述されているが、信蕃以来、**芦田勢の旗印は**「**鐘**」であったことがここでも語られている。

徳川勢は、上田城の攻撃が惨敗に終わったので、矛先を変えて真田氏の属城である丸子三左衛門の守備する**丸子城**を攻めることにし、**八重原**（旧北御牧村）へ陣を張った。この時、徳川勢を挑発するように**真田昌幸**が、単騎で**手代塚城**（**手白塚城**）へ入ったという逸話がある。

③「**手代塚城**」……第一次上田合戦の時の「手代塚城」は、小諸市のそれではない。

この時の「**手代塚城**」について、小諸市関係の史書は我田引水的に小諸城の西方にある「手代塚城」であると述べている。しかし、その手代塚城ではないことは明白である。

真田昌幸は海野から一騎駆けで、徳川軍を牽制し、嘲るが如く**手代塚城**に入ったと言われている。小諸市関係の書物には、この手代塚城とは小諸城のすぐ西、小諸市両神（陵神）の南断崖上にある手代塚城であることが言及されている。――「田中・桜井・赤岩本郷と高台を馬で駆け、赤岩本郷から再び千曲川河畔の道を直進し、切久保あたりを駆け抜けて、この手代塚城へ入ったといわれている」と、まことしやかに述べられている。

しかし、現地調査してみれば明白なことであるが、八重原台地から望める「手代塚城」とは、小諸のそれではない。

旧丸子町塩川平北端にある「市ノ町砦（**別称「手代塚砦」**）」**の可能性が大である**。

……ここならば、上田城攻撃の後、徳川軍が攻めた尾野山城や丸子城の近くであり、真田昌幸が単騎で挑発行動に出たというとも可能である。現在そこには旧丸子町よって説明板が立てられ、――「**市ノ町砦**（**手代塚砦**）、第一次上田合戦の際に眞田昌幸が一騎駆けで乗り入れた手代塚砦である」と書かれている。

……現にすぐ南に徳川軍が陣を敷いた所とされている**陣場山**（**陣場城**）がある。ここには削平地や土塁がある。

④徳川軍が上田攻撃から突然撤収する。

緒戦で徳川軍の出鼻をくじいた真田軍ではあったが、戦いが長引けば、その結果はどうなったか分からない。しかし、徳川家康の重臣**石川数正**の出奔事件が真田を救った。徳川軍が上田城を攻撃していた時、徳川家康から西三河を任され、また岡崎城主であった石川数正が出奔し、羽柴秀吉の臣下となったという事件が起こった。そのため、徳川軍の軍略が敵方羽柴秀吉の知ることとなり、徳川軍が上田攻めを中止し本国へ引き揚げる必要があった。徳川軍は真田攻めからの撤収初日に、佐久郡南部の入り口を押さえる**勝間反砦**（稲荷山城）へ入った。この砦は、甲斐方面へ向かう真田の押さえの意味もあり、その後もしばらく三枝昌吉・蔦木盛次などの軍勢が守備についている。

⑤小諸城主**松平康國**と**大久保彦左衛門**

徳川軍が去った後、真田に対する一番の押さえは**小諸城**であることには変わりはなかった。小諸城主**松平康國**の補佐役として**大久保彦左衛門忠教**（ただたか）が滞在した。松平康國の後見人としての役目もあった**大久保忠世**は、真田に備えてその後もしばらく小諸城に滞在していたが、勃発した**小牧長久手の戦い**の時、家康から遠州浜松城の留守居役を命じられ、後事を弟の**大久保忠教**（ただたか）に託して去った。

大久保忠教は、その後、天正十三年（一五八五）十一月から翌十四年（一五八六）二月まで小諸城に居て康國を補佐した。大久保忠教は通常は**大久保彦左衛門**という名前で知られている。家康の若かりし頃から徳川幕府草創期までのことを『**三河物語**』に著わしている。また、将軍家光の時代まで、天下の御意見番を自負していた晩年の逸話が講談などで有名である。ちなみに、**康國**（竹福丸）と**康眞**（福千代丸）は、父信蕃の徳川家康への臣従以来、証人として、大久保氏の遠州**二俣城**にいたこともあり、大久保彦左衛門忠教とは旧知の間柄であった。

＊　＊　＊　＊　＊

これから十五年後、慶長五年（一六〇〇）の関ヶ原の合戦にともなう「第二次上田合戦」の際にも、小諸城は徳川秀忠の本陣となった。この時の小諸城主は芦田依田松平氏ではなく仙石秀久であった。

小諸城における芦田氏の痕跡

①**天神宮……本丸を守る東の空堀（紅葉谷）から天神像を発見。康國が天神宮を鎮守とする。**

『小諸砂石鈔』には次のような記述がある。

天神宮　神領同断　宮ハ大井氏勧請也、**天神宮ハ芦田氏堀ゝ御普請**之節、深サ四五丈下ヨリ光有ル故ニ是ヲ掘リ見レハ、人形ニ似タル朽木掘出シ、則古キ天神宮也ト云う託宣有リ、城主鎮守トナス成シ給フ、宮地ノ内ニ主税殿ノ松、荒神ノ宮左ニ有リ。

康國が城鎮守とした天神宮は、荒神宮とともに、小諸城本丸の丑寅（北東）方向の城内にあったが、明治になって本丸内に懐古神社が勧請された時に合祀された。

小諸城内の説明板には次のような内容が記述されている。

——「**松平康國**の時代に城内の空堀を普請中、**紅葉谷**の土中から光を放っていた**天神様**の木像を発見したので、荒神宮と並べて安置したと『小諸温古雑記』に記されている。——康國が城鎮守とした**天神宮（天満宮）**は、荒神宮とともに、小諸城本丸の丑寅（ウシトラ）（北東の鬼門）方向の城内にあったが、明治になって藩主牧野氏歴代の霊とともに懐古神社として合祀された。「**紅葉谷**」は小諸城の他の堀とは成り立ちや形態が異なる。小諸城の大手道はいくつかの門をくぐり、二ノ丸脇を通り、北ノ丸・南ノ丸の間を通過し、本丸との間の空堀（紅葉谷）に阻まれる。「紅葉谷」は浅間山方面から千曲川へ向かう田切り状の自然の「谷」を利用したものではなく、それらとは方向が九十度異なるところから、**完全に人工の横堀**である。その横堀（紅葉谷）を改修していたときに、堀底の土中から**天神様の木像**が発見されのである。

②**康國、小諸城の空堀のほぼ全てを**

田切状Ｖ字谷地形を利用した難攻不落の空堀群を完成

『小諸砂石鈔』には、次のように記されている。

芦田氏迄不残出来、此時ニ平山城谷之
落道ト号給フト有リ
南木谷　南谷（昔廐有リ）　南三ノ谷
四之谷　五之谷　北之谷（昔廐有リ）
地獄谷　根津谷　堀留谷　北前谷
北横谷　隠シ谷

現在、小諸城で見られる空堀群の主たるものが、ここに挙げられている。

小諸城は中沢川と松井川の流れとその谷によって囲まれた区域内に、北東の浅間山方面から南西の千曲川方面（城下）へ下る裾野傾斜地の最下部の台地上に築かれた城である。（前掲ページの「小諸城」の曲輪（郭）の描かれている図を参照）。北東〜南西へ延びて落ち込んでいる空堀は浅間火山灰のローム層が削られた自然地形を利用したものであるが、それらと**直角に交差する横方向の堀**（紅葉谷・西谷・北横谷など）は**人工の堀**である確立が高い。敵が攻め入り易いのは、城域の北東方面上方からであることが想定されるが、その方向には**加番**の国衆が守るべき曲輪（森山曲輪・矢村田曲輪〈筒井曲輪〉・柏木曲輪・鹿嶋曲輪・耳取曲輪・禰津曲輪・鍋曲輪など）が構えられている。更にその外側に寺が配されている。

小諸城の空堀（白鶴橋の架かる木谷）右が本丸

③竹福丸、福千代丸が人質として過ごしたのは陵神郭（りょうじんくるわ）

『芦田系譜』の康寛（康眞）の項に、次のようにある。

天正十壬午二月、康國公時ニ　十三歳、武田勝頼ニ質トシテ質ヲ監シテ小諸ヲ守ル、同三月五日康寛公モ亦母公永宗大姉ト共ニ往テ小諸ノ城に質タリ、此時小諸ノ城中**良持郭**ニ居ス

天正十年二月、**康國**十三歳の時に武田勝頼の質として小諸城へ入った。天正十年二月ということは、武田の命運が、いよいよ尽きようとしていた頃である。ご親類衆や譜代の家来が裏切り出した。滅亡に向かっていた勝頼は天正十年の二月になって、家臣（信濃先方衆）が裏切って敵方（織田・徳川）に付くのを怖れて、その家族を人質に取り、東信地方では小諸城へ入れた。信蕃の嫡男竹福丸（のちの康國）もそのうちの一人であった。勝頼は武田のために駿州田中城で孤軍奮闘する忠勇極まりない芦田信蕃をさえ信頼できなくなっていた。さらに三月五日になって、福千代丸（のちの康眞）も母の法名「永宗大姉」とともに人質として小諸城に入れおかれた。ここに及んで武田氏の命運も尽きたといった感がある。ちなみに、真田昌幸の母も同じく小諸城に人質となっていた。

人質となった竹福丸と福千代丸は、この時、小諸城中の「**良持郭**」に居住した。既に勝頼は**三月二日に新府城**を焼き払って、岩殿山城めざして**逃避行中**であった。**小諸城**ではこの時武田の臣で小諸城代である**下曽根覚雲**が、小諸城を守備して人質を監していた。人質が過ごした**良持郭**とは、小諸城内のどこを指すのであろうか。小諸城の縄張り図を参照にすると、本丸～北ノ丸～二ノ丸と続く小諸城の枢軸とは「北谷」を隔てて、細長く東西に延びる曲輪（郭）である「**陵神郭**」であると推定される。その北側には「地獄谷」があった。現在は北谷も地獄谷も東側の部分が埋め立てられて駐車場等になっていて昔日の面影はない。しかし、深い田切地形の谷（空堀）によって、陵神曲輪（郭）から逃亡することは不可能な地形であった。

ここで、『芦田系譜』ではなぜ「**陵神郭**」を「**良持郭**」と記述しているのか考察してみたい。――「陵神」と「良持」は文字面から見ると類似点が分かりにくいが、音声から推定すると分かりやすい。〔ryohjin〕〔リョウジ**ン**〕〔**陵神**〕→〔ryohji〕〔リョウジ〕〔**良持**〕。このように、中世における地名・人名・物の名称等は、文字よりも音声で解釈する方が分かりやすいことがある。ちなみに「陵神」「良持」「リョウジン」とは天神五代の五霊神（ゴリョウシン）が祀られている所の意である。

秀吉の妹旭姫と羽柴秀次がそれぞれ康國時代の小諸城へ立ち寄る

——草津温泉行きの帰途に

①秀吉妹の**旭姫**（当時徳川家康の内室）

『芦田系譜』には旭姫の草津温泉行きに際して次のように記述されている。

同年（天正十五年、一五八七年）四月　**東照宮ノ簾中**病□ニ因テ信州**草津ノ温泉**ニ浴シタマフ時ニ**康眞**公　命ヲ奉シテ供奉アリ　公（**康國**）ハ領内ノ途ヲ修セシメ且ツ新ニ茶店ヲ設ケコレヲ饗シタマフ茲ニ浴スルコト七日ニシテ皈路ニ赴セタマフノ節公ノ**小諸ノ城へ入御アリ**ノコト豫目メ命アリ故ニ饗膳ヲ獻リ奔走涯分ヲ尽ス兼テ洛ノ観世又三郎ヲ招キ猿楽ヲ真行ス時ニ**康眞**公モ自ラ乱舞シタマフ終テ艮日皈路ニ赴セタマフ康眞公ハ休暇ヲ賜リ暫ク茲ニ留リ同六月ニ至テ駿府へ赴キタマフ去ル午歳ヨリ六年ヲ經テ今年初テ信州ヘカエル皈ルコトヲ得タマフ

天正十五年（**一五八七**）四月に東照宮（徳川家康）の内室（＝**秀吉の妹**で、家康が臣従するにあたって証人の意味で秀吉が徳川へ嫁がせた**旭姫**のこと）が病を癒すために**草津温泉に湯治**した。ここで信州草津温泉といっているが「上州」草津温泉の誤りである。この頃の上州は北条氏の支配する所であったが、草津温泉の周辺は再び徳川に臣従した真田氏勢力下にあったので、家康・秀吉の関係者が草津の湯に湯治するということは、十分考えられる。また草津は「信州」のうちとして把握されていたむきもある。

この時、**康眞**は家康の命によって旭姫に供奉した。……証人（人質）として**二俣城**に留まっていた**康眞**（この時十四歳か）は家康に気に入れられ**浜松城**で近従としての日々を送ることがあり、利発で才気あふれ忠勇の器の片鱗を備えていたので、徳川へ嫁してきた**旭姫**にも気に入られた。そこで、旭姫の草津温泉行きにも供奉したのである。小諸城主であった**康國**は領内の道を修理し、また、新たに茶店を設営して饗応した。

旭姫は草津温泉に七日間逗留し帰路についたが、**康國の小諸城**へ立ち寄るとの予告があった。小諸城主であった**康國**は自ら饗膳を献ずるなどして奔走し礼を尽くした。この時京都から観世又三郎を招き「**猿楽**」を挙行したが、旭姫一行

の前で**康眞**も猿楽を舞った。猿楽は「中楽（さるがく）」とも記される。猿楽は室町時代に成立した日本の伝統芸能である。「能」は江戸時代までは「猿楽」と呼ばれ、狂言とともに「能楽」と称されるようになったのは明治以降のことである。したがって、康眞が舞った「**猿楽**」は、現代でいうところの「**能**」のことであるといってもさしつかえない。その後、旭姫一行は帰路についた。康眞は証人としての休暇を賜り、小諸城にとどまり六月になって駿府へ赴き、その後二俣城へ戻った。去る天正壬午十年から足掛け六年を経て、この年初めて信州へいったん帰ることを得たのである。

②**羽柴秀次**（秀吉の甥、後継者）

『芦田系譜』には羽柴秀次の草津温泉行きに際しては、次のように記述されている。

同年（天正十六年、一五八八年）十月**秀次**信州草津ノ湯ニ浴シタマフ 公（康國）新ニ茶店ヲ設ケ是ヲ饗ス又公草津ニ往テ起居ヲ訪ヒタマフ故（こと）□次秀次カ奔走ヲ謝シ珎噐數品ヲ賜フ且ツ浴シタマフ故月ヲ亘ル十一月下旬ニ至テ皈洛シ玉フノ節康眞公モ小諸ニ来テ秀次ヲ饗シ茲止ルコト數十日ニシテ又二俣ヘ皈リ玉フ

天正十六年（**一五八八**）十月、秀吉の後継者である**羽柴秀次**が信州（↑上州）**草津温泉**に浴した。**小諸城主の康國**は、新たに茶店を設営し饗応した。また、草津へ行き秀次が逗留している宿を訪問したりした。秀次から奔走の返礼として宝物数品を賜った。秀次は、草津温泉に月をまたいで十一月下旬まで湯治し、京都へ帰った。

「（秀次が）浴シタマフ故月ヲ亘ル十一月下旬ニ至テ皈洛シ玉フノ節康眞公モ小諸ニ来テ秀次ヲ饗シ」の意味することは？

……「**十一月下旬に京都へ帰る途中、秀次は小諸城へ立ち寄った**」。「その際、**康眞**も証人として滞在していた二俣城（or浜松城）から小諸へ来て秀次を饗応した」と解釈できる。秀次一行が京都へ帰った後も康眞は数十日間小諸城に留まった。**康國**・**康眞**兄弟が久しく共に過ごした日々である。康眞は数十日間小諸城にいて、また証人（人質）として再び二俣城へ帰った。

49　小諸城と芦田氏

芦田氏（松平康國）は、天正十一年から十八年までの七年間にわたって戦国末期の小諸城主であったわけであるが、康國時代以前の芦田氏も、小諸城と関わっていたことを、いくつかの文献が語っている。

武田氏時代、芦田氏は小諸城の加番頭（かばんがしら）・城番頭（じょうばんがしら）であった

○『千曲之真砂（信陽雑記）』（瀬下敬忠）は次のように述べている。

里老曰、信玄之時自春日弾正城代之時、為加番与良・加増・平原・柏木・耳取・**芦田**・望月七人勤之、与良・平原自居所通テ勤之、其外ハ於曲輪之内構屋敷住居之、為勤番廿四年、其後下曾根為城代、芦田為加番頭、天正十年武田滅亡之後、為織田家領、其時下曽根被没収、…〈中略〉…此時佐久・小県二郡賜滝川一益、上州厩橋城、道家彦八為小諸城代、**芦田信蕃為城番頭**、（未審歟）、高永一万四千八百二十貫、佐久郡高七百四十一貫文、小県郡内右賜之、高目付滝川義太夫、**城番芦田下野（此名齟齬也）**右加番如元、六月自上方来飛脚、告信長公大変、滝川一益棄厩橋城、廿一来小諸、逗留五日談始終、**廿五日引渡城於芦田下野**、廿六日未明揚鞭上洛ト云々、（私曰区、**芦田為城代事、又芦田下野ト有事難心得**）、…〈後略〉…

この記述の情報を整理してみると、

・信玄の時、春日弾正（高坂弾正）城代の時より、与良氏・加増氏・平原氏・柏木氏・耳取氏・**芦田氏**・望月氏、以上七人が**小諸城の加番**を務めた。

・与良氏と平原氏は（本拠地が小諸城に近いことから）自分の本拠地から通って加番を務めた。その外の者は、小諸城の曲輪の内に**屋敷**を構えて**加番**の務めを果たした。このような加番が二十四年間続いた。

・その後、下曽根覚雲を城代とし、**芦田を加番頭としていた**。

〈考察1〉

ア　芦田下野守**信守**や右衛門佐**信蕃**は武田軍の信濃先方衆百五十騎の将（芦田勢の人数は単純計算すると一五〇×五＝七五〇人、あるいは一五〇×六＝九〇〇という大軍勢であった）として、ほとんどの日々を武田の遠征軍の中に、あるいは遠江国二俣城主・駿河国田中城主として戦いに明け暮れていたので、「**小諸城の加番頭であった**」としても、一族のごく近親者が代役を務めて小諸にいた可能性が大きい。

イ　天正十年に武田氏が滅亡し、織田領となった時、下曽根氏が治めていた領地は没収となった。この時信長は佐久・小県二郡を滝川一益に与えた。一益は上州厩橋城を本拠とし、甥の道家彦八郎を小諸城代とした。そして、**芦田信蕃を城番頭とした**。（↑未審歟〈いまだつまびらかならず〉と筆者の瀬下敬忠は述べている）

ウ　佐久郡の領地は一万四千八百二十貫、小県郡内の領地は七百四十一貫文であった。

エ　高目付は滝川義太夫、**城番は芦田下野**（↑この名は誤りである）。右の通り加番は元と同じであった。

オ　六月に上方から飛脚が来て、**本能寺の変**で信長が命を落としたことを知らせた。滝川一益は厩橋城を放棄し、六月二十一日に小諸へ戻った。逗留すること五日間、その間、今後のことを相談した。

カ　**六月二十五日、小諸城を芦田下野に引き渡し**、二十六日未明に鞭を揚げて上洛した。

〈考察2〉

ア　瀬下敬忠は「芦田を城代としたこと」および「芦田下野と書いてあること」には賛成できないと述べている。

イ　「芦田下野」とは信蕃の父である芦田下野守信守のことで、明らかに間違いである。

ウ　ここで重要なことは、瀬下敬忠が、「滝川一益が芦田信蕃を小諸城代として指名した」ということには「難心得」（賛成できない）と述べていることである。

○同じ『千曲之真砂（信陽雑記）』（瀬下敬忠）の記述の中の「城代芦田右衛門信蕃」という項では、次のように述べられている。

城代芦田右衛門信蕃

…〈前略〉…天正三年乙亥十二月廿三日退白反遠州二俣城、居住甲州、十年壬午三月廿日献駿州田中城大神君、帰居芦田城、六月二十五日為小諸城代

〈考察〉

ア　「献駿州田中城大神君」とした期日が「三月廿日」となっているが誤りで、家康に田中城を明け渡したのは「**三月一日**」が正しい。

イ　「帰居芦田城」とあるが、「**春日城**」へまず帰ったとすべきである。この時を去ること三十年以上前に、芦田氏の本拠地は芦田城から春日城へと移っている。

ウ　「六月廿五日為小諸城代」――つまり「六月二十五日に信蕃は小諸城代となった」と記述されている。↑↑この記述が「芦田信蕃が小諸城代であった」とされる根拠となっている。しかし、著者の瀬下敬忠自身もこのことには、疑問を感じているわけである。

○『信陽雑志』（吉澤好謙）一七四四年の

「春日源五郎、改姓号高坂」の項では、

天文廿二年、自尼飾城移小諸、**為加番芦田**・望月・耳取・平原・与良・柏木・加増　等勤之、

「城主　武田典厩信豊」の項では、

弘治年中守之、加番郷士芦田為其魁、于時芦田下野守信守信濃先方衆、百五十騎将也……

「城主　依田右衛門佐信蕃」の項では、

天正三年十二月廿三日、遠州二俣城没帰甲州、同十年三月廿日、所守駿州田中城献公退去、**六月**、**自芦田穴小屋城移小諸城**、同

廿七日、大道寺駿河守小田井砦来、迫合数日、終開小諸

〈考察〉

ア　これからいえることは、天文・弘治の頃、**芦田下野守信守**が小諸城の加番の魁（番頭（ばんがしら））であったこと。

イ　芦田（依田）右衛門佐信蕃が、本能寺の変の直後に（隠れ棲んでいた遠州二俣の奥小川の里から）本拠地の芦田穴小屋城（←正しくは「**春日城**」）へ帰還し、その後**小諸城**へ入ったが、天正十年六月二十七日には北条氏の先鋒**大道寺駿河守政繁**が**小田井城**へ来襲し、そこから**小諸城**へ攻め寄せた。信蕃は数日間防戦したが、大軍の前についに小諸城から**撤退を余儀なく**されたことが述べられている。

○現在、芦田氏に関して広く知られているどの資料、文書（もんじょ）にも、**芦田氏**が永禄年間に小諸あるいは小諸城と関わったという記述は見当たらない。しかし、以上のように江戸時代の佐久の郷土史家の文書には、芦田氏と小諸城との関わりが何か所かで述べられている。

50　相木白岩合戦

芦田信蕃の次男康眞（後の加藤宗月）は、尾張徳川義直からの三度目の求めに応じて、今までの報告内容の証拠として書状の書き上げを提出したのが、『芦田記（依田記）』の後半を形成している。そこには、小田原合戦の直前に行なわれた**相木白岩合戦**のことが記述されている。

天正十八年寅年、**小田原御陣の時**、**家康**様へ**秀吉**公よりの御書一通写し申し上げ候。この義委細申し上げず候えば、御合点参りかね申すべきかと存じ候。つぶさに申し上げ候。この**阿江木**と申すは所の名にて御座候、持主は**依田能登守**と申し候。彼**能登守**、**田の口**と申城に罷り在り候つるところに、**前山の城**右衛門佐きびしく攻め取り申し候威勢に恐れ、**田の口城**を明け退く。関東へ浪人仕り候。八、九年浪人分にて、**小田原**に罷り在り候ところ、**秀吉**公**氏政**と手切に罷り成り候。小田原へ御出陣を承り、**氏政**へ内意申す。信州佐久郡**阿江木谷**へ、彼浪人の**依田能登守**、**伴野刑部**両将にて働き掛け申し候。譜代の主にて候故、阿江木の者どもことごとく、能登守に一味仕り、敵に罷り成り候通り、三月十五日の申の刻に告来申すに付き、兄にて候**松平修理大夫康國**並に拙者打ちつれ、**小諸**を即刻に乗り出、一騎がけに田舎道三里程参り候えば、**勝間と申城**へ参着。十六日の早朝に人数を調え候て、**そつとう坂**と申す山を打ち越え、敵合近く参り候えば、日暮、半時程足軽迫め合い御座候うちに、旗の色も見え申さず候程に、夜に入り申す付きて、その夜は篝を焼き、その所に夜を明かし、暁より取り掛け申し候えば、**白岩と申す小城**に籠り申し候を、則乗り崩し、**平村**と申す所に敵を追い詰める。敵、とって反し、敵味方入り乱れて合戦御座候。それより、山の繁みへ敵逃げ上り候ところを、先手の者追掛け申し候えば、木立の内に鯨波（かちどき）をどっと上げ申し候に付きて、木立の内にて取って返し、味方崩れ候かと存じ、拙者馬より下り立ち、鑓取り持ち掛け申し候えば、また、味方より押し返し、残らず追い討ちに仕り、上州**野宗谷**と申す所まで、ことごとく追い討ちに仕り、分捕り高名仕り候、**能登守**は何と逃げ延び候やらん。首も見え申さず候。**刑部**をば討ち取り申し候。この仕合拙者はじめて為す働きの一つ書を仕り、**修理大夫**方より夜通しに**家康**様へ注進仕り候ところ、則**秀吉**公より家康様へ御書御座候。この御書御感状にて候由、家康様御意にて頂戴。今に所持仕り候を写し上げ申し候。

〈要旨〉

・**相木白岩合戦**に康國が勝利した報告に対しての**感書**である。**家康経由**で**康國**へ授けられた**秀吉の書状**である。

・天正十八年寅年（一五九〇）、**小田原合戦の時**、**家康**公へ**秀吉**公よりの書状一通の写しを提出致します。この件について、詳しく申し上げませんでしたので、ご合点いただけなかったと存じますので、これからつぶさに申し上げます。

・この**阿江木**というのは所の名であります。領主は**依田能登守**と申しました。**能登守**は、**田口城**に居城していましたが、**前山城**を右衛門信蕃が厳しく攻め落とした威勢に恐れをなして、**田口城**を明け退き逃亡し、関東へ浪人しまし

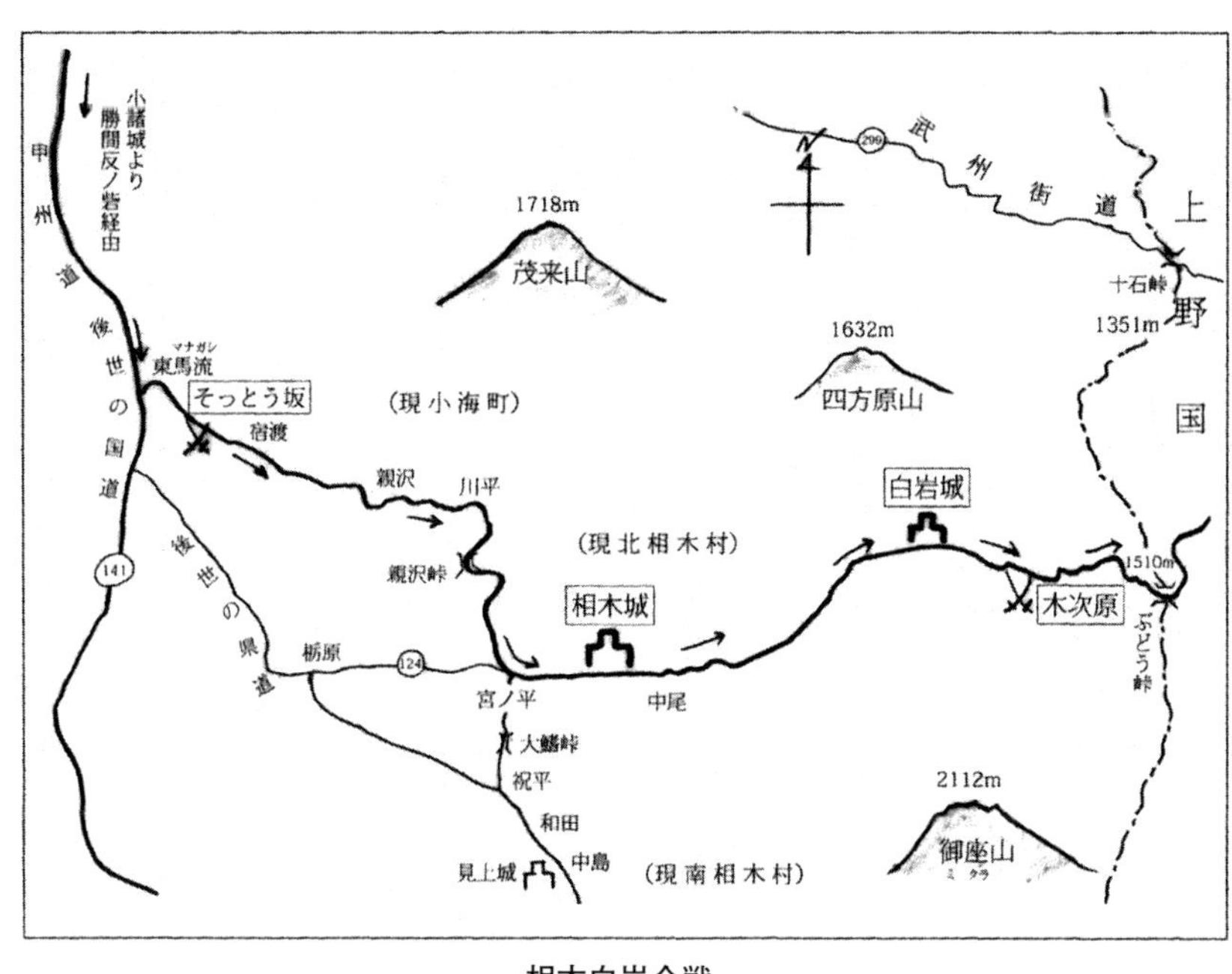

相木白岩合戦

た。

・八、九年間、浪人分で**小田原**（北条）にいましたが、豊臣**秀吉**公が北条**氏政**と手切れになり、秀吉公は小田原へ出陣しました。阿江木（依田）能登守は北条**氏政**へ内通していました。信州佐久郡**阿江木谷**へ、もう一人佐久から小田原へ逃亡して浪人していた**伴野刑部**と両将にて、阿江木谷で挙兵を働き掛けました。阿江木能登守は譜代の領主であったので、阿江木の者どもは、ことごとく、能登守に一味し、徳川方（松平康国）の敵になりました。

・三月十五日の申の刻（今の午後三時）に、その知らせが届いたので、私の兄である**松平修理大夫康國**と拙者（松平康眞）は、共に居城の**小諸**城を即刻に出発し、一騎がけに田舎道を三里程進むと、**勝間**という城へ到着しました。

・三月十六日の早朝に軍勢を調えて、**そつとう坂**と申す山を越え、敵が近くまで出てきていたので、日暮の半時程（一時間ほど）足軽の迫め合いがありましたが、暗くなってきて旗の色も見えなくなってきて、夜になったので、その夜は篝を焼き、その所に夜を明かしました。三月十七日、暁より攻撃を仕掛けて、（阿江木能登守と伴野刑部が）**白岩**という**小城**に立て籠っていたのを、すぐに乗り崩し、**平村**という所に敵を追い詰めました。

・敵も、とって反し、敵味方入り乱れて合戦しました。山の繁みへ敵が逃げ上ったところを、先手の者が追掛けると、敵は、木立の内に鯨波（ときの声）をどっと上げて、木立の内にて取って返しました。味方が崩れるかもしれないと思い、拙者（康眞）は馬より下り立って、鑓を手にして戦いました。また、味方より押し返し、崩れかかる敵を残らず追い討ちにし、上州**野宗谷**という所まで、ことごとく追い討ちにし、分捕り高名を仕りました。

・阿江木**能登守**は何とか逃げ延びたのであろうか、討ち取った多くの首の中に、その能登守の首はございませんでした。

伴野**刑部**をば討ち取りました。この合戦は、拙者（康眞）の初陣でした。

・この合戦の勝利を書にしたためて、兄である松平**修理大夫**康國より、夜通しに徳川**家康**公へ注進（報告）致しましたところ、ただちに豊臣**秀吉**公より家康様へ御書がありました。この御書は感状でありました。家康公から兄康國が頂戴し、拙者（康眞）が現在でも所持しておりますのを、写して提出致します。

○概略

北条氏領の上州に逃げた相木氏は、その後小田原の北条氏を頼って行き、その食客となっていた。同じ頃、前山城主伴野信守の子である伴野刑部貞長も北条氏の食客になっていた。天正十八年（一五九〇）、**依田能登守**（相木市兵衛能登守常栄頼房）と**伴野貞長**は、北条氏と豊臣氏・徳川氏が不和になった時、信濃が手薄になった隙をはかって、豊臣・徳川方についている佐久へ**後方攪乱**を企てて、北条氏の支援を受けて北相木に来て旧臣千余人を集めて挙兵した。小諸城の依田信蕃の子の**松平康國**・**康眞**の兄弟は急遽兵を率いて相木に攻め込み、**白岩**や**木次原**で合戦が行われた。伴野氏・相木氏の連合軍は敗れて、**伴野貞長**は討ち死にした。二十八歳であった。**依田能登守**は上州に逃れた。

相木・白岩・木次原合戦の詳細

前山城主の子で小田原の北条氏を頼って佐久を去った**伴野貞長**と、田口城主の**依田（相木）能登守**は、いつの日かまた故郷の佐久へ帰りたいと願っていた。ところが、天正十七年（一五八九）十一月、北条氏が真田氏に属する上野国名胡桃（なぐるみ）城を攻めとってしまったことから端を発して、豊臣秀吉に口実を与えることになり、秀吉は全国の大名に命じて、天正十八年に小田原城を攻めさせた。この時、信濃が手薄になったのを好機として、**伴野貞長**と**依田能登守**（相木氏）は北条氏の支援を受けて、現在の南佐久郡北相木村に帰って兵を挙げた。相木の人々は旧領主であるので八百余人がこれに応じ、伴野氏の旧臣を加えて千余人が**相木城**に立て籠ったといわれる。また、北条氏からの三百の支援があったとも言われている。相木谷の人口からして、また、伴野氏旧臣を、加えたとしても、そのような多数の軍勢の数は一概には信じがたいところではある。

これに対して、小諸城の依田信蕃の子の**松平康國**は兵を率いて、天正十八年（一五九〇）三月十五日に小諸城を発ち、現在の佐久市臼田にある**勝間反ノ砦**（稲荷山城）に到着し、そこで、兵が集結するのを待った。従兄弟の**依田肥前守信守**は当時、**依田四十七騎**なる軍団を率いて勝間反ノ砦に常駐していたが、その依田肥前守の軍勢と合流する。（三月十四日に小諸城を発ち、岩村田城で一泊したという説もある）。

三月十六日、更に進軍途中に土豪や地侍に急遽出陣を先触れしてあったため、軍勢が続々と集まってきて出陣態勢が整った。夕刻、康眞を先頭に相木へ向かって出立し、東馬流（ひがしまながし）（現南佐久郡小海町）に達した頃には兵力もかなりな数になった。東馬流から宿渡（しゅくど）に登る「**うとう坂**（or **卒頭坂**（そっとうざか））**ケットウ坂**〈長野県町村誌〉」まで来ると、かすかに敵の旗印が見えてきた。先手の足軽隊の小競り合いがあったが、夜陰が迫ったため、双方が兵をおさめ、篝火を焚いて野営した。

十七日、寅ノ下刻（午前五時）に出発し、**相木谷**へ攻め入った。**相木城**をまたたく間に陥れた。敵は退き、**白岩の砦**に拠った。康真は陣頭に立って指揮し、この砦も瞬く間に落とした。敵は相木谷を上州との国境の武道峠（ぶどう）方面へ逃れたが、康國・康真軍はとうとう**平林**（**木次原**）に敵を追いつめた。（「平林＝木次原」は百（パー）セントト言えるのか？　少々疑問の余地はあり）。

連合軍が敗れて伴野貞長はじめ三百八十余人が戦死し、旧領の佐久の地へ帰ろうとした二人の夢は絶たれた。**伴野貞長**は二十八歳であった。**依田能登守**は上州**倉賀野**に逃れた。白岩の戦いに出てくる依田能登守は、能登守の二代目の人であろうと推定される。この戦いの様子は『芦田記』（依田記）『寛政重修諸家譜　三百五十六清和源氏　依田』にある。また、この時、「上州**栗谷**（**野牢谷**、**野宗谷**）と申す所まで悉く追討に仕り、分捕高名仕り候」とあるが、そこは上信国境の武道峠を越えてから東へ下った、群馬県甘楽郡上野村「**野栗沢**」であると推定される。地域内のほとんどの家が「黒沢」姓で同族・親類で結ばれている。なお、蛇足ではあるが「分捕高名仕り候」とあるように、戦国時代の戦では敵の所持する物（武具や金目のもの）や敵方の民家の財産などを略奪することは、日常茶飯事であった。文面からするとこの時もあるいは、そういうこともあったかもしれない。

木次原の戦いでのエピソード　明治十年十月に佐久郡芦田村から長野縣へ提出された村誌で、『長野県町村誌』（明治時代のものを合本して昭和十一年に発行され、昭和四十八年に復刻されたもの）に、「松平右衛門大夫康眞の越前福井裔孫家傳曰」ということで、芦田氏三代（信守〜信蕃〜康國・康眞）の事蹟が記載されているが、**康國**・**康眞**の関する文章に、「**木次原の戦い**」の様子が臨場感をもって語られているので、（平易な現代語訳にして）ここに紹介しておきたい。

…（前略）…**平林**に敵を追い詰め、入り乱れて戦う。足軽の松井弥五郎は疵を蒙り起き上がれなくなった。これを見た祢津左仲がこれを見て、斬ろうとした。康眞がそれを戒めて「松井は疵負って伏している。汝はこれを討つのか」と言うと祢津は去って行った。（後に松井は疵が癒えても足腰が立たなかった。大久保忠隣が小田原城主だった時、松井は天守閣の番を勤めていたが、康眞が所用があって小田原を訪れると、這って出て、命の恩人ですといって涙を流して康眞を拝んだ。）

依田主膳は敵と組討ちをしたが、敵は豪勇の士であったので倒されて、刀で刺し殺されそうになった。その時森長藏が走って

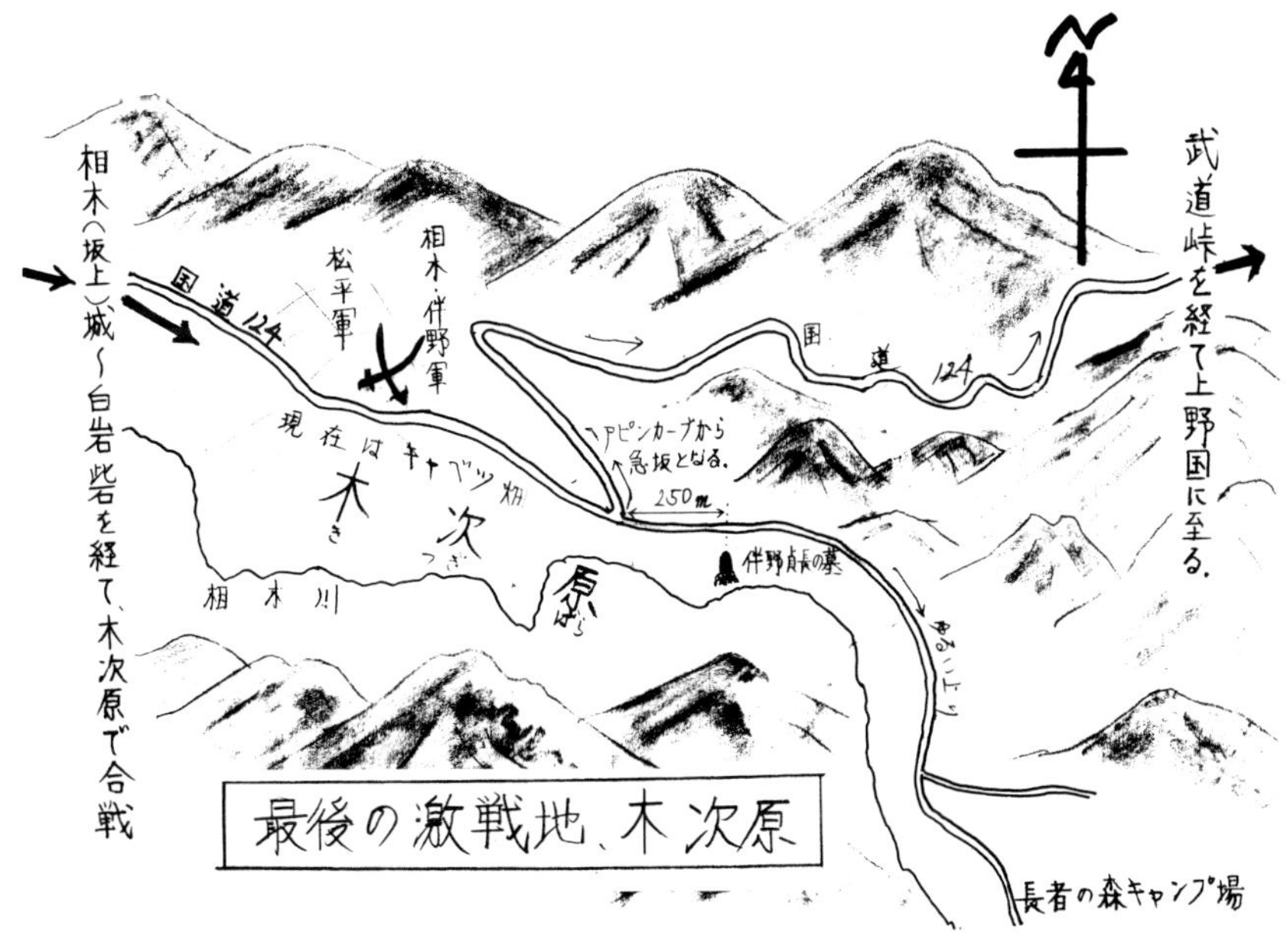

来て、この敵を斬った。そして、主膳は起き上がってこの敵を討った。そして、二人はその首を争った。康眞は「主膳は数度の軍功が既にある。なぜ討ち取った敵の首を争うのか。速やかに長藏に授けよ。」と言って、長藏に首をとらせた。と、その時突然敵一騎が康眞めがけて駆けつけ、斬りかかってきた。康眞が刀を抜いてこれを斬ろうとすると、布下伊勢が大声で「刀を抜かないで下さい。馬上から敵を討とうとするとご自身も危ないです！」と叫んだので、康眞は馬から降りた。そして、側近が前へ出てこの敵を討った。その時、敵が山上に勝鬨を発して、急に攻撃してきた。康眞は歩兵三十人と鑓を揃えて待ち、布下伊勢と杉原善兵衛がこれに従った。そこへ懸川晴左衛門尉と黒澤甚三郎が鉄砲を持って逃げてきた。康眞がこれを見て「無用の鉄砲など何の益があろうか。速く捨てよ。」と叱責した。

　押し寄せた敵の側面から、先方の士、奥平金弥・伴野小隼人・平尾平三・依田長左衛門らが頭に立ち、指揮して横鑓を突き立て敵を攻め立てた。敵は狼狽して深い林の中へ逃げた。康眞は士卒に先んじて自ら進んで攻撃した。敵は大いに敗れて上州の**野栗谷**（群馬県多野郡上野村**野栗沢**）へ遁れた。追討して三百八十餘の首をとった。

〈この文章にはいくつかの情報が入っているので、箇条書きにすると〉

ア　相木城・白岩城・木次原合戦に、芦田依田松平康國・康眞の軍勢にいた武士

・祢津左仲……傷を負っていた敵の松井弥五郎を斬ろうとしたが、康眞の叱責で斬るのをやめる。
・依田主膳……芦田信蕃の千曲河畔塩名田の戦いで家康から感状を授かった六人のうちの一人
・森長蔵……敵に組み伏せられ危うくなった依田主膳を助ける。
・布下伊勢……布下伊勢豊明（与五左衛門か？）、『寛政重修諸家譜』に「蘆田右衛門佐信蕃に属し」とある。
・杉原善兵衛……同じ杉原氏三名は信蕃と三澤小屋に籠り、うち二人は高野町で相木氏との戦いで討ち死に、
・懸川晴左衛門尉……武器として鉄砲を持っていた。
・黒沢甚三郎……武器として鉄砲を持っていた。
・奥平金弥……信蕃が主従六人で遠州二俣の奥小川の里に隠棲した時の一人、塩名田の戦いで感状を授かる。
・伴野小隼人……伴野小隼人守直、実は伴野筑後守昌種の子、信蕃の勧めで依田姓となる。
・平尾平三……平尾平蔵、もと平尾城主で信蕃に従う。
・依田長左衛門……芦田依田氏の一族か？

イ　当時とすれば当たり前のことではあるが、戦とは命のやりとりであり、勝者は敗者の首を取ることが戦功の証となっていたこと。……追討して三百八十餘の首をとったことが大勝利の証となった。（家康を経由して秀吉から感状を授かる）。

ウ　騎馬武者もいざ戦闘となるときは、馬から下りて戦った。……「馬上から敵を討とうとすると、ご自身も危ない！」という言葉がそれ表わしている。（馬に乗っていては身動きが機敏でなくなり、敵の攻撃の標的となる。また、当時の日本の馬は馬高せいぜいポニー程度であったとされている）

エ　鉄砲（火縄銃）は、敵と距離がある場合は威力を発揮するが、接近戦（白兵戦）になれば役にたたなかった。

オ　芦田康眞は初陣であったが、彼の性格が描写の中に表れている。

……「松井は疵を負って伏している。汝はこれを討つのか」「士卒に先んじて自ら進んで攻撃した」

松平康國・康眞勢は、敵将**伴野刑部**を討って首も挙げている。一方、相木能登守は逃走して上州に遁れている。相木能登守は上州**野栗谷**の**斉藤某**宅に身を潜めた後、**倉賀野**の**九品寺**でしばらくを過ごし、その後相木氏は浪人をしていたが、江戸時代の寛文十一年（一六七一）浅右衛門の代になって、奥州磐城の内藤能登守に二百石の知行で召し抱えられたという。更に延亨四年（一七四七）、内藤氏が九州の延岡に転封になったのに伴い、現在でもそこで子孫が相木氏を名乗っているという。

『相木市兵衛依田昌朝と武田信玄』（平成十二年、信毎書籍印刷）で依田武勝氏は、その先祖相木依田氏について、次のように語っている。――江戸に住んでいた相木小右衛門依田孫市郎が、貞享四年（一六八七）九月に相木依田氏系図を持ち、佐久郡相木（現南相木村）に帰郷した。その子である依田孫市が南相木初代名主となった。三代目名主の勝右衛門は相木・小海の杣棟梁として、杣職人を総動員して欅材を伐り出し、善光寺再建のために千曲川を利用して、善光寺に運んでいるという。延べ七千人の名前のある帳簿が現存しているという。相木依田氏は、その後も杣棟梁や名主として継続し、現当主の武勝氏へとつながっている。

話は戻るが、この**相木谷での戦い**では、**康國**は三百の兵で本陣を後方に敷いていた。**康眞**の一隊だけでもって敵を討っている。『寛政重修諸家譜』の康國の項によると、この戦いの締め括りは次のように記されている。

この日、敵将伴野を討取、其餘首三百八十餘級をえたり、**康國**は、はじめより本陣にありて、三百餘騎を率ゐ、備をたて丶敵を待、しかるに**康眞**が一隊の手にて敵すでに離散す、よりて本陣の兵を動かさず、凱歌を唱へて軍を小諸にかへし、合戰勝利のむねを**東照宮**の台聽に達するのところ、すなはち注進状をもって**豐臣太閤**の陣營にをくらせる、十八日太閤より注進状の趣具に披見し、粉骨のはたらき神妙たるのむね、**東照宮**に書を贈らる。

両軍とも、少なくとも兵力は数百はあったと推定され、（蘆田依田）**松平康國**は、相木白岩合戦を圧勝している。これは、佐久における戦国時代の最後の戦闘であった。康國と康眞は小諸城に帰り、勝利のことを**家康**へ報告する。家康は書状でもって駿河國田中城にいた秀吉の陣に送った。秀吉は書状をもって家康に感謝。家康はこの感書を康國へ送っている。この内容は「信州牢人の討ち取りと対面の件について」の**豊臣秀吉**書状であり、直接的には宛先は**徳川家康**へである。

豊臣秀吉書状と戦国末期の情報伝達の早さ

一昨日十六、芳墨令被見候、并**松平修理大夫注進状**趣具相達候、信州牢人原阿江木白岩江取籠候處、早速追拂、三百八十余討捕之由、尤之仕合ニ候、粉骨之動神妙旨、能々松平ニ可被加詞候、随而今日十八至　田中城相着、明日府中迄可打越候、一両日令逗留、三枚橋江可被移御座候、然者其間清見寺ニ可為一泊候条、可有其意候、猶期對面入候、

謹言

三月十八日　　秀吉（花押）

駿河大納言殿

（訓読）

「一昨日十六（日）芳墨被見せしめ候。並びに**松平修理太夫**注進状、趣を具し（内容をよく知り）相達し候。信州牢人ばら**阿江木**（**相木**）**白岩**へ取り籠るの処、早速追い払い、三百八十余討ち取るの由、最もの仕合わせに候。粉骨の働き神妙の由、よくよく松平に詞加えらるべく候。随って今日十八日田中城に至り相着し候の間、府中まで打ち越すべく候。一両日右に逗留し三枚橋へ移らるべく御座候。然らばその間、清見寺に一泊なさるべきの条、その意あるべく候。猶対面を期し入り候。謹言。

三月十八日（天正十八年）　**秀吉**（花押）

駿河大納言殿（家康殿）

この相木谷における合戦の経緯と、**秀吉**による書状（感状）の出されるまでの経緯をみると、戦国末期の時代の情報伝達の驚異的な早さに認識を新たにさせられる。

①三月十五日　相木谷に相木氏・伴野氏挙兵の報、康國と康眞が小諸城発、勝間反砦着

②三月十六日　そっとう坂を越え、敵と緒戦

③三月**十七**日　相木城攻略、白岩合戦、平村（木次原合戦）。直後に、康國より家康へ注進

④三月□□日　家康より秀吉へ上申…………秀吉は小田原へ進軍中で**駿州田中城**に到着

⑤三月**十八**日　秀吉より家康へ書状（感状）

⑥三月□□日　秀吉からの書状（感状）が、家康より康國のもとへ、

十七日に**康國**から注進状が**家康**へ、そして、遅くとも十八日には家康からの上申が駿州田中城に到着した**秀吉**のもとへ届けられている。今日と違って交通手段も、飛脚による伝達しかなかった時代に、小諸城（相木の現地としても）から甲州経由で駿州田中城へ短期日に届けられている事実には驚嘆するしかない。『芦田記』（依田記）の記述に従って整理すると以上のようになる。しかし、前述の三月**十八**日付けの秀吉の駿河大納言（家康）への書状（判物）の中で、――「**一昨日十六**、芳墨令被見候、并松平修理大夫注進状趣見相達候……」と述べていることから、相木城攻略・白岩合戦・木次原合戦の期日は「三月十六日」となる。これは同時代資料なのでほぼ三月十六日が正しいようである。康眞による『芦田記』（依田記）の日付は記憶違いによる誤りであることの可能性が高い。一日早く、三月十六日であったとしても、想像を絶する早さである。二十一世紀の今日の視点に立っても、驚くべき情報伝達の早さの現実に認識を新たにせざるを得ない。

〔**伴野貞長**（**刑部**）**の墓**〕

北相木村白岩区木次原にある。武道峠へ通じる車道が左へ大きく曲がって上っている直前、まっすぐに進むと「長者の森」方面へ通じる道になる。この分岐点から約二五〇メートルほど進むと、右側に「伴野刑部の墓」なる標識が出ている。そこに止まって右下を覗くと、檜林の中に白い説明板と墓石が見える。高さは一三五センチで昭和二年二月建立（再建）である。墓碑銘は、

〈表〉伴野刑部貞長墓　天正十八年三月戦歿
昭和二年二月再建立
〈裏　法名全弓院一張良箭居士
栃木県那須郡芦野町石工梅津仙三

伴野貞長の墓

信濃國の小笠原氏の分流伴野氏は、佐久においては鎌倉時代以降、勢力を張ってきた名族である。去る天正十年十一月、依田信蕃の攻撃によって当主伴野刑部信守は前山城に滅び、その子で伴野氏最後の**伴野刑部貞長**も、ここ相木谷を東へ上り詰める「ぶどう（武道）峠」の下、**木次原**に眠っている。法名に「全弓院一張良箭居士」に弓馬の家小笠原氏の流れをくんでいるというニュアンスが感じ取れる。建立者の名前は不明であるが、墓碑銘を刻んだ石工が、栃木県（下野國）那須郡芦野町の者であることから、調べれば、何か手がかりが得られるかもしれない。

なお、既述したことではあるが、一説によると、伴野刑部貞長は、天正十年十一月六日に前山城が落城した時に上州

へ逃れた。そして、依田信蕃からの前山城奪還を企て、上州から侵入し、天正十一年二月三日に前山城に向かったが、再来を予測していた依田信蕃によって討ち取られているという。（貞祥寺文書）。七年後のこの天正十八年の相木谷への侵入で木次原の合戦で討ち死にした伴野刑部なる人物は、伴野一族の別の人物が刑部を称していたとも言われている。（『藤岡市史』ではこの人物を伴野貞慶としている）。順に三人の刑部がいたことになる。伴野刑部信守、伴野刑部貞長（信守の子）、伴野刑部貞慶（?）――**伴野刑部**を名乗る人物が三人存在したことになる。ちょうど相木市兵衛が複数存在したのと同じである。当時とすればめずらしいことではない。

51　上州西牧城攻略

豊臣秀吉は**全国惣無事令**を発し、武将や大名の私怨に及ぶ騒動に至るまで禁じていた。惣無事令に反しているという理由で、秀吉は全国の気になる勢力を牽制したり、強権を発してきた。ほぼ全国を支配下においたとはいえ、未だに小田原の**北条氏**は配下にならず、依然として関東に威を張っていた。いつかは屈伏させるべき北条氏に対してのきっかけを待っていた秀吉に、その時がやってきた。――**真田昌幸**の上州**名胡桃城**（なぐるみじょう）を北条が突然襲って奪ったことに対して激怒した豊臣秀吉は、北条に対して天正十七年（一五八九）十一月二十四日、宣戦布告し、諸大名に対して**小田原征伐**に参戦するべく令を発した。

豊臣**秀吉**や徳川**家康**が率いて東海道を小田原に向かう本隊のほかに、**別働隊**として前田利家を主将、上杉景勝を副将とする**北国軍**は、**松平康國**・真田昌幸・毛利勝永・小笠原信嶺の信州勢を加えた数万で、碓氷峠へ諸隊が集結し、まず、碓氷峠の上州側で三月十五日に緒戦が行なわれている。北国軍は怒濤の如く**松井田城**へ迫り、膨大な城域を誇る松井田城を囲んだ。〈松井田城の攻城戦の詳細は後述のページに〉。

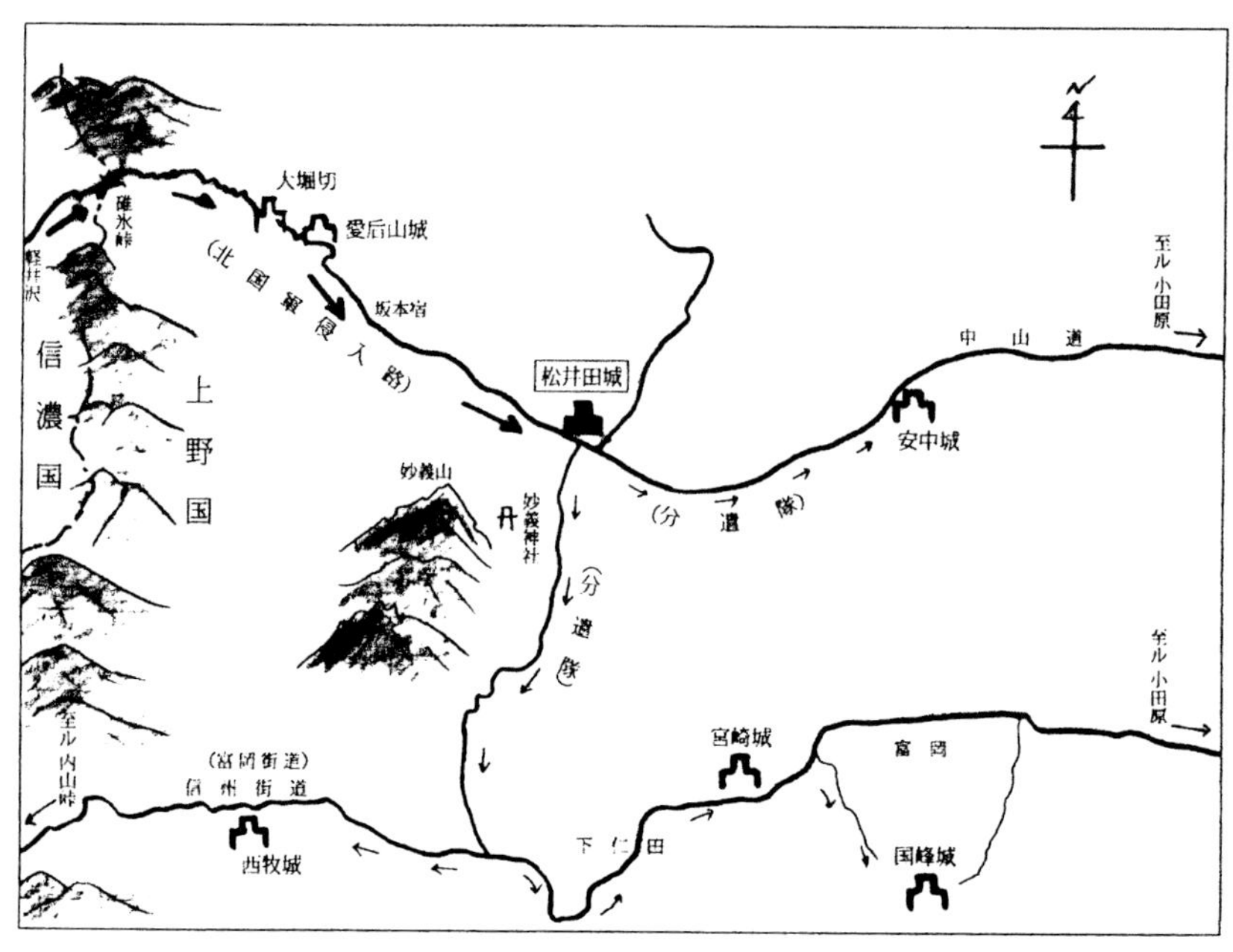

松井田城と支城群

小田原合戦の松井田城攻めの分遣隊としての西牧城攻略

松井田城攻略の戦いは三月十五日、碓氷峠方面の戦いから開始された。大道寺勢は、まず碓氷峠の刎石山（はねいしやま）の北西の**大堀切**で小田原合戦の別働隊である北国勢（前田利家・上杉景勝・芦田依田**松平康國**・眞田昌幸等）を迎え撃った。しかし、圧倒的な数の軍勢に、たちまち守りは破られ、更に下方の**愛宕山城**をも放棄して、**松井田城**へ退却せざるを得なかった。松井田城攻めの時に上杉景勝が入った坂本の陣城というのは、この愛宕山城と推定される。遺構を見ると、基本的にこの山城は碓氷峠から侵入してきた軍勢が、坂本宿及び松井田方面に対して睨みを利かす構造をしている。

前田利家を総大将とした北国軍による**松井田城**の最初の総攻撃は三月二十日から行なわれた。なかなか落城させることができなかった。寄せ手の諸将は協議し、松井田城に対する後詰めを断つため、近隣の諸城を先に攻略することにした。**松平康國**、藤田信吉などの軍を**分遣隊**として向けた。安中城（すぐに攻略落城で、もののの数ではなかった）、宮崎城（藤田信吉が攻略）、國峯城

（宮崎城は国峯城の属城ですぐに落城）等の諸城を攻略した。

そして、**松平康國**が攻めた**西牧城**（さいもくじょう）は松井田城の南を固める支城であるが、四月十四日に攻略したのである。

西牧城（西牧砦）攻略の概略

天正十八年（一五九〇）四月十四日、北条方の**多目（米）周防守長宗**（長定）・**大谷帯刀左衛門嘉信**が四百の兵で上野国**西牧城**（幽崖城）を守っていたが、松井田城攻めの北国軍（前田・上杉軍）からの分遣隊として分かれた**松平康國**の軍勢がこれを攻めた。たちまち外郭を破ったが、城兵が城内から厳しく鉄砲を放ってきて、守りはかなり固かった。そこで城中に使いを遣わし、次のように開城を迫った。——『北條方の諸城は降参したり、敗れて逃亡した城が多い。もし、徳川に降参して開城し、忠義を尽くせば、必ずや本領を安堵しよう』。——城将は心を許し、和を乞うて降参した。しかし、なお多目・大谷の両将が叛逆の機をうかがっていたので、これを成敗した。

このことを**松平康國**は**徳川家康**の陣営に報告する。家康がこのことに関して文書を**豊臣秀吉**に送ったところ、『康國が計略をもって多目・大谷等を成敗したのは、神妙である。ますます忠節を尽くすべし』という**感状**を太閤秀吉から与えられる。それが左記の朱印状である。

西牧城を攻略に対する秀吉から康國へ朱印状

天正十八年寅年卯月廿九日付けの書状は、

> 上野之内**西牧城**、以計策落居、殊城主多目周守、大谷帯刀左衛門成敗之段尤候、
> 北條親類等於彼爰可相果事案之中候、弥馳走此時に候、忠節専一に候、
> 委細ハ利家可申候也
> 卯月廿九日　**秀吉**朱印
> **松平修理大夫**とのへ

（訓読）
上野の内、西牧城、計策を以って落居。殊に城主多目周防守、大谷帯刀左衛門成敗の段尤もに候。北條親類等かれここにおいて、相果べきこと案の中に候。いよいよ馳走の節に候。忠節専一に候。委細は利家申すべく候也。

（廿九日以前）、上州**西牧の城**に、武蔵国青木城主**多目周防守長宗**（**長定**）及び相模国藤沢城主**大谷帯刀左衛門嘉信**が、四百餘の軍勢で立て籠っていた。**松平修理大夫康國**はこれを攻陥し、城将をはじめ九十三人を討ち取った旨を、**家康**に注進した。家康は更にそれを**秀吉**へ伝えた。秀吉は家康を通して感状を康國に賜った。これが、その秀吉からの松平修理大夫**康國**宛の天正十八年（一五九〇）四月二十九日付けの書状である。「委細ハ利家可申候成」（委細は利家申すべく候也）という文言は二つの意味に受け取れる。

一つは「この書状の内容についての詳細は、北国軍の主将である前田利家が口頭で伝える」という意味であり、もう一つは「陣中のことは全て前田利家の指示に従うように命じた書状」である。後者の場合は、今までの松井田城攻めの際に、主将**前田利家**や副将**上杉景勝**の指示に対して、**康國**が必ずしも従わず、攻撃を強行したり、独断で攻撃したりしたことについて、暗に苦言を呈しているようにも読み取れる。

松平康國が**石倉城**の受け取りの際に、總社で騙し討ちに遭い横死したのは、この朱印状が発行された四月二十九日よりも以前の四月二十六日である。この書状の時点で秀吉は、まだ康国の死を知らなかったことになる。

また、去る三月十六日、十七日の相木谷における合戦の時の、康國から家康を経由しての注進と、秀吉からの感状発信の驚くべき素早さと比べると、今回は随分と日数を要していることになる。それだけ（間に立つ家康や）秀吉にとっては特別な緊急性を要する事項ではなかった可能性がある。今回の小田原北条攻めの戦いにおいては、関心の大きな戦局

国道254方面から見た西牧城
市野萱川を隔てて山麓にある。

は、東海道方面や関東一円に広がっていて、中山道（後年の名称）方面のみではなかったからかもしれない。

康國軍が攻略した西牧城の構造

西牧城（**西牧の砦**）通称「**幽崖城**」あるいは「**藤井の塁**」ともいう。現群馬県甘楽郡下仁田町西牧。横間の西、字目明石の南対岸にある。城域の大まかな状況を観察するには、国道二五四号線を内山峠から下仁田町へ下って、橋の手前右二軒目の民家の所で車を止め、道路の左側（東側）へ二〇メートルほど登って、墓地の付近で振り返って道路の向こう南方を見ると、市野萱川を隔てて、屹立する険しい山の手前の狭い河岸段丘を利用した西牧城の下郭（主郭）の概略が見える。

城跡へ達するには、国道二五四の橋を渡り切った辺りから横間集落へ入り、右に曲がって小川の向こうへ渡ればよい。

大手は東に向かう。北に市野萱川の十メートルに及ぶ河崖がある。地元の人の通称「**くるわ**（郭、曲輪）」は、下郭（主郭）のことである。全城域の形態のイメージは、ほぼ三角形である。大手は東であり、大手虎口は「食違い構造」を示し、「内枡形」様の部分がある。外囲いの石垣や郭の石垣は今も残っている。本郭虎口は東西中央にある「坂虎口」で「馬出し」を備えていた。郭群は後世いずれも畑として耕作されていた形跡がある。現在は一部は山林となり多くは耕作放棄地となりつつある。そんな中で、**郭の境の段差や石積み**は印象的である。東と南には渓流があり。今の横間集落一帯は、城下の屋敷であったといわれている。（表屋敷、裏屋敷の地名あり）。

西南は急傾斜の山塊が迫っている。南側の山上は**物見郭**であるが、**詰めの郭**も兼ねていたようである。物語山から続く尾根の突端に築かれている。下郭から標高差は一二〇メートルに及ぶ。約一八メートル四方の平地となっているという。（筆者は登攀を試みたが、急峻で崩壊しやすい崖の途中で道を失い、そこへ到達することができないままである）。上への道に迷いやすく、尾根の物見郭へ到達することは非常に危険で困難である。

52　松井田城の攻城戦

上州松井田城攻めに関して、『芦田記（依田記）』には、次のような記述がある。

四月中旬に**上州松枝城**を竹把にて、前田筑前守並びに景勝、眞田、**蘆田**、四手をもって仕寄せ御座候中に、**修理大夫**、拙者、塀近く諸手に勝れ責め寄せ候き。さりながら、その時の書物御感状は御座無く候。

上州松枝城（松井田城）攻撃の時、鉄砲よけの**竹把**（たけたば）にて、前田筑前守（前田利家）並びに上杉景勝・眞田昌幸・**蘆田**（**松平康国**）の四手をもって攻めたが、**修理大夫**（康國）と拙者（康眞）は、塀近くまで、他の軍勢よりも進んで攻め寄せた。

碓氷峠に備える北条方の松井田城の構造

松井田城は群馬県碓氷郡松井田町（現安中市）の市街の北側に東西に続く尾根上に築かれている。松井田新堀の北裏にあった極めて大規模な山城で、現在、国道十八号線から山路を大手まで自動車で行かれる。主軸尾根西半部の**本城**と東半部の**安中曲輪**とからなる複合城郭（「**一城別郭**」の関係）である。更に**本城**（**大道寺郭**）は東の本丸・西の二之丸からなっている。（この二つの郭も「一城別郭」の関係である）。**安中曲輪**は東御殿郭・東二之丸からなっている。（更に、この二つの郭の関係も「一城別郭」の関係である）。松井田城は二重の意味で「一城別郭」の縄張りである。**大道寺郭**の方が構造が複雑であり、一方、**安中曲輪**はやや古式の縄張りである。小田原合戦の時に大道寺政繁が拠ったのはここ大道寺郭であろう。東麓に高梨子の総郭、西南麓に居館址が構えられている。古碓氷道・東山道が城の北側を通り、中山道は城の南側を通過している。松井田城は

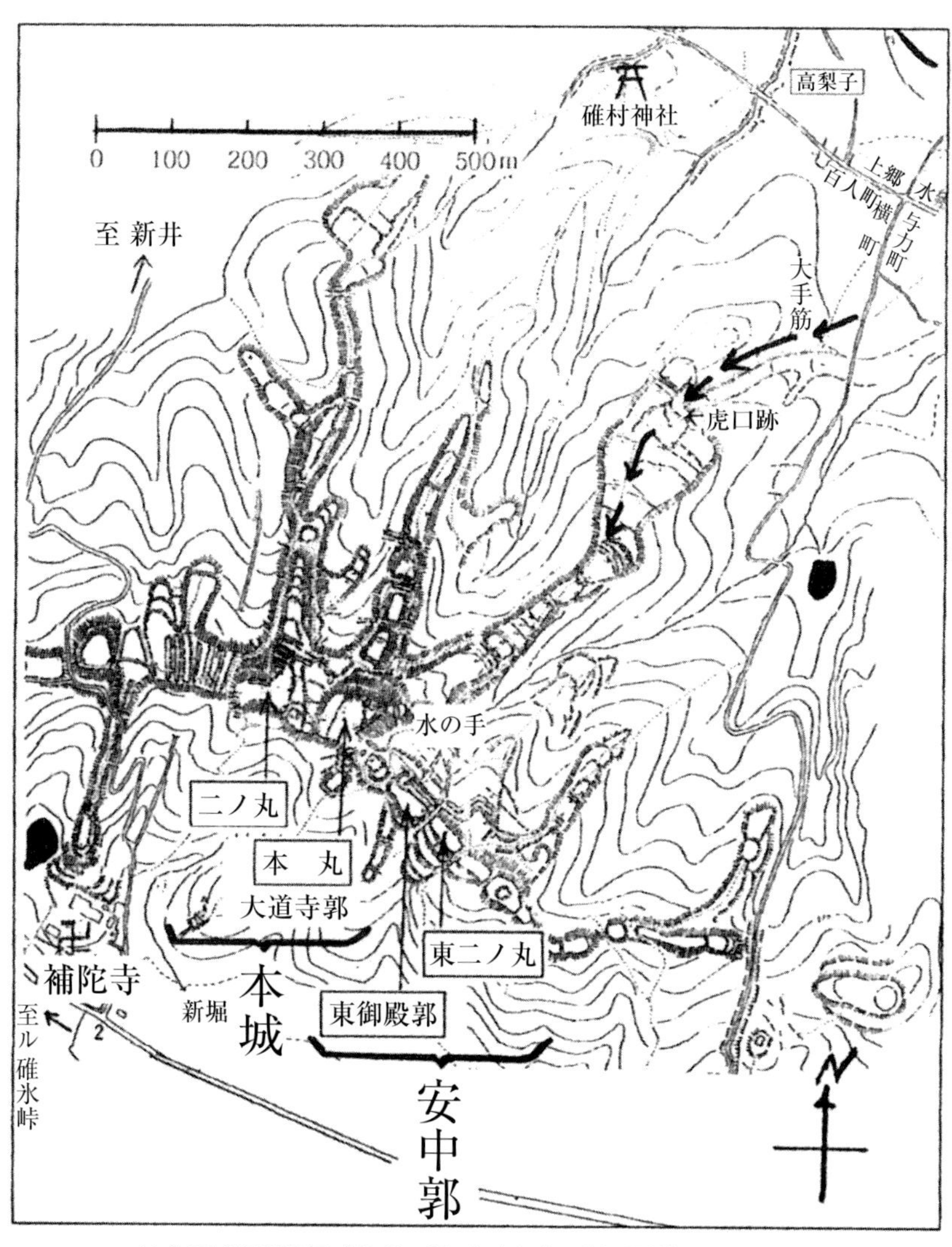

松井田城縄張り図『上州の城（下）』（上毛新聞社）の図を利用

要衝碓氷峠に備える重要な城であった。そこを任されていたのが北条の重臣**大道寺政繁**であった。

碓氷峠尾根道の大堀切の戦い

前述したことと一部重複するが、説明を加えたい。天正十七年十一月二十四日、豊臣秀吉は北条氏に宣戦布告した。十八年（一五九〇）、前田利家、上杉景勝を始め北国勢は、眞田昌幸（信幸）、**松平康国**、毛利勝永、小笠原信嶺の信州勢を加えた数万で、碓氷峠へ諸隊が集結した。まず、**碓氷峠**方面で三月十五日に緒戦が行なわれている。

『上野志』によると、大道寺政繁は二千の兵を率い、「跳ね石」の上に出、尾根道を堀り切って備えを立てたというが、この「**跳ね石**」は、碓氷道を一の字山から東南に向かって突出した尾根の末端で、政繁の作った**大堀切**りの跡は、尾根の端から一二〇〇メートルほど西（軽井沢側）へ寄った所にある。この付近の尾根は上幅数メートルにすぎず、両側は比高百メートルの急斜面で、そこを峠道が通っているのであるから、少兵力で大軍を阻止しやすい所である。ここを一部の前進基地とし、しばらくの間、敵の進撃を停滞させ、敵を坂本に討つつもりであったのであろう。現況は人がやっと一人通れるほどの細尾根（土橋状）が、上幅一・〇～一・五メートル内外、長さは五メートルである。人工が加えられたと推定されるが、他は自然地形を利用したものであろう。西側の堀切は急峻でかなり深いが、東側は一五メートルほど緩斜面が続き、その先は自然地形で急に落ち込んでいる。（左右とも下方は**竪堀状**である）。峠道は堀切の北西（信州側、攻撃側）は広い削平地を形成している。南東側（上州側、守備側）は狭いが、通過してくる北国勢に対して、防御側の立場からすると「右勝手の順の横矢の位置関係」になるような高所がある。大道寺勢はここで食い止めようとしたのである。しかし、寄せ手の北国勢は予想よりも早く山の手を回り、松井田に向

碓氷峠の大堀切の土橋
（堀切は左右方向に落ちる）

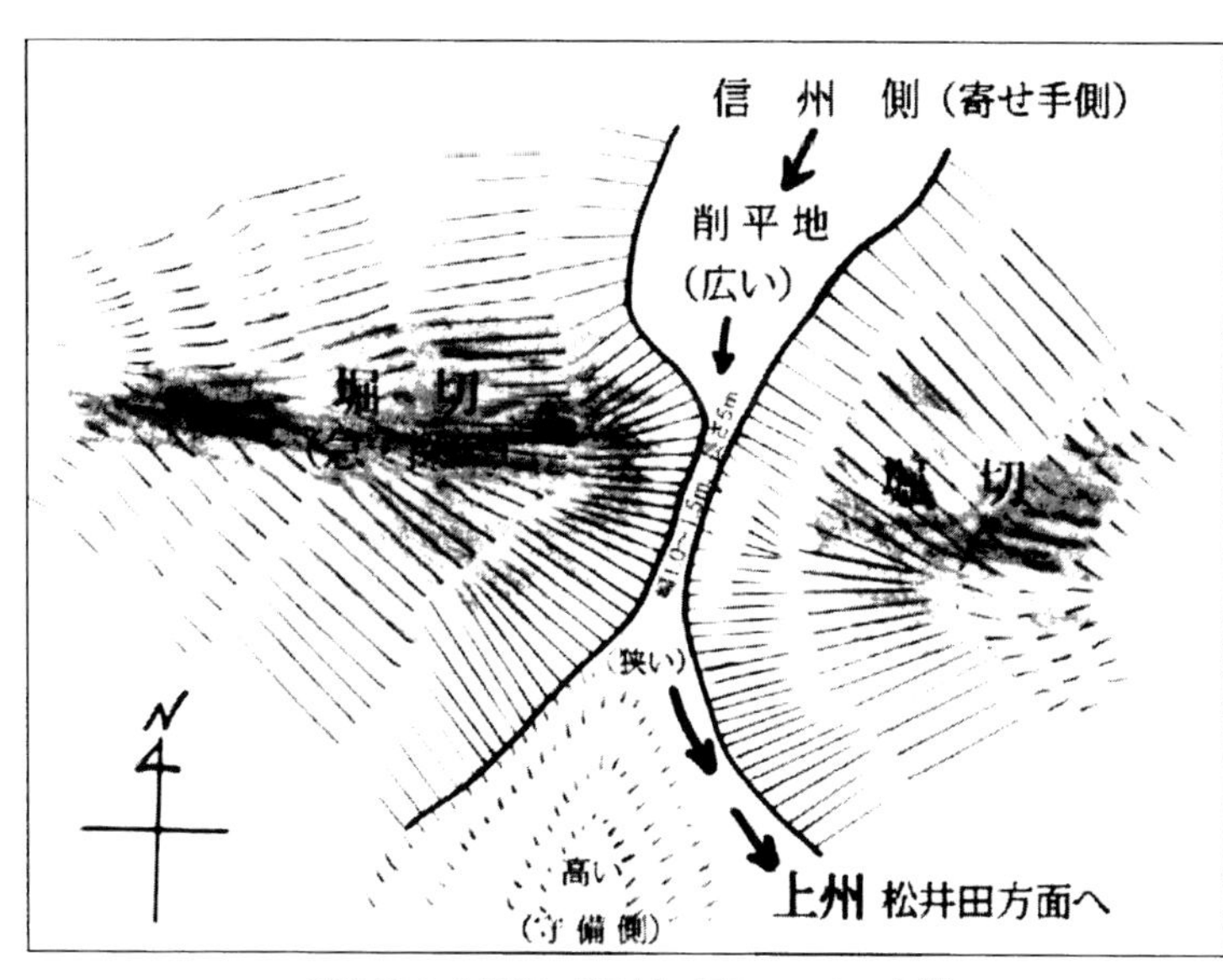

碓氷峠の大堀切（調査）平25. 4. 8、市村

から態勢を示したので、大道寺勢は多勢に無勢でいたしかたなく撤退した。刎石山から一番の急峻の難所「**刎石坂**」を下って、旧松井田町坂本まで比高七〇メートルの尾根には**愛宕山城**（**碓氷城**）があり、すぐ南下を通過する碓氷道を守る、あるいは遮断する役目をもった城であったが、その守備も防ぎ切れず、たちまち大道寺軍は松井田まで退却し、**松井田城に籠城**したのである。

『上野志』によると、大堀切をはさんでの戦いで、北国勢は、**芦田**（**松平**）、眞田勢が正面から松井田勢を圧し、小笠原勢が北に迂回し右側背を脅かし、景勝も藤田能登信吉、安田上総介順易の兩隊を繰り出し、**芦田**・眞田勢に協力したので、松井田勢は「**跳ね石**」を放棄して、一挙に松井田に退き、信州三組衆（**松平**・眞田・小笠原）がそれを追撃して、松井田城を包囲した。城兵は三千余、寄せ手は総勢三万余とも言われている。そして、三月十六日付けで秀吉は、正式に**前田利家**をこの方面の大将に任じた。

北国勢に松平康國が合流した時期は？

しかし、この記述の内容には疑義がある。――**松平康國隊**が大堀切での戦闘に参加するのには時間的に無理があるからである。小諸城主**松平康國**に、相木能登守と伴野刑部の連合軍が相木谷に蜂起したという第一報が入ったのが『芦田記』（依田記）によると「三月十五日」である。それを受けたときに康國が小諸城にいたということは、三月十五日の大堀切での戦闘が行われた北国軍の中には康國勢は加わっていなかったことになる。『寛政重修諸家譜』の康國の項では、次のように記述されている。

十八年三月、康國小田原陣におもむかむとて兵馬を整え、不日に小諸を発せむとす。ときに、先年武田家滅亡の後、相木市兵衛（また依田能登守ともいふ）某、伴野刑部某、…〈中略〉…舊領相木（また阿江木）谷に来り…〈中略〉…この事小諸に告来るにより、速やかにこれを誅すべしとて、弟康眞とともに単騎にて小諸を發し、十五日勝間の城にいたり…〈後略〉

まさに、碓氷峠尾根道「大堀切の戦い」が、三月十五日に行なわれたことになっている。その翌日三月十六日、松平康国は信州佐久郡北相木の**相木城**に立て籠って反旗を挙げた相木依田能登守及び伴野刑部を攻めた。白岩城へ退いたのを更に攻め崩し、上野の國へ逃れようとするのを追い、上信国境の「ぶどう峠」西下の通称**「木次原」で合戦**し、伴野刑部の首級を挙げた。上野の國へ逃れた相木依田能登守などの残党を野宗谷（野栗谷）まで追っている。三月十五・十六・十七日には、松平康國軍は前田利家を大将とする北国軍に加わるどころか、相木谷での戦闘の最中であったのである。従って、（芦田依田）松平康国の松井田城攻城軍へ実際に加わったのは、それ以降の、おそらくは早くても三月二十日以降のことと推定される。あるいは、相木谷での不穏な動きを察していた康國は、家康経由で秀吉と相談し、まずは、相木谷の敵に備えることが先決という指示により、北国軍に加わることを遅らせていた可能性もある。あるいは、はじめから北国軍に加わっていたのが事実であるならば、相木谷での掃討戦は三月十五日以前に行なわれたのであろうか。もし、そうであるならば、松平康國隊が両方の戦いに関わることは可能であるが……。

諸隊の集結が終わった三月十六日、秀吉は次のように前田利家をこの方面の大将に任じている。『松井田町誌』に載っている、小田原合戦の北国軍の動きについて述べている『国初遺言』によると、

これによると、**松平康國**の名がない。また、信州衆の小笠原氏、毛利氏もない。意外にも丹羽長秀（五郎左衛門）、木村定光（常陸守）の名がある。（後者の二人は箕輪城攻めをした形跡があるが、松井田城攻めの軍勢の中には、多くの史書には名がないので意外ではある）。三月十六日の時点では、松平康國は別働隊としての戦働きの任を与えられていたことになる。それが、相木谷における相木能登守と伴野刑部の掃

関東御陣之節上様被仰出候事
一、羽柴筑前守利家北陸道之大将
　右に申付人数
一、越後喜平次景勝　　一、丹羽五郎左衛門
一、木村常陸守　　　　一、真田伊豆守
　右加賀筑前守利家下知次第人数仕立合戦可仕者也

討戦であったと推定できる。**相木谷の戦い**（相木城、白岩城、木次原の戦い）で北条側の勢力（相木氏、伴野氏）を撃破した（三月十七日）直後から、松平康國は前田利家率いる北国勢に加わったのは、おそらく三月二十日は頃であり、**第一次松井田城総攻撃**には、かろうじて間に合ったのではなかろうか。――松井田城攻めのことが記されている諸戦記のうち『松井田落城記』『関八州古戦録』では**松平康國**が、三月十日より以前から前田・上杉等の北国軍と行動を共にしているように記されているが、それは誤りである。

但し、**松平康國**が**松井田城攻め**に参加していたことは、『埼玉県史（資料編6）』所収の同時代資料である『榊原康政書状写』（松平義行氏所蔵文書）によっても明らかである。それは家康の四天王の一人であった**榊原康政**が**加藤清正**へ送った天正十八年六月十八日付けの左記の書状の中に次のように述べられているからである。

遠路御使札、本望至極候、仍、家康江御帷子五被進候、一段祝着被存候、能々相心得、可申入之旨候、并我等方へ御帷子二贈給、忝存候、然者、當御陣（↑小田原）之様子、定而雖可被及聞食候、御望之由候間、拙者見及候分、大概書付進之候…〈中略、小田原の陣の様子を記述した後〉…北國出勢事羽柴筑前守（前田利家）・長尾喜平次（上杉景勝）為始、信州**蘆田**・眞田、都合其勢五万餘、上州臼井之麓松井田城、押詰等破塀埋掘之間、楯籠大道寺則降参、申助命候、…〈後略〉…

榊原式部大輔
康政

天正十八年六月十八日

加藤主計殿

御報

榊原康政が加藤清正への返礼の際に、清正の求めに応じて、小田原合戦の戦況を述べている中に松井田城攻めのことが記されており、**北国軍に松平康國**の存在がある。

三月二十日頃

第一次松井田城総攻撃

松井田城攻囲軍の布陣は、大将の**前田利家**が西南西の松井田西城（現金剛寺）の総司令部に、副将の**上杉景勝**が城南の現不動寺に、眞田信幸の陣は碓村神社の付近（『寛政重修諸家譜』では城東）に、上杉の客将藤田能登信吉は北東の呼子坂方面に、そして**松平康国**軍は『寛政重修諸家譜』によると城北の**打越平**に陣取った。『寛政重修諸家譜』の康國の項では、「打越平（城北の地）に陣し」としている。これは碓村神社、新井村辺りであろう。碓村神社は松井田町高梨子字碓貝戸一四九〇番地にある。（現在、老人福祉施設「うすいの里」のすぐ隣に位置する）。神社由緒には「城を松井田小屋に築いた時に、水利に乏しく、ここに神を祭って水を求めた」とある。松井田に伝わる『松井田城落城書』の絵図では、高梨子川の南で、新井村もしくは碓村神社辺りに**「依田」の陣**がある。地名学でいうと「打越」という地名は中世渡河地点の遺名であることを考えると、北方城下の高梨子川（九十九川）を渡った（つまり「打ち越した」）地点とは、まさに碓村神社付近が合致する。おおよそ、「信州勢は城北の**新井**、**国衙**（こくが）に陣取った」といえそうである。

わずか二千の城兵を討つのに五万からの大軍が長期戦の構えであった。松井田城が難攻不落の古今の名城であったからであろう。三月二十日、寄せ手は総攻撃をかけた。この第一次総攻撃で落城させることができなかった攻城軍は、碓氷川の南、陣馬原、八城などに陣して持久戦に入った。

松平康国は相木白岩城とその一連の戦いを終結したのが三月十六日（ないしは十七日）であるので、その直後に松井田城の攻撃に加わるのには、かなりの強行軍であったものと推定される。この第一次総攻撃の際松平康國・康眞兄弟の奮闘ぶりが『寛政重修諸家譜』の**康國**の項に載っているので、それを現代語訳してみると、

> 諸手は**竹把**を持って頻りに進んだ。けれども城兵は**鉄砲**を射って厳しく防いだ。諸勢も敢えて進む能わず、日を経ること十日ばかり。時に**康國**・**康眞**は諸手に先だって自ら竹把を持って城に迫ること僅かに六七歩、弾丸が飛び来たって、**康貞**（康眞）が羽織の袖を貫いた。けれども、膚は犯さなかった。**利家**はこれを見て、軍使を馳せ、かくのごとく一偏に進めば、多くの士卒を損なう。ただ諸手が約を守り、日を定めて城を落としたい。まず攻め口を退くがよいと言わせた。けれども**康國**はこれを聞かず、おおよそ城攻めの法は一歩を進むのをもってよしとする。わが党はまだ退くと言う令を知らないと言って、ますます軍を進めた。利家が使いを馳せること七八回におよび、ついに太閤が自ら与えるところの軍令を兄弟に示して、漸（ようや）くこれをとめた。**康國**はやむなく竹把を退くこと十歩ばかりにおいて兵を整えた。

このへんに、戦闘において豪勇一途に勇猛果敢に戦う、しかし、ある意味では頑固な、そして不用意な、信蕃譲りの芦田氏の性格の傾向が伺えるといえば、言い過ぎであろうか。（天正十一年二月二十二日に、信蕃・信幸兄弟は岩尾城攻めで焦って、鉄砲で狙い撃ちされて命を落としている。今また康國・康眞兄弟は、総大将**前田利家**の忠告に耳を傾けずに、松井田城攻めを敢行しつづけたのである）

また、「松枝城（松井田城）に**竹把**（たば）にて前田利家、上杉

竹把（タケタバ）（竹束）で銃弾を防ぐ

景勝、眞田、**芦田**の四手にて仕寄せ、康國・康眞兄弟の軍勢は諸手に勝る」という意味のことをのべているのはこのことを指すのであろう。

松井田城は容易には落城しなかったが、この間に、分遣隊は松井田城の後詰めをする可能性のある周囲の支城をいくつか落としている。**松平康国**の芦田依田隊は**西牧城**を落城させている。また、藤田信吉らは、甘楽郡に向かって宮崎城・国峰城等を落としている。

第二次松井田城総攻撃

四月二十日頃

寄せ手は、やがて「水の手」を奪い、総軍が四月二十日、**第二次総攻撃**を開始した。この頃の布陣は第一次とは異なり、**前田利家**の本陣は松井田城の南東八城に、**上杉景勝**は西北の新井方面、直江兼続は城西の尾根上に、**松平**・眞田・小笠原・毛利の信州勢は、北方の高梨子にあって城の大手に臨んだ。（なお、寄せ手の包囲陣の位置については異説もある）。このように松井田城の戦いは、三月二十日頃の第一次攻撃から、四月二十日頃の落城まで、一カ月かかっている。（四月二十日に前田利家が総攻撃を令し、四月二十二日に政繁は降伏して城を明け渡した）。城将の**大道寺政繁**は、降伏後、北国勢の案内に立って、北条氏に属する関東の諸城の攻略に向かった。しかし、小田原合戦終結後、戦争責任者の一人として自刃させられた。松井田城攻略後、**松平康国**は、いよいよ運命の**石倉城**に向かったのである。

53　康國、石倉城で遭難

松井田城攻略の後、松平康國隊は、単独で上州**石倉城**攻めに向かった。康國軍の勢いに、城方は降伏を申し出てきた。そこで、本陣を**總社**に移し、城の請け取りの軍議を行なった。この時、思わぬ事変が起きたのである。『芦田記（依田記）』は事変について、次のように記述されている。

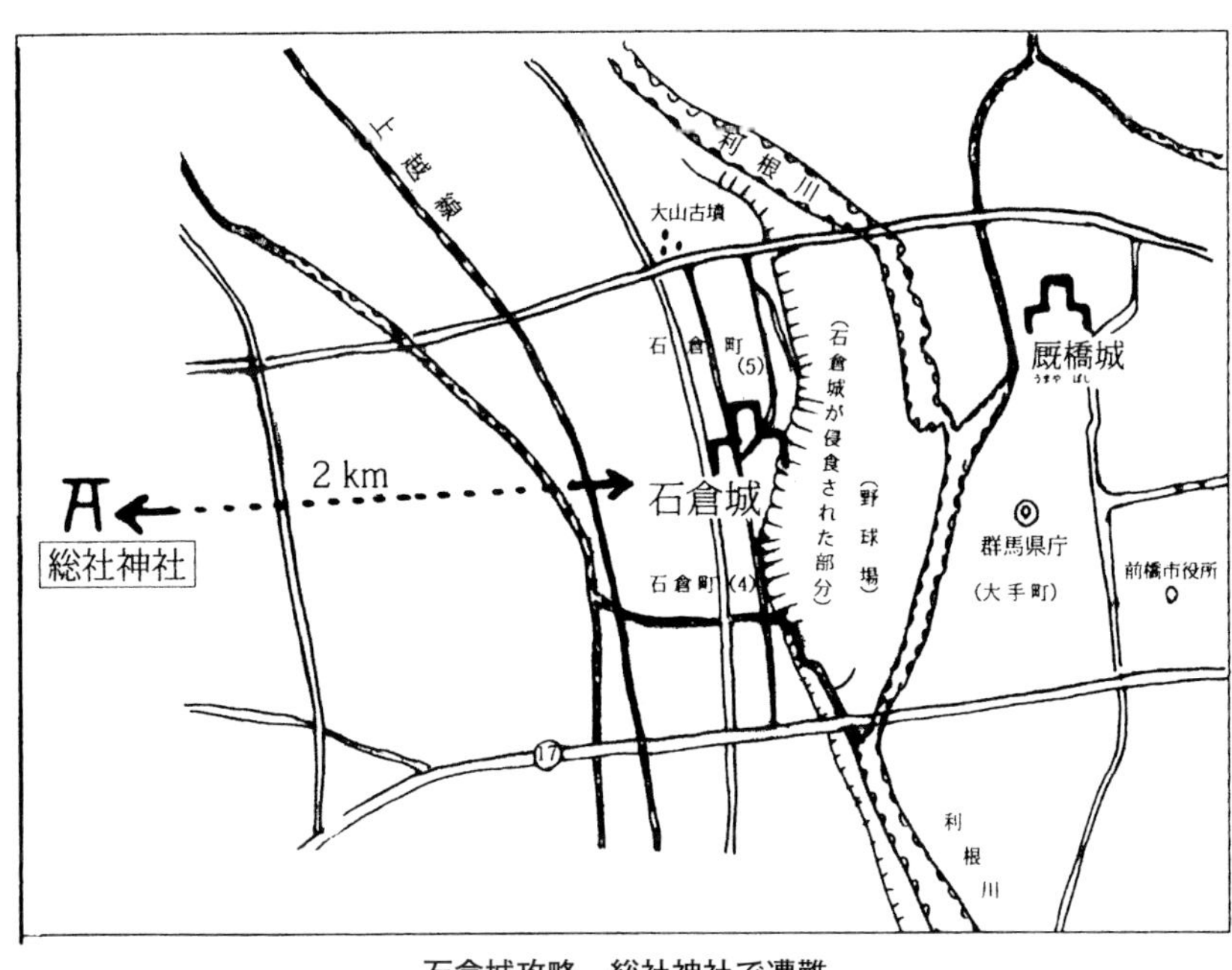

石倉城攻略、総社神社で遭難

その後、上州**石倉**と申す城を請け取りに参り候て、罷り在り候内、陣屋の内に於て、気違候様なるもの御座候て、思い掛けも御座無く、**修理太夫**康国相果て申し候。

（松井田城を攻略した後、松平康國は）上州**石倉城**を請け取りに出向いていたが、陣屋の内に於て、気違いのような者がいて、思い掛けも無く、**修理太夫**（康國）は落命してしまった。

石倉城の地勢と構造

石倉城は、群馬県前橋市石倉町にあり、利根川をはさんで東の厩橋城（前橋城）の対岸で向かい合う位置にある。現在は群馬県庁（厩橋城の跡にある）の高層ビルが石倉城跡とは利根川を隔てて東の対岸に聳えている。上州で北条方に付いた城は、松井田城・國峰城・箕輪城・白井城・厩橋城・館林城のような各地の中心城郭と、西牧城・**石倉城**のような戦略要点であった。石倉城は厩橋城と箕輪城との繋ぎの城であり、ここを攻略するということは、利根川を挟んで厩橋城攻撃の対城と変わる城でもあった。松平康國は西牧城を落とし、今回も**石倉城**を攻める役割を担っていた。

石倉城は利根川崖端に本丸をおき、**半同心円状の四郭**からなる構造である。**四重の堀と土塁**とがあった。西面外堀などは、八〇〇メートルにわたり一直線に延びていて、もう一工夫が不足している観がある。ひいて上げれば、二ノ丸外側の堀の北寄りに、また三ノ丸外側の堀では、南端にそれぞれ「**折**（お）**れ**」がある。その付近に**虎口**が開いていた推定される。

石倉城の本丸跡は前橋競輪のための駐車場の一部になっている。二の丸跡に「二の丸公園」があり、公園の北東隅に「石倉城」なる石碑と石製説明板、縄張り図の略画の説明板がある。現在、城跡一帯は住宅街と化し、ほとんどの堀跡は道路となっている。**総曲輪**はだいたい、南限は現在の群馬大橋西の道路、北限は現在の中央大橋西の道路であり、城跡の外のすぐ北西に隣接して「大山古墳」がある。総曲輪の西端の堀は現在は大型道路で交通量のかなりある「総社石倉線」になっている。そして、東限は当然であるが利根川を望む**段丘崖**であるが、長年の浸食により、削られている。本丸の段丘東下は現在は高崎商業高校専用の野球場などがある広い河川敷のグランドになっている。ちょうど、野球場の北西隅のバックネットのある所から見上げる段丘上のやや北側が本丸にあたる。利根川の流れが当時とだいぶ変わっているようである。

石倉城攻略後、城の請け取りで松平康國が遭難

天正十八年（一五九〇）、**松平康國**は北条方に属する上州の**石倉城**を攻めた。城方が康國に降伏したので、本陣を**惣社**に移した。（惣社地籍の現在の**総社神社**のある所である）。この時、**突然事変が起き**、主将松平康國は命を落とすことになる。その経緯については、諸説あるが、それをいくつかの文献で比較検討してみよう。

（1）『**蘆田記**』（『**依田記**』）は既出であるが、再掲してみよう。

――「上州**石倉**と申す城を請け取りに参り候て、罷り在り候内、陣屋の内に於て、気違候様なるもの御座候て、思い掛けも御座無く、**修理太夫**康国相果て申し候。」……つまり、陣屋の内で、気違いのような者がいて……思いもかけず命を落とした」と曖昧な表現である。

（2）『寛政重修諸家譜』

○**康國**の項

――「其後同國石倉城を攻。城主某城を避て降る。これより総社の地に陣す。則神社あり、これを本陣とす。ここに**長根縫殿助某**（庶流内記信福が貞享をよび今の呈譜に、上野國石倉の城主金井淡路に作る）といへるものあり。もと上野國の住人にして武田家へつかへ、のち北條につかふ。頃日また康國が隊下となる。康國これを郷導とし、かつ軍事を議るに、多く其利をえたり。二十六日（嫡流系圖二十七日とす。今内記信福が家よりたてまつれる貞享譜、前田利家が書翰にしたがふ）彼を本陣にまねきて軍議をなし、饗膳茶會を催す。康眞もまた其席に列す。ときに石倉城中に闘争あり、諸陣おほいに騒ぎて彼場にゆく。康眞も事をとはむがために、下陣に往て従士を呼。よりて康國が左右わづかに一兩輩のみ。このとき縫殿助某俄に狂氣し、白刃を振て康國を斬。康國つゐにこれがために命を殞す。年二十一。嶺嶽良雪。康國寺と號す。信濃國春日村に葬る。

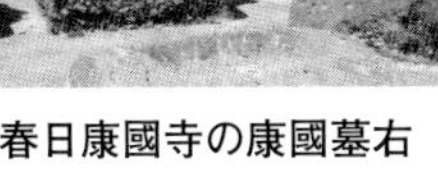

春日康國寺の康國墓右

○**康眞**の項

――総社に陣す。二十六日長根縫殿助某狂氣して兄康國を殺害す。ときに康眞は下陣にありしが、この騒動を聞、走りて社壇にゆかむとす。内藏助が従者□間にかくれてこれをうかゞふ。康眞が僕竹若といへるもの急に來りて彼を斬。康眞彼が刀に觸て左手に傷くといへども、内藏助が従卒十餘人と奮戰す。家臣等すなはちはせ來り、つゐにこれを鹿金（しかばね）にす。

○**善九郎**の項

——四月二十七日康國長根縫殿助某を饗し、茶會をもよほす。善九郎も其席にあり。ときに縫殿助俄に狂氣し康國を殺害す。善九郎走りより長根と組で壇下に轉び、つゐにかれを刺て仇を報ず。

○依田信政の項

——四月康國総社にをいて横死のとき、信政も其席にありて小林左馬允を討取、創をかうぶる。二十七日利家書を贈りてこれを賞し、醫をして其創を問しむ。

石倉城での事変とその結末

——「寛政重修諸家譜」三百五十六には康眞の項で、この石倉城での事変について、先のページで触れたが、ここでもう一度取り上げる。

〔**康眞**〕

二十六日、**長根縫殿助**某狂気して兄**康國**を殺害す。ときに**康眞**は下陣にありしが、この騒動を聞き、走りて社壇にゆかむとす、内藏助が従者□間にかくれてこれをうかゞふ、康眞が僕竹若といへるもの急に來りて彼を斬、康眞かれが刀に觸て左手に傷受くといへども、内藏助が従者十餘人と奮戦す、家臣等すなはちはせ來り、つゐにこれを鹿金にす。康眞この始末を東照宮に告たてまつるのところ、五月三日（↑十一日）御書をたまわり、康國が跡職前蹤のごとく康眞に賜ふのあひだ、人數を散さずして利家が下知にしたがふべしと仰せ下さる。この月手創療養のため小諸にかへる。

弟**康眞**は、一族の**依田肥前守信昌**（信政）等と共に長根（寺尾）や側近の従者をことごとく倒した。依田肥前守**信昌**とは依田肥前守**信守**のことではなく、その実弟で後に信守の養子となった依田肥前守信政のことである。なお、康國が遭難した時、走り寄って長根と組んで壇下に轉び、ついに彼を刺して仇を討ったのは、康國の叔父（信蕃の三弟）である**善九郎信春**であると、『寛政重修諸家譜』の善九郎の項では述べられている。また、仇を討ったの**依田昌種**（伴野が本姓）であるという説もある。

いずれにせよ、康國遭難の時に駆けつけて、長根（または寺尾）とその従者達を討ち果たしたのが、名前のあがっている**松平康眞**（康國の弟）、**依田信春**（康國の叔父）、**依田信政**（康國の従兄弟）、**依田昌種**（康國に近い家臣）らの面々であったということであろう。

前田利家の感状の依田源三と謎の地名「恵旗」

話は前後するが、康眞の兄**松平康國**が、石倉城攻めの時に**総社でだまし討ち**に遭い横死した翌日付けの**前田利家**からの**感状**がある。

――前田利家の**依田源三**への感状の日付が四月二十七日であり、事変があったのは、この前日（四月二十六日）となっている。つまり、事変によって康國が没した翌日に、早くも発給されたものである

『諸家感状録　群馬県史資料編　7－3621』より

昨日者、於**恵旗**ニ、不慮ニ**松平修理太夫**殿御果口惜次第ニ候、然処ニ貴所無比類御働、被蒙疵ヲ、**小林左馬允**被討留候義、弥御肝入候、猶期面上之時候、恐々謹言、

四月廿七日　　**利家**書判

依田源三殿

依田源三とは、誰のことであろうか。（蘆田・依田）松平康國にかなり近い人物であることは明確である。感状の中に「然処ニ貴所無比御働、被蒙疵ヲ」とあることからして、康眞は左手にかなり重い傷を負っていることから源三とは康眞のことである可能性がある。しかも、ここでは北国軍の**総大将たる前田利家**が感状をわざわざ発しているほどであるので、遭難した康國の弟の**康眞**に対してであることが考えられる。（『上州の城』上毛新聞社は、この説をとっている）。ところが、『寛政重修諸家譜』巻第三百五十七の依田信政（信蕃の次弟信幸の次男、康國の従兄弟）の項に――「四月康國惣社にをいて横死のとき、**信政**も其席にありて、小林左馬允某を討取、創（きず）をかうぶる。二十七日、利家書を贈りて、これを賞し、醫をして其創を問しむ」とあることから、前田利家の感状の宛先の「源三」は、依田信政に比定している説もあ

る。一方、蘆田依田松平氏当主である康國が命を落としたことによって、「ナンバー2」たる康眞にも、同じような書状（感状）が与えられないことはない。それを考えると、やはり、「依田源三」なる人物がだれであるかは特定できない。

「恵旗」という地名については、手を尽くして調べてみたが、いまのところ謎のままである。『寛政重修諸家譜』では、――「石倉城を攻。城主某城を避て降る。これより**惣社**の地に陣す。則神社あり、これを本陣とす」とあり、ここで**長根縫殿助某**にだまし討ちに遭っている。他の歴史書もみな同じである。そこは、石倉城の近くの**惣社神社**である。古くは蒼海城の郭内でもあった。**善九郎信春**が「走りより**長根**と組んで壇下に轉びつゐにかれを刺して仇を報ず」とあり、また、「時に康眞は下陣にありしが、この騒動を聞き、走りて社壇にゆかむとす」とあるのは、まさに神社の様子を表している。とにかく、事変が起こった場所は神社であるのである。

しかし、前田利家の**感状**では、「昨日者、於**恵旗**ニ」とあり、松平康國の遭難を「**恵旗**において」と述べているので、この場所の調査が必要である。

第四章　康眞

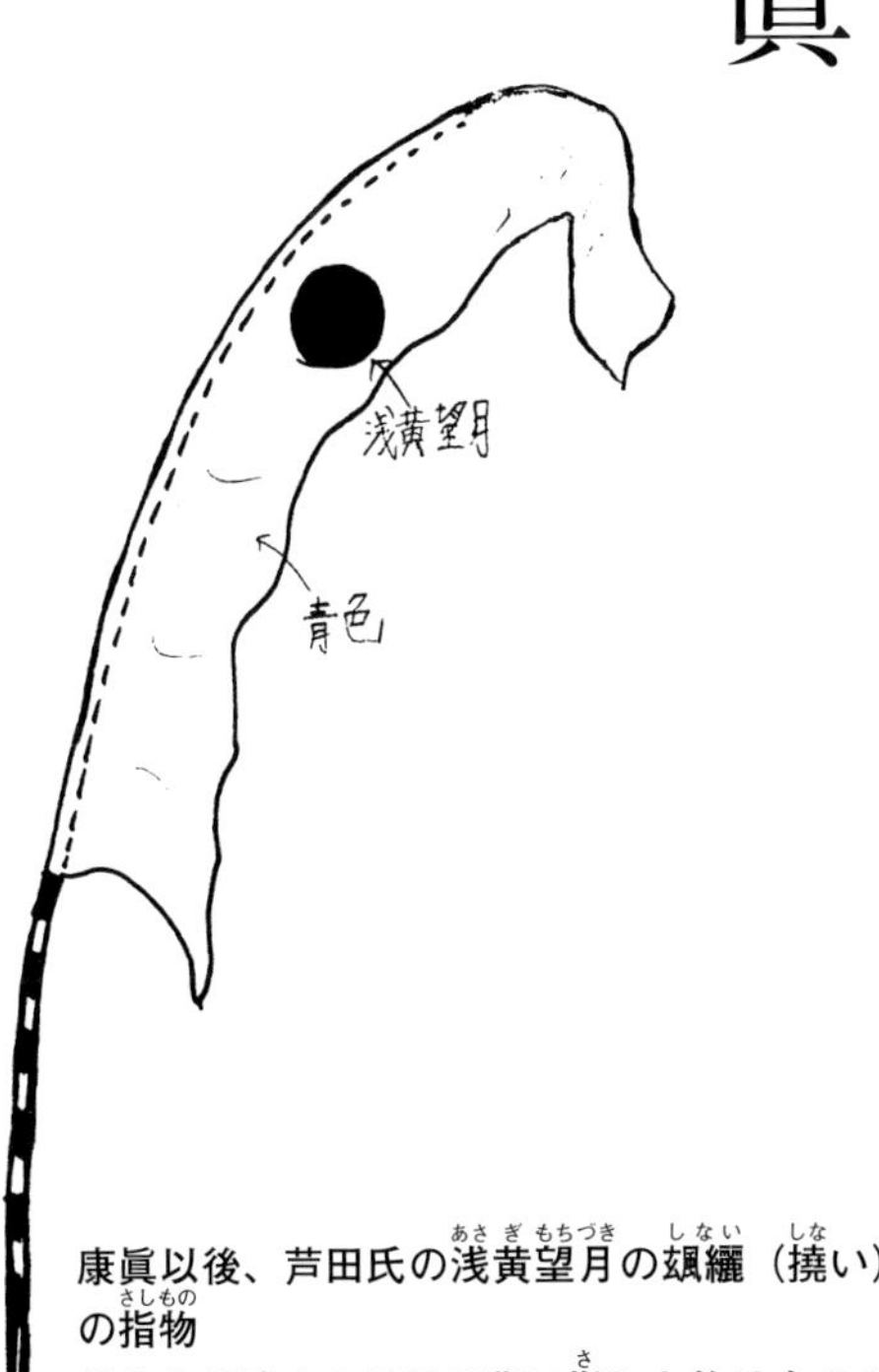

康眞以後、芦田氏の浅黄望月（あさぎもちづき）の颯纚（しない）（撓（しな）い）の指物（さしもの）
指物とは武士の具足の背に指（さ）した飾りもののこと。その存在や所属などを明らかにした。

54　徳川家康と証人福千代丸（康眞）

『芦田記（依田記）』に**家康**と**福千代丸**こと康眞について、次のように記されている。

天正十四年戊年四月十五日、拙者儀、**家康**様御前に於て、前髪を御自身はやさせられ、御腰の物拝領、**松平**の御名字並**康**と申す御一字下され候。御證文の写し一通指上げ申し候。

〈要旨〉

・**天正十四年**（一五八六）戌年四月十五日、拙者は、徳川**家康**公の御前にて、前髪を家康公自身が整えて下さり、御腰の物（刀）を拝領した。そして、**松平**の御名字と「**康**」の諱を下された。御證文の写しを一通提出致します。

拙者とは、『芦田記（依田記）』の著者である**加藤四郎兵衛宗月**こと芦田・依田・松平**康眞**のことである。父依田信蕃の忠節を深く感じた家康は、先年（天正十一年三月）その嫡子竹福丸（松平康国）に、そして今回、天正十四年四月十六日に次男**福千代丸**（松平康眞）に、「**松平**」の姓と「**康**」の諱を授けた。

元服し、徳川親族たる「松平」の姓と、家康の「康」の偏諱を賜る

康眞は天正二年生まれなので、この時、数え十三歳であった。生誕の年である天正二年（一五七四）より、翌年の十二月二十四日まで、父**芦田信蕃**は遠江国**二俣城**を主将として守備している。『寛政重修諸家譜』によると康眞は、佐久郡春日城で生まれた。多くの歴史書では、康眞の**母は加藤氏**の出とされている。また、佐久郡立科町茂田井在住で、芦田氏の末裔の一人である土屋武司氏のご教示によっても母は加藤氏であるという。康眞が越前福井藩主松平秀康の家臣となって以降、姓を「**加藤**」に変えているが、それは母の実家の姓であるということになっている。しかし、『寛政重修諸家譜』によると、**母**は「**大炊助某が女**（むすめ）」とある。信蕃の項には室は「跡部大炊助某が女」とあるので、康眞の母は

「跡部氏」出身ということになる。加藤氏の女が養女として跡部氏へ入り、その後に信蕃の室（妻）となったということであろうか。あるいは、加藤氏というのは先妻で、跡部氏というのは後妻であろうか。検討を要する。

芦田信蕃の次男福千代丸（新六郎）が元服した時に、家康から「康」の字を賜った証としての**家康**からの**判物**がある。この書状について康眞は『蘆田記』（依田記）で、「天正十四年戊年四月十五日」としているが、左記に掲げるごとく家康からの證文によると「十六日」が正しい。それは、徳川家康判物で、**松平新六郎**が家康の「**康**」の「一字を拝領した」内容である。以後、**松平新六郎康眞**（康貞・康寛）」と名乗った。

判物（ハンモツ）とは、文書の発給者である大名が、自ら判（花押）を据えた文書という意味である。感状・所領給与・所領安堵・特権の給与・承認など、永続的な効力を付与すべき文書に用いられた。この判物は、芦田家の宝物であった。

『寛政重修諸家譜』の依田康眞の項には、このことについて次のように述べられている。

（天正）十四年四月十五日、康眞を御前にめされ、みてづから首服をくはえられ、御稱號を賜り、仰によりて**新六郎康眞**となのる。このとき佐々成政が帯せるところの**來國俊の刀**をたまはり、汝其武勇にならひ、よろしく忠勤を勵むべしと仰下され、のち御かたはらに勤仕す。

天正十四年
卯月十六日　家康（花押）
康
松平新六郎殿

「御腰の物拝領」とは、**佐々成政**が所有していた「**來國俊**」の刀であったことが分かる。――佐々成政とは織田信長の武勇の誉れ高い家臣で、越中一国を与えられ富山城主であった。本能寺の変後、秀吉に対抗し、家康と組もうとして厳冬の針ノ木越え〈ザラ峠越え〉をしたことで有名である。後に秀吉によって肥後国を与えられたが失政を秀吉に咎められ憤死した。

右の徳川家康判物では「卯月十**六**日」となっている。正式にはこの期日が正しいと思われる。しかし、『寛政重修諸家譜』ではその期日を「十四年四月十**五**日」として

福千代（康眞）の証人（人質）時代

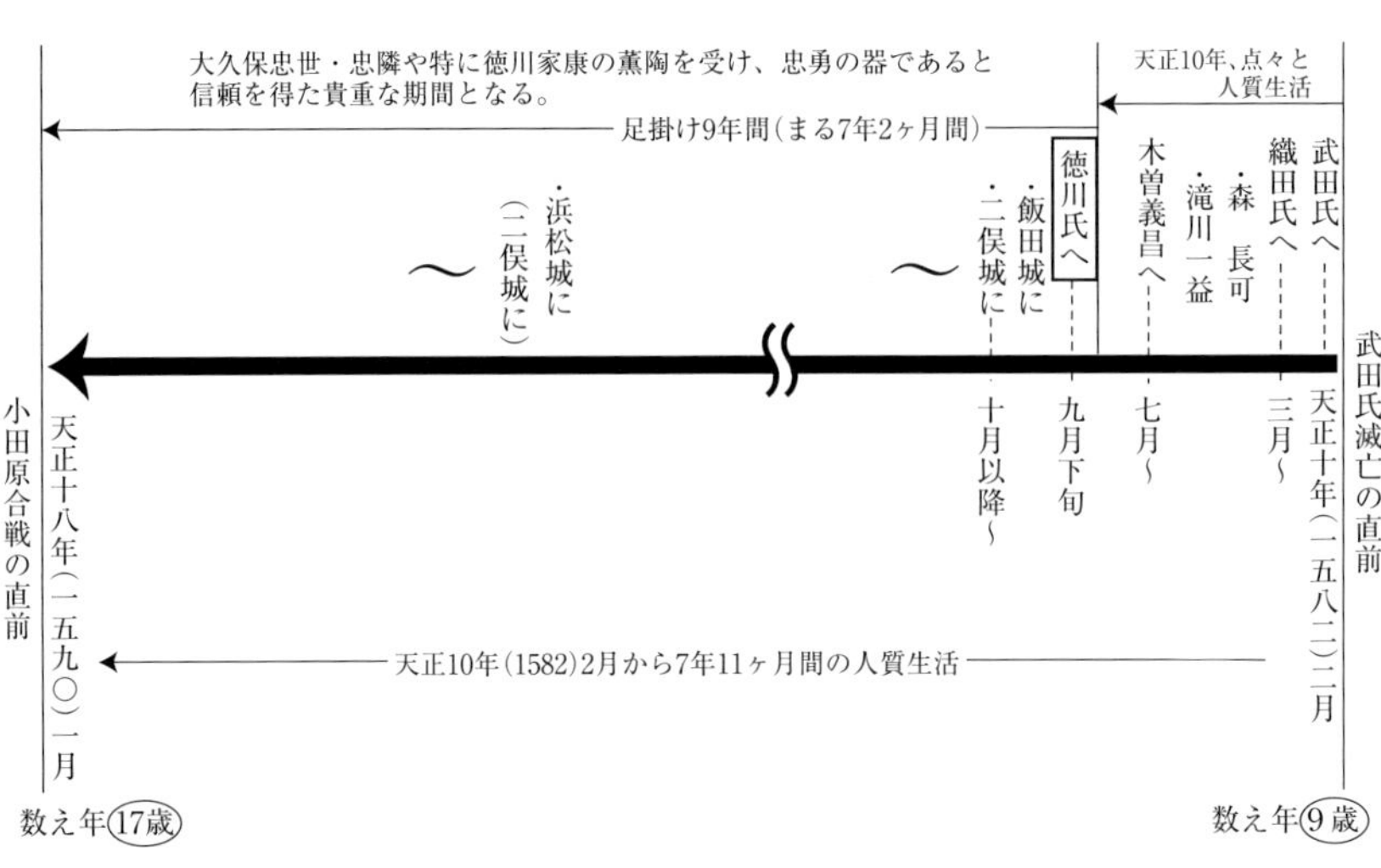

いる。「十五日」としたのは、その原本たる康眞の記述した『芦田記』（『依田記』）に「四月十五日」とある記述（誤記？）にしたがって、『寛政重修諸家譜』が書かれたからであると推定される。

去る平成二十三年に長野県立歴史館春季展『武士の家宝〜かたりつがれた御家の由緒』が発行されたが、その一七頁には、この「徳川家康判物」と「脇差」の写真が掲載され、説明が加えられている。

なお、『寛政重修諸家譜』のこの文には「……のち御かたはらに勤仕す」とあるのは、康眞が徳川方への証人（人質）として、大久保忠世の二俣城にいたのを、**家康が浜松城**で元服させ、その後しばらくの間、人質の身ながら**家康の近習として康眞を仕えさせた**ことを意味している。――平成末期に毎週日曜日にＮＨＫ大河ドラマ『真田丸』で、真田からの人質（証人）として豊臣秀吉のもとに送り込まれていた信繁（幸村）が、秀吉のお気に入りとなり、近従（近習）として秀吉近くに仕えことが強調されたドラマの展開となっていたことは、記憶に新しいことである。福千代丸（康眞）も徳川家康に気に入れられ、特別に目を掛けて養育され、家康に近く近侍したのである。

織田（滝川）～木曽～徳川へと転々と証人となる

証人（人質）として幼少期から過ごした康眞（及び兄の康國）の人質としての前半に関しては、別ページで紹介するが、ここでは天正十年六月の本能寺の変の直後からみてみたい。上州・武州境の神流川の戦いに破れた滝川一益が、小諸城を六月二十三日（二十六日とも）に出発し、本領である伊勢国長島へ西走する時に連れ去った佐久・小県の証人の中に、芦田信蕃の二人の男子（**竹福丸と福千代丸**）がいた。一益は証人を引き渡すのを条件に、木曽義昌の領内である木曽を無事通過した。兄弟は六月下旬から**人質**として**木曽に**おかれたわけである。

やがて八月になって、甲斐国から信濃国一円を勢力下に納めようとしていた**徳川家康**が、この人質に関して行動を起こした。『古今消息集』（『信濃史料』所収）によると、

急度啓達候、仍而今度結失忍田佐久郡并小縣之人質之儀、此方へ於て御返者、可為本望候、左様ニ候ハヾ、御誓詞被懸御意、其上拙者も以神名、彼等迎可進之候、然者、従信長被進候御知行方之儀、聊以不可存相違候、其付而貴所江逆意之者共、是非拙身出馬申、可逐御本意候、如此申談上、巳來疎略申間敷候、委細具御報待入存候、恐惶謹言、

八月九日　　　　徳川家康（御書判）

木曾殿

（訓読）

急度啓達候、よって今度結失忍田**佐久郡并びに小縣の人質**の儀、この方へ御返しに於ては、本望たるべく候。左様ニ候はば御誓詞御意に懸けられ、その上拙者も神名を以って、彼等の迎これを進むべく候。然らば、信長より進められ候御知行方の儀、聊かつて相違を存ずべからず候。それに付いて貴所へ逆意の者ども、是非拙身出馬申し、御本意を遂ぐべく候。かくの如く申し談ずる上は、巳來疎略申すまじく候。委細具に御報待入り存じ候。恐惶謹言。

天正十年八月九日発行の徳川家康書状案である。**木曽義昌**に佐久・小縣両郡の人質を還すべきことを求め、併せて、信長が木曽義昌へ与えた知行を安堵し、共に敵に当る用意があるということを述べている。

また、『木曾舊記録』（『信濃史料』所収）によると、家康の書状に対して、ただちに、木曽義昌が左記のように返信を送っていることが分かる。

乃木雲辱拝覧仕候、然巴、其表永々御對陣、御摸様如何、可承奉存候、信長公領知仕候處ニ、聊不可存相違之旨御掟之趣、不肖之義昌別而祝著之至奉存候、爾來無二之蒙御懇命度、起請文を以申上候、為逆意之於有之者、御出馬も可被下旨、辱奉謝候、此節甲州之餘黨諏訪・伊奈徘徊罷在候由、出勢相働可申と存知候、猶使者口上申含候、恐惶謹言、

木曾伊豫守

月　日　　　　義昌

源家康殿御幕下

（訓読）

乃木雲辱なく拝覧仕り候。然らば、その表永々御対陣、御模様如何、承はるべく存じ奉り候。信長公より領知仕り候ところに、聊かも相違存ずべからざるの旨御掟の趣、不肖の義昌別して祝着の至に存じ奉り候。爾來無二の御懇命を蒙りたく、起請文を以つて申し上げ候、逆意をなすの者これあるに於いては、御出馬も下さるべき旨、辱なく謝し奉り候。この節甲州の余党諏訪・伊那徘徊罷りあり候の由、勢を出し相働き申すべくと存じ候。なほ使者の口上に申し含め候。恐惶謹言、

木曽義昌書状案である。『信濃史料』では、この文書の期日を（天正十年）八月九日としている。家康の書状を受け取った後、即日に返書を出していることになる。まず、家康に北条氏直との若神子の対陣についてご機嫌伺いを述べた後、信長から拝領した領地を家康から安堵されたことに、改めて謝意を示している。家康に忠節を尽くすことを起請文をも

って表わす旨を述べている。敵対する者があったら家康が出馬してくれる約束をしてくれていることにも感謝している。また甲州の武田旧臣が諏訪・伊那で動きを見せている様子なので、（家康とともに）働くつもりであることを伝えている。しかし、この書状では、「佐久・小縣の人質の返還」については、直接触れてはいない。「なほ使者の口上に申し含め候」という言葉で書状を締め括っている。使者の口上で申し含める予定であったことはどのようなことであろうか。以上の書状のやりとりの後、『尾張徳川文書』（『信濃史料』所収）によると、木曽にいた**佐久・小縣の人質**について、家康がどう動いたかが分かる。

為**蘆田人質**可請取、小笠原掃門大夫使者木曽へ指越候、彼人質
帰路無已大儀候、有馳走、送以下可被申付之候、恐々謹言
　　九月十七　　　　　　　　　　　家康（花押）
　　　奥平九八郎殿
　　　鈴木喜三郎殿

（訓読）
蘆田の**人質**請け取るべきため、小笠原掃部（かもん）大夫の使者木曽へ指し越し候。かの人質の帰路異儀なく候様馳走ありて、送以下これを申し付けらるべく候。恐々謹言

この徳川家康書状では、家康が小笠原信嶺の使者を木曽義昌の許に遣わし、佐久郡**蘆田の人質**（信蕃の二子、竹福丸と福千代丸）を受け取らしめんとしているわけである。また、家康は奥平信昌と鈴木重次に、その帰路の便宜を図らせているのである。

この天正十年九月十七日頃以降から、信蕃の二子、**竹福丸**と**福千代丸**（後の松平康國と松平康眞）は、芦田依田信蕃の家康への臣従の**証人**（**人質**）として**徳川方**に引き取られていたのである。具体的には家康の重臣で信蕃とは肝胆相照らす人間関係でもあった**大久保七郎右衛門忠世**の居城となっていた**二俣城**にその身はあったのである。奇しくもそこは、

祖父芦田下野守信守と父右衛門佐信蕃が、天正二年（一五七四）十一月頃から翌三年（一五七五）十二月二十四日までの一年二カ月あまりに渡って城主として徳川に敵対して守った因縁のある城であった。

家康への証人時代の福千代丸（康眞）

家康から特別目をかけて養育され、家康近く勤仕した康眞であったが、佐久郡主（佐久をへ平定し小諸城主）となった兄康國の（形式的には）証人として、**二俣城**や**浜松城**で生活し、佐久への帰還がなったのは、小田原合戦の直前（天正十八年、一五九〇）のことであった。この間の康眞の家康との関係を表わすことを、『芦田系譜』を中心にみていきたい。

①幼名福千代丸、父芦田信蕃の徳川臣従の証人（人質）として遠州**二俣城**に兄竹福丸（康國）とともに日を送る。天正十年（一五八二）十月頃から～

②半年後、兄康國は父信蕃の岩尾城攻城戦での落命後に、後継者として二俣城主大久保忠世の後見で、佐久郡小諸城主として去る。**福千代丸**（新六郎）は、そのまま**二俣城**におかれる。

木曽妻籠城

飯田城（木立のある丘）（後方は風越山）

二俣城本丸跡

浜松城——丘の上に立地

③やがて、天正十四年（一五八六）四月には、家康の居城浜松城にいったん移される。家康自ら手を加え、福千代丸を**元服させ**、**松平康眞**とする。（その後も時々二俣城へ帰ることも）。

④証人（人質）ではあったが、家康に気に入れられ近侍する。他の近従とともに**猿楽**を習い、家康の前でしばしば**猿楽**を披露して褒められる。猿楽とは申楽ともいわれていた。今日の「能」は江戸時代のかなりの頃までは「猿楽」と呼ばれた。

⑤家康の内室となった秀吉の妹**旭姫**、秀吉の甥**羽柴秀次**の**草津温泉行き**に供奉し饗応する。両度とも、その後しばらく**小諸城**での滞在を家康から許され、その後、浜松城・二俣城へ戻る。

⑥康眞、方広寺大仏殿棟木用の大木搬送の様子を家康に従って見物。

秀吉は、方広寺の大仏を建立したが、大仏殿の棟木に適する大木を得ることが、なかなかできなかった。やっと家康の領内の富士山麓に見つけ出した。天正十七年、秀吉に送るこの大木を**家康**が上覧するために、大宮に来ていた。康眞は小諸へ往こうとして、途中駿州**大宮**を経て、設楽甚三郎宅に止宿した。その時ちょうど、家康が大宮に来ていることが分かったので、康眞は出かけていって**家康に拝謁**した。家康の御籠に従って、切り倒されて搬送中のその大木を見に行った。――富士川へその大木を流そうとする時、多くの人が溺死したが、やがて、本多忠勝の見事な指揮により、その大木を富士川に流すことができた。その後、田子ノ浦に浮かべ、大船の舮綱に結んで、熊野浦へ廻送し、浜ノ津へ引き上げ、洛（京都）へ送るべき旨を秀吉が予て命じてあったのである。――家康に従って大木搬送を見た後、康眞は小諸へいったん帰ったものと思われる。

証人として家康に近侍している間に、聡明で律儀な性格のうえに、若年ながらも豪胆で忠勇の武将の器の片鱗がうかがえ、家康に気に入られていたことが、康眞のその後の人生を左右することになる。

前後するが、証人として家康近くにいた康眞の状況詳細を、左記に付け加えておきたい。

家康の近従として猿楽を習う

——家康の前でしばしば**猿楽**を披露して褒められる。

『芦田系譜』には、天正十七年（一五八九）六月に、家康が大蔵道知を駿府に招いて猿楽があった時のことが次のように記述されている。（句読点を付けて表現することにする）

時ニ、康眞公、台命ニ因テ是ヲ稽古ス。マタ井伊直政ガ宅ニ於テ猿楽あり。七月廿六日ヨリ同廿九日ニ至ル。東照宮、秀忠君、渡御アリテ乱舞シ玉フ。**康眞**公モコレヲ供奉シテ共ニ興シタマフ。

右ノ時、東照宮毎日渡御アリ。初日松風、二日三輪、三日百萬、四日谷行。総テ四番自ラ是ヲ乱舞シ玉フ。道知コレヲ樂ス。秀忠君ハ未ダ御幼稚ナリ故ニ小鼓ヲ御膝ニ抱カレ、コレヲ樂シ玉フ。又観世大夫（ヲチ観世）ハ、初日藤戸、二日山姥、三日唐船、四日難波都ヲ、四番ヲ舞フ。又観世鬼若丸（後黒雪）ハ、老松ヲ舞フ。脇ハ福王何某、永井右近、酒井十左衛門尉。笛ハ春日市右衛門、（ソノ外コレヲモラス）。小鼓ハ**康眞**公、青山圖書、大久保石見守等。大鼓ハ井伊兵部少輔、安部左馬允、奥平美作守。太鼓ハサカフドノ余□従ノ諸士。命ニ従テ乱舞す。

又ノ節、**康眞**公、**仕舞**ヲ鬼若丸ニ習ヒ、鼓ヲ道知ニ學ビ玉フト云。

同年七月下旬、道知、御暇ヲ賜り帰洛ス。康眞公モ二俣へ帰リ玉フ。

ア　家康が大蔵道知を駿府に招いて**猿楽**があった時、**康眞**は家康の指示によって稽古している。

イ　井伊直政の屋敷で猿楽が催された。

ウ　七月二十六日から二十九日まで行われ、家康と秀忠が出席する中で舞った。**康眞**もお供し共に興じた。

エ　この時、**家康**は毎日ご覧になった。初日は松風、二日目は三輪、三日目は百萬、四日目は谷行。全て四番とも家康自ら是を乱舞した。道知はこれを楽しんだ。

オ　**秀忠**君は未だ幼かったので小鼓を膝に抱いて、これを樂しんだ。

カ　観世大夫は、初日は藤戸、二日目は山姥、三日目は唐船、四日目は難波都を、四番とも舞った。また、観世鬼若丸（後黒雪）は、老松を舞った。

キ　脇は福王何某、永井右近、酒井十左衛門尉が、笛は春日市右衛門などが受け持った。

ク　小鼓は**康眞**、青山圖書、大久保石見守であった。大鼓は井伊兵部少輔、安部左馬允、奥平美作守であった。太鼓は「ハサカフドノ余扈従（こじゅう）ノ諸士」（従っていた従者）が、家康の命によって舞った。

ケ　また、他の折には、**康眞**は、**仕舞**を鬼若丸に習い、鼓を道知に学んだ。

コ　同年七月下旬に道知は御暇を賜り京都へ帰った。康眞も（浜松城から）二俣城へ帰った。

康眞は家康の内室となった秀吉の妹・旭姫にも気に入られる

天正十三年（一五八五）、**小牧長久手の戦い**を有利に展開していた家康ではあったが、総合的に彼我の勢力を考えた末、秀吉との**和睦**を受け入れた。その際に、**秀吉**は実妹の**旭姫**を当時正室がいなかった**家康**に輿入れさせることとした。（体裁のいい人質として、妹を差し出しても秀吉は家康と和睦し、従属させたかったのである）。

秀吉の家臣浅野長政が供奉し、旭姫が**浜松**に至ったのは天正十四年（一五八六）五月十四日のことである。まず、榊原康政の屋敷に輿が寄せられ、即日**浜松城**に入って、家康との婚礼の儀が執り行われた。そして、この年の八月、家康は本拠を**駿府城**へ移した。

康眞の兄**松平康國**は、家康の婚礼を賀すために、十一月に駿府へ出向き越年する。**康國・福千代丸**（**康眞**）兄弟の再会がここで叶うことになる。翌天正十五年一月十五日に康國は小諸城へ帰る。**福千代丸**は証人（質）として家康に近侍する。駿府で家康に近侍していた**福千代丸**は、憂鬱の日々を過ごしていた**旭姫**に気に入られることとになる。福千代丸（康眞）の誠実で聡明で肝のすわったところのある生来の性格が、そうさせるに至ったものと思われる。

天正十五年四月、家康は旭姫に湯治のために草津温泉行きを勧める。前年の天正十四年四月に元服した**松平康眞**は、家康の命によって旭姫に供奉（ぐぶ）する。草津温泉に七日間逗留後、旭姫一行は**小諸城**へ立ち寄る。この時、康眞は去る**天正**

十年より六年を経て、初めて信州佐久へいったん帰ったことになる。この旭姫一行のために小諸城主で兄の**松平康國**は、領内の道を修理し、また、新たに茶店を設け饗応した。**小諸城**へ**旭姫**が立ち寄った時には藩主康國自ら饗膳を奉った。かねて、京都の観世又三郎を招いてあったので、「猿楽」を挙行した。**康眞**もまた**猿楽**を舞った。その後即日、旭姫一行は帰路についた。康眞は、休暇を賜り、しばらくの間、小諸城に留まり、六月になって駿府へ赴いた。その後、さらに二俣城へ入った。康眞は二俣城で越年した。

秀吉の後継者羽柴秀次をも饗応

天正十六年（一五八八）十月、**羽柴秀次**が**草津温泉**に浴した。兄の康國は新たに茶店を設けた。また、草津へ出向いて秀次を饗応した。秀次は奔走に感謝し、珎器数品を賜る。秀次は湯治すること月をまたいで十一月下旬に至って京都へ帰る際に小諸城へ立ち寄ったが、**康眞**も小諸へ来て秀次を饗応した。康眞は小諸に留まること数十日あって、また、二俣城へ帰った。そして、天正十七年正月、康眞は二俣城で越年した。

康眞、小田原合戦を前に「証人」を解かれ、小諸へ帰る

天正十八年正月、**康眞**は新年を賀するために二俣城から駿府城へ行き、**家康**に拝謁した。その時、家康から「今春**小田原攻め**がるので、兄康國と共に軍用を整え、速やかに参陣すべき」旨を命じられる。――これによって、康眞はただちに証人としての役割を解かれ小諸へ帰った。

天正十年十月から天正十八年一月までの、足掛け九年（まる七年二ヵ月）間の徳川家康への証人時代は、康眞は家康から薫陶を受け、また、忠勇の器であると信頼を得ることができた貴重な期間であった。康眞にとって、その後の人生を左右するものを得た年月でもあった。

北条氏討伐の小田原合戦を控え、いよいよ、兄**康國**と力を合わせての**康眞**の武将としての器量が発揮されることになるのである。

家康は家臣としての康眞の人物を認めていた

後に、**家康**が**康眞**のことを取り立てたり、その行く末を気遣っているが、父信蕃の忠勇ゆえもあるが、康眞という人物を家康がかっていた証拠でもある。つまり、康眞は家康の覚えも高かったことが推測される。その証拠として、後年慶長五年（一六〇〇）正月、**旗本小栗三助某**を**囲碁の勝負**の末に、**抜刀して斬り殺して**しまったにもかかわらず、家康が康眞を改易（上州藤岡藩領地没収）とお家断絶としながらも、高野山蓮華定院に蟄居していた康眞の命までは求めなかったことからも分かる。更に、関ヶ原の合戦後、康眞が家康の次男**結城（松平）秀康の家臣**になることを許していることからもうかがえる。それのみならず、「公（おおやけ）」には喧嘩の上の抜刀殺人事件を許さなかった家康ではあるが、「私」的には康眞を見捨てはしなかった驚くべき事実がある。

それを紹介しよう。**康眞**が改易になった時に、その**娘**は康眞の舅（室である了源院の父）である**大久保忠隣**が養女として引き取って育てたのであるが、後に尾張徳川家の筆頭家老**竹腰正信**に正室として嫁ぐ時に、**家康**自らがその仲介役を果たしていることである。『芦田系譜』（国立公文書館）の記述に、竹腰正信との婚礼について、次のように記されている。

慶長年中、康寛公（康眞）越前へ御動座ノ後、東照宮御媒ヲ以テ竹腰正信卿へ嫁シ玉フ

家康は**康眞**の家臣としての人物を認めていたことが分かる。また、家康にそうさせるほどに、康眞の父芦田依田**信蕃**の家康への寄与度（貢献度）があり、家康がそれを高く評価していたからでもあろう。

55　康眞、兄康國の後継となる

証人時代を経た康眞が、兄康國とともに小田原合戦に参戦

武田氏滅亡後、「天正壬午の戦い」における父芦田信蕃の目まぐるしい戦いの日々。運命に翻弄され居場所を

転々とせざるを得なかった**福千代丸**（康眞）。武田氏～織田氏（滝川氏）～木曽氏～徳川氏と**人質生活**を余儀なくされていた。その中でも、徳川家康との人間関係を築くことができた七年間余の年月は、その後の康眞の人生の節目節目で大きな意味を持ってくる。父祖芦田依田氏の生き方や心根をしっかり受け継いでいたことは、**芦田三代**（信守～信蕃～康國・康眞）の歴史を辿れば明白である。

数え十六歳になった**康眞**にとっては、豊臣秀吉・徳川家康の北条氏討伐を目指した**小田原合戦**が、その器量を発揮する機会となった。康眞の存在は、兄康國とともに、その小田原合戦に関わる働きの中で歴史に刻まれている。（康眞の活躍は、既述のページにも載っている）。

父信蕃に追われて関東へ逃亡していた相木市兵衛・伴野貞長が、小田原合戦直前に後方攪乱と旧領地奪還を図って、北条氏の支援を受けて相木谷に侵入し、旧臣を集めて挙兵した**相木白岩合戦**では、兄弟の即断の対応力と勇猛果敢な戦闘力が遺憾なく発揮された戦いであった。この戦いで兄康國の本隊は後方に待機し、弟の**康眞**の率いる軍勢だけで勝利している。**康眞は初陣**であったが、士卒に先んじて自ら進んで攻撃するような、武勇に優れる戦いぶりの中でも、傷を負って動けなくなっている敵兵の命を奪おうとしている家来をたしなめるなど、武士としての情けを持つ人間性の片鱗を窺わせるエピソードも伝わっている。これは**佐久における戦国時代最後の戦い**となった。

小田原合戦の際の北国軍の一翼を担った**松井田城攻城戦**では、兄康國とともに果敢な戦いを展開した。自ら**竹束**を持って城に迫り、敵の弾丸が康眞の陣羽織の袖を貫くような危機一髪の場面にも怯まなかった。北国軍の総大将の前田利家の忠告をも聞かず、康國・康眞兄弟には、こうと決めたら他人が何と言おうとも突き進むようなところがあった。さらに**西牧城を攻略**し、**石倉城攻略**で兄康國とともに戦い、武勇を発揮する。そして、石倉城請け取りの際に騙し討ちに遭い落命した康國の仇を即座に討っている。

康國の遭難の時に駆けつけて、長根（寺尾）とその従者達を討ち果たしたのが、**康眞**（康國の弟）のほかに、名前のあがっているのは**依田信春**（康國の叔父）、**依田信政**（康國の従兄弟）、**依田昌種**（康國に近い家臣）らの面々であった。直後、康眞を筆頭に（芦田依田）松平勢は、石倉城を一気に制圧した。

『芦田記（依田記）』には、康國遭難横死の記述の直後に、次の一節がある。

（家康公から兄康國の）跡式拙者に下し置かれ、繼目の御判の写し指し上げ申し候。

康眞、兄康國の跡職を家康より許さる

上州**石倉**城を請け取りに出向いた松平康國は、味方になることに心許していた降将に、本陣である**総社**でだまし討ちに遭い、思い掛け無く命を落としてしまった。「家康公から跡式（後継者）は拙者（康眞）に下し置かれた」証拠として継目の御判の写しを尾張徳川義直の求めに応じて提出したものである。

五月十一日に、**家康**より松平康眞へ授けられたその「御判形」が左記である。

修理大夫跡職之事新六郎中付候条、人数等不散様、堅可申付候、然者、其元陣中之儀、**羽柴中将**殿任差圖、可走廻候也、

五月十一日　　家康（花押）

松平新六郎殿

（訓読）

修理大夫跡職のこと、新六郎に申し付け候の条、人数等を散ぜざる様、堅く申し付くべく候、然らば、その元陣中の儀、**羽柴中将**殿の差図に任せ、走り廻るべく候なり。

家康から**新六郎**（**康眞**）が、兄の後継として認められた天正十八年五月十一日付けの徳川家康判物、修理大夫康国の跡職を許す旨の書状である。甲州若神子の北条との対陣における糧道遮断、佐久平定に際しての父**依田信蕃**の**家康に対する忠勇**を家康は高く評価し、その嫡子松平康國の死を残念に思い、その上で、父や兄と変わらぬ**康眞**の壮雄を知っていたからであろう。徳川家康は、**松平康國**の遺領を相違なくその弟**康眞**に賜ったのである。――「然者、其元陣中之儀、羽柴中将殿任差圖、可走廻候也」（しからば、其元〈康眞〉は羽柴中将の指図に任せ、走り回るべく候）とあるので、康眞の直

戸丸導寛と墓碑（左）と墓（右の無縫塔）

接の上官は羽柴中将であったとが分かる。**羽柴中将**とは**上杉景勝**のことである。ちなみに、北国軍の総大将前田利家は羽柴筑前守と称していた。**康眞**は、この後、石倉城で兄康国をだまし討ちにした長根殿助の従者十余名を成敗した時の怪我の治療のために、いったん**小諸城**へ帰り、再び小田原合戦の北国隊の一翼を担うべく、鉢形城・八王子城・筑井城（津久井城）・大磯城へと転戦している。

康眞の侍医、戸丸導寛の墓

石倉城攻めの**惣社**での事変で、手に傷を負った**松平康眞**であったが、その傷の看病を献身的にして、その結果、自らが命を落とした侍医の**戸丸導寛**の墓が、藤岡市山崎の**大神宮山砦**のある丘陵の北東中腹に東向きに立っている。因に、大神宮山は、康眞の祖父信守・父信蕃が砦を築いた形跡もある。そこには、藤岡芦田城ゆかりの**芦田神社**が「**神明社**」となって、現在祀られている。

戸丸導寛之墓碑

（表）	（裏）
戸丸導寛の墓碑 源朝臣芦田眞信書	維時明治廿二年 己丑三月廿五日建之

祭主は緑野郡高山庄江原郷根岸村戸丸清人、つまり、芦田家の侍医であった戸丸導寛の子孫である。右側に立つ無縫塔が戸丸導寛の初期の墓である。戸丸導寛は芦田松平**康眞**（**康貞、康寛**）の侍医として、信州から随従していた。兄芦田松平康国が石倉城で不慮の死を遂げた時、康眞は一気に城を攻め落とし、仇を討ったが、傷を負った。**導寛**の寝食を越えた懸命の治療で、**康眞**は間もなく平癒したが、導寛が病に倒れ、あえなく亡くなってしまった。康眞は彼を篤く弔い、芦田神明宮のある城南の山へ葬って無縫塔の墓石を建てた。仇討ちの時の乱戦中に手に大怪我を負った康眞を、寝食を越え

て手当看病した末に亡くなった**待医の戸丸導寛**を篤く弔うなど、武勇に優れているのみならず、康眞は多くの人々から慕われるが、人の心情を大事にする性格の持ち主でもあった。

現在は、大神宮山の北東の中腹に、小さな無縫塔（初期のもの、高さ約四十五センチメートル）と、その脇に墓碑（明治二十二年建立のもの、高さ約一・二メートル）が建っている。（ちなみに康眞は「康**寛**」とも称したので、戸丸導**寛**は「寛」の一字をもらっていたことになる）。明治二十二年にこの墓碑銘を書いた源朝臣**芦田眞信**とは、芦田氏の子孫の一人で、明治維新以降藤岡に住し、芦田町で私塾「芦田塾」を開いたりした文化人、知識人、教養人であり、「眞信」は号である。「東岳」とも号した。本名を**芦田武彦**という。康眞が越前福井へ移転した後の子孫にあたり、伊勢国松阪に住んで何代かの子孫である。幕末に上州**高崎**藩に招かれ藩学校の長となったが、明治になってから父祖と所縁のある**藤岡**に住んだ。また藤岡芦田城の艮（うしとら）鬼門鎮護の寺である**金光寺**（こんこうじ）にも彼の筆になる石碑が建っている。

――この芦田**眞信**の四男**誠之**（しげゆき）が、明治維新後、福井から父祖の地である佐久へ帰還していた芦田宗家の養子に入り、その子孫が芦田氏の菩提を弔い、宗家を継承していることをここに記しておきたい。

康眞、関東の戦線復帰へ

傷が治まる見通しのついた康眞は、完治するのを待つのももどかしく、小諸城から再び碓氷峠を越えて、小田原合戦の**関東戦線へ復帰**する。康國落命後の後継者たる康眞不在の（芦田依田）松平軍を代理として統べていたのは、従兄の**依田肥前守信守**であろう。おそらく叔父の**依田善九郎信春**がそれを補佐していたものと推定される。

家康から正式に後継者として認められた松平康眞の再登場によって、松平軍の志気は上がったものと思われる。この後、**康眞**は北条方の鉢形城（武蔵國）・八王子城（武蔵國）・筑井城（相模國）・大磯城（相模國）へと転戦し、**家康**や**秀吉**に認められる存在となっていくのである。

56　関東戦線の松平康眞

四月二十六日の康國の突然の落命後、康眞は五月十一日に兄松平康國の後継者として認められる。そして、手の疵の回復するのももどかしく、六月中旬小諸を出発して再び碓氷峠を越えて関東へ出兵し、北条攻めの連合軍に加わった。『寛政重修諸家譜』の康眞の項には、このことが記述されている。

康眞、手の疵回復後に関東戦線へ再出陣

この月手創療養のため小諸にかへる。六月中旬、小諸を發して武蔵國鉢形に陣し、東照宮の令を待つ、

石倉城で兄康國の仇を討った時の戦闘で、手に重傷を負った康眞は、手傷療養のためいったん戦線を離脱して小諸城へ帰っていたが、六月中旬に小諸を出発して、再び北国軍の**戦線へ復帰し**、**鉢形城攻め**に臨んだのである。既に従兄の依田肥前守信守に率いられた（芦田依田）松平軍の主力は、鉢形城を囲む北国勢の一角を占めていたはずである。『芦田系譜』には次のように記されている。

康眞公ハ手疵療養ノ為メ五月上旬小諸ニ帰リタマフ漸ク癒ルヲ以テ六月中旬小諸ヲ出勢アリ往テ武州**八形原**ニ陣シ東照宮ノ令ヲ待タマフ時ニ淺野長政息男長晟本多忠勝真田昌幸等来テ公カ出勢ヲ賀ス

康眞が鉢形城へ六月中旬に戦線復帰した時に、浅野長晟・本多忠勝・真田昌幸等が来て、康眞の復帰を賀した。

鉢形城の攻城戦

武蔵國**鉢形城主**・**北条氏邦**は手勢一千余人を率いて、三月二日に小田原城に入った。前田利家を大将とする**北国軍**が**鉢形城**に迫った。五月十三日には攻防戦が開始されたといわれる。小田原城では、氏政・氏直・氏照・氏邦・氏規・氏忠等の北条一族のほか松田憲秀らの重臣達を加えて、籠城か城を出て迎え討つかの評定が持たれた。しかし、なかなか結論がまとまらずに何日も重ねてしまった。（所謂「**小田原評定**」の由来）。氏邦は討

って出て箱根や東海道で敵を迎え討つべしと積極策を主張した。しかし、上杉謙信や武田信玄に包囲されたが、びくともしなかった過去の経験を挙げて、今回も籠城すべきであるという松田憲秀らの**籠城派の意見**が通った。鉢形城には留守の軍勢が守っていたという説が主流であったが、その後、**氏邦**は本拠の**鉢形城**へ戻ったという説が妥当性がある。その時期は四月初旬であった可能性が高い。状勢をみると、豊臣秀吉の大軍が小田原へ到着したのが四月三日で、その後、小田原城を完全に包囲するので、それ以前に小田原城を出て、鉢形城へ戻って籠城したことになる。

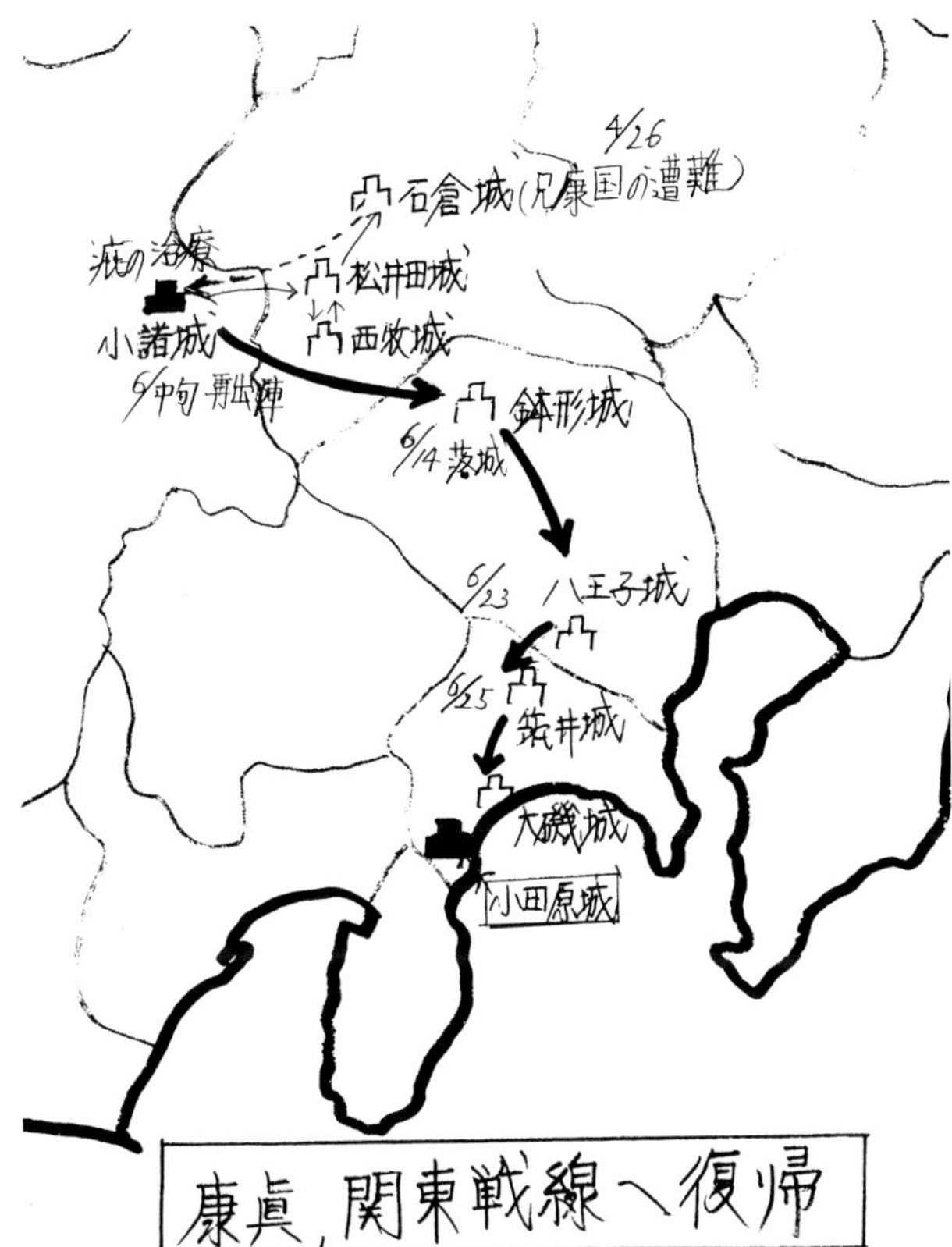

　北条の属城の一つ岩槻城を落城させた後、本多忠勝・鳥居元忠・平岩親吉の軍勢も加わり、東南方面からの攻城を受け持った。しばらくして、家康から三将に帰陣が命じられ、小田原城攻めの徳川軍の陣に戻って行った。守城勢の奮戦もあって容易に城は落ちなかった。そこで秀吉は五月二十日に、浅野長吉と木村一（はじめ）とを**鉢形城攻撃**に増援した。攻城軍は五万余に達したといわれる。それに対して守城軍は三千余であった。しかし、**鉢形城**の北条軍は兵糧が乏しくなり、兵の疲労

も激しくなっていった。後詰めも全く期待できなかった。五月十三日から一カ月間余にわたっての攻防戦が繰り返されたが、**六月十四日**に、とうとう**氏邦は降伏**し城は落ちた。北国軍の大将前田利家は、上杉の属将藤田信吉が氏邦の義弟であることから、彼を通して氏邦に対して降伏を勧めていたのである。氏邦としても北条の支城が次々と陥落している客観的状況をみて、これ以上戦いを継続することが困難と知ったのであろう。六月十四日に北国軍に対して、籠城兵の助命を条件に降伏を申し出たのである。**氏邦**は、後に前田利家預けとなった。**利家**は氏邦に対して、能登の七尾において千石の扶持（ふち）を与えて厚遇した。氏邦は旧鉢形城主としての体面を保ったまま、四年後の慶長二年（一五九七）に死去した。

松平康眞が攻城軍に加わったのは事実のようであるが、「六月中旬、小諸を發して武蔵國鉢形に陣し」ということから、鉢形城への到着期日から判断すると、実働はほとんどなかったと思われる。しかし、（芦田依田）松平隊に康眞が不在中にも、軍勢は北国軍に参陣していた可能性が高い。従兄弟**依田肥前守信守**が、信蕃の三弟で叔父の**依田善九郎信春**の補佐を得て軍勢を指揮して、寄せ手の一翼を担っていたと推定される。（康國は死去し、康眞の不在を代行できる人物は、信蕃の生前からの活躍の状況から、依田**肥前守信守**しかいない）。

鉢形城の立地及び構造

鉢形城は小田原北条氏の北武蔵から上野国へかけての押さえの城であり、西から侵入する武田氏と、北から関東を狙う上杉氏に対する最大の拠点となっていた。立地条件は、秩父の山塊と荒川の流れを最大の要害としていた。大手はは南西にあった。北は荒川に削られた数十メートルの崖であった。大手口を入ると、三ノ丸、二ノ丸と軸が北東方向へ延びている。城の東方にある深沢川の谷は自然の堀をなし、その東の外側にも外郭が存在した。北東が搦め手で、深沢川に架かる搦手橋の東に鉢形城下があった。近世ほどではないにしても、小規模な**城下町が形成**されていた。全体として南北約一〇〇〇、東西約六〇〇メートルの巨大な規模を持っていた城郭である。

現在、「**本丸**」とされている郭は、土塁はあるが、全体的にみて比較的古い様相を呈している。原初鉢形城の城域であったと推定される。一方、**大手虎口**を入って、**三ノ丸**と**二ノ丸**は、石垣・土塁・空堀・馬出し等が充実しており、いくつかある虎口は発達した**喰い違い虎口**である。また、三ノ丸と二ノ丸の間の空堀には、「**折れ**」がある。所々に横矢掛けの工夫があり、城域の西の部分（大手口・三ノ丸・二ノ丸）は後の造成で、氏邦に近い時期に完成した様相を呈している。辺りは公園として整備され、城郭としての構造がよく理解できるようになっている。

鉢形城落城後、北国軍の諸将は、八王子城攻略に向かった。

＊　＊　＊　＊　＊

八王子城の攻城戦

『芦田記（依田記）』によると、松平康眞は、**鉢形城**攻撃に参加した後は、相模国**筑井城**（津久井城）攻略に向かっている。しかし、『決戦、八王子城』（前川實、揺籃社）は、慶安元年に書き留められた「慶安古図」をもとに解析図を描いているが、それによると、筑井城攻めの前に八王子城攻めに参加している。**松平康國**（←**康眞**が正しい）は、四〇〇〇の勢力で、六月二十三日の**八王子城**落城当日、北国勢の中で、八王子城の大手口から攻め入っている。これは右に述べた筑井城の攻略の直前ということになる。（八王子城落城のすぐ後に筑井城を開城させたことになる）。

前川實氏によると、大手攻めの順序は、第一陣が真田昌幸、第二陣が大道寺政繁、第三陣が本隊を率いる主将の前田利家で、**松平康眞隊**は後備えとなっている。副将の上杉景勝は八王子城の居館「御主殿」の南側にある太鼓曲輪方面から攻めている。搦め手方面からは前田利長・真田信幸であった。攻める北国軍は計五万の軍勢であったといわれる。

鉢形城の空堀

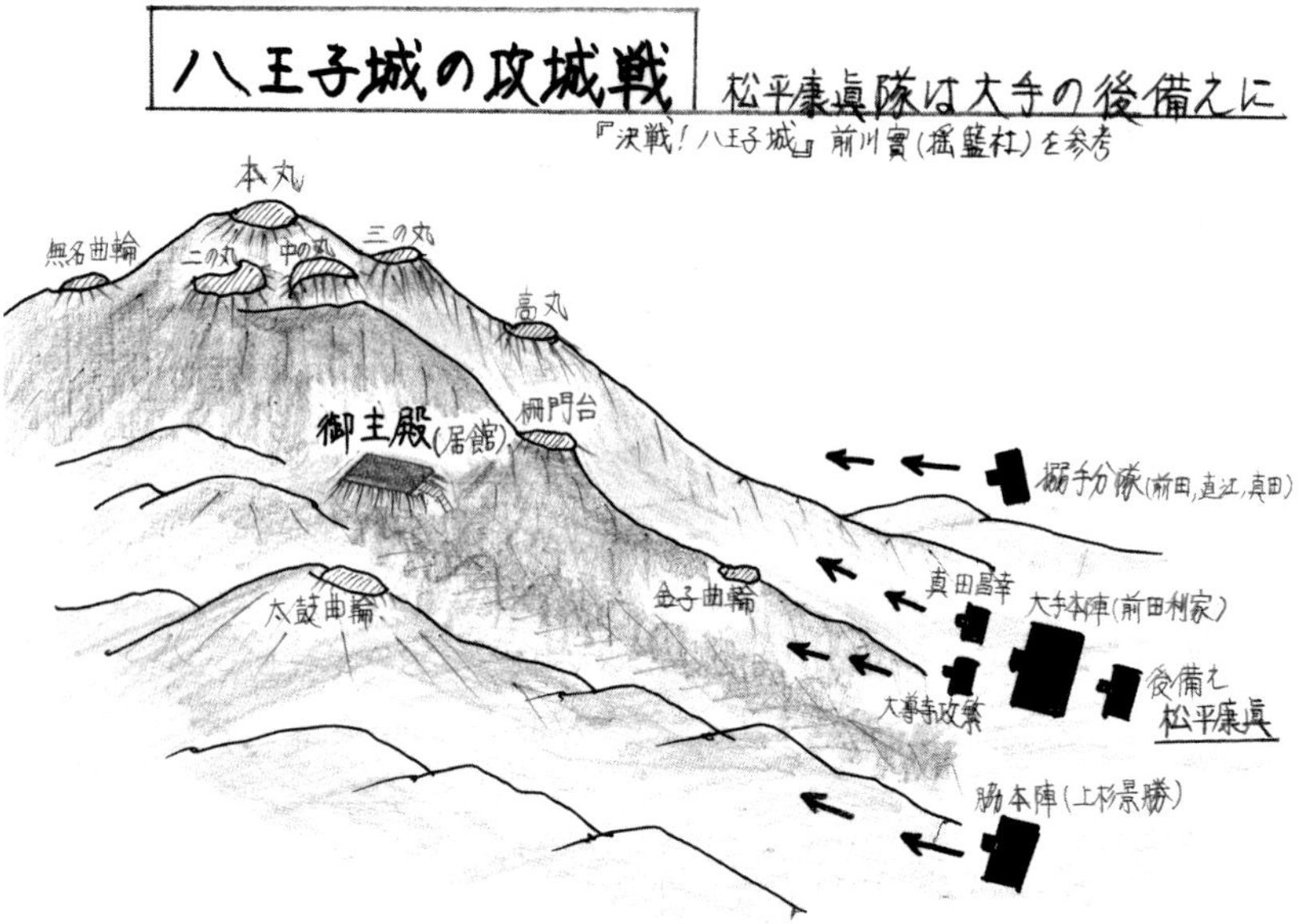

八王子城の攻城戦　松平康眞隊は大手の後備えに

『決戦！八王子城』前川實（揺籃社）を参考

〈北国軍〉

・前田利家・利長…………一八〇〇〇人
・上杉景勝…………………一〇〇〇〇人
・**松平康眞**…………………四〇〇〇人
・真田昌幸…………………三〇〇〇人
・大道寺政繁等の降参兵……一五〇〇〇人
・木村一（はじめ）…………豊臣秀吉からの軍監

〈八王子勢〉

・城主**北条氏照**は四〇〇〇の兵を率いて**小田原城へ入城**しており、八王子城には重臣の横地監物・狩野一庵・大石照基らが統率する留守部隊は三〇〇〇人しかいなかった。

天正十八年（一五九〇）六月二十三日、守城側は徹底抗戦したが、早暁から十四時間の戦闘で落城した。双方合わせて討ち死に約二五〇〇人、負傷者約六〇〇〇人、捕虜約二五〇〇人という結果となった。単純計算しても、これらの人数は八七五〇人となり、守城兵数三〇〇〇人という数字からすれば、攻城勢も五〇〇〇人以上が討ち死に、または負傷したことになる。**八王子城の攻防戦**は、**壮絶な戦闘**であったことが想像される。（芦田依田）**松平康眞**隊は大手方面からの寄せ手の一番後方「本隊の後備え」であったが、矢玉降る中を山道を上へ前進する困難極まる戦いとなった。八王子城は複雑に有機的に連携する無数の曲輪があり、要所要所を固める兵溜まりもあり、堅固な山城であった。下から攻め登って来る北国勢に対し、守城側は石を落下させたり、鉄砲で狙ったり、矢を射掛けたり、至近距離になると上方から槍で突く等して必死に防戦した。有利な高所にいる守城勢に対して、下から攻め上っていったことになる攻城勢にも多くの死傷者が出ても不思議ではない。壮絶な殺戮が展開される中でも、戦力に勝る攻城勢は、やがて全ての曲輪を占拠し、山頂付近にある主力が占める**三ノ丸・二ノ丸・中ノ丸**へと攻め上り、とうとう**本丸**に達した。重臣達は討ち死にしたり、逃亡途中で落命したりした。午前二時頃から開始された総攻激戦は、同日午後四時頃まで、前後十四時間に及ぶ激戦の結果、落城したのである。その**戦闘状態**は凄惨極まる暗澹たる惨劇であったと、何人かの史家は説明している。八王子城は、当時とすれば珍しく**完全に力攻めされた城**であったわけである。

なぜ、北国軍が八王子城だけ徹底して城攻めしたかということの原因は、総勢二十万ともいわれる大軍で小田原城を囲んでいる最中の**豊臣秀吉**から**前田利家**に届けられた書状にあるといわれている。その要旨は――「北国軍は、これまで、さしたる戦いもせずに、談合・説得によって落城させたまでであり、あまり評価できない。このような状態では、小田原城に立て籠っている敵に対して示しがつかない。八王子城攻めでは、徹底して攻めて城兵をことごとく殺戮し、全滅させせよ」――というものであった。これは秀吉にとって、膠着した小田原包囲戦の解決に向けて猛威を示す意味からである。秀吉の至上命令として、**前田利家**と**上杉景勝**は徹底した攻城戦を配下に命じたのである。

八王子城の立地及び構造

現在、大手口方面には信号「八王子城跡入り口」があり、さらに進むと右手に宗閑寺がある。そこを過ぎると、八王子城の重臣の屋敷がいくつかあったところである。ここまで来ると、目の前に「城山」（八王子城）がよく見える。この辺りは大手道を車で直進すると、山下曲輪跡に「城跡管理事務所」がある。ここで八王子城の概略を示すパンフレットが入手でき、説明もしてもらえる。現在、城跡は発掘や管理が行き届いていて、市民の憩いの場ともなっており、四三〇年以上も前に戦いの修羅場であったということを忘れそうである。

八王子城は北条氏康の次男**氏照**の居城である。築城は天正十年前後から進められ、氏照は天正十二年から十五年までに、現在同じ八王子市にある**滝山城**から移転してきた。城郭が平城化する戦国末期に、平山城の滝山城から山城の八王子に移った氏照の意図は不明である。八王子の城郭は独立的な地形をなす深沢山の頂上に本丸、その下に二ノ丸（松木曲輪）、中ノ丸、三ノ丸（小宮山曲輪）、高丸などがある。本丸には牛頭天王祠があり、直下の中ノ丸には**八王子神社**がある。（地名の「八王子」の由来はここからきている）。それらには、多くの曲輪・堀切・石垣・櫓台・石落とし場などが付属している。氏照の居館跡の「**御主殿跡**」は、南北約四〇メートル、東西約九〇メートルの**土塁**に囲まれた削平地である。平成四・五年に発掘調査が行われ、約七万点もの遺物が発見されたという。東北隅の**枡形虎口**からの上り坂の石垣や構えには圧倒される威圧感がある。南側を御殿谷川（城山川）が東流するが、堀の役目を果たしている。御主殿より下方に無名曲輪・あんだ曲輪・山下曲輪と続く。御主殿下の枡形虎口から御殿谷川に架かる橋（当時は「曳き橋」であった）を対岸に渡って、大手道を下ると**大手門跡**に至り、さらに川に沿って下ると城下に達する。

八王子市内から見える八王子城址は関東山地の樹木の影が濃い孤立的山形を示している。

＊　＊　＊　＊

筑井城（津久井城）攻城戦

前田利家・上杉景勝・**松平康眞**・真田昌幸、および大道寺政繁などの北条方からの降将から編成された北国勢が、**八王子城**を攻め落としたのは**六月二十三日**であった。その直後の六月二十四日に、**筑井城攻め**が行われている。しかし、この攻城戦には、北国軍の前田利家・上杉景勝・真田昌幸・降将の大道寺政繁などは参加していない。八王子城落城後の戦後処理があったからと思われる。しかし、北国軍のうち、**松平康眞**だけは、即時、**筑井城攻撃**に向かったようである。筑井城の城主の**内藤綱秀**（景豊とも）は、降伏した後に行方が分からなくなった。筑井城は八王子城の南南西に位置し、北上してきた徳川家康の将である本多忠勝・平岩親吉・戸田忠次・鳥居元忠などに攻められ落城した。

筑井城には**内藤氏**が代々の城主として置かれ、付属された津久井衆とともにここを守った。一夜にして落城し、以後廃城となった。この攻城軍の中に**松平康眞**がいたことが、家康の書状から判明する。天正十八年六月二十四日、徳川の諸将とともに**松平康眞**の名があるということは、八王子城攻めの直後に康眞の北国軍の一員としての役目が終わり、徳川家康傘下の武将として、本多忠勝などの隊に加わったことを意味する。

『諸家感状録』（鳥居伊賀守家所蔵、信濃史料所収）には、次のように述べられている。

筑井城之儀、早ゝ可請取候由上意候間、急度請取尤候、然者、矢たて・兵粮以下能ゝ志らへ肝要候、委杉浦藤八郎口上相含候也、

徳川家康（御書判）

六月廿五日

本多中務大輔殿

平岩七之助殿

戸田三郎大門殿

鳥居彦右衛門尉殿

松平新六郎殿

〈読み下し文〉

筑井城の儀、早ゝ請取るべく候由、上意が候間、急度請け取ること、もっともに候。しからば、矢たて・兵粮以下よくよく調べること肝要に候。委細は杉浦藤八郎が口上する。相含み候也。

徳川家康が本多忠勝など諸将に命じて**筑井城**（津久井城）を**請け取らせたこと**が分かる書状である。

「矢たて・兵粮以下能ゝ志らへ肝要候」とあるので、この城にはかなりの**武器や兵糧が貯えられていた**ことが分かる。読み馴れない官途名や通り名で表現されているが、歴史上の人物に対して現代人に分かり易い「諱（いみな）」で表わすと、これら五人は――本多忠勝、平岩親吉、戸田忠次、鳥居元忠、

筑井城

松平康眞である。徳川家康が筑井城（津久井城）を落とした寄せ手の五名の武将に、同城を請け取らせているが、本多忠勝・平岩親吉・鳥居元忠というような家康側近の壮ゝたる武将の名がある。その中に**松平新六郎（康眞）**の名がある。筑井城攻略では松平康眞は、北国軍の一翼としてではなく、**徳川家康麾下の武将として行動している**ことが分かる。この直後の七月五日に小田原城は落城している。

筑井城の立地及び構造

　相模川（上流は桂川）が相模国と甲斐国の国境地帯を流れる付近は、古くから特別な地域であった。この地域の「境目の城」として、北条氏が配置したのが「**筑井城（津久井城）**」で、標高三百メートル余の城である。桂川が相模平地に流れ出る関門を掌握する位置にある。武田氏に対する防衛拠点として位置づけられた。しかし、歴史的には一時武田氏の持ち城となり、武田氏の手によって、枡形など城の縄張りに改修が行われた可能性がある。現在は「城山ダム」（津久井湖）ができ、城の足下に水をたたえている。山頂部は東西二つに分かれ、**東峰**は標高三五六メートルで飯綱神社が祀られ、**飯綱曲輪**と呼ばれている。**西峰**は標高三七五メートルで**本曲輪**と呼ばれている。ある意味で「**一城別郭**」の縄張りともいえる。「双頭の城郭」とも称される。両峰とも枡形が発達している。ほかに縄張りの特徴としては、**長大な竪堀群**が何本も麓まで落ちていることである。筑井城は根小屋山城で本曲輪の南西麓の「**御屋敷**」と呼ばれている所が根小屋で城主や家臣が居住し、いざ戦いとなったら、山城の曲輪で最終防御する形態の城で、山全体が城としての機能を持っていた。**一城別曲輪の城**は、高天神城や松井田城などもそうであるが、双方の曲輪が機能的に働けば敵を両方から攻めることができる特長を持つが、逆に、片方の曲輪が寄せ手に占領されると、そこを足場として、もう一方の曲輪も攻撃されるという弱点にもなる。

松平康眞は、八王子城攻めの直後に筑井城攻めにも加わったか

八王子城の地元史家には、「**松平隊**」として八王子城の攻城戦に参加していることが紹介されているが、康眞（後の加藤宗月）の記した『芦田記（依田記）』には、**八王子城**への言及はない。康眞の鉢形城包囲戦以降の動向を期日をおって考察してみる。

①鉢形城包囲の陣……六月中旬以降〜十四日に落城……康眞自身はわずか二、三日の在陣
②八王子城攻城戦……六月二十三日（一日で落城）
③筑井城攻城戦………六月二十四日（一日で落城）〜二十五日に請け取り
④大磯城攻め…………六月下旬（？）

松平康眞が八王子城攻め終了した直後の六月二十四日に**筑井城**攻めに参加した可能性は、あまり高くはない。戦いが終了したのは二十三日午後四時頃である。特に八王子城攻めは熾烈極まるものであり、配下の兵の疲れは極限に達していたことであろう。また、諸将が顔を合わせた戦後処理の必要な場面もあったことであろう。翌日の筑井城攻めに参加するとなると、八王子城を直ちに出立していなければ不可能である。平面的にみて**八王子城**の南南東八キロメートル離れた所に**筑井城**（津久井城）が位置している。自然地形を考慮すると、行軍にはかなりの困難さがある。しかも、その日は早暁からの戦闘で兵の状況はいかがであったのか想像がつく。あるいは、松平康眞軍は大手攻撃隊の後備えであったことから、疲労は少なかったのであろうか。あれだけの戦いであったことから、負傷者数も多かったと考えられる。たとえ、午後六時に八王子を出発したとしても、本多忠勝などの徳川勢が陣を張る所に到着するのは、午後九時以降となるであろう。また、八王子城攻めで終日戦いをした直後の松平康眞軍の応援が必要なほど、徳川派遣隊は兵力が不足していたとも思えないが、いかがなものであろうか。

確かなのは、八王子城攻め（二十三日）の二日後の**筑井城請取り**の徳川勢五名の中に、「**松平新六郎**（康眞）」の名があ

ることである。家康の書状は、筑井城攻めの**同時代史料**としては一級品である。それを考慮すると、康眞の筑井城攻めでの参加は否定できない。とすると、「否定すべきは、康眞の八王子城攻め」ということになる。しかも、『寛政重修諸家譜』の依田康眞の項には、次のような記述がある。

（怪我の治療を経て快復し）六月中旬、小諸を發して武蔵国**鉢形**に陣し、東照宮の令を待、下旬、本多忠勝・平岩親吉・鳥居元忠等とともに相模国**筑井城**を攻む。城主内藤某、和を請て降る。

これによると、**松平康眞**こと依田康眞は、**鉢形城**攻めに参陣したあと、家康の指令を待ち、本多忠勝など徳川の武将達とともに、**筑井城**攻撃に向かっていることになる。**八王子城**攻めのことは記述されていない。

一方、**本多忠勝**は岩槻城攻撃の後、**鉢形城**攻撃にいったん加わり、家康の命令を受けて、他に転じている。『寛政重修諸家譜』の本多忠勝の項には、次のような記述がある。

北國の兵と相會して、**八王子**及び**筑井**等の城を攻め落とす。

本多忠勝は、「鉢形城→八王子城→筑井城」の城攻めに向かっている。そうすると、**康眞**が八王子城の攻撃の直後に筑井城攻撃に加わったという可能性、つまり、本多忠勝とほぼ同じように「鉢形城→八王子城→筑井城」と転戦した可能性も再び浮かび上がってくる。

この天正十八年六月中旬から下旬の松平康眞の動向については、まさに一日刻みに検討する必要があることを、ここでは記しておきたい。

大磯城攻めと松平康眞

その後、**康眞**は更に転戦して**大磯城**の攻撃にも加わっているが、抵抗もなく明け渡されたようである。詳細は不明である。大磯城跡は大磯城山公園となっているが、駐車場から城山へ登る途中には、**大手道**や**堀切**の跡と思われる痕跡が残る。城山の丘の最高所には本丸があったと推定されるが、城山公園展望台や休憩所がある。地形が改変されていて、城跡であるということは、意識して見ないと分からない。

ここで、小田原合戦における一連の依田松平軍の動きを整理すると、左記のようになる。

①相木谷で相木能登守と伴野貞長を破る
②碓氷峠を越え北国軍に加わる
③第一次松井田城攻撃
④西牧城攻略
⑤第二次松井田城攻撃で落城させる
⑥石倉城を落とし、総社で康國が横死
⑦康眞、疵治療のために小諸城へ
⑧康眞、康國後継を認められる
⑨再び関東へ進軍し、鉢形城攻め
⑩八王子城攻め
⑪津久井城攻め、城を請け取る
⑫大磯城攻め

＊　＊　＊　＊

やがて、**七月五日**に北条氏は**小田原城**を明け渡し滅亡した。かつて、上杉謙信や武田信玄の包囲攻撃を籠城戦によって撃退した北条氏も、あまりにも**強大な秀吉軍**によって、支城・枝城が次々と落とされ、なすすべもなかったのである。

小田原合戦終結後、豊臣秀吉は**知行割り**を発令し、**家康に北条氏旧領**を与え、家康配下の諸将も**関東へ領地替え**となった。**松平康眞**は、小諸城を退去し、仮に上州**松井田城**に移り、封地改めとなり上州緑埜郡と武州榛沢郡のうち**三万石**を

八王子城

小田原城――総曲輪の土塁（どるい）

家康から賜り、**藤岡城主**となるのである。

57　上州藤岡領主に

右衛門大夫康眞に関する『越前福井裔孫家傳』〈寛永二十年〉には、次のように記されている。

……後、上州石倉城受け取りの節、陣中に狂人の如きものありて康國を討つ。よりて春日に葬し、法名康國寺殿嶺嶽良雪と號過す。康眞一寺を創立して康國寺と稱し、田二十餘石を附す。家康則康眞を以て兄康國の嗣となす。

佐久郡春日に康國寺を開基する

――**家康**は康國の弟の**新六郎康眞**に兄康國の跡を継がせ、佐久の領主**小諸城主**とした。康眞は祖父下野守信守・父右衛門佐信蕃の**春日館跡**に、兄康國・法名「**康國寺殿嶺嶽良雪大居士**」から名をとって、**康國寺を建立した**。開山は岩村田の名刹龍雲寺第五世も務めた**天外大雲**（祖父下野守信守の四弟、康眞の大叔父）であった。

佐久から上州藤岡への転封

しかし、康眞が小諸城主であった期間はきわめて短日であった。**秀吉**は小田原合戦後の**知行割り**で、**家康**を関東へ移封したのである。家康の臣であった信濃の諸将は、それにしたがって関東に移った。小諸城の**松平康眞**は上州松井田城にいったん移ったが、その年のうちに正式に**藤岡に転封**となった。佐久十万石（正確には佐久郡六万石、甲州二万石、駿河二万石の計十万石）から藤岡三万石と減少したが、家康の全家臣の中では石高は、**高い方から六番目**であった。このことは、**徳川の一族「松平」を名乗る大名**として、芦田依田氏がいかに家康から認められていたかがうかがえる。これもいつに家康の甲斐・信州進出に際しての父**依田信蕃の軍功**によるものであろう。

（芦田依田）松平康真の藤岡移封時における家康勢力下大名の知行割り

徳川家康が豊臣秀吉から与えられた旧北条領は、伊豆・相模・武蔵・上野・下総・上総の六カ国と下野の一部である。（後に、関ヶ原の戦い後には、領地は更に広がることになるのであるが）。それを家臣に分知するに際して、徳川家の三河以来の宿将、一門、親族はすべて遠くに配している。各方面敵と思われる旧勢力に対して、徳川家の宿将に高禄を与えて、その方面に備えさせた。特に徳川の四天王である井伊直政、榊原康政、本多忠勝に、それぞれ十万石以上の高知行を与えながらも、江戸からかなり遠い地域に配している。（四天王の一人酒井忠次は晩年は家康から疎んじられ、既に引退し、息子の家次の代になっていることもあり知行は少ない）。

（芦田依田）**松平康眞**は、家康に従って関東へ配され、小諸城六万石（甲斐二万石、駿河二万石と合わせて計十万石）から、**藤岡藩三万石**として転封（てんぽう）となったが、高禄で遇された方である。家康麾下の三十四大名中の**六番目タイの高禄**であった。

国	城	城主	石高
〈伊豆国〉	韮山城	内藤信成	一万石
〈相模国〉	小田原城	**大久保忠世**	**四**万石
〈武蔵国〉	岩槻城	高力清長	二万石
	騎西城	松平康重	一万石
	川越城	酒井重忠	一万石
	松山城	松平家広	一万石
	本庄城	小笠原信頼	一万石
	羽生城	**大久保忠隣**	一万石
	忍　城	松平家忠	一万石
	東方城	松平康長	一万石
	深谷城	柴田康忠	一万石
〈上野国〉	館林城	**榊原康政**	**十**万石
	藤岡城	**松平康貞**	**三万石**
	大胡城	牧野康成	二万石
	沼田城	**真田昌幸**	三万石
	厩橋城	平岩親吉	三万石
	箕輪城	**井伊直政**	**十二**万石
	白井城	本多康重	二万石

藤岡芦田城本丸の北土塁外の大空堀跡
(埋められて工場が建ち、現在はさらに住宅地)

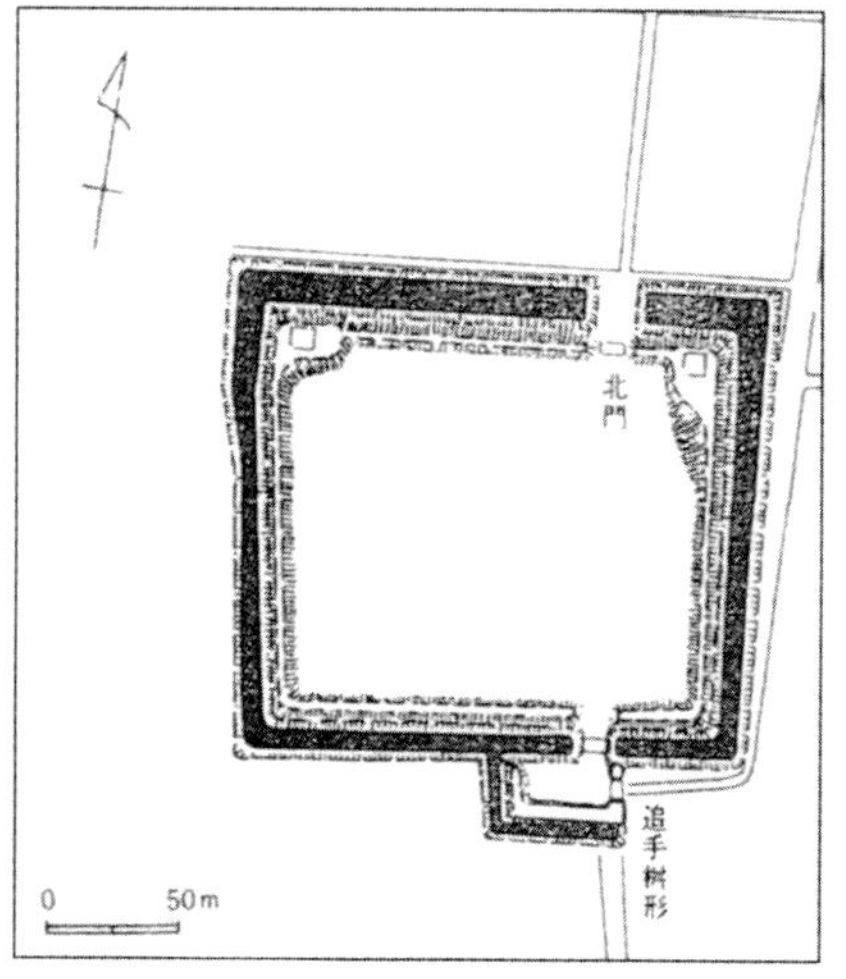

藤岡芦田城（「藤岡市史より」）

芦田氏墳墓

那波城　松平家乗　一万石
小幡城　奥平信昌　二万石
吉井城　菅沼定利　二万石
阿保城　菅沼定盈（みつ）　一万石

〈下総国〉

多古城　保科正光　一万石
佐倉城　三浦義次　一万石
臼井城　**酒井家次**　**三**万石
古河城　小笠原秀政　二万石

守谷城　菅沼定政　一万石
矢作城　**鳥居元忠**　**四**万石
関宿城　松平康元　二万石

〈上総国〉

鳴戸城　石川康通　二万石
岩富城　北条氏勝　一万二千石
佐貫城　内藤家長　二万石
久留里城　大須賀忠政　二万石
大多喜城　**本多忠勝**　**十**万石

徳川臣下の高知行の大名

①	井伊直政	上野国	箕輪城	十二万石
②	本多忠勝	上総国	大多喜城	十万石
②	榊原康政	上野国	館林城	十万石
④	大久保忠世	相模国	小田原城	四万石
④	鳥居元忠	下総国	矢作城	四万石
⑥	**松平康眞**	**上野国**	**藤岡城**	**三万石**
⑥	真田昌幸	上野国	沼田城	三万石
⑥	平岩親吉	上野国	厩橋城	三万石
⑥	酒井家次	下総国	臼井城	三万石

天龍寺（山門は藤岡芦田城の大手門）

藤岡光徳寺
平成28年11月に本堂は再建落慶法要が行われた。
（旧本堂とは外観が異なる）

芦田氏第二の故郷上州藤岡

芦田下野守信守は、上州緑野郡藤岡にじっくり腰を据えようとしたが、武田信玄の**駿河侵攻に従軍**して、再び上州藤岡（緑野郡鬼石村浄法寺）へ帰って来ることはなかった。**信守・信蕃**父子の二年数ヶ月間（永禄九年～十一年〈一五六六～六八〉）、そして、後に康眞が藤岡藩主となっていた十年間（天正十八年～慶長五年〈一五九〇～一六〇〇〉）の二度にわたって藤岡周辺がその領地であった関係もあり、藤岡市に残る芦田氏（依田氏）関連の事跡は少なくない。二十一世紀の現在でも藤岡市にその足跡が歴然と残っている。上州**藤岡**はまさに**芦田氏**にとっては**第二の故郷**ともいえそうである。

城下町の形勢にあたり、多くの社寺を信州から移転したり、創建したりしている。信州佐久にある名称のものがかなりある。『藤岡町史』『藤岡市史』『芦田町町誌』を参照し、筆者が現地を踏査した結果をまとめてみたのが次頁表である。特に、藤岡在住の方々の認識と異なっている事項があったら、ご教示いただければ幸いである。

事蹟名	芦田氏との関係、由来など
芦田城（藤岡城）	藤岡第一小学校の敷地が主郭、
光徳寺	芦田氏の菩提寺、信州佐久郡芦田村から移転、現在は芦田依田氏に関係する「光徳寺」は信州立科町、上州藤岡市、越前大野市木ノ本の三箇所にある
芦田町	芦田依田松平康眞の祖先の本拠地の名をとって命名
芦田町通り	城主芦田氏の城下に因んで
富士浅間大権現	芦田氏総祈願所、今の「富士浅間神社」、芦田下野守信守が奉納した太刀・短刀・甲冑、康眞が奉納した画軸・古鏡を蔵している
諏訪大明神	芦田氏が修理し祈願所とした、**城東**守護の社
八幡武大神	**城西**守護の社
芦田大明神	信州芦田城にある木ノ宮大明神を分祀、**城南**守護の社、現在「大神宮山」にある「芦田町大神宮」〈神明宮〉
平尾稲荷大明神	**城北**守護の社、信州平尾城の守護稲荷大明神を移転、現「生方稲荷」
良信寺	「良信」は芦田下野守信守の法名、開基は康貞〈＝康眞〉、「芦田厄除不動」
龍源寺	開基は康眞、山号「嶺岳山」は兄康國の法名から、康國の菩提のため建立
一行寺	中興開基は康眞、寺を本動堂から現地「動堂（ユルギドウ）」へ移した
天龍寺	開基は康眞室の了源院、山門は芦田城の大手門を移築
金光寺	芦田城鬼門〈**艮**（ウシトラ）〉北東つまり裏鬼門鎮護の寺、信州芦田郷より移す
神宮寺	康眞の開山、芦田城〈**坤**（ヒツジサル）〉の鎮護の寺、常岡の西麓にあった
龍田寺	藤岡城〈**巽**（タツミ）〉南東鎮護の寺、平尾依田守芳の嫡子小隼人呂郷が開基、山号「喜雲山」は守芳の法名、本寺は信州小県郡武石村信広寺
津金寺	康眞の開基、芦田城の〈**乾**（イヌイ）〉西北鎮護の寺、「津金寺」のもとは信州佐久郡芦田に芦田氏の祈願寺津金寺があるのに因む
天陽寺	信蕃の次弟信幸の嫡男肥前守信守家の菩提寺

玄項寺	旧八幡村阿久津にある、芦田氏の重臣大井政成が開基
芦田地蔵尊	芦田町にある、「厄除延命地蔵尊」、信州小県郡依田村御嶽堂→佐久郡芦田村蟹窪山→藤岡と移転 芦田城田口郭に安置、現在は芦田町公会堂内に
藤岡市岩村田町	現宮本町、康眞について小諸領岩村田町の人々が藤岡に移住した
岩村田地蔵尊	藤岡市岩村田町、現宮本町、「子育て地蔵」、康眞の藤岡への転封時に移民した佐久郡岩村田町の人々が建立
根岸築城跡	藤岡市小林字堀之内、それらしき道筋、地名、土塁の一部とおぼしきものあり
動堂城址	藤岡市本動堂字前屋敷、重臣依田小隼人呂郷の城
芦田川屋敷	藤岡市保美字城戸、芦田下野守信守または依田肥前守信守の屋敷跡の候補地
芦田氏墳墓	藤岡市光徳寺にある、しっかりした芦田氏墳墓はなかったが、上州に戻り藤岡にいた芦田武彦（眞信）が昭和八年に大五輪塔を建立し、芦田康眞の子孫としてその他の芦田氏関係者の遺骨まで納めた。因みに「芦田氏の墳墓」は三つの県の五ケ寺に存在する （長野県）北佐久郡立科町光徳寺／佐久市春日康國寺／佐久市田口蕃松院 （群馬県）藤岡市光徳寺 （福井県）總光寺墓地〈福井市足羽山西墓地〉

以上のように、信蕃の次男で小諸藩主から藤岡藩主となって移封されて入部した芦田（依田・松平）**康眞**は藤岡町（藤岡市）の基礎を築いたのである。たった十年間（天正十八年〜慶長五年〈一五九〇〜一六〇〇〉）ではあったが、その足跡の大きさに驚嘆せざるを得ない。今でも、藤岡周辺に彼の**十年間の治世の跡**が文化財として、町の基本計画として、あるいは文化・風俗・生活風土に散見できる。それは、偶然ではなく、康眞の父祖（信守・信蕃）が現藤岡市域を領していた事実との関係が大きいといえそうである。**芦田（依田）三代**は、藤岡に**合計十二年余カ月間**いて、多大な足跡を残したといえる。さらに、明治維新後、芦田氏の子孫でもある**芦田眞信**（東岳・本名は武彦）が、現藤岡市芦田町で私塾「芦田塾」を開き、多くの人材を育成したことも付け加えておきたい。彼は幕末・明治時代きっての文化人・教養人でもあった。——**「芦田氏の第二の故郷藤岡」**といっても過言ではない。

58 「奥州仕置」～陸奥へ出陣

小田原合戦後、秀吉によって徳川家康は、旧北条領であった関東へ移封となり、**本拠を江戸へ**定めた。家康臣下の**松平康眞**も碓氷峠を越え、上州**藤岡へ転封**となった。しかし、藤岡に腰を落ち着ける暇もなく、**家康に従軍して奥州へ出陣**している。

羽柴秀吉は天正十三年（一五八五）の小牧長久手の戦い後、徳川家康を臣下としての取り込みに成功し、関白豊臣秀吉となった。朝廷の権威を背景に、いよいよ**全国制覇**の完成に、**秀吉**は奥州へ目を向ける。その経過を箇条書きにしてみる。

①秀吉の関白任官（天正十三年、一五八五年七月）

②惣無事令（天正十四年十一月）……大名等の

私戦を禁じる。

③小田原合戦で北条氏を滅ぼすと、そのまま奥州仕置のために、小田原を出立し、宇都宮へ入る。（天正十八年）

④秀吉は豊臣秀次を総大将とする討伐軍勢を派遣し、一揆の鎮圧をする。

⑤奥州仕置

⑥大崎・葛西一揆～九戸の乱の鎮圧

⑦奥州再仕置

⑧全国制覇の達成

『寛政重修諸家譜』の依田康眞の項には、このことについて次のように記述されている。

（天正）十九年七月東照宮、九戸一揆退治のため陸奥國に御進發あり。康眞も兵をとゝのへて宇都宮にいたり、鈞命によりて第五隊となり、水澤の城に備ふ。ときに豊臣秀次、上杉景勝・大谷吉繼をして其所に備へしむ。景勝使をつかはし、関白の令により、景勝等この城にむかふ。はやく康眞が兵を退くべしといはしむ。康眞こたへて、徳川家素(もと)より某(それがし)をしてこの城に備へしむ。下知をまたずして私に兵を退けがたしといふ。景勝脚力をはせて東照宮につぐ。二日を經て岩手澤の御陣營にいたる。東照宮すなはち令を下され、康眞が兵をおさめらる。九月、九戸の亂平ぐののち、東照宮平泉、高館遺を御歴覧あり。康眞におほせて三のはざま、岩手澤の道路を修めしめらる。後また命をうけて名生(めふ)の城を破却す。

〈要点〉

ア　天正十九年七月、**徳川家康**は、**九戸(くのへ)一揆**討伐のために**陸奥國**に出陣した。**康眞**も兵をとゝのへて藤岡から、討伐軍が揃う宇都宮にいたり、家康の命令によって、第五隊となり**水澤の城**を攻めようとした。

イ　水沢城の攻撃をめぐる康眞と上杉景勝の主張

・同じ時に、**豊臣秀次**は**上杉景勝**と**大谷吉継**をして水澤城を攻撃させようとした。

・**景勝**は使いをつかわして、「関白の命令で景勝等は**水澤城**に向かった。早く康眞は兵を撤退させるべきである」と言った。
・**康眞**はこれに答えて、「**徳川家康**公は、もともとこの康眞にこの城を攻撃させようとしたのである。家康公の命令なくして、自分の判断で退けることはできない」と主張した。
・景勝は脚力（足の早い使いの者）を走らせて、家康に伝えた。二日を経て岩手澤の家康の陣営に至った。
・**家康**が（康眞に兵を退けるように）命令を下したので、**康眞**は兵をおさめた。

ウ　九月になって、**九戸の乱**の平定後、**家康**は**平泉**、**高館**の辺を巡見した。
エ　康眞に命じて**三ノ迫**（さんのはざま）、**岩手澤**の道路を修理させた。
オ　後また命を受けて康眞は**名生城**（めふじょう）の破却（城割り）をした。

「奥州の争乱～奥州仕置～大崎・葛西一揆、九戸の乱～奥州再仕置」討伐軍の中にいた**徳川家康**とその傘下の**松平康眞**の一連の動きを、それぞれの歴史的事項との関わりから見てみたい。

奥羽仕置

伊達政宗は天正十八年六月五日、小田原へ参陣し、同九日に秀吉に謁見し遅参の許しを得たのであるが、奥羽に対する仕置は、政宗の思惑通りには進まなかった。秀吉は小田原合戦で北条氏を滅ぼすと、そのまま**奥羽の仕置**のために小田原を出立し、宇都宮に入り、集まった全大名の任務を命令した。伊達政宗は奥羽仕置のために下る浅野長吉と木村清久の案内役として同道することを秀吉から命じられた。さらに秀吉は、黒川城へ入り、小田原不参の奥羽諸大名の所領を没収あるいは削減した。そこへ新たに大名を入部させたり、豊臣氏の蔵入地とすることとした。……これにより**大崎氏**は所領没収となり、同時に**葛西**領も没収となった。（大崎・葛西を新領地とすると内定を受けた政宗には仕置の裁量権は与えられなかった）。

——**徳川家康**は秀吉の代理**豊臣秀次**とともに、討伐軍の中では重きをなしていた。**松平康眞**は徳川方の大名として、城攻めや征服した城の破却（城割り）や幹線道路の普請などの役割を命じられた。

秀吉の関白任官と惣無事令

秀吉は天正十三年（一五八五）七月に**関白**に任官しており、公家の最高官職にあった。天正十四年十二月の段階で、奥羽地方に対しても、大名などの私戦を禁ずる「**惣無事令**」を出していた。これは、大名間の所領の境界争いなどは、秀吉の調停を原則とするものであった。つまり、大名の領土拡大などの戦闘は、中央政権から禁じられていることを意味する。（しかし、伊達政宗はそれを無視して領土拡大を続けたことが、秀吉の疑惑と怒りをかって、京都まで釈明に向かっている。）。

大崎・葛西一揆

秀吉の「**奥州仕置**」によって、**伊達政宗**は天正十九年三月に**大崎・葛西の地**を賜った。奥羽仕置は豊臣軍の中から編成されたいくつかの大名が手分けして行なった。没収地を接収したり、検地や刀狩りも伴った。土地の生産高を算定し、武装解除を実施して、没収地には新しい大名を入部させることが、**仕置軍**の役割であった。小田原合戦の時に領内不穏の状況のために、**大崎氏**は小田原へ参陣できなかった。その結果、領地没収となった。大崎・葛西の地を没収されることになり、一揆衆は兵力を結集する必要に迫られ、堅固な宮崎城と佐沼城に立て籠った。

大崎・葛西領の場合、新大名（木村吉清・清久父子）入部後に大混乱となった。これの鎮圧に**伊達政宗**と**蒲生氏郷**があたったが、両者の間に不信感が生じた。氏郷が、政宗が一揆勢を煽っているとの疑念を抱いたことにより、政宗の領地は二転三転した。天正十九年四月下旬、大崎・葛西一揆を煽っていたという疑惑解消のために政宗は秀吉のいる京都へ呼ばれた。伊達政宗は大崎・葛西地方十二郡を与えられ、代わりに父祖伝来の伊達郡などの諸郡を没収されることになった。四月下旬に政宗は帰国のために京都を出立し、それまでの本拠の米沢城へ帰還した。

京都から米沢城へ帰った政宗は、秀吉によって自己の領地として宛てがわれることになった**大崎・葛西一揆**を完全に鎮圧するために、六月十四日に再び出陣した。……**秀次・景勝**なども続いて奥羽仕置のために下向してきた。二十五日には、一揆勢の宮崎城（二十五日）・佐沼城（七月三日）を落城させた。伊達政宗の猛攻によって、凄惨を極めたといわれる。天正十九年（一五九一）七月四日、**大崎・葛西一揆**は鎮圧された。

一方さらに南部領では、**南部氏の相続**をめぐる争いが起こっていた。そこで、秀吉は**豊臣秀次**を総大将とする軍勢を派遣し、一揆の鎮圧と**再仕置**を行なうこととした。

奥州仕置

関白豊臣秀吉は、六月二十日付けで、「**奥州仕置**」の大要を示す朱印状を出した。それによれば、一番に伊達政宗、二番に蒲生氏郷、三番に佐竹義宣・宇都宮弥三郎、四番に上杉景勝、五番に**徳川家康**、六番に**豊臣秀次**とした。進軍に際しては、道筋の城に兵を入れ残し、また、大崎・葛西の仕置については、政宗が指定した城は普請をして整え、それ以外は全て破却すること、知行割りについては、会津に近い郡は氏郷に、大崎・葛西に近い郡は政宗に付けよというものであった。

このことから、『寛政重修諸家譜』の康眞の項にあるように、（芦田依田）**松平康眞**に次のような軍役が任務として与えられたことが分かる。

○「第五隊となり、**水澤の城**に備ふ」

○「後また命を受けて**名生の城**を破却す」

八月上旬、仕置軍は奥州に到着し、「**九戸の乱**」鎮圧のために、さらに軍を北上させた。その間にも、一揆に対する直接の当事者となる政宗の持ち分となる各城の補修普請が施された。岩出澤城（のちの岩出山城）と佐沼城は徳川家康が担当した。『寛政重修諸家譜』康眞の項にある「康眞におほせて**三のはざま**、**岩手澤の道路**を修めしむ」というのはこのことである。そのほかに気仙城と大原城は石田三成が、水沢城と江刺城は大谷吉継が補修普請を任せられた。その間に**大崎・葛西**は一揆勢が籠城を続けていたが、さらに南部領では「九戸の乱」が起こっていた。

水沢城

家康配下の**康眞**も、宇都宮から発して**水沢城**を攻めて城を請取るつもりであった。ところが、「康眞軍は手を引くべし」と**上杉景勝**が言ってきた。康眞はその言葉を拒否し、「家康公が拙者を水沢城の備えとして遣わしたのだから、家康公の下知がなければ、たとえ関白秀吉の命令を受けた景勝の指示であっても従うことはできない」として、頑として受け付けず、後に改めて家康の命令があってから兵を収めた。**頑固一徹、主君の命令以外は拒否するという父信蕃、兄康國以来の気骨が表れている場面である。**前年の小田原合戦の北国軍が上州松井田城を攻撃した時に、康國・康眞兄弟と上杉景勝との間で、このような意地の張り合いがあったことは、前述の通りである。

水沢城跡は現在市街化しており、街の通りや地名にその痕跡が残っている。本丸があった所には市役所や合同庁舎が建っている。また、市役所敷地の道路側には、水稲苗の保温折衷苗代の考案者である軽井沢出身の荻原豊次の顕彰碑が立っていることを付け加えておきたい。寒い信州での技術が奥州でも恩恵をもたらしていたのである。なお、平成の大合併で水沢市は奥州市となっている。

名生城の破却をする

名生城は**岩出沢城**（のちの岩出山城）とともに**大崎地方**の代表的な城であった。伊達政宗は天正十九年五月二十七日頃大崎・葛西一揆の討伐の陣触れを出した。**名生城**は東～北側は比高約七メートルの段丘崖、南側は自然の澤を利用した堀、段丘続きの西側は直線的で大規模な堀と土塁によって遮断した比較的平坦な段丘上に立地している。城域は東西四〇〇メートル、南北八五〇メートルであり、内部は幅一〇メートルほどの堀によっていくつかの曲輪に区画されている。「大館」と地元で言われている曲輪には、七世紀末に律令政府の最北の地方機関である官衙が存在したという説明板が設置されている。南端の曲輪の東端には「**大崎神社**」がある。

天正十八年（一五九〇）、奥州仕置により改易となった**大崎領**で一揆が勃発し、通りかかった**蒲生氏郷**軍が名生城から鉄砲で突然撃ちかけられた。氏郷は立て籠っていた一揆勢五八〇人を撫で斬りにする。浄泉院がある北端の曲輪（北館）と、その南側の曲輪（内館）の辺りはかなり複雑な形態をしており、また空堀も深い。防御しやすいという観点か

名生城——堀跡は湿地帯や水田となる

らすれば、蒲生氏郷に関わる名生城は、この北館と内館の可能性が大きい。

天正十九年六月、秀吉は、**仕置軍**に対し、大崎・葛西関係の諸城のうち、一部は**普請**のうえ残し、その他の城は**破却**するように命じている。地元の史書には「残された城の名の中に名生城の名はなく、この後、**名生城**に関する記事はまったく見えないので、おそらくその後まもなく破却され、一〇〇〇年近くにわたった由緒の地としての名の歴史は終わる」と記述されているが、……『寛政重修諸家譜』の康眞の項に「後、また**名生城を破却す**」という記述されていることから、この城の終焉に関わる「**城割り**（破却）」を**松平康眞**が家康の命によって行なったことが分かる

ちなみに「城割り」とは、城を破却・破壊することで、大名や土豪らの反抗拠点を予め無くしておこうとするものであった。破壊とはいっても、城を完全に破壊するには膨大な時間と労力が必要である。戦国時代の「城割り」とは、城の縄張りや防御施設の大事な部分を破壊することである。西日本での城割りでは要所の石垣だけを崩すこともあるが、名生城では石垣はないので、土でできた土塁の要所を崩したり、堀を埋めたり浅くするようなことであったであろう。

九戸（くのへ）の乱（九戸征伐）

奥州再仕置軍が向かった九戸征伐は、**奥州南部氏**の二大勢力（南部信直と九戸政実）の対立と、その裏にいる豊臣秀吉との関係から勃発した戦いである。天正十九年（一五九一）三月、**九戸政実（くのへまさざね）**はついに挙兵し、南部を二分する戦いに突入する。九戸政実は天下人に背く謀反人として、**奥州仕置軍**と戦うことになった。討伐軍の総大将は**豊臣秀次**、討手の大将に蒲生氏郷、武者大将に堀尾吉晴、総奉行に浅野長政、**徳川家康**の代理井伊直政、横目付けに石田三成、それに奥羽近隣の中小大名も加えて、総兵力六万五千であったと言われている。

九月二日、**再仕置軍**勢六万と九戸籠城軍五千人が対峙、激しい攻防が始まった。難攻不落の**九戸城（くのへじょう）**に苦戦を強いられ

た上方軍は謀略を巡らせ、女子供の助命を条件に降伏を勧めた。実は偽りの和睦であった。降伏して城を出た九戸政実と七人の重臣は捕えられ、開門した城内には火が放たれ、城内にいた者は撫で斬りにされた。（平成七年の発掘調査で、二ノ丸大手門近くで、首のない多数の人骨や、無数の殺傷痕や刺突痕のある人骨が多数発見された。撫で斬りの犠牲者と考えられている）。

九戸政実と七人の重臣は**豊臣秀次**のいる**三ノ迫**（さんのはざま）（宮城県栗原市）へ護送され斬首された。

天正十九年（一五九一）、**家康**は東北の九戸一揆討伐のために**陸奥国に出陣**したことになっているが、実際は九戸城へは、**井伊直政**を軍代として派遣し、自らは**岩出澤**にいて、本陣を**実相寺**としていたようである。実相寺には家康滞在の品々や伝承が残っている。

九ノ戸城

家康の平泉・高館（たかだち）巡見に動向

『寛政重修諸家譜』の康眞の項に「九月、九戸の亂平らぐののち、東照宮、平泉、高舘邉を御歴覧あり」とあるが、この家康の**平泉・高舘の巡見に松平康眞も同行**したことが、『芦田系譜』から判明する。

九月九戸政実、浅野長政ニ憑テ降ル、故ニ奥州悉ク平均ス、コレニ因テ、秀次及ヒ東照宮平泉高舘邉御歴覧アリ、…〈中略〉…右ノ時　公（康眞）ノ兵士等**高舘**邉ニ到テ**乱取リス**、時ニ前田利家ノ兵モ亦□□乱取リス、或ル寺中ニ入テ**甲冑**一□ヲ得タリ、昔年ヨリ相傳フ、亀井六郎ガ甲冑ナリ、諸兵□テ是ヲ奪フ、公（康眞）ノ兵ハ**甲**ヲ得、利家ノ兵ハ冑ヲ得テ帰ル

つまり、康眞の兵も前田利家の兵も高舘辺で「**乱取り**」（戦時、敵地で物を略奪すること）をしたのである。戦国時代の戦いでは、敵地において略奪することはごく

普通に行なわれ、特にそれが雑兵にとっては一つの目的とされた面を時々あるといわれている。この甲（兜）は芦田家に家宝の一つとして伝来している。（現在、長野県立歴史館に寄託）。この一件から、**松平康眞隊**が家康に同行して**平泉・高館**まで行っていることが判明する。

松平康眞軍の一部は、津軽まで遠征している

松平康眞隊の一部は**津軽**まで転戦している。『諸家感状録』（内閣文庫所蔵）によると、康眞の従兄である**依田肥前守信守**の項に左記のように記述されている。

今度至津輕地相働、蒙疵候由、寔無比類義候、殊宿城迄悉く放火、数多被討捕候由、右禰馳走候而可為本望候、恐々謹言、

七月廿九日　　　家康（御判）

依田肥前守殿

〔訓読〕

今度津輕の地に至って相働き、疵を蒙り候の由、寔に比類なき儀に候、殊に宿城まで悉く放火、数多く討捕られ候由、右いよいよ馳走候て本望たるべく。恐々謹言。

これは、天正十九年（一五九一）七月二十九日付けで、徳川家康が、松平康眞の従兄である**依田肥前守信守**に授けた感状である。肥前守信守が**津軽**まで遠征していることが判明する。松平康眞の本隊から分かれて、別働隊を編成し肥前守信守が、それを率いていたのだろうか。

三ノ迫（さんのはざま）

三ノ迫（さんのはざま）は、宮城県の北部、現栗原市三ノ迫のことである。遠く北方に離れた**九戸城**（九戸城は現在の岩手県最北部の二戸（にのへ）市の福岡にあった。すぐ北側が青森県境となっている）の城主であった**九戸政実**と関係が深い。尾松九戸（くのへ）に、**九戸神社**があるが、祭神は九戸政実である。九戸政実は南部藩の相続争いで南部信直と争っていた。

秀吉の**惣無事令**に反したということで、秀吉によって派遣された蒲生氏郷等の軍勢によって攻撃された。頑固に抗戦したが、多勢に無勢、攻城側の「城内の者の命は奪わないという」虚偽の和睦条件を信じて、**九戸政実**は七名の重臣とともに城を出たが、捕われの身となった。また、開門と同時に攻城軍に攻め込まれ、城内は殺戮の場とした。捕われの政実は上方軍の総大将**豊臣秀次**のいる**三ノ迫**に連行された。現在の岩ケ崎高校の西の丘の上に、**上品寺**（じょうぼんじ）という寺があったが、そこに四日間待機させられ、九月二十日に**秀次の命令**によって斬首された。この時秀次が滞在していたのは、現栗原市岩ケ崎の**岩ケ崎城**（鶴丸城）であったと思われる。

岩ケ崎城（鶴丸城）の本丸の西端は断崖となっているが、その西直下の谷には、北方へ梅田を経て一ノ関へ抜ける**旧上街道**がはしっている。また、この付近は秋田方面へ通じる旧羽後街道交わる箇所もあって、古くからの交通の要衝であった。『寛政重修諸家譜』によると、このあと家康が平泉・高館巡見していることから鑑みると、**松平康眞**が家康から**道の修理**を命令されたというのは、前者の街道（旧上街道）であると推定される。康眞が三ノ迫の道を改修する任にあたったということは、九戸の乱や奥羽仕置の際の舞台となった**三ノ迫**に何日間か滞在していたことを意味している。九戸城主の九戸政実が連行され、斬首された三ノ迫であるが、その一件に前後して松平康眞がこの地を踏んでいるということになる。

岩手澤の道路を改修

天正十九年二月四日、奥羽再仕置によって秀吉から伊達政宗に改めて大崎・葛西の旧領十二郡も加えられた。大崎・葛西地方の検地の続行と、政宗・氏郷の所領決定後の処理にあたっていた**家康**は、居城米沢城から新領地に移った政宗のために**岩手澤城**を勧め、政宗の居城たるに相応しく城を拡張し、縄張りし直してくれた。この時の改修では馬出しが付設され、堀や土塁の折れ等の改修も実施された思われる。政宗は天正十九年（一五九一）九月二十三日に**米沢城**から**岩手澤**に入り、「岩出山城」と改めた。

『寛政重修諸家譜』の康眞の項に「（東照宮）康眞におほせて…〈中略〉…岩手澤の道路を修めしめらる」とあるが、康眞も家康に従って岩手澤に陣していたのである。この時に改修した道路とは、城の北方の平野を通過したであろう「出羽越え街道」と推定される。

家康は九月二十七日に岩出山から古川へ向かい、二十九日に任務を終えて古川を出発し、江戸へ帰った。家康臣下の松平康眞も同行して帰還したものと思われる。（『芦田系譜』では「十月廿九日、東照宮江戸城ニ凱旋アリ、公〈康眞〉休暇ヲ賜リ十一月上旬兵ヲ収テ藤岡へ帰リ玉フ」と記されている）。

康眞にとっては新領地上州藤岡に腰を落ち着ける暇もなく、家康に従って奥州仕置に転戦していたのである。城主康眞不在の間にも重臣達の指揮のもと、藤岡芦田城の築城が着々と進められ、芦田城下の町割り等、基本計画にそって進められていたと思われる。

『藤岡町誌』に記載されている康眞家臣の「**芦田五十騎**」中に、依田姓を名乗る者には、左記の人物がいる。

・依田五兵衛（肥前守信守）　・依田源太郎　・依田友右衛門　・依田権兵衛
・依田半左衛門　・依田小隼人　・依田勘三郎　・依田甚五左衛門

これらの依田姓を名乗る者は、芦田（依田）氏の一族として遇されていたであろう。彼らのうち何人かが、康眞の奥州仕置に**従軍し**、また、他の何人かが城主の**留守を守って**、藤岡の建設や内政・経営に携わっていたと思われる。

徳川家康直属の大名松平右衛門大夫康眞

豊臣秀吉は奥州再仕置と称して全国に出動命令を発した。総大将は豊臣秀次、徳川家康・伊達政宗・石田三成・蒲生氏郷・上杉景勝・浅野長政・井伊直政・大谷吉継・堀尾吉晴・佐竹義重など、そうそうたる戦国武将が参加していた。その中で家康麾下の藤岡城主**松平康眞**も家康軍の一翼を担っていた。

奥州仕置軍の中で、康眞の芦田依田氏としての特徴が垣間見られる場面は、既述のことではあるが、水沢城攻めの時の上杉景勝との「退去せよ」「否、退去しない」という意地の張り合いの場面である。たとえ相手が大物であろうとも、直接の主君たる家康の命令にしか従わないという頑固一徹で、その忠烈な心根は芦田（依田）三代「信守〜信蕃〜康國・康眞」に通じる特徴の一つである。

松平康眞は徳川家康直属の大名として、徳川家康の天下人への道につながる動向に直接的、間接的に関わるようになってくる。康眞は大義名分を重んじ、文武両道を兼ね備えた人物で、また、忠烈であり豪胆なところもあり、主君に対する絶対的な忠誠心がある武将であった。家康直属の**「松平」姓**を名乗る大名**「松平右衛門大夫康眞」**として、一目おかれる存在となっていくのである。それは、やがて、時の**関白豊臣秀吉**にも認められるようになる。康眞は秀吉から**「豊臣」**の姓を授かり、「羽柴」を名乗ることを許された（豊臣授姓）ことからもそれが分かる。（ちなみに、前田利家、宇喜多秀家、上杉景勝、蒲生氏郷、直江兼次、佐竹義宣なども「豊臣」姓を与えられている）。

59　天下普請

豊臣秀吉は、四国・九州・小田原（関東）・奥州と抵抗勢力を征服し続け、天正十九年（一五九一）**全国を制覇**した。実質上最後の合戦は**九戸征伐**であったともいえる。

徳川家康は、秀吉によって関八州を与えられたが、本国である三河・遠江・駿河をはじめ、領国の甲斐・信濃を取り上げられたうえでの加増であり、不本意な**関東移封**であった。しかし、天下人である秀吉に逆らうこともできず、天正十八年（一五九〇）八月一日に江戸城へ入った。当時**江戸**は、江戸湾に面した一寒村であった。秀吉から関東へ追いやられた形の家康ではあったが、その逆境を利点とすべく、徐々に手を加えていき、城郭都市へ変貌させていくことになるのである。

文禄元年（一五九二）、康眞は家康の新たな根拠地である**江戸城**の西ノ丸や本丸の普請の一環を担った。

康眞、江戸城の普請に出役

『芦田系譜』に次のように記述されている。

一　今年江戸城経始、公命ヲ奉テ四月上旬藤岡ヲ発シ江戸ニ到リ、御隠居郭（今ノ西ノ丸）ヲ経営シタマフ、山本帯刀・天野清兵衛尉、是ヲ縄打ス、井伊直政・榊原康政・鳥井元忠・石川康通卿等、各場所ヲ得テ経営セラル、其功三十日ヲ出スシテ成ル、シカレドモ耕作ノ時節タルニヨリ、四月下旬暫ク経営ヲ止メラル、

一　同年七月江城御本丸経始、公又是ヲ経営ス、其余大久保忠世卿・同忠隣卿・同忠佐卿・本多正信・設楽甚三郎・柴田七九郎・屋代越中等ナリ

一　頃日、**台徳院殿　御在洛**アリ、公カ普請ノ労ヲ謝シタマイ、御内書ヲ賜ル

右御内書今是ヲ傳フ

長々於其元御普請付而苦労察入候何比可為

出來候哉弥無油断被入精尤候恐々謹言

八月廿二日　　秀忠（御判）

松平新六郎とのへ

〈中略〉

一　九月江城経営成ル因テ　公藤岡ノ邑ニ帰リタマフ

松平康眞に直接関わることのみを要約すると、左記のようになる。

・**文禄元年**（一五九二）、**江戸城**が経始（縄張り、城の構築の設計）がなされ、康眞は命を受けて、四月上旬に藤岡を出

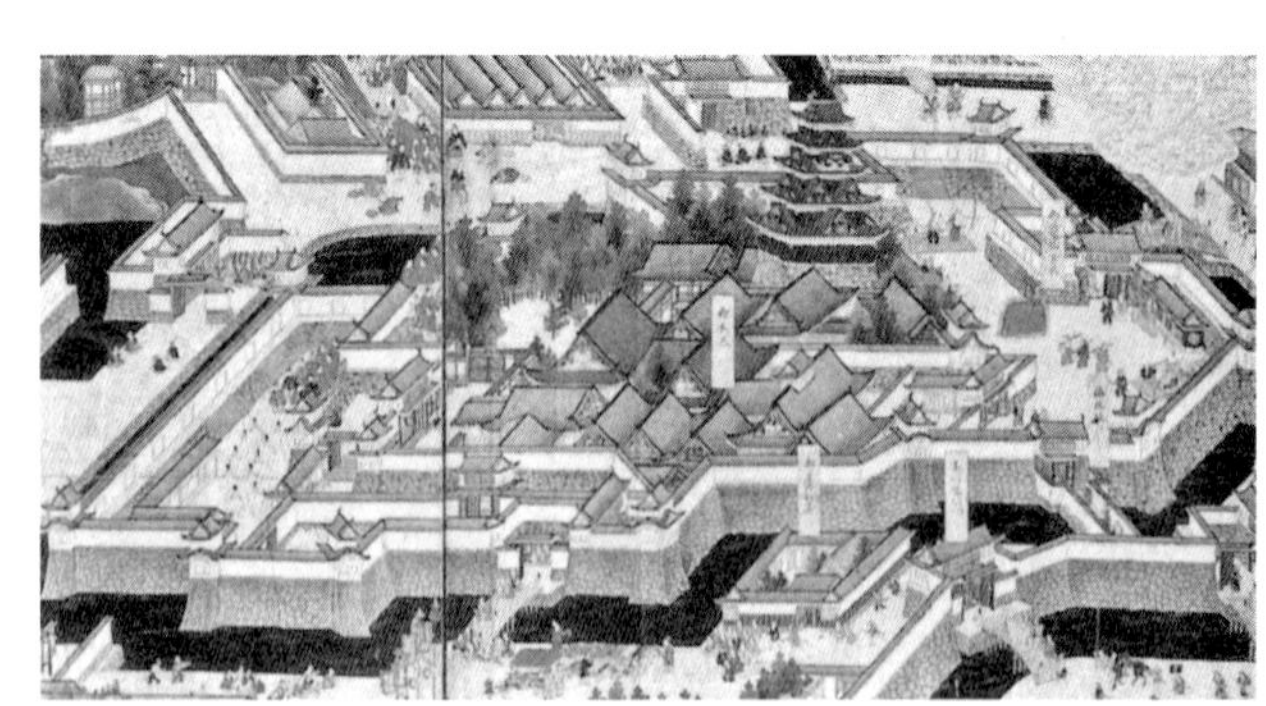

江戸城

発し江戸に至り、**御隠居郭**（後の西ノ丸）の割り当てられた箇所を経営（普請）した。そして、耕作の時期になったので四月下旬は、しばらく工事を中断した。

・同年七月に**江戸城本丸**の経始があり、康眞は割り当てられた箇所を経営（普請）した。

・この頃、**徳川秀忠は京都にいて不在**であったが、**康眞の普請の労をいたわって**御内書を下さった。――江戸城の普請に関わっていた康眞に対して、その働きをいたわり、完成はいつ頃になるかを尋ねる旨が記されている。

・九月、江戸城の普請が成って、康眞は藤岡へ帰った。

この文禄の江戸城築城では、家康は天下人である秀吉の目を気して、太田道灌による原初江戸城に大幅に手を加えることはなかったと思われる。後年、慶長五年（一六〇〇）、家康は関ヶ原の戦いに勝利し、同八年（一六〇三）には、江戸幕府を開き将軍（天下人）になった。誰の目をも気にする必要がなくなった家康は、江戸城の大改築に着手し、全国の大名を動員して、文字通りの天下普請に着手するのである。したがって、**康眞**が携わった文禄元年（一五九二）時点の江戸城は、後年（江戸時代）の江戸城とは、少々異なることを理解すべきではある。

文禄二年十月に、先に江戸城の経営（築城）に助力した諸将を家康が召して酒食を給い、手ずから茶を點じてくれたが、**康眞**もその席に列している。なお、この頃（文禄年間）、**松平康眞**の「**江戸ノ第**」（館・屋敷）は江戸城の西の丸下日比屋門の際にあった。

『芦田系譜』の文禄元年八月の条に次のようにある。

康眞、家康の御座船の用材を武蔵国の三田谷の御嶽山より伐り出す

同年八月東照宮朝鮮へ御渡海アルへキカノ由、江戸ニ到テコノ告アリシカラハ、御座船ノ帆柱御分國ヨリ剪出シ海ニ沈メ肥州へ相送ルヘキ旨、肥州名古屋ヨリ脚力到来ス、是ニ因テ武州三田谷御嶽山ノ神木ヲ剪出ス時ニ、公八月下旬自ラ往テ是ヲ監ス、松平家乗共ニコレヲ監ス、

朝鮮出兵で家康が渡海するための**御座船の帆柱**の用材を、九州名護屋に運送するために、**松平康眞**は松平源次郎家乗とともに武蔵国三田谷**御嶽山**（みたけさん）**のご神木の伐り出し**を監督した。（しかし、実際にそのご神木は御座船の帆柱となったであろうが、歴史が語っているように、結果として家康は朝鮮半島へ渡海することはなかった）。家康が渡海する前に、文禄の役（一五九二～九三）は行きづまり、講和して撤退となったからである。

御嶽（みたけ）**神社**は、多摩川の上流、奥多摩の右岸にある関東の霊山で、戦国時代は関東の修験の中心で、多くの関東武者の信仰を集めてきた。標高九二九メートル山頂直下には、「御師（おし）集落」があるが、現在門前町を形成している。御師の布教によって講が組織され、御嶽信仰が武蔵・相模を中心に関東一円に広がっていった。

康眞は、この御嶽神社のある**御嶽山のご神木**を徳川家康の**御座船の帆柱**用に伐り出したのである。御座船用の御神木とは杉のことであろう。現在でも御嶽山には全山鬱蒼と真っ直ぐな素性のいい杉が立っている。後に、徳川幕府を開いた家康は、康眞が御神木の伐り出しをした時点から十四年後の慶長十一年（一六〇六）に、社殿を改築し、御嶽神社を江戸の西の護りとして、社殿を東向きに改めた。

康眞、秀吉の伏見城の普請に出役

豊臣秀吉は、大がかりな普請を行なうことが好きで、いつもどこかで大普請が実施されていた。**伏見城**の建築を考え始めたのは文禄元年（一五九二）からであろう。朝鮮出兵（文禄の役）の最中、秀吉は肥前**名護屋**から普請の指図をするほどであった。**伏見**は直接大坂城と舟運で結ばれる交通の要所であった。城は指月（しづき）の丘に選地された（**指月伏見城**）。本格的に築城工事を始めたのは文禄三年（一五九四）の二月初め頃からで、二十五万人を使役したという記録もある。助役は朝鮮遠征の諸大名を除く全国の大名が命ぜられた。知行高一万石につき二〇〇人の夫役が割り当てられた天下普請であった。三万石の**康眞の藤岡藩**は**六〇〇人**が夫役についたことになる。築城には①地取り（城地の選定）、②縄張・経始（城の構築の設計）、③普請（土木工事）、④作事（建築工事）の四つの要素が必要である。康眞が担当したのは、具体的には「普請」とあるからには、**郭・石垣・土**

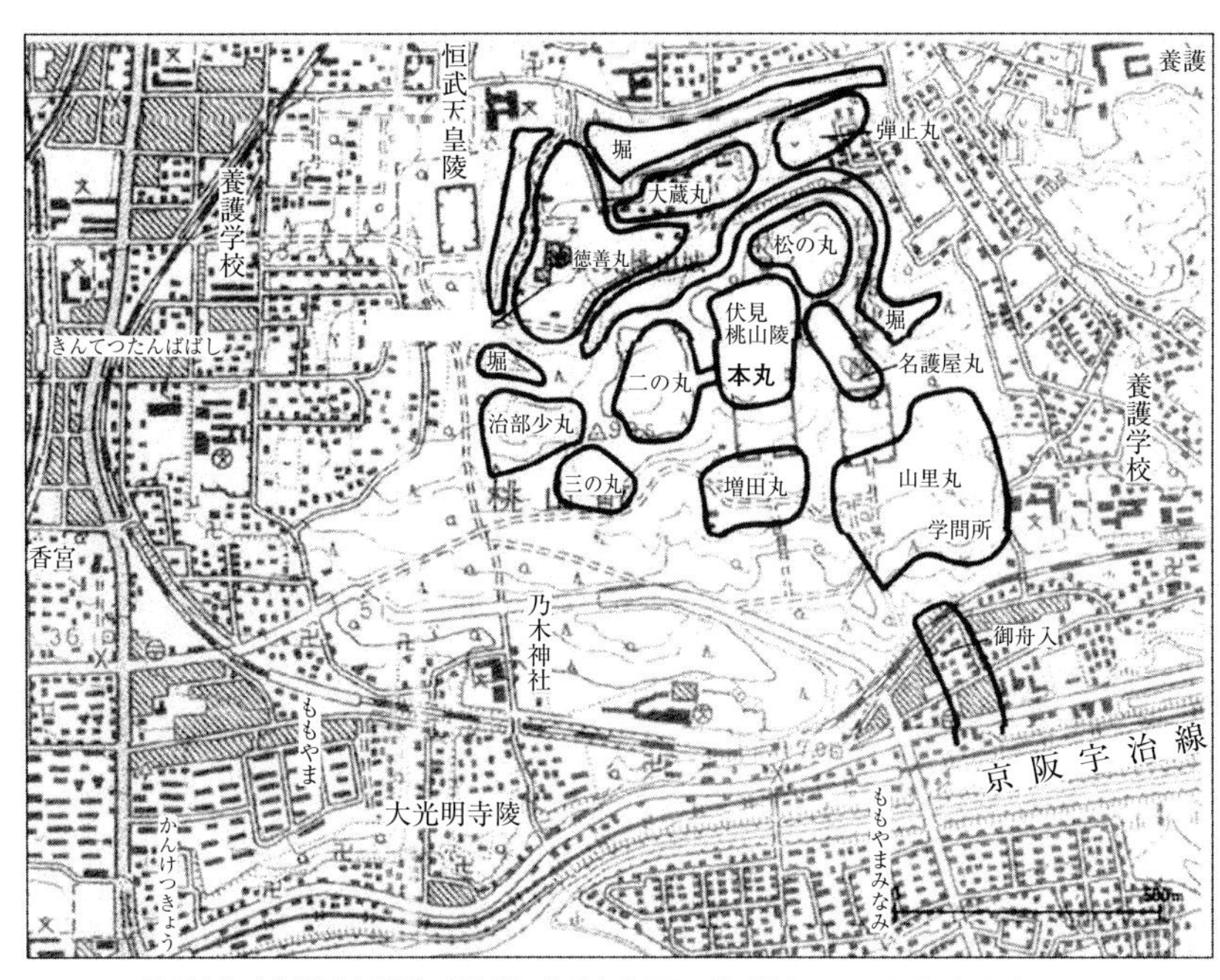

伏見城（木幡伏見城）『築城（覇者と天下普譜）』西ヶ谷恭弘監修より

塁などを造成するいわゆる土木工事であろう。秀吉の一声で、**伏見城**に豪華絢爛たる桃山文化の粋が結集されたのである。文禄三年（一五九四）十二月には、秀吉は大坂城からお拾（おひろい、後の秀頼）を伴って引っ越しているので、その時には完全に完成はしていなかったとはいえ、既に一応の工事は終わっていることになる。人力だけが頼りであった当時のことを考えると、想像を絶する築城の早さである。翌文禄四年、秀次を自害させた後、聚楽第を破却し、そこから運んだ資材をも合わせて、伏見城の工事は更に細部に渡って進められていった。なお、この伏見城は慶長元年、一五九六年に完成したが、その年に大地震によって崩壊した。

秀吉は、再びそこから五町ほど東北よりの木幡山（こばたやま）に以前よりも大規模な城郭を再建した（**木幡伏見城**）。家康は山里郭及び船入り場の修復を受け持った。**康眞**は家康の命を受けて、**山里郭**を経営（修復）した。その山里丸は本丸の南東にある広い郭である。秀吉の木幡伏見城は慶長二年（一五九七）五月に完成した。秀吉が修復なった伏見城を巡見し、康眞の経営の功が抜群であると賞し、康眞は佐久間河内守政實を通して草餅を秀吉から与えられた。要するに康眞が、指月伏見城と木幡山伏見城の**前後二度の伏見城築城普請**に出役したことが分かる。秀吉が慶長三年（一五九八）八月に没したのはその伏見城である。

『寛政重修諸家譜』の康眞の項には、次のような記述がある。

文禄三年三月台命により、**伏見城**の經營を助く。五月晦日**太閤**より助造の労を慰せられ、帷子（かたびら）二領、胴服一領を与えらる。十月**従五位下**に叙し**右衛門大夫**と稱す。

伏見城普請への出役もあって、松平康眞は時の太閤秀吉から、官位「従五位下」、官途名「右衛門大夫（だいぶ）」を叙せられたのである。なおこれは、正しくは「十月」ではなく「十一月」である。

徳川秀忠から松平康眞への書状について、A B の解釈の二通りある。

徳川秀忠の松平康眞への書状の解釈異論

A

『依田文書』（北佐久郡浅科村依田四良氏蔵より）には、

（包紙）「台徳院様、伏見御城普請之節
御内書、松平右衛門大夫康寛頂戴
文祿三年八月廿二日」
長ゝ於其元御普請付而、苦勞察入候、何比可
為出來候哉、弥無油断被入精尤候、恐々謹言
八月廿二日　秀忠（花押）
松平新六郎とのへ

B

『芦田系譜』には、

頃日、台徳院殿　御在洛アリ、
公カ普請ノ労ヲ謝シタマイ、御内書ヲ賜ル
右御内書今是ヲ傳フ
長々於其元御普請付而苦勞察入候何比可為
出來候哉弥無油断被入精尤候恐々謹言
八月廿二日　秀忠（御判）
松平新六郎とのへ

〈訓読〉書状本文の意味は同じである。

「長々その元に於て御普請に付いて、苦労察し入り候。何比（いつころ）出来たるべく候か。

いよいよ油断無く精を入れられ尤もに候。恐々謹言。」

両方とも、**徳川秀忠**が**松平新六郎**（康寛＝康眞）に対して与えた書状である。本文では「**天下普請**に携わっていた康眞に対して徳川秀忠が、その働きをねぎらい、完成はいつになるのかを尋ねている」。康眞は他の大名と分担で、城の普請の役目を果たしている。そのことを徳川秀忠が慰労している書状である。康眞が、徳川麾下の大名として城の普請に参加していたことは、この**徳川秀忠**の心配りのある書状内容からも分かる。A・Bの違いは、本文に至るまでの前文の部分である。その**解釈によって、天下普請の城が全く違ってしまう**。

Aから考察してみよう。

前文は、書状を包んでいる「**包紙**」の**上書き**である。――「台徳院様**伏見御城普請**之節　御内書、松平右衛門大夫康寛頂戴、**文禄三年**八月廿二日」という言葉書きである。「文禄三年（一五九四）八月廿二日の御書」は、徳川秀忠が、豊臣秀吉の京都での拠点である**伏見城普請**の進捗状況を松平康寛（康眞）に尋ねるとともに、普請の労をねぎらっている。

これは、『**芦田記**（**依田記**）』に述べられている――「文禄三年午八月廿二日の御書は、伏見御普請之時、秀忠様より拙者方へ下し置かれ候を一通写し上げ申し候」――と言及されている書状であろう。この『**依田文書**』（北佐久郡浅科村依田四良氏蔵）は、現在、長野県立歴史館に寄託されている。字面を吟味してみても、ここまでは齟齬は見当たらない。

Bを考察すると、

『**芦田系譜**』の**文禄元年**の条にある記述である。――「頃日、**台徳院殿**　**御在洛**アリ、公カ普請ノ労ヲ謝シタマイ、御内書フ賜ル、右御内書今是ヲ傳フ」――つまり、「台徳院殿御在洛あり」とは、**徳川秀忠**はこの頃、**京都**に滞在していたことが分かる。その秀忠が、康眞の普請の労をねぎらい、**普請の進捗状況**を尋ねているのである。秀忠が京都にいることから、伏見城の普請について尋ねているのは不自然である。これは伏見城普請のことではなさそうである。『寛政重修諸家譜』には、これを裏づける記述がある。――「**文禄元年**四月、仰によりて**西城**の繼營を助く。七月また**本城**の普請をつとむ。八月二十二日台徳院殿より御書を下され、この事を慰勞さる」――これから、秀忠が康眞の労をねぎらうとともに、**江戸城の普請**の進み具合を、知りたく思っていたことが分かる。

『**芦田系譜**』の**文禄三年**の条の記述の要点を現代語訳して整理すると、次のようになる。

①今春、秀吉は伏見に城を築始めた。そのため二月、家康は上洛した。康眞も諸将と共に上洛した。家康の命によって、秀吉に拝謁した。〈中略〉呉服一重（赤摺箔小袖白小袖）太刀、馬代を太閤に進上した。

②**三月七日**、伏見城の経始（縄張り）、**康眞**は命を受けて築城に使役する。

③四月十八日、秀吉は普請を巡見するために伏見に来て、家康に会って日頃の労を謝す。康眞等に対しても懇ろに謝詞があった。

④五月晦日（三十一日）、秀吉は使節を使わして、家康へ普請の労を感謝するとともに、暑衣及び胴服（繪文紅糸で縫ってあるもの）が進上された。康眞へも暑衣二領（淺黄小紋白帷子）胴服一領（茶色緘に紅梅の裔あり）を賜る。

⑤六月朔日（一日）、秀吉は普請の所々を歴覧した。康眞は、前日に賜った暑衣胴服を着て出て、秀吉に御礼を述べた。

⑥同じ六月、秀吉は使節を使わして、康眞に胡餅（白餅）二桶を賜る。

⑦**七月下旬**、「**伏見ノ城経営成ル**」（伏見城の普請が終了する）。（この後八月九月ヲ經テ**淀**の**堤**、**槙ノ嶋**等の堤を築く）。

⑧十月、康眞、**五位ノ諸大夫**に昇進した。また、家康の命によって新六郎を改め**右衛門大夫**と号す。

伏見城普請では、「七月下旬**伏見ノ城経営成ル**」ということから、**七月下旬**の時点では、康眞の伏見城普請は完了していたことが分かる。以上のことから、徳川秀忠の康眞への書状はについて、次のことが判明する。

☆書状の書かれた時期は、**文禄元年**八月月二十二日（一五九二年）であること。←←←←文禄三年ではない

☆秀忠が康眞の**江戸城普請**への労をねぎらい、進捗状況について尋ねていること。←←伏見城普請ではない

ではもう一度、『**依田文書**』について考察してみよう。『依田文書』の次のことは事実であろう。

ア　康眞が徳川秀忠から授かった書状であることは明らかであること。

イ　その「書状の本文の内容」についても信用できること。

ウ　この書状『依田文書』の所有が、いつのころか芦田宗家から、なんらかの事情で依田四良家に渡ったこと。

ここで問題になってくるのは、**「包紙」の表書き**の内容である。

エ　**「伏見城御普請之節」**とあるが、これは書状の書かれた年を**「文禄三年」**と解釈したことから生じた齟齬であると推定される。戦国時代の多くの文書では「○月○日」とは書かれているが「○年」という年号が記されている例は少ない。この『依田文書』の本文でも「八月廿二日」とはあるが、年号は記されてはいない。「文禄三年」とあるのは本文ではなく、書状を包んでいる「包紙」の表書きにあるのである。これは、秀忠書状の包紙を後日作成した際に、なんらかの手違いで年号「文禄三年」を書き加え、それからくる解釈で「伏見御城」と書き加えてしまったのが実情と推定される。――よって、**「江戸城と伏見城の康眞の普請に出役した年月日」**を調べれば、歴史の事実は明白である。

オ　江戸城の普請への出役……文禄元年（一五九二）四月上旬～九月

カ　伏見城の普請への出役……文禄三年（一五九五）三月～七月下旬

以上「ア」～「カ」の分析からも、秀忠からの書状の月日は**「八月廿二日」**である。右の「オ」「カ」とを照合すると、書状の「八月廿二日」の段階で普請が継続されていたのは、**「江戸城の普請」**である。「年」は二年後ではあるが、

「月日」は、伏見城の普請は約一カ月前に終わっている。通信手段が発達していなかった当時の状況を考慮したとしても、既に終わっている康眞の伏見城普請について、秀忠が進捗状況を尋ねていることには無理がある。伏見城普請のことがまず念頭にあり、そのことから包紙に「文禄三年」と記してしまったのではなかろうか。

――普請の進行具合と時の流れから素直に判断すると、この秀忠書状は「京都に滞在中の秀忠が、**江戸城普請**についての康眞をねぎらい、進捗状況を尋ねているものであると解釈することが妥当である。

いずれにせよ、**松平康眞**は、天正十八年の小田原合戦での突然の兄康國の落命により、後継として小諸城主となり、小田原合戦の関東戦線に戦い。時をおかずにその年のうちに上州藤岡への転封があった。そして腰を落ち着ける間もなく、奥州仕置への出陣（天正十九年、一五九一）、やっと帰還が叶ったと思ったら、今度は**天下普請に出役**したのである。――**江戸城築城での普請**（文禄元年、一五九二）、**伏見城普請**（文禄三年、一五九四）と、徳川家康傘下の大名「松平康眞」として、家康や秀吉の命によって任務を果たした**康眞**は、さらに家康を通して直接あるいは間接的に中央の政権の動向と関わることになるのである。

60　康眞と天下人

康眞、従五位下・右衛門大夫となる

『芦田系譜』の文禄三年の項の七月下旬の条に「同年七月下旬伏見城經營成ル」とあり、その直後に小さ目の文字で、「コノ後八月九月ヲ經テ淀の堤、槙ノ嶋等ノ堤ヲ築キ成ス」と付加されている。つまり、**松平康眞**は**伏見城**の経営（普請）が終了した後、さらに秀吉（家康）の命令により、**淀川堤**や**槙嶋堤**の築造普請に出向いている。康眞の臣下には芦田五十騎や河川工事に長けた旧武田家臣もおり、このような土木工事に能力を発揮したと思われる。

優れた主君がいて、その意を帯して施政や経営をする重臣がいて、諸事業を実現できる奉行がいて、その指図によって能力を発揮できる頭脳集団や技能集団が存在することが必要である。このような組織に（芦田依田）松平康眞は支えられていたものと思われる。康眞の伏見城普請に始まる上方での河川普請の出役や、その人となりや行動ぶり等が豊臣**秀吉**から認められ、その年の十月（十一月）に、「**右衛門大夫**」に叙せられることになる。（もちろん、その裏には徳川**家康**の推奨が働いていることが考えられる）。

上卿　今出川中納言
文禄三年十一月三日　宣旨
豊臣康真
宣叙**従五位下**
蔵人右中辨藤原光豊
奉

⇧

上卿　今出川中納言
文禄三年十一月三日　宣旨
従五位下豊臣康真
宣任**右衛門大夫**
蔵人右中辨藤原光豊
奉

同日に宣旨されたものであるが、順序からすれば、まず、右側に掲げた内容で、康眞に**従五位下の官位**を与え、その後に、左側に掲げた内容で、**右衛門大夫の役職**を与えたという形式をとっていることになろう。

（平成二十三年度長野県立歴史館春季展『武士の家宝〜かたりつがれたお家の由緒』一九頁、四四頁参照）

『寛政重修諸家譜』の康眞の項では——「文禄三年三月台命により、伏見城の經營を助く。五月晦日太閤より助造の労を慰せられ、帷子（かたびら）二領、胴服一領を与えらる。十月従五位下に叙し右衛門大夫と稱す」と記されている。なお、『芦田系譜』も『寛政重修諸家譜』も「十月」にとあるが、現代に残る文書には「十一月」と記されているので、正しくは十一月であろうか。

文禄三年十一月三日付けの**口宣案**（口宣とは天皇の命を受けた職事〈蔵人頭〉が口頭でその日の政務担当の公卿に伝えたもので、職事の手控えを口宣案と称した）には、康

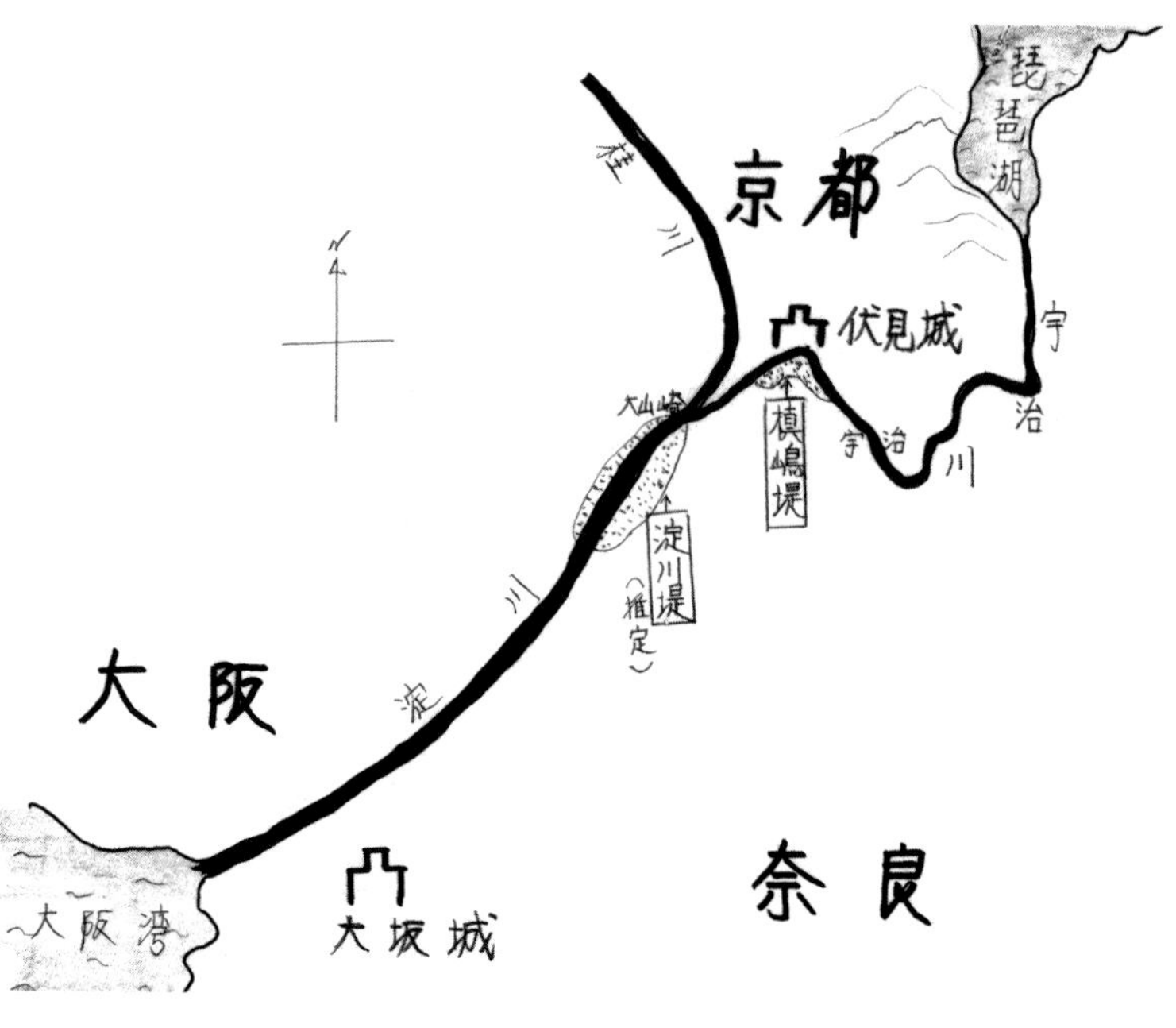

眞に対する叙位のことが記されている。――康眞に対して官位「**従五位下**」を与え、同日の別の口宣案では「**右衛門大夫**」の役職を与えている。長野県立歴史館寄託の「依田家文書」の文禄三年の口宣案二通には、（平成二十三年度長野県立歴史館春季展『武士の家宝～かたりつがれた御家の由緒』一九頁と四四頁によると）、前頁のように記されている。

なお、康眞に対して「**豊臣康眞**」と記されている。康眞は秀吉から豊臣の姓を授かったのである（「豊臣授姓」）。これは徳川家康の一族としての松平姓を名乗っていた康眞に対して**秀吉**が一目おいていた証拠になろう。

徳川秀忠・康眞主従の緊密さ
～豊臣秀次自害に関する書簡

『芦田記（依田記）』には次の記述がある。

一、文禄四未年七月廿六日、秀忠様より拙者への御書一通。これは関白殿御切腹の時、拙者は江戸に罷り在り候に付いて、江戸への御書にて御座候。

〈要旨〉

文禄四（一五九五）未年七月二十六日、徳川秀忠公より拙者（康眞）への御書一通があります。これは関白殿御切腹の時、拙者は江戸にいたので、江戸への御書です。

徳川秀忠書状で、江戸にいた康寛（＝康眞）宛のものである。内容は不慮の儀（秀吉の後継者とされていた**関白豊臣秀次**自害）について記した書状である。これは、江戸にいた**康眞**が豊臣秀次が切腹（自害）させられたという報を受けてすぐに、京都にいた徳川秀忠に使者を送ったことに対して、**秀忠**が返答書として送った書状である。

（包紙）「台徳院様　秀次御傷害之節
　御内書　松平右衛門大夫康寛頂戴
文禄四年七月廿六日　」
今度不慮之儀出来付、早速使者被指上、祝着候、
即静謐被仰付候間、心安可被存候、
尚様子治部少輔可申候也、
　七月廿六日　　　　　秀忠（花押）
　　松平右衛門大夫殿

（解読）

包み紙に「台徳院様（徳川秀忠）より、豊臣秀次御切腹の節に御内書を松平右衛門大夫康寛が頂戴した」と記されている。

今度不慮の儀出来に付いて、早速使者指し上（のぼ）され、祝着に候。

すなはち静謐仰せつけられ候の間、心安く存ぜらるべく候。

なほ様子治部少輔（大久保忠隣）申すべく候なり。

　七月廿六日　　　　　秀忠（花押）

　　松平右衛門大夫殿

『信濃史料』（第十八巻　一三五頁）では、**治部少輔**を石田三成としているが、ここは**大久保忠隣**が正しいと推定される。豊臣**秀次**が**秀吉**の勘気を受けて切腹させられた経緯を、徳川秀忠の命を受けて、松平康寛（**康眞**）に説明する役目は、「治部少輔」となっているが、同じ「治部少輔」でも、やはりここは康眞の後見人でもある大久保忠隣が相応しい。次項（文禄五年九月八日付けの家康からの書状）では、猶大久保治少輔可申候」（大久保治少輔が申すであろう）と記述されている。

――〔関白豊臣秀次〕――

豊臣秀次は、秀吉の姉の「とも」と三次吉房の間の子である。天正十二年（一五八四）の小牧長久手の戦いの際の**三河侵攻作戦**の総大将として**長久手で大敗**し、秀吉に叱責されたことがあったが、その後は彼なりに身を慎み戦功もあった。具体的には翌年の天正十三年の四国攻めの功により、近江八幡の領主となった。秀次は領主として交通の要衝である近江八幡の特徴を生かし、水運を発達させるなど優れた治世の手腕も伺える。また、天正十八年の小田原攻めの功により、織田信雄の旧領たる尾張及び北伊勢を加えて百万石の大大名となった。天正十九年、**愛児鶴松**を失って傷心の秀吉は、その年の十一月に**甥の秀次**を養子に迎え、**後嗣者**に定めた。十二月には、秀次は秀吉から**関白を譲り受けた**。公家と交わることも多くなったこともあって、教養を高めるために、努めて学問にも精を出していた。

ところが、文禄二年（一五九三）八月に秀吉と淀殿との間に「**お拾い**」（秀頼）が生まれると、関白秀次の立場は非常に微妙なものになってきた。秀次は秀吉から疎まれ始めた。秀次は、関白の地位を奪われるのではないかという疑心暗鬼に陥る。秀次は、次の展開を考えて与党大名を増やそうとした。しかし、正親町上皇が亡くなったにもかかわらず、関白の秀次は、精進潔斎を怠ったり、潔戒の場所である比叡山で狩りをしたり、粗野な行為もあったことから、摂政関白をもじって「殺生関白」などと言われているが、これは多分に秀吉側が秀次を悪し様に言った可能性もある。文禄四年（一五九五）七月、朝廷に莫大な金銀を献上したことも秀吉を刺激することとなった。それが、秀吉への謀反という風聞ともつながって、いよいよ秀吉の疑いの気持ちを増幅した。

文禄四年七月八日、とうとう秀次は関白左大臣の官職を剥奪され、**高野山へ追放**された。そして、同月十五日に自刃させられた。秀次の妻妾は全て京都三条河原にて首を討たれた。しかし、秀次が本当に秀吉に対して謀反の意を抱いていたか否かは疑わしい。秀吉もやはり人間で、実子に天下を譲りたい気持ちのほうが勝ってしまったのであろう。

先に掲載した**秀忠**から**康眞**への書状の日付は、文禄四年（一五九五）七月二十六日である。それまでに至る**情報のやりとり**について、順を追ってたどってみると、

康眞と徳川秀忠の情報（書状）の動向

①〈高野山〉文禄四年（一五九五）七月十五日に秀次が自害→②〈江戸〉江戸滞在中の康眞が秀次自害の件を知り、秀次自害について京都にいる秀忠に使者を送る→③〈京都〉秀忠がその返答書を康眞へ記し七月二十六日に返答する→④〈江戸〉康眞が受け取り、拝読。詳細を大久保忠隣から聞く。

秀次自害（七月十五日）から**康眞**を経て**秀忠**が返書を発行する（七月二十六日）までに、わずか十日ほどしか要していない。関白秀次自害の情報の伝達と秀忠書状の経路は、「高野山→江戸（康眞）→京都（秀忠）→江戸（康眞）」である。このことからも、徳川家と芦田依田松平康眞の関係の緊密さが伺える。康眞は、**松平氏**を名乗らせてもらっていることもあり、高野山～江戸～伏見（京都）との間の距離と当時の交通手段を考えると、当時とすればかなりの早さである。徳川氏の麾下として、徳川家康・秀忠にかなり近い家臣（**親藩大名**）として遇されていたことの証左といえよう。

季節の節目に家康・秀忠へ礼を尽くした康眞

『芦田記（依田記）』には次の記述がある。

一、文祿五年申九月八日に、**家康**様より拙者方への御書一通写し上げ申し候。以上。

〈要旨〉

・文祿五年（一五九六）申九月八日に、徳川**家康**様より拙者（康眞）宛の御書一通の写しを提出致します。

〈注解〉康眞宛の徳川家康書状で、内容は、康眞が重陽の節句の祝儀を送ったことに対する返礼である。その家康からの返礼が左記である。

（包紙）「権現様御内書文祿五年九月八日重陽之御祝儀獻上之節、
松平右衛門大夫康寛頂戴」

為九日之祝儀小袖一到来、猶大久保治部少輔可申候、謹言、
九月八日　　家康（朱印）
松平右衛門大夫殿

〈解読〉包み紙に「権現様（家康）の御内書を、文祿五年九月八日に重陽の節句の御祝儀を献上した時に、松平右衛門大夫康寛（＝康眞）が頂戴した」と書状の中身について上書きがある。

（本文）
九日の祝儀の為小袖一つ到来した。なお、大久保治部少輔が申すであろう。謹言、
九月八日　　家康（朱印）
松平右衛門大夫殿

家康からの書状を包んである紙に、書状の由来が記されている。**松平康眞**が**徳川家康**に重陽の節句の祝儀として**小袖を献上**したところ、この日（文禄五年、一五九六、九月八日）に、**家康からの答謝**があった。さらに、口上を「大久保治部少輔（大久保忠隣）が申すであろう」と付け加えている。**大久保治部少輔忠隣**は松平康眞にとっては、内室（妻）の父であり、義理の父である。また、忠隣の父（大久保七郎右衛門忠世）は、康国・康眞の後見者として、天正十年（一五八二）以来、ずっと（芦田依田）松平氏を支えてきた人物である。奏者の役目を忠隣がすることに、その関係の近さが表れている。

なお、**松平康眞**は、**徳川秀忠**にも重陽の節句の祝儀を送っており、それについての秀忠からの返礼の書状もある。

〔包紙〕「文祿五年台徳院様御内書」
為重陽之祝儀小袖一重到来、猶酒井右兵衛大夫可申候、謹言、
九月八日　　　秀忠（花押）
松平右衛門大夫殿

〈解読〉包み紙に「文祿五年、台徳院様（秀忠）の御内書」と上書きがある。

〔本文〕
重陽の節句の祝儀の小袖一つ到来した。なお、酒井右兵衛大夫が申すであろう。
九月八日　　　秀忠（花押）
松平右衛門大夫殿

秀忠からの書状を包んである紙に書状の由来が記されている。**家康**へのほかに**秀忠**にも**康眞**は重陽の節句の祝儀として小袖を送っていることが分かる。この答礼の奏者としては、秀忠の側近である酒井右兵衛大夫が当てられている。

松平康眞と天下人（秀吉、家康・秀忠）

臣下としての松平康眞の徳川家との関わりの深さを、『寛政重修諸家譜』『芦田記（依田記）』、『芦田系譜』、『信濃史料』などにより、関東移封後から関ヶ原の合戦前後の、豊臣**秀吉**・**秀次**、徳川**家康**・**秀忠**と**康眞**との関係から、時系列に従ってまとめてみると左記のようになる。

○天正十九年（一五九一）
・康眞、「奥州仕置」に出陣した**家康**に従って、奥羽地方に転戦する。
・十二月、秀吉、甥秀次に関白職を譲る。

○文禄元年（一五九二）

・康眞は、**家康**の新たな根拠地である江戸城の西城（西ノ丸）や本城（本丸）の普請の一環を担った。このことに対して**秀忠**より慰労の書状を賜った。

・朝鮮出兵で**家康**が渡海するための御座船の帆柱の用材を、九州名護屋に運送するために武蔵国三田谷御嶽山のご神木を伐り出した。（しかし、歴史が語っているように、結果として家康は朝鮮半島へ渡海しなかった）。

○文禄二年（一五九三）

・十月、先に江戸城の経営（築城）に助力した諸将を**家康**が召して酒食を給い、手ずから茶を點じて下さったが、康眞もその列にあった。

○文禄三年（一五九四）

・康眞は、**家康**の上洛に供奉し、伏見城で**秀吉**に謁見し、小袖一襲を献じた。

・**家康**の命令で伏見城の築城にも参画し、**秀吉**より帷子（かたびら）二領、胴服一領を受けて慰労される。

・十月、秀吉の命により、従五位下、右衛門大夫に任ぜられる。

・十月十八日、**豊臣秀次**が太閤**秀吉**を聚楽第に饗し、**家康**も出席した。康眞は供奉して前駆した。この少し前に、秀次が叛逆を図って秀吉と家康を聚楽第にて殺害しようとしているという巷説があったが、秀吉はそれを信じなかったが、予め警戒し備えていた。家康も聚楽第へ到着したが、諸大夫が馬に乗って前駆した。一番**松平右衛門大夫康眞**、二番岡部内膳正、三番石川長門守、四番榊原式部大輔、五番井伊兵部少輔の五騎であった。家康も馬上にて到着した。前田利家・毛利輝元・上杉景勝も列をなして供奉した。従った者の多くは中へ入ることができなかった。康眞は入ることを拒んだ門番を「これでは家康公が饗応に出席できない。そんなことになれば汝らは罪を問われることになるぞ」と叱責した。家康に続いてかろうじて中へ入ることができたのは、康眞とその後に続いた加藤九郎次だけであった。これは予ての巷説（秀次謀反）があったので、用心したからである。家康は康眞の忠義の志を何度も感称したといわれている。

・**秀吉**が前田利家及び蒲生氏郷の館へ来臨したことがあったが、**家康**も参席した。**康眞**は家康に供奉した。

・十一月に康眞は本拠藤岡へ帰った。

○文禄四年（一五九五）

・康眞は藤岡を出発し、草津の駅で**秀忠**の上洛を迎え、供奉して京都へ入る。

・三月二十八日、**秀吉**が**家康**の聚楽での館に来臨があり、**康眞**も同列の諸将と共に謁した。その後家康・秀忠から御内書を賜る。この日、康眞は同列の諸将とともに、秀吉に拝謁し、太刀や馬代を進上した。饗応の式は特にいうまでもない。秀吉は家康の館に三日間逗留した。その間、猿楽に興じた。

・この頃、徳川秀忠が体調を崩していたので、康眞は時々起居を伺った。秀忠の健康が回復したので、康眞は休暇を賜って、四月二十八日に藤岡へ帰還した。

・関白豊臣**秀次**は、秀吉への叛逆の企てがあるとして関白左大臣の官職を剥奪され、七月十五日に高野山で自害切腹させられた。

○慶長元年（一五九六）

・康眞は江戸の第（屋敷）で新年を迎えた。

・一月二十三日、**秀忠**が石川康通邸に来た時に、本多正信と松平家乗が供奉してきたが、**康眞**は予め先に出向いていて、お迎えした。

・七月十二日、大地震で伏見城が倒壊した。

・十二月、康眞は休暇を賜り、藤岡へ帰った。

○慶長二年（一五九七）

・前年、地震により伏見城が破壊されたが、**家康**は山里郭及び船入場の修復を受け持った。康眞は、家康の命令を受けて、山里郭を経営（修復）した。

・四月、**秀吉**が修復なった伏見城を巡見し、康眞の経営の功が抜群であると賞した。また、即日、佐久間河内守を使いとして、康眞に草餅を賜った。

・**秀吉**は伏見城山里郭に亭を構え、普請ぶりを遊覧した時に徳川**秀忠**も来ていた。他に伊達政宗・井伊直政・榊原康政・石川康通・**松平康眞**および本多廣孝・牧野康成等が侍した。その時、**秀吉**は草餅を食し、諸将にも食べさせた。

・五月頃、伏見城再建の経営（普請）が成った。（「経始（縄張り）が一月二十日で、「経営成る」が五月中旬以前であるので、五カ月という早さで築城された）

・五月十八日、**秀吉**は伏見城の普請の労に感謝するため、徳川**家康・秀忠**を伏見城で饗応した。**康眞**は同列の将とともに御相伴にあずかった。時に、幼児であった**秀頼**も同席した。**秀吉**は**康眞**に酒を勧める。その後、猿楽があった。

・**秀忠**の姫君誕生（天樹院殿）誕生のお七夜にあたり、**康眞**も同列の諸将とともにお祝いの席に御相伴した。

・**秀吉**が伏見城の向嶋の亭に菜園を設け瓜(うり)を育てたが、**家康**を饗応した時に、諸将にも自ら瓜を採って与えた。**康眞**は病で欠席していたが、秀吉は、懇ろに康眞の病気の具合を尋ねさせた。そして、**康眞**に与えよと言って瓜を託してよこした。**家康**も**康眞**の病の具合を尋ね、薬を服するように指示があった。

・**康眞**は、**家康・秀忠父子**に**重陽の祝儀を献じ**、**その答謝をそれぞれから受ける**。（**本項の書状がそれにあたる**）

・**康眞**は、九月下旬になって病気が治り、藤岡への帰途、上洛する途中の秀忠を駿州清見寺に迎えた。拝謁すると、病のことを尋ねられ、懇ろな言葉をかけられた。この時、**秀忠**に供奉していた諸士は皆馬を下りて**康眞**に挨拶した。これも、**康眞**が**家康・秀忠**からの恩遇が甚だ厚きをもってであった。

○慶長三年（一五九八）

・**康眞**は藤岡で新年を迎えたが、一月のうちに江戸へ赴いて、江戸城に在城中の**秀忠**に新年の挨拶に出向いた。

・（二月）**秀忠**が田原に狩りをしたが、**康眞**も大久保忠常とともに供奉した。時に、大猪が走り出て忠常の隊へ突撃した。勢子は恐れて遁れ走った。猪は康眞隊の中へ突進した。康眞の家臣の金子三郎右衛門尉が鑓で突き殺した。

・（八月十八日、太閤豊臣秀吉の死去、六十三歳）。

・秀吉の死の前後から、家康と五奉行、とりわけ家康と三成の不和が表面化し、権力闘争が激しくなっていった。

・十二月、**秀忠**は武州稲毛に鷹狩りをしたが、疱瘡にかかった。それを聞いて**康眞**は、稲毛へ出向いてお見舞いした。**康眞**は寝室へ召され、懇情浅からずであった。後日、秀忠は平癒し江戸城へ帰還した。

○慶長四年（一五九九）

・康眞は江戸の屋敷で新年を迎えた。

・**秀忠**が大久保忠隣邸を訪れ、御謡初めがあり、**康眞**も御相伴した。

・閏三月三日、前田利家が大坂に屋敷で病没。同日夜、七将（加藤清正・福島正則・浅野幸長・黒田長政・細川忠興・池田輝政・加藤嘉明）が、石田三成を襲撃しようとし、それを察した三成は伏見城内の家康邸に逃れた。家康は諸将を慰撫して三成を救い、居城の佐和山へ去らせた。

・三月十三日、家康は伏見向島の邸から伏見城西ノ丸へ移る。

＊　＊　＊　＊

ここまで、大名としての松平康眞は、順風満帆であった。**親藩松平氏**を名乗り、**徳川の身内**として遇され、また、よく忠勤を尽くした。天正十八年（一五九〇）に藤岡城へ転封となったが、それから約十年、藤岡城下を整備し、従兄弟の依田肥前守信守、信政や佐久以来の**芦田五十騎**を中心とする家臣にも恵まれ、治政も安定していた。**家康**・**秀忠**にも、更に**秀吉**にも認められ、ここまで述べてきたエピソードからも、その律儀な忠烈ぶりは、父右衛門佐**信蕃**をほうふつさせるものがあった。

その活動範囲も祖父下野守**信守**。父右衛門佐**信蕃**・兄修理大夫**康國**よりも更に広範囲となった。本拠は上野国藤岡であったが、徳川に従い江戸〜京都・伏見〜大坂へと広がっていた。前述のような行動ができたのは、大名であったこともあり、**芦田松平屋敷**が江戸のみならず伏見城下にもあった可能性が高い。康眞は天正二年（一五七四）生まれであるので、この時点で数え二十六歳の青年大名であった。時の為政者達からも信頼され、将来が約束された大名の一人であったと推定できる。

61　関ヶ原前夜

慶長四年（一五九九）正月二日、江戸では**秀忠**が**大久保忠隣**邸を訪れ、**御謡初め**があり、**康眞**も御相伴した。この年、徳川秀忠は数えで二十歳、父芦田信蕃以来の芦田（依田松平）氏の後見的存在であった大久保氏の当主忠隣（康眞の内室の父）は四十七歳、康眞は二十六歳であった。慶長年間に入ってからのよくある正月の光景ではあった。ここまでは、康眞の前途は洋々たるものであった。

しかし、豊臣秀吉亡き後、天下の情勢は次第に緊迫したものとなってくるのである。

徳川家康と石田三成の関係が緊張〜そして忠勇律儀の康眞

歴史上の緊迫した動き「・」印に、『芦田系譜』と『寛政重修諸家譜』の内容「〇」印を補って、関ヶ原前夜の状況を整理してみる。

〔慶長四年、一五九九年〕

・一月十日、秀頼と傅役（もりやく）の前田利家が、秀吉の遺命により伏見城から大坂城へ移った。

・一月十一日、**石田三成**は前日に秀頼一行に供奉してきた**徳川家康**を討とうとしたが、果たせなかった。

・三月十一日、**石田三成**は、家康が前田利家の病気見舞いで大坂に来た際に、**家康**襲撃の企てをしたが未遂となった。

・閏三月三日、豊臣公儀を支えてきた前田利家が大坂で病没。同日夜に**七将**（加藤清正・福島正則・浅野幸長・黒田長政・細川忠興・池田輝政・加藤嘉明）が**石田三成**を襲撃しようとした。それを察知した三成は、四日に伏見城内の**家康**邸に逃れた。家康は諸将を慰撫し、三成を救い、居城の佐和山へ去らせた。

・閏三月十三日、**家康**は向島の邸から、伏見城の西ノ丸へ移る。

・興福寺の僧多門院英俊は『多門院日記』で「十三日午の刻、家康、伏見の本丸へ入らるるよし候。天下殿に成られ候。めで候」と記している。

○六月、徳川秀忠に休暇を賜り、**康眞**は藤岡へ帰った。しばらくして、家康に拝謁するために六月十四日に藤岡を出発し、**伏見**に赴いた。その時、**家康**の命令で伏見城大手の櫓を守った。石田三成の一党が家康の命を狙っているという巷説があったためである。

○九月、**家康**は大坂で増田長盛宅に泊った。この時、**石田三成**が家康を狙っているという巷説があった。

徳川家康

石田三成

この時**伏見**にいたが十二日の夜になって、家康の命が狙われているという報告があった。**康眞**は腫物を患って起きることもままならぬほどであったが、即刻**大坂**の**家康**のところまで単騎、馬を走らせた。しかし、腫物が痛んで馬から下りることができなかった。松平右京進某や岩手九左衛門信政等に助けられ、やっと縁先に至って家康に拝謁した。家康は、**康眞**が苦痛に耐えて馳せ参じたことを喜んだ。昨夜からの騒動は全く虚説であったので、康眞は休暇を賜り寄宿に帰って腫物を治療した。

・九月九日の重陽の節句に際し、祝賀のため七日に大坂城へ向かった**家康**に対し、**三成**による暗殺計画があるとの密告が家康に入る。

○九月十四日、家康が石田木工允（もくのすけ）宅に訪れるという知らせが**康眞**の寄宿に至った。そこで、**康眞**は直ちに駆けつけて**家康**に供奉し、石田木工允宅へ到着した。しかし、腫物が甚だ痛く心身ともに苦しく、休暇を賜り寄宿へ帰った。その後、四十五日間病床についていた。（結果として八十歳と長生きした康眞ではあったが、二十代半ばの頃は、病に伏すことがたびたびあったようである）。

・九月二十七日、家康が大坂城西ノ丸へ入り、豊臣公儀としての政務をとり仕切る。

○十一月一日、**康眞**は腫物が全く癒えたので、**家康**の屋敷に参上し、家康に拝謁した。日頃のご厚情に感謝の言葉を述べた。

〔慶長五年、一六〇〇年〕

○正月一日、**康眞**は大坂の宿舎で越年した。この朝、家康は新年の賀を述べに**秀頼**の大坂城を訪れた。**康眞**も家康に供奉した。井伊直政・榊原康政・平岩親吉・石川康通・本多廣孝・牧野康成・阿部伊豫守・皆川山城守が共に供奉した。**結城秀康**君も御登城なされた。各々大広間の席に伺候した。**家康**が**秀頼**に謁見した後、**秀康**君も秀頼に接見した。**康眞**と各々も新年の賀を述べ太刀や馬代を献上して拝謁した。ちなみにこの時、家康数え年五十九歳、秀頼は文禄二年（一五九三）八月の誕生なので、やっと数え七歳であった。
・諸将は大坂城本丸で秀頼に年頭の挨拶をし、引き続き西ノ丸で家康に年始のお祝いを述べた。
○正月二日、家康は例の如く**御謡初め**を催した。**康眞**は家康の邸へ参上し、賀を述べた。織田秀信やそのほか太閤の旧臣達も侍座した。**御囃子**（おはやし）があった。東北・遊屋・呉服の三番が興せられた。謡（うたい）は観世與三郎小鼓は観世又次郎、太鼓は大倉平蔵であった。それらが終わった後、康眞は宿舎へ帰った。慶長五年の時点では、**上州藤岡城**を本拠とする松平康眞の屋敷は、**江戸**のみならず**伏見城下**にもあった可能性が高い。また、しばしば家康に供奉して大坂に滞在することがあったことから、**大坂城下**にも康眞は滞在する常宿があったと思われる。康眞は天正二年（一五七四）生まれであるので、この時点で数え二十六歳の青年大名であった。時の為政者達からも信頼され、将来が約束された大名の一人であったと推定できる。順風満帆であった康眞の運命を急転換させる事件が、まもなく旬日のうちに起こるとは、誰が予想したことであろうか……。

62　抜刀斬殺事件～高野山へ

天下にとっても康眞にとっても運命の年となる慶長五年（一六〇〇）が明けた。天下を二分して戦われた**関ヶ原の合戦**が行われる年である。その正月、豊臣秀頼のいる大坂城に滞在することが多くなっていた徳川家康に従って、大坂に滞在していた時に、康眞の運命を変える最大のつまずきが勃発したのである。

囲碁の勝負での言い争いから旗本を斬る

慶長五年正月、**家康のお伴で大坂**にいたが、宿舎で**囲碁の勝負**から、**旗本小栗三助**を一刀のもとに斬り殺害してしまった。一月二十三日に宿舎で起こった、康眞一代の痛恨の事件である。

『寛政重修諸家譜』の康眞の項には次のように述べられている。

五年正月二十三日、大坂の旅宿にありて、小栗三助某と圍碁を弄す。席上遁がたき事出來て三助を殺害し、我身も自殺せんとす。

…〈後略〉

〈注解〉

慶長五年（一六〇〇）といえば、**九月十五日に関ヶ原の戦い**があった年である。豊臣秀吉なき後、**徳川家康**の存在感が増し、それを押さえようとする**石田三成**を中心とする勢力とのせめぎ合いがあり、力関係のエネルギーがぶつかり合って爆発したような感があるのが、天下分け目の戦いである「関ヶ原の戦い」だとすれば、この直前の正月は嵐の前の静けさのような段階である。大坂で越年した**松平康眞**は、元日に**家康**に供奉して大坂城本丸の**豊臣秀頼**に新年の賀を申し述べている。二日には、あらためて徳川家康の邸に参上し、新年の挨拶をし、家康の「**お謡初め**」に郡臣とともにお相伴している。それから三週間後に勃発した事件であった。康眞にとっての急転直下で運命が変わる、このような事態は誰が予想したことであろうか。まさに、現代のイメージとすれば、突然の交通事故に遭った（あるいは起こした）ような感がある。事後に呆然自失となるような事件である。

「大坂の旅宿にありて」とあるが、正月気分も終え、諸行事もなくほっとした気分で、徳川家臣として普段見知った者同士で、**囲碁に興じていた時のこと**である。相手の**小栗三助**は旗本で大番士であった。徳川家旗本といえば文字通り、戦いの時には家康の本陣近くを守備する近臣の意味から発しているが、要するに徳川の直臣である。旗本は石高は一万石未満であるが、プライドは高く、三万石の大名である松平康眞といえど、一目おかねばならない存在である。家康麾下として、いわば同僚同士という立場で囲碁をしていたことになる。

「席上遁がたき事出來て三助を殺害」とは、いったいどういうことであろうか。**囲碁**の席とはいえ、康眞にとって「**遁**（のがれ）**がたきこと**」とは、……。それが何であるか、いくつか説があるが、整理してみると。

①囲碁の勝負の勝ち負けで、言い合いになったことに因る。
②康眞と囲碁に興じていた相手に、そばにいた小栗三助が助け船を出すようなことを言った（した）ことに因る。
③囲碁の勝負手での言い合いがあったことに因る。
④囲碁の勝負に負けた小栗三助が、康眞を非難したことに対して、康眞が怒ったことに因る。
⑤囲碁の勝負に負けた小栗三助が、康眞に言った言葉に康眞が怒りを押さえることができなかったことに因る。

今となってはいずれか不明ではあるが、④・⑤のあたりが真実を言い得ていると思われる。康眞としてプライドを傷つけられることといえば、これまでの康眞のあり方、生きてきた道を否定されかねない内容でしかない。——それは、「**康眞の内室**」に関わることであるともいわれている。（『藤岡町史』昭和三十二年発行、一四九三頁参照）。だとすれば、小栗三助が康眞に投げかけた言葉とは——「拙者は囲碁の勝負では負けたが、おぬしのように、兄者亡き後、その内室を自分の内室にするようなことはしない」というような内容であったのではなかろうか。

『藤岡町史』では、「一説に右衛門大夫康貞は（康眞の別名）、**兄康國**の死後、**その妻**と**逆縁**になった。その証拠として、（藤岡）光徳寺霊牌に康國法謚康國院殿良雪大居士、天正十八年四月二十七日、夫人法謚**了源院**とあり、天竜寺記には、右衛門大夫室**了源院日脱**大姉とあれば、**逆縁説**を証拠立てるものである」と記述されている。——つまり、逆縁の証拠であると『藤岡町史』では説明している。

兄康國の内室（奥方）については、徳川家康の家臣である松平家忠の記した『家忠日記』に記述されている。

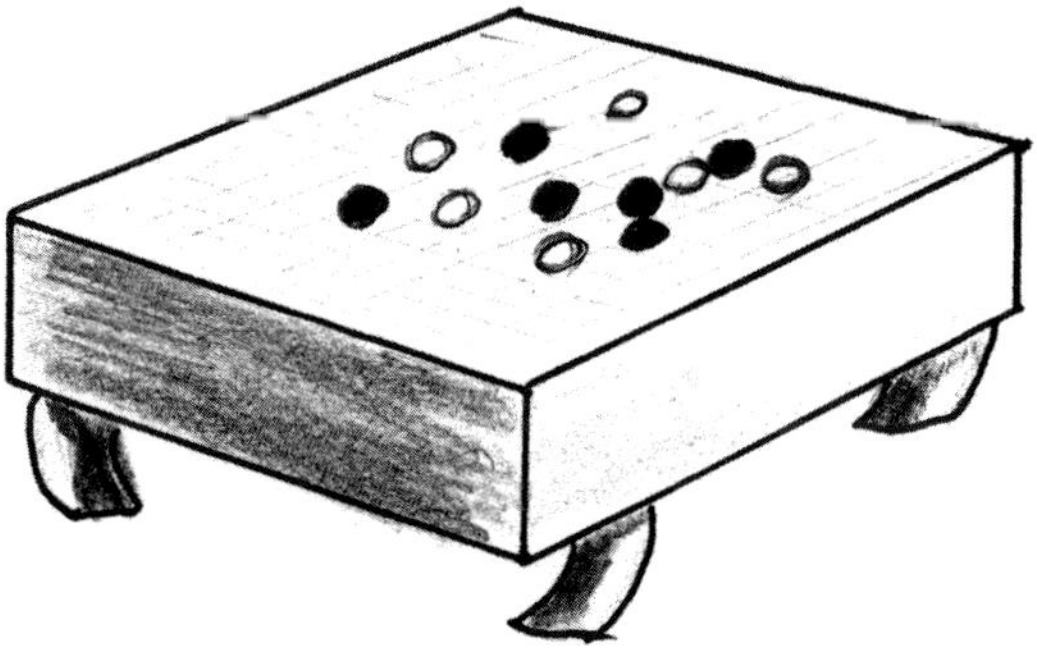

囲碁の勝負中に旗本小栗三助を一刀のもとに……。

天龍寺にある康眞の内室（了源院）の五輪塔

十一月大廿八日癸丑、大窪治部む寿め信州足田所へこし、送り二路次迄こし候、晩雨降、

つまり、天正十五年（一五八七）十一月二十八日に、**大久保忠隣の娘**は、信州小諸城主芦田（松平）**康國**に輿入れする（嫁ぐ）ために、三河を出発したのである。大久保氏は徳川家の三河以来の典型的な忠臣であり、芦田信蕃の時代に大久保忠世とは肝胆相照らす間柄であった。信蕃亡き後、**忠世**とその嫡子**忠隣**は信蕃の二子（康國・康眞）の後見人の立場を果たしてきており、芦田依田氏とのつながりには、深いものがあった。また、『家忠日記』は歴史を語る同時代資料として一級品であるとして、多くの史家から認められているものである。そこに述べられている「大久保忠隣の娘」が、兄康國の内室であり、康國他界後に弟の康眞の内室になったのである。

いずれにせよ、小栗三助の囲碁の勝負に負けたときに発した言葉は、康眞には耐えられない侮辱の言葉であったと解釈される。時の天下人にも武将としての器量を認められ、周囲にもその存在を軽からず認められていた青年大名松平康眞。前途洋々であった康眞ではあったが、康眞もやはり人の子であったのである。**「席上遁れがたき事」**に感情を押さえることができなかった瞬間があったのである。

『寛政重修諸家譜』の康眞の項には、さらに次のように述べられている。

康眞、高野山にて謹慎～藤岡藩改易領地没収

……席上遁れがたき事出来て**三助を殺害**し、我身も自殺せんとす。家臣等これをとどめて**康眞**にかはらむといふ。康眞きかず。家臣等強て馬にのせ、はせて國恩寺にいたる。従士わづかに十四・五人、その夜かの寺に宿せむと請。院主ゆるさず。よりて堺ノ津に往て止宿を求む。またうけがはず。故に住吉阿部野の原に宿す。ときに、家臣等來り集り議していはく、高野山は行程遠きにあらず。これより彼地にいたり、上裁定を仰ぐべしとてたゞちに**高野山**におもむき、**蓮華定院**に止宿す。このとき、藤岡に留守せる輩漸々来り集り群をなす。康眞謝していふ、我今よりのち身をたつるの意なし、汝等これより御麾下にまいり、よろしく俸祿をもとむべしとて、土井利勝が許に書を贈る。後宇喜田秀家本領をもって招くといへども從はず。家臣等はやくいづれの旗下になりとも身を寄らるべしと諫む。康眞きゝて、我東照宮の恩に浴する事比するものなし。今御麾下を去といへども、祿を他に求るの意なし。もし或は身を寄るにをいては、御連枝のうちをはなれじといふ。

〈注解〉

右の『寛政重修諸家譜』と、『芦田系譜』の記述の内容から、**康眞**が囲碁の席のいさかいから**小栗三助**を殺害し、高野山に謹慎蟄居する経緯とその前後のことをまとめると、次のようになる。

・小栗三助を殺害してしまったので、自分も自殺しようとした康眞をとどめて、家臣達は、殺害したのは自分であると身代わりになると言ったが、康眞はそれには同意しなかった（拒否した）。

・家臣達は康眞を強いて馬に乗せて走って**國恩寺**に至った。この時、従っていた者はわずかに十四、五人であった。

・一夜の宿を頼むが、國恩寺の住職は許さなかった。よって**堺**まで行って宿を頼んだが受け入れられなかった。やむを得ず、住吉の**阿部野**の原に宿した。「阿部野の原に宿す」とは野宿ということであろうか。季節は旧暦の一月二十三日である。現代の暦にすると三月十日頃になるが、露天ではなく、どこか屋根の下でもあったのであろうか。いまだ野宿には寒気が身に染みる季節である。

・平尾右近などの家臣が後から追いついて来て集まって、話し合った結果、紀州**高野山**はそんなに遠くではない。これから高野山へ行き、家康公の裁定を仰ぐべしということで、直ちに高野山へ赴き、**蓮華定院**へ到着した。蓮華定院は**芦田家の祈願所**でもあった。康眞はそこで謹慎蟄居することになった。

・公儀幕府は松平康眞の**藤岡三万石**を**改易**した。藤岡藩はなくなり、領地は没収された。家臣も路頭に迷う事態にな

高野山　蓮華定院

る。大名としての**御家断絶**となった。

・やがて、藤岡に留守していた家来が次々と単騎で馳せ参じて、高野山の麓に群れをなした。

・康眞は集まってきた者達に感謝し、次のように言った。――「自分はこれから身を立てるという気持ちはない。皆の者はこれから**家康公**のもとに参じて、よろしく家臣にしてもらって俸禄を求めるべきである」と言って、**土井利勝**のもとへ、家来達の士官をお願いする書状を送った。

(1)旗本に召された者は八十余人であった。この者達は芦田衆と称された。

(2)身の栄耀を図らず、命を委ねて、のちに康眞に従って越前に従った者は百余人

(3)他の武将のもとへ行き禄を求めたり、民間に隠れた者（帰農した者など）は数百人という。

・後日のことであるが、旧臣で康眞の後を追う者は大勢いたが、徳川へのはばかりもあり、しかも、康眞の立場では扶持する能力はないので、家康に対する軍功を申し立て、その中で百余人が旗本へ召し出されたが、藤岡へとどまる者八十余人、そのほかの者は康眞に従って越前に行った。

・康眞が**蓮華定院に謹慎**していた時には、わずか小姓六人がが従っていただけである。

……金子金襴・佐久間権三郎・安部五郎助・依田長左衛門・井上彦平・布施新左衛門などであった。

・康眞が高野山に籠もって七日ばかり経過した時に、**宇喜田秀家**と**大谷刑部**が康眞を本領をもって家臣となることを招いたが、康眞は断った。宇喜多秀家も大谷刑部吉継も、関ヶ原の合戦の時に、西軍の将として重きをなした人物である。すでに一月末の時点で、東西の勢力は一人でも多くの武将を味方につけようと、水面下で策を尽くしてい

たことが分かる。

・大久保新左衛門尉や米津清右衛門尉などや多くの家臣が、康眞に早くいずれの麾下にでも身を寄せるべしと諌言した。

・康眞は、「自分は家康公の御恩を他に比する者がいないほどに賜った。こういう事態になって、いま家康公の直接の臣下ということではなくなったが、禄を他に求めようという意志はない。もし、自分の身を寄せるということになったら、家康公の御連枝（親族）に仕えるということでないと、どこにも仕えない。これが、大恩ある家康公への「寸忠」であると言った。

康眞の家康に対する忠烈の心は、ぶれることがなかったのである。このへんにも父**信蕃**の生き方をほうふつさせるものがある。

康眞、結城秀康の家臣となる

康眞は、蓮華定院に謹慎蟄居していた。徳川家康は藤岡藩は改易したが、康眞の命までは求めることはしなかった。家康には福千代丸（康眞）が二俣城で**証人（人質）**生活を送っていた幼少のころから、康眞をよく理解しており、康眞という人物のよさも分かり、気に入って近従にもしていたことがある。忠勇で義を重んじる武将としての康眞を、それ以上追及することはなかった。時あたかも天下の情勢が大きな渦となって動き出し、康眞の存在に気を使っていられる状況ではなくなってきていたことにも因ると推定される。秋には天下分け目の関ヶ原の戦いになるのである。

『芦田系譜』には、高野山に謹慎していた康眞について、次のように記述されている。

時ニ結城黄門秀康君土井利勝ヲシテ公ニ説シメ頻リニ是ヲ招キ玉フ時ニ秀康君上杉景勝ヲ押テ関ヶ原御陣小山下野ニ御陣座ナリ因テ公小山ニ往テ拝謁アリ　秀康君大ニ御□悦アリ則公ヲシテ上杉ニ日光口ニ備ヘシメ玉フ時ニ公氏名ヲ改メ加藤四郎兵衛康寛ト号セラル

右ノ後　秀康君　公ヲ以テ臣トセス待スルニ必スヒン賓ノ礼ヲ以テス故ニ公ヲ御営中ニ饗シ玉フ寸ハ必ス御連子ヲシテ御玄冠ニ迎ヘシメ玉フ又常ニ御営中ニ登ル寸ハ必ス侍臣ヲシテ御玄冠ニ送ラシメラル又云秀康君公ノ御家人等ヲシテ常ニ拝謁ヲ遂ケシメラル

〈要旨〉

・康眞が高野山蓮華定院に謹慎していた時に、**結城秀康**が**土井利勝**を介して康眞を招いた。
・その時、秀康は**上杉景勝の押さえ**として、関ヶ原の合戦の時、**下野小山**に陣していた。
・よって、**康眞**は小山へ行って**秀康に拝謁**した。秀康は大いに悦んで、**康眞**を**上杉**に対して**日光口**に備えさせた。
・その時、康眞は名を改め、加藤四郎兵衛康寛と号するようになった。
・その後、秀康は**加藤四郎兵衛康寛**こと康眞を臣下としてではなく、康眞が秀康のところに行くと、必ず賓の礼を以って迎えた。康眞が参上する時には秀康は必ず身内の者に玄関で迎えさせた。また常に康眞が帰る時には、必ず侍臣に玄関まで見送らせた。また、秀康は康眞の御家人等には常に秀康に拝謁することを許した。

〈注解〉

康眞は高野山で謹慎していたのであるが、**結城秀康**が土井利勝を介して、康眞に自分のところへ来るように（＝康眞を召し抱えるからと）たびたび招いた。秀康は徳川家康の次男で、秀吉に請われて秀吉の養子となっていた時もあった。（名前も秀吉の「秀」と家康の「康」をもらって「秀康」となっていた）。その後、由緒ある**結城氏**の養子となり当主となっていた。ちなみに、この年の正月一日、家康に供奉して大坂城へ豊臣秀頼に新年の挨拶をしに参上した時に、康眞は大坂城に訪れていた結城秀康にも挨拶している。家康に供奉する際に秀康とも懇意になっていたことも考えられる。ちなみに、天正二年（一五七二）生まれで、康眞とは同年で、この時は数え二十九歳であった。（**秀康**は関ヶ原の合戦後「松平」の姓を賜って「**松平秀康**」と名乗るようになる）。上杉景勝謀反の疑いありとして、景勝の会津攻めに向かい、下野国小山に陣していた**家康**や傘下の諸将は、家康の大坂不在中に挙兵した石田三成の西軍に応じるために急きょ西に向かっていた。秀康は上杉景勝に対する押さえとして、下野国小山に陣していた。関ヶ原の合戦の直前であった。――求めに応じて高野山を下った**康眞**は、小山へ行って**秀康に拝謁**した。秀康は大いに悦んで、康眞を上杉に対する日光口に備えさせた。（結城秀康は家康に康眞召し抱えの内諾を得ていたことが推定される。家康としても有能で忠勇な康眞を、次男である結城秀康が臣下として召し抱えることを許可したことと思われる）。公に言えば、「抜刀殺傷事件を起こして高野山で謹慎していた康眞は、罪を免じられて結城秀康預かり」となったのである。康眞は明日の命も不安であった康眞は、思う存分その器量を発揮できる場ができて、家康の「御連枝」である秀康のためにと、あらためて忠義を誓ったことであろう。

揺れる康眞の心～佐久郡本意等のことを諏訪上社に祈る

『信濃史料』には、諏訪上社への康眞の願文が載っている。諏訪社に「内府様御前相済み、立身の事」「信州佐久郡本意せしめ候の事」と、家康との関係に対しても、出身地の信州佐久郡復帰に対しても、まだまだあきらめきれずに**諏訪社へ願文**を奉納しているのである。先に示したように、『寛政重修諸家譜』では、家臣を前にして、「我今よりのち身をたつるの意なし、汝等これより御麾下にまいり、よろしく俸禄をもとむべし」と康眞は家臣に述べている。康眞のこの言葉によって、やむなく、少なからぬ家臣は徳川家の旗本となっている。

――康眞の改易後の藤岡藩の明け渡しを中心となって取り仕切ったであろう**依田肥前守信守**も旗本に取り立てられている。この家系を始めとして、後年に分家した依田氏も含めて、合計依田十四家が幕臣旗本となった。中には佐渡金山奉行や、幕末には神奈川奉行を務めた依田氏もある。（家紋は「丸に三つ寄せ揚羽蝶」が十三家、「丸に揚羽蝶」が一家である）。他姓の旧臣も関ヶ原の戦いや大坂の陣に参陣したり、大名の家臣となって明治維新を迎えた場合もある。もちろん、康眞に従って越前へ行った者、藤岡の地に残った者、佐久へ帰った者、帰農した者もいることは、前述した通りである。

上社
諏方大明神御立願之事
一　内府様御前相濟立身之事
一　信州佐久郡令本意候事
一　武運長久、弓矢之名家有事
一　衆仁愛敬之事
一　息災延命、子孫繁昌之事
右之条々於相叶者、百貫文之地方可令寄進者也、仍如件、
慶長五年　右衛門大夫
十二月吉日　康春（花押）
右者上神宮寺所持之分也

〔訓読〕上社
諏訪大明神御立願の事
一　内府様御前相濟み、立身の事
一　信州佐久郡本意せしめ候の事
一　武運長久、弓矢の名家あるの事
一　衆仁愛敬の事
一　息災延命、子孫繁昌の事
右之条々相叶ふに於ては、百貫文の地方寄進せしむべきものなり、仍つて件の如し。

「我今よりのち身をたつるの意なし」という言葉とは裏腹に、康眞の心が大いに揺れていたことが読み取れる。康眞も人間、蓮華定院での謹慎蟄居の間はもちろんのこと、そして、右の願文の慶長五年（一六〇〇）十二月の時点でも、康眞は葛藤を繰り返していたのである。十二月といえば、囲碁の勝負の際に堪えざることがあって、一刀のもとに斬り捨てて以来、十一ケ月が過ぎている。この間、高野山蓮華定院での蟄居を経て、徳川の「**連枝**」たる**結城秀康**（家康の次男）の招きに応じて、関ヶ原合戦の際に下野国小山の陣に行って、秀康に謁し、秀康の軍勢の中で**戦働きする場**が与えられた。会津の上杉景勝に備え、**日光口**を守った。中央での東西陣営対決の関ヶ原の合戦（九月十五日）とは、舞台は異なるが、結城秀康の対上杉の功績は家康から認められた。

その合戦の二、三ヶ月後の十二月に、この**願文が諏訪神社上社に奉納された**。関ヶ原の合戦の余韻が残るとはいえ、家康が全国の大名の知行割りを実施してから、まだ間もない時期である。康眞が「信州佐久郡令本意候事（＝信州佐久郡本意せしめ候の事）」と祈願したとしても、不思議ではない。この時までの康眞への家康の処置は「秀康預かり」のままである。この時点で康眞が祈願しているのは、父祖の地「**信州佐久帰還**」である。

この願文奉納と前後して、結城秀康は越前国への転封が決まった。（越前国への入国は翌年）。康眞の心理は――「このまま、自分の境遇を救ってくれた秀康公に従って越前国へ向かうか、祈願するように信州佐久郡への帰還の朗報を待つべきか」、その葛藤は計り知れない大きなものがあったものと思われる。しかし、自らの決断の時間の猶予はない。歴史の結果として、康眞は前者の道を選んだのである。

康眞、松平秀康に従って越前の国へ

慶長六年（一六〇一）早々、秀康は松平の姓に戻り、松平秀康となって越前国六十八万石の領主として入国した。康眞も秀康に従って越前の国へ入った。秀康は**康眞**を臣下としてではなく賓客（食客）扱いで遇した。――康眞が秀康のところに行くと、必ず**賓の礼**を以って迎えた。康眞が参上する時には秀康は侍臣に玄関で迎えさせ、また帰る時には、玄関まで見送らせた。康眞の御家人等には常に秀康に拝謁することを許した。――主君松平秀康に対して、**康眞**は「**松平の姓**」をはばかって、母方の姓である**加藤氏**を名乗って「**加藤四郎兵衛**（しろうびょうえ）**康寛**」と称することとなった。家康に期待され将来を約束された青年大名松平右衛門大夫康眞〜囲碁の勝負での抜刀殺人事件〜高野山での蟄居〜関ヶ原の戦いの際の「結城秀康預かり」〜秀康の家臣となる」という、康眞にとっても変転極まれる一年間であった。

勤勉実直な康眞の性格と行動が認められ、康眞以降、芦田氏は福井藩で重きをなすようになるが、それはまた後の話である。

以上見てきたように、（芦田依田）**松平康眞**の人柄や忠勇な臣従ぶり、**徳川家康・秀忠**、**豊臣秀吉・秀次**との直接的な関わりから、康眞という武将が、その存在を認められていた状況が判明する。主に『蘆田記』（依田記）や『寛政重修諸家譜』『芦田系譜』から、その内容を整理してみたが、康眞の視点からの情報であるが、彼がいかに中央の武家社会の中で、とりわけ徳川家康・秀忠父子に「松平」康眞として認められ、彼自身もそれに相応しくあるべく生きてきた様子がわかる。それだけに自ら招いた結果とはいいながら、**関ヶ原の戦いの前夜**ともいえる時機に、急転直下、**改易領地没収**となる事件を起こしてしまったことは、**康眞**にとっては痛恨の極みであり、また非常に残念なことである。

思えば祖父芦田下野守**信守**は遠州二俣城の守城戦で、城を出撃して果敢に敵の和田ケ島砦を急襲した際に負傷し、無理がたたって、その後病没した。父依田**信蕃**は天正壬午の乱で家康の甲信制覇の為に奔走し、佐久郡平定直前に岩尾城攻撃で焦って銃弾に倒れている。兄松平**康國**は降将に心許して不意をつかれて騙し討ちに遭った。そして今、**康眞**が小栗三助の言葉に我慢できず、ムッとなって抜刀殺害してしまった。――**芦田依田氏三代**に通じる何かがあったものと思われる。〈詳細は後述のページにて〉

63　越前木ノ本と康眞（加藤宗月）

福井藩主として転封になった**松平秀康**（結城氏から松平氏となる）の臣となった**康眞**も、越前福井を本拠とすることになる。『芦田記（依田記）』や『寛政重修諸家譜』の記述内容は、越前福井時代については既にカバーできなくなっているので、向後、主たる資料としては芦田宗家に伝来する『**芦田系譜**』をもととする。

慶長六年丑年　東照宮去年越前國ヲ以テ　秀康君ニ封セラル故ニ今年　御入國アリ時ニ大野郡木ノ本ノ邑ヲ以テ公ニ封セラル因テ　公木ノ本邑ニ第ヲ構ヘ御母公及ヒ御内室ヲ引テ是ニ居シ玉フ又福井ニ於テ城北ニ屋敷地ヲ賜ル

右　御朱印今ニ傳フ

右ノ時　秀康君　公ニ封スルニ本領ヲ以テセントス時ニ土井利勝公ヲシテ再ヒ　東照宮ニ仕ヘシメシ事ヲ思イ今　秀康君
ニ重ク禄ヲ得ル時ハ重ネテ是ヲ辞シカタシト因テ頻リニ是ヲ辞シテ受ス故ニ屋敷料トシテ賜フ所カクノコトシ
秀康君　公兼テ讎（あだ）アルヲシロシメサレ福井往返ノ寸若怪キ者アラハ憚カラス是ヲ打拂フヘキ旨　命アリテ鉄炮二挺是ヲ賜ル故ニ
公常ニ是ヲ持タシメ玉フ
右鉄炮二挺今是ヲ傳フ
一　玉目　拾文目　長サ
一　同　六文目　長サ
以上
公　木ノ本ニ於テ一寺ヲ建立シ光徳寺ト号ス是信州光徳寺ノ号ヲ用ルモノナリ
慶長十二丁未年四月八日　秀康君薨シ玉フ因テ　公祝髪シ名ヲ宗月ト改メ　嗣君、忠直君ニ仕ヘ玉フ

〈要旨〉

・**家康**は去年越前国に秀康を封した。そして今年、**慶長六**年辛丑（一六〇一）、**秀康**公は入国した。秀康は、**康眞**を大野郡**木ノ本**（このもと）村に封した。そこで、康眞は木ノ本村に**第（屋敷）**を構へ、御母公と御内室を伴ってそこに居住した。また、福井城の**城北に屋敷地**を賜った。

・この時、秀康は康眞を封するに本領をもってあてようとした。時に、土井利勝は康眞を、再び家康に仕えさせようとした。康眞にとっては、本来願ってもない御沙汰である。しかし、康眞は、今秀康公から重い禄をいただいているのに、それを辞退することはできないのでと、再び家康公に仕えることを辞退した。そこで、屋敷料として五千石で賜ったところが**木ノ本**である。高野山で謹慎していて明日をも知れない身であった自分を召し抱えてくれた秀康にたいして、その恩義を大事にする康眞の生き方が如実に表れている。

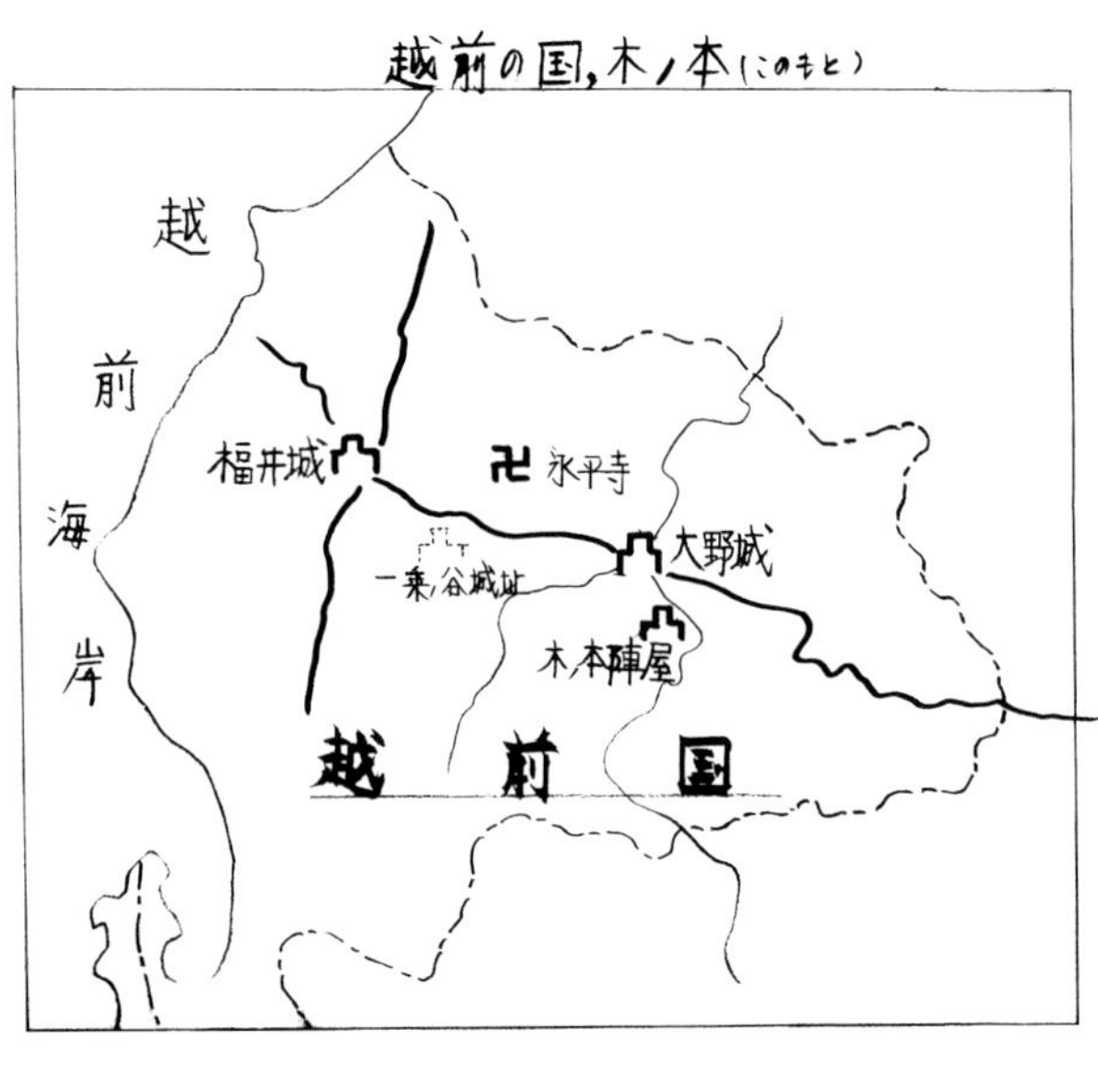

・秀康公は、康眞がかねて讎（あだ）ある（**仇うち**）として狙われる立場であることをお知りになって、木ノ本から福井への往復の時、もし怪しい者があったら、はばからず、打ち払うべき旨を命じて、**鉄砲**二挺を下さった。そして、康眞は常に従者に鉄砲を持たせた。この鉄砲は今に御家に伝来している。（玉目十匁の鉄砲と玉目六匁の鉄砲である）。

・康眞は木ノ本で一寺を建立し、**光徳寺**と号した。これは信州光徳寺の号を用いたものである。

・慶長十二年（一六〇七）丁未年閏四月八日、秀康公が三十四歳でお亡くなりになった。この時、康眞は同じ年三十四歳であった。秀康没後、剃髪し名を**宗月**と改め、後継の主君である松平**忠直**公に仕えた。二代目忠直とのエピソードについては、また後年のことである。

康眞は加藤四郎兵衛康寛、そして秀康死後は加藤宗月と名乗る

松平康眞は「松平」の姓をはばかって、母親の姓を名乗って**加藤四郎兵衛康寛**と改名した。主君秀康の没後は剃髪して**加藤宗月**と称した。福井藩における宗月は「志操卓然として識量あり」と史書で評されている。ちなみに「**宗月**」とは、芦田城の本郭に芦田氏の守護神木ノ宮として祀られている**芦田孝玄**の戒名「清涼院殿**宗月**良曠大居士（清涼院殿**秀月**良眩大居士）」の中の「宗月」をとって、康眞は自らを**加藤宗月**と名乗ったとも考えられる。木ノ宮明神は上州**藤岡**では**芦田明神**（神明社）となって祀られている。また、「宗月」「秀月」からすると、筆者は「**そうげつ**」と読んできたが、もしかしたら「宗月」は「**しゅうげつ**」と称した可能性が浮かび上がってくる。――「宗月」は「そうげつ」か「しゅうげつ」か。今となっては明確ではない。ちなみに、二十一世紀の現在、木ノ本の加藤宗月陣屋跡に屋敷を構えている杉本敏憲氏は「宗月」を「**むねつき**」と呼んでいることをここでは記しておきたい。

加藤宗月の木ノ本陣屋

木ノ本（このもと）は大野盆地の南端、清滝川中流域に位置する。福井から美濃街道をたどり大野を経由して、大野より二里半、南下し木ノ本へ至る。加藤宗月の**第**（**屋敷・陣屋**）跡は、村の中を通る街道から、少し東へ入った所にある。今も石垣や用水、古木に当時の面影が残っている。慶長五年（一六〇〇）十二月、結城秀康が越前福井に封じられ、**木ノ本**は福井藩領となり、**加藤四郎兵衛康寛**（**松平康眞**が改名）が五千石を与えられ居館を構えていたのが「**陣屋跡**」である。宗月は、この陣屋を**二十五年間本拠**としていた。

木ノ本、加藤宗月（康眞）の陣屋跡――代官堀

宗月陣屋跡のある所は、往古は木ノ本領家村であった、現在の大野市木ノ本（旧上庄村・旧木ノ本村）の杉本敏憲氏宅がそれに該当する。

加藤宗月**陣屋**は石垣や水堀を備えた間口六〇メートル×奥行八四メートルで、敷地面積一四五〇坪の屋敷は、**五千石の高知格**であった加藤宗月の陣屋としては、相応しい景観を呈しているといえよう。

加藤宗月こと**芦田康眞**は、越前福井藩の**高知格**の家臣として、ここ木ノ本には二十五年間本拠を置いたが、福井城へ登城する際には、木ノ本を出発して北へ向かい、大野城下へ出て、そこから美濃街道を福井城下へ向かったのである。当然、日帰りの日程では強行軍であり、その際には福井城の東北にある「**芦田屋敷**

（のち、二代吉賢時代以降は下屋敷となった）」に滞在したと推定される。その屋敷とは『芦田系譜』に「福井ニ於テ**城北ニ屋敷地**ヲ賜ル」とある屋敷であろう。寛永元年（一六二四）、秀康の六男松平直良が二万五千石で木ノ本に封じられると、宗月は、福井城下のその屋敷に移った。

木ノ本光徳寺

『大野市史（地区編）』によると、**光徳寺**（木ノ本領家方）は山号春日山の曹洞宗で、名刹宝慶寺（ほうきょうじ）の末寺となっている。また、『大野市史（地区編）』社寺文書編には、「光徳寺文書」が十一通掲載されているが、一番古い文書が寛永四年（一六二七）の文書であるが、それを含めて加藤宗月との関連を示すものは皆無である。『上庄のあゆみ』によると、木ノ本光徳寺は木ノ本にあり、万治二年（一六五九）十月創建、または寛永の初期（一六二〇頃）と記されている。（少なくとも開創年万治二年というのは誤りであることが、同時代資料である『大野市史（地区編）』社寺文書編の光徳寺文書からも明らかではある。）

しかし、『**芦田系譜**』には「公（**加藤宗月**）、**木ノ本**ニ　於テ一寺ヲ建立シ、**光徳寺**ト号ス、是信州光徳寺ノ号ヲ用ルモノナリ」とある。原初の光徳寺は『芦田系譜』にあるように**加藤宗月**（康眞）が建立（開基）したものであるが、宗月が本拠を福井城下の芦田屋敷に移した後は、いつの頃からか、その由来は忘れ去られてしまったようである。地元の市町村史や地誌の紙面では、まったく述べられていない。しかし、当の光徳寺の歴代住持には、原初「光徳寺」のことが伝承されていたのである。現在のご住職である斉藤秀行師には、かろうじて伝わる「**光徳寺開基・加藤宗月**」のことをお聞きすることができた。

光徳寺が現在の境内地に昭和四十年頃に移転する以前の**旧境内地**に立っている**萬霊碑**は、高さ約一〇五センチメートルであるが、碑の正面に「三界萬霊等」（「等」は「塔」の意）とあり、その右側面に長文の刻字があるが、左側面には建立者の名前が刻まれている。それによると「施主杉本氏直正、同姓正参、平時天和二壬戌五月十四日」とある。これは大庄屋「五畿屋（杉本家）」の先祖が一六八二年に建立したものであることが分かる。**加藤宗月が開基**した**光徳寺**は、その後も木ノ本の人々によって護られ、信仰のよりどころになっていたことが、ここからも判明する。また、明治六年（一八七三）には光徳寺境内に**木ノ本小学校**が設立されている。「学制発布」（明治五年）の翌年にあたり、全国でも早い時期である。木ノ本村は上庄村となり、明治の末期には上庄小学校の木ノ本分校となった。その後、校地が変更されたかどうかは詳細は不明であるが、この木ノ本分校は昭和二十年頃まで存続している。光徳寺が木ノ本で果たした社会的・文化的・精神的役割は大きかったと思われる。現在地の**光徳寺**で特に注目されるのは**山門**である。旧地から移転したもので、いかにも重厚な造りである。本寺の宝慶寺（ほうきょうじ）のそれに極似している。

ところで芦田氏関係の光徳寺は三カ寺ある。

①信州**佐久**の光徳寺……芦田氏の故地である北佐久郡立科町旧芦田村にある。芦田氏の始祖「**光徳**」にちなむ。現在、

信州佐久の光徳寺

藤岡の光徳寺

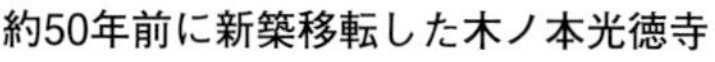
約50年前に新築移転した木ノ本光徳寺

芦田家の宗家が菩提を弔っている。現在の芦田家の墓地もある。

②上州**藤岡**の光徳寺……藤岡藩主としての（芦田依田）松平康眞が信州の光徳寺を移した。建材も信州から運ばれたという。しかし耐震強度の関係から、つい先年、全面的に改築がなされ、平成二十八年（二〇一六）十一月には落慶法要が行なわれた。

③越前**木ノ本**の光徳寺…江戸時代になって越前福井の家臣となった康眞（加藤宗月）が木ノ本陣屋を本拠とし、開基した。現在は芦田氏（加藤宗月）と関わる文書も伝承も地元にはない。しかし、現在の御住職斉藤秀行師には、かろうじて由来が伝承されている。

『芦田系譜』に「木ノ本邑に第を構え**御母公**及び**御内室**を引きて是に居し玉ふ」とあるが、**康眞**は藤岡藩を改易となったわけであるが、**御母堂**（つまり父信蕃の内室）と**御内室**（自らの妻）を伴って木ノ本陣屋に住んだということになる。

康眞の御母堂（母）と御内室（妻）考

―〔康眞の母・（信蕃の内室）〕―

まず、**康眞の御母堂**を「信蕃の妻」という観点で考察することにする。

信玄の駿河侵攻に従軍した頃の**芦田信蕃**は、数えで二十二歳から二十五歳であった。**信蕃の嫡男竹福丸**（後の松平康國）が誕生したのは、信蕃が数え二十三歳の時、永禄十三年（一五七〇）である。四月二十三日以降ならば元亀元年である。それから逆算すると、信蕃が室（妻）を迎えたのは**数え二十二歳**の時の永禄十二年（一五六九）頃である。まさに、信玄の駿河侵略、関東北条への出兵を繰り返していた時である。

『寛政重修諸家譜』の信蕃の項によると「室は**跡部大炊助某が女**（むすめ）」と記述されている。また、康國の項では「母は**大炊助某が女**」とある。跡部大炊助某とは武田氏の重臣跡部勝資のことであろうか。跡部大炊助勝資は武田勝頼の側近で、長坂長閑とともに武田氏衰退の一因を作った人物としてのレッテルを貼られ、後世の評判は芳しくない。

一方、何人かの史家の説では、**信蕃の室**（つまり康國・康眞の母）は「**加藤氏の女**」であるとしている場合が多い。武田家中の加藤氏には信玄の武者奉行加藤駿河守信邦（昌頼）がいる。『甲陽軍鑑』では「信玄公へ弓矢の指南申すはこの人なり」とある。武田家最高の武者奉行であった。「加藤氏の女」とは、その娘である可能性が高い。また、信蕃の次男松平**康眞**は上州藤岡三万石改易領地没収の後、越前福井で、家康の次男松平秀康に召し抱えられて以降は、**加藤**四郎兵衛宗月を名乗っている。「**加藤**」が**母方の姓**である証拠にもなろう。

また、北佐久郡立科町茂田井の土屋武司家に伝わる家譜では、「先祖土屋右京左衛門茂直は、武田信玄の側近土屋惣蔵の兄弟で、芦田信蕃の義父であり、康國・康眞は孫にあたる」という。「信蕃の室（妻）は**加藤氏**の女」であり「その加藤氏の女が土屋氏と関係がある」ということである。――「土屋茂直の娘が加藤氏に嫁ぎ女子をもうけたが、その女子が信蕃の妻となった」と土屋武司氏から御教示いただいた。

佐久の郷土史家市川武治氏は、その著書『もう一人の真田〜依田右衛門佐信蕃』一一三頁で次のように述べている。「家康は…〈中略〉（竹福丸に）自らのいみな康の一字を与え、松平姓を名乗らせたので、松平源十郎康國を称し、佐久郡五万石を領有でき、父信蕃が得た戦国大名の、実質的な座に着くことができた。若年のため家康は後見に大久保七郎右衛門忠世を付している。…〈中略〉**先妻加藤氏の子とはいえ甥であり**、織田方の人質解放以来忠世の下で育まれた康國にとっては、大久保七郎右衛門は父同様であったに違いない」。市川武治氏は、信蕃の嫡男である**康國**のことを「**先妻加藤氏の子**」と表現している（↑○）。また「（大久保忠世の）甥であると述べている（↑×）。――このことを文字通り受け取ると、「大久保忠世の妹が信蕃の後妻になった」ということを意味している。なるほど、後年忠世の息子大久保忠隣の女が康國に嫁ぎ、康國の死後は弟の康眞の妻となっているという説はあるが、その記述の意味しているところはよく分からない。――ただ、「先妻加藤氏の子」といっていることからすると、『寛政重修諸家譜』にある「（信蕃の）室は**跡部大炊助某が女**」「（康國・康眞の）母は大炊助某が女」ということとは違っていることになるが……。「加藤氏の女」が跡部大炊助の養女となり、信蕃に嫁いだということも考えられるが、最初の内室（加藤氏）は先に没し、跡部大炊助の女がのちに信蕃の室（妻）となったということも考えられる。あるいは、当時のこととて、室が何人かいて、そのうちで長生きした女性が、後世の文書で内室と認識され、それが跡部大炊助の女であったとも考えられる。

芦田氏宗家当主である芦田光正氏にご教示いただいた「信蕃の室（妻）」は、二人存在する。その戒名は上記のようである。

天正八年辰年二月八日 慶泉院殿良筠大姉　光徳寺に葬る	←Ⓐ
天正十四年七月十三日 超嶽院殿永宗大姉　跡部大炊介女	←Ⓑ

天正八年没のⒶ「**良筠大姉**」は信蕃の戒名「蕃松院殿節叟**良筠**大居士」の「良筠」と同じであることから、二人のうち、より信蕃とのつながりが深いことが分かるので、この人が**正室**であると推定される。すると、この人の出身が**加藤氏**である可能性がある。「良筠大姉」が没した天正八年二月は、信蕃が**駿河田中城**の主将として、徳川と戦っていた時分のことである。亡くなった所も芦田氏の本拠佐久郡春日郷なのか、信蕃が奮闘している田中城なのか、それとも甲府の芦田屋敷なのか、不明である。しかし、『藤枝・岡部・大井川の寺院』（藤枝志太仏経会）六九頁には、「**灌渓寺**（藤枝市中ノ合68）に**奥方の墓**があったともいわれているが、詳しいことは不明である」とある。良筠大姉の没年月日「天正八年辰年二月八日」ということからすると、信蕃の**最初の妻**は、信蕃が**田中城主**として藤枝にいた時に没していたことになる。筆者も灌渓寺の境内や墓地で探してみたが、それらしき墓石の存在を確認することはできなかった。

一方、Ⓑ「**永宗大姉**」は「**跡部大炊介女**」と説明されている。『寛政重修諸家譜』ではこの人を信蕃の室とし、また康國の母であると記述していることになる。没年の天正十四年（一五八六）七月は、信蕃の嫡子康國が小諸城主松平康國として、佐久の経営が本格化し、「信州佐久郡之内貫之御帳（佐久郡貫高張）」を家康に提出した年である。以上からすると、**良筠大姉**も**永宗大姉**も二人とも、康眞の**越前木ノ本時代**には存命ではないことになる。しかるに、『芦田系譜』では「木ノ本邑に第を構え**御母公**及び**御内室**を引きて是に居し玉ふ」とある。「御母公」とは、既に他界しているはずであるが、残る可能性としては父信蕃には、三人目の室がいた可能性もある。当時とすれば不自然なことではない。あるいは、心優しき面もある康眞が、自分の内（妻）の母をも伴って、新天地の越前へやって来たのであろうか。不明である。

戦国時代のことであるから、芦田信蕃の室（妻）は、何人いても不思議ではない。加藤氏、跡部氏、土屋氏の女とこの二人の関係をも含めて、信蕃の室については不明のことが多い。これらの関係についての究明は後日への課題である。しかし、信蕃が竹福丸（後の康國）の生母となる室（妻）を、まさに駿河侵攻のころ迎えた可能性はかなり高い。

―〔康眞の内室〕―

さらに、康眞の内室（妻）についても、不明な点が多い。

既述のことではあるが、大久保忠隣の女が**芦田氏**へ嫁いだということが、家康の臣である松平家忠の日記『**家忠日記**』の天正十五年（一五八七）十一月二十八日の条に記述されている。再掲してみる。

十一月大廿八癸丑

大窪治部む寿め　信州足田所へこし、送りニ路次迄こし候、晩雨降、

天正十五年に**大久保忠隣の女**が信州の芦田氏へ嫁ぐために出発し、家忠は途中まで見送りに出たということが述べられている。貴重な同時代資料である。ちなみにこの時、**康眞**は数え年十四歳であり、兄**康國**は数え年十九歳であった。

『芦田系譜』の天正十八年（一五九〇）の項の最後の箇所では、次のように述べられている。

公　東照宮ノ御媒ヲ以テ大久保忠隣卿ノ女於房姫ヲ娶リ玉フ

右ノ時大久保ノ臣前嶋七左衛門輿ニ従テ来リ　公ノ家臣トナル前嶋少女アリ、

於房姫コレヲ伴ヒ玉フ故ニコノ女子ト共ニ来ルト云

康眞が**徳川家康の媒**をもって**大久保忠隣の女**（むすめ）である**於房姫**を娶ったということは、康眞の婚姻は、徳川家康の後ろ楯があったことが分かる。つまり、康眞にとっては将来が約束された婚姻であった。祖父にあたる大久保**忠世**、父にあたる大久保**忠隣**は、兄康國と康眞にとっては、幼い頃からの**後見的存在**でもあった。「天正十八年、康眞数え年十七歳」であった。天正十八年といえば、五月に兄康國が上州石倉城攻めで横死した年であり、七月に小田原合戦が集結した年であり、家康に従って関東移封がなされた年でもある。その年の一段落した時期に、家康の図らいによって、婚姻したことは、前途が約束されたものであった。

ここで、(芦田依田) 松平氏に嫁いだとされる**大久保忠隣の娘**について、整理してみると、

・『家忠日記』では……天正十五年（一五八七）、康眞十四歳・康國十九歳

・『芦田系譜』では……天正十八年（一五九〇）、康眞十七歳・康國は故人

『家忠日記』にある大久保忠隣の女が嫁いだ相手は、当時の芦田氏の状況からしても、年齢順からしても、兄である**康國**であることは明白である。『芦田系譜』にある通り三年後に家康の意向で康眞に嫁いだのも、大久保忠隣の娘である。大久保忠隣の二人の女（むすめ）が前後して、芦田（依田松平）兄弟に嫁いだ可能性も残るが、どの史書にも記述はない。

ア　『寛政重修諸家譜』の康國の項には内室については言及がない。康眞の項には「**室は大久保忠隣が女**」とある。

イ　『芦田系譜』では、**康國の室**は「室、文禄**三**年十月十四日、**妙正院殿良雪大姉**」とある。また、康國の菩提寺である信州佐久郡康國寺の墓碑にも、文禄**二**年十月十四日、妙正院殿良雪大姉」とある。(没年は一年違い)

ウ　『芦田系譜』では、康眞について、「室、大久保相模守忠隣女」とだけあるが、康眞の法名のある後方のページには付箋が付けられており、そこには「室、法名**了源院殿日脱大姉**」「父里方大久保氏ハ日蓮宗ヲ信シソノ宗旨ヲ以テ越前国福井足羽郡寺町**教円寺**ヲ再興ス同寺ニ葬ル是ヲ以テ巳後当家代々内室ハ同寺ニ葬ル」とある。さらに同じ付箋にもう一人「**清光院殿妙浄大姉**、正保五子年三月十九日」を内室としている。

エ　康眞の内室の開基とされる上州藤岡市の**天竜寺**の墓碑では、室の法名は「**了源院殿日脱大姉**」とあり、没年は「文禄三年九月十五日」とある。……ここで、究明すべき問題点は、祖父である**大久保忠世**と**法名**も**没年月日**も全く同一である点である。法名「了源院日脱・日脱了源院」、没年月日「文禄三年九月十五日」←ここに、康眞の内室とされている女性のについての不自然さ・不可解さが存在する。

オ　『寛政重修諸家譜』の大久保氏の項、では、大久保忠隣の条に「女子、松平右衛門大夫康眞が室」とある。

カ　藤岡光徳寺の霊牌では、**了源院日脱大姉**は「**康國**の内室」となっている。

以上、康眞の内室である可能性のある三人の女性について、整理しなおしてみると、

○了源院日脱大姉

・**康眞**の内室としてこの法名が記述されているのは『芦田系譜』「天竜寺の墓碑」である。一方、藤岡光徳寺の霊牌では「**康國**の内室」となっている。

・祖父大久保忠世と法名も没年月日も同一であることに、何らかの意図が感じられ、不自然である。

……文禄三年九月十五日

○妙正院殿良雪大姉

・『芦田系譜』と「佐久郡康國寺の墓碑」に康**國**の内室として記述されている女性である。

・没年月日は文禄三年（二年）十月十四日……一年違いであるが月日は同一である。

○清光院殿妙浄大姉

・『芦田系譜』に出てくるのみであり、正保五年三月十九日（一六四八）没であり、この女性が康眞の後妻であると推定される。

よって、**康眞**（のちの加藤宗月）の**内室**は、

○妙正院殿良雪大姉（大久保忠隣の女・於房姫）……天正十五年に兄康國に輿入れ、康國没後、家**康の媒**によって弟康**眞**の内室となる。（逆縁）

　　同一人物

○了源院殿日脱大姉（大久保忠隣の女・於房姫）……康眞内室、文禄三年（一五九四没）、実家祖父大久保忠世と法名・没年月日が同一↑↑何らかの作意あり？

○清光院殿妙浄大姉………康眞の内室（後妻）、二代目吉賢の生母、**木ノ本や福井での内室**

〈仮説〉**於房姫**（康眞にとっての先妻）との**逆縁をカムフラージュ**した結果、つじつまを合わせるために書類上の無理が生じている。

①逆縁関係にふれないために、系図上の都合によって**同一人物に異なる法名**が付けられた。（康國の内室としての「妙正院殿良雪大姉」、康**眞**の内室としての「了源院殿日脱大姉」）

②後妻については、系図上の操作がなされ、公の文書には掲載されず、内室は「了源院殿日脱大姉」として通された。その結果、公の文書には、「了源院殿日脱大姉」の没年月日は記されていない。（早期に没したため）

越前国、木ノ本陣屋に伴っていた内室とは、後妻「**清光院殿妙浄大姉**」である。越前国の木ノ本へ康眞が移ってから誕生した貞綱（嫡男）・吉賢（越前二代目）の生母である。この女性については解明の手がかりが今のところ皆無である。しかし、私見ではあるがわずかな可能性としては、妙正院殿良雪大姉＝了源院殿日脱大姉としての大久保忠隣の女（於房姫）が家康の媒によって康眞の内室となった時の『芦田系譜』の記述の部分である。既出であるが再掲すると、

公　東照宮ノ御媒ヲ以テ大久保忠隣卿ノ女於房姫ヲ娶リ玉フ

右ノ時大久保ノ臣前嶋七左衛門輿ニ従テ来リ　公ノ家臣トナル前嶋少女アリ、於房姫コレヲ伴ヒ玉フ故ニコノ女子ト共ニ来ルト云

この――「大久保忠隣の家臣の前嶋七左衛門が於房姫の輿に従って来たが、そのまま康眞の家臣となった。その前嶋に娘がいたが、於房姫はその娘を伴って輿入れした。故にこの前嶋の娘と共に来た」――という部分である。この箇所に若干の違和感がある。ここでは於房姫のことを記述すればこと足りる箇所であるのにもかかわらず、「於房姫はその娘を伴って輿入れした。故にこの前嶋の娘と共に来た」と記述されている。特に「故にこの前嶋の娘と共に来た」ということは全く不要の内容であるにも関わらず、付け足しているところが、何やら意味がありそうである。もしかしたら、於房姫の没後にその前嶋の娘が康眞の室（法名「清光院殿妙浄大姉」、つまり越前で生まれた貞綱、吉賢の生母）であったことを示唆している可能性もゼロとはいえないのではないだろうか。

なお、**康眞の女**（むすめ）は、関ヶ原の合戦の直前八ケ月前に康眞が藤岡藩を改易となった後、**家康**の計らいでいったん大久保忠隣の養女とされ、さらに**家康の媒**によって、尾張徳川義直の筆頭家老**竹腰正信の正室**として輿入れしている。この康眞の女（むすめ）は、年齢からしても康眞の先妻で、既に故人となっていた**於房姫との間に誕生した娘**であることは、形の上で大久保忠隣（実は祖父）の養女になってから嫁いでいることからも、明らかである。

なお余談ではあるが、広く史書や文書には、記述されていないことではあるが、**康眞と先妻**（於房姫）**との間に男子がい**た可能性もある。――『藤岡町史』には次のような意味の記述が在る。康眞の子として、男子では年長者であったが、福井侯が許さないので家督を継ぐことができず、**伊勢の松阪**へ行ったという傍系の芦田氏が、江戸時代を通して連綿と続いたという。この年長の男子とは、大久保忠隣の女（むすめ）於房姫との間に出生した人物であろう。祖父大久保忠隣が幕閣の権力争いで敗れ、失脚させられた経緯があるので、幕府にはばかって福井侯が康眞の家督を継ぐことを許さなかったものと推定される。幕末になって上州へ帰ってきた芦田氏がそれであり、明治になって藤岡で名士として活躍した**芦**

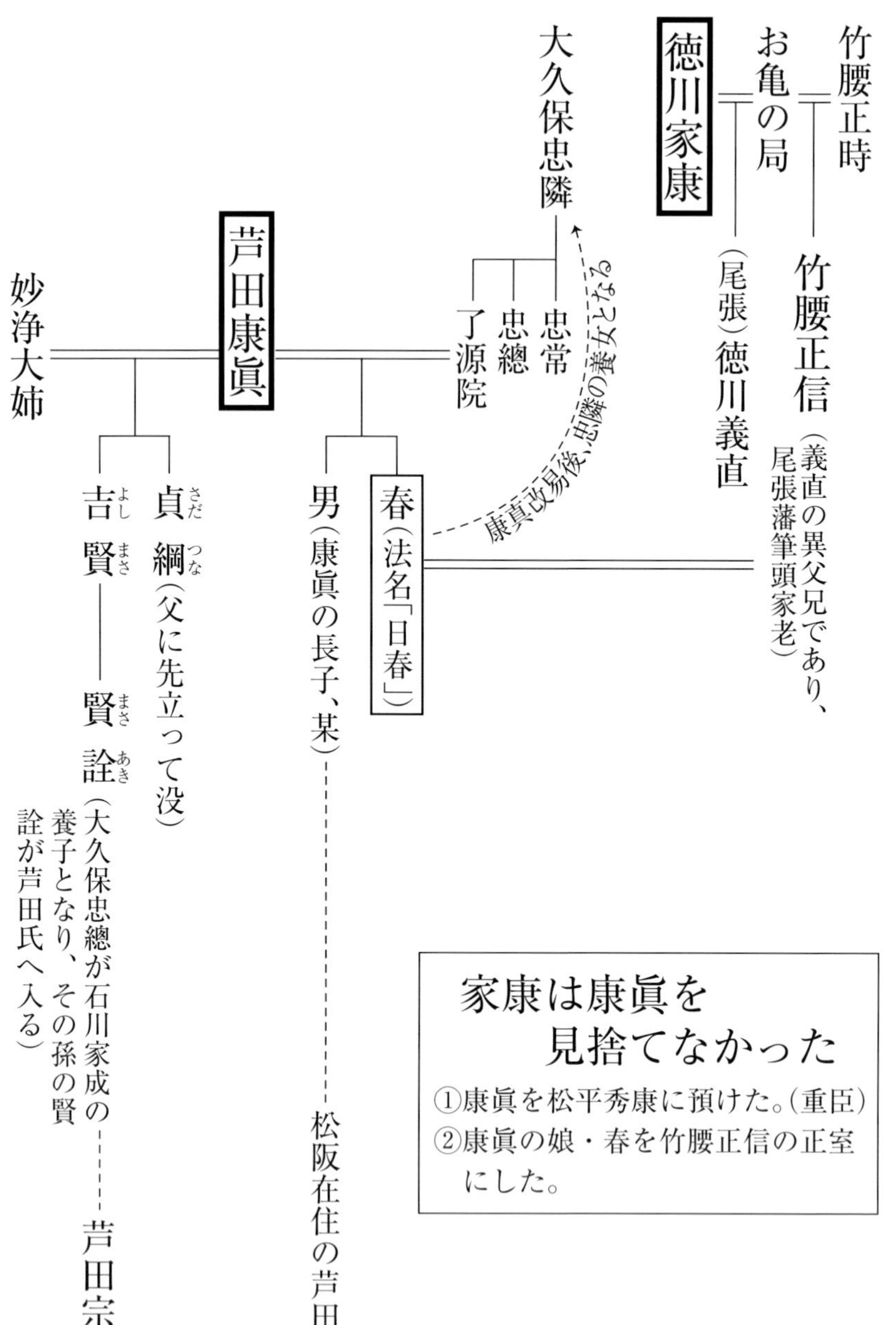
竹腰正時
お亀の局
徳川家康
大久保忠隣
竹腰正信（義直の異父兄であり、尾張藩筆頭家老）
（尾張）徳川義直
康眞改易後、忠隣の養女となる
忠常
忠總
了源院
芦田康眞
妙浄大姉
春（法名「日春」）
男（康眞の長子、某）
松阪在住の芦田氏
貞綱（父に先立って没）
吉賢
賢詮（大久保忠總が石川家成の養子となり、その孫の賢詮が芦田氏へ入る）
芦田宗家
家康は康眞を見捨てなかった
①康眞を松平秀康に預けた。（重臣）
②康眞の娘・春を竹腰正信の正室にした。

田武彦（**真信**）家であることも、芦田家では伝承されているといわれている。

64　大坂冬の陣と宗月

徳川家康にとっては、大坂の**豊臣秀頼**を滅ぼすことが念願であった。そのきっかけをとうとう見つけた。――秀頼は、秀吉の十七回忌の供養のため、京都方広寺の大仏開眼供養を行なうにあたって、梵鐘を造ったが、問題としたのは**鐘銘**についてである。家康は鐘銘の中の「**国家安康・君臣豊楽**」の文字を取り上げた。「家康の文字を二つに分断して家康を呪い、豊臣を君として子孫が楽しむ」という意味になっていると無茶な解釈をした。大仏の鐘銘に「関東不吉の語」があると言いがかりをつけたのである。それに加えて、大坂方が浪人をたくさん抱えようとしていることを問題とした。家康にとっては、念願の大坂豊臣氏を滅ぼす機会がめぐってきた。

いわくつきの方広寺の鐘
銘の中に「国家安康・君臣豊楽」の文字

慶長十九年（一六一四）十月一日、全国大名に**大坂討伐の命令**を下した。自身は十一日に駿府を発し、二十三日に京都二条城に到着している。十一月になって**大坂城攻撃**に取りかかっている。大坂冬の陣である。**康眞**（**加藤宗月**）の主君である越前福井の**松平忠直**も出陣している。宗月は松平侯にはもちろんのこと、天下将軍家にも忠烈な志をもっており、いよいよ恩返しできる時と思っていた。しかし、木ノ本にいる宗月には、出陣の陣触れがなかった。宗月の心境やいかに……

大坂冬の陣と宗月

大坂冬の陣に際しての加藤宗月について、『芦田系譜』からその要点を探るとともに、現代文にし、解説を加えることにする。

――慶長十九甲寅年（一六一四）、**大坂への陣触れ**があったのを知り、**加藤**宗月は軍用を整え**木ノ本を出陣**しようとした。その時、福井藩主松平忠直の重臣、**本多飛騨守**と**本多伊豆守**等が宗月に言った。

「つい先日、**大久保忠隣**（宗月の内室の父）は、罪を将軍秀忠から蒙ったばかりである。したがって宗月にもそれが及ぶ恐れがある。この度の出陣は必ず遠慮あるべきである」

と、しきりに思いとどまらせようとした。しかし、宗月はその言うことを承諾せず、そのうえ次のように言った。

「お二人がこのうえ拙者を押し止めようとするならば、お二人を討ち共に拙者も死のう」。

その時、**山本対馬**が、

「あなたがどうしても出陣するとあれば、よろしくその気持ちに従うがよい。後に罪を問われることになれば、拙者がお救い致そう」と言った。

よって、宗月は大いに悦び、ただちに**木ノ本**を出発し、**西近江朽木谷**、**小原**の村へ兵を進めた。（小原は、すなわち八瀬小原の小原である。秀康公以来、越前の外にこの辺にも領地があった）。

その時、**本多正信**が脚力（足の早い伝令）を遣わして、宗月に次のように伝えた。

「先日**大久保忠隣**は罪を得て失脚させられた。それにもかかわらず、そなたが出陣しているのは、お上の命令を恐れない（命令に反する）に似ている。早く兵を収めるべきである」。

宗月はそれに応えて次のように伝えた。

「拙者と**忠隣**は**聟舅**（むこ・しゅうと）の縁である。それなのに、拙者が出馬するのを厳しく制止しようとする。一方、**石川主殿頭**は実は忠隣の息子であるが、今、従軍している。拙者と扱いが著しく違うことについて、不公平である」

本多正信は、また次のように告げた。

「今回の石川主殿頭の出陣は、将軍の命令を奉ってのことである。そなたが、命令がないにもかかわらず出陣するのは、将軍の意をおろそかにする行為である。ところで、かねて、大野の地は常に一揆の恐れがある。早く引き返して**大野城**を守るべきである」

またこの時、福井城主の**松平忠直**が重臣に、その旨（大坂へ出陣しないで、一揆に備えて大野城を守ること）を宗月に伝えさせた。そこで、やむを得ず、宗月は兵を収めて木ノ本へ帰った。

その時の**奉書**は今に伝来している。

> 態申入候、貴殿御事ハ御陣中者大野御城ニ御移候而
> 弥諸事被入御念可被仰付之間　御意候、
> 猶林右馬允申入候、恐々謹言
> 十月廿五日　　小栗備後守　判
> 本多伊豆守　判
> 本多丹下　判
> 加藤宗月様
> 猶、以大野城御番所之儀、備後守留守居蜂屋宗玄・
> 中嶋忠右衛門両人へ御尋候而、御指引可被仰せ付候。

この出征の時に宗月に騎馬でお供したのは次の十一騎であった。

・依田治右衛門　・依田彦左衛門　・岩瀬喜左衛門
・難波長大夫　・安部作大夫　・井上彦平
・依田勘助　・難波角右衛門　・陶半大夫
・市川小大夫　・小池太郎左衛門

また、この時の留守居役は、

・依田長左衛門　・岩手伝右衛門　・金子金蔵

〈注解〉

ア　『芦田系譜』では、**大坂冬の陣**へ向かおうとした加藤宗月の視点からの見解が述べられている。

前半部分では、藩主**松平忠直**の命令で、**加藤宗月**を説得さ

せようとしたものである。「今に伝来しているその時の奉書」が示されてもいる。その奉書が書かれた「十月廿五日」よりも早く、二十三日には家康は京都二条城に到着し、まさに二十五日には大坂城包囲の先鋒を藤堂高虎と片桐且元に命じている。開戦前の緊迫した状況の中で、早く大坂へと**はやる気持ちの宗月**と、それはならぬと説得させようとする**松平忠直の重臣**の息遣いが聞こえてきそうである。この奉書で判を押している三名は、加藤宗月と同じく越前松平氏の高知格の大身で、当時は家老職を務めていたと思われる。小栗備後守は高四、二五〇石、本多伊豆守富正は家臣筆頭別格で高四二、〇五〇石、本多丹下（飛騨守）は高二、八〇〇石、山本対馬は高三、〇〇〇石である。このころ加藤宗月は高五、〇〇〇石であった。ここで名前が上がっている全員が**高知格十七家**の格である。加藤宗月に出陣をあきらめさせるために、藩主**松平忠直**は重臣を説得役として遣わしたのである。宗月は既に木ノ本を出発して、琵琶湖の西岸である**西近江の朽木谷の小原**まで来ていた。そこは飛地にはなっているが、越前松平氏の領地になっていたところである。

――大坂冬の陣の時、宗月は木ノ本にいて陣触れには接しなかった。しかし自ら等閑視すべきでないとして、にわかに兵を率いて木ノ本より直ちに**篠俣越え**の峠を越え、美濃路を近江の国に入った。主君忠直は行軍途中であったが、それを知り、宗月に使いを遣わして、「そなたは、尤（とが）ある身であるので出陣は無用である、という内容であった。

イ

右の『芦田系譜』の後半部分は、幕府官僚の筆頭である**本多正信**からの、**出陣取り止めの命令**である。**本多正信**は家康の文官派家臣であり、武官派家臣であった**大久保忠隣**とは政敵であった人物である。権謀術数の**権力闘争**の結果、**正信**は**忠隣**を「豊臣秀頼に内通している」という嫌疑をかけ、忠隣を失脚させたのは、同じ慶長十九年（一六一四）でつい数カ月前のことである。

――**近江国朽木通り小原**へ出て、水口まで来た時、**本多佐渡守正信**より飛脚をもって「丹下（本多飛騨守）と伊豆（本多伊豆守）の指図に背き、大坂へ参陣するということは不審である。相模守（**大久保忠隣**）とは親子の間柄であるので、その遠慮もないのであるか」と使いを通して申し来させた。宗月は坂下（坂本）に一日とどまり、次のように主張した。「拙者は大久保相模守忠隣とは**聟舅之関係**であり、実子ではない。**石川主殿頭**源中総（石川家成の養子、実は大久保忠隣の次男）は大久保忠隣の実子であるけれども、この度出陣している。宗月に引き返せとは、いわれざる指図である」と返事すると、**本多正信**が再び「将軍からの参陣はまかりならぬの指示があるのは格別である。越前大野は一揆が起きやすいところである。大野へ残り、一揆が起こらないように備えよ」と命令が伝えられた。

ウ　是が非でも大坂へと、はやる宗月の気持ちを説得しようとして、**越前松平藩**と幕閣の**本多正信**がそれぞれに伝えた内容は次の二点である。

①婿舅の関係である大久保忠隣が罪を蒙ったばかりである。縁者である宗月は出陣をすべきではない。

②大坂の陣へ出陣するよりも、一揆に備えて越前大野城を守るべきである。

エ　「木ノ本の鎮加藤康眞大坂出陣を望んで止まざりしが、舅大久保相模守忠隣咎（とが）を被むれるの故を以て従ふを許さず」（『福井藩史話・巻二』森恒救著）というのが、松平忠直と本多正信による**途中撤退命令**の趣旨であろう。

オ　「十月二十五日、小栗備後守、本多伊豆守、本多丹下等、書を贈って、御陣中は大野城に移り、祢々諸事念に入れられ仰付けらるべき御意に候事、**大野城御番の儀**は備後守留守居蜂屋宗玄、中島忠右衛門に御尋候て指引仰付けらるべく候事等を伝え、康眞止むを得ずして藩に帰った」。（『福井藩史話・巻二』）

……宗月は是非もなく、坂下（坂本か？）から**大野城**へ帰った。

カ　余談ではあるが――宗月の家来で関三郎兵衛という者があったが、「何ぞ主命だからといって、ここまで出陣しておきながら帰ることがあろうか。これでは出かけてきた甲斐がない」と言って、暇を乞い大坂の陣へ加わった。

慶長八年（一六〇三）に**徳川家康**は将軍となった。孫の千姫が豊臣秀頼に輿入れするが、伏見から船で千姫を送り届けたのは**大久保忠隣**である。

大久保忠隣の失脚～讒言（ざんげん）による改易の顛末

慶長十年（一六〇五）、家康は将軍職を**秀忠に譲り**、**大御所**となり**駿府**へ移った。**江戸**と**駿府**の二元政治が始まった。**忠隣**は本多正信・土井利勝・酒井忠世らと江戸年寄として合議制による幕政の中枢にいた。駿府では本多正純・大久保長安・僧天海らの多彩な顔ぶれが、家康の大御所政治を支えていた。しかし、江戸と駿府との官僚同士の微妙な対立のほかに、**武官派**と**文官派**との権力闘争が起こっていった。**忠隣**は生粋の三河譜代で武官派の代表格であった。一方、本多正信・正純親子は文官派であった。慶長十八年（一六一三）にはキリシタン問題、越後少将松平忠輝のクーデター計画事件・大久保長安事件が起きた。そして、「大久保忠隣が大坂の豊臣秀頼に内通している」という言われのない讒訴（ざんそ）があった。**慶長十九年**（一六一四）、**忠隣**は**キリシタン禁圧**のための総奉行として京都へ出張した。——いきなり、京都所司代板倉勝重から「**改易**」の上意が申し渡され、小田原藩六万五千石は没収された。これが、**大久保忠隣失脚事件**である。——本多正信・正純父子による**陰謀**であった。忠隣は天海を通して駿府へ弁明書を送ったが、家康は取り上げなかった。配所で生涯を閉じたのは寛永五年（一六二八）、享年七十六歳であった。——けだし、「大坂の豊臣秀頼に内通」するなどとは、三河以来の忠勇の一族で武官派の巨頭である大久保氏にとっては、もっとも縁遠いことであり、ありえない濡れ衣であった。

『寛政重修諸家譜』の大久保忠隣の条にある、忠隣失脚の前後の状況を現代文にしてみる。

——（慶長）十八年十二月二十六日（一説に十九日）、将軍**秀忠**は**忠隣**を召して、近年京都**耶蘇宗門**の徒、邪法をすゝめ、年を追って群れを成し、人を惑わすのは害が多い。汝はかの地に赴き糾問し、もしその事がはっきりしない場合は、また、長崎へ行って、西国を糾すべきである旨の仰せがあった。十九年正月十七日、京都に至り、藤堂高虎の屋敷に宿した。時に**耶蘇宗門**の師（神父）が四条の二寺にいた。忠隣は急にその二寺を焼き討ちし、その徒を捕えた。その師二人は西国に逃れ去った。

正月二十日、**忠隣**は「職を罷免し、所領を没収する」の旨の上意を、京都において板倉伊賀守勝重から伝えられた。忠隣は謹んでその命令を受けた。これにより、巷説を伝えて静かではなかった。それを聞いて忠隣は兵器をことごとく勝重のもとに送った。そこで巷説は止んだ。忠隣は二月一日に家臣等を関東へ帰し、のち従者わずかに四人を具して京都を発し、**近江国**栗太郡中村郷に蟄居した。この時、この地において五千石を賜る。三月、忠隣は南光坊天海に、かつて不忠の志を抱いたことはないことを訴えた。天海は憐れんで、その訴状を**駿府**の**家康**公に奉った。**忠隣**は中村郷に居ること三年ばかり、請うて近江国佐和山の城下石崎に移り住した。**両御所**（家康・秀忠）が京都へ入る時にはいつも、忠隣は書を老中に寄せて、両所の起居を問い奉った。元和二年四月、家康没すの報を聞いて、剃髪し道白と号した。寛永五年（一六二八）六月二十七日死す。享年七十六歳。――

以上、『寛政重修諸家譜』は、幕府編纂の書物であるので、差し障りのないことしか記述されていない。大久保忠隣失脚は、幕閣の権力闘争の結果であることは、明白であるといわれている。

大久保氏と芦田氏は、「忠世～忠隣」と「信蕃～康國・康眞」の時代を通して、常に親近感を保った関係であった。大久保忠世は芦田信蕃との遠州二俣城・駿州田中城の攻防戦と城の明け渡しを通して、互いにその器量に感じ入り、肝胆相照らす間柄となっていた。本能寺の変後の天正壬午の乱の際には、徳川家康の甲斐・信濃制覇のために奮闘する信蕃と家康から総督的な立場を任された忠世は、互いに相補的な関係であった。また、**証人**としての**信蕃の二子**（竹福丸・福千代丸）を二俣城で養育し、後見的立場になっていた。弟の彦左衛門忠教や子の忠隣も芦田氏と近い関係になっていた。信蕃の没後は、家康から信蕃の二子の**後見を任され**、信州佐久の平定に際しては特に力添えしている。

芦田氏が家康から「松平」を名乗ることを許されてからも、「忠世～忠隣～忠常」は世代を越えて芦田氏とは近かった。忠隣の娘（**於房姫**）は、**康國**・**康眞**に嫁いでいる。ところで、竹福丸の康國も福千代丸の康眞もともに、大久保忠世の二俣城に証人として起居していた頃、幼い於房姫と面識があった可能性がある。その娘と康眞との間に生まれた女子を、忠隣は康眞改易後に引き取り、養女とした。その女子は**家康**の媒によって尾張徳川義直の筆頭家老**竹腰正信**に嫁している。（この女性の法名「日春」）。しかるに、まさに大坂冬の陣の直前に忠隣が幕閣の権力闘争で失脚させられ、「将軍家に対して罪ある者」としての烙印を押された。福井城主**松平忠直**に合流しようとして、**大坂冬の陣**へ出陣した**康眞**（加藤宗月）は、舅である大久保忠隣との関係で、今回幕府から出陣を思い止まるように命令されたのである。幕府公儀の立場からすれば「大阪の豊臣秀頼に通じている疑いで失脚させられた謀反人大久保忠隣の娘婿」である康眞が、大坂へ出陣するということは到底許されざることであったのである。

後年のことになるが、芦田氏と大久保氏との関係は、この後も続いていくことになる。

芦田氏と大久保氏の深い縁〜幾重にも

①福井芦田氏二代目の**吉賢**には継嗣がいなかったが、忠隣の次男忠總（ただふさ）が石川家成の嫡男である康道の養子となり、その孫が芦田氏の養子となって福井芦田氏三代目**賢詮**（まさあき）となっている。つまり、**芦田賢詮**は**大久保忠隣の曽孫**（ひまご）である。芦田氏には大久保氏の血筋が入っていることになるのである。

②**石川家成**は、石川数正の叔父で、家康から西三河の旗頭として信頼されていた。家成の母は水野忠政の娘であるから、家成は家康にとっては**母方の従兄**にあたる。その**家成**の嫡男である康道の養子となったのが大久保忠隣の次男**忠總**で、忠總の孫が福井芦田氏三代**賢詮**である。時代は遡るが、**芦田信蕃**が遠州二俣城主として守っていた時、石川家成が攻城勢の将であったが、その陣の中に内藤家長という弓の名手がいて、その見事な弓の戦いぶりを賞して、守将の信蕃が賞賛して、その矢を寄せ手の将である石川家成に送ったという逸話がある。二俣城攻防戦で戦った信蕃と家成の曽孫が芦田賢詮となったのである。しかも、**賢詮**は**大久保忠隣**の子孫でもあったわけである。

③大久保忠隣の娘（**於房姫**）と**康眞**の間の娘（法名「**日春**」）が、尾張徳川義直の筆頭家老である**竹腰正信**に嫁いだ。

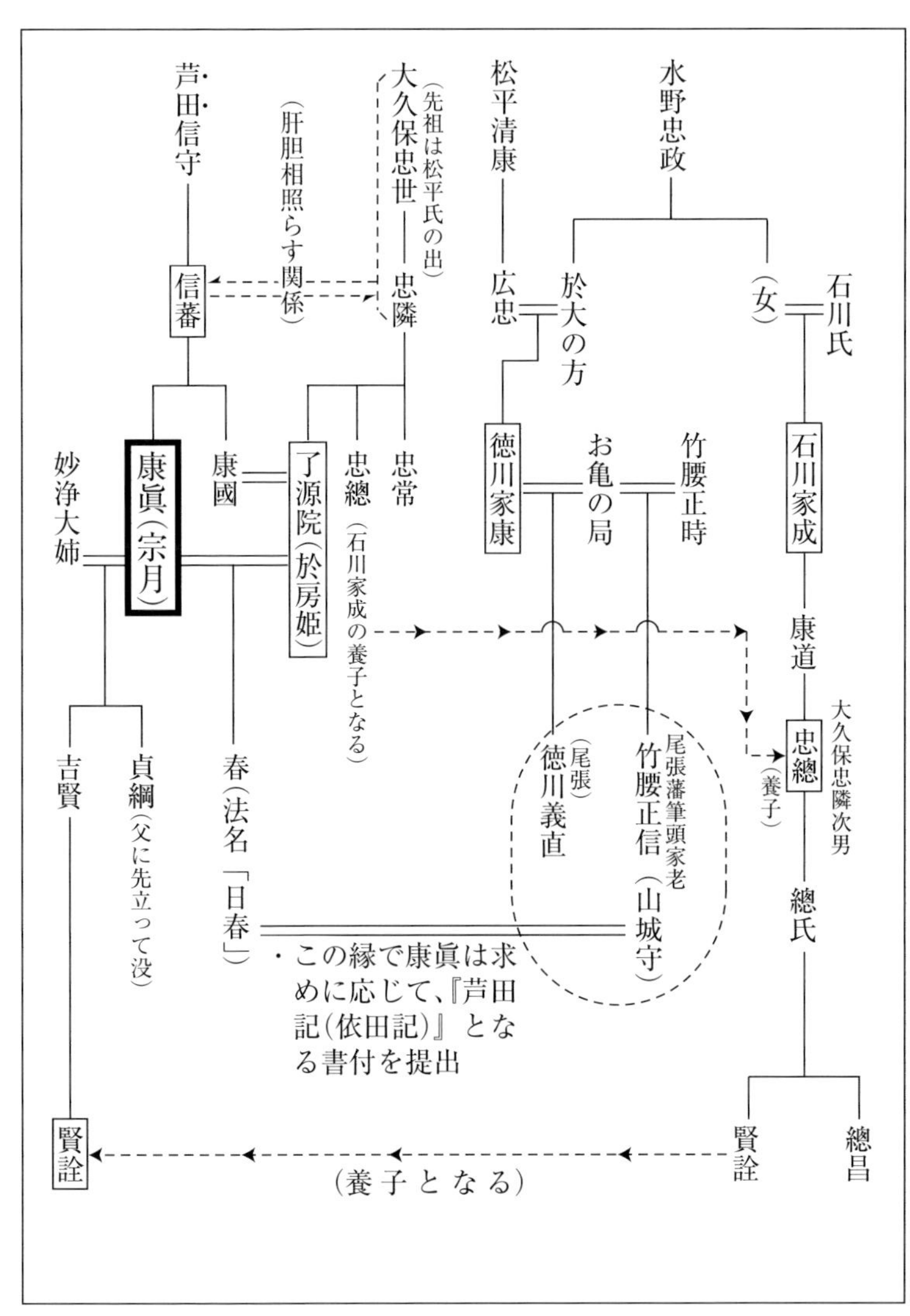

——芦田氏は大久保氏・石川氏・竹腰氏・さらに将軍家とも関わりがあった。——

竹腰正信は**徳川義直**の**異父兄**にあたる。竹腰正信の母は寡婦となっていたが、二十二歳の時、家康に見初められ家康の側室「お亀の方」となった。関ヶ原の戦いのあった慶長五年に家康の九男**義直**を生んだ。尾張徳川義直は竹腰正信の異父弟ということになる。（つまり、**日春**は家康の子である徳川義直の**異父兄の内室**となったのである）。

以上から、血脈・人脈に言及するならば、**芦田氏**は大久保氏との精神的なつながりのみならず、血縁関係が幾重にもあるということになる。また、大久保氏・石川氏・竹腰氏との繋がりをたどれば、徳川将軍家とも少なからぬ因縁があったことがうかがえる。

大坂へ出征しようとした宗月の軍勢について

大坂冬の陣へ向けて、近江国西岸の**朽木谷小原**まで**加藤宗月**に従って行ったのは**十一騎の武者**（前述済）であった。**騎馬武者が十一人**ということから、加藤宗月がこの時率いていた軍勢の総数を算出してみよう。戦国時代の通例では、騎馬武者一人につき五人の従者が付くので、（1＋5）×11＝66人である。最少でも四人の従者がつく。したがってこの場合、（1＋4）×11＝55人である。宗月は六十六人（五十五人）ほどの兵を従えて、大坂へ向かおうとしていたのである。（正式に従者五人とすると六十六人となる）。この辺にも、宗月の勇躍する心意気が伝わってくる。時に、宗月は数え年四十一歳で分別盛りの年齢にあった。既に兄康國の逝去した年齢はもちろん父信蕃の歳をとうに越えていた。

この出征の時に騎馬でお供した十一騎の中に、加藤宗月（芦田康眞）が抜刀斬殺事件のあと、**高野山蓮華定院**で謹慎蟄居したときに、小姓六人だけを仕えさせたが、そのうちに何人かが木ノ本からのこの出陣に際して、名前が判明する。琵琶湖西岸まで出陣した宗月勢の中に、井上彦平・安部作大夫（五郎助であろう）の名がある。また、この時の留守居役に金子金彌・依田長左衛門の名がある。高野山の頃は小姓であったが、この時点では三十歳前後の働き盛りの武将に成長しており、加藤宗月家臣として、いずれも重きをなしていたことが分かる。

65　仇討ち　～宗月と小栗三助の子

『芦田系譜』には、**小栗三助**の子から**加藤宗月**（芦田康眞）が**親の仇討ち**として、命を狙われる一件が記されている。藤岡三万石改易の原因となった囲碁の席での相手の子が、江戸から越前福井まで出かけてきていたのである。その概要を現代文にまとめてみる。

小栗三助の子、仇を討とうと宗月を狙う

――**小栗三助**の男（子）に小栗伝九郎という者があった。父親の仇、**宗月**を討とうと図り、福井城主**松平忠直**の家臣である波々伯部靭負に縁があったので、書を波々伯部に投じ、共に助け合って**仇を報いる**ことを約束させようとした。**波々伯部**は、かねてからこれに承知しなかった。そして「拙者はもとより、そなたとは縁がある。しかし、拙者はまた**宗月**とも親しい。ことに宗月は藩の重臣である。それなのに拙者がそなたに与して**仇を果たそう**ということは藩の恥である。拙者には両方とも逃れることの出来ないことである。もし、そなたが仇討ちに来たらば、拙者はまずそなたを討たねばならぬ。必ず後悔するようなことはするな」と言った。小栗は敢えて、その忠告に従わなかった。小栗は福井へ来て、魚屋甚左衛門という商家に宿をとり、密かに宗月の様子を窺っていた。そこで魚屋はそのことを宗月に伝えた。よって家来達が常にそれに備えて防禦していた。

ある日、**宗月**は先代藩主**松平秀康**公を祀る浄光院（後の運正寺）に参詣した。小栗は予めそれをうかがい、ひそかに忍んで寺中に隠れていた。いよいよ宗月が拝礼する時となった。その瞬間、小栗は客殿の戸を開き忽然として、外に飛び出した。**宗月**は、もとよりそれが**小栗三助の子**であることを知るよしもなく、ただその無礼を叱りつけて毅然として立っていた。**宗月**は、よって小栗三助の子は、宗月の威儀に恐れをなし、たちまち走り去った。その容貌はよく三助に似ていた。

その時、波々伯部靭負もまた参詣していた。そこで宗月は思った。「かねて自分がここ（浄光院）へ来るのを波々伯部は小栗の子と約束して、ここに自分を待っていたのであろう」と。それで、波々伯部は様子が穏やかではなかった。波々伯部は宗月の志気を察し、いずまいを正して宗月に一礼した。宗月は全てを悟って帰路についた。宗月は屋敷に帰ってからこのことを語らなかった。

また、ある日、本多元覚斎（伊豆守入道・富正）が宗月を誘って府中の屋敷に饗した。その後、宗月の帰路に至って、道端に乞食がいた。不自然にお籠に近い所にいた。そこで鈴木磯右衛門（徒士）が彼を捕えて倒した。乞食は憮然として去った。これはすなわち小栗何某であった。

この時から小栗は江戸へ帰り、傍らにいた人にこのことを語って言った。――自分は、先日、越前へ行き、所々で康眞（加藤宗月）に会したが、防禦が厳しくて仇を討つことができなかった。その時、依田五兵衛尉がこれを伝え聞いた。そして書を依田勘助に送り、宗月の護衛を怠らないように伝えた。ここに至って、貞綱公（宗月の嫡男）は初めて浄光院でのことを知る。このことはすなわち藩主松平忠直の耳に達することとなった。よって、浄光院の住職がかねてから小栗に与していたのかと疑い、住職をたちまち浄光院から追放した。かつ、宗月が諸寺に詣でる時は必ず足軽に辻々に警護させ、なかんずく他国の旅人が福井に旅する時は、すみやかに訟えるべき旨、厳しく命令なさった。

仇討ちで狙われた一件について、『国事叢記（上）』にも、言及がある。少しニュアンスが異なるので、その概要を現代文にして紹介する。

――秀康公逝去の後、**浄光院**で法事があった際のことである。**宗月**は参詣して御魂屋へ上り、石段の下に刀を置き拝礼している時である。後ろの山から何者かが下りてきて、宗月へ近づいてきて斬りつけようとするのに気づき、「推参成わつハめ」（無礼な、こやつ！）と睨み付けると、その迫力に気圧（けお）されて、すごすごと山へ登って逃げて行った。これは**小栗三助の子**であったと早速聞き及んだ。家人数人が仰せつけられ、愛宕山中残らず山狩りしたけれども、行方が分からなかった。その節、住僧が手引きしたことが知れることとなり、寺から追放された。それ以後、**宗月**が**浄光院**へ参詣の時は、固く警護の者が仰せつけられたとのことである。

『芦田系譜』の初代福井藩主松平秀康の頃、宗月の警護に関わることが記されている。

初代松平秀康から護身用の鉄砲を賜る

「秀康君　公兼テ讎（アダ・仇）アルヲシロシメサレ、福井往返ノ寸、若氏怪シキ者アラハ、憚カラス是ヲ打拂フヘキ旨、命令アリテ、鉄炮二挺ヲ賜ル、故ニ公常ニ是ヲ持タシメ玉フ」

〈現代語訳〉

「秀康公は、康眞（加藤四郎兵衛康寛）が、かねてから讎（仇）打ちで狙われる立場であることを知り、木ノ本と福井を往復する時に、もし怪しい者があったら、はばからずその者を打ち払う拂うべき旨の命令があって、鉄砲二挺を下さった。そこで加藤四郎兵衛康寛は、常にその鉄砲を家来に持たせていた。」

小栗三助の子、小栗伝九郎が仇として康眞の命を狙ったのは、二代藩主松平忠直の治世であるが、それに先立つ何年か前に、護身用の鉄砲二挺が秀康によって康眞に与えられているのである。

66　戦国の生き証人〜福井城代加藤宗月（康眞）

慶長十二年（一六〇七）四月八日、初代福井藩主**松平秀康**は没した。かつて謹慎中の自分を召し抱えてくれた秀康の死去を悼み、**加藤四郎兵衛康寛**（**康眞**）は自らの生き方をもう一度正す意味で、剃髪して**加藤宗月**と号し、引き続き世継ぎである二代目**忠直**に仕えた。忠直が越前一国六十八万石の大藩を継承したのは十二歳の時であった。両度の**大坂の陣**、ことに夏の陣では福井藩が**大坂城一番乗り**を果たした。また、家康を窮地に追い詰めたとも言われている真田信繁（幸村）を討ち取ったのも松平忠直の配下であった。忠直は祖父家康より最大限の誉め言葉をかけられた。この時忠直は数え年二十歳の青年大名であった。しかし、恩賞としては官職が参議に昇進するにとどまった。このことに対して、忠直は露骨な不満を表わしたといわれている。家康の没後元和九年（一六二三）三月、忠直は、「近年強暴の挙動のみ長じ、酒と色とにふけり、参覲朝□の礼をも努めず」（『徳川実紀』）として**領国を奪われ**、**豊後に配流**となる。けだし、これは将軍家の地位をおびやかす存在である近親者を徐々に排除する、権力者のよくある諸行の結果であろう。先年は秀忠の弟の**松平忠輝**が排され、今回は家康の次男でもあり、年長者の秀康が藩祖である越前松平家の後継の忠直である。

松平忠直の豊後配流と宗月

松平忠直の豊後への配流に際しての宗月について、『芦田系譜』を現代語訳にしてみる。

元和九辛癸亥年（一六二三）、福井藩主**松平忠直**公が豊後国へ移った。忠直公は謫居の命が至れば必ずこれを憤り、その害深く**簾中**（**奥方**、将軍秀忠の姫君）に及ぶかもしれない、ということもあり将軍は予め憂慮していた。またこれに害なくとも、あるいは謫所（**豊後国**）へ人質として伴って行く可能性があった。よって、密かに越前国の諸士に命令して言うには、「忠直に謫居の命令が至ったとすると、汝らは謀って簾中（奥方）を護り、忠直からは引き離して江戸へ送り、敢えて必ず忠直の命令に従ってはならない。将軍家の言う通りにすれば加禄一倍を与えようというものであった。よって越前の諸臣は悉く将軍家の命令に応じ、かつ約束するに連署の誓いを以ってした。

その時、**加藤宗月**だけはそれに従わなかった。なおかつ、宗月は次のように言った。

「将軍家の命令が至って、それに従わなければならない。しかし、主君**忠直**公の命令にはどうすべきか。かつ不義の禄を求めてどうして君臣の義を害することができようか。しかし、拙者はその昔、将軍家の恩に浴していた。それに反するべきではない。しかし、この期に及ばば、妻子を引き連れて福井城の城門に至って、共に自殺して（将軍家と忠直公への）寸忠を顕そう」。

と、敢えて**連署の誓いに応じなかった**。

やがて、将軍家から謫居の命令が福井へ至った。しかし、予て議していたこととは違って、藩主の松平忠直公は事なく謫所（豊後国）へ移りなさって、敢えて簾中（奥方）をどうしようかということはなかった。故に、たやすく簾中を江戸へ送り申し上げる時に、諸士は宗月を諫して次のように言った。——「今、事なくして簾中を江戸へ送ることになった。したがって、あなたも連署に誓ってもよいのではないか。もし、そうでない場合は大いに罪を得ることになるだろう。今になって誓わないのは自ら罪を求めることになる」。——よって、加藤宗月は連署に名前を加えた。しかし、その名は、巻頭（筆頭）に載る時は、始めより命令に応じたようになるので、宗月は（敢えて）末筆に名前を記した。この連署を将軍**秀忠**は御覧になって、その時、宗月の名が末筆にあるのをいぶかり、「この者（宗月）の徒（いたずら）いまだに止まらないな」と言って笑ったという。——

忠直は、豊後大分に追放された元和九年三月の時点では、三十歳であった。そして、歴史の表へ出ることもなく五十六歳で没している。余談ではあるが、『越前人物誌（上）』（福田源三郎）によると、誓書に賛成ではなかった宗月は「印を横に押捺した」とも伝わっているようである。

さらに、『芦田系譜』は述べている。現代語訳にしてみる。

寛永三年（一六二四）、将軍家は**忠昌**公をして、越後高田城二十四万石を転じて、福井城**五十万石**を封した。この時、敦賀郡そのほか近江の領地をも含めて、ことごとく減らされた。また、忠直公の嫡男光長公に高田城二十四万石を封した。高田君（奥方）とともに移った。それまでの福井藩領から直政公に大野城五万石、直基公に勝山村三万五千石、直富公に**木ノ本村**二万五千石を分かち封した。ゆえに、**加藤宗月**は**木ノ本**から**福井の屋敷**へ移った。

はじめ、秀康公から忠直公まで、加藤宗月を家臣とはせずに、侍するに常に**賓の礼**を以ってした。（つまり、加藤宗月を家臣ではなく**賓客**として待遇した）。しかし、今年忠昌公は入国以来、越前旧好の諸士の位階を下げ、高知格を呼んで先鋒衆とした。よって、**加藤宗月**と太田兵庫、笹治刑円は老を以って席を順序すべき旨を命じた。

寛永七年庚午（一六三〇）、忠昌公は、宗月に与力の秩禄千五十石（一〇五〇石）を加賜なさった。これは日頃、将軍秀忠が忠昌公に命じて「かねて、**芦田**は将軍家お見捨て成され難き者である。よろしく彼に懇ろな配慮を加えるべきである」という旨であった。これによって、このような恩賜ある旨を宗月にお命じになった。これより宗月は六千五十石（六〇五〇石）を知行することとなった。

加藤宗月、福井城代となる

三代藩主**忠昌**は寛永元年（一六二四）に越前国主となると、いままでの「**北ノ庄**」を「**福居**」と改めた。（のち元禄頃より「**福井**」となった）。二代**忠直**が配流された後入国した三代**忠昌**時代は、福井藩は六十八万石から五十万石に減封となっていたが、忠昌は寛永七年（一六三〇）に加藤宗月に加増した。**六〇五〇石**、（内、与力七騎・鉄砲三十人分として一五〇〇石）となった。「かねて、**芦田**は将軍家お見捨て成され難き者である。よろしく彼に懇ろな配慮を加えるべきである」という旨の将軍秀忠の言葉が忠昌にあったゆえであろうか。当時五十七歳となっていた、加藤宗月の義・理・情を大事にする生き方と、忠勇の行動と識見を重んじた結果であろう。

そして、翌寛永八年（一六三一）、忠昌は、絶大な信頼を置いていた**宗月**を**福井城代**とした。正保二乙酉年（一六四五）、忠昌は卒去した。嫡男**光通**（九歳）が遺領を継いだ。宗月は城代の役をすることは今までと同様であった。宗月は城代の役を承応二年（〜一六五三）まで、約二十三年間務めた。

『芦田系譜』の正應（承応）二年の宗月の項を現代文にして左記に紹介したい。

戦国の生き証人、加藤宗月（康眞）卒す、八十歳

承応二癸巳年（一六五三）、**宗月**は今春より中風の病を憂える。そこで**光通**公（九歳）は、江戸から使節を遣わして宗月の病状を問い、かつ神妙丹（薬）を拝受させた。

承応二年閏六月、光通公は初めて（江戸屋敷より）越前に御入国した。宗月は病であるということで、登城しなかった。時に、光通公は酒井十之亟を使節として重ね重ね懇命があった。さらに病が少しよくなったら会いたいとの旨を伝えさせた。よって宗月は登城しようとした。時にまた、光通公は大宮彦右衛門、本多五郎右衛門を迎えとして宗月の屋敷に来させて、共に助けて登城するようにということであった。よって二人は宗月を助けて登城した。また、鈴木礒右衛門は宗月を背に負って玄関に至った。また、大宮と本多は宗月を介助して、拝謁を遂げた。その時、光通公が懇情を尽くしたことは挙げて言うまでもない。

承応二年（**一六五三**）八月十八日、**宗月は卒**した。**行年八十歳**。**光通**公はその時、領国を順見中であった。宗月のことを聞いて、直ちに御帰城して、宗月を弔問した。また。尾張**徳川義直**公も宗月に対して弔意を**吉賢**公（宗月の後継者）に書を送った。その時、脚力をもって送ったのであった。それは、宗月が日頃脚力をして義直公の起居を尋ねていたからである。毎年三度ほどであった。毎便、義直は書を以ってそれに感謝していた。（右義直の御書は今に伝来している）。

同月（八月）、宗月を**小松總光寺**に葬った。謚は「**總光寺殿孤岸良月大居士**」である。

加藤宗月こと**芦田康眞**は、越前福井藩主であった松平秀康・忠直・忠昌・光通の**四代に仕えた**高知席の重臣であった。藩主**松平光通**にとっては、家臣の中で最も信頼でき、重きをおく**城代家老**であった。また、尾張**徳川義直**が越前福井藩

總光寺

の一家老に対して篤い弔慰を示した。それは、義直の異父兄にあたる**竹腰正信**（尾張藩筆頭家老）の**内室**（日春）の実父であった加藤宗月（康眞）を特別の存在として認めていたからであろう。（ちなみに、二十一世紀の今日、我々が芦田依田氏の歴史を知ることができるのは、義直の求めに応じて複数回に渡って宗月（康眞）が提出した芦田氏の「お家の由緒書」が、のちにまとめられて『芦田記（依田記）』となって、後世に伝わったことによる）。

『福井藩史話（下）』には、次のような記述がある。――「康寛（康眞）太閤より感状を賜ふこと二回、戦場の場数の功者として、且つ武勇の士として**太閤**にも**家康**にも重んぜられし者なり」。

總光寺にある康眞の位牌

――加藤宗月こと**芦田康眞**の誕生は、天正二年（一五七四）、卒したのは承応二年（一六五三）である。その八十年の人生は、まさに波乱万丈であった。

康眞の誕生した時は、祖父**信守**・父**信蕃**は遠州二俣城主として籠城戦の最中であった。~翌年天正三年（一五七五）には長篠の戦いで武田氏が織田・徳川軍に大敗し時代が大き動いた　~父信蕃は高天神城、越後御館の乱へと転戦

徳川家康

豊臣秀吉

秀忠

秀次

大久保氏（忠世・忠隣（ちか））

加藤宗月（康眞）

（尾張徳川家）徳川義直

竹腰正信・尾張藩筆頭家老・娘「春」の女婿

（越前藩主）松平秀康・忠直・忠昌・光通

有能で忠誠心の強い家来達

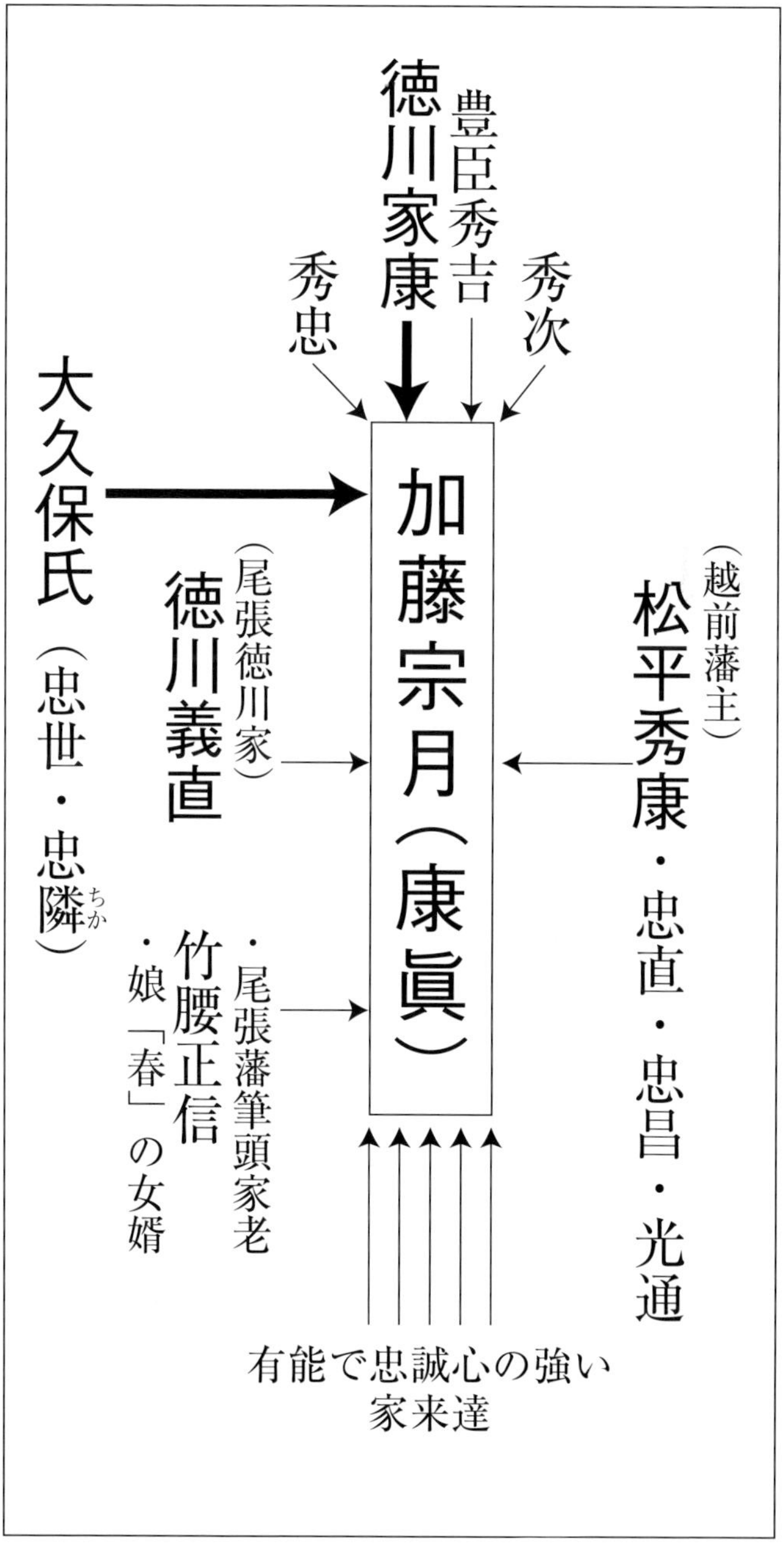

戦国の生き証人 加藤宗月（康眞）

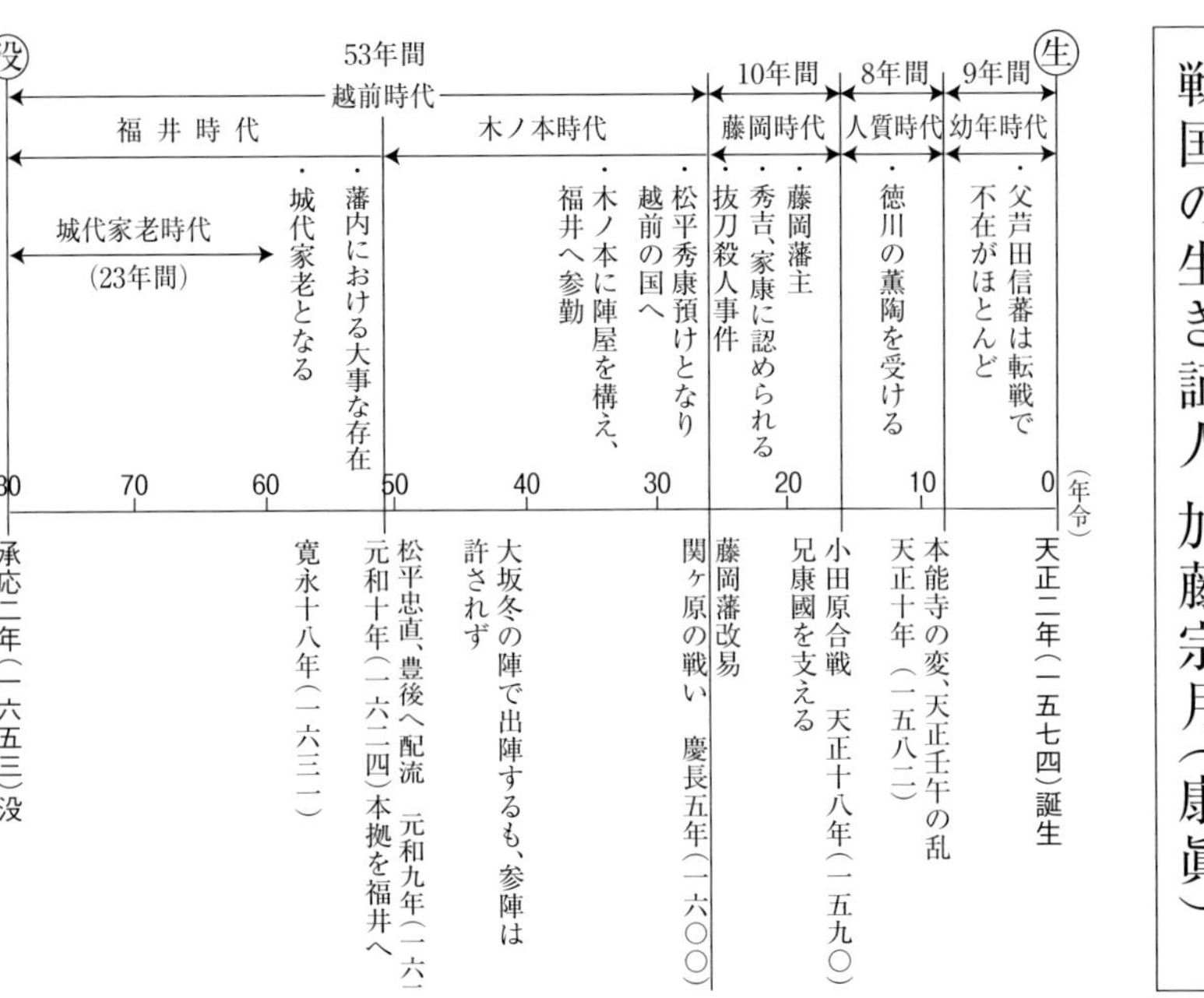

〜田中城の籠城戦　〜武田氏の滅亡　〜本拠佐久郡春日郷への織田軍の侵入　〜兄とともに**人質生活**が始まる〜父信蕃が織田の追及から逃れ、徳川に臣従〜本能寺の変の直後に父信蕃の佐久帰還　〜北条氏の佐久侵入　〜三澤小屋での父信蕃の籠城とゲリラ戦　〜甲州若神子の対陣に大貢献する父信蕃　〜その間も転々と人質生活が続く康國と康眞　〜父信蕃の佐久平定の戦い　〜父信蕃の突然の死　〜大久保忠世の後見を得て兄康國が佐久小諸へ戻り、佐久平定完了　〜徳川家康の元で**証人**（**人質**）生活を送る福千代（康眞）　〜**家康から薫陶を受ける康眞**　〜兄康國は第一次上田合戦　〜小田原合戦直前に「証人」を解かれ、兄に協力して戦う　〜相木白岩合戦〜松井田城攻め　〜西牧城攻め　〜石倉城攻めでの兄康國の横死　〜芦田氏（松平）の家督を継ぐ　〜小田原合戦の関東戦線への転戦　〜家康の関東移封に伴って上州藤岡を本拠に　〜家康に従って奥州仕置に転戦　〜秀吉・家康の天下普請を請け負う　〜秀吉・家康に認められた大名となる　〜急転直下

「抜刀刃傷殺人事件」～高野山で謹慎蟄居　～関ヶ原の戦いの会津戦線で結城秀康預けとなる　～秀康に従って越前へ　～木ノ本に陣屋を構える　～大坂の陣への気概　～福井城下へ本拠を移す　～小栗三助の子から仇討ちとして狙われる～豪気忠勇で律儀誠実な人柄により歴代藩主の絶大な信頼を得る　～越前福井城代となる　～福井藩の重鎮として生涯を閉じる。

加藤宗月（芦田康眞）は、当時の一人傑であった。「**戦国の生き証人**」であり、まさに、本書の表題「旌旗はためく」の最後を飾るに相応しい生涯であったといえよう。

67　福井藩での芦田氏

福井藩の知行と芦田氏

結城秀康は慶長五年（一六〇〇）十二月、関ヶ原の戦いの際に、会津上杉景勝の押さえとして大役を果たした功績で、越前国主**松平秀康**となった。外様の雄藩加賀前田氏に対する**親藩**としての戦略上の布石でもあった。以降、越前藩主は将軍の名称の下の字をもらい、それを名前の上に付けることを非常の名誉とした。しかし、越前藩は初代秀康が将軍秀忠の兄であったことから、幕府に忌避される傾向があり、代々何かと幕府から圧迫を受けた。

具体的には、知行が何度か減らされ、配流（忠直）、改易（綱昌）、切腹（光通）などの藩主がいる。秀康時代は越前一国六十八万石を領有したが、「六八万石→五〇万石→二五万石→三〇万石→三二万石」と、その知行は変遷した。

―〈福井藩の知行高の変遷〉―　〔左記の〇内の数字は代を表わす〕

①秀康……六八万石（一六〇〇年）

②忠直……豊後国へ配流（元和九年、一六二三）。乱行が理由ともいわれているが……

③忠昌……五〇万石（一六二四年）

④光通……四五万石、**切腹**、突然の死で後継者問題に紛議を生じる。

⑤昌親……四七万五〇〇〇石

⑥綱昌……**改易**（一六八六年）、病気を理由に改易、乱行が理由とも、（光通の後継者問題が原因か）

⑦吉品……二五万石（一六八六年）、昌親が復帰し「吉品」と改名、新知二五万石拝領、

藩士二千人余浪人、残留藩士の給禄は半減となる。

⑨宗昌……三〇万石（一七二二年）

⑬治好……三二万石（一八一八年）

⑯慶永（春嶽）……三二万石、幕末に幕府政事総裁職（大老職に匹敵）、公武合体運動を推進、

したがって、芦田氏の知行高も変遷している。『続片聾記』に載っている越前藩代々の『給帳』や『分限帳』を繙くと、芦田氏の知行高が判明する。〔左記の〇内の数字は、福井での芦田氏の代数を表わす〕

―〈芦田氏の知行高の変遷〉―　　　〈藩主〉

①加藤四郎兵衛（康眞）　五〇〇〇石　（慶長六年〜、一六〇一年〜）　秀康、忠直、忠昌

①加藤宗月（康眞〔やすざね〕）　六〇五〇石　（寛永七年、一六三〇年）　光通

②芦田圖書（吉賢〔よしまさ〕）　七〇五〇石　（延宝七年、一六七〇年）　綱昌

③芦田内匠（賢詮〔まさあき〕）　七五〇〇石　（貞享三年、一六八五年）　綱昌

③芦田右衛門（賢詮〔まさあき〕）　六〇〇〇石　（　？　）　綱昌

←大幅に減じられる。★主君松平綱昌が改易されたことによる。（貞享三年、一六八六年）

③芦田右衛門（賢詮〈まさあき〉）　三五〇〇石　（享保四年、一七一九年）　吉邦
④芦田圖書（賢納〈まさのり〉）　三五二五石　（寛延年中、一七四八～五一年）　宗矩
⑩芦田圖書（賢孝〈まさたか〉）　三五二五石　（天保三年頃、一八三二年頃）　斉承
⑫芦田源十郎（信成〈のぶなり〉）　三五二五石　（慶応三年、一八六七年、幕末）　茂昭

芦田氏は、江戸時代当初は知行五〇〇〇石を拝領していた。後に七五〇〇石に加増されるが、貞享三年（一六八六）に福井藩の石高が半分に減封されるに伴い、三五〇〇石余りとなった。藩と同様、芦田氏の財政も厳しくなったことは想像できる。

『福井市史』（資料編5、近世三、藩と藩政）には、「藩制役成」として福井藩の**高知席**（長袴以上）の**十七家**の最幕末のことが記述されている。**芦田氏**の家格や知行が分かるので左記に紹介したい。

　高三千五百廿五石　　芦田源十郎
　慶応三卯八月十六日父右衛門思召有之隠居、家督無相違高知席、大谷丹下次、御城下火消

これは慶応三年（一八六七）八月十六日に父右衛門（福井芦田氏十一代の**信貫**）が、隠居を申し出たことに対して、「家督は相違なく高知席」で、高三五二五石であることが認められたと述べられている。また、付け足しのように、「御城下火消し」の月番が大谷丹下の次にやってくることが記されて居る。ここで**芦田源十郎**とは、福井藩での芦田氏最後の当主となる**信成**（十二代）のことである。

越前福井藩での芦田氏の家格と役職

・〔家格〕…福井藩では、「上士には**高知席**・高家・寄合席・定座番外席・番士・新番」の家格があった。

高知席十七家は家老や城代という重役を出す家格である。江戸時代を通して**芦田氏**もその高知席であった。幕末の高知席の姓名が石高順に記されている中で、**芦田信濃守**は三番目で、「高三五二五石、本宅**小道具**

町、下屋敷**下地蔵町**」とある。

・〔家老〕…高知席から五名が家老となる。家老は月々登城し、藩政を掌る。五名の内、一名が月番と称し専ら国務に預かり、また、一名が交代で江戸屋敷に詰める。

・〔**城代**〕…高知席よりその職に就き、**城郭一切の事を掌る**。戦時において国許の守備、平時には城郭を管理した。月番で非役の**高知席**は「**城下火消し**」の役を担った。高知席は、屋敷（宅建物）の上に「**火の見台**」を設け、「城下火消し」の月番の時は、「火の見台」へ火の見の者を常時詰めさせ、失火があった時には警鐘を打って知らせ、消除夫が直々現場に駆けつけるのを待って、消防を指揮した。絵図の「**芦田信濃屋敷**」の屋根にも「火の見台」とおぼしき櫓があるのが確認できる。

〈家老になった芦田氏当主〉

〔左記の〇内の数字は、福井での芦田氏の代数を表わす〕

①加藤四郎兵衛宗月（**康眞**）…寛永八年～承応二年　（一六三一～一六五三）
②芦田圖書（**吉賢**（よしまさ））…………承応三年～天和二年？（一六五四～一六八二？）
③芦田下野（**賢詮**（まさあき））…………享保二年～享保十七年（一七一六～一七三二）
④芦田圖書（**賢納**（まさのり））…………寛延元年～宝暦六年（一七四八～一七五六）
⑩芦田圖書（**賢孝**（まさたか））…………文政八年～文政十一年（一八二五～一八二八）
⑪芦田信濃（**信貫**（のぶつら））…………文久元年～文久二年（一八六一～一八六二）

越前福井藩芦田**宗家**は、初代**芦田康眞**（加藤宗月）から明治維新直前の**信成**まで十二代いるが、そのうち**六名が家老に就任**していることになる。

多くの大名家や名家がそうであるように、芦田氏も江戸時代に康眞直系に継嗣不在の時もあったが、血縁・人脈をたどって、しっかりと**芦田三代**「信守〜信蕃〜康國・康眞」の心根・精神や生き方を継いでいる。――たとえば、三代目**賢詮**（まさあき）は、芦田三代と関係が深い大久保忠世の玄孫（忠隣の曽孫）である。具体的には、忠隣の次男**忠總**（ただふさ）が、石川家成の養子に入った。ちなみに、石川家成は二俣城の攻防戦で信蕃と武勇を互いに認めていた武将である。石川氏の養子になった忠總の子が石川市正**總氏**であるが、その三男が芦田氏に養子に入って、三代目**芦田賢詮**となった。つまり、賢詮は石川氏の系図をたどっても、大久保氏に結びつくのである。芦田氏とは大いに関係のある**大久保氏の血縁**が深い男子が、養子として芦田氏を継いでいるのである。（ちなみに、芦田康眞の内室は大久保忠隣の娘「**於房姫**」であった）。**賢詮**は芦田氏の故地信州佐久郡芦田郷を訪れ、先祖の本城であった**芦田城**の本郭跡に上り、芦田氏の守護神として祀られている**木ノ宮社**に参詣した。そして、その修築をしている。賢詮は勤勉な努力家で、大久保氏と芦田信蕃や宗月につながる資質や心情を有する人物であったようである。その蔵書は当代随一といわれるほどであった。彼もまた、芦田氏の当主らしき器量を備えていたのである。賢詮は二代目吉賢の兄で、若くして父宗月に先だって他界した**貞綱**に似たところがあった。『芦田系譜』によると――貞綱は、その生「稟質直和厚」にして、かつ儒家及び兵家の書に精し、また、書をよくし、和歌を巧みにす。（藩主）忠昌公の代に、（父宗月の知行とは）別に千石の采地を賜る――と記述されている。惜しくも寛永十四年（一六三七）九月に三十一歳で卒した。葬儀は儒法をもって行なわれ、永平寺を廟所とした。（現在、永平寺寂光宛に立派な墓があり、その遺徳を讃えた石碑が弟吉賢によって建立されている）。三代目**賢詮**はまさに、その**貞綱**の再来とされるような人物であったと推定される。

　歴代の芦田氏は、忠勇誠実で義を重んじ、文武両道を兼ね備えた当主が続いていたことが、福井藩での歴史関係の文書や『芦田系譜』などからも垣間見ることができる。福井藩では、初代**加藤宗月**（**康眞**）の逸話や、その存在が相当大きかったとみえて、歴代芦田氏宗家の評価にも、「宗月」が反映されているようである。次に、宗月以降の越前福井での芦田氏の遺蹟についても、若干ふれることにしたい。

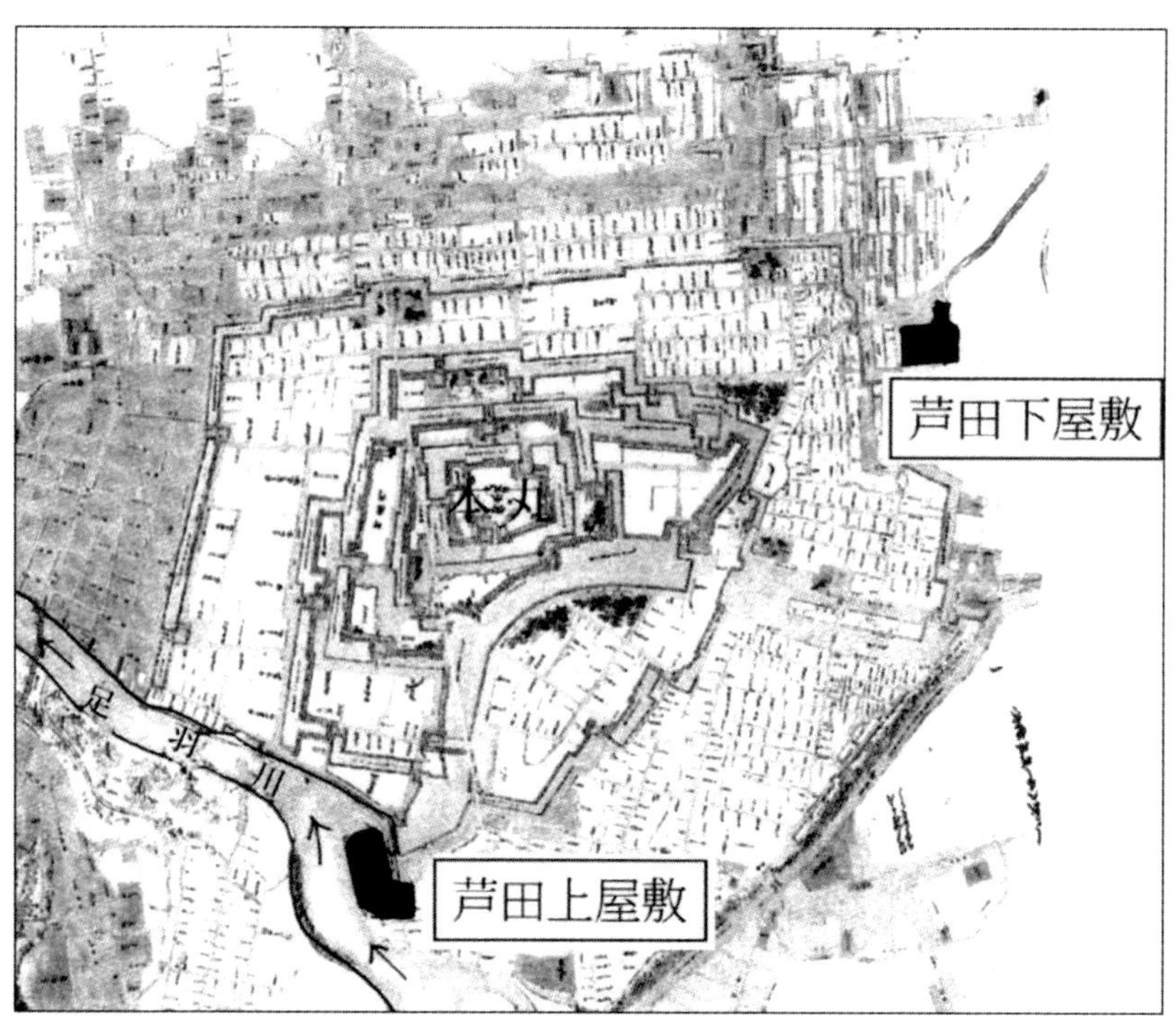

福井城と芦田上屋敷・芦田下屋敷

福井城下での芦田氏の屋敷　福井城は寛永元年（一六二四）までは「北ノ庄城」と呼ばれていた。『福井藩史事典』一〇〇頁には「高知席（十七家）のうち、高三千五百二十五石、芦田信濃、**本宅小道具町**、**下屋敷下地蔵町**」とある。ここで言う「芦田信濃」とは、幕末の宗家当主の**信貫**のことであろう。この「芦田信濃屋敷」の絵図が「越葵文庫」（福井県立図書館保管）に載っている。足羽川の辺にある絵図の芦田屋敷は「**芦田上屋敷**」とよばれているものである。一方、大野郡木ノ本に本拠の陣屋を構えていた頃の加藤宗月が、福井城へやってきた時に逗留するのに使ったと推定される屋敷が、のちに「**芦田下屋敷**」と称される芦田屋敷で、それは古い絵図にも載っている。

―〈芦田**下屋敷**〉―

芦田下屋敷跡は、下地蔵町にある。本丸の北東で外堀の外にある。『福井城跡Ⅳ～発掘調査報告書』（福井市文化財保護センター）によると、現在JR北陸線の高架とその側道になっている。現地調査をしてみると、具体的にはJR北陸本線の高架線（その真下の月極め駐車場）をはさんで、宝永一丁目四番地・六番地、日之出五丁目三番地（京福バス車庫の敷地）の辺りに相当する。宝永一丁目六番地と一番地の間の道路を北上すると松ヶ枝公園に突き当たるが、直前左手に「**大乗院**」というこじんまりとした寺院がある。見逃しがちな外見ではあるが、これが地元の人々が現在「**鼻欠け地蔵**」と称している「**地蔵堂**」がある。**芦田下屋敷が**「**下地蔵**」**にある**と歴史書に述べられているので、屋敷跡はまさにその辺りの地籍にあたる。また、福井市文化財保護センターの発掘調査報告書（平成一六年）三四四頁の写真51の「**芦田下屋敷**地全景の写真とも合致する。発掘された所は、現在JR北陸本線の高架線が走っている所であり、その真下にある月極め駐車場のある場所である。（写真に写っている左側の民家、及び右側遠景のマンションとの位置関係からも、そのことは明白である）。宝永一丁目三番地に「**外地蔵**」駐車場があるが、そこは下屋敷の北東の隅あたりに相当するか、あるいは、屋敷のすぐ外側になる地点であろう。福井市立郷土歴史博物館の資料によると、市道「宝永清川線」で発掘年は一九九六～一九九八年のことであるが、、武家屋敷の跡が見つかった。中でも重臣**芦田家**の**下屋敷跡**からは、土地改良のための細い溝の跡が多く見つかった。（←湿地帯であったので、水はけをよくするために溝や水路を造った）。また、『福井分間之図』（一八一一）によると、芦田下屋敷の規模は東西四十四間（約八〇メートル弱）、南北四十六間（約八四メートル）にわたり、面積は二〇〇〇坪余りに及ぶ。また、屋敷地の門が記された位置は西側である。幕末まで当地は「芦田下屋敷」として絵図に記載されている。

―〈芦田**上屋敷**〉―

上屋敷は福井時代の芦田氏にとっては本宅である。本丸の南方の**小道具町**で、**足羽川の北岸**（右岸）にあった。その屋敷跡に一九八〇年代頃までは済生病院が建っていた。現在病院は福井市内の他の場所へ移転している。その跡地は令和元年現在「**佐佳枝ポンプ場**」の敷地となっている。中央二丁目付近である。

芦田上屋敷絵図（芦田上屋敷遠見之図）

芦田上屋敷（足羽川の向こう）

『片聾記（へんろうき）』によれば、百間堀の水が足羽川に落ち込む付近は「**ふけ**（湿地）」であったが、芦田圖書**吉賢**が藩に願い出て、四方に堤を築いて、流れ込む土砂を盛り上げて屋敷地にしたとある。これは、愛宕山（足羽山）から見下ろすと、城郭のこの方面は東と南に対して防備が手薄なので、福井城の**出丸**の役目を果たすために屋敷を構築したという。福井城の南方、足羽川に面する。屋敷は洪水に備え一段と高くなっており、また、屋敷には「火の見台」があった。周囲を長屋門が取り巻いていたのが古絵図から分かる。北側には同じく高知席であった酒井下記の屋敷があった。**寛文九年の福井大火**で芦田屋敷は焼け残り、**一時藩主の光通が滞在した**こともある。ちなみに、「小道具」とは槍・長刀のことであり「小道具町」とは身分の低い足軽「小道具の者」に由来する。芦田氏が屋敷を構えて以来、小道具町は最高位の家老から足軽まで極めて多様性のある家々が在ったことが想像できる。

『片聾記』と『国事叢記（上）』によって、**芦田上屋敷の築造**の状況を現代文にして整理してみる。

芦田上屋敷築造について

——宗月屋敷（芦田上屋敷）は当時「鷹冷場松原」という所であった。芦田屋敷は他の屋敷に比して、その区画は大いに異なっている。屋敷地はその頃、足羽川の川辺の大きな**フケ**（**湿地帯**）であったが、願い出てそこへ屋敷（上屋敷）を築造することとなり、先ず**四方に堤を築き**置いた。四、五年の間で毎年の出水で砂礫が流れ込んで、かなり溜まった時に、土砂を運んで苦もなく屋敷地を造成した。土砂の人夫も屋敷の侍たちが役割を果たし、外に人夫を煩わさなかった。このようにして**普請その他で侍が働く**のは、芦田家先代（加藤宗月＝芦田康眞）からの例であった。そこを屋敷地として取り立てた理由は、

①愛宕山（足羽山）から見渡したときに、福井城の南方は城の備えとしては手薄に見えるのみならず、上方（京都・大坂方面）からの**寄せ手の軍勢**は、わざわざ大橋へ回るような愚をせず、川を渡って真っ直ぐに攻め込むであろうこと。

②その辺に**出丸**を設ける必要があること。

ということで、屋敷地に取り立てた。川に面した長屋は、茅葺きで角を櫓下の地にし、櫓も切り組があったが、その後火災に備えてはよくないということで、茅葺きを板葺きに改めた際に、さっそく櫓下地を止めたということである。屋敷地の川側の庭の中に、二重作りの亭があって、足羽川の対岸のはるか向こうまで見渡すことができるが、屋敷の塀下は川原からは見えない。平生の遊び所とは思えない。昔から厳重を極めた造作であった。

絵図を見ると**芦田上屋敷**（「芦田信濃邸」）や酒井外記邸には**櫓**（やぐら）がある。これは両氏とも福井藩の**高知格**の家柄（選ばれて家老や城代を務めることのある家）であったが、高知格は月番で城下の**火消し役**を課されていたからである。この櫓は平常時は「火の見櫓」であり、いざ戦いとなれば、文字通り戦いの「櫓・矢倉」となるのである。「二重作りの亭」とはこの櫓のことであろうか。あるいは屋敷内に別に二重造りの建物を造ったのであろうか。

この芦田屋敷（小道具町にあった芦田**上屋敷**）を築造したのは、加藤宗月という史家もいるが、『芦田系譜』に、「先代より」とあることから、二代目の図書**吉賢**（よしまさ）であろう。三つの時代の絵図があるが、それを見比べてみると、**芦田上屋敷**の築造年代が推定できる。

ア　正保年間（一六四四～一六四八）の「福**居**城下之図」では、足羽川に面した芦田屋敷はなく荒れ地になっている。

イ　万治二年（一六五九）の「万治二年福居城下絵図」では、加藤内膳屋敷となっている。**加藤内膳**とは加藤宗月から家督を継いで間もない**芦田吉賢**のことである。宅地は南北にやや細長い矩形の敷地に描かれている。

ウ　正徳四年（一七一一）の「福**井**御城下之図」には、その場所に芦田右衛門と書かれている。ここには「あした右衛門」と書かれているが、この絵図の時点では当主は三代目の**賢詮**のことと推定される。

以上のことから考察すると、「ア」から、加藤宗月の時代にはまだ足羽川沿いの芦田上屋敷は存在していなかったことが分かる。「イ」から**加藤内膳**こと二代目**吉賢**の時代には存在したことが分かる。したがって、芦田上屋敷を築造したのは、宗月ではなくて吉賢ということが判明する。**芦田吉賢**（よしまさ）は、はじめ大学または内膳と称したが、加藤宗月の次男で、「性篤敬忠信人」といわれている。父加藤宗月が卒してその禄を受け継ぎ、信州の故地を慕って「蘆田（**芦田**）」の姓に戻した。『越前人物志（上）』（福田源三郎）に、「その宅地（いままでの屋敷）は**鷹冷場松原**にあり、吉賢、今の宅地（小道具町の宅地）を好み、請うて之を賜る」とある。足羽川べりの**芦田上屋敷**を造ったのは、福井芦田氏二代目の**吉賢**である。その屋敷築造のエピソードからも、彼もまた先祖「信守～信蕃～康國・康眞」の気骨と精神を継承していたのである。

「鷹冷場松原」にあった今までの宅地とは、宗月が「福井城の**城北**に屋敷地を賜った」とされ、福井城下での拠点であった今までの屋敷（つまり、のちに芦田**下屋敷**といわれる）宅地であろうか。いずれにせよ芦田**上屋敷**の立地は、福井城の出丸的役割を担う構えである。大坂冬の陣の時に、かの真田信繁（幸村）が築いた「真田丸」と同じような役目を持たせたものである。

芦田圖書吉賢、福井城復興普請の惣奉行を仰せつかる

寛文九年（一六六九）四月十五日、**福井城下の大火**で福井城は本丸も外郭も悉く焼失した。武家屋敷や町屋も焼失した。

しかし、芦田上屋敷も芦田下屋敷も、さらに芦田氏配下の与力や家人の家も、みな類焼を免れた。両屋敷とも福井城の外郭にあったため類焼を免れたと思われる。二代**吉賢の頃**である。

福井藩主松平光通公は、参勤交代で帰国する時、予め芦田屋敷に逗留する予定であると連絡してよこした。吉賢は新たに一邸を構え、それを光通公の常の御殿と定めた。そのほかに、家来の長屋にあるものを、悉く他へ移動させた。同年五月十四日、光通公は帰国すると、直ちに吉賢の**芦田上屋敷**に入った。この時吉賢は門前でお迎えした。何日間かしばらくの間、光通公は芦田上屋敷で日を過ごした。七月十三日には、光通公は**御城普請の惣奉行**を**吉賢**に命じた。

福井城復興に関わる状況が、『続片聾記』に記載されている。その要点を整理してみると、

・大火の翌年寛文十庚戌年（一六七〇）三月十一日、**芦田圖書（吉賢）**が**福井城の普請の惣奉行**を仰せつかる。城普請の材木は秋田の坂田（酒田）から運んだ。

・寛文十年三月二十九日、藩主**光通**公は、**芦田圖書屋敷**より江戸への参勤交代で出発した。その際、芦田圖書（吉賢）以下家来衆にお目見えを仰せつけられ、御料理を下さった。その上、圖書には刀一振り、時服を下さった。家臣の依田加兵衛・清水佐左衛門・難波覺右衛門には、御料理を下され、御前にて時服二つずつ下された。

・九月二十八日、藩主光通は江戸から使者岩村門右衛門をもって城普請の見舞いをさせた。圖書（吉賢）に安否を気遣い、羽織などを下さった。その際、依田・清水・難波などの重臣のほか、小身の者にまで酒肴を下さって慰労の言葉が伝えられた。

・寛文十一年（一六七一）五月、天守閣を除き、**福井城本丸が落成**した。

・五月十二日、藩主光通公、参勤交代により、江戸を出発、国もとへ向かう。

・五月二十二日、多門櫓へ旗・弓・鉄砲・大筒・長柄鑓などを収納した。

・五月二十五日、藩主光通公が帰国し、お祝いの儀があった。

・延宝元年（一六七三）五月、「御城惣曲輪不残御普請成就」ということで、福井城惣曲輪完成により、**芦田圖書**（**吉賢**）は**光通**公から慰労される。まず、五月九日に太刀・馬・綿百把、二荷三種を拝領した。且つまた、五月十三日には、慰労の御料理を下されるということで家来を召し連れて登城した。この時の詳細を紹介する。

――御鉄砲の間において圖書は饗応を受け、御使番所で圖書の家来で物頭の依田加兵衛・清水作左衛門・難波覺右衛門などは御料理をいただいた。鉄砲の間において、光通公から直々に酒肴をいただいた。その後、圖書は大広間にて御前で時服三つ頂いた。圖書の家来十人は、御時計間において、お目見えを許されて、清水武右衛門・難波金太夫・清水作五右衛門の三人は時服二つずつ拝領し、他の七人は時服一つずず拝領した。また、同間にていずれも御料理を頂戴した。

總光寺の中興開基・加藤宗月

總光寺は往昔**丹羽五郎左衛門長秀**の開基であった。その時、長秀は越前及び加賀の両州を分かち領して、北ノ庄に居城した。故に總光寺もまた法会盛んで曹洞宗の中心をなす寺院であった。天正十三年に長秀は卒した。すなわちこの地に葬り、「**總光寺殿**大隣**宗徳**」と謚した。（今の宗徳寺は總光寺の境内ですなわちここに葬った。よって、小院を建て宗徳寺と号している）。その子長重は故あって加賀小松城に移った。故に總光寺もまた従って移転した。ここによって、越前の旧地は悉く破壊し、わずかの小庵が残っていた。その時、**康眞**が**木ノ本から福井へ移り**、再びこれを**開基**した。**先祖の牌所**に定めなさった。よって先年信州より伴ってきた僧の**梵亀和尚**をしてここの住持とした。（梵亀は小山田大学の妾腹の子で、かねて康眞が小山田と縁があった。故に伴って越前に来たのである）。しかし、その創業未だならずして康眞（宗月）は卒した。故に翌年、**吉賢**が俄にこれを建立し、すなわち梵亀をもって中興（**開山**）とした。かつ初め小松に移転していたので、これを**小松總光寺**と号した。

芦田氏の大五輪塔

なお、宗月以下累代の墓は總光寺本堂の左方にあり、みな**大五輪塔**で全部で十二基あったという。このち昭和の福井市は、昭和二十年七月十九日の米軍機による**福井空襲**による戦災があった。この時の死者一、五七六人、建物全焼二二、〇三八戸であったが、總光寺も焼けおちて瓦のみ残った。

さらに、昭和二十三年六月二十八日の**福井大地震**に遭った。この時の死者三、五七九人、家屋全半壊四六、七一八戸という災害であった。平成二十四年六月に、總光寺を筆者が初めて訪問した時には、当時のご住職様は高齢のため病に伏していらっしゃたが、遠方からの来訪者と分かると、僧侶の正式な衣にいずまいをただされて、芦田氏の位牌にお経をあげて下さった後、總光寺の由来や歴史的なことをお話し下さった。

——總光寺は福井空襲にも福井大地震にも遭遇し、壊滅的な被害に遭った。幸いにも本尊の観音菩薩は他の寺に預けてあった。残ったのは、その本尊とお墓だけであった。芦田氏の歴代の大五輪塔は全部で十一基（福井芦田氏は十二代までであるので十二基か？〈筆者〉）あったという。お寺は昭和三十三年に再建されて現在に至っている。（現在は境内に稲荷神社もあるので、通りからの外観は一見お寺とは分かりにくい）。十一基あった芦田氏のお墓は、福井市の都市計画で墓所の移転を市役所から指示され、總光寺墓地は現在、足羽山西墓地へ、他の寺院の墓所とともに移転を余儀なくされた。先代のご住職様の時代の由。移転するにあたって詳細は不明であるが、十一基（十二基？）のうち八基（九基？）が処分された。開基の芦田康眞の**大五輪塔**を含め**三基**のみが、現在、足羽山西墓地の「三号墓地二の二」總光寺墓地に存在している。（墓所への道順は複雑なためということで、若奥様が案内して下さった）。

三基とも高さ約四メートルという立派なものである。三基に刻まれている法名等を調べてみると、足羽山へ移転した三基の墓石に、処分された八基（九基？）に刻まれていたはずの法名が付け加えられている。後から刻まれたと思われる法名は皆同じ筆跡で、しかも彫りが明確で新しいということが分かる。本来の五輪塔の供

福井における芦田氏墳墓

養されている本人の法名の彫りは、浅く不鮮明であることから判別できる。しかも、以前の總光寺本堂脇にあった墓地に明治以降になって埋葬された子孫の法名も、混在して三基の側面に彫られているが、これらの文字は明瞭である。三基の石塔の空いている部分に、加えられているのである。そのため読解が煩雑であり、分かりにくくなっている。しかし、**芦田宗家の当主の法名**には必ず「**良**」の一字が入っているので、その他の人物とは区別できる。

〔中央の五輪塔〕

正面……真正面にかろうじて「總光寺殿〜」の浅い彫りの文字が読み取れる。「承應二年癸巳丁目蜂八月十八日」と彫られている。これが福井芦田家の始祖である**康眞**（加藤宗月）の法名である。この五輪塔の主は、もともと康眞である。

左面……処分された五輪塔の主と推定される二代〜九代の法名が彫られている。全員同じ筆跡で、同じ行書体の文字で、比較的明瞭である。しかも没年月日がないので、その可能性が大きい。

吉賢（二代）・**賢詮**（三代）・**賢納**（四代）・**賢恒**（五代）・**敬賢**（六代）・**賢充**（九代）と分かる法名がある。

後面……**賢勝**（七代）・**賢貞**（八代）

ほかに数名の法名があるが、同じ行書体の筆跡で比較的明瞭であることから、後世の彫りと判明する。

右面……六名の童子・一名の童女の法名がある。没年月日なし。後世に彫られたものであろう。

〔向かって右側の五輪塔〕

正面……**吉賢**（二代）・**敬賢**（六代）らしき法名があるが、極めて不明瞭である。この二人のうち、どちらかが本来のこの五輪塔の人物であろう。二人の法名は中央の五輪塔の左面にもある。解読困難なため、昭和の処分・移転の時に、改めて中央の五輪塔の左面に彫ったものと推測できる。

左面……文字の記入なし。

後面……明治か大正（昭和）時代の夫妻と推定できる二人の法名がある。

右面……没年順とは無関係に大正・昭和の法名が彫られている。

〔向かって左側の五輪塔〕

正面……真中に**賢孝**（十代）と分かる法名がある。没年月日も彫られている。幕末の彫りと分かる。

　その左側には**信貫**（十一代）と分かる法名が、右側には**信成**（十二代）と分かる法名がある。

　左の空いた所に、昭和になって卒した夫妻と推定できる二人の法名があるが、没年月日はない。

左面・後面・右面ともに法名は彫られていない。


以上、芦田宗家の十一（十二？）の大五輪塔のうち、二十一世紀に現存するのは三基だけであるが、その三基とも、元来の主は一名である。中央の五輪塔は始祖**芦田康眞**のもので一番古く、大きさも一番で、しかも風格がある。向かって右側の一基は**吉賢**（二代目）、左側の一基は**賢孝**（十代）の五輪塔である可能性が高い。

ちなみに、中央の五輪塔と、向かって左側の五輪塔の「**空風輪**」は、右方向へ三〇度ほど回転している（ずれている）。すぐ下の他の寺院の墓地に建てられている石柱には、「都市計画ニヨリ昭和廿七年六月是ノ地ニ移入」と刻まれている。總光寺の墓地もその頃、寺の敷地から足羽山へ移転を余儀なくされたものと推定される。過去七十年間に起きた地震によるものであろうか。地上四メートルもある高い空風輪まで、わざわざ手を加えてずらしたとも思えない。ちなみに、平成二十三年三月十一日の東日本大震災の振動によって、東北の或る寺院の六地蔵のうち、本体と台座に接着工事をしてある一体以外の五体は、みな九〇度向きがずれて（＝回転して）いたという報道があったのは、記憶に新しいことである。

なお、ついでに紹介すると、總光寺墓地のすぐ下の寺院の墓地に、福井真田氏の墓がある。長篠の戦いで兄真田信綱とともに討ち死にした昌輝（まさてる）の子孫が福井藩士となっていたのである。

《宗家の家系図》

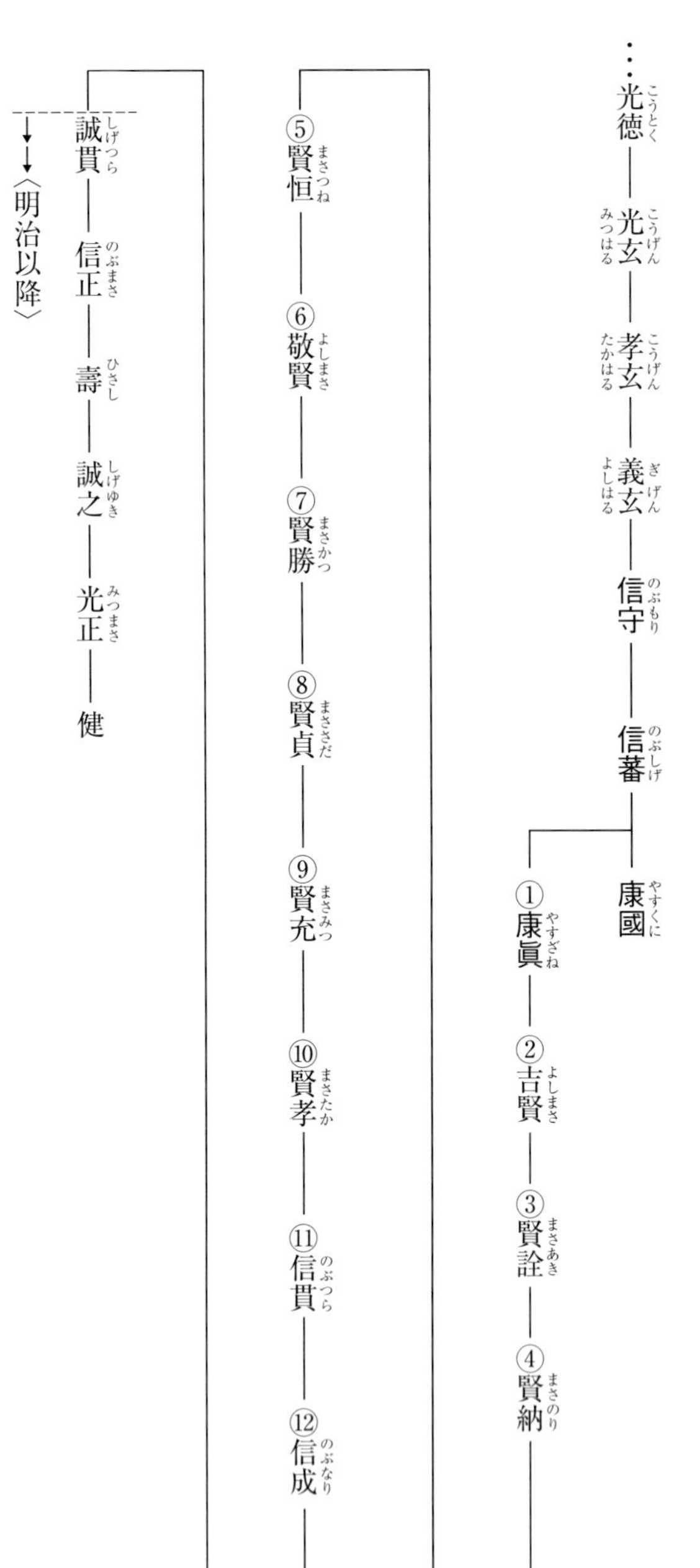
…光徳
光玄
孝玄
義玄
信守
信蓄
康國
①康眞
②吉賢
③賢詮
④賢納
⑤賢恒
⑥敬賢
⑦賢勝
⑧賢貞
⑨賢充
⑩賢孝
⑪信貫
⑫信成
誠貫
信正
壽
誠之
光正
健
〈明治以降〉

芦田（依田）氏墓所

No.	諱（いみな）		法名（戒名）	没年	墓所
○	**光徳**	こうとく	光徳寺殿海雲**良**儀大居士	応仁二（一四六八）	立科光徳寺
○	**光玄**	こうげん	大孝院殿満月**良**光大居士	文明九（一四七七）	立科光徳寺
○	**孝玄**	こうげん	清涼院殿秀月**良**眩大居士	文明一一（一四七九）	立科光徳寺
○	**義玄**	ぎげん	大梁院殿森補**良**玄大居士	天文六（一五三七）	立科光徳寺
○	**信守**	のぶもり	仁徳院殿月桂**良**信大居士	天正三（一五七五）	立科光徳寺、（昌林寺）
○	**信蕃**	のぶしげ	蕃松院殿節叟**良**筠大居士	天正一一（一五八三）	佐久市田口蕃松院
○	**康國**	やすくに	康國寺殿嶺岳**良**雪大居士	天正一八（一五九〇）	佐久市春日康國寺
1	**康眞**	やすざね	総光寺殿孤岸**良**月大居士	承応二（一六五三）	福井総光寺
2	**吉賢**	よしまさ	松柏院殿通巖**良**圓大居士	天和二（一六八一）	福井総光寺
3	**賢詮**	まさあき	霊泰院殿崑山**良**光大居士	享保二〇（一七三五）	福井総光寺
4	**賢納**	まさのり	松月院殿春山**良**夢大居士	宝暦五（一七五五）	福井総光寺
5	**賢恒**	まさつね	圓成院殿賢山**良**聖大居士	明和七（一七七〇）	福井総光寺
6	**敬賢**	よしまさ	禅雄院殿機外**良**勇大居士	明和八（一七七一）	福井総光寺
7	**賢勝**	まさかつ	泰嶽院殿玉渕**良**澄大居士	文化九（一八一二）	福井総光寺
8	**賢貞**	まささだ	養運院殿寛恭**良**温大居士	文化五（一八〇八）	福井総光寺
9	**賢允**	まさみつ	一箭院殿瑞應**良**的大居士	文化一三（一八一六）	福井総光寺
10	**賢孝**	まさたか	勇賢院殿天貫**良**御大居士	嘉永二（一八四九）	福井総光寺
11	**信貫**	のぶつら	信貫院殿俊武無雙**良**耀大居士	明治二〇（一八八七）	福井総光寺・康國寺
12	**信成**	のぶなり	信成院殿英徳淳（**良**）心大居士	明治一一（一八七八）	福井総光寺
○	**誠貫**	しげつら	誠貫院殿武英**良**道大居士	明治二五（一八九二）	立科光徳寺
○	**信正**	のぶまさ	信正院殿俊英**良**顕大居士	大正七（一九一八）	立科光徳寺・康國寺

田口蕃松院（ばんしょういん）

立科光徳寺——向って本殿中央右の大石碑は、右衛門佐依田公遺烈碑

○**壽**	ひさし	壽光院殿家運振興誠愿大居士	昭和三二（一九五七）	立科光徳寺
○**誠之**	しげゆき	誠光院殿至峰大心大居士	昭和五九（一九八四）	立科光徳寺
○**光正**	みつまさ	光正院殿徳満常濟大居士	平成三一（二〇一九）	立科光徳寺

・**立科光徳寺**には、初代光徳の大四角柱の墓石が最高所に建つ。光徳寺の旧地龍田地籍から発掘された五輪塔群が現在の光徳寺の仏舎利殿の脇に移されているが、どれが光玄・孝玄・義玄・信守のものかは判別できない。信守の戒名は茂田井にあったという信守の菩提寺昌林寺（廃寺）では「**昌林寺**殿月桂**良心**大居士」である。また、明治維新後に佐久へ帰還して以降は、個々の墓のほかに光正氏が平成二十六年に建立された先祖代々の墓（迦陵塔）がある。なお、信貫は春日康國寺と福井總光寺にある。

・**佐久市田口蕃松院**には、信蕃・信幸兄弟の五輪塔があり、平成二十二年に土台石の下から信蕃の愛刀が発見され、寺宝となっている。

・**佐久市春日康國寺**には、康國の墓のほかに、明治になって佐久立科芦田へ帰還した福井での宗家十一代の信貫と孫の信正の墓もある。信正の妻が康國寺十八世玄恭和尚の娘であることによると推定される。信貫の墓は没後何十年も経ってから信貫の孫の壽が建立したものである。

・**福井總光寺**には戦後まで芦田氏宗家十二代の十二基（十一基とも）の大五輪塔があった。昭和二十年七月十九日の福井空襲で總光寺は焼け落ちた。昭和二十三年六月二十八日の福井地震を経て、都市計画の条例で墓地は整理されて、現在は足羽山西墓地の「總光寺墓地」に四メートル大の五輪塔三基だけになった。

・**藤岡光徳寺**には昭和八年（一九三三）に建立された先祖代々の墓所として一基にまとめた大五輪塔がある。

春日康國寺

福井總光寺

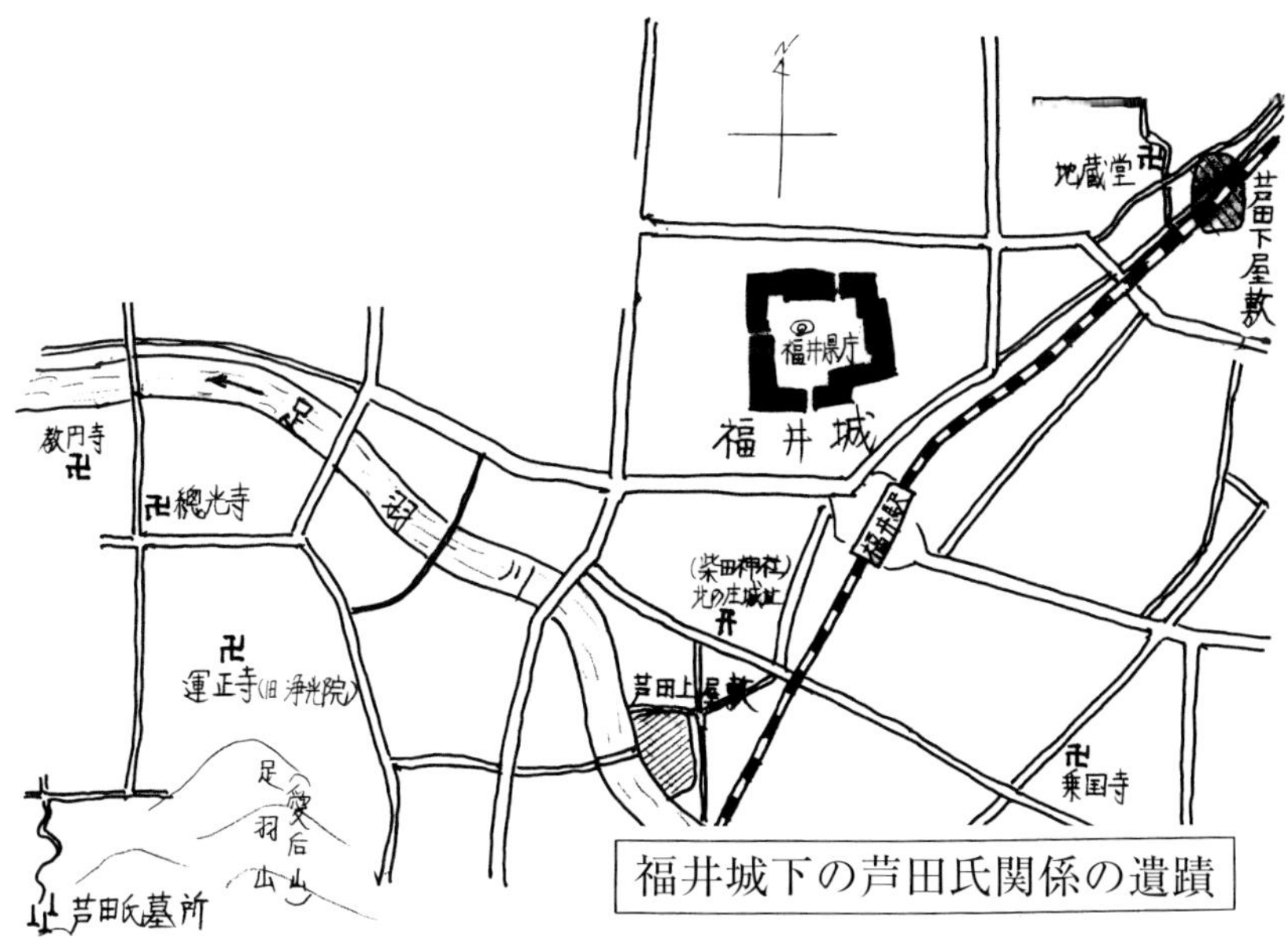

福井城下の芦田氏関係の遺蹟

- 福井城……………………越前松平氏の居城、康眞は23年間城代家老を務める。
- 芦田上屋敷……………芦田氏が足羽川べりに築く。福井城の出丸的役割がある。
- 芦田下屋敷……………宗月（康眞）が木ノ本からの参勤のために福井城下に築いた芦田氏最初の遺蹟。
- 總光寺……………………康眞が中興開基、芦田氏の福井での菩提寺、（原初は丹羽長秀が開基）。
- 芦田氏墓所……………福井市条例により足羽山西墓地に移設。
- 乗圓寺（経圓寺）……芦田氏の祈願寺、代々の奥方が帰依、現在は無住、總光寺の近くにある。
- 乗国寺……………………芦田氏の祈願寺、主君結城氏（松平氏）の祈願寺でもある。
- 運正寺（旧浄光院）…初代藩主松平秀康の廟所、宗月（康眞）は度々墓参を欠かさなかった。
- 地蔵堂……………………大乗院の堂「鼻欠地蔵」、芦田下屋敷は下地蔵堂地籍にあった。
- 柴田神社………………戦国時代の北ノ庄城の本丸跡、柴田勝家を祀る。
- 永平寺……………………寂光宛に康眞（加藤宗月）の嫡男貞綱の廟所（儒教様式）あり。

終章　人間、芦田三代

人間、芦田三代

本書で称する**芦田三代**とは「芦田下野守**信守**～芦田（依田）右衛門佐**信蕃**～松平修理大夫**康國**・松平右衛門大夫**康眞**」を意味する。——（信守～信蕃～康國・康眞）。

また、中央舞台で関わったのは武田信玄・勝頼から始まって、織田信長、豊臣秀吉・秀次、徳川家康・秀忠であるが、今川、上杉、北条も関係する。芦田三代がいかに懸命に生きてきたかを語ろうと試みたつもりである。

それぞれの章や節で、既に記述解説してきたことではあるが、ここではまとめの意味で整理してみたい。それぞれの歴史的な意義や事蹟ということではなく、一人の「**人間**」としての側面や行動様式や、生きる上での背景になっている人間性（人となり・生き方）が如実に表れている出来事を取り上げてみる。

《芦田三代の「生き方」を表わす事例》

信守

①**豪胆**……信守が幼少の頃、諏訪頼重が海野攻めの帰途に芦田城を蹂躙した時、たった一人城中にいて諏訪軍に対した胆力、豪胆さ。

②**証人**……①の後、しばらくの間、芦田氏の諏訪氏への臣従の証（あかし）（人質）として諏訪氏のもとに過ごす。

③**忠勇**……武田信玄に臣従し、その忠勇な戦いぶりは信玄の信頼を得る。本拠春日城に腰を落ち着かせる暇もなかった。砥石城の戦い、上田原の戦い、川中島の戦い等に参戦している。信玄の版図拡大につれて、上野国箕輪城攻めに従軍

し、上野国緑野郡浄法寺（城は武蔵国御嶽城）の城主を任されたり、信玄の麾下として武蔵国、駿河国、遠江の国、美濃国へ遠征している。——小田原城攻め、三増峠の戦い、蒲原城の攻城戦と守備、薩捶峠の戦いに従い、信玄の三方ケ原の戦いの時には搦め手の美濃国岩村城攻めや上村の戦いで戦功を挙げる。信玄亡き後は勝頼から遠江国二俣城の主将としての場を与えられて、粉骨を惜しまず戦いの日々を送った。

④**果敢**……二俣城主として守城戦で、武田勝頼から城を守ることを委ねられた信守は、絶対的な不利な状況のもと、天竜川の対岸の敵の和田ケ島砦を急襲し、成果を上げながらもその時の負傷がもとで、陣中で命を落とした。

信蕃

⑤**証人**……数え年十二歳の時に、信玄への人質として諏訪高島城に預けられ、十七歳頃まで多感な少年時代を過ごす中で、武田氏の薫陶を受け、信蕃の「将」としての器量が培われた。

⑥**統率力**……父信守が上野国浄法寺（城は武蔵野国御嶽城）を任されていた時、父から命じられて根岸（今の藤岡市内）に築城を始める。また、戦いの時に軍勢を動かす器量がある。

⑦**歴戦**……父と共に、信玄の駿河・遠江への遠征に従軍し、父信守の力となって活躍する。

⑧**知勇**……二俣城の籠城戦で、父の病死後、二俣城を託され城主となる。武田勝頼の後詰めのない絶望的な戦いの中でも、知力を尽くして指揮し、兵を鼓舞し、徳川軍の猛攻に敢然と戦う。

⑨**忠勇**……二俣城主として敵である家康の開城勧告に対しは、主君武田勝頼本人の命令の文書がなければ、開城しないと拒否し、勝頼直接の文書が到来してからはじめて二俣城を明け渡した。その時の城明け渡しの時の処理の仕方が家康をして感銘させた。

⑩**武勇・義烈**……信蕃は天正七年から天正十年三月まで（一五七九〜一五八二）、駿河国田中城の主将を務めたが、周囲

の武田方の城は落ち、徳川家康の再三の開城説得にも応じなかった。武田氏も滅びの寸前であったが、信蕃は頑として自分に任された田中城を守り続けた。武田氏の重臣穴山梅雪が武田を裏切り、もはや武田の滅亡が明らかになって、城を守ることが無意味であることを悟ってはじめて城を明け渡した。家康は自分に臣従するように勧めたが、信蕃は武田氏が滅んだとはいえ、すぐに徳川へ仕えることははばかれるとして断わり、春日城へ帰った。

⑪**智謀、誠心誠意**……権謀術数に長けた表裏比興の武将真田昌幸を徳川家康に属させたのは、智謀・誠心誠意の信蕃の説得力による。

⑫**勇猛果敢**……佐久郡春日郷の奥、三澤小屋に籠もり、そこから出撃して北条軍の兵站（糧道）を断つ。

⑬**自信**……千曲河畔塩名田の戦いの時、合力に出陣してきた真田昌幸に「戦見物だけしていてもらえばよい」といって、芦田軍だけで岩村田大井氏を破った。この時、両側から敵に槍で突こうとされる場面もあったが、歴戦で得た「大返しの戦法」で敵を敗走させた。

⑭**公平、気配り**……天正十年十一月、ほぼ佐久を平定した。「追い鳥狩り」の時、譜代家臣と新たに臣従してきた武将とを区別せずに、同等に遇し、褒美を授けるのに「籤引き（フジビ）」でした。（「新年の祝賀」の際にも同様にした）。

⑮**即断**……伴野氏が前山城を奪還に来るという情報に即座に対応し、自ら前山城防衛に向かい敵を討つ。

⑯**過信**……家康からの軍監である柴田康忠をともなって田口城に登り、佐久平一円を眺め、「明日は、まだ残っているあの岩尾城を芦田軍だけで落とすので、（軍監殿は軍を動かさず）ただ御覧あれ」と言う。

⑰**油断**……天正十一年二月の岩尾城攻撃戦で、軍監柴田康忠の忠告や手勢の加勢を拒否して、芦田軍単独で城攻めを敢行した。猛攻により敵の防戦はおさまったかに見えた。信蕃は次弟信幸とともに、堀際で軍を指揮していた時に、敵の狙撃の銃弾に倒れた。佐久郡統一完成を目の前にして、もう一歩のところで命をおとした信蕃の詰めの甘さが悔やまれる。

康國

⑱**証人**……天正十年二月から一年と数ヶ月間、弟の康眞とともに人質として、時の権力者の間を点々とする。「武田の質（小諸城）→織田の質（森長可の質で小諸城→滝川一益の質で小諸城）→木曽義昌の質で妻籠城→徳川の質で二俣城」。

⑲**即断**……父信蕃の死後、徳川家康の意を受けた大久保忠世の後見で、佐久を平定し小諸城主となる。小田原合戦の直前、相木氏と伴野氏が旧地奪還を狙って相木に侵入したとの情報に、即刻出陣し、破っている。

⑳**頑固**……松井田城の攻城戦で、無謀にも大将自ら先頭に立って康國と康眞は竹把(たけたば)を持って城に迫った。この時は銃弾が康眞の陣羽織の裾を貫いた。総大将前田利家は何回も攻め口を退くべきであるとをいってきたが、康國は「およそ攻城の法は一歩も進むことをもってよしとする。我が芦田家には退くという命令は知らない」といって突っぱねた。血気はやる若武者大将であった。ついに豊臣秀吉が自ら与えた軍令によって、やっと退くという頑固さがある。

㉑**知略**……松井田城攻めの途中、いったん、軍事行動は各隊ごとに単独で北条方の城を攻めるということを認めさせている。上州西牧城を芦田軍単独で猛攻の後、投降させ落とした。

㉒**油断**……更に石倉城を攻めた。城主長根縫殿助が降参したので、本陣の総社の地の神社で対面した。その時に城中に騒ぎが起き、多くの家来がそちらへ向かって、従者が周りにほとんどいなくなった時に、その場で急に乱心したような縫殿助に斬られて命を落とした。相手の降伏を信じきって、油断していたのである。

康眞

㉓**証人**……兄康國が佐久へ帰還した後も、徳川家康のもとで天正十八年（一五九〇）一月まで、八年間、証人（人質）生活を送る。

㉔**律儀、聡明**……大久保忠世の二俣城や家康の浜松城での証人生活で、律儀で聡明な福千代丸（康眞）は、家康から気に入られて近侍し、猿楽や鼓などを稽古し家康に褒められる。
㉕**武勇**……初陣の相木白岩合戦の木次原の戦いで、松平勢（芦田勢）を指揮し、士卒に先んじて自ら進んで攻撃した。
㉖**武士の情**（なさけ）……右の合戦で、負傷した敵兵にとどめを刺そうとする家来に「汝、疵付いて戦えない相手を討つのか」と戒める。
㉗**豪胆、果敢**……上州松井田城攻めで兄康國とともに竹把をもって強攻し、陣羽織の袖を敵の銃弾が貫くという危険を冒して、果敢に攻めた。いざという時に、友軍との軍律違反まじきことにも及ぶ行動をとった。
㉘**武勇**……石倉城攻めで、兄康國が騙し討ちに遭った時に、駆けつけて刀を振るい、敵を壊滅させる。
㉙**情け、思いやり**……㉘の時、腕に重傷を負った康眞のために寝ずで看病して、自ら亡くなった侍医を篤く弔った。
㉚**信頼**……小田原合戦の津久井城請け取りの五名の武将の中に、本多忠勝らの宿将とともに名を連ねている。家康の信頼が厚いことがここからも分かる。晩年には越前福井城の城代家老を任された。
㉛**忠烈・頑固**……「奥州仕置」の時、（徳川家康の）命令によって、水澤城を攻めた時に、上杉景勝に対して一歩も引かなかった。――豊臣秀次が上杉景勝と大谷吉継を水澤城の備えとして派遣した。景勝は使いをつかわし「関白の命令によって自分は水澤城にやってきた。早く康眞は兵を率いて退くべし」と伝えた。これに対して康眞は「徳川家ははじめから自分をこの水澤城に備えさせた。家康公の下知をまたずして私に兵を退くことはできない」と答えた。景勝は家康にこのことを談判するため、足の速い使いを遣わした。二日後には（家康が滞在していた）岩手澤の本陣に使いの者は到着した。そこで家康が康眞に水澤城退去の命令を下したので、やっと康眞は兵をおさめた。
㉜**忠義、豪胆**……家康に供奉して聚楽第に入るときに、入れさせまいとする門番を一喝して、家康を守って中へ入る。
㉝**好人物**……病気のため、家康にお供して秀吉に合うことができなかったが、秀吉が家康に康眞の病状を尋ね、自ら瓜

を採って「康眞に与えよ」といって送ってよこした。家康ばかりでなく秀吉にも、忠勇律儀で信頼できる青年大名として認識されていた。

㉞**忠烈**……秀吉没後、明智光秀が家康の命を狙っているという巷の情報が入り、病床に伏せていた康眞ではあったが、家康のもとへ警護のために単騎で駆けつけた。その律儀で忠烈な康眞の行動は家康が大いに認めるところとなった。

㉟**短慮**……関ヶ原の戦い（一六〇〇）があった年の正月、家康に従って大坂に滞在中、宿舎で家康の旗本小栗三助某と囲碁の最中のいさかいで、耐え難いことが生じ、斬り殺してしまった。その結果、藤岡藩三万石は改易・領地没収となった。

㊱**忠烈**……大坂冬の陣に際して、主君松平忠直から康眞に出陣命令がなかったが、いたたまれずに琵琶湖西岸朽木谷小原まで進軍した時に、「舅の大久保忠隣が最近罪を蒙ったので、娘婿にあたる康眞の出陣はならぬ」という藩の重役の説得も拒否し、さらに進軍しようとした。幕府の本多正信や藩主松平忠直の「大坂へいかないで大野城で一揆に備えるべし」の命令で、ようやく引き返した。

㊲**忠烈・頑固**……福井城二代藩主松平忠直が、幕府によって豊後へ配流になる際に、幕府から「忠直がもし内室（将軍秀忠の娘）を伴って豊後へ行こうとするならば、それをやめさせて内室を江戸へ送るべし」という内密の指示が高知席（重臣）にあり、それに従うという連判状を出すようにという指示があったが、康眞は、「幕府にも大恩あるが、主君松平氏にも大恩がある。どちらにも恩があるので、判は押せないといって、押さなかった。結果的には豊後行きに内室が同行する必要がなくなった。そこで康眞は、末尾に署名捺印した。（わざと横向きに捺印したとも）。

㊳**豪胆**……小栗三助の子が福井まで仇討ちに来て、突然目の前に表れた瞬間、誰であるかも知らぬままにも、「無礼者めが！」と叱り、睨んで仁王立ちすると、相手はすごすごとその場を逃げ去った。

㊴文武両道……高野山で謹慎していた康眞が、関ヶ原の戦いに際して、日光口で会津上杉景勝の押さえとして陣する結

城秀康（のち松平）への預けとなった。越前国へ秀康移封後は、始めは客臣として、そして「高知席」の重臣となった。文武両道の人間力を認められ、やがて城代家老として重きをなす。

芦田三代の共通点は、

ア　全員が幼少時代に**証人（人質）**経験がある。
イ　本拠である芦田郷や春日郷のちには藤岡城に腰を落ち着ける暇もなく**転戦**したこと。
ウ　その**広い行動範囲**（行動空間）は、現代の我々からみても想像以上に意外と広かったこと。
更に、一人の人間としてみる時、「信守〜信蕃〜康國・康眞」の三代には極似していることが多い。
エ　**武略・智略**に長けている。
オ　**大義名分**を重んじ、**文武両道**を兼ね備えた人物である。
カ　**人心掌握**に優れ、**統率力**がある。
キ　**忠烈**で義を重んじ、主君に対する絶対的な忠誠心がある。
ク　**誠実で律儀**な性格で、自分以外の人間を大事にする。
ケ　**家来や民衆の心に寄り添って**、労を厭わず自ら率先垂範して現場に臨むような人柄である。
コ　戦いにばかりでなく、生き方、その人となりに**豪胆さ**がある。
サ　いかなる**艱難辛苦**にも耐え抜き、知勇を発揮して大きな功績を挙げ、周囲からも認められる。
シ　納得しない時には、たとえ相手が大物であっても簡単には従わない**頑固一徹**さがある。
惜しむらくは、
ス　幾多の試練を乗り越えてきた自信からか、それが**過信**から**油断**となることがある。

セ　いったん味方となった人物を大事にし、**信じきってしまう**。

ソ　**もう一歩のところで**、生来の**短慮さや油断**から、今まで積み上げてきた実績を失ってしまう。

タ　佐久人らしい**人のよさ**？（詰めの甘さ、抜目のない生き方や柔軟性にやや欠ける？）からか、命を落としたり、それまでの全てを失ったりしている。

康眞の誠実で律儀な性格も行動も、まさに祖父芦田信守、父芦田（依田）信蕃、兄松平康國のそれと極似している。戦いにおける豪胆さ、主君に対する絶対的な忠誠心と、大義名分にそぐわない時には、たとえ相手が大物であっても簡単には従わない頑固一徹さがある。そして、いかなる艱難辛苦にも耐えぬき、智勇を発揮して、大きな功績を上げる。しかし、もう一歩のところで、生来の短慮さや佐久人らしい人のよさ（詰めの甘さ、抜け目のない生き方や柔軟性にやや欠ける？）から、命を落としたり、それまでの全てを失ったりしている。歴代の蘆田・依田氏宗家の当主の生き方は、一人の人間としても、驚嘆と哀愁と共感を覚えざるを得ない。

芦田下野守～芦田（依田）信蕃～松平康國・康眞と続く系譜は、この時点では同じ信州真田氏よりも、ある意味では中央武家社会では通っていたところも十分あった。特に天正十年（一五八二）の時点での信蕃は、家康の甲信制覇に大貢献する力量を発揮し、やがて天下を取る家康の臣下として前途洋々たるものがあった。もし**信蕃**が豊臣秀吉による天下統一、関ヶ原の戦い、徳川家康による江戸時代まで存命であったならば……と、果てしない想像が広がる。

後を継いで、これも将来を属望されていた康眞の改易により、芦田氏の飛躍は一時頓挫してしまったことは残念としかいいようがない。しかも、その後の生き方から、康眞がいかに文武両道に優れた人物であったかが分かるだけに、大いに悔やまれる抜刀刃傷沙汰事件ではあった。天下人徳川家康も、その後の康眞のことを気にかけていた。越前福井では加藤宗月と名乗った**康眞**は、越前松平氏のもとでその「人間力」を再び発揮していく。彼の生き様は子孫へと受

旗印と現代の多くの依田氏の紋章

旗印

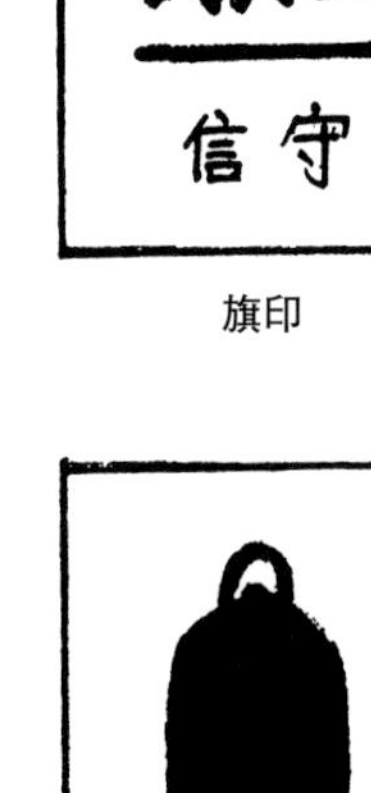

信　蕃
旗印　鐘

康眞以後の宗家
紋章　蝶王ノ丸

図：鐘の纏（まとい）

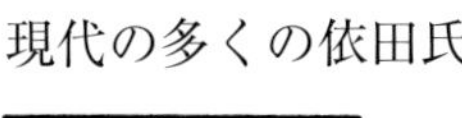

丸に揚羽蝶

旗本依田氏
丸に三つ揚羽

け継がれていく。寛文七年（一六六七）、康眞次男で福井での二代目を継いだ内膳**吉賢**が、信濃の故地を慕って「蘆田（芦田）」の姓に復す。幕末まで福井藩の高知格として家老職を何人か輩出した芦田氏の歴代の生き方は、いかにも――**「信守〜信蕃〜康國・康眞」的**――であった。

芦田宗家は明治維新後、明治十二年（一八七九）二月中旬に、福井から信州佐久郡芦田村へ帰った。

芦田三代の足跡をみると、戦国時代から近世に至る武人の典型を垣間見ることができる。また、関係ある土地や史跡を巡ると、彼らばかりでなく、それを取り巻く親族や家臣、同僚、主君、周りの人々、民衆の心情や息遣いに触れることができる気がしてくる。そして、さらに大きなうねりとなって押し寄せる時代の流れ等を考えると、目の前に更なる興味が広がって行く。

〈完〉

おわりに

信州小県郡依田ノ庄を発祥の地とする依田氏がいた。一族はまず東信地方に進出した。芦田氏・相木氏・丸子氏・武石氏・浦野氏・飯沼氏・平尾氏・平原氏・笠原氏・内山氏等々であり、それぞれ小領主化していった。戦国時代も後期にさしかかると、そのうち芦田氏が勢力を伸ばし、依田氏の中心となっていった。

芦田（依田）氏の行動範囲は小県郡依田ノ庄、佐久郡芦田郷、佐久郡春日郷、東信地方全域、信濃、甲斐（山梨県）、上野（群馬県）、駿河（静岡県）、遠江（静岡県）、三河（愛知県）、美濃（岐阜県）、越後（新潟県）へと進展していった。その間に武蔵（埼玉県・東京都）、相模（神奈川県）でも戦い、最後の康眞の時代になると、さらに範囲は西は京都・大坂・紀伊、東は江戸を含む武蔵、奥州（栃木・福島・宮城・岩手）へと広がっていく。最後は越前（福井県）にて江戸時代を送る。その多くは武田氏や徳川氏との関わりを中心としつつ戦国中央舞台で時の実力者、天下人との関わりの中でのことである。現代人の視点からしても驚嘆すべきことである。中でも、長野県外で芦田（依田）氏に関わる事蹟が顕著なのは、山梨県・群馬県・静岡県・福井県がその代表格である。

本書では、地元で「アシタ・シンパン」で通っている芦田信蕃（アシタノブシゲ）の事跡を中心に、父芦田下野守信守、信蕃の二子である松平康國・康眞の三代の戦歴の詳細や、それに関わる事柄を記述してきた。芦田（依田）氏の視座を通しただけでも戦国時代の壮大な流れが目の前のことのように感じられるのが不思議である。

シンパン（信蕃）と筆者の最初の出会いからちょうど六十年が経過している。資料や草稿は筆者の二十代後半から七十代までの四十有余年に及ぶ長い年月の幾多の迥逅を経て、少しずつ記述し蓄積してきたものを、整理まとめて編んだものが既刊の拙著であり、また本書となっている。そのため基本的には、内容も記述も大差はないことをご容赦いただきたい。

本書の出版を実現するにあたって、数えきれぬ多くの方々に、あらゆる場面でご教示いただいたのはいうまでもない。――アシタ・シンパン（芦田信蕃）の存在を知らしめて下さった中学校時代の森泉綱雄先生、芦田依田氏に関する基礎知識を教えて下さった本の著者、訪れた県内外の図書館で資料を提供して下さった係の方、筆者の視界が開けるきっかけを下さった資料館や歴史館の方、各地の郷土史家の方、訪れた寺院のご住職様、田畑で腰を伸ばして説明して下さった方、現地での不躾な問い合わせに丁寧に応えて下さったゆきずりの方々等である。そして、返すがえすも、芦田氏ゆかりの方々には、とりわけお世話になった。また、芦田氏最後の拠点福井時代のことは、芦田宗家に伝来する『芦田系譜』をお示し下さった芦田宗家の故光正氏には、表現し切れないほどの恩恵をいただいていることをここに紹介しておきたい。すべての経歴と運命の出会いまでをも含めて、全てのおかげでこの本が完成できたことは真に幸運の賜物であった。そして、信毎書籍印刷株式会社の取締役営業本部長の小山義広氏には、出版にあたって並々ならぬ助言とご足労をいただいた。ここに至るまで関わって下さった全ての方々に、深甚なる感謝の言葉を捧げたい。

なお、本書の内容は、それぞれの地域の地元の人々にとっては既知のことがほとんどであり、筆者はそれらを把握して記述したに過ぎないと認識せねばならない。その道の専門家や先達からみれば不足なことが多々あることかと思います。誤り、修正すべきところ、また、筆者の思いもつかなかった事実などを、ご教示いただければ幸甚です。

令和四年（二〇二二年）五月

――新緑の候

市村　到

〈ご協力いただいた方々〉——順不同、敬称略

・芦田光正（神奈川県）・芦田光代（神奈川県）・土屋武司（立科町芦田）・黒木和美（神奈川県湯河原町）・増田友厚（佐久市）

・依田武勝（南佐久郡南相木村）・杉本敏憲（福井県大野市）・武者靖治（藤岡市）・坪井俊三（天竜市）・荻原興造（佐久市春日）

・依田初雄（高崎市）・長田一幸（大月市）・中倉茂（山梨県旧市川大門町）・中谷良作（旧天竜市）・周防孝堂（旧天竜市）

・依田博之（静岡県松崎町）・近藤二郎（静岡県松崎町）・掛川喜四郎（佐久市春日）・岡部捷二（佐久市春日）・小林勇（佐久市春日）

〈ご協力いただいた寺院〉

・蕃松院（佐久市田口）　・光徳寺（立科町芦田）　・康國寺（佐久市春日）　・光徳寺（群馬県藤岡市）

・光徳寺（福井県大野市木ノ本）　・總光寺（福井市）　・灌渓寺（静岡県藤枝市）　・天龍寺（群馬県藤岡市）

・天陽寺（群馬県藤岡市）　・自成寺（佐久穂町余地）　・淨法寺（群馬県藤岡市）

・正眼院（小諸市八満）　・龍雲寺（佐久市岩村田）　・龍華院（山梨県東八代郡中道町）

〈資料館、博物館など〉

・長野県立歴史館　・上田市立博物館　・山梨県立博物館　・大野市歴史博物館　・藤枝市郷土博物館

・天竜市内山真龍資料館　・福井市立郷土歴史博物館

〈図書館〉

○県立図書館（長野・群馬・山梨・静岡・福井・新潟）

○市立図書館（佐久市・小諸市・上田市・松本市・諏訪市／藤岡市・高崎市・前橋市・安中市・富岡市／大月市・塩山市／天竜市・浜松市・藤枝市・富士市・掛川市・御殿場市・沼津市／大野市／新井市・村上市／恵那市／八王子市・青梅市／本庄市・東松山市／仙台市・大崎市・栗原市）

○町村立図書館〈長野県〉軽井沢町・御代田町・立科町・望月町・臼田町・富士見町／〈群馬県〉箕輪町・鬼石町・松井田町・上野村・南牧村／〈埼玉県〉神川町・児玉町・寄居町／〈山梨県〉市川大門町・中道町・増穂町・櫛形町・鰍沢町・美郷町／〈静岡県〉蒲原町・由比町・大東町・浅羽町・韮山町／〈岐阜県〉上矢作町・岩村町／〈神奈川県〉愛川町・城山町／〈愛知県〉設楽

町・東栄町

〈参考文献〉

《執筆に際して、特にご教示、ご示唆いただいた文献》

・『もう一人の真田~依田右衛門佐信蕃』市川武治（櫟）
・『武士の家宝~かたりつがれた御家の由緒~』平成二十三年度長野県立歴史館春季展
・「「依田記」成立の背景と由緒書への転換の可能性について」山崎会理（『長野県立歴史館研究紀要第十八号』所収）

《特に参考とした文献》

・『芦田記（依田記）』・『芦田系譜』・『寛政重修諸家譜』・『高白斎記』・『妙法寺記』・『信濃史料』・『家忠日記』

《長野県》

・『長野県史』・『北佐久郡志』・『南佐久郡志』・『立科町誌』・『望月町誌』・『佐久市史』・『臼田町誌』・『御代田町誌』・『佐久町史』・『八千穂町誌』・『北相木村誌』・『南相木村誌』・『南牧村誌』・『北御牧　村誌』・『東村誌』・『小諸市誌』・『上田市誌』・『丸子町誌』・『武石村誌』・『諏訪市誌』・『富士見町誌』・『茅野市誌』・『信濃史料叢書』・『神使御頭之日記』・『長野縣町村誌』・『千曲之真砂（信濃雑記）』瀬下敬忠・『四鄰譚藪（信陽雜志）』吉澤好謙・『小諸砂石抄』・『春日城跡（発掘調査）』佐久市教委・『貞祥寺開山歴代傳文』・『乙事の歴史』・『乙骨太郎左衛門覚書』・『岩尾家譜』・『尾張徳川文書』信濃史料所収・『木曾舊記録』信濃史料所収・『信濃合戦譚』高橋武児・（『佐久郡貫高帳』）

《山梨県》

・『山梨県史』・『甲府市史』・『市川大門町誌』・『中道町史』・『須玉町史』・『高根町誌』・『増穂町誌』・『鰍沢町誌』・『塩山市史』・『上九一色村誌』・『大月市史』・『甲斐国史』大日本地理大系所収・『武田三代記』・『甲州古文書』・『山梨鑑』・『甲州文庫史料』・『甲陽軍鑑』・『甲陽軍鑑大成』・『武田三代軍記』・『甲斐志料集成』・『甲斐國志』・『依田姓の歴史とあゆみ』山梨依田会

《群馬県》

・『群馬県史』・『藤岡町史』・『藤岡市史』・『芦田町町誌』・『松井田町誌』・『安中市誌』・『高崎市史』・『前橋市史』・『碓氷郡志』・『群

馬郡誌』・『箕輪町誌』・『箕輪軍記』・『松井田落城記』・『群馬県史料集』

《静岡県》

・『静岡県史』・『天竜市史』・『藤枝市史』・『藤枝市史研究』・『富士市史』・『浜北市史』・『浅羽町史』・『蒲原町史』・『由比町誌』・『由比町の歴史』・『駿河志料（一）』・『駿国雑志』・『駿河記』・『遠州高天神記』・『松平記』・『駿河の武田氏』藤枝市郷土博物館特別展・『武田・徳川攻防の推移』大塚勲（地方史静岡第二十六号所収）・『小川地誌』溝口昇・『浜松御在城記』永井随庵・『駿州蒲原城攻め』（信玄公合戦伝図）・『三方ケ原の戦い』小和田哲男

《福井県》

・『福井県史』・『福井市史』・『大野市史』・『福井県大野郡誌（全）』・『足羽町誌』・『松平文庫』・『越藩史略』・『片聾記』・『続片聾記』福井郷土叢書・『福井藩史話』森恒救・『国事叢記（上）』・『越藩史略』井上翼章編・『福井城下之図』正保・正徳年間・『福井城下ものがたり』舟沢茂樹・『福井藩　史事典』鈴木準道・舟沢茂樹・『福井城跡Ⅳ～発掘調査報告書』福井市文化財保護センター

《岐阜県》

・『岐阜県史』・『上矢作町史』・『岩村町史』・『恵那郡史』・『恵那市史』・『中津川市史』・『遠山来由記』・『木の実峠』服部造酒夫・『美濃國諸旧記』

《新潟県》

・『新潟県史』・『新井市史』・『北越軍談』上杉史料集所収・『松隣夜話』上杉史料集所収・『上杉三代日記』・『甲越軍記・烈戦功記』（歴史図書社）

《埼玉県》

・『埼玉県史』・『本庄市史』・『神川町誌』・『上里町史』・『寄居町史』

《神奈川県》

・『津久井町史』・『城山町誌』・『愛川町郷土誌』愛川町教委・『小田原北条記』江西逸志子原著・『三増合戦史料集成』愛川町教委

《東京都》

・『八王子市史』・『八王子物語』・『青梅市史』・『激戦！八王子城』前川實（揺籃社）

《宮城県》

・『宮城県史』・『栗原郡誌』・『栗原町誌』・『古川町史』・『玉造郡誌』・『岩出山町史』

《岩手県》

・『水沢市史』・『南部諸城の研究』・『二戸郡・九戸郡古城館趾考』

《その他》

・『寛永諸家系圖伝』・『武徳編年集成』・『戦國遺文』柴辻俊六・黒田樹編（東京堂出版）・『武家事紀』・『武徳編年集成』・『武徳大成記』・『當代記』・『信長公記』・『落穂集』・『依田氏（芦田）の参・遠・駿における事蹟について』天野信直・『戦国期依田芦田氏の考察』柴辻俊六（『信濃』所収）・『武田信玄～知れざる実像』小和田哲男（講談社）・『武田武士の系譜』土橋治重（新人物往来社）・『戦国武田氏領の展開』柴辻俊六（中世史研究叢書所収・岩国書院）・『甲州　武田家臣団』土橋治重・『武田家臣の系譜の研究について』服部治則（武田氏研究第十号所収）・『武田・徳川、攻防の推移』大塚勲（地方史静岡第二十六号）・『徳川実紀』（『国史大系38所収）・『竹腰文書抄』（『古書雜類』所収）・『譜牒餘録』・『三河物語』大久保彦左衛門原著・『徳川実紀』・『続徳川実紀』・『常山紀談』・『系図纂要』・『天正壬午乱』平山優（学研）・『蓮華定院文書』（『信濃史料叢書』所収）・『相木市兵衛依田昌朝と武田信玄』依田武勝（信毎書籍印刷）・『武田騎馬軍団秘話』依田武勝（叢文社）・『定本徳川家康』本多隆成（吉川弘文館）・『詳細図説徳川家康』小和田哲男（新人物往来社）・『三方ケ原の戦い』小和田哲男（学研）・『武田信玄～知られざる実像』小和田哲男（講談社）・『武田信玄を歩く』土橋治重（新人物往来社）・『武田信玄のすべて』磯貝正義・『日本合戦図典』笹間良彦（雄山閣）・『雑兵たちの戦場』藤木久志

〔著者略歴〕
市村　到（いちむら いたる）

昭和23年（1948）生まれ
昭和46年（1971）3月信州大学教育学部英語科卒業
昭和46年～平成21年（2009）3月まで38年間、長野県各地11校に勤務する。
下伊那郡下條小学校長、上田市上田第一中学校長、佐久市臼田中学校長、／
長野県英語教育研究会（NET）元副会長、関東甲信越英語教育学会員、佐久・下伊那・上小の教育課程英語委員長、信濃教育会国際理解教育委員長、／
佐久史学会員、東信史学会員／

〈主な著作〉
- ‘Structural Linguistics and Language Teaching’（Graduation Thesis to Shinshu University, 1971）
- 「変形文法の示唆するものを英語教育にいかに取り入れたか」（中部地区英語教育学会紀要10、1980）
- 「英語教育覚え書き～これからの英語教育」（上高井教育36号、1980）
- 「戦国三代の記～真田昌幸と伍した芦田（依田）信蕃とその一族」（悠光堂、2016）
- 「戦国三代と天下人～芦田（依田）氏の軌跡から」（悠光堂、2020）
- 「外国語教授法と英語教育～英語教育の達人を目指す教師に送るエール」（信州教育出版社、2021）

現在、農業を営むかたわら冬は山城址調査を趣味としている。

〒389-0204　長野県北佐久郡御代田町豊昇357
TEL・FAX　0267-32-4333
携帯　090-4379-4971

旌旗（せいき）はためく
武田・徳川と芦田（依田）氏、戦国の中央舞台で

令和4年8月30日　発行

著　者　市村　到
発行所　信毎書籍出版センター
〒381-0037　長野市西和田 1-30-3
TEL 026-243-2105　FAX 026-243-3494
製本所　渋谷文泉閣

ISBN978-4-88411-220-2